Großkommentare der Praxis

Wieczorek/Schütze

# Zivilprozessordnung und Nebengesetze

Großkommentar

4., neu bearbeitete Auflage

begründet von
Dr. Bernhard Wieczorek
weiland Rechtsanwalt beim BGH

herausgegeben von
Professor Dr. Dr. h.c. Rolf A. Schütze
Rechtsanwalt in Stuttgart

**Zweiter Band**
Teilband 2
§§ 78–127a

Bearbeiter:
§§ 78–109 (außer § 79), §§ 114–127: Stefan Smid/Sabine Hartmann
§ 79: Sabine Hartmann
§§ 110–113: Rolf A. Schütze

DE GRUYTER

Stand der Bearbeitung: Juli 2014

Zitiervorschlag: z.B.: Wieczorek/Schütze/*Schütze* § 110 ZPO Rn. 2

ISBN 978-3-11-041086-0
e-ISBN (PDF) 978-3-11-041094-5
e-ISBN (EBOOK) 978-3-11-041107-2

**Bibliografische Information der Deutschen Nationalbibliothek**
Die Deutsche Nationalbibliothek verzeichnet diese Publikation in der Deutschen Nationalbibliografie; detaillierte bibliografische Daten sind im Internet über http://dnb.d-nb.de abrufbar.


Datenkonvertierung und Satz: jürgen ullrich typosatz, Nördlingen
Druck und Bindung: Hubert & Co. GmbH & Co. KG, Göttingen
♾ Gedruckt auf säurefreiem Papier
Printed in Germany

MIX
Papier aus verantwortungsvollen Quellen
FSC www.fsc.org FSC® C016439

www.degruyter.com

## Die Bearbeiter der 4. Auflage

Professor Dr. **Hans-Jürgen Ahrens**, Universität Osnabrück, Richter am OLG Celle a.D.
Professor Dr. **Dorothea Assmann**, Universität Potsdam
Dr. **David-Christoph Bittmann**, Richter am LG Kaiserslautern
Professor Dr. **Wolfgang Büscher**, Vorsitzender Richter am BGH, Honorarprofessor Universität Osnabrück
Dr. **Lothar Gamp**, Rechtsanwalt, Brandenburg
Professor Dr. **Martin Gebauer**, Universität Tübingen
**Uwe Gerken**, Vors. Richter am OLG Oldenburg
Dr. **Helge Großerichter**, Rechtsanwalt, München
**Sabine Hartmann**, wiss. Mit., Universität Kiel
Professor Dr. **Burkhard Hess**, Universitäten Heidelberg und Luxemburg, Direktor des Max Planck Institute for International, European and Regulatory Procedural Law, Luxemburg
Professor Dr. **Volker Michael Jänich**, Universität Jena, Richter am OLG Jena
Dr. **Ferdinand Kruis**, Rechtsanwalt, München
Professor Dr. **Wolfgang Lüke**, LL.M. (Chicago), Universität Dresden, Direktor des Instituts für Ausländische und Internationale Rechtsangleichung, Richter am OLG Dresden a.D.
Professor Dr. **Heinz-Peter Mansel**, Universität Köln, Direktor des Instituts für internationales und ausländisches Privatrecht
Professor Dr. **Dirk Olzen**, Universität Düsseldorf
Professor Dr. **Christoph G. Paulus**, LL.M. (Berkeley), Humboldt-Universität zu Berlin
Professor Dr. **Hanns Prütting**, Universität zu Köln, Direktor des Instituts für Verfahrensrecht
Dr. **Hartmut Rensen**, Richter am OLG Köln
Dr. **Fabian Reuschle**, Richter am LG Stuttgart
Professor Dr. **Mathias Rohe**, M.A., Universität Erlangen, Richter am OLG Nürnberg a.D.
Dr. **Christoph Schreiber**, Universität zu Kiel
Professor Dr. **Klaus Schreiber**, Universität Bochum
Professor Dr. **Götz Schulze**, Universität Potsdam
Professor Dr. Dr. h.c. **Rolf A. Schütze**, Rechtsanwalt, Stuttgart, Honorarprofessor Universität Tübingen
Professor Dr. **Stefan Smid**, Universität Kiel
Dr. **Frank Spohnheimer**, Akademischer Rat, FernUniversität Hagen
Professor Dr. **Christoph Thole**, Universität Tübingen
Professor Dr. **Roderich C. Thümmel**, LL.M. (Harvard), Rechtsanwalt, Stuttgart, Honorarprofessor Universität Tübingen
Dr. **Eyk Ueberschär**, Rechtsanwalt/Mediator (BAFM), Lehrbeauftragter, Universität Potsdam
Professor Dr. **Barbara Völzmann-Stickelbrock**, FernUniversität Hagen
Dr. **Andreas Wax**, Maître en Droit, Rechtsanwalt, Stuttgart
Professor Dr. **Matthias Weller**, Mag. rer. publ., EBS Law School Wiesbaden
Professor Dr. **Stephan Weth**, Universität des Saarlandes
Dr. **Wolfgang Winter**, Rechtsanwalt, München

## Inhaltsübersicht

# Abkürzungsverzeichnis

| | |
|---|---|
| € | Euro |
| a.A. | anderer Ansicht |
| aaO | am angegebenen Ort |
| A.C. | The Law Reports, Appeal Cases |
| a.E. | am Ende |
| a.F. | alter Fassung |
| a.M. | anderer Meinung |
| Abk. | Abkommen |
| ABl. | Amtsblatt |
| abl. | ablehnend(e/er) |
| Abs. | Absatz |
| Abschn. | Abschnitt |
| Abt. | Abteilung |
| abw. | abweichend |
| AbzG | Abzahlungsgesetz |
| AcP | Archiv für die civilistische Praxis [Band (Jahr) Seite] |
| ADSp. | Allgemeine Deutsche Spediteurbedingungen |
| AEUV | Vertrag über die Arbeitsweise der Europäischen Union |
| AG | Aktiengesellschaft, auch Amtsgericht, auch Ausführungsgesetz, auch Die Aktiengesellschaft, Zeitschrift für das gesamte Aktienwesen (Jahr, Seite) |
| AGB | Allgemeine Geschäftsbedingungen |
| AGBG | Gesetz zur Regelung des Rechts der Allgemeinen Geschäftsbedingungen |
| AGS | Anwaltsgebühren spezial |
| ähnl. | ähnlich |
| AHK | Alliierte Hohe Kommission |
| AktG | Aktiengesetz |
| AktO | Aktenordnung |
| All E.R. | All England Law Reports |
| Allg. | Allgemein (e/er/es) |
| Allg.M. | allgemeine Meinung |
| Alt. | Alternative |
| Am. J. Comp. L. | American Journal of Comparative Law |
| Am. J. Int. L. | American Journal for International Law |
| AMBl BY | Amtsblatt des Bayerischen Staatsministeriums für Arbeit und soziale Fürsorge |
| AMG | Arzneimittelgesetz |
| amtl. | amtlich |
| ÄndVO | Änderungsverordnung |
| AnfG | Anfechtungsgesetz |
| Anh. | Anhang |
| Anl. | Anlage |
| Anm. | Anmerkung |
| AnwBl | Anwaltsblatt |
| AO | Abgabenordnung |
| AöR | Archiv des öffentlichen Rechts |
| AP | Arbeitsrechtliche Praxis, Nachschlagewerk des Bundesarbeitsgerichts |
| App. | Corte d'appello (Italien); Cour d'appel (Belgien, Frankreich) |
| Arb. Int. | Arbitration International |
| ArbG | Arbeitsgericht |
| ArbGG | Arbeitsgerichtsgesetz |
| ArbR | Arbeit und Recht |
| ArbuR | Arbeit und Recht |
| Art. | Artikel |

| | |
|---|---|
| art. | Article |
| Aufl. | Auflage |
| AUG | Auslandsunterhaltsgesetz |
| ausf. | ausführlich |
| AusfG | Ausführungsgesetz |
| AusfVO | Ausführungsverordnung |
| Ausg. | Ausgabe |
| ausl. | ausländisch |
| AuslInvestmG | Gesetz über den Vertrieb ausländischer Investmentanteile und über die Besteuerung der Erträge aus ausländischen Investmentanteilen |
| AVAG | Anerkennungs- und Vollstreckungsausführungsgesetz |
| AWD | Außenwirtschaftsdienst des Betriebsberaters |
| AWG | Außenwirtschaftsgesetz |
| BAföG | Bundesausbildungsförderungsgesetz |
| BAG | Bundesarbeitsgericht |
| BAGE | Entscheidungen des Bundesarbeitsgerichts, Amtliche Sammlung |
| BAnz. | Bundesanzeiger |
| BauR | Baurecht |
| bay. | bayerisch |
| BayObLG | Bayerisches Oberstes Landesgericht |
| BayObLGZ | Entscheidungen des Bayerischen Obersten Landesgerichts in Zivilsachen, Amtliche Sammlung |
| BayVBl. | Bayerische Verwaltungsblätter |
| BB | Betriebs-Berater |
| BBergG | Bundesberggesetz |
| BBl. | Bundesblatt der Schweizerischen Eidgenossenschaft |
| Bd. | Band |
| Bearb. | Bearbeitung |
| BeckOK | Beck'scher Online-Kommentar |
| BeckRS | Beck-Rechtsprechung |
| BEG | Bundesentschädigungsgesetz |
| begr. | begründet |
| Beil. | Beilage |
| Bek. | Bekanntmachung |
| belg. | belgisch |
| Bem. | Bemerkung(en) |
| Ber. | Bericht |
| ber. | berichtigt |
| BerDGVR | Berichte der Deutschen Gesellschaft für Völkerrecht |
| bes. | besonders |
| Beschl. | Beschluss |
| bestr. | bestritten |
| betr. | betreffend |
| BeurkG | Beurkundungsgesetz |
| BezG | Bezirksgericht |
| BfA | Bundesanstalt für Arbeit |
| BFH | Bundesfinanzhof |
| BFH/NV | Sammlung der Entscheidungen des Bundesfinanzhofs |
| BFHE | Sammlung der Entscheidungen und Gutachten des Bundesfinanzhofs |
| BFH-PR | Entscheidungen des Bundesfinanzhofs für die Praxis der Steuerberatung |
| BG | Bundesgericht (Schweiz) |
| BGB | Bürgerliches Gesetzbuch |
| BGBl. | Bundesgesetzblatt |
| BGE | Entscheidungen des schweizerischen Bundesgerichts, Amtliche Sammlung |

| | |
|---|---|
| BGH | Bundesgerichtshof |
| BGHR | Systematische Sammlung der Entscheidungen des BGH |
| BGHZ | Entscheidungen des Bundesgerichtshofs in Zivilsachen; Amtliche Sammlung der Rechtsprechung des Bundesgerichtshofs |
| BinSchG | Binnenschifffahrtsgesetz |
| BinSchVerfG | Gesetz über das gerichtliche Verfahren in Binnenschifffahrtssachen |
| Bl. | Blatt |
| BMF | Bundesministerium der Finanzen |
| BNotO | Bundesnotarordnung |
| BörsG | Börsengesetz |
| BPatG | Bundespatentgericht |
| BR(-Drucks.) | Bundesrat(-sdrucksache) |
| BRAGO | Bundesgebührenordnung für Rechtsanwälte |
| BRAK-Mitt. | Bundesrechtsanwaltskammer Mitteilungen |
| BRAO | Bundesrechtsanwaltsordnung |
| Breith. | Sammlung von Entscheidungen aus dem Sozialrecht. Begr. v. Breithaupt |
| brit. | britisch |
| BSG | Bundessozialgericht |
| BSGE | Entscheidungen des Bundessozialgerichts, Amtliche Sammlung |
| BSHG | Bundessozialhilfegesetz |
| bspw. | beispielsweise |
| BStBl. | Bundessteuerblatt |
| BT(-Drucks.) | Bundestag(-sdrucksache) |
| Buchst. | Buchstabe |
| BVerfG | Bundesverfassungsgericht |
| BVerfGE | Entscheidungen des Bundesverfassungsgerichts, Amtliche Sammlung |
| BVerfGG | Gesetz über das Bundesverfassungsgericht |
| BVerwG | Bundesverwaltungsgericht |
| BVerwGE | Entscheidungen des Bundesverwaltungsgerichts, Amtliche Sammlung |
| BW | Baden-Württemberg |
| BWNotZ | Mitteilungen aus der Praxis, Zeitschrift für das Notariat in Baden-Württemberg |
| BYIL | The British Yearbook of International Law |
| bzw. | beziehungsweise |
| C.A. | Court of Appeal (England) |
| C.M.L.R. | Common Market Law Reports |
| Cahiers dr. europ. | Cahiers de droit européen |
| Cass. (Italien) S.U. | Corte di cassazione, Sezioni Unite |
| Cass. Civ. (com., soc.) | Cour de Cassation (Frankreich/Belgien); Chambre civile (commerciale, sociale) |
| Cc (cc) | Code civil (Frankreich/Belgien/Luxemburg); Codice civile (Italien) |
| ch. | Chapter |
| Ch. D. | Chancery Divison |
| CIM | Convention internationale concernant le transport des marchandises par chemins de fer; Internationales Übereinkommen über den Eisenbahnfrachtverkehr |
| CISG | Convention on the International Sale of Goods (Wiener Übereinkommen über Verträge über den internationalen Warenkauf) |
| CIV | Einheitliche Rechtsvorschriften für den Vertrag über die internationale Eisenbahnbeförderung von Personen und Gepäck (Anlage A zum COTIF) |
| Civ. J.Q. | Civil Justice Quarterly |
| Clunet | Journal du droit international (Frankreich) |
| CML Rev. | Common Market Law Review |
| CMR | Übereinkommen über den Beförderungsvertrag im internationalen Straßenverkehr |
| COTIF | Übereinkommen über den internationalen Eisenbahnverkehr |
| Cour sup. | Cour supérieure de justice (Luxemburg) |

| | |
|---|---|
| CPC, cpc | Codice di procedura civile (Italien); Code de procédure civile (Frankreich/Belgien/Luxemburg) |
| CPO | Civilprozeßordnung |
| CPR | Civil Procedure Rules |
| CR | Computer und Recht |
| d.i p. | Droit international privé |
| D.S. | Receuil Dalloz Sirey |
| d.h. | das heißt |
| DAR | Deutsches Autorecht |
| das. | daselbst |
| DAVorm | Der Amtsvormund |
| DB | Der Betrieb (Jahr, Seite) |
| Dem. Rep. | Demokratische Republik |
| ders./dies./dass. | der-, die-, dasselbe |
| DGVZ | Deutsche Gerichtsvollzieherzeitung |
| DGWR | Deutsches Gemein- und Wirtschaftsrecht |
| diff. | differenzierend |
| Dir. Com. Scambi int. | Diritto communitario negli scambi internazionali |
| Dir. Comm. Int. | Diritto del commercio internationale |
| DIS | Deutsche Institution für Schiedsgerichtsbarkeit |
| DiskE | Diskussionsentwurf |
| Diss. | Dissertation |
| DJ | Deutsche Justiz, Zeitschrift für Rechtspflege und Rechtspolitik |
| DJT | Deutscher Juristentag |
| DJZ | Deutsche Juristenzeitung |
| DNotV | Zeitschrift des Deutschen Notarvereins |
| DNotZ | Deutsche Notarzeitschrift (früher: Zeitschrift des Deutschen Notarvereins, DNotV) |
| doc. | Document |
| DöV | Die öffentliche Verwaltung |
| DR | Deutsches Recht |
| DRiZ | Deutsche Richterzeitung |
| DRpfl | Der Deutsche Rechtspfleger |
| Drucks. | Drucksache |
| DRZ | Deutsche Rechts-Zeitschrift |
| DStR | Deutsches Steuerrecht |
| DStZ | Deutsche Steuerzeitung |
| dt. | deutsch |
| DTA | Datenträgeraustausch |
| DtZ | Deutsch-Deutsche Rechtszeitschrift |
| DuR | Demokratie und Recht |
| DVBl. | Deutsches Verwaltungsblatt |
| DVO | Durchführungsverordnung |
| DZWIR | Deutsche Zeitschrift für Wirtschafts- und Insolvenzrecht |
| E | Entwurf |
| E.C.C. | European Commercial Cases |
| ecolex | ecolex – Fachzeitschrift für Wirtschaftsrecht |
| EDV | Elektronische Datenverarbeitung |
| EFG | Entscheidungen der Finanzgerichte |
| EFTA | European Free Trade Association |
| EG | Einführungsgesetz; Europäische Gemeinschaft |
| EG-BewVO | Europäische Beweisaufnahmeverordnung |
| EGBGB | Einführungsgesetz zum Bürgerlichen Gesetzbuch |

| | |
|---|---|
| EGGVG | Einführungsgesetz zum Gerichtsverfassungsgesetz |
| EGMR | Europäischer Gerichtshof für Menschenrechte |
| EG-PKHVV | EG-Prozesskostenvordrucksverordnung |
| EGStGB | Einführungsgesetz zum Strafgesetzbuch |
| EGV | Vertrag zur Europäischen Gemeinschaft |
| EGZPO | Einführungsgesetz zur Zivilprozessordnung |
| EheG | Ehegesetz |
| Einf. | Einführung |
| EinfG | Einführungsgesetz |
| EingV | Einigungsvertrag |
| Einl. | Einleitung |
| EMRK | (Europäische) Konvention zum Schutze der Menschenrechte und Grundfreiheiten |
| ENA | Europäisches Niederlassungsabkommen |
| entspr. | entsprechend |
| Entw. | Entwurf |
| EO | Österreichische Exekutionsordnung |
| ErbbauVO | Verordnung über das Erbbaurecht |
| Erg. | Ergebnis |
| Erl. | Erläuterungen |
| ESA | Europäisches Übereinkommen über die Staatenimmunität |
| EStG | Einkommenssteuergesetz |
| EU | Europäische Union |
| EÜ | (Genfer) Europäisches Übereinkommen über die internationale Handelsschiedsgerichtsbarkeit |
| EuAÜ | Europäisches Rechtsauskunftsübereinkommen |
| EuBagatellVO/ EuBagVO | Verordnung (EG) Nr. 861/2007 des Europäischen Parlaments und des Rates vom 11. Juli 2007 zur Einführung eines europäischen Verfahrens für geringfügige Forderungen |
| EuBVO | Verordnung (EG) Nr. 1206/2001 des Rates vom 28. Mai 2001 über die Zusammenarbeit zwischen den Gerichten der Mitgliedstaaten auf dem Gebiet der Beweisaufnahme in Zivil- oder Handelssachen |
| EuGH | Europäischer Gerichtshof |
| EuGHE | Entscheidungen des Gerichtshofs der Europäischen Gemeinschaft, Amtliche Sammlung |
| EuGVÜ | Brüsseler EWG-Übereinkommen vom 27.9.1968 über die gerichtliche Zuständigkeit und die Vollstreckung gerichtlicher Entscheidungen in Zivil- und Handelssachen |
| EuGVVO | Verordnung (EG) Nr. 44/2001 des Rates vom 22. Dezember 2000 über die gerichtliche Zuständigkeit und die Anerkennung und Vollstreckung von Entscheidungen in Zivil- und Handelssachen |
| EuInsVO | Verordnung (EG) Nr. 1346/2000 des Rates vom 29. Mai 2000 über Insolvenzverfahren |
| EuMahnVO | Verordnung (EG) Nr. 1896/2006 des Europäischen Parlaments und des Rates vom 12. Dezember 2006 zur Einführung eines Europäischen Mahnverfahrens |
| EuR | Europarecht |
| EuroEG | Euro-Einführungsgesetz |
| Europ. L. Rev. | European Law Review |
| EuÜHS | Europäisches Übereinkommen über die Handelsschiedsgerichtsbarkeit 1961 |
| EuUhVO | Verordnung (EG) Nr. 4/2009 des Rates vom 18. Dezember 2008 über die Zuständigkeit, das anwendbare Recht, die Anerkennung und Vollstreckung von Entscheidungen und die Zusammenarbeit in Unterhaltssachen |
| EuVTVO | Verordnung (EG) Nr. 805/2004 des Europäischen Parlaments und des Rates vom 21. April 2004 zur Einführung eines europäischen Vollstreckungstitels für unbestrittene Forderungen |
| EuZPR | Europäisches Zivilprozessrecht |
| EuZustVO/EuZuVO | Verordnung (EG) Nr. 1393/2007 des Europäischen Parlaments und des Rates vom 13. November 2007 über die Zustellung gerichtlicher und außergerichtlicher |

| | |
|---|---|
| | Schriftstücke in Zivil- oder Handelssachen in den Mitgliedstaaten („Zustellung von Schriftstücken“) und zur Aufhebung der Verordnung (EG) Nr. 1348/2000 des Rates |
| EuZVR | Europäisches Zivilverfahrensrecht |
| EuZW | Europäische Zeitschrift für Wirtschaftsrecht |
| EV | Vertrag zwischen der Bundesrepublik Deutschland und der Deutschen Demokratischen Republik über die Herstellung der Einheit Deutschlands – Einigungsvertrag – |
| evtl. | eventuell |
| EVÜ | Europäisches Schuldvertragsübereinkommen |
| EWG | Europäische Wirtschaftsgemeinschaft |
| EWGV | Vertrag zur Gründung der Europäischen Wirtschaftsgemeinschaft |
| EWiR | Entscheidungen zum Wirtschaftsrecht |
| EWIV | Europäische wirtschaftliche Interessenvereinigung |
| EWR | Europäischer Wirtschaftsraum |
| EWS | Europäisches Wirtschafts- und Steuerrecht |
| EzA | Entscheidungssammlung zum Arbeitsrecht |
| EzFamR aktuell | Entscheidungssammlung zum Familienrecht aktuell |
| | |
| f. | folgend(e) |
| FamFG | Gesetz über das Verfahren in Familiensachen und in den Angelegenheiten der Freiwilligen Gerichtsbarkeit |
| FamG | Familiengericht |
| FamR | Familienrecht |
| FamRÄndG | Familienrechtsänderungsgesetz |
| FamRZ | Zeitschrift für das gesamte Familienrecht |
| FamS | Familiensenat |
| ff. | folgende |
| FG | Finanzgericht; Festgabe; Freiwillige Gerichtsbarkeit |
| FGG | Gesetz über die Angelegenheiten der freiwilligen Gerichtsbarkeit |
| FGO | Finanzgerichtsordnung |
| FGPrax | Praxis der Freiwilligen Gerichtsbarkeit |
| FLF | Finanzierung, Leasing, Factoring |
| Fn. | Fußnote |
| Foro it. | Foro italiano |
| FoVo | Forderung & Vollstreckung |
| franz. | französisch |
| FS | Festschrift |
| Fundst. | Fundstelle(n) |
| FuR | Familie und Recht |
| | |
| G. | Gesetz |
| g.E. | gegen Ende |
| Gaz. Pal. | La Gazette du Palais (Frankreich) |
| GBBerG | Grundbuchbereinigungsgesetz |
| GBl | Gesetzblatt |
| GBO | Grundbuchordnung |
| GbR | Gesellschaft bürgerlichen Rechts |
| geänd. | geändert |
| GebrMG | Gebrauchsmustergesetz |
| gem. | gemäß |
| GenfA | Genfer Abkommen zur Vollstreckung ausländischer Schiedssprüche 1927 |
| GenfP | Genfer Protokoll über die Schiedsklauseln 1923 |
| GenG | Genossenschaftsgesetz |
| GeschMG | Geschmacksmustergesetz |
| GewO | Gewerbeordnung |

| | |
|---|---|
| GG | Grundgesetz für die Bundesrepublik Deutschland |
| ggf. | gegebenenfalls |
| ggü. | gegenüber |
| Giur it. | Giurisprudenza italiana |
| GK | Großkommentar |
| GKG | Gerichtskostengesetz |
| GmbH | Gesellschaft mit beschränkter Haftung |
| GmbHG | Gesetz betreffend die Gesellschaften mit beschränkter Haftung |
| GmbHR | GmbH-Rundschau |
| GmS-OGB | Gemeinsamer Senat der obersten Gerichtshöfe des Bundes |
| gr. | griechisch |
| GrS | Großer Senat |
| Gruchot | Beiträge zur Erläuterung des Deutschen Rechts, begründet v. Gruchot |
| GRUR | Gewerblicher Rechtsschutz und Urheberrecht |
| GS | Gedächtnisschrift |
| GSZ | Großer Senat in Zivilsachen |
| GVGA | Geschäftsanweisungen für Gerichtsvollzieher |
| GVBl. | Gesetz- und Verordnungsblatt |
| GVBl. RhPf. | Gesetz- und Verordnungsblatt Rheinland-Pfalz |
| GVG | Gerichtsverfassungsgesetz |
| GVKostG | Gesetz über die Kosten der Gerichtsvollzieher |
| GVO | Gerichtsvollzieherordnung |
| GWB | Gesetz gegen Wettbewerbsbeschränkungen |
| | |
| H | Heft |
| H.C. | High Court |
| Hinw. | Hinweis |
| H.L. | House of Lords |
| H.R. | Hoge Raad (Niederlande) |
| h.M. | herrschende Meinung |
| HaftpflG | Haftpflichtgesetz |
| HausTWG | Haustürwiderrufsgesetz |
| HBÜ | Haager Übereinkommen über die Beweisaufnahme im Ausland in Zivil- und Handelssachen |
| Hdb. | Handbuch |
| HessVGRspr | Rechtsprechung der Hessischen Verwaltungsgerichte |
| HGB | Handelsgesetzbuch |
| HinterlO | Hinterlegungsordnung |
| HKO | Haager Landkriegsordnung |
| h.L. | herrschende Lehre |
| HmbGVBl. | Hamburger Gesetz- und Verordnungsblatt |
| HO | Hinterlegungsordnung |
| HRR | Höchstrichterliche Rechtsprechung |
| Hrsg./hrsg. | Herausgeber, herausgegeben |
| Hs | Halbsatz |
| HZPA | Haager Zivilprozessabkommen 1905 |
| HZPÜ | Haager Übereinkommen über den Zivilprozess |
| HZÜ | Haager Übereinkommen über die Zustellung gerichtlicher und außergerichtlicher Schriftstücke im Ausland in Zivil- oder Handelssachen |
| | |
| i. Zw. | im Zweifel |
| i.A. | im Auftrag |
| i.d.F. | in der Fassung |
| i.d.R. | in der Regel |
| i.d.S. | in dem/diesem Sinne |

| | |
|---|---|
| i.E. | im Ergebnis |
| i.e.S. | im engeren Sinne |
| i.H.v. | in Höhe von |
| i.R.v. | im Rahmen von |
| i.S.d. | im Sinne des |
| i.S.v. | im Sinne von |
| i.Ü. | im Übrigen |
| i.V.m. | in Verbindung mit |
| i.w.S. | im weiteren Sinne |
| ICC | International Chamber of Commerce (Internationale Handelskammer) |
| ICLQ | The International and Comparative Law Quarterly |
| IGH | Internationaler Gerichtshof |
| ILM | International Legal Materials |
| ILR | International Law Reports |
| insb. | insbesondere |
| int. | international |
| IPRax | Praxis des Internationalen Privat- und Verfahrensrechts |
| IWB | Internationale Wirtschaftsbriefe |
| IWF | Internationaler Währungsfonds |
| IZPR | Internationales Zivilprozessrecht |
| IZVR | Internationales Zivilverfahrensrecht |
| J. Bus. L. | The Journal of Business Law (England) |
| J. Int. Arb. | Journal of International Arbitration |
| JA | Juristische Arbeitsblätter |
| JbIntR | Jahrbuch für internationales Recht |
| JBl. | Justizblatt; Juristische Blätter (Österreich) |
| JbRR | Jahrbuch für Rechtssoziologie und Rechtstheorie |
| JFG | Jahrbuch für Entscheidungen in Angelegenheiten der freiwilligen Gerichtsbarkeit und des Grundbuchrechtes |
| JMBl. | Justizministerialblatt |
| JMBlNrw | Justizministerialblatt von Nordrhein-Westfalen |
| JN | Jurisdiktionsnorm (Österreich) |
| JOR | Jahrbuch für Ostrecht |
| JPS | Jahrbuch für die Praxis der Schiedsgerichtsbarkeit |
| JR | Juristische Rundschau |
| Judicium | Vierteljahresschrift für die gesamte Zivilrechtspflege |
| JURA | Juristische Ausbildung |
| JurBüro | Das juristische Büro |
| JurTag(s) | Juristentag(es) |
| JuS | Juristische Schulung |
| Justiz | Die Justiz, Amtsblatt des Justizministeriums Baden-Württemberg |
| JVBl | Justizverwaltungsblatt |
| JVEG | Justizvergütungs- und Entschädigungsgesetz |
| JW | Juristische Wochenschrift |
| JZ | Juristenzeitung |
| KAGG | Gesetz über Kapitalanlagegesellschaften |
| Kap. | Kapitel |
| KG | Kammergericht, Kommanditgesellschaft |
| KGaA | Kommanditgesellschaft auf Aktien |
| KGBl. | Blätter für Rechtspflege im Bezirk des Kammergerichts in Sachen der freiwilligen Gerichtsbarkeit, in Kosten-, Stempel- und Strafsachen |
| KO | Konkursordnung |
| KonsulG | Konsulargesetz |

| | |
|---|---|
| KostO | Kostenordnung |
| KostRÄndG | Kostenrechtsänderungsgesetz |
| KrG | Kreisgericht |
| krit. | kritisch |
| KTS | Zeitschrift für Konkurs-, Treuhand- und Schiedsgerichtswesen (Jahr, Seite) |
| KV | Kostenverzeichnis |
| KWG | Gesetz über das Kreditwesen |
| LAG | Gesetz über den Lastenausgleich; auch Landesarbeitsgericht |
| Lb | Lehrbuch |
| LG | Landgericht |
| Lit. | Buchstabe |
| LJ | The Law Journal (England) |
| LJV | Landesjustizverwaltung |
| LM | Nachschlagewerk des Bundesgerichtshofs, hrsg. v. Lindenmaier und Möhring |
| LMK | Lindenmaier-Möhring – Kommentierte BGH-Rechtsprechung, hrsg. v. Pfeiffer |
| LS | Leitsatz |
| LSG | Landessozialgericht |
| LuftfzRG | Gesetz über Rechte an Luftfahrzeugen |
| LuftVG | Luftverkehrsgesetz |
| LUG | Gesetz betr. das Urheberrecht an Werken der Literatur und der Tonkunst (LiteratururheberG) |
| LugÜ I | Lugano-Übereinkommen über die gerichtliche Zuständigkeit und die Vollstreckung gerichtlicher Entscheidungen in Zivil- und Handelssachen vom 16. September 1988 |
| LugÜ II | Lugano-Übereinkommen über die gerichtliche Zuständigkeit und die Vollstreckung gerichtlicher Entscheidungen in Zivil- und Handelssachen vom 30.10.2007 |
| lux. | luxemburgisch |
| LwAnpG | Gesetz über die strukturelle Anpassung der Landwirtschaft an die soziale und ökologische Marktwirtschaft in der Deutschen Demokratischen Republik (Landwirtschaftsanpassungsgesetz) |
| LwVfG | Gesetz über das gerichtliche Verfahren in Landwirtschaftssachen |
| LZ | Leipziger Zeitschrift für Deutsches Recht |
| m. | mit |
| m. ausf. N. | mit ausführlichen Nachweisen |
| m.w.N. | mit weiteren Nachweisen |
| maW | mit anderen Worten |
| MDR | Monatsschrift für Deutsches Recht |
| MittBayNot. | Mitteilungen des Bayerischen Notarvereins |
| MittRhNotK | Mitteilungen der Rheinischen Notarkammer |
| MittRuhrKn | Mitteilungen der Ruhrknappschaft Bochum |
| Mot. | Motive |
| MSA | Haager Minderjährigenschutzabkommen |
| MünchKomm-BGB | Münchener Kommentar zum BGB |
| MünchKomm-InsO | Münchener Kommentar zur Insolvenzordnung |
| MünchKomm | Münchener Kommentar zur Zivilprozessordnung |
| MuW | Markenschutz und Wettbewerb (Jahr, Seite) |
| N.C.p.c. | Nouveau Code de procédure civile |
| n.F. | neue Fassung; neue Folge |
| Nachw. | Nachweis(e/n) |
| Nds.Rpfl | Niedersächsische Rechtspflege |
| NdsVBl. | Niedersächsische Verwaltungsblätter |

| | |
|---|---|
| NEhelG | Gesetz über die rechtliche Stellung der nichtehelichen Kinder |
| NJOZ | Neue Juristische Online-Zeitschrift |
| NJW | Neue Juristische Wochenschrift |
| NJW-CoR | Computerreport der Neuen Juristischen Wochenschrift |
| NJWE WettR | NJW-Entscheidungsdienst Wettbewerbsrecht |
| NJW-RR | Neue Juristische Wochenschrift – Rechtsprechungsreport Zivilrecht |
| NotBZ | Zeitschrift für die notarielle Beratungs- und Beurkundungspraxis |
| Nov. | Novelle |
| Nr. | Nummer |
| NRW | NW Nordrhein-Westfalen |
| NTS | NATO-Truppenstatut |
| NVwZ | Neue Zeitschrift für Verwaltungsrecht |
| NZA | Neue Zeitschrift für Arbeitsrecht |
| NZA-RR | Neue Zeitschrift für Arbeitsrecht – Rechtsprechungsreport |
| NZG | Neue Zeitschrift für Gesellschaftsrecht |
| NZI | Neue Zeitschrift für das Recht der Insolvenz und Sanierung |
| NZM | Neue Zeitschrift für Mietrecht |
| o. | oben |
| OFD | Oberfinanzdirektion |
| öffentl. | öffentlich |
| OGH | Oberster Gerichtshof (für die britische Zone, Österreich) |
| OGHZ | Entscheidungen des Obersten Gerichtshofs für die britische Zone in Zivilsachen |
| öGZ | (österr.) Gerichts-Zeitung |
| OHG | Offene Handelsgesellschaft |
| öJBl | Österreichische Juristische Blätter |
| ÖJZ | Österreichische Juristen-Zeitung |
| OLG | Oberlandesgericht |
| OLG-NL | OLG-Rechtsprechung Neue Länder |
| OLGR | OLG-Report: Zivilrechtsprechung der Oberlandesgerichte |
| OLGRspr | Die Rechtsprechung der Oberlandesgerichte auf dem Gebiete des Zivilrechts |
| OLGZ | Entscheidungen der Oberlandesgerichte in Zivilsachen |
| OrderlagerscheinV | Orderlagerscheinverordnung |
| ÖRiZ | Österreichische Richterzeitung |
| österr. | österreichisch |
| OVG | Oberverwaltungsgericht |
| PA | Patentamt |
| PAngV | Preisangabenverordnung |
| PatAnwO | Patentanwaltsordnung |
| PatG | Patentgesetz |
| PersV | Die Personalvertretung |
| PflVG | Pflichtversicherungsgesetz |
| PKH | Prozesskostenhilfe |
| PKHRL | Prozesskostenhilfe-Richtlinie |
| ProdHG | Produkthaftungsgesetz |
| Prot. | Protokoll |
| ProzRB | Der Prozess-Rechts-Berater |
| PStG | Personenstandsgesetz |
| PStV | Personenstandsverordnung |
| RabelsZ | Zeitschrift für ausländisches und internationales Privatrecht |
| RAG | Reichsarbeitsgericht |
| Rb. | Rechtsbank (Niederlande) |

| | |
|---|---|
| Rbeistand | Der Rechtsbeistand |
| RBerG | Rechtsberatungsgesetz |
| RdA | Recht der Arbeit |
| RdL | Recht der Landwirtschaft (Jahr, Seite) |
| Rdn. | Randnummer |
| Recht | Das Recht, Rundschau für den Deutschen Juristenstand |
| RefE | Referentenentwurf |
| RegBl | Regierungsblatt |
| RegE | Regierungsentwurf |
| ReichsschuldenO | Reichsschuldenordnung |
| RFH | Reichsfinanzhof; amtliche Sammlung der Entscheidungen des RFH |
| RG | Reichsgericht |
| RGBl. | Reichsgesetzblatt |
| RGes. | Reichsgesetz |
| RGRK | Reichsgerichtsrätekommentar |
| RGSt | Entscheidungen des Reichsgerichts in Strafsachen (1.1880–77.1944; Band, Seite) |
| RGZ | Entscheidungen des Reichsgerichts in Zivilsachen; amtliche Sammlung der Reichsgerichtsentscheidungen in Zivilsachen |
| Rh.-Pf | Rheinland-Pfalz |
| RIDC | Revue internationale de droit comparé |
| RIW | Recht der Internationalen Wirtschaft |
| RL | Richtlinie |
| ROW | Recht in Ost und West |
| Rpfl. | Der Deutsche Rechtspfleger |
| RpflG | Rechtspflegegesetz |
| Rs | Rechtssache |
| Rspr. | Rechtsprechung |
| RuS | Recht und Schaden |
| RuStAG | Reichs- und Staatsangehörigkeitsgesetz |
| RVG | Rechtsanwaltsvergütungsgesetz |
| RzW | Rechtsprechung zum Wiedergutmachungsrecht |
| | |
| s. | siehe |
| S. | Seite/Satz |
| S.C. | Supreme Court |
| s.a. | siehe auch |
| s.o. | siehe oben |
| s.u. | siehe unten |
| SaBremR | Sammlung des bremischen Rechts |
| SachenRBerG | Sachenrechtsbereinigungsgesetz |
| Sachg | Sachgebiet |
| SächsVBl | Sächsische Verwaltungsblätter |
| SAE | Sammlung arbeitsrechtlicher Entscheidungen der Vereinigung der Arbeitgeberverbände |
| ScheckG | Scheckgesetz |
| SchiedsVZ | Zeitschrift für Schiedsverfahren |
| SchlHA | Schleswig-Holsteinische Anzeigen |
| SchRegO | Schiffsregisterordnung |
| SchRG | Schiffsregistergesetz |
| SchuldR | Schuldrecht |
| schw. | schweizerisch |
| SchwJbIntR | Schweizer Jahrbuch für Internationales Recht |
| Sch-Ztg | Schiedsmannszeitung |
| Sec. | Section |
| Sess. | Session |

| | |
|---|---|
| SeuffArch | Seufferts Archiv für Entscheidungen der obersten Gerichte in den deutschen Staaten |
| SeuffBl | Seufferts Blätter für Rechtsanwendung in Bayern |
| SGB | Sozialgesetzbuch |
| SGG | Sozialgerichtsgesetz |
| SJZ | Süddeutsche Juristenzeitung |
| sog. | sogenannte |
| SozG | Sozialgericht |
| Sp. | Spalte |
| StAZ | Zeitschrift für Standesamtswesen |
| StB | Der Steuerberater |
| StGB | Strafgesetzbuch |
| StIGH | Ständiger Internationaler Gerichtshof |
| StPO | Strafprozessordnung |
| str. | strittig |
| StRK | Steuerrechtsprechung in Karteiform. Höchstgerichtliche Entscheidungen in Steuersachen |
| stRspr. | ständige Rechtsprechung |
| StuB | Steuern und Bilanzen |
| StuW | Steuer und Wirtschaft |
| StVG | Straßenverkehrsgesetz |
| StVZO | Straßenverkehrs-Zulassungs-Ordnung |
| Suppl. | Supplement |
| SZIER | Schweizer Zeitschrift für internationales und europäisches Recht |
| | |
| T.P.R. | Tijdschrift voor Privaatrecht (Niederlande) |
| teilw. | teilweise |
| ThürBl | Blätter für Rechtspflege in Thüringen und Anhalt |
| Tit. | Titel |
| TranspR | Transportrecht |
| TRG | Gesetz zur Neuregelung des Fracht-, Speditions- und Lagerrechts |
| Trib. | Tribunal; Tribunale |
| Trib. com. | Tribunal de commerce (Belgien/Frankreich) |
| | |
| u.a. | und andere(m) |
| u.Ä. | und Ähnliche(s) |
| u.U. | unter Umständen |
| Übers. | Übersicht |
| Übk. | Übereinkommen |
| UFITA | Archiv für Urheber-, Film-, Funk- und Theaterrecht |
| UmweltHG | Umwelthaftungsgesetz |
| UN | United Nations |
| unstr. | unstreitig |
| UNÜ | New Yorker UN-Übereinkommen über die Anerkennung und Vollstreckung ausländischer Schiedssprüche vom 10. Juni 1958 |
| UNUVÜ | New Yorker UN-Übereinkommen über die Geltendmachung von Unterhaltsansprüchen im Ausland vom 20. Juni 1956 |
| Urt. | Urteil |
| usw. | und so weiter |
| UWG | Gesetz gegen den unlauteren Wettbewerb |
| | |
| v. | versus |
| VA | Versicherungsaufsicht |
| VAG | Gesetz über die Beaufsichtigung der privaten Versicherungsunternehmen und Bausparkassen (Versicherungsaufsichtsgesetz) |
| Var. | Variante |

| | |
|---|---|
| verb. | verbunden(e) |
| VerbrKrG | Verbraucherkreditgesetz |
| Verf. | Verfassung |
| VerfGH | Verfassungsgerichtshof |
| VerglO | Vergleichsordnung |
| Verh. | Verhandlungen |
| VerlG | Gesetz über das Verlagsrecht |
| VerlR | Verlagsrecht |
| VermA | Vermittlungsausschuss |
| VerschG | Verschollenheitsgesetz |
| VersR | Versicherungsrecht, Juristische Rundschau für die Individualversicherung |
| VerwAO | Verwaltungsanordnung |
| Vfg | Verfügung |
| VG | Verwaltungsgericht |
| VGH | Verwaltungsgerichtshof |
| vgl. | vergleiche |
| VIZ | Zeitschrift für Vermögens- und Immobilienrecht |
| VO | Verordnung |
| VOB/B | Verdingungsordnung für Bauleistungen Teil B |
| VOBl | Verordnungsblatt |
| Voraufl. | Vorauflage |
| Vorb. | Vorbemerkung |
| vorl. | vorläufige(r) |
| VR | Verwaltungsrundschau |
| VV | Vergütungsverzeichnis |
| VVaG | Versicherungsverein auf Gegenseitigkeit |
| VVG | Gesetz über den Versicherungsvertrag (Versicherungsvertragsgesetz) |
| VwGO | Verwaltungsgerichtsordnung |
| VwVfG | Verwaltungsverfahrensgesetz |
| VwVG | (Bundes-)Verwaltungsvollstreckungsgesetz |
| VZS | Vereinigte Zivilsenate |
| W.L.R. | Weekly Law Reports |
| w.N. | weitere Nachweise |
| WahrnG | Gesetz über die Wahrnehmung von Urheberrechten und verwandten Schutzrechten (Urheberrechtswahrnehmungsgesetz) |
| Warn. | Rechtsprechung des Bundesgerichtshofs in Zivilsachen, als Fortsetzung der von Otto Warneyer hrsg. Rechtsprechung des Reichsgerichts |
| WarnRspr | Warneyer, Rechtsprechung des Reichsgerichts, soweit sie nicht in der amtlichen Sammlung der Entscheidungen des RG abgedruckt ist, hrsg. v. Warneyer |
| WBÜ | Washingtoner Weltbankübereinkommen für Investitionsstreitigkeiten |
| WEG | Gesetz über das Wohnungseigentum und das Dauerwohnrecht (Wohnungseigentumsgesetz) |
| WertpBG | Wertpapierbereinigungsgesetz |
| WG | Wechselgesetz |
| WieDÜ | Wiener Übereinkommen 1961 (Diplomaten) |
| WieKÜ | Wiener Übereinkommen 1963 (Konsuln) |
| WiGBl. | Gesetzblatt der Verwaltung des Vereinigten Wirtschaftsgebiets |
| WM | Wertpapier-Mitteilungen |
| WRP | Wettbewerb in Recht und Praxis |
| WuB | Entscheidungssammlung zum Wirtschafts- und Bankrecht |
| WÜD | Wiener Übereinkommen über diplomatische Beziehungen |
| WÜK | Wiener Übereinkommen über konsularische Beziehungen |
| WuM | Wohnungswirtschaft und Mietrecht |
| WuW | Wirtschaft und Wettbewerb |

| | |
|---|---|
| WVRK | Wiener Übereinkommen über das Recht der Verträge |
| WZG | Warenzeichengesetz |
| Yb. Eurp. L. | Yearbook of European Law |
| z.B. | zum Beispiel |
| z.T. | zum Teil |
| ZAkDR | Zeitschrift der Akademie für Deutsches Recht |
| ZAP | Zeitschrift für die Anwaltspraxis |
| ZBB | Zeitschrift für Bankrecht und Bankwirtschaft |
| ZBinnSch | Zeitschrift für Binnenschifffahrt |
| ZBlFG | Zentralblatt für die freiwillige Gerichtsbarkeit und Notariat |
| ZBlJugR | Zentralblatt für Jugendrecht und Jugendwohlfahrt |
| ZBR | Zeitschrift für Beamtenrecht |
| ZEuP | Zeitschrift für Europäisches Privatrecht (Jahr, Seite) |
| ZfA | Zeitschrift für Arbeitsrecht |
| ZfB | Zeitschrift für Betriebswirtschaft |
| ZfG | Zeitschrift für Gesetzgebung |
| ZfRV | Zeitschrift für Rechtsvergleichung (Österreich) |
| ZfS | Zeitschrift für Schadensrecht (Jahr, Seite) |
| ZfSH | Zeitschrift für Sozialhilfe |
| ZGB | Zivilgesetzbuch (DDR/Schweiz) |
| ZGR | Zeitschrift für Unternehmens- und Gesellschaftsrecht |
| ZHR | Zeitschrift für das gesamte Handelsrecht und Wirtschaftsrecht |
| Ziff. | Ziffer |
| ZIP | Zeitschrift für Wirtschaftsrecht und Insolvenzpraxis |
| ZIR | Niemeyers Zeitschrift für internationales Recht |
| ZLR | Zeitschrift für Luftrecht und Weltraumrechtsfragen |
| ZMR | Zeitschrift für Miet- und Raumrecht |
| ZnotP | Zeitschrift für die Notarpraxis |
| ZöffR | Zeitschrift für öffentliches Recht |
| ZPO | Zivilprozessordnung |
| ZPOuaÄndG | Gesetz zur Änderung der Zivilprozeßordnung und anderer Gesetze |
| ZPR | Zivilprozessrecht |
| ZRHO | Rechtshilfeordnung in Zivilsachen |
| ZRP | Zeitschrift für Rechtspolitik |
| ZS | Zivilsenat |
| ZSEG | Gesetz über die Entschädigung von Zeugen und Sachverständigen |
| ZSR | Zeitschrift für Schweizer Recht |
| zust. | zustimmend |
| ZustDG | EG-Zustellungsdurchführungsgesetz |
| ZustErgG | Zuständigkeitsergänzungsgesetz |
| ZustRG | Zustellreformgesetz |
| zutr. | zutreffend |
| ZVersWiss | Zeitschrift für die gesamte Versicherungswissenschaft |
| ZVG | Gesetz über die Zwangsversteigerung und die Zwangsverwaltung (Zwangsversteigerungsgesetz) |
| ZVglRWiss | Zeitschrift für vergleichende Rechtswissenschaft |
| zzgl. | zuzüglich |
| ZZP | Zeitschrift für Zivilprozess |
| ZZPInt | Zeitschrift für Zivilprozess International |

# Verzeichnis der abgekürzt zitierten Literatur


| | |
|---|---|
| *Abel* | Zur Nichtigkeitsklage wegen Mängeln der Vertretung im Zivilprozeß, 1995 |
| *Anders/Gehle* | Das Assessorexamen im Zivilrecht, 10. Aufl. 2010 |
| AK/*Bearbeiter* | Alternativkommentar zur Zivilprozessordnung, hrsg. v. Ankermann/ Wassermann, 1987 |
| *Bachmann* Fremdwährungsschulden | Bachmann Fremdwährungsschulden in der Zwangsvollstreckung, 1994 |
| Bamberger/Roth/*Bearbeiter* | Beck'scher Online-Kommentar zum BGB, Stand: 1.5.2012, Edition 23 |
| *Baumann/Brehm* | Zwangsvollstreckung, 2. Aufl. 1982 |
| Baumbach/Lauterbach/ *Bearbeiter* | Baumbach/Lauterbach/Albers/Hartmann, Zivilprozessordnung, 70. Aufl. 2012 |
| *Baur* Studien | Studien zum einstweiligen Rechtsschutz, 1967 |
| *Baur/Stürner/Bruns* | Zwangsvollstreckungsrecht, 13. Aufl. 2006 |
| BeckOK ZPO/*Bearbeiter* | Beck'scher Online-Kommentar ZPO, Edition 8, Stand 15.1.2013 |
| *Bernhardt* | Das Zivilprozessrecht, 3. Aufl. 1968 |
| *Blomeyer* ZPR | Zivilprozessrecht, Erkenntnisverfahren 2. Aufl. 1985 |
| *Böhm* | Ungerechtfertigte Zwangsvollstreckung und materiellrechtliche Ausgleichsansprüche, 1971 |
| *Brox/Walker* | Zwangsvollstreckungsrecht, 9. Aufl. 2011 |
| *Bruns* ZPR | Zivilprozessrecht, 2. Aufl. 1979 |
| *Bruns/Peters* ZVR | Zwangsvollstreckungsrecht, 3. Aufl. 1987 |
| *Bunge* | Zivilprozess und Zwangsvollstreckung in England und Schottland, 2. Aufl. 2005 |
| *Fasching* | Lehrbuch des österreichischen Zivilprozessrechts, 2. Aufl. 1990 |
| *Furtner* Urteil im Zivilprozess | Das Urteil im Zivilprozess, 5. Aufl. 1985 |
| *Furtner* Vorläufige Vollstreckbarkeit | Die vorläufige Vollstreckbarkeit, 1953 |
| *Gaul/Schilken/Becker-Eberhard* ZVR | Zwangsvollstreckungsrecht, 12. Aufl. 2010 |
| *Gaupp/Stein* | Die Zivilprozessordnung für das deutsche Reich, 5. Aufl. 1902 |
| *Gebauer/Wiedmann* | Zivilrecht unter europäischem Einfluss, 2. Aufl. 2010 |
| *Geimer* Anerkennung | Anerkennung ausländischer Entscheidungen in Deutschland, 1995 |
| *Geimer* IZPR | Internationales Zivilprozessrecht, 6. Aufl. 2009 |
| *Geimer/Schütze* Internationale Urteilsanerkennung | Internationale Urteilsanerkennung, Bd. I/1 1983, Bd. I/2 1984, Bd. II 1982 |
| *Geimer/Schütze* IRV | Internationaler Rechtsverkehr in Zivil- und Handelssachen, Loseblattsammlung, hrsg. v. Geimer/Schütze, Stand: 43. Ergänzungslieferung 6/2012 |
| *Geimer/Schütze* EZVR | Europäisches Zivilverfahrensrecht, 3. Aufl. 2010 |
| *Gerhardt* | Vollstreckungsrecht, 2. Aufl. 1982 |
| *Gerlach* Ungerechtfertigte Zwangsvollstreckung | Ungerechtfertigte Zwangsvollstreckung und ungerechtfertigte Bereicherung, 1986 |
| *Gloy/Loschelder/Erdmann* | Handbuch des Wettbewerbsrechts, 4. Aufl. 2010 |
| *Gottwald* Gutachten 61. DJT | Empfehlen sich im Interesse eines effektiven Rechtsschutzes Maßnahmen zur Vereinfachung, Vereinheitlichung und Beschränkung der Rechtsmittel und Rechtsbehelfe des Zivilverfahrensrechts?: Gutachten A für den 61. Deutschen Juristentag/erstattet von Peter Gottwald. – München, 1996 |
| *Götz* Zivilrechtliche Ersatzansprüche | Zivilrechtliche Ersatzansprüche bei schädigender Rechtsverfolgung, 1989 |
| *Grunsky* | Zivilprozessrecht, 13. Aufl. 2008 |
| *Grunsky* Grundlagen | Grundlagen des Verfahrensrechts, 2. Aufl. 1974 |
| *Häsemeyer* Schadenshaftung | Schadenshaftung im Zivilrechtsstreit, 1979 |

| | |
|---|---|
| *Hahn/Mugdan* | Die gesamten Materialien zu den Reichsjustizgesetzen, Neudruck 1983 unter: *Hahn/Mugdan* Die gesamten Materialien zu den Reichs-Justizgesetzen; Band 2 Materialien zur Zivilprozessordnung Abt. 1, Hrsg. *Stegemann*, 2. Aufl. 1881; Band 2 Materialien zur Zivilprozessordnung Abt. 2, Hrsg. *Stegemann*, 2. Aufl. 1881; Band 8 Materialien zum Gesetz betr. Änderungen der Zivilprozessordnung, Gerichtsverfassungsgesetz und Strafprozessordnung, fortgesetzt von *Mugdan*, 1898 |
| *Hahn/Stegemann* | Die gesamten Materialien zu den Reichsjustizgesetzen, 2. Band, Die gesammelten Materialien zur Civilprozessordnung und dem Einführungsgesetz zu derselben vom 30.1.1877, 1. und 2. Abt. 1881, Neudruck 1983 unter dem Titel: *Hahn/Mugdan*, Die gesamten Materialien zu den Reichs-Justizgesetzen, Bd. 2 |
| *Hellhake* | Einstweilige Einstellung der Zwangsvollstreckung nach §§ 707, 719 Abs. 1 ZPO in direkter und analoger Anwendung, 1998 |
| *Hellwig* Lehrbuch | Lehrbuch des deutschen Zivilprozessrechts, Band 1 (1903), Band 2 (1907), Band 3 (1909) |
| *Hellwig* System | System des deutschen Zivilprozessrechts, 2 Bände, 1912 |
| *Hertel* Urkundenprozess | Der Urkundenprozeß unter besonderer Berücksichtigung von Verfassung (rechtliches Gehör) und Vollstreckungsschutz, 1992 |
| *Hess* EuZPR | Europäisches Zivilprozessrecht, 2010 |
| HK-ZPO/*Bearbeiter* | Zivilprozessordnung, Handkommentar, hrsg. v. Saenger, 4. Aufl. 2011 |
| *Jaeckel* lex fori | Die Reichweite der lex fori im internationalen Zivilprozeßrecht, 1995 |
| Jauernig/*Bearbeiter* | Bürgerliches Gesetzbuch, 14. Aufl. 2011 |
| *Jauernig/Hess* ZPR | Zivilprozessrecht, 30. Aufl. 2011 |
| *Jauernig/Berger* ZVR | Zwangsvollstreckungs- und Konkursrecht, 23. Aufl. 2010 |
| *Kallmann* | Anerkennung und Vollstreckung ausländischer Zivilurteile und Vergleiche, 1946 |
| *Kegel/Schurig* IPR | Internationales Privatrecht, 9. Aufl. 2004 |
| *Kerwer* Erfüllung | Die Erfüllung in der Zwangsvollstreckung, 1996 |
| *Keßler* Vollstreckbarkeit | Die Vollstreckbarkeit und ihr Beweis gem. Art. 31 und 47 Nr. 1 EuGVÜ, 1998 |
| Kindl/Meller-Hannich/Wolf/*Bearbeiter* | Gesamtes Recht der Zwangsvollstreckung, Handkomentar, Aufl. 2010 |
| *Knöringer* Assessorklausur | Die Assessorklausur im Zivilprozess, 13. Aufl. 2010 |
| *Koch* | Unvereinbare Entscheidungen i.S.d. Art. 27 Nr. 3 und 5 EuGVÜ und ihre Vermeidung, 1993 |
| *Kondring* | Die Heilung von Zustellungsmängeln im internationalen Zivilrechtsverkehr, 1995 |
| *Kropholler/von Hein* EuZPR | Europäisches Zivilprozessrecht, 9. Aufl. 2011 |
| *Lachmann* | Handbuch für die Schiedsgerichtspraxis, 3. Aufl. 2008 |
| *Langendorf* | Prozessführung im Ausland und Mängelrüge im ausländischen Recht, 1956 ff. |
| *Linke/Hau* IZPR | Internationales Zivilprozessrecht, 5. Aufl. 2011 |
| *Lüke* ZPR | Zivilprozessrecht, 10. Aufl. 2011 |
| *Maier* | Handbuch der Schiedsgerichtsbarkeit, 1979 |
| *Martiny* | Handbuch Anerkennung ausländischer Entscheidungen nach autonomem Recht, in: Handbuch des Internationalen Zivilverfahrensrechts, Bd. III/1, 1984 |
| *Mayr/Czernich* | Europäisches Zivilprozessrecht, 2006 |
| *Maurer* Einstweilige Anordnungen | Einstweilige Anordnungen in der Zwangsvollstreckung nach Einlegung zivilprozessualer Rechtsbehelfe, 1981 |
| MünchKomm/*Bearbeiter* | Münchener Kommentar zur ZPO, 4. Aufl. 2012 |
| MünchKomm-BGB/*Bearbeiter* | Münchener Kommentar zum BGB, 6. Aufl. 2012 ff. |
| MünchKomm-InsO/*Bearbeiter* | Münchener Kommentar zur Insolvenzordnung, 2. Aufl. 2007/2008 |
| *Musielak* Grundkurs | Grundkurs ZPO, 10. Aufl. 2010 |

| | |
|---|---|
| Musielak/*Bearbeiter* | Kommentar zur Zivilprozessordnung, 9. Aufl. 2012 |
| *Nagel/Gottwald* IZPR | Internationales Zivilprozessrecht, 6. Aufl. 2007 |
| *Niederelz* Rechtswidrigkeit | Die Rechtswidrigkeit des Gläubiger- und Gerichtsvollzieherverhaltens in der Zwangsvollstreckung unter besonderer Berücksichtigung der Verhaltensunrechtslehre, 1974 |
| *Nikisch* ZPR | Zivilprozessrecht, 2. Aufl. 1952 |
| Oberhammer/*Bearbeiter* | Schweizerische Zivilprozessordnung, Basel 2010 |
| *Paulus* ZPR | Zivilprozessrecht, 5. Aufl. 2013 |
| *Pecher* Schadensersatzansprüche | Die Schadensersatzansprüche aus ungerechtfertigter Vollstreckung, 1967 |
| Prütting/Gehrlein/*Bearbeiter* | ZPO, 4. Aufl. 2012/5. Aufl. 2013 |
| *Pukall* ZPR | Der Zivilprozess in der Praxis, 6. Aufl. 2006 |
| Rauscher/*Bearbeiter* EuZPR | Europäisches Zivilprozess- und Kollisionsrecht (EGVollstrTitelVO, EG-MahnVO, EG-BagatellVO, EG-ZustVO 2007, EG-BewVO, EG-InsVO), 3. Aufl. 2011 |
| Reithmann/Martiny/*Bearbeiter* | Internationales Vertragsrecht, 7. Aufl. 2010 |
| *Riezler* IZPR | Internationales Zivilprozessrecht und prozessuales Fremdenrecht, 1949 (Nachdruck 1995) |
| *Rosenberg/Schwab/Gottwald* ZPR | Zivilprozessrecht, 17. Aufl. 2010 |
| Saenger/*Bearbeiter* | Zivilprozessordnung, Handkommentar, hrsg. v. Saenger, 4. Aufl. 2011 |
| *Saenger* Einstweiliger Rechtsschutz | Einstweiliger Rechtsschutz und materiellrechtliche Selbsterfüllung, 1998 |
| *Schack* | Einführung in das US-amerikanische Zivilprozessrecht, 4. Aufl. 2011 |
| *Schack* IZVR | Internationales Zivilverfahrensrecht, 5. Aufl. 2010 |
| *Schellhammer* ZPR | Zivilprozessrecht, 13. Aufl. 2010 |
| *Schilken* ZPR | Zivilprozessrecht, 6. Aufl. 2010 |
| *Schlosser* | Das Recht der internationalen privaten Schiedsgerichtsbarkeit, 2. Aufl. 1989 |
| *Schlosser* ZPR I | Zivilprozessrecht I, Erkenntnisverfahren, 2. Aufl. 1991 |
| *Schlosser* ZPR II | Zivilprozessrecht II, Zwangsvollstreckungs- und Insolvenzrecht, 1984 |
| *Schlosser* EuZPR | EU-Zivilprozessrecht, 3. Aufl. 2009 |
| *Schmidt* | Europäisches Zivilprozessrecht in der Praxis, 2004 |
| *Schönke/Kuchinke* ZPR | Zivilprozessrecht, 9. Aufl. 1969 |
| *Scholz* | Das Problem der autonomen Auslegung des EuGVÜ, 1998 |
| Schuschke/Walker/*Bearbeiter* | Vollstreckung und Vorläufiger Rechtsschutz – Kommentar, 5. Aufl. 2011 |
| *Schütze* | Ausgewählte Probleme des deutschen und internationalen Schiedsverfahrensrechts, 2006 |
| *Schütze* | Schiedsgericht und Schiedsverfahren, 5. Aufl. 2012 |
| *Schütze* DIZPR | Deutsches Internationales Zivilprozessrecht unter Einschluss des Europäischen Zivilprozessrechts, 2. Aufl. 2005 |
| *Schütze* RV | Rechtsverfolgung im Ausland, 4. Aufl. 2009 |
| *Schütze/Tscherning/Wais* | Handbuch des Schiedsverfahrens, 2. Aufl. 1990 |
| *Schwab/Walter* | Schiedsgerichtsbarkeit, 7. Aufl. 2005 |
| Stein/Jonas/*Bearbeiter* | ZPO, 22. Aufl. 2002 |
| *Stickelbrock* | Inhalt und Grenzen richterlichen Ermessens im Zivilprozess, 2002 |
| *Stolz* Einstweiliger Rechtsschutz | Einstweiliger Rechtsschutz und Schadensersatzpflicht, 1948 |
| Thomas/Putzo/*Bearbeiter* | ZPO, 33. Aufl. 2012 |
| *Vogg* Einstweiliger Rechtsschutz | Einstweiliger Rechtsschutz und vorläufige Vollstreckbarkeit, 1991 |
| Vorwerk/Wolf/*Bearbeiter* | Beck'scher Online-Kommentar zur ZPO; hrsg. v. Vorwerk/Wolf, Stand 1.1.2013, Edition 7 |

| | |
|---|---|
| *Waldner* | Der Anspruch auf rechtliches Gehör, 2. Aufl. 2000 |
| *Walker* Einstweiliger Rechtsschutz | Der einstweiliger Rechtsschutz im Zivilprozess und im arbeitsgerichtlichen Verfahren, 1992 |
| *Werner* Rechtskraft | Rechtskraft und Innenbindung zivilprozessualer Beschlüsse im Erkenntnis- und summarischen Verfahren, 1983 |
| *Wolf* | Gerichtliches Verfahrensrecht, 1978 |
| *Zeiss/Schreiber* ZPR | Zivilprozessrecht, 11. Aufl. 2009 |
| *Zimmermann* | Zivilprozessordnung, 9. Aufl. 2011 |
| Zöller/*Bearbeiter* | Kommentar zur ZPO, 29. Aufl. 2012 |

ERSTES BUCH
**Allgemeine Vorschriften**

ZWEITER ABSCHNITT
**Parteien**

TITEL 4
**Prozessbevollmächtigte und Beistände**

## Vorbemerkung
## Vor § 78*

### Schrifttum

*Borgmann/Jungk/Grams* Anwaltshaftung (2014)[5]; *Blomeyer* Zivilprozeßrecht (1985)[2]; *Feuerich/Weyland/Vossebürger* Bundesrechtsanwaltsordnung (2008)[7]; *Hartstang* Der deutsche Rechtsanwalt (1986); *Jessnitzer* Bundesrechtsanwaltsordnung (2000)[9]; *Lingenberg/Hummel/Zuck* Kommentar zu den Grundsätzen des anwaltlichen Standesrechts (1988)[2]; *Ostler* Die deutschen Rechtsanwälte (1871–1971) (1982)[2]; *Rennen/Caliebe* Rechtsberatungsgesetz (1992)[2]; *Rinsche* Die Haftung des Rechtsanwalts und Notars (1998)[6]; *Stürner* Die Stellung des Anwalts im Zivilprozeß, JZ 1986, 1089; *Urbanczyk* Probleme der Postulationsfähigkeit und Stellvertretung, ZZP 95 (1982) 339; *Vollkommer* Die Stellung des Anwalts im Zivilprozeß (1984); *ders.* Anwaltshaftungsrecht (2009)[3].

### I. Systematik

Der Vierte Titel des ersten Buchs der ZPO regelt zunächst, in welchen Fällen sich die 1
Parteien durch einen beim Prozessgericht zugelassenen Rechtsanwalts vertreten lassen müssen, § 78. Für die übrigen Fälle stellt § 79 klar, dass die Parteien im sog. **Parteiprozess** selbst oder durch jede prozessfähige Person als Bevollmächtigten auftreten können. § 78 wurde 2007 durch mehrere Gesetze neugefasst.[1] Dabei wurde insbesondere die Regelung des Anwaltszwangs in Familiensachen aufgehoben und durch die Regelung in § 114 FamFG ersetzt. Der einst geltende Lokalisationsgrundsatz aus § 18 BRAO a.F., wonach die zur Vertretung der Parteien beauftragten Rechtsanwälte bei dem zuständigen Prozessgericht auch zugelassen sein mussten, wurde im Zuge der durch die Gesetzesreform angestrebten Deregulierung des Anwaltszwangs abgeschafft.[2]

Um wirksam für die Partei handeln zu können, bedarf der Bevollmächtigte einer Le- 2
gitimation, der **Prozessvollmacht.** Diese ist in den §§ 80 bis 87 geregelt. Zusätzlich enthalten die §§ 88 und 89 Vorschriften über den Mangel der Vollmacht und die einstweilige Zulassung vollmachtloser Vertreter. Während diese Vorschriften das Außenverhältnis regeln, bestimmt sich das Innenverhältnis, das zwischen Vollmachtgeber und Prozessbevollmächtigten bestehende Rechtsverhältnis, ausschließlich nach materiellem Recht.

Tritt die Partei im Parteiprozess selbst auf, so kann sie sich eines **Beistandes** bedie- 3
nen, dies regelt § 90.

* Die Kommentierung der Vorauflage von Anton Franz Steiner wird fortgeführt durch Prof. Dr. Stefan Smid und Sabine Hartmann.

1 Unter anderem Gesetz zur Stärkung der Selbstverwaltung der Rechtsanwaltsschaft vom 26.3.2007; BGBl. I S. 358; Gesetz zur Neuregelung des Rechtsberatungsrechts vom 12.12.2007 mWv. 1.7.2008, BGBl. I S. 2840.

2 Vgl. hierzu: Zöller/*Vollkommer* § 78 Rdn. 2.

### II. Prozessvollmacht

4 Prozessvollmacht ist die **Vertretungsmacht** im Prozess. Sie beruht nicht auf Rechtsgeschäft, sondern auf einer Prozesshandlung der Parteien.[3] Erteilung und rechtliche Wirkungen der Prozessvollmacht beurteilen sich deshalb auch dann nach inländischem Prozessrecht, wenn Ausländer beteiligt sind oder die Vollmacht im Ausland erteilt wurde.[4] Die Wirksamkeit der Vollmacht ist keine Sachurteilsvoraussetzung, sondern eine Prozesshandlungsvoraussetzung.[5]

5 Die Prozessvollmacht ist abstrakt,[6] sie ist streng von dem Innenverhältnis zu trennen, auf dem die Erteilung der Vollmacht beruht. In der Regel, so vor allem beim Rechtsanwalt und Rechtsbeistand, wird dies ein Geschäftsbesorgungsvertrag sein, § 675 BGB. In Betracht kommen aber auch Dienst- oder Werkvertrag, Auftrag oder Gesellschaft. Das Verhältnis der Partei zu ihrem Rechtsanwalt wird neben dem bürgerlichen Recht stark von den berufsrechtlichen Normen der BRAO und des RVG geprägt.[7] Das RVG hat die bis zum 1.7.2004 geltende BRAGO[8] ersetzt.

### III. Prozessbevollmächtigte

6 **1. Postulationsfähigkeit.** Postulationsfähigkeit ist die Fähigkeit, im Prozess wirksam Erklärungen abgeben zu können, sie ist Prozesshandlungsvoraussetzung. Grundsätzlich ist jede prozessfähige Person postulationsfähig. Eine Ausnahme besteht im Anwaltsprozess nach § 78 als Grundsatz und den z.B. in den §§ 217 ff. BauGB, § 114 FamFG, § 11 ArbGG u.a. geregelten besonderen Verfahrensarten. Ebenso besteht Vertretungszwang vor dem BGH, dem BVerfG sowie dem EuGH.[9]

7 **2. Rechtsanwälte.** Der Rechtsanwalt ist der berufene unabhängige Berater und Vertreter in allen Rechtsangelegenheiten, § 3 BRAO. Im Anwaltsprozess kann jeder Rechtsanwalt Prozessbevollmächtigter sein, der zur Vertretung vor dem Prozessgericht befugt ist; § 78 ZPO. Dies setzt dessen Postulationsfähigkeit i.S.d. § 52 Abs. 1 in Gestalt der Zulassung zur Rechtsanwaltschaft voraus; vgl. §§ 4 ff. und 12 Abs. 1 BRAO. Die Prüfung der Postulationsfähigkeit des Rechtsanwalts erfolgt von Amts wegen.[10] Ausländische Rechtsanwälte sind demgemäß dann postulationsfähig, soweit sie nach Maßgabe der BRAO zur Ausübung des Rechtsanwaltsberufes zugelassen sind. Weiterhin dürfen niedergelassene europäische Rechtsanwälte, die in einem Mitgliedstaat der EU die Tätigkeit eines Rechtsanwaltes ausüben als Prozessbevollmächtigte vor Gericht auftreten; § 2 EuRAG, § 3 BRAO.

---

3 Stein/Jonas/*Bork* § 80 Rdn. 4; *Baumgärtel* Prozeßhandlung einer Partei im Zivilprozeß (1972)[2] 173; **a.A.** (Rechtsgeschäft) Thomas/Putzo/*Hüßtege* Vorb. § 78 Rdn. 1; **differenzierend** *Henckel* Prozeßrecht und materielles Recht (1970) 37 f.

4 BGH LM § 325 ZPO Nr. 10; BGHZ 40, 197, 203.

5 Stein/Jonas/*Bork* § 80 Rdn. 3; **a.A.** *Blomeyer* I § 9 IV 2.

6 OLG Hamm MDR 1989, 266, 743.

7 Zu den Richtlinien nach § 177 II Nr. 2 BRAO s. BVerfG NJW 1988, 191, 196.

8 Art. 6 Nr. 4 G vom 5. Mai 2004, BGBl. I S. 718, 850.

9 Hierzu näher: MünchKomm/*Toussaint* § 78 Rdn. 7, 20 f.

10 BVerfGE 37, 67, 76 f.; BGH NJW 2002, 2107; Zöller/*Vollkommer* § 78 Rdn. 11.

## § 78
## Anwaltsprozess

**(1) Vor den Landgerichten und Oberlandesgerichten müssen sich die Parteien durch einen Rechtsanwalt vertreten lassen. Ist in einem Land auf Grund des § 8 des Einführungsgesetzes zum Gerichtsverfassungsgesetz ein oberstes Landesgericht errichtet, so müssen sich die Parteien vor diesem ebenfalls durch einen Rechtsanwalt vertreten lassen. Vor dem Bundesgerichtshof müssen sich die Parteien durch einen bei dem Bundesgerichtshof zugelassenen Rechtsanwalt vertreten lassen.**

**(2) Behörden und juristische Personen des öffentlichen Rechts einschließlich der von ihnen zur Erfüllung ihrer öffentlichen Aufgaben gebildeten Zusammenschlüsse können sich als Beteiligte für die Nichtzulassungsbeschwerde durch eigene Beschäftigte mit Befähigung zum Richteramt oder durch Beschäftigte mit Befähigung zum Richteramt anderer Behörden oder juristischer Personen des öffentlichen Rechts einschließlich der von ihnen zur Erfüllung ihrer öffentlichen Aufgaben gebildeten Zusammenschlüsse vertreten lassen.**

**(3) Diese Vorschriften sind auf das Verfahren vor einem beauftragten oder ersuchten Richter sowie auf Prozesshandlungen, die vor dem Urkundsbeamten der Geschäftsstelle vorgenommen werden können, nicht anzuwenden.**

**(4) Ein Rechtsanwalt, der nach Maßgabe der Absätze 1 und 2 zur Vertretung berechtigt ist, kann sich selbst vertreten.**

### Schrifttum

*Bergerfurth* Der Anwaltszwang und seine Ausnahmen (1988)²; *Bücker* Anwaltszwang und Prozessvergleich, Diss. Bochum 1980; *Hertel* Der Anwaltszwang, Diss. Göttingen 1978; *Krauch* Gesetzlicher Anwaltszwang als organisatorische und argumentative Kontrolle anwaltlicher Rechtsverteidigung (1987); *Vollkommer* Die Stellung des Anwalts im Zivilprozeß (1984).

### Übersicht

## I. Allgemeines

1 **1. Zweck.** An Detailregelungen des Anwaltszwangs lässt sich berechtigte Kritik üben.[1] Dies gilt insbesondere für die überkomplizierte Regelung des § 78 Abs. 2. Im Grundsatz lässt sich seine **Berechtigung** jedoch kaum bezweifeln. Angesichts steigender Arbeitsbelastung der Gerichte ist die Aufbereitung des Prozessstoffes durch Rechtsanwälte unentbehrlich. Auch hält unser zunehmend komplizierter werdendes Rechtssystem zahlreiche Fußangeln bereit, denen der Laie oft nur schwer entgehen kann. Dies beginnt häufig bereits bei der Wahl des zuständigen Gerichts. Der **Anwaltszwang** dient also sowohl der Entlastung der Gerichte als auch dem Schutz der Partei vor Rechtsverlusten durch unsachgemäße Prozessführung. Darüber hinaus dient der Anwaltszwang der Versachlichung des Rechtsstreits, der Vermeidung aussichtsloser Prozesse und der Förderung gütlicher Einigung.

2 Der Anwaltszwang ist verfassungsgemäß.[2] Der Anspruch auf **rechtliches Gehör** (Art. 103 Abs. 1 GG) wird nicht verletzt, da sich die Partei zum einen durch ihren zum Vertreter berufenen Rechtsanwalt artikulieren kann und sie zum anderen auch in Anwaltsprozessen selbst zu Wort kommen kann, § 137 Abs. 4.

Problematischer ist die Frage, ob nicht in den mit dem Anwaltszwang verbundenen Kosten eine faktische **Rechtswegsperre** liegt. Im Endeffekt ergeben sich jedoch auch hieraus keine verfassungsrechtlichen Einwände gegen den Anwaltszwang, solange durch die Vorschriften über die Prozesskostenhilfe und die Beiordnung von Anwälten (§§ 114 ff.) in effektiver Weise gewährleistet ist, dass auch arme Parteien den Weg zu Gerichten, vor denen Anwaltszwang besteht, beschreiten können. Vor diesem Hintergrund dienen die Vorschriften über den Anwaltszwang sogar der Chancengleichheit, da sie gewährleisten, dass auch die arme Partei durch einen Rechtsanwalt vertreten wird.[3]

3 **2. Grundsatz der Lokalisation.** Der Grundsatz der **Lokalisation**, welcher eine Zulassung des Rechtsanwalts nach § 78 a.F. und § 18 Abs. 1 BRAO a.F. beim Gericht vorsah, wurde mit Änderung der BRAO und durch das Gesetz zur Stärkung der Selbstverwaltung der Rechtsanwaltschaft abgeschafft. Er gilt nur noch vor dem BGH.

4 **3. Wirkungen des Anwaltszwangs.** Handelt im Anwaltsprozess die Partei oder ein nicht postulationsfähiger Vertreter, so ist die **Prozesshandlung** unwirksam.[4] Betrifft der Mangel bereits die Klageerhebung, so hat das Gericht in eindeutigen Fällen bereits die Zustellung der Klage und die Terminsbestimmung abzulehnen,[5] ansonsten ist die Klage durch Prozessurteil als unzulässig abzuweisen.[6] Im Verhandlungstermin treffen die nicht durch einen Anwalt vertretene Partei die Säumnisfolgen der §§ 330 ff.

5 Bestellt sich für die Partei im Nachhinein ein postulationsfähiger Vertreter, so muss er die nichtige Prozesshandlung nicht wiederholen, Bezugnahme genügt. Eine rückwirkende Heilung tritt hierdurch aber nicht ein,[7] dies würde dem Zweck des Anwaltszwangs widersprechen. Nach Ablauf der Rechtsmittelfrist ändert die Genehmigung deshalb nichts mehr an der Unzulässigkeit des durch einen nicht postulationsfähigen Vertreter eingeleg-

---

1 Siehe *Stürner* JZ 1986, 1089 m.w.N.
2 BGH FamRZ 1987, 58; NJW 1990, 3085, 3086; BVerwG NJW 1984, 625; KG DB 1971, 1056; BVerfG NJW 1993, 3192; Bedenken bei *Husmann* DB 1970, 2305.
3 Prütting/Gehrlein/*Burgermeister* § 78 Rdn. 1.
4 BGHZ 90, 253; NJW 1984, 1465; 1988, 210; OLG Zweibrücken FamRZ 1989, 191; *Schmidt* NJW 1982, 811.
5 MünchKomm/*Becker-Eberhard* § 271 Rdn. 11.
6 BGHZ 90, 253; BVerwG MDR 1976, 781.
7 BVerfGE 8, 95; BGHZ 90, 249, 253; BGH NJW 1990, 3085, 3086; OLG Köln MDR 1982, 1024; Stein/Jonas/*Bork* § 78 Rdn. 20.

ten Rechtsmittels.[8] Wurde der Mangel der Postulationsfähigkeit übersehen, so ist weder der absolute Revisionsgrund des § 547 Nr. 4 noch die Nichtigkeitsklage nach § 579 Abs. 1 Nr. 4 gegeben, soweit die Partei die Prozessführung des nicht postulationsfähigen Vertreters ausdrücklich oder stillschweigend genehmigt hat.[9]

Unberührt vom Anwaltszwang bleiben die in der ZPO vorgesehenen Möglichkeiten 6 der unmittelbaren **Mitwirkung** der Partei im Prozess. So kann sich die Partei im Rahmen der §§ 137 Abs. 4, 278 Abs. 2 S. 2 und § 27 FamFG erklären, des Weiteren kann sie wirksam Geständnisse (§ 288) und andere tatsächliche Erklärungen abgeben, sowie Geständnisse und tatsächliche Erklärungen ihres Bevollmächtigten widerrufen oder berichtigen, § 85 Abs. 1 S. 2.[10]

## II. Sachlicher Anwendungsbereich des Anwaltszwangs

### 1. Vornahme von Prozesshandlungen

**a) Grundsatz.** Dem Anwaltszwang unterliegt grundsätzlich das gesamte Verfahren 7 vor dem Prozessgericht, er gilt nicht nur für eine mündliche Verhandlung.[11] Er umfasst grundsätzlich alle Prozesshandlungen, die vor dem Gericht vorzunehmen sind.[12] Er gilt für Bewirkungs- und Einwirkungshandlungen, für vorbereitende wie bestimmende Schriftsätze. Es entspricht dem Zweck des Anwaltszwangs, dass die betreffende Prozesshandlung vom postulationsfähigen Bevollmächtigten erkennbar in eigener Verantwortung vorgenommen wird. Im Anwaltsprozess genügt es deshalb regelmäßig nicht, wenn zur Begründung einer Klage lediglich auf ein von der Partei formuliertes Schriftstück Bezug genommen wird, ohne dass erkennbar wird, dass der Anwalt den Streitstoff aufbereitet hat. Eine derartige Klage ist als unzulässig abzuweisen.[13] Eine Ausnahme gilt allerdings, wenn der Sach- und Streitstand einfach gelagert ist und das Schriftstück, auf das Bezug genommen wird, diesen verständlich darstellt, die Übernahme in einen eigenen Schriftsatz des Anwalts wäre dann eine bloße Formalität.

Hat ein postulationsfähiger Rechtsanwalt die Berufungsbegründung unterschrieben, so reicht dies regelmäßig als Nachweis dafür, dass der Rechtsanwalt den Prozessstoff eigenverantwortlich durchgearbeitet hat und die Verantwortung für den Inhalt des Schriftsatzes tragen will. Ausnahmen von diesem Grundsatz bestehen aber in zwei Fallgruppen, nämlich zum einen, wenn der Anwalt sich durch einen Zusatz von dem unterschriebenen Schriftsatz distanziert, und zum anderen, wenn nach den Umständen außer Zweifel steht, dass der Rechtsanwalt den Schriftsatz ohne eigene Prüfung, also unbesehen, unterschrieben hat.[14]

**b) Einzelfälle.** Für den **Verweisungsantrag** im Mahnverfahren nach § 696 Abs. 5 8 a.F. galt nach umstrittener Ansicht kein Anwaltszwang.[15] Diese teleologische Reduktion des § 78 Abs. 1 war aus Gründen der Kostenersparnis geboten, da die Abgabe nach § 696 Abs. 1 a.F. den Parteien aufgezwungen war. Sie ließ sich dogmatisch damit rechtfertigen,

---

8 OLG Bremen OLGZ 1965, 41.
9 Stein/Jonas/*Bork* § 78 Rdn. 20; *Urbanczyk* ZZP 95 (1982) 339, 355; **a.A.** *Bergerfurth* Rdn. 210.
10 Vgl. Stein/Jonas/*Bork* § 78 Rdn. 53; **abw.** *Rosenberg* Stellvertretung im Prozeß (1908) 936.
11 Bspw. RGZ 25, 404; Zöller/*Vollkommer § 78* Rdn. 13, 16 ff.
12 Statt aller: Prütting/Gehrlein/*Burgermeister* § 78 Rdn. 14 m.w.N.
13 OLG Kiel SchlHA 1948, 123.
14 OLG Düsseldorf IBR 2013, 123.
15 LG Hof Rpfl. 1979, 390; *Zinke* NJW 1983, 1081; **a.A.** KG JR 1982, 367 m. abl. Anm. *Bepler/Ackermann*; OLG Düsseldorf OLGZ 1989, 203; *Schäfer* NJW 1985, 297.

dass die Verweisung nach § 696 Abs. 5 a.F. noch zum Verfahrensabschnitt der Überleitung ins Streitverfahren gehörte. Durch die Neufassung von § 690 Abs. 1 Nr. 5 hat sich dieses Problem nunmehr weitgehend erledigt.[16]

9 Die **Verweisung** nach § 281 erfolgt sinnvollerweise im schriftlichen Verfahren. Die Neufassung von § 281 Abs. 2 durch das Rechtspflege-Vereinfachungsgesetz[17] hat klargestellt, dass dies außerhalb des Anwaltszwangs möglich ist. Kommt es allerdings zur mündlichen Verhandlung, so besteht insoweit Anwaltszwang.[18]

10 Dem Anwaltszwang unterstehen die Erklärung zur Übertragung auf den Einzelrichter, § 271 sowie die Einwilligung zur Sprungrevision, § 566; des Weiteren Fristverlängerungsanträge.[19]

11 Anwaltszwang gilt auch für die **Klagerücknahme**. Zwischen Zustellung des Urteils und Einlegung des Rechtsmittels bleibt die untere Instanz Prozessgericht, die Rücknahme kann deshalb von dem dort zugelassenen Prozessbevollmächtigten erklärt werden. Ab Einlegung des Rechtsmittels muss ein beim Rechtsmittelgericht zugelassener Anwalt die Klagerücknahme erklären, auch wenn das Rechtsmittel unzulässig ist.[20] Eine Ausnahme gilt für den Kläger, der Rechtsmittelbeklagter ist. Aus Gründen der Kostenersparnis kann die Klagerücknahme für ihn noch der Anwalt der Vorinstanz in der Berufungs- oder Revisionsinstanz erklären.[21] Wurde der Rechtsstreit im Mahnverfahren eingeleitet, so kann der Antrag auf Durchführung des streitigen Verfahrens und damit die Klage bis zum Beginn der mündlichen Verhandlung ohne Anwaltszwang zurückgenommen werden.[22]

12 Hat die Partei selbst oder durch einen nicht postulationsfähigen Vertreter das (unzulässige) **Rechtsmittel** eingelegt, so kann sie es in gleicher Weise wieder zurücknehmen.[23] Den Kostenantrag kann auch der beim Gericht erster Instanz zugelassene Prozessbevollmächtigte stellen. Die kontroverse Rechtsprechung hierzu[24] ist durch die Neufassung im Rechtspflege-Vereinfachungsgesetz überholt. Ebenso haben sich hierdurch Urteile überholt, in denen der Bundesgerichtshof in Revisionssachen (mit Ausnahmen in „bayerischen" Revisionssachen) volle Postulationsfähigkeit für den Kostenantrag forderte.[25]

13 Der Abschluss eines **Prozessvergleichs** ist Prozesshandlung und unterliegt dem Anwaltszwang.[26] Ein unter Verstoß hiergegen geschlossener Vergleich hat nicht die Wirkungen eines Prozessvergleichs (Beendigung des Rechtsstreits, Vollstreckbarkeit nach § 794 Abs. 1 Nr. 1). (Ob der Vergleich nach dem Willen der Parteien als außergerichtlicher Vergleich aufrechterhalten werden soll, ist Auslegungssache.) Anwaltszwang besteht auch für den vor dem Einzelrichter geschlossenen Prozessvergleich.[27] Gerade beim Prozessvergleich ist keine Ausnahme vom Anwaltszwang gerechtfertigt, da die Partei oft die Auswirkungen des Vergleichs nicht überblicken kann und bei dessen Abschluss typischerweise in besonderem Maße anwaltlichen Beistands bedarf.

---

**16** Art. 1 Nr. 51 Rechtspflege-Vereinfachungsgesetz vom 17. 12. 1990 (BGBl. I 2847).
**17** V. 17.12.1990, BGBl. I S. 2847.
**18** Zöller/*Greger* § 281 Rdn. 12.
**19** BGH NJW 1985, 1558.
**20** OLG Braunschweig Nds Rpfl. 1970. 207.
**21** BGH NJW 1954, 1405; OLG Koblenz Rpfl. 1974, 117; **a.A.** *Mattern* AnwBl. 1970, 301.
**22** OLG Koblenz MDR 1984, 322; LG Frankfurt Rpfl. 1979, 429; LG Essen JZ 1980, 237.
**23** BFHE 128, 24; LG Bremen NJW 1979, 987.
**24** OLG Köln MDR 1976, 1025; OLG Schleswig SchlHA 1988, 158; **a.A.** OLG Celle Nds Rpfl. 1973, 314.
**25** Vgl. BGH NJW 1970, 1320; 1978, 1262; 1985, 1157; 1987, 1333; 1989, 3226.
**26** OLG München NJW 1962, 351; *Bergerfurth* Rdn. 220; Stein/Jonas/*Bork* § 78 Rdn. 28 ff. m.w.N. (auch zur Gegenansicht).
**27** OLG Hamm NJW 1972, 1998; **a.A.** OLG Köln NJW 1973, 907.

Dies gilt insbesondere für den Scheidungsfolgenvergleich, der deshalb dem Anwaltszwang unterliegt.[28]

Anwaltszwang sollte entgegen der Ansicht des BGH auch für einen **Dritten** bestehen, der einem Vergleich beitritt aus dem gegen ihn vollstreckt werden kann.[29] Dies folgt aus dem Schutzzweck des Anwaltszwangs.

**2. Entgegennahme von Prozesshandlungen.** Für die sog. **passive Vertretung** gilt der Anwaltszwang nur in der mündlichen Verhandlung, in diesem Rahmen sind Erklärungen nur an den postulationsfähigen Prozessbevollmächtigten zu richten. Außerhalb der mündlichen Verhandlung können Erklärungen direkt an die Partei gerichtet werden, jedoch ist (unabhängig vom Anwaltszwang) zu beachten, dass nach § 176 Zustellungen im Rechtsstreit an den bestellten Prozessbevollmächtigten erfolgen müssen. 14

**3. Materiell-rechtliche Rechtsgeschäfte und prozessrechtliche Vereinbarungen.** 15 Nicht selten werden im Prozess **materiell-rechtliche Erklärungen** abgegeben, bspw. Aufrechnung, Anfechtung, Kündigung oder Rücktritt. Geschieht dies im Rahmen des anhängigen Rechtsstreits, bspw. in einem Schriftsatz oder in mündlicher Verhandlung, so gilt auch hierfür der **Anwaltszwang**. Dies folgt aus der praktisch unlösbaren Verbindung von materiell-rechtlicher Erklärung und Prozesshandlung. Wird die Erklärung hingegen außerhalb des Prozesses abgegeben, so unterliegt sie nicht dem Anwaltszwang. Allerdings wird die Tatsache, dass die Erklärung abgegeben wurde, i.d.R. nur durch Vermittlung des Anwalts in den Prozess eingeführt werden können (Ausnahme bspw. § 137 Abs. 4).

Der Anwaltszwang steht der Wirksamkeit **außergerichtlicher** Verträge mit prozess- 16 rechtlicher Relevanz nicht entgegen. Dies gilt bspw. für Zuständigkeitsvereinbarungen (§ 38) und für das außergerichtlich abgegebene Versprechen, eine Klage zurückzunehmen.[30] Desgleichen besteht kein Anwaltszwang für die außergerichtlich erklärte Verpflichtung zum Rechtsmittelverzicht oder zur Rechtsmittelrücknahme.[31]

### III. Postulationsfähigkeit des Anwalts

**1. Zulassung zur Anwaltschaft.** Soweit Anwaltszwang herrscht, ist nur der Anwalt 17 postulationsfähig, der zur Anwaltschaft zugelassen ist; § 12 BRAO. Vor dem BGH muss der Rechtsanwalt jedoch gemäß § 78 Abs. 1 S. 3 gesondert zugelassen sein; § 164 BRAO. Des Weiteren gilt § 114 FamFG in Familiensachen und § 11 ArbGG in arbeitsgerichtlichen Angelegenheiten.

**Prozessgericht** ist das Gericht, bei dem der Prozess anhängig ist oder anhängig gemacht werden soll. Es entscheidet die jeweils vorzunehmende Prozesshandlung. Berufung und Revision sind beim Rechtsmittelgericht durch einen Anwalt einzulegen. Im Beschwerdeverfahren kann die Beschwerde durch einen Anwalt eingelegt werden, §§ 569 Abs. 1, 577 Abs. 2.[32]

---

**28** BGH NJW 1991, 1743; Stein/Jonas/*Bork* § 78 Rdn. 29; Thomas/Putzo/*Hüßtege* § 114 FamFG Rdn. 12; OLG Zweibrücken FamRZ 1987, 84; **a.A.** OLG München Rpfl. 1986, 409.

**29** OLG Frankfurt OLGZ 1970, 476; OLG Köln NJW 1961, 786; **a.A.** BGH NJW 1983, 1433 = JR 1983, 369 m. abl. Anm. *Bergerfurth;* MünchKomm/*Toussaint* § 78 Rdn. 24; Stein/Jonas/*Bork* § 78 Rdn. 30; vgl. Prütting/Gehrlein/*Burgermeister* § 78 Rdn. 15 m.w.N.; Zöller/*Vollkommer* § 78 Rdn. 18.

**30** BGH WM 1986, 1061.

**31** BGH NJW 1985, 2335; 1989, 39; **a.A.** Rosenberg/Schwab/Gottwald § 135 II 5a.

**32** OLG Frankfurt OLGZ 1988, 91; OLG Celle FamRZ 1982, 321; **a.A.** *Bergerfurth* Rdn. 252.

18 **2. Prozessfähigkeit.** Wie jeder Prozessbevollmächtigte muss der Anwalt prozessfähig sein, § 52.[33] Die Prozessfähigkeit ist von Amts wegen zu prüfen, die Entscheidung über die Prozessfähigkeit des Anwalts, die einen erheblichen Eingriff in seine Berufsausübungsfreiheit darstellt, ist nach dem Bundesverfassungsgericht durch eine gesonderte Entscheidung gegenüber dem Anwalt festzustellen.[34] Es ist analog §§ 71, 135, 387 ein **Zwischenurteil** gegenüber dem Anwalt zu erlassen, das von diesem selbständig mit sofortiger Beschwerde angefochten werden kann.[35] Alternativ kann das Gericht den Rechtsstreit entsprechend § 148 auch aussetzen, bis über eine Zurücknahme der Zulassung nach § 14 Abs. 2 Nr. 4 BRAO entschieden ist. Im Übrigen tritt im Anwaltsprozess Unterbrechung ein, wenn der Anwalt während des Rechtsstreits prozessunfähig wird.[36]

19 **3. Berufs- oder Vertretungsverbot.** Ein Berufs- oder Vertretungsverbot nach §§ 150 ff. BRAO hindert den Rechtsanwalt an der Ausübung seines Berufs und zwingt das Gericht zur Zurückweisung des Rechtsanwalts, § 156 Abs. 2 BRAO. Die Wirksamkeit seiner Rechtshandlungen bleibt hiervon jedoch unberührt, § 155 Abs. 5 BRAO.

20 **4. Einschaltung von Hilfspersonen.** Der Rechtsanwalt kann sich im Einzelfall eines **Untervertreters** bedienen. Dem Vertreter stehen die anwaltlichen Befugnisse des Rechtsanwalts zu, den er vertritt, § 53 Abs. 7 BRAGO. Der Vertreter ist dann in demselben Umfang postulationsfähig wie der vertretene Anwalt.[37] Eine Verletzung der Anzeigepflicht des § 53 Abs. 6 BRAO hat keinen Einfluss auf die Postulationsfähigkeit.[38]

Für den **Kanzleiabwickler** (§ 55 BRAO) gelten dieselben Grundsätze, er hat die Befugnisse des Anwalts, dessen Kanzlei er abwickelt. Jedoch gilt dies nur für die in dieser Eigenschaft behandelten Fälle, für seine eigene Praxis kann sich der Abwickler nicht auf die Zulassung des Verstorbenen berufen.[39]

21 Beistand kann der Anwalt des Weiteren auch für einen zur Ausbildung zugewiesenen Stationsreferendar sein, § 59 BRAO.

### IV. Persönlicher Anwendungsbereich des Anwaltszwangs

22 Dem Anwaltszwang unterliegen die Parteien, es gilt der formelle Parteibegriff, **Partei** ist derjenige, von dem oder gegen den staatlicher Rechtsschutz im eigenen Namen begehrt wird. Es ist unerheblich, ob es sich um eine natürliche oder juristische Person oder um eine Partei kraft Amtes handelt. Desgleichen kommt es nicht darauf an, ob die Partei selbst rechtskundig ist. Parteien sind nicht nur die Hauptparteien (Kläger und Beklagter, Antragsteller und Antragsgegner, Arrestkläger und Arrestbeklagter) sondern auch die Nebenparteien wie Nebenintervenient (§ 66) und Streitverkündeter ab Beitritt (§ 74 Abs. 1). Bei Parteienhäufung (§§ 59 ff.) unterliegt jeder Streitgenosse dem Anwaltszwang. Bei notwendiger Streitgenossenschaft ist allerdings die Vertretungsfiktion des § 62 Abs. 1 zu beachten. Zum Dritten, der einem Vergleich beitritt s.o. Rdn. 13.[40]

23 Soweit ein Rechtsanwalt beim Prozessgericht zur Vertretung berechtigt ist, kann er sich **selbst** vertreten, § 78 Abs. 4. Dies gilt für eigene Angelegenheiten (bspw. eine Hono-

---

33 BVerfG NJW 1974, 1279; BGH NJW 1959, 1587; **abw.** Rosenberg/*Schwab* § 28 V 2b.
34 BVerfG NJW 1974, 1279.
35 Stein/Jonas/*Bork* § 78 Rdn. 50 f.; **kritisch** *Rath* ZZP 89 (1976) 450.
36 BGH NJW 1959, 1587.
37 BGH NJW 1981, 1741.
38 BGH NJW 1975, 542.
39 BGH VersR 1973, 470.
40 Ausführlich *Bergerfurth* Rdn. 92–95.

rarklage) wie auch für das Auftreten als Partei kraft Amtes oder gesetzlicher Vertreter einer Partei.[41] Stirbt der sich selbst vertretene Anwalt oder wird er postulationsunfähig, so wird das Verfahren nach § 244 unterbrochen.

### V. Anwaltszwang vor Kollegialgerichten (Abs. 1)

**1. Grundsatz.** Anwaltszwang gilt grundsätzlich vor allen Kollegialgerichten der Zivilgerichtsbarkeit (LG, OLG, BGH). Der Anwaltszwang gilt auch vor dem Einzelrichter oder der Kammer für Handelssachen, des Weiteren kommt es nicht darauf an, ob das Gericht erstinstanzlich oder als Berufungsinstanz entscheidet und ob bereits in erster Instanz Anwaltszwang galt. 24

**2. Ausnahmen.** Besonderheiten gelten vor dem **Landgericht** in Baulandsachen und Entschädigungssachen. So besteht für einen Beteiligten, der keine Anträge zur Hauptsache stellt, vor der Baulandkammer kein Anwaltszwang, § 222 Abs. 3 S. 2 BauGB. Ohne Einschaltung eines Anwalts kann die Partei deshalb bei der Verwaltungsbehörde Antrag auf gerichtliche Entscheidung stellen (§ 217 BauGB),[42] Entscheidung nach Lage der Akten beantragen (§ 227 BauGB)[43] oder um eine Kostenentscheidung nach § 91a ZPO ersuchen.[44] 25

Vor der Kammer für Entschädigungssachen besteht nach § 224 Abs. 1 BEG kein Anwaltszwang, das gesamte erstinstanzliche Verfahren ist Parteiprozess.

### VI. Anwaltszwang in Familiensachen, § 114 FamFG

**1. Entstehungsgeschichte.** Zur Geschichte der positiv-rechtlichen Entwicklung des Anwaltszwanges in Familiensachen vgl. Voraufl. 26

#### 2. Anwendungsfälle

**a) Ehesachen.** Nach § 114 Abs. 1 FamFG müssen sich vor dem Familiengericht und dem Oberlandesgericht die Ehegatten in Ehesachen und die Beteiligten in selbständigen Familienstreitsachen durch einen Rechtsanwalt vertreten lassen. Ehesachen sind gem. § 121 FamFG Verfahren auf Scheidung der Ehe (Scheidungssachen), auf Aufhebung der Ehe und auf Feststellung des Bestehens oder Nichtbestehens einer Ehe zwischen den Beteiligten. Der Anwaltszwang gilt in allen Rechtszügen. Der Anwaltszwang gilt für **beide** Ehegatten, also auch für den Beklagten oder Antragsgegner. Jedoch gelten infolge des Untersuchungsgrundsatzes (§ 127 FamFG) Besonderheiten, die es dem Beklagten oder Antragsgegner im Ergebnis freistellen, einen Rechtsanwalt zu bestellen. So kann gegen den nicht vertretenen Gegner kein Versäumnisurteil ergehen (§ 130 Abs. 2 FamFG); er kann zwar keine Prozesshandlungen vornehmen, insbesondere keine Anträge stellen, jedoch kann er im Rahmen der persönlichen Anhörung nach § 128 Abs. 1 FamFG die Zustimmung zur Scheidung erklären, eine erteilte Zustimmung widerrufen, sowie eheerhaltende Tatsachen nebst entsprechenden Beweisanträgen vorbringen.[45] Allerdings hat das Gericht in Scheidungssachen die Möglichkeit, der nicht vertretenen Partei einen Anwalt beizuordnen (§ 138 FamFG). 27

41 *Bergerfurth* Rdn. 74.
42 BGH NJW 1964, 1522.
43 KG NJW 1970, 614.
44 OLG Koblenz NJW 1983, 2036.
45 Einzelheiten bei *Bergerfurth* Rdn. 331–334.

Kein Anwaltszwang gilt gem. § 114 Abs. 4 Nrn. 3 bis 5 FamFG für bestimmte Verfahrenshandlungen im Scheidungsverfahren, namentlich greift der Anwaltszwang nicht für die Zustimmung zur Scheidung und zur Rücknahme des Scheidungsantrags und für den Widerruf der Zustimmung zur Scheidung, für einen Antrag auf Abtrennung einer Folgesache von der Scheidung, im Verfahren über die Verfahrenskostenhilfe.

28 **b) Folgesachen.** Folgesachen sind nach § 137 Abs. 2 FamFG Versorgungsausgleichssachen, Unterhaltssachen, sofern sie die Unterhaltspflicht gegenüber einem gemeinschaftlichen Kind oder die durch Ehe begründete gesetzliche Unterhaltspflicht betreffen mit Ausnahme des vereinfachten Verfahrens über den Unterhalt Minderjähriger, Ehewohnungs- und Haushaltssachen und Güterrechtssachen.

29 **c) Einstweilige Anordnungen.** Nach § 114 Abs. 4 FamFG bedarf es der Vertretung durch einen Rechtsanwalt nicht im Verfahren der einstweiligen Anordnung.

Weiter gilt der Anwaltszwang nicht in Unterhaltssachen für Beteiligte, die durch das Jugendamt als Beistand, Vormund oder Ergänzungspfleger vertreten sind.

30 **d) Güterrechtssachen.** Die Güterrechtsachen gem. § 137 Abs. 2 Nr. 4 FamFG sind ohne Rücksicht auf den Streitwert auch dann Anwaltsprozesse, wenn sie in einem selbständigen Verfahren geltend gemacht werden.

31 **e) Nichtfamiliensachen.** Kommt eine derartige Sache irrtümlich vor das Familiengericht, so bestimmt sich der Anwaltszwang nach den für das betreffende Verfahren geltenden Vorschriften (sog. materielle Anknüpfung).[46] Dies stellt das Gesetz durch die Formulierung „in Familiensachen" klar (alte Fassung: „Vor den Familiengerichten").

32 **3. Drittbeteiligte.** § 114 Abs. 1 FamFG statuiert den Anwaltszwang unterschiedslos auch für Drittbeteiligte in Folgesachen.

33 **4. Behördenprivileg.** § 114 Abs. 3 FamFG befreit eine Gruppe besonders wichtiger Institutionen vom Anwaltszwang, weil davon ausgegangen werden kann, dass sie die Sachkunde besitzen, um sich auch vor dem Bundesgerichtshof selbst vertreten zu können. Es handelt sich um das Jugendamt (§§ 12 ff. JWG) sowie um die Träger der gesetzlichen Rentenversicherungen (Landesversicherungsanstalten, Bundesversicherungsanstalt für Angestellte, Bundesknappschaft etc.); was Körperschaften und Verbände betrifft, so fällt seit 1.1.1992 die Beschränkung der alten Gesetzesfassung auf „die in § 6 Abs. 1 Nr. 2, § 8 Abs. 1 des Angestelltenversicherungsgesetzes genannten Körperschaften und Verbände" weg, da nach Art. 55 Rentenreformgesetz von 1992 (BGBl. I 2387) Abs. 2 S. 3 die Fassung erhielt, dass auch „sonstige Körperschaften, Anstalten oder Stiftungen des öffentlichen Rechts und deren Verbände einschließlich der Spitzenverbände und ihrer Arbeitsgemeinschaften" vom Anwaltszwang befreit sind. Abs. 2 S. 3 ist keiner erweiternden Auslegung zugänglich.[47]

### VII. Ausnahmen vom Anwaltszwang (Abs. 3)

34 **1. Verfahren vor dem beauftragten oder ersuchten Richter.** Nach § 78 Abs. 3 unterliegt das Verfahren vor dem beauftragten oder ersuchten Richter (§§ 279 Abs. 1, 361, 362, 372, 375, 434, 479) nicht dem Anwaltszwang. In diesem Rahmen kann auch ein

46 BT-Drucksache 10/2888 S. 22; MünchKomm/*Fischer* § 114 FamFG Rdn. 1 ff.
47 Vgl. BGH NJW 1989, 2135; Zöller/*Vollkommer* § 78 Rdn. 15.

wirksamer **Prozessvergleich** ohne anwaltliche Mitwirkung geschlossen werden. Eine falsche Bezeichnung im Protokoll als „Einzelrichter" schadet nicht.[48] (Zum Antrag auf Entscheidung des Prozessgerichts nach § 576 Abs. 1 s. *Bergerfurth* Rdn. 300 bis 303.)

**2. Protokollerklärungen.** Soweit das Gesetz vorsieht, dass Prozesshandlungen zu Protokoll der **Geschäftsstelle** erklärt werden können, besteht kein Anwaltszwang, § 78 Abs. 3. Es kommt nicht darauf an, ob sich die Partei tatsächlich an die Geschäftsstelle gewandt hat, es genügt die Möglichkeit, die Erklärung dort abzugeben. Soweit dies der Fall ist, unterliegen dem Anwaltszwang deshalb auch nicht Prozesshandlungen, die mündlich oder schriftlich an das Gericht gerichtet werden.[49] Zu beachten ist, dass die Befreiung nur für die be-treffende Prozesshandlung und zugehörige Nebenhandlungen (wie bspw. ein Zustellungsgesuch) gilt; für das sich anschließende Verfahren gelten die allgemeinen Vorschriften.[50] 35

Wichtige **Anwendungsfälle**, in denen eine Prozesshandlung zu Protokoll der Geschäftsstelle erklärt werden kann, sind die Ablehnung von Gerichtspersonen (§§ 44 Abs. 1, 49, 406 Abs. 2 S. 3; § 10 RpflG; § 191 GVG), der Antrag auf Bewilligung von Prozesskostenhilfe (§§ 117 Abs. 1 S. 1, 118 Abs. 1 S. 2, 569 Abs. 2 S. 2, 573 Abs. 2 S. 2), der Auftrag auf Durchführung des selbständigen Beweisverfahrens (§ 486 Abs. 4) und der Arrest- oder Verfügungsantrag (§§ 920 Abs. 3, 936).[51] 36

**3. Verfahren vor dem Rechtspfleger.** Nach § 13 RPflG ist das Verfahren vor dem Rechtspfleger vom Anwaltszwang **befreit**. Dies gilt insbesondere für das Kostenfestsetzungsverfahren nach § 104. Kein Anwaltszwang besteht für die Einlegung der Durchgriffserinnerung (§§ 11 Abs. 2; 21 Abs. 2 RPflG).[52] Für das nachfolgende Verfahren vor dem Beschwerdegericht gilt ebenfalls kein Anwaltszwang.[53] 37

**4. Weitere Einzelfälle.** Kein Anwaltszwang gilt des Weiteren beispielsweise für das Gesuch um Bestimmung des zuständigen Gerichts (§ 37), für Aussetzungsgesuche (§ 248), für Zustellungsaufträge und Zustellungen von Anwalt zu Anwalt[54] (§§ 177, 198) sowie für Anträge auf Änderung einer Entscheidung des Urkundsbeamten (§§ 576, 732). 38

## § 78a

(aufgehoben durch Gesetz vom 20.2.1986, BGBl. I 301)

---

**48** BGH NJW 1980, 2307; OLG Hamburg JurBüro 1975, 517.
**49** BGH NJW 1984, 2413; *Bergerfurth* Rdn. 304.
**50** OLG Frankfurt NJW 1981, 2202; OLG Köln NJW 1972, 2317 m.w.N.
**51** Ausführlich *Bergerfurth* Rdn. 313–315.
**52** OLG Bamberg JurBüro 1978, 1366; OLG Karlsruhe Justiz 1987, 186; KG Rpfl. 1971, 63; *Bergerfurth* Rdn. 270; Zöller/*Vollkommer § 78* Rdn. 21; MünchKomm/*Toussaint* § 78 Rdn. 51; **a.A.** OLG Bamberg JurBüro 1974, 1286; OLG München NJW 1984, 2414.
**53** Siehe § 104, 24.
**54** BGHZ 31, 32, 35.

## § 78b
## Notanwalt

**(1) Insoweit eine Vertretung durch Anwälte geboten ist, hat das Prozessgericht einer Partei auf ihren Antrag durch Beschluss für den Rechtszug einen Rechtsanwalt zur Wahrnehmung ihrer Rechte beizuordnen, wenn sie einen zu ihrer Vertretung bereiten Rechtsanwalt nicht findet und die Rechtsverfolgung oder Rechtsverteidigung nicht mutwillig oder aussichtslos erscheint.**

**(2) Gegen den Beschluss, durch den die Beiordnung eines Rechtsanwalts abgelehnt wird, findet die sofortige Beschwerde statt.**

### I. Allgemeines

1 Die Vorschrift verhindert, dass einer Partei im Anwaltsprozess der Rechtsschutz entzogen wird, weil sie keinen zur Vertretung bereiten Rechtsanwalt findet. Die Vorschrift gilt deshalb in allen Verfahren mit **Vertretungszwang** und für jeden Beteiligten, der vom Anwaltszwang erfasst wird, insbesondere auch für Streitgehilfen oder Nebenintervenienten. Keine Anwendung findet § 78b, soweit eine Ausnahme vom Anwaltszwang eingreift und deshalb keine Vertretung durch einen Anwalt geboten ist. Soweit nur einzelne Prozesshandlungen oder Verfahrensabschnitte vom Anwaltszwang umfasst sind, begrenzt sich die Beiordnung auf diese.[1] In Verfahren mit Vertretungszwang vor dem BFH ist § 78b entsprechend anwendbar,[2] ebenso im Klageerzwingungsverfahren nach § 172 StPO,[3] nicht aber im dienstgerichtlichen Verfahren nach § 26 Abs. 2 DRiG.[4]

### II. Voraussetzungen

2 **1. Keine Mutwilligkeit oder Aussichtslosigkeit.** Während die vergleichbare Voraussetzung bei der Prozesskostenhilfe die Staatskasse vor unnötigen Kosten schützen will, soll sie im Rahmen von § 78 b den Anwalt davor bewahren, querulatorische oder sinnlose Mandate annehmen zu müssen. Entscheidendes Kriterium für die Frage, ob die beabsichtigte Rechtsverfolgung oder Rechtsverteidigung **mutwillig** ist, ist deshalb, ob die Übernahme des Mandats für den Anwalt zumutbar ist.[5]

3 **Aussichtslosigkeit** besteht, wenn ein günstiges Ergebnis auch bei anwaltlicher Beratung ganz offenbar nicht erreicht werden kann.[6] Hieran sind aus verfassungsrechtlichen Gründen strenge Anforderungen zu stellen. Es darf keiner Partei verwehrt werden, eine auch nur geringe Chance auf einen Prozesssieg wahrzunehmen. Unerheblich ist jedoch, ob die Aussichtslosigkeit auf tatsächlichen oder rechtlichen Gründen beruht.

4 **2. Vergebliche Anwaltssuche.** Welche Anstrengungen die Partei unternehmen muss, richtet sich nach den Umständen des Einzelfalls (Schwierigkeit der Rechts- und Sachlage, Eilbedürftigkeit, Zahl der zugelassenen Rechtsanwälte vor Ort etc.). Der Partei ist nicht zuzumuten, alle beim Prozessgericht zugelassenen Rechtsanwälte anzuspre-

---

1 Stein/Jonas/*Bork* 22. Aufl., § 78b Rdn. 4.
2 BFH NJW 1978, 448.
3 OLG Koblenz NJW 1982, 61; Zöller/*Vollkommer* § 78b Rdn. 2; **a.A.** OLG Hamm MDR 1988, 990; OLG Düsseldorf MDR 1988, 165.
4 BGH MDR 1989, 257.
5 *Bergerfurth* Rdn. 167.
6 BGH FamRZ 1988, 1153; OLG Schleswig NJW 1961, 366.

chen.[7] Jedoch muss sie nachweisen, dass sie eine gewisse Anzahl von Rechtsanwälten vergeblich um Vertretung gebeten hat.[8] Hierbei darf sich die Partei nicht auf einen bestimmten Kreis von Anwälten (bspw. „Prominentenanwälte") beschränken. Der Grund der Ablehnung ist unerheblich, es sei denn, sie beruht auf fehlender Vorschusszahlung (vgl. § 78c Abs. 2). Kein Bedürfnis für die Beiordnung eines Notanwalts besteht, wenn für den Antragsteller ein Rechtsanwalt als Pfleger bestellt wurde, der postulationsfähig ist und dessen Wirkungskreis die Prozessführung mit umfasst.[9]

### III. Verfahren

Die Beiordnung erfolgt auf **Antrag**. Dieser ist an keine Form gebunden. Er kann schriftlich oder zur Niederschrift der Geschäftsstelle (s.a. § 129a) gestellt werden. Anwaltszwang besteht für den Antrag selbstverständlich nicht. Er ist an das Prozessgericht zu richten, das im Beschlussweg entscheidet. Mündliche Verhandlung ist freigestellt. Der künftige Prozessgegner muss nicht gehört werden, da seine Rechtsstellung nicht unmittelbar berührt wird.[10] 5

Der Beschluss ergeht durch das Prozessgericht in voller Besetzung, er wird beiden Parteien formlos mitgeteilt, § 329 Abs. 2 S. 1.

Gegen einen Beschluss, der die beantragte Beiordnung ablehnt, ist unbefristete **Beschwerde** gegeben, § 78b Abs. 2. Das Beschwerdeverfahren unterliegt selbstverständlich nicht dem Anwaltszwang. Die Beschwerde kann auch über den Hauptsacherechtszug hinausführen (Beschwerde gegen Entscheidung des Landgerichts als Berufungsgericht). Sie kann in diesem Fall aber nicht darauf gestützt werden, dass die Rechtsverfolgung entgegen der Ansicht des Erstgerichts nicht aussichtslos sei.[11] 6

Der Beschluss, mit dem die Beiordnung angeordnet wird, ist **unanfechtbar**, da der Antragsteller durch ihn nicht beschwert ist und der künftige Prozessgegner nicht unmittelbar in seiner Rechtsstellung berührt wird. Die Rechtsstellung des Anwalts wird erst durch die Beiordnungsverfügung des Vorsitzenden nach § 78c berührt.

## § 78c
## Auswahl des Rechtsanwalts

**(1) Der nach § 78b beizuordnende Rechtsanwalt wird durch den Vorsitzenden des Gerichts aus der Zahl der in dem Bezirk des Prozessgerichts niedergelassenen Rechtsanwälte ausgewählt.**

**(2) Der beigeordnete Rechtsanwalt kann die Übernahme der Vertretung davon abhängig machen, dass die Partei ihm einen Vorschuss zahlt, der nach dem Rechtsanwaltsvergütungsgesetz zu bemessen ist.**

**(3) Gegen eine Verfügung, die nach Absatz 1 getroffen wird, steht der Partei und dem Rechtsanwalt die sofortige Beschwerde zu. Dem Rechtsanwalt steht die sofortige Beschwerde auch zu, wenn der Vorsitzende des Gerichts den Antrag, die Beiordnung aufzuheben (§ 48 Abs. 2 der Bundesrechtsanwaltsordnung), ablehnt.**

---

7 OLG Karlsruhe Justiz 1971, 25; OLG Koblenz Rpfl. 1971, 441.
8 KG OLGZ 1977, 247; BFH NJW 1978, 448; BSG MDR 1971, 959; s.a. *Brangsch* AnwBl. 1982, 99.
9 BVerwG Rpfl. 1979, 454.
10 Stein/Jonas/*Bork* 22. A., § 78b Rdn. 12.
11 OLG Koblenz Rpfl. 1971, 441; **a.A.** 2. Aufl. § 78a B IV.

### I. Anwendungsbereich

1 § 78c ergänzt § 78b, indem er die **Auswahl** des beizuordnenden Anwalts regelt. Zudem findet § 78c Abs. 1 und 3 entsprechend in den Fällen von § 78 FamFG sowie § 138 FamFG Anwendung.

2 § 78b ist auch im Prozesskostenhilfe- bzw. im Verfahrenskostenhilfe-Verfahren (§ 121 Abs. 5, § 78 Abs. 5 FamFG) anwendbar. Seine Nichterwähnung in § 121 beruht auf einem Redaktionsversehen des Gesetzgebers.[1]

### II. Verfahren und Entscheidung

3 **Zuständig** ist der Vorsitzende, beim Familiengericht der Familienrichter. Ein Antrag ist nicht erforderlich. Die Partei hat kein Recht auf Beiordnung eines bestimmten Anwalts, die Entscheidung steht im pflichtgemäßen Ermessen des Vorsitzenden. Dieser wird es tunlichst vermeiden, einen Anwalt beizuordnen, der bereits die Übernahme des Mandats abgelehnt hat, da in diesem Fall nicht damit zu rechnen ist, dass sich zwischen Anwalt und Mandant ein Vertrauensverhältnis entwickeln kann.[2]

Die Entscheidung ergeht durch **Verfügung**, sie lautet auf Beiordnung eines namentlich bestimmten Anwalts (nicht einer Sozietät). Die Verfügung wird der Partei und dem beigeordneten Anwalt formlos mitgeteilt.

### III. Folgen der Beiordnung

4 Der beigeordnete Anwalt ist zur Übernahme des Mandats **verpflichtet**, § 48 Abs. 1 Nr. 2 BRAO. Es besteht Kontrahierungszwang, der allerdings noch nicht den Vertragsschluss zwischen Partei und Anwalt ersetzt. Ebenso ersetzt die Beiordnung noch nicht die Erteilung der Prozessvollmacht durch die Partei.[3]

5 Aufgrund des **Kontrahierungszwangs** „kann" der beigeordnete Anwalt die Übernahme des Mandats nur von der Zahlung eines Vorschusses nach § 39 Abs. 1 RVG i.V.m. § 9 RVG abhängig machen, § 78c Abs. 2. Die Nichtzahlung des Vorschusses ist ein wichtiger Grund, der den Anwalt berechtigt, die Aufhebung der Beiordnung zu beantragen, § 48 Abs. 2 BRAO.[4]

### IV. Rechtsbehelfe

6 Gegen die Auswahlverfügung ist einfache Beschwerde **statthaft** (§ 567); § 78c Abs. 3. Die Partei kann auf diesem Wege geltend machen, bei der Auswahl sei das Ermessen nicht sachgerecht ausgeübt worden,[5] bspw. weil ein von ihr geäußerter berechtigter Wunsch nicht berücksichtigt wurde oder ein Anwalt, der ersichtlich keine Sachkenntnis der Materie besitzt, beigeordnet wurde. Der Anwalt kann mit der Beschwerde geltend machen, dass wichtige Gründe gegen seine Beiordnung sprechen, bspw. Arbeitsüberlastung oder Hinderungsgründe nach § 45 BRAO.

7 Unzulässig ist die Beschwerde gegen Verfügungen des Vorsitzenden eines Berufungsgerichts (Berufungskammer beim Landgericht oder Senat beim OLG), § 567 Abs. 3 und 4. Eine weitere Beschwerde findet nicht statt, § 568 Abs. 2 S. 1.

---

1 Zöller/*Vollkommer* § 78c Rdn. 2.
2 *Bergerfurth* Rdn. 154.
3 BGH NJW 1987, 440.
4 Statt aller: Musielak/*Weth* § 78c Rdn. 6 m.w.N.
5 MünchKomm/*Toussaint* § 78c Rdn. 6.

Der Anwalt kann nach § 48 Abs. 2 BRAO die Aufhebung der Beiordnung beantragen, falls ein wichtiger Grund vorliegt. Zuständig ist das Prozessgericht.[6] Die Ablehnung des Aufhebungsantrags ist (außer im Fall des § 567 Abs. 3 und 4) mit der einfachen Beschwerde anfechtbar. Gegen die stattgebende Entscheidung gibt es kein Rechtsmittel. 8

## § 79
## Parteiprozess

**(1) Soweit eine Vertretung durch Rechtsanwälte nicht geboten ist, können die Parteien den Rechtsstreit selbst führen. Parteien, die eine fremde oder ihnen zum Zweck der Einziehung auf fremde Rechnung abgetretene Geldforderung geltend machen, müssen sich durch einen Rechtsanwalt als Bevollmächtigten vertreten lassen, soweit sie nicht nach Maßgabe des Absatzes 2 zur Vertretung des Gläubigers befugt wären oder eine Forderung einziehen, deren ursprünglicher Gläubiger sie sind.**

**(2) Die Parteien können sich durch einen Rechtsanwalt als Bevollmächtigten vertreten lassen. Darüber hinaus sind als Bevollmächtigte vertretungsbefugt nur**

1. **Beschäftigte der Partei oder eines mit ihr verbundenen Unternehmens (§ 15 des Aktiengesetzes); Behörden und juristische Personen des öffentlichen Rechts einschließlich der von ihnen zur Erfüllung ihrer öffentlichen Aufgaben gebildeten Zusammenschlüsse können sich auch durch Beschäftigte anderer Behörden oder juristischer Personen des öffentlichen Rechts einschließlich der von ihnen zur Erfüllung ihrer öffentlichen Aufgaben gebildeten Zusammenschlüsse vertreten lassen,**
2. **volljährige Familienangehörige (§ 15 der Abgabenordnung, § 11 des Lebenspartnerschaftsgesetzes), Personen mit Befähigung zum Richteramt und Streitgenossen, wenn die Vertretung nicht im Zusammenhang mit einer entgeltlichen Tätigkeit steht,**
3. **Verbraucherzentralen und andere mit öffentlichen Mitteln geförderte Verbraucherverbände bei der Einziehung von Forderungen von Verbrauchern im Rahmen ihres Aufgabenbereichs,**
4. **Personen, die Inkassodienstleistungen erbringen (registrierte Personen nach § 10 Abs. 1 Satz 1 Nr. 1 des Rechtsdienstleistungsgesetzes) im Mahnverfahren bis zur Abgabe an das Streitgericht, bei Vollstreckungsanträgen im Verfahren der Zwangsvollstreckung in das bewegliche Vermögen wegen Geldforderungen einschließlich des Verfahrens zur Abnahme der eidesstattlichen Versicherung und des Antrags auf Erlass eines Haftbefehls, jeweils mit Ausnahme von Verfahrenshandlungen, die ein streitiges Verfahren einleiten oder innerhalb eines streitigen Verfahrens vorzunehmen sind.**

**Bevollmächtigte, die keine natürlichen Personen sind, handeln durch ihre Organe und mit der Prozessvertretung beauftragten Vertreter.**

**(3) Das Gericht weist Bevollmächtigte, die nicht nach Maßgabe des Absatzes 2 vertretungsbefugt sind, durch unanfechtbaren Beschluss zurück. Prozesshandlungen eines nicht vertretungsbefugten Bevollmächtigten und Zustellungen oder Mitteilungen an diesen Bevollmächtigten sind bis zu seiner Zurückweisung wirksam. Das Gericht kann den in Absatz 2 Satz 2 Nr. 1 bis 3 bezeichneten Bevollmächtigten**

6 MünchKomm/*Toussaint* § 78c Rdn. 11; Zöller/*Vollkommer § 78c* Rdn. 9; **a.A.** (zu § 116b a.F.) OLG Hamm MDR 1971, 139 (Kollegium).

**durch unanfechtbaren Beschluss die weitere Vertretung untersagen, wenn sie nicht in der Lage sind, das Sach- und Streitverhältnis sachgerecht darzustellen.**

**(4) Richter dürfen nicht als Bevollmächtigte vor einem Gericht auftreten, dem sie angehören. Ehrenamtliche Richter dürfen, außer in den Fällen des Absatzes 2 Satz 2 Nr. 1, nicht vor einem Spruchkörper auftreten, dem sie angehören. Absatz 3 Satz 1 und 2 gilt entsprechend.**

## Schrifttum

*Zschieschack* Verbotene Vertretung durch die Haftpflichtversicherung im Verkehrsunfallprozess, NJW 2010, 3275–3276.

**Übersicht**



## I. Anwendungsbereich und Normzweck

1 Die Norm des § 79 wurde im Rahmen der Reformierung des Rechtsberatungsrechts mit Wirkung zum 1.7.2008 völlig neu gefasst.[1] So regelt die Norm trotz erheblicher Änderungen und der Überführung des § 157 Abs. 2 a.F. in Wortlaut den Parteiprozess.[2] Im Gegensatz zum Anwaltsprozess können die Parteien ein Verfahren im Parteiprozess selbst führen, da eine anwaltliche Vertretung (§ 78) nicht geboten ist; § 79 Abs. 1 S. 1. Die Parteien können sich aber durch einen Rechtsanwalt vertreten lassen.

Jedoch müssen die Parteien sich dann durch einen Rechtsanwalt vertreten lassen, wenn sie eine fremde oder zwecks Einziehung abgetretene Geldforderung geltend machen wollen (Abs. 1 S. 2) und keine Ausnahmeregelung (Abs. 1 S. 2 Hs 2) greift.

Die Vorschrift gilt für die gesamten amtsgerichtlichen Verfahren, die nicht ausdrücklich durch §78 ausgenommen sind sowie für Zwangsversteigerungsverfahren,[3] das Mahnverfahren, Insolvenzverfahren nach §4 InsO[4] und Verfahren in Ehesache und Familienstreitsachen nach §§ 112, 113 FamFG mit Ausnahme der Familiensachen nach § 114 FamFG.

§79 dient der Sicherung der Funktionsfähigkeit der Gerichtsbarkeit und soll einen geordneten Verfahrensablauf ermöglichen.[5] Jedoch erscheint die Norm z.B. im Hinblick auf die Vertretung des Versicherungsnehmers durch die Haftpflichtversicherung im Verkehrsunfallprozess erweiterungsbedürftig, da hier kein Fall des § 79 Abs. 2 greift.[6]

1 BGBl. 2007 I S. 2840, 2850.
2 BeckOK-ZPO/*Piekenbrock* § 79 Rdn. 1.
3 BGH NJW 2011, 929, 931; AG Bad Segeberg, Beschl. v. 13.6.2013 – 6 M 430/13, JurionRS 2013, 38864.
4 Strittig: vgl. BeckOK-ZPO/*Piekenbrock* § 79 Rdn. 1; Saenger/*Bendtsen* § 79 Rdn. 1.
5 Prütting/Gehrlein/*Burgermeister* § 79 Rdn. 1.
6 Ausführlich *Zschieschack* NJW 2010, 3275 f.

## II. Prozessbevollmächtigte

Anders als im materiellen Recht (§ 165 BGB) kann sich die Partei nur durch Personen vertreten lassen, die voll geschäftsfähig sind, § 52. Ein Prozessunfähiger ist von der Vertretung zurückzuweisen, seine Vollmacht ist unwirksam. 2

Vertretungsberechtigt sind:

**1. Rechtsanwälte (Abs. 2 S. 1).** Im Parteiprozess kann sich die Partei durch jeden Rechtsanwalt vertreten lassen (§ 3 BRAO).[7] Grundsätzlich steht der Anwalt im Parteiprozess anderen Prozessbevollmächtigten gleich, Sondervorschriften enthalten jedoch u.a. die §§ 104 Abs. 2, 135, 157, 170 und 397 Abs. 2. 3

**2. Andere taugliche Bevollmächtigte (Abs. 2 S. 2).** Darüber hinaus sind nach Abs. 2 S. 2 die nachfolgend Genannten als Prozessbevollmächtigte entsprechend zur Vertretung berechtigt. Bei der Aufzählung in Abs. 2 handelt es sich um einen abschließenden Regelungskatalog.[8] 4

**a) Beschäftigte der Partei u.a. (Abs. 2 S. 2 Nr. 1).** Die Partei kann sich durch ihre Beschäftigten vertreten lassen. Dies ermöglicht Einzelunternehmern wie auch Handelsgesellschaften jeglicher Rechtsform eine Vertretung durch ihre sonstigen Mitarbeiter, so dass eine Vertretung durch die berufenen Gesellschaftsorgane nicht erforderlich ist. Behörden und juristische Personen des öffentlichen Rechts können sich darüber hinaus auch durch Beschäftigte anderer Behörden bzw. anderer juristischer Personen vertreten lassen. 5

Der Begriff des Beschäftigten ist weit auszulegen; jede Form des Beschäftigungsverhältnisses ist erfasst.[9] Beschäftigte sind stets natürliche Personen.

**b) Familienangehörige, Volljuristen, Streitgenossen (Abs. 2 S. 2 Nr. 2).** Eine Vertretung ist auch durch volljährige Familienangehörige möglich. Der Kreis der Familienangehörigen wird dabei durch den Verweis auf § 15 AO und § 11 LPartG näher definiert. Weiterhin können auch Personen mit der Befähigung zum Richteramt (§§ 5, 7 DRiG) die Vertretung vornehmen. Ein Vertretungsverbot ergibt sich dabei jedoch für Richter bei der Vertretung vor dem eigenen Gericht nach Abs. 4. Schließlich kann die Vertretung auch von einem Streitgenossen vorgenommen werden. 6

Die Vertretung nach § 79 Abs. 2 S. 2 Nr. 2 muss in sämtlichen Fällen **unentgeltlich** erfolgen. Der Begriff der Unentgeltlichkeit orientiert sich an dem des § 6 RDG a.F.[10]

**c) Verbraucherzentralen/-verbände (Abs. 2 S. 2 Nr. 3).** Ist der Kläger Verbraucher i.S.v. § 13 BGB und klagt er auf eine Geldzahlung, so sind Verbraucherzentralen/-verbände nach Abs. 2 S. 2 Nr. 3 im Rahmen ihres Aufgabenbereiches vertretungsbefugt. 7

**d) Inkassodienstleister (Abs. 2 S. 2 Nr. 4).** Die Vertretungsbefugnis für Inkassodienstleister (soweit registriert nach dem RDG) ist hingegen auf das Mahn- und Vollstreckungsverfahren beschränkt und endet mit der Überführung ins streitige Erkenntnisverfahren. 8

---

7 Vgl. ausführlicher: Musielak/*Weth* § 79 Rdn. 6 m.w.N.
8 BT-Drucks. 16/3655, 87.
9 BT-Drucks. 16/3655, 87.
10 Vgl. BT-Drucks. 16/3655, 87.

9 **e) Juristische Personen (Abs. 2 S. 3).** Nach Abs. 2 S. 3 können nunmehr auch juristische Personen und rechtsfähige Personengesellschaften prozessvertretungsbefugt sein (vgl. Abs. 2 S. 2 Nr. 3, 4). Diese handeln durch ihre Organe oder durch entsprechend zur Prozessvertretung beauftragte Vertreter (bspw. durch Prokura, Vollmacht oder Satzung ermächtigt).

10 **3. Zurückweisung durch das Gericht (Abs. 3).** Die Prüfung der Vertretungsbefugnis erfolgt durch das Gericht vAw. im Rahmen des Freibeweises.[11] Soweit sich eine Vertretungsbefugnis aus Abs. 2 nicht ergibt oder durch Gesetz ausgeschlossen ist, ist der Bevollmächtigte vom Gericht per Beschluss zurückzuweisen. Alle bis dahin durch den Bevollmächtigten wie auch alle ihm gegenüber vorgenommenen Prozesshandlungen bleiben wirksam.

Der Beschluss ist unanfechtbar; Abs. 3 S. 1.

11 **4. Einschränkung für Richter (Abs. 4).** Für den Berufsrichter ergibt sich aus Abs. 4 das Vertretungsverbot vor dem Gericht, dem er abgehört. Ehrenamtliche Richter sind dann bzgl. einer Vertretung beschränkt, wenn diese vor dem Spruchkörper, dem sie angehören, erfolgen soll. Ausgenommen ist hier jedoch die Vertretung nach Abs. 2 S. 2 Nr. 1 als Beschäftigter der Partei; vgl. Abs. 4 S. 2.

12 **5. Vollmachtserfordernis.** Es ist eine wirksame Prozessvollmacht i.S.v. §§ 80 ff. erforderlich. Dabei muss der Prozessvertreter, der nicht Rechtsanwalt ist, stets eine Originalvollmacht zu den Gerichtsakten reichen.

## § 80
## Prozessvollmacht

**Die Vollmacht ist schriftlich zu den Gerichtsakten einzureichen. Sie kann nachgereicht werden; hierfür kann das Gericht eine Frist bestimmen.**

**Übersicht**



### I. Allgemeines

1 **1. Begriff. Vollmacht** im Sinne von § 80 bedeutet prozessuale **Vertretungsmacht**, sie bezeichnet die Befugnis, für einen anderen prozessual zu handeln. Daneben benutzt die ZPO den Begriff Vollmacht als Bezeichnung des Erteilungsaktes (§§ 83 Abs. 2, 89

11 Zöller/*Vollkommer* § 79 Rdn. 11.

Abs. 2) oder für die Urkunde, in der der Erteilungsakt festgehalten ist (bspw. § 89 Abs. 1). Die prozessuale Vertretungsmacht kann auch Folge einer umfassenden sachlich-rechtlichen Vertretungsmacht sein (s. unten Rdn. 6). Die wirksame Vollmacht ist Prozesshandlungsvoraussetzung, nicht aber Sachurteilsvoraussetzung.

**2. Außen- und Innenverhältnis.** Wie bei der Vollmacht **bürgerlichen** Rechts ist 2 zwischen dem zu unterscheiden, was der Bevollmächtigte kraft seiner prozessualen Vertretungsmacht bewirken kann, und dem, was er infolge des der Vollmachtserteilung zugrunde liegenden Grundgeschäfts darf.[1] Mängel des Grundgeschäfts (bspw. Auftrag oder Geschäftsbesorgung nach § 675 BGB) berühren die Wirksamkeit der Vollmacht nicht.[2] Dies folgt aus § 87, der die Außenwirkung des Erlöschens der Vollmacht besonders regelt.

## II. Erteilung

**1. Prozesshandlung.** Wegen ihrer prozessualen Funktion ist die Erteilung der Pro- 3 zessvollmacht Prozesshandlung (Bewirkungshandlung).[3] Ihre Vornahme beurteilt sich deshalb, auch dann nach deutschem Recht, wenn ein Auslandsbezug besteht.[4]

Die **Wirksamkeit** der Vollmachterteilung als Prozesshandlung richtet sich nicht 4 nach bürgerlichem Recht.[5] Die Zulassung einer Irrtumsanfechtung oder die Erstreckung einer Nichtigkeit des Grundgeschäfts (§ 138 BGB) auf die Vollmacht würde die Prozessführung mit unerträglichen Unsicherheiten belasten.

Die **Erklärung** der Vollmacht erfolgt gegenüber dem Bevollmächtigten, dem Gericht 5 oder dem Prozessgegner.[6] Wirksam wird die Erteilung der Vollmacht mit dem Zugang der Erklärung. Es kommt nicht darauf an, ob sie auch den übrigen Beteiligten bereits mitgeteilt wurde.

Besonderheiten gelten, soweit sich die prozessrechtliche Vollmacht aus einer **um-** 6 **fassenden** sachlich-rechtlichen Vollmacht ergibt. Dies ist z.B. der Fall bei einer Generalvollmacht, bei der Prokura (§ 49 HGB) oder der Handlungsvollmacht (§ 54 HGB). Die Erteilung dieser Vollmacht richtet sich ausschließlich nach materiellem Recht, ggf. ist also auch ausländisches Recht anzuwenden. Da die Vollmacht Gestaltungsrechte verleiht, ist sie bedingungsfeindlich.

**2. Form.** Entsprechend dem Wortlaut von § 80 ist die Vollmacht schriftlich zu den 7 Gerichtsakten einzureichen. Jedoch handelt es sich hierbei nicht um eine Formvorschrift, sondern um eine bloße Ordnungsvorschrift.[7] Demgemäß befasst sich § 80 nur mit dem **Nachweis** der Vollmacht, die Erteilung der Vollmacht ist formlos möglich. Sie kann deshalb auch stillschweigend erteilt werden.[8] Eine schlüssige Vollmachtserteilung wird

---

1 Vgl. OLG Hamm AnwBl. 1989, 397; MDR 1989, 397; Prütting/Gehrlein/*Burgermeister* § 80 Rdn. 2.
2 BGH LM § 325 ZPO Nr. 10; Stein/Jonas/*Bork* § 80 Rdn. 2; Prütting/Gehrlein/*Burgermeister* § 80 Rdn. 2.
3 *Urbanczyk* ZZP 95 (1982) 339, 344 m.w.N.
4 BGH LM § 335 ZPO Nr. 10 = BGHZ 40, 203; BGH NJW 1990, 3088 (die Vertretungsmacht bei der Erteilung beurteilt sich aber nach dem Wirkungsstatut); OLG Zweibrücken RiW 1975, 347; LG Frankfurt RiW 1980, 291.
5 Stein/Jonas/*Bork* § 80 Rdn. 5; **a.A.** Rosenberg/Schwab/Gottwald § 55 II 1; Thomas/Putzo/*Hüßtege* § 80 Rdn. 2.
6 Siehe auch BGH VersR 1974, 548 (Erklärung gegenüber dem Gericht ist ohne Kenntnis des Bevollmächtigten wirksam).
7 Vgl. MünchKomm/*Toussaint* § 80 Rdn. 5, 11 m.w.N.
8 BGH FamRZ 1981, 865, 866.

bspw. regelmäßig in der Benennung eines Anwalts im Prozesskostenhilfeantrag liegen. Hingegen begründet die Beiordnung allein noch kein Vertretungsverhältnis.[9]

8 **3. Prozessfähigkeit von Partei und Bevollmächtigtem, Postulationsfähigkeit.** Zur wirksamen Erteilung der Vollmacht muss die Partei prozessfähig sein, da eine Prozesshandlung vorliegt.[10]

Die Notwendigkeit der Prozessfähigkeit des Bevollmächtigten ergibt sich aus § 79, die Heilungsmöglichkeit des § 579 Abs. 1 Nr. 4 ändert nichts an der ursprünglichen Unwirksamkeit der einem Prozessunfähigen erteilten Prozessvollmacht.[11] Soweit die Vollmacht einer juristischen Person erteilt wird, die per se prozessunfähig ist, ist die Vollmachtserteilung im Zweifel dahin auszulegen, dass der jeweilige gesetzliche Vertreter der juristischen Person bevollmächtigt ist.[12]

9 Keine Voraussetzung einer wirksamen Vollmachtserteilung ist die Postulationsfähigkeit des Bevollmächtigten. Die Vollmacht ermächtigt zu allen Handlungen, die dem Anwaltszwang nicht unterliegen und darüber hinaus zur Bestellung eines postulationsfähigen Prozessbevollmächtigten.

10 **4. Umfang.** Im Innenverhältnis kann die Vollmacht beliebig ausgestaltet werden. Nach außen wirken derartige Beschränkungen aber nur im Rahmen von § 83.

11 **5. Anscheins- und Duldungsvollmacht.** Da die Prozessvollmacht **formlos** auch durch schlüssiges Verhalten erteilt werden kann, kommt entsprechend den Grundsätzen des materiellen Rechts[13] auch eine sog. **Duldungsvollmacht** in Betracht, wenn die Partei bewusst geduldet hat, dass jemand für sie als Bevollmächtigter auftritt.

12 Allenfalls in sehr beschränktem Umfang sind hingegen die im materiellen Rechte entwickelten Grundsätze über die Vollmacht kraft **Rechtsscheins** (**Anscheinsvollmacht**) auf das Prozessrecht übertragbar. Zwar sind diese Grundsätze letztlich Ausdruck des in der gesamten Rechtsordnung geltenden Grundsatzes von Treu und Glauben, doch hat der Prozessgegner die Möglichkeit, einen Nachweis der Vollmacht nach §§ 80, 88 zu verlangen, weshalb er i.d.R. keinen Vertrauensschutz verdient.[14]

### III. Nachweis

13 **1. Notwendigkeit des Nachweises.** Haupt- wie Untervollmacht sind auf Rüge des Gegners hin (§ 88 Abs. 1) stets nachzuweisen. Im Parteiprozess wird die Vollmacht darüber hinaus von Amts wegen geprüft (§ 88 Abs. 2) es sei denn, der Bevollmächtigte ist Rechtsanwalt. Im Mahnverfahren bedarf es keines Nachweises der Vollmacht (§ 703).

#### 2. Form des Nachweises

14 **a) Schriftliche Vollmacht.** Die Urkunde muss vom Vollmachtgeber eigenhändig unterschrieben oder mittels notariell beglaubigten Handzeichens unterzeichnet sein, § 416.

---

9 BGH NJW 1987, 440.

10 Stein/Jonas/*Bork* § 80 Rdn. 6; *Baumgärtel* Prozeßhandlung einer Partei im Zivilprozeß (1972)² 176; vgl. Rosenberg/Schwab/Gottwald § 55 II 1.

11 Stein/Jonas/*Bork* § 80 Rdn. 10.

12 LG Lübeck ZMR 1968, 186 (Mieterverein).

13 Bspw. BGH MDR 1961, 592.

14 Stein/Jonas/*Bork* § 80 Rdn. 15; Beispielsfälle sind BGH NJW 1964, 203; 1975, 1652 (Entgegennahme einer Zustellung).

Die Zeichnung mit der Firma genügt.[15] Ungenügend ist ein Stempel oder eine Faksimileunterschrift.[16] Die Vorlage eines Telegramms erbringt ebenfalls nicht den notwendigen Nachweis.[17] Da der Nachweis nur für die Zukunft Bedeutung hat, ist ein Datum entbehrlich. Die Angabe des Bevollmächtigten ist i.d.R. erforderlich,[18] jedoch kann eine unterschriebene Blanko-Vollmacht ausreichen.[19] Die Vorlage einer Fotokopie genügt nicht,[20] eine Ausnahme wird für die Telekopie zu machen sein, da diese im Prozessrecht mittlerweile weitgehend (bspw. für die Rechtsmitteleinlegung) der Originalerklärung gleichgestellt ist. Bei fremdsprachigen Urkunden gilt für die Übersetzung § 142 Abs. 3.[21]

**b) Sonderfälle.** Wurde die Vollmacht zu Protokoll der Geschäftsstelle oder zum Sitzungsprotokoll erteilt, so ist ein gesonderter Nachweis durch Vorlage einer schriftlichen Urkunde überflüssig und entbehrlich. Bei Personen, die ihre Prozessvollmacht aus einer umfassenden sachlich-rechtlichen Vollmacht herleiten, genügt ein entsprechender urkundlicher Nachweis, bspw. für den Prokuristen ein Auszug aus dem Handelsregister. 15

Die Bezugnahme auf eine zu anderen Gerichtsakten eingereichte Generalvollmacht reicht nur, wenn diese Akten unmittelbar verfügbar sind.[22] Für die Zwangsvollstreckung genügt es, wenn sich der im Titel angeführte Prozessbevollmächtigte auf die Prozessakten beruft.[23]

**3. Abgabe zu den Gerichtsakten.** Die Vollmacht ist nach § 80 Abs. 1 zu den Gerichtsakten zu geben, wo sie grundsätzlich auch nach Prozessende verbleibt.[24] Bei Vorliegen besonderer Gründe kann das Gericht jedoch einem Gesuch um Rückgabe entsprechen, bspw. für eine Generalvollmacht.[25] 16

## § 81
## Umfang der Prozessvollmacht

**Die Prozessvollmacht ermächtigt zu allen den Rechtsstreit betreffenden Prozesshandlungen, einschließlich derjenigen, die durch eine Widerklage, eine Wiederaufnahme des Verfahrens, eine Rüge nach § 321a und die Zwangsvollstreckung veranlasst werden; zur Bestellung eines Vertreters sowie eines Bevollmächtigten für die höheren Instanzen; zur Beseitigung des Rechtsstreits durch Vergleich, Verzichtleistung auf den Streitgegenstand oder Anerkennung des von dem Gegner geltend gemachten Anspruchs; zur Empfangnahme der von dem Gegner oder aus der Staatskasse zu erstattenden Kosten.**

15 Stein/Jonas/*Bork* § 80 Rdn. 27.
16 OLG Köln Rpfl. 1970, 335; **a.A.** Stein/Jonas/*Bork* § 80 Rdn. 27.
17 MünchKomm/*Toussaint* § 80 Rdn. 16; **a.A.** BFH BB 1987, 2012.
18 BFH DB 1984, 2284; DB 1992, 1916.
19 BFH DB 1988, 1684; BVerwG MDR 1984, 256.
20 BFH DM 1987, 1130; LAG Frankfurt DB 1988, 2656.
21 Siehe auch VGH München NJW 1978, 510 (Unterschrift mit arabischen Schriftzeichen).
22 BGH NJW-RR 1986, 1253; großzügiger Stein/Jonas/*Bork* § 80 Rdn. 35.
23 Stein/Jonas/*Bork* § 80 Rdn. 36.
24 BGH NJW-RR 1986, 1253; LSG Berlin NJW 1989, 191.
25 Zöller/*Vollkommer* § 80 Rdn. 10.

## I. Allgemeines

1 § 81 definiert die Reichweite der **Prozessvollmacht.** Aus Gründen der Rechtssicherheit wird ihre Wirkung im Verhältnis zu Gericht und Gegner durch die **zwingenden** Vorschriften der §§ 81 und 82 festgelegt, eine Einschränkung ist nur in den Grenzen von § 83 möglich. Unabhängig von diesen prozessualen Vorschriften sind Einschränkungen im Innenverhältnis beliebig zulässig,[1] allerdings können zu weit gehende Einschränkungen für den Anwalt standeswidrig sein und ihn zur Niederlegung des Mandats zwingen.

Die in §§ 81ff. niedergelegten Grundsätze gelten entsprechend für Prozessvollmachten, die nur bestimmte Verfahren, bspw. die Zwangsvollstreckung oder das Insolvenzverfahren, betreffen. Weiterhin findet § 81 gemäß §§ 112, 113 Abs. 1 FamFG auch in Familienstreitsachen Anwendung, wobei für die Vollmacht die Besonderheit des § 114 Abs. 5 FamFG zu beachten ist. Auch für die übrigen FamFG-Verfahren gilt § 81; § 11 FamFG.

## II. Rechtsstreit

2 § 81 ermächtigt den Bevollmächtigten zur Führung des gesamten Prozesses über sämtliche Instanzen. Die in § 81 enthaltene Aufzählung hat nur **Beispielscharakter**, sie ist nicht vollständig.[2] Rechtsstreit ist das durch den Streitgegenstand bestimmte Verfahren zwischen den Parteien. Klageänderung, Klageerweiterung oder Widerklage werden von der Vollmacht umfasst. Auch der Beitritt eines Streitgehilfen oder ein Parteiwechsel auf der Gegenseite berühren die Vollmacht nicht. Die von einem Nebenintervenienten erteilte Prozessvollmacht umfasst auch dessen Vertretung als Beklagter, wenn die Klage auf ihn erstreckt wird.[3] Die Vollmacht ermächtigt auch zur Vertretung im Nachverfahren (bspw. nach § 600);[4] des Weiteren zur Vertretung bei einer Streitverkündung, im Kostenfestsetzungsverfahren,[5] in den Verfahren der Streitwertbeschwerde,[6] der Prozesskostenhilfe[7] und der Beweissicherung.[8] Des Weiteren erstreckt sich die Prozessvollmacht auf Anträge zur Berichtigung des Urteils oder des Tatbestandes oder auf den Erlass eines Ergänzungsurteils (§§ 319, 320, 321).

3 Der Begriff des **Rechtsstreits** in § 81 umfasst das Verfahren aller Instanzen und auch die Verweisung oder Abgabe des Rechtsstreits an ein anderes Gericht. Auf die Postulationsfähigkeit des Prozessbevollmächtigten kommt es nicht an. Nach dem ausdrücklichen Gesetzeswortlaut ist auch das Wiederaufnahmeverfahren von der Vollmacht umfasst. Gleiches gilt für den Streit über die Wirksamkeit eines prozessbeendenden Vergleichs.[9]

4 § 81 nennt auch die **Zwangsvollstreckung.** Dies umfasst auch Prozesse, die anlässlich der Zwangsvollstreckung entstehen (§§ 731, 767f., 771, 785f., 796f., 805, 836, 841, 856, 878), und zwar selbst dann, wenn die Klage zu einem Rechtsstreit mit einem Dritten

1 BGH LM § 665 BGB Nr. 11.
2 So auch Prütting/Gehrlein/*Burgermeister* § 81 Rdn. 4.
3 BGH NJW 1972, 52.
4 OLG Hamm JurBüro 1976, 1644.
5 BGH NJW 2006, 2260, 2261; OLG Hamm Rpfl. 1978, 421.
6 OLG Stuttgart JurBüro 1975, 1102; MünchKomm/*Toussaint* § 81 Rdn. 7 m.w.N.
7 BGH NJW 1978, 1920; OLG Brandenburg FamRZ 2003, 458; OLGR Hamm 2005, 385.
8 Vgl. Prütting/Gehrlein/*Burgermeister* § 81 Rdn. 4.
9 Stein/Jonas/*Bork* § 81 Rdn. 6.

führt.[10] Einer besonderen Vollmacht bedarf es hingegen für die Vertretung im Insolvenzverfahren.[11]

**Nicht** zum Rechtsstreit zählen Klagen nach §§ 302 Abs. 4 S. 4, 323, 324, 717, 893, 945, soweit sie selbständig und nicht im anhängigen Rechtsstreit erhoben werden. 5

### III. Prozesshandlungen

Die Prozessvollmacht erfasst die Abgabe und Entgegennahme **aller** im Rechtsstreit anfallenden Prozesshandlungen. Dies sind alle Handlungen, die sich auf den Betrieb oder die Beendigung des Rechtsstreits beziehen oder der Durchsetzung der Entscheidung dienen. Beispiele sind die Zuständigkeitsvereinbarung, die Erklärung des Einverständnisses mit Entscheidung durch den Einzelrichter, die Klagerücknahme, -erweiterung, -änderung, Zustellungs- und Zwangsvollstreckungsaufträge. Des Weiteren ermächtigt die Vollmacht zur Rechtsmitteleinlegung und -rücknahme sowie zum Rechtsmittelverzicht.[12] 6

Vergleich, Verzicht und Anerkenntnis sind von der Vollmacht gedeckt, soweit der Vollmachtgeber nicht von der **Beschränkungsmöglichkeit** des § 83 Abs. 1 Gebrauch gemacht hat. Allerdings deckt der gesetzliche Umfang der Prozessvollmacht nicht den Vergleich über Vermögensgegenstände des Vollmachtgebers, die nicht Streitgegenstand waren.[13] 7

Aufgrund seiner Vollmacht kann der Prozessbevollmächtigte auch einen **Vertreter** für einzelne Prozesshandlungen (Unterbevollmächtigten) oder einen Bevollmächtigten für das gesamte Verfahren vor höheren Instanzen bestellen. Nicht möglich ist hingegen die Weitergabe der Bevollmächtigung für den Rechtsstreit als Ganzes.[14] Der Untervertreter muss zumindest theoretisch die Möglichkeit haben, sich vom Streitstoff ein eigenes Bild zu machen, die Bestellung eines „Kartellanwalts" kann deshalb unzulässig sein.[15] 8

### IV. Materiell-rechtliche Erklärungen

Die Prozessvollmacht ermächtigt zur Abgabe und Entgegennahme **rechtsgeschäftlicher Willenserklärungen** materiell-rechtlichen Inhalts, soweit sie sich auf den Rechtsstreit beziehen. Es kommt dabei nicht darauf an, ob die Erklärung in oder außerhalb des Prozesses abgegeben wird.[16] Allerdings ermächtigt die Prozessvollmacht nicht zu Erklärungen gegenüber einer Behörde, deren Wirksamkeit von der Vorlegung einer öffentlich beglaubigten Vollmacht abhängt.[17] 9

Von der Prozessvollmacht umfasst ist bspw. die Erklärung der Aufrechnung,[18] der Anfechtung[19] und des Rücktritts von einem Vertrag;[20] des Weiteren die Erklärung der 10

**10** Stein/Jonas/*Bork* § 81 Rdn. 7.
**11** LG Stuttgart ZZP 70 (1957) 143; Stein/Jonas/*Bork* § 81 Rdn. 7; **a.A.** Baumbach/Lauterbach/Albers/*Hartmann*[71] § 81 Rdn. 19.
**12** Zöller/*Vollkommer* § 81 Rdn. 3.
**13** Stein/Jonas/*Bork* § 81 Rdn. 11; BGH NJW 1992, 1963, 1964.
**14** BGH NJW 1981, 1727, 1728.
**15** OLG Düsseldorf NJW 1976, 1324.
**16** BAG AP Nr. 2 m. Anm. *Rimmelspacher*.
**17** BGHZ 31, 206 = LM Nr. 3 m. Anm. *Schuster*.
**18** RGZ 50, 426.
**19** RGZ 48, 218; 63, 411.
**20** RGZ 50, 138.

Wandlung oder Minderung, die Ausübung von Wahlrechten des bürgerlichen Rechts[21] sowie die Erklärung der Auflassung.[22] Im Kündigungsschutzprozess ermächtigt die Prozessvollmacht zum Ausspruch und zur Entgegennahme von Wiederholungskündigungen.[23] Die Vollmacht zur Räumungsklage deckt eine Kündigung vor Prozessbeginn,[24] die Vollmacht zur Verteidigung gegen die Räumungsklage umfasst auch die Entgegennahme der Kündigung.[25]

11 § 81 erwähnt ausdrücklich Verzicht, Anerkenntnis und Vergleich, dies gilt auch, wenn diese Rechtsgeschäfte **außerhalb** des Prozesses vorgenommen werden. Insbesondere ist von der Vollmacht auch der außergerichtliche Vergleich umfasst, sofern er sich im Rahmen des Streitgegenstands hält.[26] Die Prozessvollmacht umfasst den Abschluss einer Rechtswahlvereinbarung,[27] nicht aber einer Schiedsvereinbarung.[28]

### V. Beschränkung und Erweiterung der Vollmacht

12 Eine Beschränkung des gesetzlichen Umfangs der Prozessvollmacht wirkt **gegenüber** Gericht und Gegner nur im Rahmen von § 83. Eine Ausdehnung des Umfangs der Vollmacht ist hingegen grundsätzlich unbeschränkt zulässig. Diese kann auch stillschweigend erfolgen, bspw. wenn ein Schuldner nach den Umständen davon ausgehen darf, dass er den Hauptsachebetrag an den Prozessbevollmächtigten mit befreiender Wirkung leisten kann. Eine Erweiterung der Prozessvollmacht kann standeswidrig sein oder, soweit in einem Formular enthalten, gegen die §§ 305 ff. BGB verstoßen.[29]

In Familiensachen sind die Vorschriften §§ 11, 114 FamFG zu beachten.

## § 82
## Geltung für Nebenverfahren

**Die Vollmacht für den Hauptprozess umfasst die Vollmacht für das eine Hauptintervention, einen Arrest oder eine einstweilige Verfügung betreffende Verfahren.**

1 Außer auf die **Hauptintervention** (§ 64), den **Arrest** und die **einstweilige Verfügung** (§§ 916 ff.) ist die Vorschrift auch für Verfahren nach dem FamFG anwendbar; § 11 S. 5 FamFG. Sie hat zur Folge, dass Zustellungen an den Bevollmächtigten des Hauptprozesses erfolgen können (aber nicht müssen).[1] Die Vorschrift ist im Anwaltsprozess wegen § 83 Abs. 1 zwingend. Einschränkungen im Innenverhältnis sind selbstverständlich möglich.[2]

---

**21** RGZ 53, 81.
**22** OLG Saarbrücken OLGZ 1969, 210 (kein Nachweis der Vollmacht nach § 29 GBO erforderlich).
**23** BAG NJW 1988, 2693; LAG Frankfurt BB 1988, 1894.
**24** LG Hamburg MDR 1971, 578.
**25** BGH NJW-RR 2000, 745; Zöller/*Vollkommer* § 81 Rdn. 11; **a.A.** LG Berlin ZMR 1987, 17; LG Hamburg MDR 1993, 44 (betr. Prozesspfleger).
**26** Stein/Jonas/*Bork* § 81 Rdn. 11; **a.A.** Zöller/*Vollkommer* § 81 Rdn. 11.
**27** **A.A.** *Schack* NJW 1984, 2739.
**28** Stein/Jonas/*Bork* § 81 Rdn. 12; Zöller/*Vollkommer* § 81 Rdn. 11.
**29** OVG Münster NJW 1987, 3029 (Abtretung von Kostenerstattungsansprüchen); Prütting/Gehrlein/*Burgermeister* § 81 Rdn. 11.

**1** MünchKomm/*Toussaint* § 82 Rdn. 2; Zöller/*Vollkommer* § 82 Rdn. 1; OLG Frankfurt MDR 1984, 58.
**2** OLG Köln JurBüro 1975, 185.

Nach allgemeiner Ansicht kann die Prozessvollmacht sowohl im Anwalts- wie im Parteiprozess nur auf das **Nebenverfahren** beschränkt werden. Diese Vollmacht wirkt nicht auch für den Hauptprozess,[3] andererseits bleibt sie von der Bestellung eines Prozessbevollmächtigten für den Hauptprozess unberührt.[4] 2

## § 83
## Beschränkung der Prozessvollmacht

**(1) Eine Beschränkung des gesetzlichen Umfanges der Vollmacht hat dem Gegner gegenüber nur insoweit rechtliche Wirkung, als diese Beschränkung die Beseitigung des Rechtsstreits durch Vergleich, Verzichtleistung auf den Streitgegenstand oder Anerkennung des von dem Gegner geltend gemachten Anspruchs betrifft.**

**(2) Insoweit eine Vertretung durch Anwälte nicht geboten ist, kann eine Vollmacht für einzelne Prozesshandlungen erteilt werden.**

### I. Anwaltsprozess

Die **Prozessvollmacht** des Anwalts ist umfassend und grundsätzlich **unbeschränkbar**. Über §83 Abs.1 hinausgehende Beschränkungen der Vollmacht haben Gegner und Gericht gegenüber selbst dann keine Rechtswirkung, wenn sie in die Vollmachtsurkunde aufgenommen wurden.[1] Die weisungswidrige Handlung des Bevollmächtigten ist wirksam.[2] 1

**Lediglich** für den **Vergleich**, den **Verzicht** (§ 306) und das **Anerkenntnis** (§ 307) ermöglicht § 83 Abs. 1, die Vollmacht durch ausdrückliche Erklärung gegenüber Prozessgegner und Gericht mit Wirkung nach außen einzuschränken.[3] (Darüber hinaus beschränkt die Rechtsprechung die Vollmacht in Fällen der Interessenkollision.)[4] Überschreitet der Prozessbevollmächtigte die so gezogenen Grenzen so ist die Prozesshandlung mangels Prozesshandlungsvoraussetzung unwirksam. Ein dennoch ergehendes Anerkenntnis- oder Verzichtsurteil ist nach §§ 547 Nr. 4, 579 Abs. 1 Nr. 4 anfechtbar. 2

### II. Parteiprozess

Im **Parteiprozess** kann die Prozessvollmacht auf einzelne Prozesshandlungen **beschränkt** werden (bspw. zur Wahrnehmung eines Beweisaufnahmetermins oder zur Bewirkung einer Zustellung), § 83 Abs. 2. Hieraus folgt zugleich, dass § 83 Abs. 1 im Parteiprozess nicht gilt. Jedoch ist auch im Parteiprozess die Prozessvollmacht grundsätzlich umfassend, §§ 81 und 82 sind anwendbar. Wenn sich die Vollmacht nicht erkennbar auf einzelne Prozesshandlungen oder Gruppen von Prozesshandlungen beschränkt, müssen gewollte Beschränkungen dem Gegner gegenüber unzweideutig zum Ausdruck gebracht werden. Soll im Nachhinein genehmigt werden, so ist die Genehmigung nur für die Prozessführung im Ganzen möglich.[5] 3

---

3 Baumbach/Lauterbach/Albers/*Hartmann*[71] § 82 Rdn. 1.
4 OLG München OLGRspr. 1929, 86.

1 BGH NJW 1987, 130.
2 BGH FamRZ 1988, 496 (weisungswidrige Rechtsmittelrücknahme).
3 BGH NJW 1955, 545.
4 BGH NJW 1991, 1176 (Vollmacht nach § 10 Nr. 5 AKB).
5 Zöller/*Vollkommer* § 83 Rdn. 5f.; BGH NJW 1987, 130.

## § 84
## Mehrere Prozessbevollmächtigte

**Mehrere Bevollmächtigte sind berechtigt, sowohl gemeinschaftlich als einzeln die Partei zu vertreten. Eine abweichende Bestimmung der Vollmacht hat dem Gegner gegenüber keine rechtliche Wirkung.**

1 Die Partei kann sich durch mehrere Bevollmächtigte vertreten lassen. Bei einer **Anwaltssozietät** ist im Zweifel davon auszugehen, dass sich Mandat und Vollmacht auf alle Sozien beziehen.[1] Dies gilt nicht, wenn die Vollmacht vor Gründung der Sozietät erteilt wurde[2] und bei bloßer Bürogemeinschaft. Hingegen wird man annehmen können, dass Anwälte, die erst nach Vollmachtserteilung in die Sozietät eingetreten sind, i.d.R. ebenfalls als bevollmächtigt zu gelten haben.[3]

2 § 84 ordnet zwingend **Einzelvollmacht** an. Eine im Innenverhältnis bestehende Beschränkung ist dem Gegner gegenüber auch dann unwirksam, wenn sie ihm mitgeteilt wurde. Bei widersprechenden Erklärungen der Prozessbevollmächtigten gilt die zeitlich frühere, wenn sie bindend ist, bspw. Geständnis (§ 290) oder Anerkenntnis (§ 307). Bei frei widerruflichen Erklärungen gilt die zuletzt abgegebene. Werden widersprüchliche prozessuale Willenserklärungen gleichzeitig abgegeben, so sind sie wirkungslos, sich widersprechende tatsächliche Erklärungen unterliegen der freien Beweiswürdigung.

3 Handlungen von Gericht oder Gegner können gegenüber **jedem** der Prozessbevollmächtigten vorgenommen werden. Insbesondere genügt eine Zustellung an einen der Bevollmächtigten;[4] bei mehreren Zustellungen ist für den Beginn einer Frist die erste Zustellung maßgeblich.[5]

4 Ist die Prozessvollmacht **Bestandteil** einer umfassenden materiell-rechtlichen Vertretungsmacht, so wird § 84 durch sachlich-rechtliche Vorschriften verdrängt, die eine gemeinschaftliche Vertretung vorsehen (bspw. Gesamtprokura nach § 48 Abs. 2 HGB).[6] Der **Vergütungsanspruch** von Anwälten, die nebeneinander beauftragt werden, richtet sich nach § 6 RVG. Bei einer Sozietät wird der Gebührenanspruch i.d.R. aber nur einmal entstehen.[7]

## § 85
## Wirkung der Prozessvollmacht

**(1) Die von dem Bevollmächtigten vorgenommenen Prozesshandlungen sind für die Partei in gleicher Art verpflichtend, als wenn sie von der Partei selbst vorgenommen wären. Dies gilt von Geständnissen und anderen tatsächlichen Erklärungen, insoweit sie nicht von der miterschienenen Partei sofort widerrufen oder berichtigt werden.**

**(2) Das Verschulden des Bevollmächtigten steht dem Verschulden der Partei gleich.**

---

1 BGH NJW 1971, 1801; überholt BGH NJW 1963, 1301.
2 BGH BB 1988, 658.
3 Baumbach/Lauterbach/Albers/*Hartmann*[71] § 84 Rdn. 1.
4 BGH MDR 1986, 582; BVerwG NJW 1984, 2115.
5 BVerwG NJW 1984, 2115; BVerwG NJW 1998, 3582; OLG Koblenz VersR 2000, 1039.
6 Siehe auch §§ 28, 709, 714 BGB; 35 Abs. 2 GmbHG.
7 VG Düsseldorf BeckRS 2010, 50906 m.w.N.

**Übersicht**



## I. Unmittelbare Stellvertretung

§ 85 Abs. 1 enthält in ähnlicher Weise wie § 164 Abs. 1 BGB den Grundsatz der unmit- 1
telbaren **Stellvertretung.** Über den Wortlaut der Vorschrift hinaus erstreckt sich die Wirkung für und gegen die Partei auf sämtliche Handlungen, die von der Prozessvollmacht gedeckt sind (§§ 81, 82). Insbesondere gilt dies für rechtsgeschäftliche Willenserklärungen, die von der Prozessvollmacht mit umfasst sind. Eine Pflichtwidrigkeit des Bevollmächtigten gegenüber seinem Auftraggeber, insbesondere ein Verstoß gegen erteilte Weisungen berührt die Wirksamkeit einer von der Vollmacht im Außenverhältnis gedeckten Handlung nicht. Eine Ausnahme kommt nur bei kollusivem Zusammenwirken von Bevollmächtigten und Gegenpartei in Betracht.

§ 85 findet nach §§ 11, 112, 113 Abs. 1 FamFG auch in den Verfahren nach dem FamFG Anwendung.

Der Grundsatz der unmittelbaren Stellvertretung wird durch den in § 85 Abs. 2 ent- 2
haltenen Grundsatz der **Verschuldenszurechnung** ergänzt.[1] Gemeinsamer Grundgedanke ist, dass die Partei, die den Rechtsstreit durch einen Vertreter führen lässt, so behandelt werden soll, als hätte sie den Prozess selbst geführt.[2] Insbesondere soll sich die Partei durch die Bevollmächtigung nicht ihres Prozessrisikos (zu Lasten des Prozessgegners) entledigen können.[3] Aus diesem Grundgedanken folgen aber auch Einschränkungen der Zurechnung des Verhaltens des Bevollmächtigten. So erfolgt die Zurechnung nur im Verhältnis zu den übrigen Prozessbeteiligten im Rahmen des Prozessrechtsverhältnisses.[4] Auswirkungen auf Dritte beurteilen sich nach den Grundsätzen des Bürgerlichen Rechts, bspw. § 831 BGB.[5] Auch haftet die Partei nicht für ein Verhalten des Bevollmächtigten, dass nur äußerlich mit der Prozesshandlung zusammenhängt, bspw. für Beleidigungen.[6] Hingegen ist es nicht gerechtfertigt, die Zurechnung des Vertreterverhaltens für den Fall sittenwidrigen oder deliktischen Handelns einzuschränken.[7] So muss sich die Partei bspw. eine sittenwidrige Urteilserschleichung durch ihren Bevollmächtigten zurechnen lassen. Hieran kann auch die Überlegung, die Partei könne darauf vertrauen, dass ein bevollmächtigter Rechtsanwalt als Rechtspflegeorgan seine Berufspflichten achten werde, nichts ändern, denn diese Überlegung betrifft das Innenverhältnis zwischen Anwalt und Mandanten, rechtfertigt aber keine Verschiebung des Prozessrisikos, die

1 § 85 Abs. 2 wurde anstelle des aufgehobenen § 232 eingefügt, BGBl. 1976 I 3281 (Vereinfachungsnovelle 1977).
2 BGH NJW 1951, 963; BGHZ 66, 124.
3 OLG Düsseldorf FamRZ 1986, 288.
4 Stein/Jonas/*Bork* § *85* Rdn. 3.
5 RGZ 61, 21; 63, 152; 73, 436; 96, 177; MünchKomm/*Toussaint* § 85 Rdn. 12, 13.
6 Stein/Jonas/*Bork* § 85 Rdn. 2.
7 Baumbach/Lauterbach/Albers/*Hartmann*[71] § 85 Rdn. 9; **a.A.** VG Stade NJW 1983, 1509; OLG Düsseldorf FamRZ 1957, 222; Zöller/*Vollkommer* § 85 Rdn. 4, 13.

letztlich dazu führt, dass die gegnerische Partei auf einen Schadensersatzanspruch gegen den pflichtwidrig handelnden Rechtsanwalt verwiesen wird.

3 Trotz bestehender Bedenken hat das Bundesverfassungsgericht die Regelung des § 85 Abs. 2 für **verfassungsgemäß** erachtet.[8] Allerdings ist die Regelung in Teilbereichen rechtspolitisch bedenklich.[9] Dies gilt insbesondere für Statussachen, in denen der Partei ein unwiederbringlicher Nachteil droht, der auch durch einen Schadensersatzanspruch gegen den Bevollmächtigten nicht ausgeglichen werden kann.

4 Die Partei muss sich auch die **Kenntnis** des Bevollmächtigten zurechnen lassen, § 166 Abs. 1 BGB entsprechend.[10] Ebenso sind auf Weisungen der Partei § 166 Abs. 2 BGB und § 105 Abs. 2 BGB entsprechend anzuwenden.[11]

5 Der Grundsatz der unmittelbaren Stellvertretung gilt auch für die **Entgegennahme von Prozesshandlungen** des Gerichts und des Gegners, insbesondere ist an den bestellten Prozessbevollmächtigten zuzustellen (§§ 176, 208). Lediglich die Anordnung des persönlichen Erscheinens (§§ 141 Abs. 2 S. 2, 273 Abs. 2 Nr. 3, 279 Abs. 2) ist der Partei selbst mitzuteilen.

### II. Bindung der Partei (Abs. 1)

6 Die Partei ist an die Prozesshandlungen und an die sonstigen Handlungen ihres Vertreters, die von der Vollmacht gedeckt sind, gebunden. Dies gilt auch im **Parteiprozess.** Da die Partei im Parteiprozess aber selbst postulationsfähig ist, ist ihr sofortiger Widerspruch über Abs. 1 S. 2 hinaus bei sämtlichen Prozesshandlungen zu beachten.[12]

7 Im **Anwaltsprozess** folgt schon aus der fehlenden Postulationsfähigkeit der Partei, dass sie Prozesshandlungen des Anwalts weder widersprechen noch widerrufen kann. Ein Widerruf der Erklärung ist nur durch den postulationsfähigen Prozessbevollmächtigten möglich (soweit die Erklärung überhaupt widerrufen werden kann). Eine Ausnahme gilt für tatsächliche Erklärungen einschließlich der Geständnisse. Hier kann die miterschienene Partei auch im Anwaltsprozess sofort widerrufen oder berichtigen. Dies geschieht unmittelbar in der mündlichen Verhandlung oder im schriftlichen Verfahren unverzüglich nach Kenntnis des Schriftsatzes. Unbeschadet von § 85 Abs. 1 S. 2 hat die Partei darüber hinaus das Recht, tatsächliche Erklärungen ihres Prozessbevollmächtigten durch diesen oder selbst zu berichtigen oder zu widerrufen, soweit sie auch eine eigene Erklärung noch später widerrufen könnte. Die Partei kann insoweit auch im Anwaltsprozess Tatsachen zugestehen, die ihr Anwalt vorher bestritten hatte.[13]

An Rechtsausführungen ihres Vertreters ist die Partei (ebenso wie dieser) nicht gebunden.[14] Allerdings können Rechtsausführungen eine Rechtsberühmung der Partei enthalten, die bspw. eine negative Feststellungsklage rechtfertigt.[15]

### III. Verschulden des Bevollmächtigten (Abs. 2)

9 **1. Anwendungsbereich.** § 85 Abs. 2 rechnet das Verschulden eines Bevollmächtigten der Partei ebenso zu wie § 51 Abs. 2 das **Verschulden** eines gesetzlichen Vertreters.

---

**8** BVerfGE 35, 41, 46 m. abw. Meinung S. 51 ff.; 60, 253, 271; BGH FamRZ 1988, 497.
**9** *Leipold* ZZP 93 (1980) 237, 255; *Stürner* JZ 1986, 1092.
**10** Vgl. RGZ 146, 348; BGH NJW 1969, 925; MünchKomm/*Toussaint* § 85 Rdn. 8.
**11** Vgl. OLG Braunschweig OLGZ 1965, 441 (zu § 105 Abs. 2 BGB).
**12** Stein/Jonas/*Bork* § 85 Rdn. 6 m.w.N.
**13** BGHZ 8, 235, 237; **a.A.** 2. Aufl. Anm. B Ia 1.
**14** RGZ 32, 407.
**15** Vgl. *Traumann* DB 1986, 262.

**Grundgedanke** ist, dass die Bestellung eines Vertreters nicht zu einer Verschiebung des Prozessrisikos zu Lasten des Gegners führen darf.[16] Aufgrund dessen ist der Anwendungsbereich der Vorschrift weit zu ziehen. Sie gilt überall, wo es auf ein prozessuales Verschulden der Partei ankommt. Beispiele sind insbesondere die Wiedereinsetzung (§ 233) und die Präklusionsvorschriften (§§ 296, 530, 531). Nach seinem Grundgedanken ist § 85 Abs. 2 auch auf Klage- und Ausschlussfristen anzuwenden, die außerhalb der ZPO geregelt sind.[17] Die Vorschrift ist deshalb bspw. auf die Klagefrist nach § 4 KSchG anzuwenden.[18] Hingegen ist das Prozesskostenhilfe-Verfahren nicht kontradiktorisch gestaltet, eine Verschiebung des Prozessrisikos zu Lasten des Gegners scheidet deshalb aus, weshalb auch § 85 Abs. 2 nicht anwendbar ist.[19] Es handelt sich um einen Fall der teleologischen Reduktion.

### 2. Bevollmächtigte

**a) Allgemeines.** Bevollmächtigte im Sinne von § 85 Abs. 2 sind rechtsgeschäftlich 10 bestellte Vertreter, die für die Partei im Rechtsstreit eigenverantwortlich tätig werden.[20] Anwaltseigenschaft und Postulationsfähigkeit sind unerheblich. Allerdings muss die Bevollmächtigung wirksam erfolgt sein, woran es bspw. bei Prozessunfähigkeit des Vollmachtgebers fehlt.[21] Zudem findet eine Verschuldenszurechnung statt, wenn das vollmachtlose Handeln nachträglich nach § 89 Abs. 2 genehmigt wird.

**b) Einzelfälle.** Prozessbevollmächtigter im Sinne von Abs. 2 ist selbstverständlich 11 der von der Partei unmittelbar beauftragte Prozessbevollmächtigte. Wird das Mitglied einer Sozietät beauftragt, so gilt der Anwaltsvertrag im Regelfall als mit allen Mitgliedern der Sozietät geschlossen, folglich sind auch alle Sozien Bevollmächtigte im Sinne von Abs. 2.[22] Zuzurechnen ist auch das Verschulden eines Verkehrsanwalts,[23] selbst wenn dieser im Ausland residiert.[24] Ebenso muss sich die Partei das Verschulden von Personen zurechnen lassen, die mit ihrer Billigung die Korrespondenz mit dem Prozessbevollmächtigten führen.[25] Dem beauftragten Rechtsanwalt steht dessen nach § 53 BRAO amtlich bestellter Vertreter gleich, selbst wenn dieser ein Referendar ist.[26] Gleiches gilt für den Kanzleiabwickler nach § 55 Abs. 2 S. 3 BRAO.

**Unterbevollmächtigte** und sonstige vom Rechtsanwalt zur Führung des Rechts- 13 streits herangezogene Dritte fallen unter § 85 Abs. 2, wenn ihnen die Angelegenheit zur selbständigen Bearbeitung übertragen war.[27] Beim Terminsvertreter ist dies i.d.R. nicht der Fall.[28] In einer wenig überzeugenden Differenzierung nimmt der BGH an,

16 BGH NJW 1951, 963.
17 Stein/Jonas/*Bork* § 85 Rdn. 10; **a.A.** Zöller/*Vollkommer* § 85 Rdn. 11.
18 LAG Frankfurt NZA 1984, 40; LAG München BB 1981, 915; LAG Mainz NJW 1982, 2461; LAG Köln VersR 1987, 1796; **a.A.** LAG Hamm NJW 1983, 1631; LAG Hamburg BB 1986, 1020; Zöller/*Vollkommer* § 85 Rdn. 11.
19 OLG Düsseldorf FamRZ 1986, 288; **a.A.** Baumbach/Lauterbach/Albers/*Hartmann*[71] § 85 Rdn. 18.
20 BGH VersR 1982, 770; 1984, 239.
21 BGH NJW 1987, 440.
22 BGHZ 83, 328; BGH NJW 1992, 2294 (zum Ausnahmefall einer Einzelbeauftragung); BFH NJW 1984, 1992.
23 BGH NJW 1982, 2447; NJW-RR 1988, 508; NJW 1991, 1892.
24 BGH NJW-RR 1986, 288.
25 BGH VersR 1985, 1185.
26 BGH VersR 1984, 585; BAG NJW 1973, 343.
27 BGH NJW 1974, 1512; VersR 1984, 239, 443.
28 BGH VersR 1979, 255.

dass § 85 Abs. 2 auf den **Stationsreferendar** anwendbar ist,[29] nicht hingegen auf angestellte Assessoren und Referendare.[30] Hierbei wird übersehen, dass § 85 Abs. 2 als Schutzvorschrift zugunsten des Gegners auch aus dessen Sicht auszulegen ist. Bei juristischen Mitarbeitern und angestellten Anwälten des Prozessbevollmächtigten stellt der BGH zu Recht darauf ab, ob sie die Angelegenheit in wesentlichen Teilbereichen selbständig bearbeiten oder nur untergeordnet und weisungsgebunden mitwirken.[31] Unterschriftsbefugnis und Status des Mitarbeiters in der Kanzlei sind unerheblich.[32]

14 **c) Abgrenzung.** Während **Zustellungsbevollmächtigte** unter Abs. 2 fallen,[33] fallen Personen, die keine Verfügungsmacht in der Sache selbst haben, nicht unter die Verschuldenszurechnung, bspw. für die Zustellung eingeschaltete Postbedienstete und Gerichtsvollzieher,[34] Personen, die eine Zustellung nach § 181 entgegennehmen[35] bzw. nach § 182 abholen.[36] Nicht unter § 85 Abs. 2 fällt des Weiteren der mit dem beauftragten Rechtsanwalt in Bürogemeinschaft arbeitende Rechtsanwalt[37] sowie das Büropersonal des Rechtsanwalts.[38] § 278 BGB gilt nicht, allerdings ist dem Bevollmächtigten (und damit seinem Auftraggeber) ein Organisations- und Überwachungsverschulden zuzurechnen.

### 3. Dauer der Vertretung

15 **a) Grundsatz.** Die Zurechnung des Verschuldens beginnt mit dem Zustandekommen des Auftragsverhältnisses durch Annahme des Auftrags[39] und endet mit dessen Beendigung durch Erledigung, Niederlegung oder Kündigung des Mandats.[40] § 87 Abs. 1 ist nicht anwendbar.[41] Es ist der Partei nicht zuzumuten, sich das Verschulden eines Bevollmächtigten zurechnen zu lassen, zu dem kein Vertrags- und damit Vertrauensverhältnis mehr besteht.

16 **b) Einzelfälle.** Auch im Fall der Beiordnung beginnt die Verschuldenszurechnung erst mit Erteilung der Vollmacht durch die Partei und Annahme des Mandats durch den Rechtsanwalt.[42] Bei der Bestellung für eine Instanz obliegt dem Rechtsanwalt die Haftung dafür, dass er der Partei das Datum der Urteilszustellung mitteilt und sie auf Rechtsmittelfristen hinweist.[43]

---

29 BGH JurBüro 1976, 1048.
30 BGH LM § 232 ZPO Nr. 22.
31 BGH VersR 1982, 83; 1984, 443; NJW-RR 92, 1019; s.a. BVerwG NJW 1985, 1178.
32 BGH VersR 1978, 665, 666; 1984, 240.
33 RG JW 1935, 2430.
34 RGZ 48, 409.
35 BSG NJW 1963, 1645.
36 LAG München NJW 1987, 2542.
37 BayObLG MDR 1988, 683.
38 BGH NJW 2002, 2180; BGH NJW 2006, 2638, 2639; *Thomas/Putzo/Hüßtege* § 85 Rdn. 12; MünchKomm/*Toussaint* § 85 Rdn. 16.
39 BGH NJW 1967, 1567; 1974, 994.
40 BGH MDR 1980, 298; BGH VersR 1985, 1185, 1186.
41 BGH NJW 1975, 121.
42 BGH NJW 1987, 440.
43 BGH NJW 1980, 999; 1990, 189.

### 4. Verschulden

**a) Allgemeines.** Die Partei muss sich das Verschulden ihres Bevollmächtigten zurechnen lassen, § 276 Abs. 1 S. 2 BGB. Auf ein eigenes Verschulden der Partei kommt es in diesem Zusammenhang nicht an. Eine sorgfältige Auswahl oder Kontrolle des Bevollmächtigten exkulpiert nicht. Verschuldensfähig ist nur der prozessfähige Bevollmächtigte, §§ 276 Abs. 1 S. 3, 827 BGB i.V.m. § 79.[44] Allerdings handelt die Partei selbst schuldhaft im Rahmen der jeweiligen prozessualen Vorschrift (bspw. der Vorschriften über die Wiedereinsetzung), wenn sie bewusst oder fahrlässig eine prozessunfähige Person mit ihrer Vertretung betraut. 17

Für den **Verschuldensmaßstab** ist auf die Person des Vertreters anhand eines objektiv-typisierten Standards abzustellen.[45] Bei Vertretung durch einen Rechtsanwalt entscheidet die von einem ordentlichen Rechtsanwalt üblicherweise zu fordernde Sorgfalt (nicht die größtmögliche Sorgfalt).[46] Wenngleich in der höchstrichterlichen Rechtsprechung betont wird, dass die Anforderungen an die Sorgfaltspflicht nicht überspannt werden dürfen,[47] neigt die Praxis zu Übertreibungen.[48] Aufgrund des objektiv-typisierten Maßstabs ist zwischen den verschiedenen Gruppen von Bevollmächtigten zu unterscheiden: Den Referendar treffen geringere Anforderungen als den Anwalt, den juristischen Laien geringere als den Rechtskundigen,[49] den ausländischen Rechtsanwalt geringere als den inländischen.[50] 18

**b) Einzelfälle.** Verschulden ist i.d.R. zu bejahen, wenn fristwahrende Schriftsätze nicht unterzeichnet werden,[51] Büroangestellte nicht ausreichend überwacht werden[52] oder Posteingänge nicht auf notwendige Sofortmaßnahmen überprüft werden.[53] 19

Ein Verschulden ist hingegen zu verneinen, wenn der Anwalt auf die Einhaltung einer bestehenden Gerichtspraxis vertraut,[54] er sich auf eine höchstrichterliche Rechtsprechung stützt, die erst kurz zuvor aufgegeben worden war,[55] oder er sich bei der Wahrung von Fristen auf den normalen Postlauf verlässt.[56] Von einem Prozessbevollmächtigten, dem es trotz zahlreicher Anwählversuche nicht gelingt, einen Antrag auf Verlängerung der Frist zur Begründung der Berufung am letzten Tag dieser Frist per Telefax an eine vom Berufungsgericht genannte Telefaxnummer zu übermitteln, kann verlangt werden, dass er über den Internetauftritt des Berufungsgerichts eine etwa vorhandene weitere Telefaxnummer des Berufungsgerichts ermittelt und den Verlängerungsantrag an diese Telefaxnummer übermittelt.[57] Ein Wiedereinsetzungsantrag ist begründet, wenn glaubhaft gemacht werden kann, dass eine Frist deshalb nicht eingehalten wurde, weil die Prozessbevollmächtigte aufgrund einer sich verschlimmernden Depression an Antriebs-

44 BGH NJW 1987, 440; OLG München MDR 1989, 361.
45 BAG NJW 1987, 1355; Stein/Jonas/*Bork* § 85 Rdn. 22; MünchKomm/*Toussaint* § 85 Rdn. 19 f.; **a.A.** (subjektiver Maßstab) *Borgmann/Haug* S. 152 f., 345.
46 BGH NJW 1985, 496, 1711; 1992, 2488; MünchKomm/*Toussaint* § 85 Rdn. 19.
47 Bspw. BGH NJW 1989, 1433.
48 Vgl. *Förster* NJW 1980, 432; *Prinz* VersR 1986, 319.
49 BGH VersR 1985, 1185.
50 BGH NJW 1989, 1433.
51 BGH VersR 1980, 942.
52 BGH VersR 1982, 545; 1986, 574.
53 BGH VersR 1985, 69.
54 BVerfG NJW 1989, 1147; BGH NJW-RR 1989, 1280; NJW 1992, 2426 (zu § 519).
55 BGH NJW-RR 1989, 825.
56 BGHZ 105, 118 f.; BGH NJW-RR 1992, 1020.
57 BGH NJW 2012, 3516.

hemmungen leidet, die sie nur noch unter großer und extremer Überwindung in die Lage versetzte, sich mit rechtlichen Fragestellungen und Problemstellungen zu befassen und die bei ihr zu einer Vermeidungsstrategie führte, die ihr keine Veranlassung gab, an der rechtlichen Zulässigkeit einer weiteren Verlängerung der Berufungsbegründungsfrist entgegen § 66 Abs. 1 S. 5 ArbGG zu zweifeln.[58]

Gemäß § 17 Abs. 2 FamFG wird ein Fehlen des Verschuldens vermutet, wenn eine Rechtsbehelfsbelehrung unterblieben oder fehlerhaft ist. Diese Vorschrift dient jedoch in erster Linie dem Schutz des Rechtskundigen. Ist ein Beteiligter erstinstanzlich anwaltlich vertreten gewesen, gilt dies nicht uneingeschränkt.[59]

Ist davon auszugehen, dass der Prozessbevollmächtigte die Richtigkeit des durch den Eingangsstempel beurkundeten Zustellungsdatums nicht eigenständig geprüft hat, weil der Umschlag mit dem Zustellungsvermerk nicht angeheftet, sondern entsorgt worden war, und er auf den verspäteten Eingang der Revisionsbegründung erst durch einen Hinweis des Senatsvorsitzenden aufmerksam geworden ist, liegt ein Verschuldenstatbestand vor.[60]

## § 86
## Fortbestand der Prozessvollmacht

**Die Vollmacht wird weder durch den Tod des Vollmachtgebers noch durch eine Veränderung in seiner Prozessfähigkeit oder seiner gesetzlichen Vertretung aufgehoben; der Bevollmächtigte hat jedoch, wenn er nach Aussetzung des Rechtsstreits für den Nachfolger im Rechtsstreit auftritt, dessen Vollmacht beizubringen.**

**Übersicht**



### I. Überblick

1 Die Regelung in §§ 86 und 87 ist **unvollständig**, sie muss durch Rückgriff auf allgemeine Grundsätze ergänzt werden. Hiernach erlischt die Prozessvollmacht in folgenden Fällen:

2 **1. Beendigung des Rechtsstreits.** Die Prozessvollmacht erlischt grundsätzlich mit der rechtskräftigen Erledigung des Rechtsstreits durch ein Sachurteil. Ein Prozessurteil, bspw. wegen Unzuständigkeit, führt hingegen nicht zum **Erlöschen der Vollmacht**, ebenso wenig die Beendigung der Instanz, selbst wenn der Anwalt in der höheren Instanz nicht postulationsfähig ist (er kann für die höhere Instanz einen Vertreter beauftragen). Auch nach Rechtskraft des Urteils wirkt die Vollmacht noch für das Wiederaufnahmever-

58 BAG EzA-SD 2013, Nr 6, 16.
59 BGH FamRZ 2012, 1287 ff.
60 BFH/NV 2013, 213.

fahren, die Kostenfestsetzung und die Zwangsvollstreckung (s.o. § 81, 2ff.). War die Vollmacht im Parteiprozess auf einzelne Prozesshandlungen beschränkt (§ 83 Abs. 2), so erlischt sie mit Zweckerfüllung.

**2. Widerruf.** Die Partei kann die Vollmacht jederzeit (auch schlüssig) widerrufen. 3
Die Wirkung des Widerrufs gegenüber Gericht und Gegner beurteilt sich nach § 87.

**3. Wegfall des Kausalverhältnisses.** Die Vollmacht erlischt mit der Beendigung des 4
ihr zugrunde liegenden **Kausalverhältnisses**, bspw. der Kündigung des mit dem Anwalt geschlossenen Geschäftsbesorgungsvertrages, § 168 S. 1 BGB. Ebenso wie im Fall des Widerrufs richten sich die Folgen nach § 87. Dies gilt auch, wenn die Vollmacht Teil einer umfassenden materiell-rechtlichen Vollmacht war und, bspw. wegen Kündigung des Anstellungsverhältnisses eines Prokuristen, erlischt.

**4. Insolvenz des Vollmachtgebers.** Mit der Eröffnung des Insolvenzverfahrens über 5
das Vermögen des Vollmachtgebers erlischt die Prozessvollmacht gemäß §§ 115, 116, 117 InsO i.V.m. § 168 Satz 1 BGB, da das zugrunde liegende Mandatsverhältnis beendet wird.[1] Lediglich die §§ 116, 115 Abs. 2, 3 InsO enthalten Regelungen über die Voraussetzungen, unter denen die Vollmacht fortbestehen kann. Das Verfahren wird nach § 240 kraft Gesetz unterbrochen, so dass § 86 nicht eingreift.

**5. Tod des Bevollmächtigten.** Die Prozessvollmacht erlischt durch den **Tod** des Be- 6
vollmächtigten (§§ 673, 675, 168 S. 1 BGB).[2] Bestellt die Landesjustizverwaltung einen **Abwickler**, so gilt dieser für die schwebenden Angelegenheiten als von der Partei bevollmächtigt, sofern diese nicht für die Wahrnehmung ihrer Rechte in anderer Weise gesorgt hat, § 55 Abs. 2 S. 4 BRAO. War für den Rechtsanwalt ein **Stellvertreter** (§ 53 BRAO) bestellt, so sind Rechtshandlungen, die der Vertreter vor der Löschung des Rechtsanwalts noch vorgenommen hat, nicht deshalb unwirksam, weil der Bevollmächtigte zur Zeit der Bestellung des Vertreters oder zur Zeit der Vornahme der Handlung nicht mehr gelebt hat. Allerdings findet keine Zurechnung des Vertreterverschuldens nach § 85 Abs. 2 statt.[3]

**6. Vertretungsunfähigkeit.** Die Vollmacht erlischt, wenn der Prozessbevollmäch- 7
tigte prozessunfähig wird, desgleichen wenn die Zulassung erlischt oder zurückgenommen wird (§§ 13ff., 34ff., 114 Abs. 1 Nr. 5, 204 Abs. 1 S. 1 BRAO). Nach Ansicht des BGH wird die Unterbrechung bei rechtskräftiger Ausschließung nach § 204 Abs. 1 S. 1 BRAO (§ 244 Abs. 1) durch die Gewährung von Wiedereinsetzung im Ausschließungsverfahren rückwirkend beseitigt.[4]

## II. Kein Erlöschen der Prozessvollmacht

**1. Tod des Vollmachtgebers.** Durch den **Tod** des Vollmachtgebers erlischt die 8
Vollmacht nicht, § 86. Die Handlungen des Bevollmächtigten wirken gegenüber den Erben, auch wenn sie in Unkenntnis des Todes noch im Namen des Vollmachtgebers vorgenommen wurden (bspw. eine Klageerhebung oder eine Rechtsmitteleinlegung).[5] Ein

1 Zöller/*Vollkommer* § 86 Rdn. 6 m.w.N.
2 OLG Düsseldorf MDR 1989, 468.
3 BGH NJW 1982, 2324, 2325.
4 BGH NJW 1987, 327; **kritisch** *Vollkommer* JR 1987, 225.
5 RGZ 68, 301; OLG München MDR 1991, 672; OLG Saarbrücken NJW 1973, 857.

erlassenes Urteil wirkt für und gegen die Erben,[6] die durch den Prozessbevollmächtigten wirksam vertreten wurden, weshalb § 579 Abs. 1 Nr. 4 nicht eingreift.[7]

9 **2. Veränderungen in der Prozessfähigkeit oder der gesetzlichen Vertretung.** Auch hier ordnet § 86 aus Gründen der Rechtssicherheit an, dass die Vollmacht nicht erlischt. Er gilt bspw. für den Fall, dass die Partei nach Erteilung der Vollmacht geisteskrank wird[8] oder im Handelsregister gelöscht wird.[9] Sinngemäß ist § 86 auch auf den Fall der Beendigung einer Parteistellung kraft Amtes zu erstrecken.[10] Ein Wechsel in der Person des Insolvenzverwalters oder die Beendigung des Insolvenzverfahrens bringt die Vollmacht deshalb nicht zum Erlöschen.

### III. Rechtsfolgen

10 Wird das Verfahren ausgesetzt oder unterbrochen, §§ 239 bis 241, 244, 246, so stellt § 86 klar, dass der Bevollmächtigte sich nach § 88 auf Verlangen des Gegners oder auf Prüfung von Amts wegen durch eine Vollmacht des Rechtsnachfolgers legitimieren muss. § 89 ist anwendbar.

## § 87
## Erlöschen der Vollmacht

**(1) Dem Gegner gegenüber erlangt die Kündigung des Vollmachtvertrags erst durch die Anzeige des Erlöschens der Vollmacht, in Anwaltsprozessen erst durch die Anzeige der Bestellung eines anderen Anwalts rechtliche Wirksamkeit.**

**(2) Der Bevollmächtigte wird durch die von seiner Seite erfolgte Kündigung nicht gehindert, für den Vollmachtgeber so lange zu handeln, bis dieser für Wahrnehmung seiner Rechte in anderer Weise gesorgt hat.**

### I. Zweck und Anwendungsbereich

1 Das der Vollmacht meist zugrunde liegende **Geschäftsbesorgungsverhältnis** kann von beiden Beteiligten jederzeit durch formlose einseitige Erklärung gekündigt werden, §§ 671, 675, 627 BGB. Dieses Grundverhältnis meint der Gesetzestext mit der Bezeichnung „Vollmachtvertrag".[1] Der **Wegfall** des Grundverhältnisses würde nach § 168 S. 1 BGB zum Erlöschen der Vollmacht führen. Im Interesse der Rechtssicherheit trifft § 87 deshalb eine Sonderregelung.[2] Die Rechtssicherheit ist in gleicher Weise gefährdet, wenn die vertretene Partei die Prozessvollmacht unmittelbar widerruft (§ 168 S. 2 BGB), § 87 gilt deshalb auch für diesen Fall. Hingegen besteht keine Gefahr für die Rechtssicherheit und kein Bedürfnis für Vertrauensschutz, wenn die Vollmacht vor ihrem Widerruf weder dem Gericht noch dem Gegner mitgeteilt worden war.[3]

---

6 BGHZ 40, 203; RGZ 124, 150.
7 OLG Schleswig MDR 1986, 154.
8 BGH LM § 52 ZPO Nr. 6.
9 BGH-RR 1994, 542; BayObLG NZG 2004, 1164, 1165; OLG Köln OLGZ 1975, 350 (Löschung einer GmbH).
10 So auch: Musielak/*Weth* § 86 Rdn. 9; Zöller/*Vollkommer* § 86 Rdn. 9.

1 Zur Diktion s.a. *Schmellenkamp* Der Prozeßbevollmächtigte als Zustellungsempfänger, AnwBl. 1985, 14.
2 BGH NJW 1975, 120.
3 BGH NJW 1959, 2307.

§ 87 hat auch den Sinn, einen **zügigen** Prozessfortgang sicherzustellen, er gilt deshalb über seinen Wortlaut hinaus auch für das Verhältnis zum Gericht.[4] 2

## II. Anzeigeerfordernis

Die Anzeige ist an **keine** Form gebunden, sie kann sowohl vom Vollmachtgeber als 3
auch durch die Partei selbst erfolgen. Auch stillschweigende Anzeige ist möglich.[5] Aus Gründen der Rechtssicherheit ist die Anzeige jedoch nicht verzichtbar, anderweitige Kenntniserlangung ersetzt sie nicht (anders § 173 BGB).[6] Die Anzeige muss gegenüber Gericht und Gegner erfolgen, wird sie nur dem Gericht oder nur dem Gegner mitgeteilt, so erlischt die Vollmacht auch nur in diesem Verhältnis. Ist die Anzeige unrichtig, Mandat oder Vollmacht in Wirklichkeit also nicht beendet, so muss sich die Partei hieran aus Gründen des Vertrauensschutzes festhalten lassen, bis sie den Fehler richtigstellt.[7]

Im **Anwaltsprozess** genügt die Mitteilung des Widerrufs der Vollmacht nicht, es 4
muss sich zudem ein neuer Anwalt bestellen. Die bloße Bestellungsanzeige des neuen Bevollmächtigten ersetzt i.d.R. nicht die Anzeige des Widerrufs.[8] Wegen § 176 muss der neue Anwalt namentlich bezeichnet werden.[9] Die Kündigung des Prozessvertretungsvertrages wird daher im Anwaltsprozess gemäß § 87 Abs. 1 erst gegenüber dem Gericht und dem Prozessgegner rechtlich wirksam, wenn die Bestellung einer anderen zur Prozessvertretung befugten Person angezeigt wird. Bis zu diesem Zeitpunkt ist der Prozessbevollmächtigte im Außenverhältnis berechtigt und verpflichtet, den Antragsteller im Beschwerdeverfahren zu vertreten.[10]

Absatz 1 Halbsatz 2 gilt nur, soweit der Anwaltszwang reicht, nicht hingegen für selbständige Nebenverfahren in denen die Partei selbst auftreten kann, bspw. nicht im Zwangsvollstreckungsverfahren,[11] in der Kostenfestsetzung[12] und im Streitwert-Beschwerdeverfahren.

Bis zum **Zugang** der Anzeige des Erlöschens oder der Bestellung eines anderen An- 5
walts können Gericht und Prozessgegner gegenüber dem bisherigen Prozessbevollmächtigten wirksam handeln, insbesondere sind Zustellungen an ihn vorzunehmen, § 176.[13] Umgekehrt kann der bisherige Bevollmächtigte noch wirksam Prozesshandlungen vornehmen.[14] Eine Rechtsmittelrücknahme durch den bisherigen Anwalt bleibt deshalb wirksam.[15]

## III. Fortwirken der Vollmacht (Abs. 2)

Absatz 2 enthält eine **Ausnahme** zur Regel des Abs. 1. Er gibt dem Prozessbevoll- 6
mächtigten das Recht, für den Vollmachtgeber so lange zu handeln, bis dieser für die

---

4 BGH NJW 1980, 999; VersR 1985, 1185, 1186.
5 RGZ 95, 338; LG Trier Rpfl. 1988, 29.
6 Stein/Jonas/*Bork* § 87 Rdn. 9.
7 **A.A.** BVerwG MDR 1984, 170; Zöller/*Vollkommer* § 87 Rdn. 1.
8 BGH NJW 1980, 2309; **a.A.** BSG NJW 1990, 600.
9 BGH VersR 1985, 1185.
10 BVerwG NJW 2013, 711.
11 LG Trier Rpfl. 1988, 29.
12 OLG München Rpfl. 1979, 465; Zöller/*Vollkommer* § 87 Rdn. 3; **a.A.** MünchKomm/*Toussaint* § 87 Rdn. 10.
13 BGH VersR 1985, 1185, 1186; BGH NJW 2008, 234; BGH, 25.01.2011 – VIII ZR 27/10.
14 BGHZ 31, 32, 35; 43, 135; OLG Frankfurt NJW-RR 1989, 570; **a.A.** 2. Aufl. § 87 B I.
15 BAG NJW 1982, 2519; BGH FamRZ 1990, 388; **a.A.** OLG Hamm JMBl. NRW 1978, 88.

Wahrnehmung seiner Rechte in anderer Weise gesorgt hat. Er begründet keine Pflicht zum Handeln.[16] Allerdings kann sich eine derartige Verpflichtung aus materiellem Recht ergeben, bspw. bei unzeitiger Kündigung, §§ 671 Abs. 2, 675 BGB. Zustellungen können weiter nach § 176 an den Bevollmächtigten erfolgen, der sie jedoch nicht mehr entgegennehmen muss.[17] Bei Entgegennahme ist er allerdings zur Weiterleitung verpflichtet.[18]

## § 88
## Mangel der Vollmacht

**(1) Der Mangel der Vollmacht kann von dem Gegner in jeder Lage des Rechtsstreits gerügt werden.**

**(2) Das Gericht hat den Mangel der Vollmacht von Amts wegen zu berücksichtigen, wenn nicht als Bevollmächtigter ein Rechtsanwalt auftritt.**

### I. Mangel

1 Ein **Mangel der Vollmacht** liegt vor, wenn sie nie erteilt wurde, widerrufen, aus anderen Gründen erloschen ist, in ihrem Umfang überschritten wurde (§ 83) oder ihre Erteilung innerhalb einer vom Gericht gesetzten Beibringungsfrist nicht nachgewiesen wurde. Es kommt nur auf einen **geringwertigen** Mangel der Vollmacht an, ob die Vollmacht in einem früheren Verfahrensstadium mangelhaft war, ist gleichgültig, da ein früherer Mangel durch die Bevollmächtigung rückwirkend geheilt wird. Nicht nach § 88, sondern nach § 56 zu behandeln ist ein Mangel in der gesetzlichen Vertretung. § 56 ist auch anwendbar, wenn ein falscher gesetzlicher Vertreter den Prozessbevollmächtigten bestellt hat. Ebenfalls nicht unter § 88 fällt die Postulationsfähigkeit, ihr Vorliegen ist stets von Amts wegen zu prüfen.

2 § 88 differenziert danach, ob ein Rechtsanwalt als Bevollmächtigter aufgetreten ist, dessen Vollmacht ist nur auf Rüge zu prüfen. Bei sonstigen Bevollmächtigten ist die Vollmacht stets von Amts wegen zu prüfen. Ein Mangel der Vollmacht ist auf Rüge oder von Amts wegen in jedem Stadium des Prozesses zu berücksichtigen, dies ergibt sich bereits daraus, dass bei mangelhafter Vertretung im Prozess das Urteil aufhebbar wäre, §§ 547 Nr. 4, 579 Abs. 1 Nr. 4. Im Mahnverfahren muss eine Vollmacht allerdings auch auf Rüge hin nicht nachgewiesen werden, § 703.

### II. Rügeerfordernis

3 Bei Auftreten eines **Rechtsanwalts** hat das Gericht die Prozessvollmacht nur auf **Rüge** des Gegners zu prüfen. Es kommt nicht darauf an, ob das Verfahren oder einzelne Prozesshandlungen hieraus dem Anwaltszwang unterliegen, entscheidend ist allein, dass tatsächlich ein Anwalt (auch als Unterbevollmächtigter oder Vertreter für einzelne Prozesshandlungen und Verfahrensabschnitte) auftritt. Dies gilt auch in Ehe-, Familien- und Kindschaftssachen, die dem Untersuchungsgrundsatz unterliegen; vgl. §§ 112, 113

16 BGHZ 43, 137.
17 OLG Bremen NJW-RR 1986, 359; OLG Schleswig JurBüro 1987, 1548; Zöller/*Vollkommer* § 87 Rdn. 6; **a.A.** MünchKomm/*Toussaint* § 87 Rdn. 10.
18 BGH NJW 1980, 999.

Abs. 1 sowie § 11 FamFG.[1] Die Rüge ist in jeder Verfahrenslage zulässig.[2] Eine Präklusion der Rüge wegen Verspätung kommt wegen §§ 547 Nr. 4, 579 Abs. 1 Nr. 4 nicht in Betracht.[3] Aus demselben Grund ist das Rügerecht unverzichtbar, jedoch kann eine erhobene Rüge zurückgenommen werden.[4] Die einmal erhobene Rüge muss in der höheren Instanz nicht wiederholt werden.[5]

Es wäre eine Zumutung für das Gericht, sehenden Auges ein Urteil erlassen zu müssen, das einen absoluten Revisionsgrund oder einen Nichtigkeitsgrund in sich trägt, §§ 547 Nr. 4, 579 Abs. 1 Nr. 4. Das Gericht ist deshalb berechtigt, aus begründetem Anlass die Vollmacht auch dann zu prüfen, wenn ein Anwalt auftritt.[6]

Ist der Bevollmächtigte kein Anwalt, so hat eine etwaige Rüge des Gegners nur die 4 Wirkung einer **Anregung**, die Vollmacht ist von Amts wegen zu prüfen. Das Gericht hat auf der Einreichung einer Vollmachtsurkunde zu bestehen.[7] Die Anberaumung eines Termins unterbleibt nur, wenn bereits feststeht, dass der Mangel nicht behoben werden kann.[8] Auch mit Einverständnis des Gegners kann auf die Amtsprüfung nicht verzichtet werden.[9] Ergibt sich die Bevollmächtigung jedoch bereits aus einem Urteil, das lediglich noch zu vollziehen ist, so erübrigt sich eine gesonderte Amtsprüfung. Dies gilt bspw. im Kostenfestsetzungsverfahren[10] und in der Zwangsvollstreckung.

### III. Verfahren und Entscheidung

In Verfahren mit mündlicher **Verhandlung** muss der Vertreter zur mündlichen Ver- 5 handlung über seine Vollmacht zugelassen werden.[11] Zeigt sich, dass der Mangel nicht behoben werden kann, so entscheidet das Gericht sofort zur Vollmachtsfrage,[12] indem es den nicht legitimierten Vertreter durch Beschluss oder in den Gründen des Endurteils zurückweist. Der Beschluss unterliegt der Beschwerde nach § 567 Abs. 1. Die Beschwerde kann nur von der Partei oder von dem zurückgewiesenen Vertreter im Namen der Partei eingelegt werden.[13] Keinen Rechtsbehelf hat der Zurückgewiesene im eigenen Namen, da er durch die Entscheidung nicht beschwert ist (zu einer gegen ihn ergehenden Kostenentscheidung s. unten Rdn. 8). Die Gegenpartei hat ebenfalls keinen Rechtsbehelf gegen die Zurückweisung, da sie nicht die Vertretung ihres Gegners durch einen bestimmten Prozessbevollmächtigten erzwingen kann.

Kann der Mangel in der mündlichen Verhandlung nicht behoben werden, so hat 6 das Gericht die Möglichkeit, den Vertreter nach § 89 zu Verhandlung zur Hauptsache **einstweilen** zuzulassen. Alternativ kann es, wenn der Gegenpartei hierdurch kein unzumutbarer Schaden droht, eine Frist zur Behebung des Mangels setzen und das weitere Verfahren bis zum Fristablauf vertragen.[14] Eine Amtsermittlung findet nicht statt, das

1 OLG Hamm NJW 1979, 2316; OLG Frankfurt FamRZ 1979, 323; Prütting/Gehrlein/*Burgermeister* § 88 Rdn. 1; **a.A.** *Bergerfurth* Der Anwaltszwang und seine Ausnahmen (1988)² Rdn. 339.
2 BGH LM Nr. 3.
3 MünchKomm/*Toussaint* § 88 Rdn. 5; **a.A.** Baumbach/Lauterbach/Albers/*Hartmann*⁷¹ § 88 Rdn. 7.
4 Stein/Jonas/*Bork* § 88 Rdn. 2; OLG Köln NJW-RR 1992, 1162.
5 BGH MDR 1986, 1021.
6 Vgl. OLG Frankfurt NJW 1970, 1885; OLG Saarbrücken NJW 1970, 1464.
7 OLG Köln Rpfl. 1976, 103.
8 *Rosenberg/Schwab/Gottwald* § 56 II 1.
9 Stein/Jonas/*Bork* § 88 Rdn. 7.
10 LG Bonn AnwBl. 1983, 518; **a.A.** MünchKomm/*Toussaint* § 88 Rdn. 5.
11 Stein/Jonas/*Bork* § 88 Rdn. 6a.
12 BayObLG NJW 1987, 137.
13 Siehe auch RGZ 51, 98.
14 Vgl. OLG Frankfurt OLGZ 1980, 281.

Gericht ist nicht verpflichtet von sich aus Erhebungen anzustellen, bspw. das Handelsregister einzusehen.

7 Für die Entscheidung in der Hauptsache ist zu differenzieren:

Betrifft der Mangel der Vollmacht bereits die **Klageerhebung**, so ist die Klage nicht ordnungsgemäß erhoben und durch Prozessurteil abzuweisen.[15] Dies gilt auch, wenn der Gegner säumig ist. Entsprechend wird in der höheren Instanz ein Rechtsmittel, das von einem nicht bevollmächtigten Vertreter eingelegt wurde, als unzulässig verworfen, §§ 522, 554.[16] Zeigt sich in der Rechtsmittelinstanz jedoch, dass der Mangel bereits im vorigen Rechtszug vorlag, so sollte (entgegen der Rechtsprechung des BGH) das Sachurteil aufgehoben und die Klage als unzulässig abgewiesen werden.[17] Betrifft der Mangel der Vollmacht die Beklagtenseite, so ist diese als säumig anzusehen und auf Antrag Versäumnisurteil gegen sie zu erlassen.

8 Das Urteil lautet in jedem Fall auf den **Namen** der nicht vertretenen Partei.[18] Diese kann das Urteil mit Rechtsmitteln anfechten. Aus Gründen der Klarstellung sollte die als Vertreter aufgetretene Person im Rubrum mit einem kennzeichnenden Zusatz erwähnt werden.[19]

Wird die Klage oder das Rechtsmittel mangels Vollmacht als unzulässig abgewiesen, so trägt die **Kosten** derjenige, der das Auftreten des falschen Vertreters veranlasst hat,[20] i.d.R. also der Scheinbevollmächtigte selbst. § 89 zeigt deutlich, dass auch Personen in die Kosten verurteilt werden können, die nicht Partei sind. (Allerdings kann die Kostenentscheidung nicht gegen Dritte ergehen, die am Prozessrechtsverhältnis nicht beteiligt sind.)[21] Es wäre wenig ökonomisch, die falsch vertretene Partei auf einen Ersatzprozess gegen den falschen Vertreter zu verweisen. Im Hinblick auf das Beitreibungsrisiko wäre dies auch unbillig. Soweit die Kosten dem Vertreter auferlegt werden, steht ihm analog § 99 Abs. 2 die sofortige Beschwerde zu, die den Beschränkungen nach § 567 Abs. 2 und 3 S. 1, § 568 unterliegt.[22]

## § 89
## Vollmachtloser Vertreter

**(1) Handelt jemand für eine Partei als Geschäftsführer ohne Auftrag oder als Bevollmächtigter ohne Beibringung einer Vollmacht, so kann er gegen oder ohne Sicherheitsleistung für Kosten und Schäden zur Prozessführung einstweilen zugelassen werden. Das Endurteil darf erst erlassen werden, nachdem die für die Beibringung der Genehmigung zu bestimmende Frist abgelaufen ist. Ist zu der Zeit, zu der das Endurteil erlassen wird, die Genehmigung nicht beigebracht, so ist der einstweilen zur Prozessführung Zugelassene zum Ersatz der dem Gegner infolge der Zulassung erwachsenen Kosten zu verurteilen; auch hat er dem Gegner die infolge der Zulassung entstandenen Schäden zu ersetzen.**

---

15 BGH NJW-RR 1987, 323; OLG Hamburg VersR 1982, 969.
16 BGH LM Nr. 1; NJW 1991, 1176.
17 OLG Köln MDR 1982, 239; MünchKomm/*Toussaint* § 88 Rdn. 10; im Grundsatz auch Zöller/*Vollkommer* § 88 Rdn. 6; **a.A.** BGH NJW 1990, 3152.
18 BFH BB 1974, 449; OLG Frankfurt OLGZ 1980, 282; *Renner* MDR 1974, 354.
19 OLG Köln MDR 1971, 54.
20 BGH LM § 97 ZPO Nr. 4; § 102 ZPO Nr. 1; NJW-RR 1986, 1253; NJW 1992, 1458; OVG Münster NJW 1993, 3155; **a.A.** *Renner* MDR 1974, 353.
21 BGH NJW 1992, 1458, 1459; Zöller/*Vollkommer* § 88 Rdn. 11.
22 BGH VersR 1975, 343.

**(2) Die Partei muss die Prozessführung gegen sich gelten lassen, wenn sie auch nur mündlich Vollmacht erteilt oder wenn sie die Prozessführung ausdrücklich oder stillschweigend genehmigt hat.**

### I. Einstweilige Zulassung zur Prozessführung

**1. Voraussetzungen.** § 89 Abs. 1 betrifft den Fall der fehlenden oder mangelnden 1 **Vollmacht.** Steht fest, dass das Fehlen oder der Mangel der Vollmacht nicht behebbar ist, so entscheidet das Gericht sofort in der Sache, die vom vollmachtlosen Vertreter erhobene Klage wird durch Prozessurteil abgewiesen, die Beklagtenseite, für die ein vollmachtloser Vertreter auftritt, gilt als säumig. Anderenfalls kann das Gericht vertagen oder von § 89 Abs. 1 Gebrauch machen, der es erlaubt, durch einstweilige Zulassung des vollmachtlosen Vertreters unverzüglich in die Sachverhandlung einzutreten. Ein Mangel der Vollmacht im Sinne von § 89 Abs. 1 liegt auch dann vor, wenn der Bevollmächtigte eine Vollmachtsurkunde vorlegt, die den Anforderungen nicht genügt.

Die **einstweilige Zulassung** nach § 89 Abs. 2 bedarf keines Antrags, sie steht im pflichtgemäßen Ermessen des Gerichts.[1] Wenn der Gegner nicht widerspricht, kann die Zulassung stillschweigend (durch Verhandeln zur Sache) erfolgen,[2] ansonsten erfolgt sie durch unanfechtbaren Beschluss.[3] Ein Widerruf der Zulassung ist nicht möglich.[4] Dies würde dem Sinn des § 89, die Prozessführung zu vereinfachen, widersprechen und ist wegen der Fristsetzung nach § 89 Abs. 1 S. 2 unnötig.

Ebenfalls im Ermessen des Gerichts steht es, eine **Sicherheitsleistung** wegen der 2 Kosten und drohender Schäden anzuordnen. (Wegen des Streitgegenstandes darf keine Sicherheitsleistung festgesetzt werden.) Leistung und Rückgabe der Sicherheit richten sich nach §§ 108, 109. Die Zulassung erfolgt erst, wenn die Leistung nachgewiesen wird, bis dahin ist zu vertagen. Mit Beibringung der Vollmacht entfällt die Veranlassung zur Sicherheitsleistung.

Gleichzeitig oder im Anschluss an die einstweilige Zulassung setzt das Gericht eine 3 **Frist** zur Beibringung der Vollmacht oder der Genehmigung. Bei der Bemessung der Frist sind die Interessen der Beteiligten abzuwägen, eine zu kurze Frist kann den Anspruch der (vollmachtlos) vertretenen Partei auf rechtliches Gehör verletzen.[5] Auf Antrag kann die Frist verlängert werden, § 224.

**2. Rechtsfolgen.** Während der **Dauer der Zulassung** hat der Zugelassene alle Rech- 4 te und Pflichten eines Prozessbevollmächtigten. Seitens des Gerichts kann das Verfahren vorangetrieben werden, bspw. durch einen Beweisbeschluss und durch eine Beweisaufnahme. Jedoch ist zu beachten, dass sich der Prozess in einem Schwebezustand befindet, § 89 Abs. 1 S. 2. Es darf deshalb keine Entscheidung ergehen, die für das Verfahren nach Klärung der Vollmachtsfrage präjudizierend wäre. Dies bringt § 89 Abs. 1 S. 2 (unvollständig) zum Ausdruck. Es darf bspw. kein Vorbehaltsurteil, kein Zwischenurteil nach § 280 und keine Verweisungsentscheidung nach § 281 ergehen. Ein Versäumnisurteil darf nur für den Fall der Säumnis des einstweilen zugelassenen Vertreters ergehen. Ein

1 BAG AP § 89 ZPO Nr. 1; LAG Hamm MDR 1976, 699.
2 RGZ 67, 151.
3 OLG Braunschweig NdsRpfl. 1973, 253.
4 **A.A.** Stein/Jonas/*Bork* § 89 Rdn. 1.
5 BFH DB 1980, 2020; die Frist muss zeitlich eindeutig bestimmt sein („umgehend" genügt nicht), OVG Koblenz NJW 1993, 2457.

Vergleich darf nur unter der Bedingung der Nachreichung der Vollmacht geschlossen werden.[6]

5 **3. Verfahren nach Fristablauf.** Wird innerhalb der Frist die **Genehmigung** der bisherigen Prozessführung beigebracht oder die mündliche Vollmacht nachgewiesen, so wird das bisherige Verhandlungsergebnis für die Partei **wirksam.** In der Erteilung einer Vollmacht für den Vertreter liegt im Zweifel die Genehmigung.[7] Auch nach Fristablauf kann die Genehmigung oder Vollmacht wegen § 231 Abs. 2 noch bis zum Schluss der mündlichen Verhandlung, auf die das Endurteil ergeht, vorgelegt werden.[8]

6 Wird die **Genehmigung** zu spät beigebracht, so wird die vom vollmachtlosen Vertreter erhobene Klage als unzulässig abgewiesen. Zugleich wird der zur einstweiligen Vertretung Zugelassene von Amts wegen durch Beschluss in die Kosten verurteilt, die dem Gegner infolge der Zulassung entstanden sind (bspw. Kosten einer Beweisaufnahme). Die übrigen Kosten des Rechtsstreits sind demjenigen aufzuerlegen, der das Auftreten des vollmachtlosen Vertreters veranlasst hat.[9] Ist dies (wie regelmäßig) ebenfalls der falsche Vertreter, so ist ein gesonderter Beschluss über die durch die Zulassung verursachten Kosten entbehrlich.

Den Beschluss über die **Zulassungskosten** kann der Vertreter analog § 99 Abs. 2 mit sofortiger Beschwerde **anfechten.** Diese unterliegt den Beschränkungen der §§ 567 Abs. 2, 568. Die Beschwerde analog § 99 Abs. 2 ist auch gegeben, wenn die Entscheidung nicht durch besonderen Beschluss erging, sondern in das Urteil mit aufgenommen wurde.[10]

7 § 89 Abs. 2 S. 3 ordnet des Weiteren an, dass der zugelassene Vertreter dem Gegner für weitere Schäden haftet, die infolge der Zulassung entstanden sind. Dies ist eine materiell-rechtliche **Schadensersatzpflicht,** die in einem eigenen Rechtsstreit geltend gemacht werden muss.[11] Ein Verschulden des zugelassenen Vertreters ist nicht erforderlich.

## II. Mündliche Vollmacht und Genehmigung (Abs. 2)

8 Genehmigt die Partei die Prozessführung oder hatte sie auch nur mündlich Prozessvollmacht erteilt, so muss sie wie auch ihre Gegenpartei die **Prozessführung** gegen sich gelten lassen, § 89 Abs. 2. Der Beweis der mündlichen Bevollmächtigung bzw. der mündlichen Genehmigung kann durch jedes Beweismittel (nicht nur durch Urkunden nach § 80) geführt werden, es gilt freie Beweiswürdigung nach § 286.[12] Die Genehmigung ist dem Gericht, dem Gegner oder dem Vertreter gegenüber zu erklären. Die Erklärung kann auch stillschweigend erfolgen, bspw. durch bloße Anwesenheit der Partei im Termin oder durch Erteilung einer Vollmacht oder Untervollmacht.[13]

9 Die Genehmigung wirkt grundsätzlich **zurück.**[14] Dies gilt für die prozessualen Rechtsfolgen der Klageerhebung, bspw. die Rechtshängigkeit, und auch für die **Verjährungs-**

---

**6** Zöller/*Vollkommer* § 89 Rdn. 10.
**7** BGH NJW 1953, 1470.
**8** RGZ 30, 400; BGH NJW 1991, 1176.
**9** OLG Köln NJW-RR 1990, 767.
**10** RGZ 107, 56.
**11** AG Hamburg NJW-RR 1986, 1120; MünchKomm/*Toussaint* § 89 Rdn. 12.
**12** RG JW 1901, 331.
**13** BGH NJW 1960, 725; RGZ 96, 245; 47, 413.
**14** BGH VersR 1980, 90; 1984, 782; BVerwG NJW 1984, 318; RGZ 161, 351.

**unterbrechung.**[15] Ebenso wird eine **Vorpfändung**, die ein Nichtbevollmächtigter hat zustellen lassen, mit Genehmigung rückwirkend wirksam.[16]

Materiell-rechtliche Folgen hat die Genehmigung grundsätzlich nicht. Hat bspw. ein materiell nicht Berechtigter eine Forderung eingeklagt, so tritt keine Verjährungsunterbrechung ein, wenn die Forderung während des Rechtsstreits vom wahren Gläubiger an ihn abgetreten wird und die Prozessführung genehmigt wird.[17]

**Gegenstand der Genehmigung** kann nur die Prozessführung im Ganzen sein, eine 10
Beschränkung auf einzelne Prozesshandlungen ist nicht möglich.[18] Jedoch setzt die Genehmigung Kenntnis des Verfahrens und der wesentlichen Verfahrensakte voraus. Ein Rechtsmittelverzicht, der der Partei bei Erteilung der Genehmigung unbekannt war, ist deshalb von ihr nicht gedeckt.[19]

Die Genehmigung setzt voraus, dass der Vertreter nicht bereits wegen mangelnder Vollmacht zurückgewiesen wurde, sie kann deshalb nur bis zum Schluss der mündlichen **Verhandlung** erfolgen.[20] Hatte die Vorinstanz die Klage wegen des Mangels der Vollmacht als unzulässig abgewiesen, so ist eine Heilung durch Nachreichung der Vollmacht in der Rechtsmittelinstanz nicht mehr möglich.[21] Ebenso ist für eine Berufung zu entscheiden, die wegen eines Mangels der Vollmacht als unzulässig verworfen wurde, der Mangel kann nicht mehr in der Revisionsinstanz durch Genehmigung geheilt werden.[22] Die Beschränkung der Heilungsmöglichkeiten auf die Instanz gilt jedoch nur, wenn die Zurückweisung zu Recht erfolgte, unterlief dem Gericht ein Fehler, so kann dies im Rechtsmittelverfahren noch geltend gemacht werden und zugleich ein Mangel der Vollmacht geheilt werden.[23] Wurde der Mangel der Vollmacht in der unteren Instanz nicht entdeckt, so bleibt eine Genehmigung stets möglich, §§ 547 Nr. 4, 579 Abs. 1 Nr. 4.

## § 90
## Beistand

**(1) In der Verhandlung können die Parteien mit Beiständen erscheinen. Beistand kann sein, wer in Verfahren, in denen die Partei den Rechtsstreit selbst führen kann, als Bevollmächtigter zur Vertretung in der Verhandlung befugt ist. Das Gericht kann andere Personen als Beistand zulassen, wenn dies sachdienlich ist und hierfür nach den Umständen des Einzelfalls ein Bedürfnis besteht. § 79 Abs. 3 Satz 1 und 3 und Abs. 4 gilt entsprechend.**

**(2) Das von dem Beistand Vorgetragene gilt als von der Partei vorgebracht, insoweit es nicht von dieser sofort widerrufen oder berichtigt wird.**

§ 90 regelt die Stellung des prozessualen **Beistandes**. Seine Stellung erstreckt sich 1
nur auf die mündliche Verhandlung in **Gegenwart** der Partei. Die Partei kann alle Erklärungen des Beistandes (nicht nur tatsächliche Erklärungen wie im Fall des § 85 Abs. 1

15 BGH NJW 1960, 725; RGZ 86, 246.
16 RGZ 64, 217; 86, 246.
17 BGH LM § 185 BGB Nr. 8; s.a. (zu § 847 Abs. 1 S. 2 BGB a.F.) BGH NJW 1978, 215.
18 BGH NJW 1987, 130; MünchKomm/*Toussaint* § 89 Rdn. 16 m.w.N.; Stein/Jonas/*Bork* § 89 Rdn. 16; Zöller/*Vollkommer* § 89 Rdn. 10; **a.A.** OLG Saarbrücken NJW 1970, 1465; Stein/Jonas/*Leipold*[20] § 89 Rdn. 16.
19 BGH NJW 1953, 1470 = LM § 89 ZPO Nr. 1 m. Anm. *Lersch*.
20 BAG NJW 1965, 1041; BFH DB 1989, 1118.
21 BGH LM § 80 ZPO Nr. 3; BAG NJW 1965, 1041.
22 GemS OGB BGH NJW 1984, 2149.
23 OLG Frankfurt OLGZ 1984, 193, 198.

S. 2) widerrufen. Da der Beistand Erklärungen abgibt, muss er postulationsfähig sein, dies bedeutet im Parteiprozess Prozessfähigkeit (§§ 79, 90 Abs. 1). Geschäftsmäßige oder zum Vortrag unfähige Bestände unterliegen der **Zurückweisung** nach §§ 79 Abs. 3 i.V.m. 90 Abs. 1 Satz 3, 4.[1] Die Vorschrift findet auch in Ehe- und Familienstreitsachen nach §§ 112, 113 Abs. 1 FamFG Anwendung; für die übrigen FamFG-Verfahren gilt § 12 FamFG.

2 Das Auftreten eines Beistands ist uneingeschränkt im **Parteiprozess** möglich. Nach Neufassung des § 90[2] ist es nunmehr auch möglich, sich eines Beistandes im **Anwaltsprozess** zu bedienen, der auf die Parteirechte aus § 137 Abs. 4 beschränkt ist.[3]

3 Ein als Beistand beigezogener Rechtsanwalt erhält die **Gebühren** wie ein Prozessbevollmächtigter.[4]

## TITEL 5
## Prozesskosten

## Vorbemerkung
## Vor § 91

### Schrifttum

*Baier* Kostenrisiko und Grundgesetz, Diss. Erlangen 1974; *Becker-Eberhard* Grundlagen der Kostenerstattung bei der Verfolgung zivilrechtlicher Ansprüche (1985); *Brieske* Erstattung von Anwaltsgebühren durch Gegner und Dritte (1987); *ders.* Die anwaltliche Praxis in Kostensachen (1991); *von Eicken* Erstattungsfähige Kosten und Erstattungsverfahren (1990)[5]; *Haberzettel* Streitwert und Kosten in Ehe- und Familiensachen (1984); *Hartmann* Kostengesetze (2014)[44] und (1993)[25]; *Herrmann* Probleme des Prozeßkostenrisikos, Diss. Kiel 1973; *Kur* Streitwert und Kosten in Verfahren wegen unlauteren Wettbewerbs (1980); *Lappe* Justizkostenrecht (1981); *ders.* Kosten in Familiensachen (1994)[5]; *Loritz* Die Konkurrenz materiellrechtlicher und prozessualer Kostenerstattung (1981); *Olivet* Die Kostenverteilung im Zivilurteil (2006)[4]; *Schneider/Herget* Streitwert-Kommentar für Zivilprozess und FamFG-Verfahren (2011)[13]; *dies.* Die Kostenentscheidung im Zivilurteil (1990)[3]; *Siebert* Die Prinzipien des Kostenerstattungsrechts und die Erstattungsfähigkeit vorgerichtlicher Kosten des Rechtsstreits (1985); *Sonnen* Kostenentscheidung und materielles Recht, Diss. Berlin 1971; *Tschischgale/Satzky* Das Kostenrecht in Arbeitssachen (1982)[3].

### I. Allgemeines

1 Das Gericht bestimmt im **Urteil** (§ 308 Abs. 2), wer die Prozesskosten zu tragen hat. Die §§ 91 bis 101 regeln, wie diese sogenannte Kostengrundentscheidung zu treffen ist. Durch sie wird der prozessuale Kostenerstattungsanspruch festgestellt. Des Weiteren enthält der fünfte Titel Vorschriften darüber, wie diese Entscheidung im Kostenfestsetzungsverfahren in einen bezifferten Titel umgesetzt wird. Welche Kosten anfallen, ist hingegen in anderen Gesetzen geregelt (GKG, GNotKG, RVG etc.). Ausgehend von der Grundüberlegung, dass Kosten im Gerichtsverfahren nur einen Nebenpunkt bilden (sollen), ist das Kostenrecht der ZPO auf **Vereinfachung** ausgerichtet – ein Gesichtspunkt, der angesichts einer mittlerweile unüberschaubaren und bis ins Feinste ausdifferenzierten Rechtsprechung leicht in Vergessenheit gerät.

---

1 Vgl. FG Niedersachsen, 24.10.2013 – 6 K 286/12, anhängig beim BFH – II R 53/13.
2 Neufassung durch Gesetz zur Neuregelung des Rechtsberatungsrechts v. 12.12.2007, BGBl. I S. 2840 m.W.v. 1.7.2008.
3 Prütting/Gehrlein/*Burgermeister* § 90 Rdn. 1; vgl. auch MünchKomm/*Toussaint* § 90 Rdn. 3.
4 Musielak/*Weth* § 90 Rdn. 6.

Auf Vereinfachung zielt das **formale Erfolgsprinzip**, das § 91 Abs. 1 S. 1 statuiert: Alle Kosten dem Verlierer. Der Grund des Unterliegens ist gleichgültig. Die unterliegende Partei trägt die Kosten selbst dann, wenn sie den Prozess nur verloren hat, weil während des Prozesses ein ihr ungünstiges Gesetz erlassen wurde.[1] (Reformüberlegungen zum formalen Erfolgsprinzip wurden vom Gesetzgeber nicht aufgegriffen.)[2] Die Prozessführung ist deshalb in der Regel mit einem erheblichen Kostenrisiko verbunden, das auch die arme Partei trifft (§ 123). Um das formale Erfolgsprinzip entspann sich deshalb in den 70er Jahren eine rechtspolitische Diskussion, die allerdings zu keinen Aktivitäten führte.[3] Ein Blick auf ausländische Rechtsordnungen (bspw. in den USA) oder auf die heimische Arbeitsgerichtsbarkeit (§ 12a ArbGG) zeigt in der Tat, dass eine Kostenverteilung nach dem Erfolgsprinzip nicht zwingend geboten ist. Dennoch ist am Erfolgsprinzip im Grundsatz festzuhalten, da das gesamte Kostenrecht darauf aufbaut und es geeignet ist, das „knappe Gut Rechtsgewährung" vor übermäßiger Inanspruchnahme zu schützen. Allerdings sollten Überlegungen intensiviert werden, arme Parteien stärker vom Kostenrisiko zu entlasten.[4]

Eng verknüpft mit dem Vereinfachungsgedanken und dem formalen Erfolgsprinzip 2
ist der Grundsatz der **Kosteneinheit**: Die Kosten des Rechtsstreits bilden in der Regel eine Einheit, über die auch einheitlich zu entscheiden ist. Deshalb enthalten Teil- und Grundurteile (§§ 301, 304) sowie Zwischenurteile (§§ 280, 303) noch keine Kostenentscheidung. Der Vereinfachung dient auch § 91a: Hat sich der Rechtsstreit erledigt, so kann das Gericht über die Kosten nach billigem Ermessen entscheiden, ohne den Prozess nur zu Klärung der Kostenfrage fortführen zu müssen. Das Bestreben der ZPO, die Kostenfrage im Interesse der Prozesswirtschaftlichkeit nicht zur Hauptsache werden zu lassen, zeigt sich schließlich auch in § 99: Die isolierte Anfechtung von Kostenentscheidungen ist grundsätzlich nicht zulässig.

Vom formalen Erfolgsprinzip weicht die ZPO in einigen Fällen ab. Dies führt oft zugleich zur Kostentrennung. Verursachungs- und Verschuldensgesichtspunkte bestimmen die Regelungen der §§ 93, 93b Abs. 2 und 3, 94, 95, 96, 97 Abs. 2 und 100 Abs. 2. Aus Billigkeitserwägungen wich der Gesetzgeber auch bei Ehesachen, Räumungsklagen, Ehelichkeitsanfechtungs- und Unterhaltsklagen nichtehelicher Kinder vom formalen Erfolgsprinzip ab § 93b sowie §§ 80 ff., 132, 243 FamFG).

**Kostentrennung** ordnen an: §§ 75, 94–97, 100 Abs. 3, 101, 238 Abs. 4, 281 Abs. 3 S. 2, 344. In der Regel handelt es sich um Kosten, die durch das prozessual fehlerhafte Verhalten einer Partei unnötig entstanden sind und ihr deshalb unabhängig vom Prozessausgang zuzuordnen sind, oder um Kosten, die in Zusammenhang mit der Beteiligung Dritter entstanden sind.

Ein weiterer Grundsatz des Kostenrechts ist dessen **Überschaubarkeit**. Es ist ein 3
rechtsstaatliches Gebot, dass das Kostenrisiko der Rechtssuchenden überschaubar bleibt. Dem Gegner sind deshalb stets nur die notwendigen Kosten zu erstatten. Dies fügt sich ein in den allgemeinen zivilprozessualen Grundsatz der **Prozesswirtschaftlichkeit**:[5] Das Gericht

1 BGHZ 37, 233, 246; s. auch BGH NJW 1965, 296 (anspruchgewährendes Gesetz wurde für verfassungswidrig erklärt).
2 *Ehrig* ZRP 1971, 252; *Grunsky* Gutachten zum 51. DJT, 1976, S. A 66 ff.
3 *Baur* JZ 1972, 75 (Vorschlag einer Pflichtrechtsschutzversicherung); *Bauer* VersR 1973, 110; *Baumgärtel* JZ 1975, 430; *Baumgärtel* BB 1975, 678: *Baumgärtel* Festschrift Lange, 1976 S. 943; *Baumgärtel* Gleicher Zugang zum Recht für alle (1976); *Baur* NJW 1976, 1380; *Kissel* Festschrift Schiedermair, 1973, S. 329; *Pawlowski* JZ 1975, 197.
4 Für eine Fortentwicklung des Kostenrechts, die dem Prinzip des sozialen Rechtsstaats mehr gerecht wird, plädiert auch Stein/Jonas/*Bork* Vor § 91 Rdn. 3.
5 *Von Mettenheim* Der Grundsatz der Prozeßökonomie im Zivilprozeß (1970).

trifft die Pflicht, die Parteien die Obliegenheit, den Prozess möglichst billig und zweckmäßig zu gestalten. In der praktischen Ausgestaltung dieser Regel, in der Beurteilung der Notwendigkeit, liegt das Hauptproblem der meisten Entscheidungen zum Kostenrecht.

Die Erstattungsvorschriften der §§ 91 bis 101 gelten für alle Verfahren, die der **ZPO** unterliegen. Zudem gelten sie kraft Verweisung in zahlreichen anderen Verfahrensordnungen. Die Regelung in den §§ 91 bis 101 ist nicht abschließend, es gelten zahlreiche Sondervorschriften, zu deren wichtigsten § 788 für die Kosten der Zwangsvollstreckung gehört; weitere Beispiele sind: §§ 75, 89, 238 Abs. 4, 269 Abs. 3, 281 Abs. 3, 302 Abs. 4, 344, 380 Abs. 1, 390 Abs. 1, 409 Abs. 1, 494a, 516 Abs. 3, 717 Abs. 3, 887 Abs. 2.

### II. Kosten des Rechtsstreits

4 § 91 spricht von den **Kosten des Rechtsstreits**. Diese sogenannten **Prozesskosten** zerfallen in die **Gerichtskosten** und die **außergerichtlichen Kosten** für Parteien. Letzteres sind Aufwendungen, die im Zusammenhang mit der Prozessführung entstehen, ihre Abgrenzung zu sonstigen Schäden und Nachteilen aus Anlass des Rechtsstreits, deren Erstattung sich allein nach sachlichem Recht richtet, ist schwierig. Die Rechtsprechung neigt aus Vereinfachungsgründen dazu, den Begriff der Kosten des Rechtsstreits weit zu fassen, indem sie auch Vorbereitungskosten mit in das Kostenfestsetzungsverfahren einbezieht.

5 **1. Gerichtskosten.** Gerichtskosten sind Gebühren und Auslagen, die nach dem Gerichtskostengesetz anfallen. Die **Kostenschuld** gegenüber dem Staat ist einschließlich der Vorschusspflicht geregelt in §§ 10ff., 22ff. GKG. Für die Kostenerstattung kommen Gerichtskosten nur insoweit in Betracht, als sie von einem Beteiligten verauslagt wurden. Als Haftungstatbestände enthält das Gerichtskostengesetz die Haftung des Antragstellers (§ 22 Abs. 1 GKG), des Entscheidungsschuldners (§ 29 Nr. 1 GKG), des Übernahmeschuldners (§ 29 Nr. 2 GKG), des gesetzlich Haftenden (§ 29 Nr. 3 GKG) und des Vollstreckungsschuldners (§ 29 Nr. 4 GKG). Mehrere Kostenschuldner haften als Gesamtschuldner (§ 31 Abs. 1 GKG), jedoch sind Entscheidungs- bzw. Übernahmeschuldner vorrangig in Anspruch zu nehmen (§ 31 Abs. 2 S. 1 GKG). War dem Entscheidungsschuldner Prozesskostenhilfe bewilligt worden, so darf die Staatskasse andere Kostenschuldner nicht in Anspruch nehmen (§ 31 Abs. 3 GKG). Für Streitgenossen gilt § 32 GKG. Die Beitreibung der Gerichtskosten richtet sich nach der Justizbeitreibungsordnung.

6 **2. Außergerichtliche Kosten.** Zu den Kosten des Rechtsstreits zählen auch die Kosten, die einem **Beteiligten** unmittelbar in Zusammenhang mit der Prozessführung entstehen. Drei Fallgruppen sind von besonderer Bedeutung: Die Kosten der Partei selbst (Verdienstausfall, Reisekosten etc.), ihre Vertretungskosten (insbesondere die Gebührenforderung des Anwalts) sowie die Kosten der Vorbereitung des Rechtsstreits (Mahnschreiben, Parteigutachten, Informationsbeschaffung etc.). Zu Einzelheiten vgl. das Stichwortverzeichnis bei § 91.

### III. Prozessualer Kostenerstattungsanspruch

7 Der Anspruch auf Erstattung der Prozesskosten (**prozessualer Kostenerstattungsanspruch**) ist ein privatrechtlicher Anspruch, der in der ZPO **abschließend** geregelt ist.[6]

6 OLG Schleswig JurBüro 1978, 1568; **a.A.** offensichtlich LAG Bremen Rpfl. 1988, 165.

Er steht auch der geschäftsunfähigen Partei zu.[7] Der Anspruch kann ausschließlich im Kostenfestsetzungsverfahren geltend gemacht werden.[8] Einer selbständigen Klage, auch für einzelne Posten, fehlt das Rechtsschutzbedürfnis, da das Kostenfestsetzungsverfahren als einfacherer Weg zur Verfügung steht.[9] Ausnahmsweise ist eine Klage zulässig, wenn der Partei zu Unrecht und ohne ihr Verschulden die Kostenfestsetzung versagt wurde.[10]

Der prozessuale Kostenerstattungsanspruch entsteht in drei **Phasen**: Zunächst aufschiebend bedingt, dann auflösend bedingt und schließlich unbedingt. Mit Rechtshängigkeit der Klage hat der spätere Prozesssieger einen aufschiebend bedingten Anspruch auf Erstattung seiner notwendigen Kosten. Aufschiebende Bedingung ist der Erlass der Kostengrundentscheidung.[11] Der Anspruch entsteht auch zugunsten desjenigen, der sich auf eine unzulässige Klage eingelassen hat.[12] Mit Erlass der Kostengrundentscheidung wandelt sich der aufschiebend bedingte in einen auflösend bedingten Anspruch um.[13] Auflösende Bedingung ist der Erlass einer abändernden Entscheidung in der Rechtsmittelinstanz. Fällig wird der Anspruch, sobald das Urteil vorläufig vollstreckbar ist.[14] Mit Rechtskraft der Kostengrundentscheidung entfällt die auflösende Bedingung, der Anspruch wird endgültig. Dem rechtskräftigen Urteil stehen ein wirksamer Prozessvergleich oder eine Kostenfolge kraft gesetzlicher Anordnung (§§ 269 Abs. 3, 516 Abs. 3, 566) gleich.

Bereits während des Rechtsstreits kann der aufschiebend bedingte Anspruch abgetreten, verpfändet, gepfändet oder im Insolvenzverfahren angemeldet werden. Die spätere Kostenfestsetzung zugunsten des Zedenten ändert nichts daran, dass der Zessionar die Forderung wirksam erworben hat.[15] Mit Erlass der Kostengrundentscheidung ist der prozessuale Kostenerstattungsanspruch **aufrechenbar**.[16] Der Aufrechnung steht nicht entgegen, dass der Erstattungsanspruch aus demselben Rechtsstreit resultiert, in dem die Forderung festgestellt wurde, gegen die aufgerechnet wird.[17] Allerdings ist eine Aufrechnung in demselben Rechtsstreit nur zu berücksichtigen, wenn der prozessuale Kostenerstattungsanspruch der Höhe nach unstreitig ist oder rechtskräftig festgestellt wurde.[18] Die Aufrechnung mit einem unstreitigen Kostenerstattungsanspruch ist ohne vorherigen Kostenfestsetzungsbeschluss wirksam.[19] Sie ist auch möglich, wenn der Kostenerstattungsanspruch aus einem nur gegen Sicherheitsleistung vollstreckbaren Titel resultiert und die Sicherheitsleistung noch nicht erbracht wurde.[20] 8

---

**7** OLG München Rpfl. 1970, 290.
**8** BGH NJW 1983, 284; BGHZ 20, 302, 308.
**9** OLG Köln MDR 1981, 763.
**10** BGH NJW 1961, 2016.
**11** BGH NJW 1988, 3205 m.w.N.
**12** BGH MDR 1992, 911 (Klage eines Prozessunfähigen); OLG München MDR 1984, 498.
**13** BGH NJW 1988, 3205; NJW 1983, 284; **a.A.** OLG Stuttgart MDR 1961, 1013 (Umwandlung erst mit Erlass des Kostenfestsetzungsbeschlusses).
**14** BGH JR 1976, 332 m. Anm. *Kuntze*.
**15** BGH NJW 1988, 3204 = KostRspr. ZPO § 91 (B – Allgemeines) Nr. 114 mit krit. Anm. *Lappe*, der auf § 265 Abs. 2 S. 1 verweist (Kostenfestsetzung muss richtigerweise zugunsten des Zessionars erfolgen).
**16** BGH Rpfleger 1976, 176; MünchKomm/*Belz*[2] Vor §§ 91 ff. Rdn. 7; OLG Stuttgart MDR 1961, 1013 fordert Festsetzung; vgl. (grundsätzlich unzulässig im Kostenfestsetzungsverfahren gegen den Kostenerstattungsanspruch mit einer Gegenforderung des Erstattungspflichtigen; zulässig außerhalb des Kostenfestsetzungsverfahrens) MünchKomm/*Schulz* Vor § 91 Rdn. 17, § 104 Rdn. 39 ff. m.w.N.
**17** OLG Celle JurBüro 1983, 1698.
**18** BGH NJW 1963, 714, OLG Frankfurt MDR 1984, 138; OLG München NJW-RR 2000, 1524; OLG Düsseldorf Rpfleger 2005, 696, 697.
**19** OLG Düsseldorf JurBüro 1989, 225.
**20** OLG Hamm FamRZ 1987, 1288; Stein/Jonas/*Bork* § 104 Rdn. 16; **a.A.** LG Aachen NJW-RR 1987, 1406.

Bei Fortführung des Prozesses durch den bisherigen Beauftragten als Erben der Partei geht der Erstattungsanspruch nicht durch Konsolidation verloren[21] (anders wenn der Gegner Rechtsnachfolger wurde). Der Kostenerstattungsanspruch **verjährt** nach 30 Jahren, §§ 195, 197, 218 BGB.[22] Vereinbarungen über die Kostenerstattungspflicht sind im Rahmen der Parteiautonomie jederzeit möglich, für die Kostengrundentscheidung aber nicht bindend (Ausnahme §§ 98, 101 Abs. 1 S. 1).[23] Zwischen Streitgenossen gibt es keine prozessuale Kostenerstattungspflicht,[24] ebenso nicht zwischen Streitgehilfen und unterstützter Partei. Gegenstand der gerichtlichen Kostenentscheidung ist nur die Erstattungspflicht der Parteien untereinander.[25]

### IV. Materiellrechtlicher Kostenerstattungsanspruch

9 Neben dem prozessualen Kostenerstattungsanspruch kann sich aus **materiellem** Recht ein Anspruch auf Erstattung von Kosten ergeben, die im Zusammenhang mit einem (u.U. auch nur beabsichtigten) Prozess stehen. Ein derartiger Kostenerstattungsanspruch ist grundsätzlich unabhängig vom prozessualen Kostenerstattungsanspruch.[26] Eine Ausnahme vom Grundsatz der Unabhängigkeit von materiell-rechtlichem und prozessualem Kostenerstattungsanspruch beinhaltet § 12a Abs. 1 S. 1 ArbGG, der bewirkt, dass im Bereich arbeitsgerichtlicher Streitigkeiten erster Instanz auch materiell-rechtliche Kostenerstattungsansprüche weitgehend ausgeschlossen sind. Das bürgerliche Recht kennt keine allgemeine Kostenerstattungspflicht kraft Veranlassung, die §§ 91ff. sind deshalb nicht analog anwendbar.[27] Der **materiell-rechtliche Kostenerstattungsanspruch** setzt deshalb stets eine Anspruchsgrundlage voraus.[28] Die möglichen Anspruchsgrundlagen sind vielfältig. Häufig wird ein materiell-rechtlicher Kostenerstattungsanspruch als Verzugsschaden geltend zu machen sein (§ 286 BGB). Weitere Beispiele sind u.a. positive Vertragsverletzung,[29] §§ 823 Abs. 1, 831 BGB.[30] Große Bedeutung hat schließlich im Wettbewerbsrecht der von der Rechtsprechung gegen Kritik in der Literatur aus Geschäftsführung ohne Auftrag konstruierte Erstattungsanspruch für Abmahnkosten.[31] Die Inanspruchnahme wegen einer Geldforderung begründet daher nicht ohne weiteres einen materiell-rechtlichen Kostenerstattungsanspruch des in Anspruch Genommenen hinsichtlich der für die außergerichtliche Abwehr des Anspruchs aufgewendeten Anwaltskosten.

10 Im Grundsatz ist der materiell-rechtliche Kostenerstattungsanspruch wie jeder zivilrechtliche Anspruch durch **Klage** oder Widerklage geltend zu machen. Jedoch gewinnt der Anspruch in Zusammenhang mit einem Rechtsstreit oft eine Doppelnatur. Dies gilt vor allem für die sogenannten Vorbereitungskosten. Mit Hilfe dieses Begriffes hat die Rechtsprechung den Anwendungsbereich des Kostenfestsetzungsverfahrens aus Gründen

---

**21** OLG Hamm JurBüro 1973, 990.
**22** OLG München NJW 1971, 1755; AnwBl. 1988, 249; OLG Frankfurt MDR 1977, 665; OLG Hamm JurBüro 1982, 1762; OLG Frankfurt JurBüro 1988, 885; *Schmidt* NJW 1971, 1767; **a.A.** OVG Münster NJW 1971, 1767.
**23** BGHZ 5, 258; OLG Hamm JurBüro 1975, 518; Zöller/*Herget* Vor § 91 Rdn. 14; **a.A.** OLG Hamm SJZ 1950, 588.
**24** LG Berlin JurBüro 1982, 1723.
**25** LG Hamburg MDR 1972, 61.
**26** BGHZ 94, 318; BayObLGZ 1979, 20; OLG Düsseldorf Rpfl. 1986, 1241; AG Saarbrücken AnwBl. 1973, 120.
**27** BGH NJW 1988, 2032 = ZZP 101 (1988) 298 m. Anm. *Becker-Eberhard.*
**28** KG WRP 1980, 413; OLG Zweibrücken JurBüro 1983, 1874.
**29** BGH NJW 1983, 284; LG Wiesbaden AnwBl. 1979, 186; LG Paderborn JurBüro 1989, 653.
**30** BGH NJW 1983, 284; NJW 1986, 2244.
**31** KG WPR 1982, 25: OLG München JurBüro 1982, 1190; BGH NJW 1970, 243; NJW 1973, 901; zur Kritik s. *Kurbjuhn* NJW 1970, 604; *Klaka* GRUR 1960, 190; Stein/Jonas/*Bork* Vor § 91 Rdn. 16 m.w.N.

der Zweckmäßigkeit stark erweitert. (Selbst Anwaltskosten für die Strafanzeige gegen den späteren Prozessgegner können u.U. zur Kostenfestsetzung zugelassen werden.)[32] Soweit Kostenfestsetzung möglich ist, kann einer Kostenklage deshalb das Rechtsschutzbedürfnis fehlen.[33] Allerdings sind bei Überschneidungen von prozessualen und sachlich-rechtlichen Kostenerstattungsansprüchen keine zu strengen Anforderungen an das Rechtsschutzbedürfnis zu stellen. Die Rechtsprechung zum Kostenrecht ist in weiten Bereichen derart unüberschaubar, dass es dem Kläger oft nicht zuzumuten ist, sich auf das Kostenfestsetzungsverfahren zu verlassen. Des weiteren weist *Schneider* zu Recht darauf hin, dass der Kläger oft ein Interesse daran haben kann, Vorbereitungskosten mit einzuklagen, denn bei teilweisem Unterliegen in der Hauptsache würde er auch diese wegen der Kostenquotelung im Kostenfestsetzungsverfahren nur teilweise ersetzt bekommen.[34]

Aus der Doppelnatur des Kostenerstattungsanspruchs für Vorbereitungskosten folgen auch **Rechtskraftprobleme**. Endgültig erledigt sind derartige Kosten, wenn sie (ggf. 11
nach Ausschöpfung der jeweiligen Rechtsbehelfe) entweder im Festsetzungs- oder im Klageverfahren zugesprochen wurden. Kontrovers behandelt wird hingegen die Frage, ob Vorbereitungskosten nach Abweisung in dem einen Verfahren noch in dem anderen Verfahren verfolgt werden können. Dies bejaht die überwiegende Ansicht für den Fall der Abweisung des sachlich-rechtlichen Erstattungsanspruchs. Sie lässt zu, diesen noch im Kostenfestsetzungsverfahren geltend zu machen.[35] Eine prozessuale Kostenerstattung von zuvor auf materiell-rechtlicher Grundlage erfolglos eingeklagten Kosten eines Privatgutachters scheidet aus, wenn der materiell-rechtliche Kostenerstattungsanspruch mit der Begründung abgewiesen worden ist, mit der der Anspruch im Kostenfestsetzungsverfahren geltend gemacht wird (in dem vom BGH entschiedenen Fall ging es um die Erforderlichkeit eines Privatgutachtens).

## § 91
## Grundsatz und Umfang der Kostenpflicht

**(1) Die unterliegende Partei hat die Kosten des Rechtsstreits zu tragen, insbesondere die dem Gegner erwachsenen Kosten zu erstatten, soweit sie zur zweckentsprechenden Rechtsverfolgung oder Rechtsverteidigung notwendig waren. Die Kostenerstattung umfasst auch die Entschädigung des Gegners für die durch notwendige Reisen oder durch die notwendige Wahrnehmung von Terminen entstandene Zeitversäumnis; die für die Entschädigung von Zeugen geltenden Vorschriften sind entsprechend anzuwenden.**

**(2) Die gesetzlichen Gebühren und Auslagen des Rechtsanwalts der obsiegenden Partei sind in allen Prozessen zu erstatten, Reisekosten eines Rechtsanwalts, der nicht in dem Bezirk des Prozessgerichts niedergelassen ist und am Ort des Prozessgerichts auch nicht wohnt, jedoch nur insoweit, als die Zuziehung zur zweckentsprechenden Rechtsverfolgung oder Rechtsverteidigung notwendig war. Die**

32 KG JurBüro 1983, 1251.
33 BGHZ 75, 230, 235; BGH WM 1987, 247; RGZ 130, 217; KG MDR 1978, 762; OLG Köln MDR 1981, 763; OLG München NJW 1971, 518; LG München II KostRsp. ZPO § 91 (B – Allgemeines) Nr. 105 m. abl. Anm. *Lappe*; Stein/Jonas/*Bork* Vor § 91 Rdn. 23ff.; § 103 Rdn. 17ff.; **a.A.** (Wahlrecht zwischen Klage und Kostenfestsetzungsverfahren) *Becker-Eberhard* Rdn. 11; Zöller/*Herget* Vor § 91 Rdn. 12.
34 Zöller/*Herget* Vor § 91 Rdn. 12; *Schneider* MDR 1965, 963; OLG Koblenz JurBüro 1990, 1012 m. Anm. *Mümmler*; OLG Nürnberg MDR 1977, 936; OLG Bremen VersR 1977, 371; LG Hechingen VersR 1986, 350.
35 OLG Hamburg JurBüro 1971, 88; OLG Koblenz JurBüro 1986, 447; OLG München MDR 1976, 846; **a.A.** OLG München JurBüro 1972, 255; OLG Frankfurt JurBüro 1983, 283.

**Kosten mehrerer Rechtsanwälte sind nur insoweit zu erstatten, als sie die Kosten eines Rechtsanwalts nicht übersteigen oder als in der Person des Rechtsanwalts ein Wechsel eintreten musste. In eigener Sache sind dem Rechtsanwalt die Gebühren und Auslagen zu erstatten, die er als Gebühren und Auslagen eines bevollmächtigten Rechtsanwalts erstattet verlangen könnte.**

**(3) Zu den Kosten des Rechtsstreits im Sinne der Absätze 1, 2 gehören auch die Gebühren, die durch ein Güteverfahren vor einer durch die Landesjustizverwaltung eingerichteten oder anerkannten Gütestelle entstanden sind; dies gilt nicht, wenn zwischen der Beendigung des Güteverfahrens und der Klageerhebung mehr als ein Jahr verstrichen ist.**

**(4) Zu den Kosten des Rechtsstreits im Sinne von Absatz 1 gehören auch Kosten, die die obsiegende Partei der unterlegenen Partei im Verlaufe des Rechtsstreits gezahlt hat.**

**Übersicht**



Die Kostenvorschriften der §§ 91ff. ZPO werden durch die Spezialvorschrift in § 243 FamFG verdrängt, die zumindest in Unterhaltssachen i.S.d. § 231 Abs. 1 FamFG allein maßgeblich ist.

### I. Unterliegen

1 § 91 ist die **Grundnorm** der prozessualen Kostenerstattung. Er ist als deutsches Recht nicht nur für die Frage der generellen Erstattungsfähigkeit der Kosten eines ausländischen Rechtsanwalts, sondern auch für die Höhe dieser Kosten maßgebend. Kosten eines ausländischen Verkehrsanwaltes, dessen Hinzuziehung zur zweckentsprechenden Rechtsverfolgung oder Rechtsverteidigung geboten war, sind daher nur in Höhe der Gebühren eines deutschen Rechtsanwalts erstattungsfähig. Unterhält die überörtliche Sozietät, die die ausländische Partei vertritt, an deren Geschäftssitz in der Schweiz eine Zweigniederlassung, so verursacht die Hinzuziehung weiterer schweizerischer Korrespondenzanwälte unnötige Kosten, die nicht zur zweckentsprechenden Rechtsverteidigung i.S.v. § 91 Abs. 1 erforderlich sind. Er bestimmt, dass der Verlierer des Rechtsstreits die Gerichtskosten und die notwendigen Kosten seines Gegners zu tragen hat. Der Grund des Unterliegens ist gleichgültig, allein das Ergebnis zählt.[1] Grundsätzlich spielt es keine Rolle, wer den Rechtsstreit verschuldet hat. Für Billigkeitserwägungen ist außerhalb des Anwendungsbereichs von Sondervorschriften wie § 93 kein Raum.[2] Selbst die Möglichkeit einer Restitutionsklage beeinflusst die Kostenentscheidung nicht.[3] Entscheidend ist das Ergebnis am Ende des Rechtsstreits. Der Verlierer trägt die Kosten auch dann voll, wenn die Klage erst infolge einer Klageänderung (ohne Parteiänderung oder Streitwertminderung) erfolgreich war.[4] Der Verlierer trägt die Kosten aller Rechtszüge, unabhängig davon, ob er in vorherigen Instanzen erfolgreich war. Er trägt die Kosten selbst dann voll, wenn er den Prozess lediglich wegen einer Gesetzesänderung verlor, die während

1 BGHZ, 94, 318 m.w.N.; KG MDR 1976, 846; OLG Hamm MDR 1982, 676; *Kahlke* ZZP 88 (1975) 19.
2 BayObLG DB 1975, 2079; LG Freiburg MDR 1984, 238; s.a. RGZ 54, 50.
3 BGHZ 76, 54.
4 BGH MDR 1962, 387.

des Revisionsverfahrens eintrat.[5] (Allerdings kann er einer negativen Kostenentscheidung entgehen, wenn er umgehend von seinem Antrag Abstand nimmt.)[6] Nach dem Grundsatz der **Kosteneinheit** trägt der Verlierer i.d.R. die Kosten des gesamten Prozesses. Ausnahmen finden sich in Sondervorschriften wie bspw. § 96. Es ist aber zu berücksichtigen, dass eine Partei die Erstattung der aufgewandten Kosten nur insoweit erwarten kann, als sie der ihr aus dem Prozessrechtsverhältnis obliegenden Pflicht nachgekommen ist, die Kosten möglichst niedrig zu halten.[7]

Neben den Sonderregelungen der §§ 91a, 93ff., die aus **Billigkeitserwägungen** vom **formalen Erfolgsprinzip** abweichen, gibt es außerhalb der ZPO Sondervorschriften, die aus sozialen Gesichtspunkten die Kostenlast des Unterliegenden senken, indem das Gericht auf seinen Antrag den Streitwert herabsetzen kann, wenn er glaubhaft macht, dass die Belastung mit den Prozesskosten nach dem vollen Streitwert seine wirtschaftliche Lage erheblich gefährden würde, z.B. § 247 Abs. 2, 3 AktG, § 144 PatG, § 26 GebrMG.

Der prozessuale Kostenerstattungsanspruch entsteht unabhängig davon, ob die Parteien geschäfts- oder prozessfähig sind.[8]

War eine Klage von Anfang an gegen eine nicht existente Partei gerichtet konnte 2
diese keine Prozesshandlungen vornehmen, insbesondere keinen Rechtsanwalt mit ihrer Vertretung beauftragen. Anwaltskosten konnten ihr deshalb nicht entstehen.[9] In der Rechtsprechung ist aber anerkannt, dass die nicht existente Partei in einem gegen sie angestrengten Prozess insoweit als parteifähig zu behandeln ist, als sie ihre Nichtexistenz geltend macht.[10] Durch diese Fiktion soll erreicht werden, dass die Partei die Frage ihrer Existenz selbst klären lassen kann. Eine insoweit im Rechtsstreit als parteifähig erachtete Partei gilt auch im anschließenden Kostenfestsetzungsverfahren als parteifähig, ist auch in diesem Verfahren als existent zu behandeln.

Aber: Den Verfahren, in denen der nicht existenten Partei oder dem für sie handelnden Dritten ein Kostenerstattungsanspruch zuerkannt wurde, ist eigen, dass die beklagte Partei im Rechtsstreit ihre mangelnde Existenz geltend gemacht und ihr dadurch Kosten entstanden sind. Lediglich insoweit wurde ihre Existenz fingiert. Lediglich insoweit kommt auch eine Kostenerstattung in Betracht. Existierte ein Beklagter nicht und wurde seine Existenz nicht fingiert, kann er Prozesshandlungen nicht wirksam vornehmen, insbesondere keinen Prozessbevollmächtigten bestellen. Die Beauftragung eines Prozessbevollmächtigten durch einen Dritten kann dem Beklagten nicht fiktiv zugerechnet werden. Es handelt sich folglich bei den Gebühren des Rechtsanwalts nicht um eigene Kosten der nicht existenten Beklagten, sondern um solche des wahren Auftraggebers. Ob dieser die Kosten, die ihm durch die Beauftragung des Rechtsanwalts mit der Vertretung der nicht existenten Beklagten entstanden sind, vom Kläger ersetzt verlangen kann, ist eine Frage des materiellen Rechts, die im Kostenfestsetzungsverfahren mit den dort zur Verfügung stehenden Mitteln nicht geklärt werden kann. Der Dritte hat den Prozessweg zu beschreiten.

Wer die **Existenz** eines nicht existenten Klägers behauptet und Klage erhebt, hat daher die Kosten des Rechtsstreits zu tragen.[11] Kostenfestsetzung erfolgt gegen den tatsächlich Handelnden.[12] In gleicher Weise haftet für die Kosten, wer wissentlich Klage für

5 BGHZ 37, 233.
6 BGHZ 37, 233, 247.
7 BAG NZA 2003, 1293.
8 BGH MDR 1992, 911; OLG München Rpfl. 1970, 290.
9 BGHZ 24, 91.
10 BGH NJW 1993, 2943, 2944; BGH NJW 2008, 527.
11 BGH WM 1976, 686.
12 OLG Düsseldorf MDR 1980, 853.

eine **parteiunfähige Person** einreicht.[13] Geht die Parteifähigkeit erst während des Prozesses verloren, so erledigt sich die Hauptsache und die prozessunfähig gewordene Partei kann ebenfalls noch zur Tragung der Kosten verurteilt werden.[14]

Wird eine nicht existente oder nicht parteifähige Person **verklagt**, so ergeht mit dem klageabweisenden Urteil eine Kostenentscheidung gegen den Kläger, um denjenigen, die die Nichtexistenz bzw. Nichtparteifähigkeit des Beklagten im Prozess geltend gemacht haben, die Festsetzung ihrer Erstattungsforderungen zu ermöglichen.[15] Wer allerdings im Namen einer nicht existenten oder nicht parteifähigen Person Anträge stellt (bspw. nach § 269 Abs. 3) wird nach den Grundsätzen der vollmachtlosen Vertretung selbst kostenpflichtig.[16]

3 Wird eine Klage **versehentlich**, etwa infolge unvollständiger Namensangabe, einem Dritten zugestellt, so wird der **Scheinbeklagte** nicht Partei.[17] Er kann aber nötige Prozesshandlungen unternehmen und unter Einschaltung eines Rechtsanwalts beantragen, dass er durch Beschluss aus dem Rechtsstreit entlassen wird. In diesem Beschluss sind dem Kläger die entstandenen Kosten aufzuerlegen, falls er die falsche Zustellung veranlasst hat.[18] Ist bereits ein Urteil ergangen, so kann der Dritte Rechtsmittel oder Einspruch einlegen, um den Rechtsschein einer wirksamen Klageerhebung bzw. Verurteilung zu beseitigen.[19]

Im Fall des gewillkürten **Parteiwechsels** trägt der ausgeschiedene Kläger analog § 269 Abs. 3 S. 2 die entstandenen Mehrkosten.[20] Bei gewillkürtem Parteiwechsel auf Beklagtenseite treffen die Kosten des ausgeschiedenen Beklagten ebenfalls den Kläger.[21] Ansonsten führt ein Parteiwechsel, z.B. eine Rechtsnachfolge, zum Übergang der Kostenpflicht. Die neue Partei haftet für Kosten, die durch die ursprüngliche Partei verursacht wurden; umgekehrt kann sie auch die Erstattung von Kosten verlangen, die der ursprünglichen Partei entstanden sind.[22]

4 Von der Kostenpflicht zu trennen ist die Frage einer etwaigen **Haftungsbeschränkung**. Die prozessuale Kostenerstattungspflicht ist Veranlassungshaftung. Eine Haftungsbeschränkung in der Hauptsache, bspw. des Erben, der nur mit dem Nachlass haftet,[23] oder des Eigentümers, der nur mit dem Grundstück haftet,[24] erstreckt sich deshalb nicht auf die Kostenhaftung im Prozess. Eine Ausnahme gilt im Fall der beschränkten Erbenhaftung, wenn Kosten bereits durch die Prozessführung des Erblassers hervorgerufen wurden. Hierfür haftet der Erbe nur beschränkt.[25]

Eine **Partei kraft Amtes** haftet nicht für die Kosten des Rechtsstreits, diese treffen das verwaltete Vermögen.[26] Dagegen haftet die Partei kraft Amtes persönlich für die Kos-

---

**13** BGH MDR 1993, 1249; OLG Düsseldorf MDR 1977, 759.
**14** BGH NJW 1982, 238; Karlsruhe WRP 1985, 714; s.a. OLG Frankfurt MDR 1979, 319.
**15** OLG Hamburg MDR 1976, 845; OLG Schleswig SchlHA 1978, 178.
**16** OLG Zweibrücken JurBüro 1984, 621.
**17** *Baumgärtel* Die Kriterien zur Abgrenzung von Parteiberichtigung und Parteiwechsel, JurBüro 1973, 169; *Habscheid* Der Scheinbeklagte FS Günter Küchenhoff (1987) 363.
**18** OLG Köln OLGZ 1989, 238 m.w.N.; OLG Frankfurt MDR 1985, 676; OLG München MDR 1984, 946; für die vom Kläger nicht veranlasste irrtümliche Zustellung s. OLG Düsseldorf MDR 1986, 504.
**19** BGHZ 4, 328; 24, 91; MDR 1978, 307; OLG München Rpfl. 1985, 326.
**20** OLG Düsseldorf MDR 1974, 147; OLG München MDR 1971, 673; OLG Stuttgart NJW 1973, 1756.
**21** OLG Düsseldorf MDR 1957, 238.
**22** OLG Celle NJW 1963, 54 (Beweissicherungskosten vor Abtretung einer Forderung).
**23** OLG Celle NJW-RR 1988, 133; OLG Hamm Rpfl. 1982, 354; OLG Stuttgart JurBüro 1976, 675; *K. Schmidt* Prozeßrecht der beschränkten Erbenhaftung, JR 1989, 45; Stein/Jonas/*Bork* Vor § 91 Rdn. 10 ff.
**24** RGZ 33, 85.
**25** OLG Köln NJW 1952, 1145.
**26** OLG Karlsruhe FamRZ 1988, 637.

ten, wenn sie gegen das verwaltete Vermögen Ansprüche geltend macht;[27] desgleichen wenn sie wegen ihrer Amtsführung in Anspruch genommen wird, bspw. als Testamentsvollstrecker von den Erben auf Auskunft verklagt wird. Bei gewillkürter Prozessstandschaft tritt der Kläger in eigenem Interesse auf, er haftet deshalb für die Kosten unbeschränkt.[28]

Eine zivilrechtliche Haftung Dritter für die Kosten des Rechtsstreit, hat keinen Einfluss auf die Kostenentscheidung. Ebenso wenig wird die Kostenentscheidung dadurch berührt, dass die unterlegene Partei einen Erstattungsanspruch gegen einen Dritten besitzt (z.B. nach §§ 147, 287 Abs. 2 S. 2 AktG).[29] Ein **vollmachtloser Vertreter** haftet gem. § 89 Abs. 1 kraft Veranlassung unabhängig von der Frage des Unterliegens.[30] Sozietätsanwälte haften als Gesamtschuldner.[31] Die Haftung des vollmachtlosen Vertreters wird durch eine Rückgriffsmöglichkeit des Dritten nicht ausgeschlossen.[32] Der vollmachtlos Vertretene haftet zusätzlich, falls er das Auftreten des vollmachtlosen Vertreters veranlasst hat.[33] Die Kosten treffen auch einen falschen gesetzlichen Vertreter, der ein Verfahren einleitet.[34]

Soweit Dritte von Kostenentscheidungen betroffen sind, steht ihnen nur die sofortige Beschwerde zur Verfügung, gegen Entscheidungen der Oberlandesgerichte gibt es kein Rechtsmittel.[35]

Für die Kostenfolge einer **Prozessaufrechnung** ist entscheidend, wann sich die Forderungen erstmals aufrechenbar gegenüber standen. War dies bereits vor Anhängigkeit der Klage der Fall, so treffen die Kosten den Kläger, nach diesem Zeitpunkt kann er einer für ihn negativen Kostenentscheidung entgehen, indem er die Hauptsache für erledigt erklärt. Umstritten ist die Behandlung der Hilfsaufrechnung. Greift die Aufrechnung durch, obwohl der Kläger die Aufrechnungsforderung bestreitet, so unterliegt er voll. Die Streitwertaddition nach § 39 GKG ändert nichts am formalen Erfolgsprinzip. Dieses beruht darauf, dass sämtliche Einwendungen des Beklagten als gleichwertig behandelt werden, es kommt nicht darauf an, worauf sein Prozesserfolg beruht.[36] Dieses Ergebnis gilt erst recht, wenn der Kläger die Forderung, mit der hilfsweise aufgerechnet wird, nicht bestreitet, denn er hätte i.d.R. selbst aufrechnen können.[37] 5

### II. Kosten des Rechtsstreits

Grundvoraussetzung für die Erstattungsfähigkeit von Kosten nach §§ 91ff. ist, dass es sich um Kosten des **Rechtsstreits** handelt. (In einem zweiten Schritt wird sodann untersucht, ob die Kosten notwendig waren). Der Begriff Rechtsstreit wird von der Recht- 6

27 BGHZ 41, 23.
28 OLG Karlsruhe FamRZ 1988, 637; s.a. BGHZ 96, 151.
29 Stein/Jonas/*Bork* Vor § 91 Rdn. 24–28.
30 OLG Hamm JurBüro 1989, 858.
31 VGH Mannheim NJW 1982, 842.
32 BGH NJW 1983, 883.
33 BGH WM 1981, 1352, 1353; *Schneider* Rpfl. 1976, 229; *Ellen Schmitz* Kostenentscheidung für oder gegen Dritte bei fehlender Vertretungsmacht und bei falsch oder nicht existenter Partei, Diss. Bonn 1988.
34 OLG Schleswig SchlHA 1978, 114.
35 BGH NJW 1988, 49; krit. *Schmid* NJW 1989, 1578.
36 OLG Schleswig (7. ZS) SchlHA 1979, 126, **a.A.** OLG Schleswig (9. ZS) VersR 1987, 996 m.w.N.
37 Wie hier KG MDR 1976, 846 m.w.N.; Baumbach/Lauterbach/Albers/*Hartmann*[71] § 91 Rdn. 25; *Förste* NJW 1974, 222; *Weber* NJW 1973, 1260; **a.A.** (§ 92 sei anwendbar) OLG Celle VersR 1976, 50; OLG Köln MDR 1982, 941; LG Arnsberg NJW 1974, 320; LG Kiel SchlHA 1977, 117; *Bettermann* NJW 1972, 2288; *Böhmer* JZ 1974, 656; *Fössler* NJW 1973, 837; *Mittenzwei* JR 1975, 98; *E. Schmidt* ZZP 87 (1974) 29; *Schneider* MDR 1970, 371; *Speckmann* MDR 1973, 892; Zöller/*Herget* § 91 Rdn. 4.

sprechung weit ausgelegt, um das einfache Kostenfestsetzungsverfahren möglichst häufig anwenden zu können. Zum Rechtsstreit zählt das gesamte Verfahren zwischen der Erhebung einer Klage oder Widerklage und der Zustellung des Urteils.[38] Hinzu kommen nach einer bisweilen schwer überschaubaren Kasuistik Kosten der sachgemäßen Vorbereitung des Rechtsstreits (s.a. Rdn. 117).

Zum Rechtsstreit gehören sämtliche **Rechtszüge**, ein Beschwerdeverfahren jedoch nur, wenn es sich nicht um ein selbständiges Verfahren handelt, in dem eine eigene Kostenentscheidung ergeht.[39] Der Rechtsstreit umfasst ein vorausgegangenes Mahnverfahren, ein Zuständigkeitsstreitverfahren (§ 36) sowie das Verfahren vor dem verweisenden oder abgebenden Gericht (§§ 281, 506, 696, 700); des weiteren das Richterablehnungsverfahren (§§ 42ff.) sowie Schutzanträge nach §§ 707, 711ff. und 719, schließlich das Verfahren über einstweilige Anordnungen zur Einstellung der Zwangsvollstreckung nach §§ 767, 771.[40] Kraft ausdrücklicher gesetzlicher Anordnung gehören zu den Kosten des Rechtsstreits auch die Kosten eines vorangegangenen Güteverfahrens (§ 91 Abs. 3). Des Weiteren zählt zum Rechtsstreit ein Verfahren auf Berichtigung oder Ergänzung des Urteils nach §§ 319ff.[41]

Zum Rechtsstreit zählt auch ein vorbereitendes inländisches **selbständiges Beweisverfahren.**[42] Es ist unerheblich, ob die Beweise im Hauptprozess verwertet wurden. Entscheidend ist, dass im Zeitpunkt der Antragstellung die Beweissicherung objektiv gerechtfertigt war (s.a. Rdn. 39). Zum Rechtsstreit gehören auch Anwaltskosten, die in Zusammenhang mit der Sammlung des Prozessstoffes anfielen.[43]

Kosten eines gesetzlich vorgeschriebenen **Verwaltungsvorverfahrens** gehören zu den Kosten des Rechtsstreits, soweit keine anderslautende gesetzliche Regelung existiert.[44] Es ist nicht einzusehen, warum derartige Verfahren anders als bspw. ein vorhergehendes Mahnverfahren behandelt werden sollten. Ebenfalls zu den Kosten des Rechtsstreits zählen die Kosten eines Verklarungsverfahrens.[45]

Zu den Kosten des Rechtsstreits gehören auch die Kosten der **Pflegerbestellung** für die prozessunfähige Partei.[46] Hingegen hat es das OLG München abgelehnt, Kosten einer zur Klageerhebung erforderlichen vormundschaftsgerichtlichen Genehmigung festzusetzen.[47] Ebenso hat es die Erstattung von Kosten einer vorläufigen Vormundschaft im Entmündigungsprozess abgelehnt.[48] Als erstattungsfähig gelten hingegen die Kosten für einen Erbschein, der im Rechtsstreit eingeholt werden musste, weil der Gegner die Erbfolge bestritten hatte, falls der Erbschein nur für den Rechtsstreit benötigt wurde.[49] **Aufwendungen Dritter** zählen zu den Kosten des Rechtsstreits, wenn der Dritte sie anstelle

**38** BGH VersR 1979, 444; OLG Schleswig SchlHA 1988, 171 m.w.N.
**39** Vgl. KG Rpfl. 1976, 219.
**40** RGZ 50, 356 f; Stein/Jonas/*Bork* § 91 Rdn. 19, 22.
**41** OLG Hamburg OLGRspr. 1918, 390.
**42** OLG Frankfurt JurBüro 1992, 173; OLG Köln NJW 1983, 2779.
**43** Siehe auch *Dittmar* NJW 1986, 2087.
**44** OLG München Rpfl. 1976, 106; LG Hamm VersR 1969, 623: AnwBl. 1976. 403 (Amt für Verteidigungslasten); OLG Nürnberg NJW 1959, 534 (Bayer. Abhilfeverfahren); OLG Frankfurt AnwBl. 1970, 29 (Umlegungssache); **a.A.** OLG Hamm NJW 1966, 2278; OLG Schleswig SchlHA 1976, 64 (Amt für Verteidigungslasten); BGHZ 31, 229; BGH NJW 1962, 1441 (Baulandbeschaffungsgesetz); BGHZ 28, 303; Stein/Jonas/*Bork* § 91 Rdn. 23; OLG Frankfurt AnwBl. 1977, 310.
**45** OLG Köln VersR 1969, 1004.
**46** OLG Nürnberg KostRspr. § 91 (A) 1.2.1; skeptisch OLG Schleswig JurBüro 1987, 906; **a.A.** OLG Köln Rpfl. 1967, 100 (LS); OLG München JurBüro 1992, 612.
**47** OLG München NJW 1970, 433.
**48** OLG München JurBüro 1967, 665.
**49** LAG Düsseldorf JurBüro 1989, 811.

der Partei verauslagt hat und er einen Erstattungsanspruch gegen die Partei hat.[50] Ist der Dritte, bspw. als Haftpflicht- oder Rechtsschutzversicherer, aufgrund eines Vertragsverhältnisses verpflichtet, für die Partei Aufwendungen zu erbringen, so handelt es sich ebenfalls um erstattungsfähige Kosten des Rechtsstreits.[51]

Nicht zu den Kosten des Rechtsstreits zählen die Kosten für eine versuchte **Abwendung** des Rechtsstreits, wie bspw. für Mahnschreiben und die Einschaltung von Inkassounternehmen.[52] (Eine Ausnahme macht die Rechtsprechung teilweise in Wettbewerbssachen, Rdn. 11.) Derartige Kosten können nur als Verzugsschaden nach § 286 BGB geltend gemacht werden.[53] Ebenso gehören die Kosten eines schiedsgerichtlichen Verfahrens oder eines Schiedsgutachtens nicht zum Rechtsstreit (s. Rdn. 93). Nicht zu den Kosten des Rechtsstreits zählen des Weiteren: Die Kosten einer Streitverkündung,[54] einer Hinterlegung zur Schuldtilgung nach BGB,[55] die Kosten eines Streitwert-Beschwerdeverfahrens,[56] die Kosten des Gegners im Richterablehnungsverfahren[57] und die Kosten der Abwicklung des Geldverkehrs unter den Parteien (s. Rdn. 59). Zu den Kosten des Rechtsstreits zählen ferner nicht die Kosten eines selbständigen Räumungsfristverfahrens nach § 721 Abs. 2 bis 4 und § 794a. In diesem Verfahren ergeht eine eigene Kostenentscheidung nach §§ 91 ff., es handelt sich weder um Kosten des Rechtsstreits noch der Zwangsvollstreckung.[58] 7

Über die Kosten eines Arrest- oder einstweiligen Verfügungsverfahrens ist selbständig zu entscheiden.[59] Allerdings erfasst die Kostenentscheidung im **Eilverfahren** nicht die Kosten eines vorherigen selbständigen Beweisverfahrens[60] oder der Vollstreckung.[61] Obsiegt der im Eilverfahren Unterlegene in der Hauptsache, so kann er keine Erstattung der Kosten des Eilverfahrens verlangen.[62] Ist eine Kostenentscheidung im Eilverfahren fälschlicherweise unterblieben und keine Ergänzung nach § 321 möglich, so erstreckt sich die Kostenentscheidung in der Hauptsache im Zweifel auch auf die Kosten des Eilverfahrens.[63] Keine Kosten des Rechtsstreits sind des Weiteren die Kosten der Zwangsvollstreckung sowie die Kosten der Vollstreckung eines Arrests oder einer einstweiligen Verfügung.[64] Der Erstattungsanspruch richtet sich hier ausschließlich nach § 788. (Keine Prozesskosten sondern Kosten der Zwangsvollstreckung sind Kosten für eine im Bereich der Zwangsvollstreckung zu stellende Sicherheit.) Nicht zu den Kosten des Rechtsstreits gehören schließlich Prozesskostenvorschüsse, die die Partei von dritter oder gegnerischer Seite erhielt.[65]

---

**50** OLG München MDR 1987, 148.
**51** KG Rpfl. 1975, 30; OLG Köln NJW 1954, 1042.
**52** BGH WM 1987, 249; OLG Bamberg JurBüro 1982, 601; OLG München MDR 1992, 416.
**53** OLG München Rpfl. 1989, 300.
**54** OLG München MDR 1989, 548; OLG Hamburg JurBüro 1978, 1244; OLG Düsseldorf JurBüro 1978, 436; OLG Schleswig SchlHA 1975, 66.
**55** OLG Hamm NJW 1966, 2065.
**56** OLG Hamburg MDR 1966, 770; JurBüro 1972, 1081.
**57** OLG Düsseldorf JurBüro 1975, 1216; OLG Hamm JurBüro 1974, 1400.
**58** Stein/Jonas/*Münzberger* § 721 Rdn. 40; **a.A.** LG München I WuM 1982, 81.
**59** BGHZ 45, 251; RGZ 130, 220.
**60** KG AnwBl. 1984, 102.
**61** OLG Düsseldorf MDR 1990, 344.
**62** BGHZ 45, 251; **a.A.** *Baur* JZ 1966, 530.
**63** Stein/Jonas/*Bork* § 91 Rdn. 27 m.w.N.; **a.A.** Zöller/*Vollkommer* § 922, Rdn. 8.
**64** OLG München JurBüro 1974, 882 (Kosten im Bestrafungsverfahren nach § 890); OLG Bamberg JurBüro 1974, 1597 (§ 888).
**65** OLG Braunschweig Nds Rpfl. 1972, 121; OLG Celle Nds Rpfl. 1974, 137; OLG Hamburg MDR 1973, 51; OLG Hamm FamRZ 1971, 582; KG Rpfl. 1980, 438; OLG Karlsruhe Rpfl. 1981, 408; OLG Köln JurBüro 1971, 1067; OLG München NJW 1972, 1473; OLG Schleswig JurBüro 1974, 1032 (alle zu § 1360a Abs. 4 BGB); OLG Zweibrücken Beschl. v. 17.11.1979, 2 WF 83/79 (§ 1610 BGB); Stein/Jonas/*Bork* § 104, Rdn. 21 ff.

Die im selbständigen Beweisverfahren entstandenen Gerichtskosten stellen gerichtliche Kosten des nachfolgenden Hauptsacheverfahrens dar. Über diese Kosten kann gegebenenfalls gemäß § 96 ZPO gesondert entschieden werden. Die Erstattungsfähigkeit der gerichtlichen Kosten des selbständigen Beweisverfahrens aufgrund des Kostenausspruchs im Urteil hängt nicht davon ab, ob das Beweisergebnis verwertet worden ist. Leitet ein Auftraggeber zur Feststellung eines Mangels ein selbstständiges Beweisverfahren gegen zwei Antragsgegner ein und verklagt er alsdann einen der beiden als den für den Mangel allein verantwortlichen Auftragnehmer, so sind die Gerichtskosten des selbstständigen Beweisverfahrens insgesamt notwendige Gerichtskosten des Hauptsacheverfahrens. Im selbstständigen Beweisverfahren ist eine Kostenentscheidung in entsprechender Anwendung des § 91 Abs. 1 zu treffen, wenn der Antrag auf Durchführung des selbstständigen Beweisverfahrens zurückgewiesen wird. Grundsätzlich ist eine Kostenentscheidung im selbständigen Beweisverfahren außerhalb des Anwendungsbereichs von § 494a nicht veranlasst und eine Kostenentscheidung erst im Hauptsacheprozess möglich. Dies gilt nur dann nicht, wenn der Antrag auf Durchführung des selbständigen Beweisverfahrens als unzulässig zurückgewiesen wurde. In diesem Fall kann der Antragsgegner, der sich gegen den (unzulässigen) Antrag wehren können muss, eine Entscheidung analog § 91 beantragen.

### III. Notwendige Kosten

8 Neben der Frage, welche Kosten zum Rechtsstreit zählen, ist von zentraler Bedeutung, inwieweit die Kosten notwendig waren. Da § 91 nur wenige Kernaussagen enthält, hat sich eine umfangreiche **Kasuistik** gebildet; zur Notwendigkeit von Kosten lässt sich deshalb nur wenig Allgemeines sagen, zu Einzelheiten wird auf die Stichworte (Rdn. 10 ff.) verwiesen. Aus dem Prozessrechtsverhältnis folgt jedoch die Pflicht jeder Partei, die Kosten ihrer Prozessführung, die sie im Falle ihres Obsiegens vom Gegner erstattet verlangen will, so niedrig zu halten, wie sich dies mit der Wahrung ihrer berechtigten Belange vereinbaren lässt. (Unberührt bleiben jedoch gesetzlich eingeräumte Wahlmöglichkeiten wie beispielsweise die Wahl unter mehreren Gerichtsständen.)[66] Grundsätzlich sind nur tatsächlich angefallene Kosten zu erstatten, fiktive Kosten werden nur berücksichtigt, wenn sie anstelle von tatsächlich angefallenen, aber nicht erstattbaren Kosten entstanden wären.[67] Das bekannteste Beispiel ist der Ansatz fiktiver Reisekosten anstelle nicht erstattungsfähiger Verkehrsanwaltskosten.

Der BGH geht von einer „gefestigten Rechtsprechung" des Bundesgerichtshofs und des Bundesverfassungsgerichts aus, nach der jede Rechtsausübung – auch im Zivilverfahren – dem aus dem Grundsatz von Treu und Glauben abgeleiteten Missbrauchsverbot unterliegt.[68] Dieser Grundsatz beherrscht nach dem BGH auch das gesamte Kostenrecht.[69] Danach ergibt sich die Verpflichtung jeder Prozesspartei, die Kosten ihrer Prozessführung, die sie im Falle ihres Sieges vom Gegner erstattet verlangen will, so niedrig zu halten, wie sich dies mit der Wahrung ihrer berechtigten Belange vereinbaren lässt. Ein Verstoß gegen diese Verpflichtung kann dazu führen, dass das Festsetzungsverlangen als rechtsmissbräuchlich zu qualifizieren ist und die unter Verstoß gegen Treu

66 OLG Köln MDR 1976, 496 (Ausnahme Rechtsmissbrauch); KG Rpfl. 1976, 323.
67 KG JurBüro 1971, 1046; 1975, 100.
68 BGH, Beschlüsse vom 10.5.2007 – V ZB 83/06, BGHZ 172, 218 Rdn. 13 f.; vom 2.5.2007 – XII ZB 156/06, NJW 2007, 2257 Rdn. 12 f.; Urteil vom 19.12.2001 – VIII ZR 282/00, BGHZ 149, 311, 323; BVerfG, NJW 2002, 2456, jeweils m.w.N.
69 BGH RVGreport 2013, 108.

und Glauben zur Festsetzung angemeldeten Mehrkosten vom Rechtspfleger im Kostenfestsetzungsverfahren abzusetzen sind.[70] Die Beurteilung der Frage, ob aufgewendete Prozesskosten zur zweckentsprechenden Rechtsverfolgung notwendig waren, hat sich daran auszurichten, ob eine verständige und wirtschaftlich vernünftige Partei die die Kosten auslösende Maßnahme zur Rechtsverfolgung oder Rechtsverteidigung als sachdienlich ansehen durfte. Dabei darf die Partei ihr berechtigtes Interesse verfolgen, die zur vollen Wahrnehmung ihrer Belange erforderlichen Schritte zu ergreifen.

Über die Notwendigkeit der Kosten ist aus **objektiver** Sicht zu entscheiden. Aus- 9
schlaggebend für die Beurteilung ist der Zeitpunkt der Vornahme der kostenauslösenden Maßnahme. Dies schließt es aus, die Notwendigkeit der Maßnahme danach zu beurteilen, ob sie die spätere Entscheidung des Gerichts beeinflusste.[71] Allein der Kostenersparnis halber muss eine Partei nicht bis zum letztmöglichen Augenblick warten, um tätig zu werden. Sie kann einen Rechtsanwalt beauftragen, sobald nach der Lebenserfahrung zu erwarten ist, dass dessen Einschaltung nötig werden wird. Der Rechtsmittelbeklagte kann deshalb i.d.R. einen Anwalt mit seiner Vertretung beauftragen, sobald er von der Einlegung des Rechtsmittels erfahren hat, die Zustellung der Rechtsmittelschrift oder die Begründung des Rechtsmittels muss er grundsätzlich nicht abwarten (s.a. Rdn. 36).[72]

Die Erstattungsfähigkeit von Kosten ist der Parteidisposition entzogen, nicht erwachsene Kosten sind deshalb auch dann nicht erstattungsfähig, wenn der Gegner zustimmt,[73] allerdings wird in Zweifelsfällen ein Anerkenntnis des Gegners die Notwendigkeit der Kosten bestätigen.[74]

## IV. Stichworte

**Ablichtungen und Abschriften:** Auslagen i.S.v. allgemeinen Geschäftskosten eines 10
Rechtsanwaltes können dem Mandanten nicht in Rechnung gestellt werden und sind daher nicht erstattungsfähig; vgl. Teil 7 Vorbem. 7 Abs. 1 Satz 1 RVG-VV.[75] Die Erstattungsfähigkeit von Ablichtungen ergibt sich aus dem abschließenden Regelungsbereich von RVG-VV Nr. 7000. So sind die Kosten für Ablichtungen erstattungsfähig, soweit ihre Anfertigung auch geboten war; RVG-VV Nr. 7000 Nr. 1a). Hinsichtlich der Gebotenheit ist ein objektiver Beurteilungsmaßstab anzulegen.[76]

**a)** Ablichtungen von **Schriftsatzanlagen** (§§ 131, 133) für Gericht, Parteien und Prozessbevollmächtigte sind i.d.R. eine sinnvolle Ergänzung des Parteivortrags und deshalb grundsätzlich erstattungsfähig.[77] Die Erstattungsfähigkeit für all solche Ablichtungen, die aufgrund von gesetzlichen Regelungen oder auf Aufforderung des Gerichtes hin auszufertigen waren, richtet sich nach der Pauschale aus RVG-VV Nr. 7000 Nr. 1b), soweit

70 BGH, B. vom 11.9.2012 – VI ZB 59/11, MDR 2012, 1314 Rdn. 9; BGH, Beschlüsse vom 31.8.2010 – X ZB 3/09, NJW 2011, 529.

71 KG JurBüro 1970, 315 (Detektivkosten); OLG Düsseldorf JurBüro 1973, 869; Stein/Jonas/*Bork* § 91 Rdn. 48; **a.A.** OLG Düsseldorf NJW 1969, 560; OLG München 1972, 2273; OLG Hamm MDR 1973, 59.

72 OLG Bremen Rpfl. 1976, 436; KG NJW 1970, 616; OLG Düsseldorf NJW 1974, 245; OLG München AnwBl. 1972, 276; Stein/Jonas/*Bork* § 91 Rdn. 51; **a.A.** (Zustellung ist abzuwarten) OLG Bamberg JurBüro 1975, 770; OLG Hamm NJW 1970, 2217; KG Rpfl. 1976, 257.

73 OLG Frankfurt Rpfl. 1980, 158.

74 KG Büro 1971, 1046.

75 BGH NJW 2003, 1127, 1128.

76 BGH NJW 2005, 2317; MünchKomm/*Schulz* § 91 Rdn. 93 m.w.N.

77 OLG Frankfurt JurBüro 1979, 1509; WRP 1980, 496; JurBüro 1982, 774; OLG Koblenz JurBüro 1981, 383; MDR 1990, 64; OLG Karlsruhe MDR 1988, 500; OLG Schleswig JurBüro 1978, 1512; OLG München AnwBl. 1981, 507; JurBüro 1983, 386 m. Anm. *Mümmler*; einschränkend OLG Bamberg JurBüro 1981, 1679; JurBüro 1987, 905; **a.A.** KG JurBüro 1975, 346; OLG Hamburg MDR 1981, 58.

dies mehr als 100 Seiten betrifft. Hierfür ist das Erfordernis der Ausfertigung über die Zahl von 100 Seiten hinaus im Kostenfestsetzungsverfahren darzulegen bzw. glaubhaft zu machen; § 104 Abs. 2 Satz 1. Die Erstattungsfähigkeit ist deshalb nur in Ausnahmefällen zu verneinen, bspw. wenn wahllos unbedeutsame Anlagen beigefügt wurden oder Auszüge aus umfangreichen Anlagen genügt hätten.

**b)** Abschriften oder Ablichtungen von **Schriftsätzen** sind meist schon deshalb nicht erstattungsfähig, weil der Prozessbevollmächtigte der Partei hierfür nur unter den Voraussetzungen des RVG Schreibauslagen verlangen kann. Eine Ausnahme gilt, wenn eine große Zahl von Streitgenossen die Herstellung von Abschriften im Durchschlagsverfahren unmöglich macht.[78]

**c)** Ablichtungen zur notwendigen **Unterrichtung** des Mandanten über den Prozessverlauf sind, soweit sie nicht durch die Prozessgebühr abgegolten sind und die Zahl von 100 Seiten übersteigt, erstattungsfähig nach der in RVG-VV Nr. 7000 Nr. 1c) angegebenen Pauschale. Dies gilt bspw. für notwendige zusätzliche Ablichtungen von gerichtlichen Entscheidungen und Terminsbenachrichtigungen.[79]

**d)** Ablichtungen zur Information **Dritter** sind regelmäßig nicht zu erstatten, da diese Information i.d.R. für die Prozessführung nicht unmittelbar nötig ist. Erstattungsfähig sind Kopien und Ausdrucke in sonstigen Fällen nach RVG-VV Nr. 7000 Nr. 1d) nur, wenn sie zusätzlich mit dem Einverständnis des Auftraggebers, z.B. zur Unterrichtung Dritter, angefertigt worden sind.

**e)** Kosten für Abschriften und Ablichtungen aus Behörden- und Gerichtsakten sind erstattungsfähig, soweit ihre Fertigung zur sachgemäßen Bearbeitung der Rechtssache geboten war. Dies ist nach objektiven Gesichtspunkten zu beurteilen.[80] Bei Strafakten oder anderen Vorprozessen, die für den Rechtsstreit eine Rolle spielen, ist die Erstattungsfähigkeit regelmäßig zu bejahen, soweit sich nicht ausschließen lässt, dass die Auszüge im weiteren Prozessverlauf benötigt werden.[81] Der von einem Dritten (bspw. einer Versicherung) gefertigte Aktenauszug ist insoweit erstattungsfähig, als die Partei hierdurch eigenen erstattungsfähigen Aufwand erspart hat.[82] Geboten und somit erstattungsfähig ist i.d.R. auch die Ablichtung von gerichtlichen Unterlagen, die der Prozessbevollmächtigte der Partei sinnvollerweise mehrfach zur Hand nimmt oder durch sachkundige Dritte prüfen lässt, dies gilt bspw. für ein vom Gegner nach §§ 131 Abs. 3, 134 Abs. 1 niedergelegtes Sachverständigengutachten[83] oder für Unterlagen im Versorgungsausgleichsverfahren.[84] Die Ablichtung gegnerischer Schriftsätze ist erstattungsfähig, falls der Gegner keine genügende Anzahl von Abschriften beigefügt hat.[85] Eine vorherige Aufforderung des Gegners ist der Partei nur bei umfangreichen Schriftsätzen zuzumuten.

**f)** Ablichtungen aus schwer zugänglicher **Fachliteratur** zur Information des Gerichts oder des Prozessbevollmächtigten sind erstattungsfähig, soweit sie speziell für den Rechtsstreit gefertigt wurden.[86] Gleiches gilt für bei Gericht eingereichte Ablichtungen

**78** OLG München JurBüro 1978, 382; 1987, 704; OLG Schleswig JurBüro 1983, 1091.

**79** LG Kiel SchlHA 1974, 48; LG Flensburg JurBüro 1979, 1317; **a.A.** Zöller/*Herget* § *91* Rdn. 13 „Ablichtungen, Abschriften"; Stein/Jonas/*Bork* § 91 Rdn. 67 f.; OLG Schleswig JurBüro 1973, 966.

**80** BGH NJW 2005, 2317; MünchKomm/*Schulz* § 91 Rdn. 93 m.w.N.

**81** OLG Hamburg MDR 1975, 935; JurBüro 1988, 483; OLG Hamm AnwBl. 1970, 292, 361; OLG Nürnberg JurBüro 1963, 712; OLG Stuttgart AnwBl. 1970, 141, 292.

**82** KG NJW 1975, 173; s.a. OLG Nürnberg JurBüro 1966, 671.

**83** LG Berlin MDR 1982, 327.

**84** OLG Köln AnwBl. 1982, 114; OLG Schleswig AnwBl. 1986, 547; **a.A.** OLG Bamberg JurBüro 1986, 68.

**85** OLG München MDR 1982, 60; OLG Karlsruhe JurBüro 1986, 1710; **a.A.** OLG Schleswig JurBüro 1973, 966; LG Kiel SchlHA 1974, 48 (vorherige Aufforderung des Gegners erforderlich).

**86** **A.A.** OLG Schleswig JurBüro 1979, 373.

von Entscheidungen, die unveröffentlicht oder schwer zugänglich sind.[87] Hingegen sind Kopien von allgemein zugänglicher Fachliteratur aus bspw. Juristischen Datenbänken oder Fachzeitschriften nicht erstattungsfähig.[88]

Nach § 91 Abs. 2 S. 1 sind die Auslagen des **Rechtsanwalts** (§ 1 Abs. 1 RVG i.V.m. § 46 RVG) stets zu erstatten. Die Partei ist deshalb auch bei größeren Mengen nicht verpflichtet, Ablichtungen selbst kostengünstiger zu fertigen.[89] Bei sonstigen Ablichtungen sind nach Maßgabe von RVG-VV Nr. 7000 Nr. 1d) die entsprechenden Gebühren anzusetzen. Auch eine anwaltlich nicht vertretene Behörde kann nur die tatsächlich entstandenen Ablichtungskosten verlangen.[90] Mit der dem § 91 Abs. 2 insoweit vorgehenden Spezialregelung des § 12a Abs. 1 ArbGG, wonach in Urteilsverfahren des ersten Rechtszugs vor dem Arbeitsgericht kein Anspruch der „obsiegenden Partei" auf Erstattung der Kosten für die Hinzuziehung eines Prozessbevollmächtigten besteht, knüpft das ArbGG an die Regelung des § 91 Abs. 2 und damit an die Definition des Begriffs der erstattungsfähigen Kosten an und will insoweit eine abweichende Regelung treffen.

**Abmahnung:** Kosten für eine Abmahnung werden im Wettbewerbsrecht nach materiellem Recht erstattet.[91] Umstritten war einst die Frage, ob Abmahnkosten als (Vorbereitungs-)Kosten des Rechtsstreits in den prozessualen Kostenerstattungsanspruch einbezogen werden können. Die überwiegende Ansicht hatte dies verneint.[92] Der BGH hat sich dieser Auffassung angeschlossen, da die Abmahnung der Streitbeilegung ohne Inanspruchnahme des Gerichts sowie der Vorbeugung der Kostenfolge von § 93 durch ein sofortiges Anerkenntnis diene und nicht den Rechtsstreit unmittelbar vorbereite.[93] Auch sind die Kosten eines vorgerichtlichen Abwehrschreibens keine für die Rechtsverteidigung notwendigen Kosten.[94] 11

**Abschlussschreiben:** Ein Abschlussschreiben ergeht bspw. nach Verfahrensabschluss der einstweiligen Verfügung vor der Klage der Hauptsache und soll verhindern, dass eine Auferlegung der Kosten nach § 93 erfolgt. Die Rechtsprechung zählt die Kosten für das Abschlussschreiben nicht zu den Prozesskosten.[95] 12

**Abtretung:** Die Kosten für eine Abtretung zur Erlangung der späteren Klageforderung sind keine Kosten des Rechtsstreits, da sie den materiell-rechtlichen Anspruch des Klägers erst entstehen lassen. Sie sind deshalb nicht erstattungsfähig.[96] 13

**Allgemeine Geschäftskosten:** Erstattungsfähig sind nur konkrete prozessbedingte Auslagen, allgemeine Geschäftskosten können nicht anteilig umgelegt werden.[97] Hierun- 14

87 LAG Köln JurBüro 1984, 827 m. abl. Anm. *Müller*; **a.A.** LAG Hamm MDR 1981, 789; Stein/Jonas/*Bork* § 91 Rdn. 66.
88 OLG Koblenz NJW-RR 2008, 375, 376.
89 OLG München MDR 1989, 367 = KostRspr. ZPO § 91 (B – Auslagen) Nr. 92 m. abl. Anm. *von Eicken*; **a.A.** OLG Köln MDR 1987, 678; LG München II Rpfl. 1989, 383 m. Anm. *Spruth*; Zöller/*Herget* § 91 Rdn. 13 „Ablichtungen".
90 OLG Hamm Rpfl. 1982, 1725; OLG Nürnberg AnwBl. 1975, 68; *Hüttenhofer* Rpfl. 1987, 292.
91 Vgl. hierzu näher BeckOK-ZPO/*Jaspersen*/*Wache* Edition 11 Stand: 1.1.2014, § 91 Rdn. 28 m.w.N.
92 OLG Frankfurt MDR 1985, 414; OLG Hamburg JurBüro 1993, 487; OLG Hamm Rpfl. 1974, 202; OLG Koblenz MDR 1986, 241; OLG Schleswig JurBüro 1985, 1864; OLG Düsseldorf Rpfl. 1982, 352; OLG Stuttgart WRP 1970, 403; Stein/Jonas/*Bork* Rdn. 43; Zöller/*Herget* Rdn. 13 „Abmahnung"; Thomas/Putzo/*Hüßtege* § 91 Rdn. 8.
93 BGH NJW-RR 2006, 501.
94 BGH NJW 2008, 2040.
95 BGH NJW-RR 2007, 713.
96 KG Rpfl. 1962, 158; OLG Koblenz VersR 1981, 87; s.a. OLG Düsseldorf JurBüro 1993, 224 (Kosten eines Pfändungs- und Überweisungsbeschlusses).
97 Stein/Jonas/*Bork* § 91 Rdn. 35; Baumbach/Lauterbach/Albers/*Hartmann*[71] § 91 Rdn. 81 „Bearbeitung des Prozesses"; AG Saarbrücken AnwBl. 1979, 185; **a.A.** OLG Karlsruhe Rpfl. 1972, 456 (speziell für Schifffahrtssachen).

ter fallen insbesondere Aufwendungen zur Bearbeitung und Vorbereitung eines Prozesses.[98] Auch durch die Einschaltung Dritter, bspw. einer juristisch verselbständigten Rechtsabteilung oder eines bei der Partei angestellten Rechtsanwalts, kann die Erstattungsfähigkeit nicht begründet werden.[99] (Eine Ausnahme kommt in Betracht, wenn der Partei die für die Sammlung des Prozessstoffes erforderlichen besonderen Kenntnisse und Fähigkeiten fehlen.)[100] Grundgedanke der Versagung der Kostenerstattung ist, dass derartige Kosten regelmäßig nicht exakt dem Rechtsstreit zugeordnet werden können. Zudem ergibt der Gegenschluss aus § 91 Abs. 1 S. 2, dass der Gesetzgeber die mit einem Rechtsstreit verbundene Zeitversäumnis nur in engem Umfang vergütet haben will (s. auch Stichwort „Zeitversäumnis“). Bedenklich erscheinen hingegen Entscheidungen, die der Partei auch die Erstattung von Einkommenseinbußen oder Aufwendungen versagen, die durch den Rechtsstreit entstehen.[101] Zu erstatten sind jedenfalls Hilfsarbeiten oder Aufwendungen einer Partei, die über den üblichen Prozessaufwand hinausgehen und die gerichtliche Beweisaufnahme vorbereiten.[102] Die Kosten für Fachliteratur sind, soweit notwendig, erstattungsfähig, insofern diese speziell für den Rechtsstreits angeschafft wurde und ihre Nutzung für andere Zwecke der Partei ausgeschlossen ist.[103] Allgemeine Geschäftskosten des Anwalts sind durch die für seine Tätigkeit jeweils vorgesehenen Gebühren abgegolten, eine gesonderte Erstattungsfähigkeit kommt deshalb nicht in Betracht.

15 **Angestellte:** Die Kosten für die Zeitversäumnis von Angestellten der Partei durch Bearbeitung des Rechtsstreits sind nicht zu erstatten.[104] Die Tätigkeit von Angestellten des Prozessbevollmächtigten ist durch die gesetzlichen Gebühren abgegolten.

16 **Anordnung des persönlichen Erscheinens:** Diese führt zur Erstattung von Fahrtkosten und Zeitversäumnis der Partei. Näher Rdn. 89 und 120.

17 **Anwaltswechsel:** Mehrkosten durch Anwaltswechsel sind nur zu erstatten, wenn der Wechsel eintreten musste, § 91 Abs. 2 S. 3. Dies ist der Fall, wenn weder die Partei noch den ersten Anwalt ein Verschulden am nötig gewordenen Wechsel trifft, insbesondere wenn die Gründe für den Wechsel bei Erteilung des Mandats nicht vorhersehbar waren. Im Einzelnen:

**a)** Der **Tod des Anwalts** macht einen Wechsel i.d.R. erstattungsfähig. Aufgrund der besonderen Vertrauensstellung des Anwalts muss sich die Partei nicht an den Abwickler (§ 55 BRAO) wenden.[105] War das Mandat einer Sozietät erteilt worden, so ist zu prüfen, ob der verstorbene Sachbearbeiter allein das Vertrauen der Partei hatte.[106]

---

**98** KG MDR 1985, 414; OLG Hamburg MDR 1985, 237; OLG Koblenz Rpfl. 1976, 408; OLG Nürnberg JurBüro 1966, 879; OLG Schleswig JurBüro 1981, 122; OLG Stuttgart AnwBl. 1989, 166; Rpfl. 1974, 26; zum materiellen Recht s.a. BGHZ 66, 112.

**99** OLG Koblenz JurBüro 1979, 1370; OLG Köln JurBüro 1980, 723; OLG Köln JurBüro 1993, 681 f.; **abweichend** OLG Hamburg JurBüro 1979, 108; OLG München NJW 1973, 1375.

**100** KG MDR 1985, 414.

**101** OLG Stuttgart Justiz 1981, 204 (keine Erstattung für Ausfall einer Maschinenanlage durch Beweisaufnahme); OLG München MDR 1988, 869 (keine Erstattung der Verwahrungskosten für ein Zug um Zug zurückzugebendes Kfz); s. aber OLG Frankfurt JurBüro 1983, 274 (Erstattung für Abschleppkosten in Zusammenhang mit der Begutachtung eines Kfz).

**102** KG JurBüro 1981, 1388; OLG Schleswig JurBüro 1984, 1403.

**103** Für Fachliteratur des Anwalts ähnlich BVerfG 41, 230; LG Aurich ZfS 1988, 10.

**104** OLG Frankfurt JurBüro 1961, 307; OLG Hamm MDR 1984, 673; 1985, 59; OLG Zweibrücken JurBüro 1985, 1713; LAG Frankfurt NJW 1968, 863; BPatGE 9, 137.

**105** OLG Düsseldorf NJW 1963, 660; OLG Frankfurt MDR 1980, 1026; OLG Hamburg JurBüro 1985, 1870; OLG München Rpfl. 1961, 5; s.a. OLG Hamburg JurBüro 1976, 625; OLG Hamburg AnwBl. 1972, 129.

**106** OLG Düsseldorf JurBüro 1987, 901 m. krit. Anm. *Mümmler*; OLG Karlsruhe JurBüro 1977, 1142; **strenger** OLG Hamburg JurBüro 1975, 773; OLG Frankfurt JurBüro 1977, 1618; OLG Hamm JurBüro 1969, 642; s.a. OLG Nürnberg JurBüro 1965, 1009; OLG Stuttgart Justiz 1969, 224 (Bürogemeinschaft); OLG

**b)** Der **Tod der Partei** macht einen Anwaltswechsel nur notwendig, wenn konkrete Umstände dies für den Erben dringend nahelegen, bloße Differenzen oder unmotivierter Vertrauensmangel genügen nicht.[107]

**c)** Notwendig ist ein Anwaltswechsel bei längerer **Erkrankung** des Anwalts, die Partei muss sich nicht mit einem bestellten Vertreter begnügen.[108]

**d)** Bei Wechsel oder Aufgabe der **Zulassung** entscheidet, ob der Anwalt den Verlust der Vertretungsfähigkeit freiwillig herbeigeführt hat und ob er für ihn oder die Partei bei Übernahme des Mandats vorhersehbar war.[109] Der Anwalt muss seinen Mandanten darauf hinweisen, wenn Umstände bestehen, die verhindern könnten, dass das Mandat zu Ende geführt wird, andernfalls verliert er seinen Gebührenanspruch, weshalb eine Erstattungspflicht des Gegners entfällt.[110] Für notwendig wurde ein Anwaltswechsel auch befunden, wenn die Zulassung wegen eines erwarteten Praxisrückgangs infolge Änderung der Gerichtsorganisation aufgegeben wurde (fraglich).[111] Bei Praxisaufgabe wegen Alters oder Krankheit kommt es ebenfalls auf die Vorhersehbarkeit im Zeitpunkt der Mandatsübernahme an.[112]

**e)** Bei einer **Interessenkollision** entscheidet, ob der Anwalt sie vorhersehen konnte oder sie verschuldet hat.[113] Kein Grund für einen Anwaltswechsel liegt vor, wenn der Prozessbevollmächtigte von der Partei oder vom Gegner als Zeugen benannt wurde.[114] Ebenso wenig genügen bloße Unstimmigkeiten zwischen Anwalt und Mandant.[115] Siehe auch Stichworte „Arrest und einstweilige Verfügung", „Mahnverfahren", „Verweisung".

**Arbeitsgerichtsverfahren:** Nach § 12a ArbGG besteht im Urteilsverfahren erster **18**
Instanz kein Anspruch auf Entschädigung wegen Zeitversäumnis und auf Erstattung der Kosten für die Zuziehung eines Prozessbevollmächtigten. (Die Vorschrift ist verfassungsgemäß.)[116] Ein Anwalt, der den Mandanten hierauf nicht hinweist, kann sich schadensersatzpflichtig machen.[117] Der Ausschluss der Kostenerstattung gilt auch für einen Nebenintervenienten.[118] Hingegen können die Kosten für die anwaltliche Vertretung des Gläubigers in einem gegen den Drittschuldner vor dem Arbeitsgericht geführten Rechtsstreit als Kosten der Zwangsvollstreckung gegen den Schuldner über § 788 festgesetzt werden, da die sozialpolitisch motivierte Regelung des § 12a ArbGG nur im direkten Verhältnis von Arbeitgeber und Arbeitnehmer ihre Berechtigung hat.[119] Entgegen der herr-

---

Karlsruhe Justiz 1984, 395; VGH Baden-Württemberg KostRspr. § 91 ZPO (B – Vertretungskosten) Nr. 132 m. abl. Anm. *von Eicken* (Angestellter Rechtsanwalt).

**107** OLG Hamburg JurBüro 1979, 1064; 1975, 773; OLG Köln JurBüro 1974, 757.

**108** **A.A.** OLG München MDR 1970, 428; s. aber OLG Frankfurt JurBüro 1974, 1599 (Erstattungsfähig bei Berufsaufgabe wegen Alters oder schlechter Gesundheit).

**109** OLG Frankfurt MDR 1967, 774; JurBüro 1984, 764; 1980, 141; 1986, 453; OLG Hamburg MDR 1981, 767.

**110** OLG Bamburg JurBüro 1984, 1562, OLG Hamburg AnwBl. 1972, 129; MDR 1981, 767; OLG Frankfurt AnwBl. 1984, 205; Rpfl. 1986, 66; OLG Düsseldorf MDR 1979, 147.

**111** OLG Koblenz JurBüro 1978, 1068.

**112** OLG Braunschweig JurBüro 1973, 871; OLG Frankfurt JurBüro 1974, 1599.

**113** OLG Nürnberg JurBüro 1967, 920; OLG Frankfurt JurBüro 1977, 554; OLG Hamburg JurBüro 1985, 1871.

**114** OLG Hamm Rpfl. 1976, 435; OLG München NJW 1967, 886; OLG Bonn AnwBl. 1975, 161.

**115** OLG Hamburg MDR 1970, 428; 1973, 324; JurBüro 1972, 1081; OLG Düsseldorf NJW 1972, 2311; OLG München JurBüro 1991, 964; **a.A.** (in Sonderfällen) OLG Celle Rpfl. 1964, 327; OLG Zweibrücken JurBüro 1965, 920.

**116** BVerfGE 61, 308; LAG Stuttgart AnwBl. 1986, 106.

**117** LG München I AnwBl. 1981, 68; *Rewolle* BB 1979, 1353.

**118** LAG Baden-Württemberg AP § 12a ArbGG 1979 Nr. 2.

**119** KG Rpfl. 1989, 382; OLG Koblenz JurBüro 1987, 1257 m. zust. Anm. *Mümmler*; OLG Köln Rpfl. 1974, 164; LG Aachen Rpfl. 1982, 309; LG Mannheim MDR 1989, 746; **a.A.** KG JurBüro 1977, 259; LG Oldenburg Rpfl. 1982, 198.

schenden Meinung sollten erstinstanzliche Anwaltskosten festgesetzt werden, wenn sich die Partei zu ihrer Übernahme im Prozessvergleich verpflichtet hat.[120] Nach der Rechtsprechung des BAG umfasst der Ausschluss des § 12a Abs. 1 ArbGG auch materiell-rechtliche Erstattungsansprüche. Dies ist allgemein (bspw. für eine vertraglich vereinbarte Kostenübernahme) nicht haltbar. Für den Drittschuldnerprozess (§ 840) bejaht mittlerweile auch das BAG einen Erstattungsanspruch.[121] Erstattungsfähig sind vor dem Arbeitsgericht entstandene Anwaltskosten des Weiteren insoweit, als die Partei durch die Beauftragung des Rechtsanwalts eigene erstattungsfähige Kosten erspart hat (fiktive Parteikosten).[122]

In zweiter Instanz ist die Kostenerstattung nicht beschränkt. Verbandsvertreter werden kostenmäßig wie Anwälte behandelt, § 12a Abs. 2 S. 1 ArbGG.[123] Auch wenn das LAG erstmals über einen vor ihm gestellten Antrag auf einstweilige Verfügung entscheidet, gilt es nicht als Gericht des ersten Rechtszuges im Sinne von § 12a Abs. 1 S. 1 ArbGG.[124] Zur Verweisung zwischen ordentlicher und Arbeitsgerichtsbarkeit s. Stichwort „Verweisung".

19 **Arrest und einstweilige Verfügung:** Die Kosten dieser Eilverfahren gehören nicht zu den Kosten des Hauptsacheverfahrens. Es ergeht eine eigene Kostenentscheidung. Die Kostenentscheidung des späteren Hauptsacheverfahrens berührt die Kostenentscheidung des Eilverfahrens nicht.[125] Sind im Verfahren auf Anordnung des Arrests und auf Aufhebung wegen veränderter Umstände nach § 927 ZPO gegensätzliche Kostenentscheidungen ergangen, so kann jede Partei vom Gegner aufgrund der ihr günstigen Kostenentscheidung Kostenerstattung verlangen. Dies gilt nicht bei einer Aufhebung nach § 926 Abs. 2 ZPO, deren Kostenentscheidung betrifft das gesamte Arrestverfahren.[126]

Die Kosten einer **Schutzschrift**[127] sind erstattungsfähig, sobald ein Verfügungsantrag eingereicht und damit ein Prozessrechtsverhältnis begründet wird.[128] Es kommt nicht darauf an, ob die Schutzschrift vor oder nach Eingang des Arrest- bzw. Verfügungsantrags bei Gericht eingereicht wurde.[129] Die Notwendigkeit einer Schutzschrift kann auch nicht danach beurteilt werden, ob sie zufällig erst nach Antragsrücknahme eingeht.[130] Die Anwaltskosten für die Schutzschrift sind unabhängig davon zu erstatten, ob der Rechtsan-

---

**120** LAG München NJW 1954, 656; AnwBl. 1979, 67; LAG Frankfurt NJW 1958, 1415; Stein/Jonas/*Bork* § 103 Rdn. 8, 10; **a.A.** LAG Düsseldorf JurBüro 1987, 289 m.w.N.

**121** BAG NJW 1990, 2643 (anders BAG NJW 1961, 92; 1973, 1061); s.a. LG Köln NJW-RR 1990, 125; LG Rottweil NJW-RR 1989, 1469; LG Saarbrücken NJW-RR 1989, 63; LG Tübingen NJW 1982, 1890; ArbG Detmold KostRspr. ArbGG § 12a Nr. 45 (kein Ausschluß vorgerichtlicher Kosten).

**122** LAG Köln AnwBl. 1985, 274; JurBüro 1987, 624; LAG Nürnberg AnwBl. 1988, 181; LAG Düsseldorf JurBüro 1986, 1393.

**123** Vgl. LAG Hamm MDR 1980, 612 (keine Anwendung der fiktiven Kosten erforderlich).

**124** LAG Baden-Württemberg AnwBl. 1981, 35.

**125** BGHZ 45, 251 (**a.A.** *Baur* JZ 1966, 530); OLG Karlsruhe MDR 1989, 826.

**126** OLG Hamburg JurBüro 1981, 277; OLG Hamm JurBüro 1978, 853; OLG Koblenz JurBüro 1990, 106; OLG München AnwBl. 1988, 416; s.a. OLG Frankfurt JurBüro 1986, 1042 (gesonderte Erstattung der Kosten des Aufhebungsverfahrens nach Erledigterklärung).

**127** *Hilgard* Die Schutzschrift im Wettbewerbsrecht (1986); *May* Die Schutzschrift im Arrest- und Einstweiligen Verfügungsverfahren (1983).

**128** OLG Hamburg JurBüro 1988, 201; 1977, 1730; OLG Braunschweig JurBüro 1993, 218; OLG Frankfurt Rpfl. 1986, 318; KG MDR 1988, 329; OLG München Rpfl. 1986, 196, **a.A.** OLG Düsseldorf MDR 1989, 549 (ohne Auseinandersetzung mit der h.M.).

**129** OLG Hamburg JurBüro 1988, 201; OLG Hamm JurBüro 1989, 962; **a.A.** OLG Frankfurt JurBüro 1978, 1087 = KostRspr. ZPO § 91 (B – Vertretungskosten) m. abl. Anm. *von Eicken*.

**130** So aber OLG Köln JurBüro 1981, 1827; richtig OLG Köln JurBüro 1983, 1658 (Zurückweisung vor Eingang des Zurückweisungsschriftsatzes).

walt beim Verfügungsgericht zugelassen ist.[131] Mehrkosten für die Schutzschrift eines beim Verfügungsgericht nicht zugelassenen Rechtsanwalts sind neben der Prozessgebühr des Prozessbevollmächtigten jedoch nur unter den Voraussetzungen des § 91 Abs. 2 S. 3 erstattbar.[132] Auch wenn die Schutzschrift einen Zurückweisungsantrag enthält, ist nur eine halbe Prozessgebühr für deren Einreichung erstattbar.[133] Unabhängig von der Einreichung einer Schutzschrift kann der Gegner einen Kostenbeschluss zur Erstattung seiner Anwaltskosten auch dann erlangen, wenn der Antrag vor Zustellung zurückgenommen wurde.[134]

Wird die einstweilige Verfügung durch einen beim Verfügungsgericht nicht zugelassenen Anwalt beantragt und deshalb nach Anordnung der mündlichen Verhandlung ein Anwaltswechsel erforderlich, so sind die Mehrkosten nur erstattungsfähig, wenn der Antragsteller annehmen durfte, die einstweilige Verfügung werden ohne mündliche Verhandlung erlassen und der Gegner werden keinen Widerspruch einlegen.[135] Dies muss der Antragsteller darlegen.[136] Im Allgemeinen muss mit Widerspruch gerechnet werden.[137] Bei besonderer Eilbedürftigkeit kann die Einschaltung eines beim Verfügungsgericht nicht zugelassenen Anwalts erstattungsfähig sein.[138]

Kosten für die Stellung von Zeugen im Arrest- und einstweiligen Verfügungsverfahren sind erstattungsfähig, wenn die Partei annehmen konnte, dass eine eidesstattliche Versicherung nicht ausreicht.[139] Bei komplizierten Sachverhalten wird dies i.d.R. der Fall sein. Im Einzelfall können auch Kosten für die Zuziehung eines Sachverständigen notwendig und damit erstattungsfähig sein.[140] Die Kosten zur Löschung eines aufgrund einstweiliger Verfügung im Grundbuch eingetragenen Widerspruchs sind weder nach § 91 noch nach § 788 erstattungsfähig.[141]

**Aufgebotsverfahren:** Es entsteht kein Kostenerstattungsanspruch gegen den Antragsteller.[142] 20

**Ausfertigung:** Die Kosten einer benötigten zusätzlichen Ausfertigung sind nebst Kosten der Zustellung erstattungsfähig; vgl. RVG-VV Nr. 7000 Nr. 1d. 21

**Auskunft:** Kosten für die Einholung einer Auskunft über den Schuldner sind erstattungsfähig, wenn begründete Zweifel an dessen Zahlungsfähigkeit bestehen. Des Weiteren sind Kosten für die Ermittlung der genannten Anschrift des Beklagten erstattungsfähig.[143] Wird zwecks Ermittlung der zur verklagten Wohnungseigentümergemeinschaft gehörenden Wohnungseigentümer das elektronische Grundbuch eingesehen, sind die dafür aufgewendeten Kosten erstattungsfähig.[144] 22

---

**131** OLG Hamburg Rpfl. 1979, 28; KG MDR 1980, 942; OLG Stuttgart JurBüro 1980, 878.
**132** OLG Köln JurBüro 1987, 1220.
**133** OLG Braunschweig JurBüro 1993, 219; OLG Frankfurt JurBüro 1987, 1073; OLG München JurBüro 1993, 154; MDR 1986, 329; **a.A.** OLG Koblenz JurBüro 1990, 1161.
**134** KG JurBüro 1980, 1430 (jedoch nicht Mehrkosten für Sachantrag nach Antragsrücknahme); OLG München MDR 1982, 412.
**135** OLG Hamburg JurBüro 1990, 67; OLG Bamberg JurBüro 1978, 1029; 1984, 1567; OLG Schleswig 1981, 385.
**136** OLG Koblenz JurBüro 1987, 1406.
**137** OLG Bamberg JurBüro 1986, 1410; OLG Düsseldorf WRP 1977, 266; OLG Hamm JurBüro 1972, 1110; OLG Koblenz JurBüro 1981, 572; OLG München JurBüro 1987, 277.
**138** OLG Düsseldorf JurBüro 1990, 207; OLG Zweibrücken JurBüro 1985, 1715.
**139** OLG Frankfurt JurBüro 1985, 1402; 1977, 555; OLG Koblenz JurBüro 1986, 1406.
**140** OLG Koblenz JurBüro 1990, 365; OLG Düsseldorf JurBüro 1981, 1071.
**141** OLG Schleswig SchlHA 1988, 171.
**142** LG Frankenthal Rpfl. 1983, 412.
**143** LG Bad Kreuznach VersR 1989, 1268.
**144** KG NZM 2005, 199 f.

23 **Ausländer:** Die Kosten für den Korrespondenzanwalt einer ausländischen Partei sind i.d.R. erstattungsfähig.[145] Auch wenn eine ausländische Partei sich in der Regel zumindest zur Vermittlung des Verkehrs mit ihrem Prozessbevollmächtigten eines Rechtsanwalts bedienen kann, der in der Nähe ihres Wohn- oder Geschäftsortes ansässig ist, kann im Einzelfall eine solche Hinzuziehung aber nicht erforderlich im Sinne von § 91 Abs. 1 S. 1 sein, wie das KG im Falle einer Gebührenklage entschieden hat. Die Partei kann grundsätzlich zwischen einem inländischen und einem ausländischen Verkehrsanwalt wählen.[146] Kriterien, die für die Notwendigkeit der Hinzuziehung eines Verkehrsanwalts sprechen, sind Sprachprobleme, komplizierte Sachverhalte, mögliche Anwendbarkeit ausländischen Rechts und mangelnde Vertrautheit der ausländischen Partei mit dem inländischen Geschäfts- und Rechtsverkehr. Bei ausländischen Prozessparteien mit regelmäßigem Geschäftsverkehr im Inland ist deshalb die Erstattungsfähigkeit der Korrespondenzanwaltskosten zu verneinen, falls der Sachverhalt oder die Rechtslage keine besonderen Schwierigkeiten aufwerfen.[147] Noch strenger sind die Anforderungen zu ziehen, wenn die ausländische Partei sich zur Führung des Rechtsstreits einer inländischen Vertriebsgesellschaft bedienen kann.[148]

Soweit nach den genannten Grundsätzen die Kosten des Verkehrsanwalts nicht erstattungsfähig sind, ist zu prüfen, ob ohne die Einschaltung eines Verkehrsanwalts Übersetzungs- oder Reisekosten als notwendige Kosten des Rechtsstreits zu erstatten gewesen wären.[149] Die Kosten eines ausländischen Verkehrsanwalts sind nach den allgemeinen Regelungen und nur in Höhe der Gebühren eines deutschen Anwaltes erstattungsfähig.[150] Es kommt nicht darauf an, ob Reisekosten der Partei zur persönlichen Information des Prozessbevollmächtigten niedriger gewesen wären.[151]

Eine Grenze ist jedoch dort zu ziehen, wo die Verkehrsanwaltskosten im Hinblick auf den Streitwert unverhältnismäßig hoch sind.[152] Ein vereinbartes Honorar mit einem ausländischen Verkehrsanwalt, für den keine gesetzliche Gebührenordnung gilt, ist erstattungsfähig, soweit es sich in ortsüblichem Rahmen hält.[153] Nicht notwendig ist i.d.R. eine Teilnahme des Verkehrsanwalts an Verhandlungs- und Beweisterminen, neben der Verkehrsgebühr werden weitere Gebühren für den Verkehrsanwalt nicht erstattungsfähig sein.[154] In den Rechtsmittelinstanzen sind an die Erforderlichkeit der Einschaltung eines Verkehrsanwaltes strenge Anforderungen zu stellen, wenn sich in tatsächlicher Hinsicht keine neuen Gesichtspunkte ergeben.[155]

24 **Auslagen Dritter:** Von Dritten verauslagte Kosten sind erstattungsfähig, wenn die Partei dem Dritten ersatzpflichtig ist oder der Dritte, z.B. infolge eines Versicherungsvertrages, zur Verauslagung verpflichtet war.[156]

---

**145** OLG Hamburg JurBüro 1986, 1567; 1980, 1362; 1988, 758; OLG Frankfurt AnwBl. 1978, 314; OLG Hamm JurBüro 1981, 1860; OLG Stuttgart JurBüro 1981, 870.
**146** OLG Frankfurt JurBüro 1983, 1715.
**147** Ähnlich OLG Düsseldorf JurBüro 1993, 427; OLG Karlsruhe JurBüro 1993, 352; OLG Nürnberg JurBüro 1983, 929; OLG Koblenz JurBüro 1976, 1250; 1980, 1036; 1988, 1692; KG JurBüro 1966, 420; OLG Hamburg JurBüro 1985, 1711.
**148** OLG Stuttgart JurBüro 1982, 1851.
**149** S. bspw. OLG Düsseldorf Rpfl. 1983, 367; 1965, 3 (LS).
**150** BGH NJW 2005, 1373ff.
**151** OLG Frankfurt JurBüro 1986, 916; **a.A.** OLG Düsseldorf Rpfl. 1965, 3 (LS).
**152** OLG Frankfurt JurBüro 1985, 1102; OLG Hamburg MDR 1980, 589.
**153** OLG Frankfurt Rpfl. 1987, 216.
**154** OLG Bamberg JurBüro 1986, 438.
**155** OLG Hamburg JurBüro 1986, 1241; großzügig OLG Stuttgart JurBüro 1984, 593 (Revision).
**156** OLG Hamm JurBüro 1970, 520; 1966, 518; LG Wiesbaden VersR 1969; 673; s.a. BGH NJW 1961, 2016 (keine Erstattung von Auslagen des Gemeinschuldners für Verwaltung der Konkursmasse).

**Auslobung:** Eine Belohnung für die Benennung von Zeugen kann im Einzelfall erstattungsfähig sein.[157] 25

**Ausscheiden:** Bei einem Parteiwechsel auf Klägerseite sind dem ursprünglichen Kläger ungeachtet des Prozessausgangs analog § 269 Abs. 3 Satz 2 die eigenen außergerichtlichen Kosten sowie diejenigen Mehrkosten, die durch die Klageerhebung zunächst entstanden sind[158] und außergerichtlichen Kosten des Beklagten aufzuerlegen.[159] Die Kosten des ausscheidenden Beklagten trägt der Kläger analog § 269 Abs. 3 Satz 2.[160] 26

**Außergerichtliche Auslagen**: Die außergerichtlichen Auslagen der Parteien, welche durch eine obligatorische Streitschlichtung nach § 15a EGZPO ausgelöst wurden, zählen zu den notwendigen Kosten zur Vorbereitung eines gerichtlichen Verfahrens und sind deshalb nach § 91 Abs. 1, 3 grundsätzlich erstattungsfähig. Die Kosten für sachverständige Beratung der Partei sind freilich nur unter engen Voraussetzungen erstattungsfähig. Die Erstattung kommt vor allem dann in Betracht, wenn eine Partei zur sachgerechten Darlegung ihres Anspruchs, zur Erfüllung ihrer Substantiierungspflicht oder zur Stellungnahme zu einem vom Gericht eingeholten Gutachten sachverständiger Hilfe bedarf. Die gleichen Grundsätze finden bei der Beauftragung eines Steuerberaters vor oder während eines Prozesses Anwendung. 27

Beauftragt eine Kfz-Haftpflichtversicherung vorprozessual einen Rechtsanwalt aus Ermittlungsakten der Staatsanwaltschaft einen Aktenauszug zu fertigen, sind die hierdurch entstandenen Kosten erstattungsfähig, wenn die Herstellung des Aktenauszuges im Hinblick auf eine gerichtliche Abwehr von Schadensersatzansprüchen als notwendig i.S. von § 91 anzusehen ist.

**Bankbürgschaft:** Siehe Stichwort „Sicherheitsleistung". 28

**Beamte:** Anteilige Besoldung für eine Terminswahrnehmung durch Beamte wird nach umstrittener Auffassung nicht erstattet.[161] 29

**Bearbeitung:** Die Bearbeitung eines Prozesses durch die Partei oder deren Angestellte begründet grundsätzlich keinen prozessualen Kostenerstattungsanspruch.[162] Siehe auch Stichwort „Sachverständiger". 30

**Behörde:** Die Kosten für die Einschaltung eines Rechtsanwalts sind auch dann erstattungsfähig, wenn der Behörde Justitiare angehören.[163] Lässt eine verklagte Behörde ihre Prozesse aus Zweckmäßigkeitsgründen zentral durch eine Behörde an einem anderen Ort bearbeiten, so sind die hierdurch entstehenden Reisekosten nicht erstattungsfähig.[164] Dies gilt auch, wenn ein Beamter eigens zur Wahrnehmung von Gerichtsterminen abgeordnet ist.[165] Lässt sich der Fiskus in einem Rechtsstreit durch mehrere in seinem Geschäftsbereich betroffene Behörden vertreten, so sind die hierdurch entstehenden Mehrkosten, insbesondere bei der Bestellung von eigenen Prozessbevollmächtigten für jede Behörde, nicht erstattungsfähig.[166] 31

---

**157** OLG Koblenz NJW 1975, 173; OLG München JurBüro 1992, 335.

**158** So die herrschende Meinung: OLG Hamm MDR 2007, 1447; OLG Zweibrücken JurBüro 2004, 494; OLG Celle OLGR 1994, 270; OLG Düsseldorf MDR 1974, 147; OLG Stuttgart NJW 1973, 1756.

**159** KG KostRspr. ZPO § 269 Nr. 12 m. zust. Anm. *von Eicken*; LG Frankfurt MDR 1987, 591; LG Hagen JurBüro 1988, 919; **a.A.** (nur Auferlegung von Mehrkosten) OLG München MDR 1971, 763.

**160** OLG Hamburg AnwBl. 1978, 143.

**161** BVerwG Rpfl. 1989, 255; OLG Bamberg JurBüro 1990, 210; OLG Hamm JurBüro 1968, 146; OLG Karlsruhe VersR 1985, 1095 (LS), LG Berlin MDR 1989, 917; OVG Koblenz NJW 1982, 1115; **a.A.** LG Frankfurt MDR 1985, 589; AG Essen MDR 1984, 500.

**162** OLG Schleswig JurBüro 1981, 122.

**163** OVG Bremen AnwBl. 1987, 48.

**164** OLG München JurBüro 1992, 171; OLG Nürnberg MDR 1980, 1027.

**165** LG Berlin MDR 1989, 917; **a.A.** AG Essen MDR 1984, 500.

**166** OLG Köln Rpfl. 1980, 157; JMBl. NRW 1970, 159.

32 **Beistand:** Die Kosten für die Hinzuziehung eines Beistands (§ 90) sind nach den Grundsätzen über die Untervertretung zu erstatten.

33 **Berufsständische Organisationen:** Eine Vergütung, die die Organisation für die außergerichtliche Vertretung ihrer Mitglieder fordert, ist nicht erstattungsfähig.[167]

34 **Berufung:** Der Berufungsbeklagte kann unmittelbar nach Rechtsmitteleinlegung einen Rechtsanwalt mit seiner Vertretung beauftragen.[168] Die Beauftragung eines Rechtsanwalts in der Rechtsmittelinstanz ist dabei notwendig i.S.d. § 91 Abs. 1 S. 1, wenn eine verständige Prozesspartei ebenfalls einen Anwalt beauftragen würde. Das ist dann der Fall, wenn sie als Rechtsmittelgegner anwaltlichen Rat in einer als risikobehaftet empfundenen Situation für erforderlich halten darf. Die förmliche Zustellung[169] oder gar Begründung der Berufung muss der Berufungsbeklagte nicht abwarten. Umstritten ist die Erstattungsfähigkeit, wenn der Berufungsführer seine Berufung ausdrücklich nur zur **Fristwahrung** eingelegt und diese später zurücknimmt. Teile der Rechtsprechung halten in diesem Fall weder die Kosten einer Beratung noch einer Vertretung des Berufungsbeklagten für notwendig.[170] Bei Rücknahme einer nur zur Fristwahrung eingelegten Berufung gehören die gesetzlichen Gebühren und Auslagen des Rechtsanwalts der obsiegenden Partei zu den erstattungsfähigen Kosten gemäß § 91 Abs. 2 S. 1. Da dem Berufungsbeklagten nicht zuzumuten ist, selbst zu beurteilen, welche Risiken für ihn damit verbunden sind, wenn er zunächst von der Bestellung eines Prozessbevollmächtigten für die Berufungsinstanz absieht, ist diese Ansicht abzulehnen. (Eine Ausnahme gilt, wenn dem Berufungsbeklagten, bspw. einem größeren Unternehmen, Prozesserfahrung in Berufungssachen zuzuschreiben ist.) Die Einschaltung eines Verkehrsanwalts kann grundsätzlich erst ab Zustellung der Berufungsbegründung erforderlich werden.[171] Der obsiegenden Partei steht ein Anspruch auf Erstattung der ihr entstandenen Rechtsanwaltskosten gemäß § 91 ausnahmsweise nicht zu, wenn für die Bestellung eines Rechtsanwalts kein Anlass mehr bestand, weil das Gericht bereits eine Verwerfung des vom Gegner eingelegten Rechtsbehelfs angekündigt hatte.

Hat eine Partei gegen ein erstinstanzliches Urteil Berufung (nur) zur Fristwahrung eingelegt und nimmt sie ihr Rechtsmittel, bevor sie es begründet hat, innerhalb der Begründungsfrist zurück, so kann die Gegenpartei die zweite Hälfte der anwaltlichen Prozessgebühr, die durch ihren Antrag auf Zurückweisung der Berufung entstanden ist, nicht gemäß § 91 Abs. 1 Satz 1 erstattet verlangen.

Weist das Berufungsgericht unter Bezugnahme auf § 522 Abs. 1 auf den verspäteten Eingang der Berufungsbegründung hin und bringt es diesen Hinweis auch dem Berufungsbeklagten zur Kenntnis, hat der Berufungsbeklagte nach Ansicht des BGH regelmäßig keine Veranlassung, innerhalb der mit dem Hinweis verbundenen Stellungnahmefrist kostenauslösende Maßnahmen zu ergreifen. Hierüber kann man nach der Reform des § 522 Abs. 1 zweifeln.

35 **Beschwerdeverfahren:** Im Beschwerdeverfahren ergeht eine Kostenentscheidung nach §§ 91ff., es sei denn, in der angefochtenen Entscheidung, z.B. einer Streitwertbeschwerde (§ 68 GKG) oder einer Prozesskostenhilfebeschwerde, war nicht über die

---

**167** LG Köln AnwBl. 1960, 63 m. Anm. *Chemnitz*; offen gelassen von BSG JurBüro 1991, 1236 (aber Auslagenersatz, sofern in der Satzung vorgesehen).

**168** OLG Frankfurt JurBüro 1979, 110; OLG Düsseldorf JurBüro 1982, 555; OLG Schleswig JurBüro 1981, 1080.

**169** Stein/Jonas/*Bork* Rdn. 51; **a.A.** OLG Hamm Rpfl. 1978, 427; KG JurBüro 1976, 671, OLG München MDR 1987, 1030.

**170** OLG Bamberg JurBüro 1993, 93; 1990, 48; 1984, 1526; 1986, 876; 1987, 69; OLG Köln MDR 1992, 1087; AnwBl. 1993, 137; JurBüro 1980, 360; OLG Zweibrücken JurBüro 1987, 429.

**171** OLG Düsseldorf NJW 1974, 245; OLG Hamm JurBüro 1984, 1835.

Kosten zu entscheiden. S. auch Kommentierung zu § 97 sowie die Stichworte „Beweissicherungsverfahren", „Richter- und Sachverständigenablehnung". Die Vorschriften der §§ 91ff. sind auf Beschwerden im Zwangsversteigerungsverfahren anwendbar, wenn es sich um ein kontradiktorisches Verfahren handelt. Betraut im Nichtzulassungsbeschwerdeverfahren der Rechtsmittelgegner einen nicht postulationsfähigen Rechtsanwalt mit einer Einzeltätigkeit, die auf eine Rücknahme der Beschwerde zielt, und sieht er von der Beauftragung eines postulationsfähigen Rechtsanwalts ab, sind die Kosten des beauftragten Rechtsanwalts nach Maßgabe des § 91 Abs. 2 Satz 1 zu erstatten. Wird einer sofortigen Beschwerde im Kostenfestsetzungsverfahren in vollem Umfang durch den Rechtspfleger abgeholfen, hat dieser auch über die Kosten des Beschwerdeverfahrens nach Maßgabe der §§ 91 und 92 zu entscheiden.

**Besprechungsgebühr:** (vgl. Ratsgebühr) Die Erstattungsfähigkeit vor- oder außer- 36
prozessual entstandener Anwaltskosten, z.B. einer Besprechungsgebühr, die in Zusammenhang mit dem Abschluss eines Vergleiches angefallen ist, wird von der Rechtsprechung überwiegend verneint.[172] Eine Ausnahme kommt jedoch in Betracht, wenn sich die Partei im Prozess nicht anwaltlich vertreten lässt, sich aber außergerichtlich durch einen Anwalt beraten oder vertreten lässt.[173] Auch außergerichtlich entstandene Kosten können also Kosten des Rechtsstreits sein.

**Beweissicherung: In § 494a Abs. 2** hat der Gesetzgeber vorgesehen, dass dem An- 37
tragsteller auf Antrag durch Beschluss die Kosten des Gegners aufzuerlegen sind, wenn er trotz gerichtlicher Anordnung keine Klage erhoben hat.[174] Außerhalb dieses Spezialfalls gelten für die Kosten der Beweissicherung auch weiterhin die von der Rechtsprechung entwickelten Grundsätze.

Hiernach zählen die Kosten eines Beweisverfahrens grundsätzlich zu den Kosten des Hauptsacherechtsstreits. (Entgegen OLG Köln NJW 1983, 2779 können dies auch die Kosten eines ausländischen Beweissicherungsverfahrens sein.) Zur Hauptsache gehören auch die Kosten eines vom Beklagten zur Vorbereitung seines Verteidigungsvorbringens eingeleiteten Beweisverfahrens.[175] Erstattungsfähig sind des Weiteren die Kosten der Beweissicherung für eine zur Aufrechnung gestellte Forderung, soweit über die Aufrechnung rechtskräftig entschieden wird.[176] Keine Erstattungsfähigkeit besteht aufgrund der Kostenentscheidung im Verfahren der einstweiligen Verfügung.[177] Ob die Kosten des Beweisverfahrens unter die Kostenentscheidung der Hauptsache fallen, hängt davon ab, ob über den Gegenstand des Beweisverfahrens im Hauptsacheverfahren sachlich entschieden (oder ein Vergleich geschlossen) wurde. Eine Abweisung der Klage als unzulässig[178] oder unschlüssig[179] bildet deshalb keine Grundlage für die Erstattung der Kosten des Beweisverfahrens; bei einem Versäumnisurteil richtet sich die Beurteilung nach der Klagebegründung.[180] Ein Kostenbeschluss nach Klagerücknahme umfasst nicht die Kosten des

---

**172** OLG Bamberg JurBüro 1991, 704; OLG Düsseldorf MDR 1990, 60; OLG Koblenz AnwBl. 1985, 213; 1987, 53; OLG Schleswig JurBüro 1980, 1855; OLG Frankfurt JurBüro 1983, 1565; s.a. *Hohmeister* AnwBl. 1992, 301.
**173** OLG Zweibrücken KostRspr. ZPO § 91 (B – Vertretungskosten) Nr. 222.
**174** *Bandemer* Die Grundlagen der materiell-rechtlichen Kostenerstattung im Beweissicherungsverfahren nach neuem Recht, JurBüro 1991, 1017; *Brossette/Mertes* Die Zuordnung der Gerichtskosten des selbständigen Beweisverfahrens im Hauptverfahren, AnwBl. 1992, 418.
**175** OLG Hamm JurBüro 1983, 1101; OLG München JurBüro 1982, 1254.
**176** KG JurBüro 1982, 408; OLG Hamburg JurBüro 1990, 1470; LG Berlin JurBüro 1979, 1374.
**177** OLG Schleswig JurBüro 1987, 1223; KG JurBüro 1984, 1243.
**178** OLG Hamburg MDR 1971, 852.
**179** OLG Hamburg MDR 1989, 362; abw. (fehlende Aktivlegitimation) OLG München MDR 1986, 157.
**180** KG Rpfl. 1982, 195.

Beweisverfahrens.[181] Bei Kostenaufhebung ist umstritten, ob die Gerichtskosten des Beweisverfahrens außergerichtliche Kosten des Hauptprozesses sind.[182] Letztlich handelt es sich um eine Frage der Auslegung des Vergleichs, im Zweifel ist der Parteiwille dahin auszulegen, dass die gerichtlichen Beweiskosten zu teilen sind.[183]

Die Kostenerstattung im Hauptsacheprozess setzt grundsätzlich voraus, dass die Parteien des Beweisverfahrens und des Rechtsstreits identisch sind.[184] Dies gilt auch, wenn bei Einleitung der Beweissicherung noch nicht übersehbar war, wer von mehreren Beteiligten für den Schaden verantwortlich ist.[185] Parteiidentität wurde für nicht erforderlich gehalten bei Prozessen gegen einen titulierten Rechtsnachfolger (Zessionar oder Pfandgläubiger)[186] oder einen neuen Grundstückseigentümer,[187] des Weiteren bei Prozessen, die ein neuer Gläubiger nach Abtretung,[188] ein inzwischen eingesetzter Zwangsverwalter[189] oder nach Insolvenzeröffnung der Insolvenzverwalter führte.[190] Die Parteiidentität wird nicht dadurch beeinträchtigt, dass ein Anspruch in gewillkürter Prozessstandschaft geltend gemacht wird.[191] Bei fehlender Personenidentität kommt eine Erstattung nach den Grundsätzen über die Erstattung von Privatgutachterkosten in Betracht.[192] Bei mehreren Beteiligten und nur teilweiser Parteiidentität können die Kosten nur anteilig erstattet werden.[193]

Identisch müssen auch der Gegenstand der Beweissicherung und des Rechtsstreits sein. Wurde die Beweissicherung wegen eines höheren Wertes durchgeführt oder bezog sie sich auch auf nicht eingeklagte Gegenstände, so sind ihre Kosten nur anteilig nach Maßgabe des niedrigeren Werts der Hauptsache zu erstatten.[194] War das Beweisverfahren mehreren Hauptprozessen zugeordnet, so sind die Kosten im Verhältnis der Streitwerte zu verteilen.[195] Nach dem Grundsatz der Kosteneinheit ist die Kostenquote der Hauptsache für die Erstattung der Beweissicherungskosten auch dann maßgeblich, wenn die Partei mehrere Streitgegenstände in einem Verfahren rechtshängig machte und mit dem das Beweisverfahren betreffenden Teil voll erfolgreich war.[196] Wegen der Differenzkosten

---

**181** KG MDR 1979, 406; OLG Frankfurt MDR 1982, 942; OLG Koblenz JurBüro 1984, 924; OLG München MDR 1987, 151; OLG Schleswig JurBüro 1991, 588; **a.A.** MünchKomm/*Schulz* § 103 Rdn. 56 m.w.N.

**182** **Bejahend** OLG Bamberg JurBüro 1989, 1566; OLG Braunschweig JurBüro 1988, 204; OLG Düsseldorf JurBüro 1985, 132; OLG Frankfurt JurBüro 1981, 1088; 1990, 621; OLG Hamm JurBüro 1988, 1363; **verneinend** (Gerichtskosten des Hauptprozesses) KG JurBüro 1982, 1078; OLG München MDR 1987, 328; 1981, 1091; OLG Hamburg JurBüro 1983, 1257; OLG Köln JurBüro 1986, 1716; OLG Schleswig JurBüro 1991, 962; OLG Stuttgart Rpfl. 1982, 195.

**183** OLG Schleswig SchlHA 1987, 159; OLG Braunschweig JurBüro 1979, 1382.

**184** KG MDR 1976, 846; OLG Hamm JurBüro 1971, 463; OLG Köln JurBüro 1978, 1820; OLG Saarbrücken JurBüro 1991, 244; OLG Schleswig JurBüro 1981, 449.

**185** OLG Köln MDR 1986, 764; **a.A.** OLG Hamburg MDR 1986, 591.

**186** OLG Celle MDR 1964, 320.

**187** OLG Frankfurt MDR 1984, 238.

**188** KG JurBüro 1981, 1392; OLG Düsseldorf MDR 1985, 1032; dies gilt nicht für eine Abtretung, auf die sich der Kläger nur hilfsweise beruft, OLG Schleswig JurBüro 1991, 1357; ebenso nicht für ein Beweisverfahren nach Rechtshängigkeit der Hauptsache, OLG Köln JurBüro 1993, 684.

**189** OLG Hamburg JurBüro 1983, 1257.

**190** OLG Köln JurBüro 1987, 433.

**191** OLG Karlsruhe JurBüro 1986, 1087.

**192** LG Berlin JurBüro 1984, 1086.

**193** OLG Hamburg MDR 1993, 1130; JurBüro 1989, 1414; OLG Köln MDR 1986, 764; abw. (Sonderfall) OLG Schleswig JurBüro 1990, 57.

**194** KG JurBüro 1986, 1242; OLG München MDR 1993, 1131; Rpfl. 1989, 302; weitere Nachweise s. KostRspr. ZPO § 91 (A) 1.2.2.2.

**195** OLG München MDR 1989, 548; OLG Düsseldorf NJW 1976, 115.

**196** OLG Hamm JurBüro 1983, 833.

kommt ein materiell-rechtlicher Kostenerstattungsanspruch in Betracht, der gesondert einzuklagen ist.[197]

Grundsätzlich ergeht im Beweisverfahren keine **Kostengrundentscheidung** (Ausnahme: § 494a Abs. 2). Umstritten ist dies für den Fall, dass ein Beweissicherungsantrag abgewiesen oder zurückgenommen wird. Aus Gründen der Prozessökonomie sind hier die Kosten des Verfahrens dem Antragsteller durch Gerichtsbeschluss aufzuerlegen.[198] Wird eine Beschwerde im selbständigen Beweisverfahren zurückgewiesen, so ergeht ebenfalls eine Kostenentscheidung.[199] Mangels gesetzlicher Grundlage abzulehnen ist die Ansicht, wonach eine Kostengrundentscheidung dann ergehen könne, wenn eine Fortführung des Streits in einem Hauptsacheprozess nicht mehr zu erwarten ist.[200]

Die Notwendigkeit der Beweissicherungskosten beurteilt sich nach dem Wissensstand im Zeitpunkt ihres Anfalls, ob das Ergebnis der Beweissicherung im Hauptprozess verwandt wurde, ist nicht relevant.[201] Nicht zu prüfen ist im Kostenerstattungsverfahren, ob die Zulässigkeitsvoraussetzungen für das Beweisverfahrens gegeben waren.[202]

**Beweistermin:** Da jede Partei nach § 357 das Recht hat, bei der Beweisaufnahme 38
anwesend zu sein, sind die hierfür aufgewandten Kosten grundsätzlich erstattungsfähig. Eine Ausnahme gilt insbesondere, wenn die Reisekosten in keinem Verhältnis zur Bedeutung des Termins und der Angelegenheit stehen. Umstritten ist, ob die Reisekosten der Partei zum Beweistermin auch dann erstattungsfähig sind, wenn sie den Termin neben ihrem Prozessbevollmächtigten wahrnimmt. Die Rechtsprechung neigt hier teilweise dazu, die Erstattungsfähigkeit nur bei verwickelten Sachverhalten zu bejahen.[203] Die Erstattungsfähigkeit ist jedoch regelmäßig zu bejahen, da kaum ausgeschlossen werden kann, dass die Partei aufgrund eigener Kenntnis des Sachverhalts besser als ihr Prozessbevollmächtigter zu Fragen und Vorhalten befähigt ist.[204] Für die Reisekosten des Prozessbevollmächtigten zu einem auswärtigen Beweistermin wird in der Rechtsprechung erörtert, ob deren Erstattungsfähigkeit durch die Kosten eines örtlichen Beweisanwalts begrenzt ist.[205] Regelmäßig sind jedoch auch diese Kosten erstattungsfähig, es sei denn, die Beweisaufnahme betrifft einen erkennbar einfachen Sachverhalt (wobei man sich davor hüten muss, diese Frage retrospektiv zu betrachten).[206]

Im umgekehrten Fall, der Einschaltung eines Beweisanwalts am auswärtigen Beweisort, billigt die Rechtsprechung Kostenerstattung regelmäßig nur in Höhe der Terminsreisekosten des Prozessbevollmächtigten zu,[207] eine Ausnahme gilt, wenn dem Prozessbevollmächtigten die Terminswahrnehmung nicht zumutbar war, bspw. wg. unverschuldeter Verhinderung.[208] Sind nach diesen Grundsätzen die Gebühren des Beweisanwalts nicht

197 Zöller/*Herget* § 91 Rdn. 13 „Selbständiges Beweisverfahren".
198 OLG Hamm MDR 1985, 415 (Erledigterklärung bei unzulässigem Antrag); OLG Karlsruhe MDR 1992, 911; OLG Schleswig JurBüro 1975, 824; LG Aachen AnwBl. 1983, 526; LG Osnabrück AnwBl. 1988, 654; **a.A.** OLG Düsseldorf MDR 1983, 846; LG Köln JurBüro 1988, 1193; Baumbach/Lauterbach/Albers/*Hartmann*[71] § 91 Rdn. 193.
199 LG Darmstadt KostRspr. ZPO § 91 (A) Nr. 58.
200 So aber OLG Celle MDR 1993, 914; KG NJW-RR 1992, 1023.
201 KG JurBüro 1970, 266; OLG Köln JurBüro 1987, 433.
202 OLG Frankfurt JurBüro 1984, 285; OLG München JurBüro 1980, 1091; **a.A.** OLG Köln VersR 1973, 91.
203 OLG Bremen JurBüro 1976, 92.
204 KG JurBüro 1982, 1247; OLG Frankfurt Rpfl. 1986, 492; OLG München JurBüro 1981, 1022.
205 KG NJW 1965, 1442; OLG Nürnberg NJW 1965, 1443 (LS); OLG Frankfurt AnwBl. 1988, 298; LG Bayreuth JurBüro 1980, 1348.
206 OLG Stuttgart JurBüro 1974, 735.
207 OLG Frankfurt JurBüro 1977, 969; OLG Hamm JurBüro 1978, 1346; OLG Schleswig JurBüro 1977, 1737; LG Frankfurt JurBüro 1989, 222.
208 OLG Bamberg JurBüro 1975, 375; OLG Hamm MDR 1984, 587; OLG München JurBüro 1984, 595.

erstattungsfähig, so sind als fiktive Kosten die Reisekosten des Prozessbevollmächtigten anzusetzen.

39 **Detektiv:** Angesichts der oft hohen Kosten ist die Rechtsprechung zur Erstattungsfähigkeit von Detektivkosten sehr restriktiv. Dies ist verständlich, zumal die Notwendigkeit oft fraglich ist. Es ist deshalb streng zu prüfen, ob die Einschaltung eines Detektivs zweckentsprechend war, ob hinreichender Anlass zu seiner Beauftragung bestand und ob es keine billigere Möglichkeit zur Erlangung der gewünschten Erkenntnisse und Beweismittel gab. Insbesondere ist zu untersuchen, ob die Information durch persönliche Ermittlungen der Partei hätte beschafft werden können und ob die übrigen zur Verfügung stehenden Beweismittel ausgeschöpft wurden.[209] Über die Notwendigkeit der Einschaltung eines Detektivs entscheidet die Sichtweise im Zeitpunkt der Beauftragung.[210] Nicht entscheidend ist, ob die Ermittlungen des Detektivs erfolgreich waren.[211] Es kommt auch nicht darauf an, ob die Feststellungen des Detektivs ursächlich für das Prozessergebnis wurden.[212] Für die Erstattungsfähigkeit von Detektivkosten ist maßgeblich, ob sie zur zweckentsprechenden Rechtsverfolgung oder -verteidigung notwendig waren. Die Beauftragung eines Detektivs nach der Zustellung einer Teilklage auf Aufstockungsunterhalt kann aus Sicht einer vernünftigen Partei erforderlich sein, um den Verdacht des Zusammenlebens des Unterhaltsgläubigers mit einer neuen Lebensgefährtin zu erforschen, um dem geltend gemachten Unterhaltsanspruch entgegen treten zu können.

Die Einschaltung einer Detektei ist daher nur dann im Sinne von § 91 erstattungsrechtlich als erforderlich anzusehen, wenn aus vernünftiger Sicht der Partei ein konkreter Anlass oder Verdacht besteht, dass es für eine zweckentsprechende Rechtsverfolgung oder -verteidigung auf die Bestätigung der Verdachtsmomente durch nachvollziehbare Einzeltatsachen ankommen konnte und diese nur durch ein Detektivbüro sachgerecht ermittelt werden konnte.

Kein Kriterium für die Erstattung von Detektivkosten ist ihre Angemessenheit in Relation zu den wirtschaftlichen Verhältnissen der Parteien und der Bedeutung des Streitgegenstandes.[213] Im Gesetz findet sich hierfür kein Anhaltspunkt, die Partei darf grundsätzlich unbeschränkt ihre „notwendigen" Kosten geltend machen. Die Höhe der Kosten, soweit sie bei strenger Prüfung für notwendig erachtet werden, kann deshalb (unter dem Gesichtspunkt des Rechtsmissbrauchs) nur dann nicht erstattungsfähig sein, wenn sie außer jedem Verhältnis zur Bedeutung des Rechtsstreits steht. Allerdings gebietet der Grundsatz kostensparenden Prozessverhaltens, dass die Partei den Auftrag des Detektivs genau umreißt und seine Ausführung überwacht, so dass die Tätigkeit auf den unbedingt erforderlichen Umfang beschränkt bleibt.[214]

40 **Dolmetscher- und Übersetzungskosten:** Eine ausländische Partei muss ihren Prozessbevollmächtigten umfassend informieren und den Fortgang des Rechtsstreits verfolgen können. In diesem Zusammenhang anfallende Kosten sind deshalb regelmäßig erstattungsfähig, da notwendig i.S.v. § 91 Abs. 1. Übersetzt der Prozessbevollmächtigte der Partei selbst Informationen, Schriftsätze und Urkunden, so ist dies dann entsprechend

---

**209** OLG Bamberg JurBüro 1976, 1251; OLG Hamm JurBüro 1993, 293; 1963, 112; OLG Frankfurt WRP 1970, 154.

**210** OLG Düsseldorf JurBüro 1969, 1216; OLG Hamburg MDR 1969, 402; KG JurBüro 1970, 315.

**211** OLG Hamburg JurBüro 1969, 638; **a.A.** OLG Karlsruhe Rpfl. 1969, 421; OLG München JurBüro 1970, 517.

**212** OLG Celle JR 1962, 185; OLG Hamm JurBüro 1969, 1002; **a.A.** OLG Hamburg JurBüro 1993, 159; OLG München Rpfl. 1976, 255; OLG Schleswig JurBüro 1978, 435.

**213** **A.A.** OLG Düsseldorf JurBüro 1969, 1216; OLG Hamburg JurBüro 1970, 693.

**214** OLG München Rpfl. 1976, 255; OLG Frankfurt JurBüro 1979, 440.

gesondert zu vergüten, wenn eine besondere Mühewaltung veranlasst war.[215] Für eine inländische Partei sind Übersetzungen nach allgemeinen Regeln erstattungsfähig, sofern das fremdsprachige Schriftstück für eine erfolgversprechende Prozessführung nötig zu sein schien.[216]

**Einstweilige Verfügung:** Siehe Stichwort „Arrest und einstweilige Verfügung". **41**

**Erbschein:** Die Kosten für einen Erbschein sind erstattungsfähig, wenn der Gegner **42**
die Erbenstellung bestreitet und die Vorlage des Erbscheins deshalb nötig wird.[217]

**Ermittlungen der Partei:** Kosten für die Sammlung von Prozessstoff und Beweisen **43**
zur Vorbereitung oder während des Prozesses sind je nach den Umständen des Einzelfalls erstattungsfähig. Zu beachten ist, dass eine Ausforschung im Allgemeinen nicht notwendig ist, vielmehr müssen bestimmte Anhaltspunkte bestehen, um Ermittlungskosten zu rechtfertigen.[218] Schaltet eine Versicherung eine Drittfirma ein, um für sie Internet- und Datenbankrecherchen vorzunehmen, hält die Judikatur die dafür anfallenden Kosten als allgemeiner Prozessaufwand für nicht erstattungsfähig.[219] Siehe auch Stichwort „Detektiv".

**Fachliteratur:** Siehe Stichwort „allgemeine Geschäftsunkosten". **44**

**Fahrtkosten:** Siehe Stichwort „Reisekosten". **45**

**Fernsprechkosten:** Siehe Stichwort „Porto und Post". **46**

**Fiktive Kosten:** Erstattet werden nur tatsächlich angefallene Kosten, soweit diese **47**
nicht erstattungsfähig sind (bspw. die Kosten eines Verkehrsanwalts) ist zu prüfen, inwieweit an deren Stelle erstattungsfähige Kosten angefallen wären (bspw. Kosten für eine Informationsreise).

**Fotografien:** Die Kosten für die Vorlage von Lichtbildern zur Verdeutlichung des **48**
Sachverhalts sind einerseits regelmäßig gering, andererseits oft geeignet, eine teurere Art der Beweiserhebung zu ersparen. Es sind deshalb keine strengen Anforderungen an ihre Erforderlichkeit zu stellen.[220]

**Fotokopien:** Siehe Stichwort „Ablichtungen und Abschriften". **49**

**Gebrauchsmuster:** Die durch die Mitwirkung eines Patentanwalts in einer Ge- **50**
brauchsmusterstreitsache entstandenen Kosten sind in Gestalt der Gebühren nach § 13 RVG und der notwendigen Auslagen erstattungsfähig; § 27 Abs. 3 GebrMG.

**Geld:** Siehe Stichwort „Hebegebühr" und „Inkasso". **51**

**Gerichtskosten:** Grundsätzlich stellen Gerichtskosten, die der obsiegenden Partei **52**
erwachsen sind, notwendige Kosten i.S.v. § 91 dar und sind der unterliegenden Partei dann zu erstatten, soweit sie von Seiten der obsiegenden Partei an die Gerichtskasse gezahlt wurden.[221] Kein Erstattungsanspruch besteht für Gerichtskosten, die vom Erstattungsberechtigten zu Unrecht angefordert und gezahlt wurden, er ist auf seinen Rückforderungsanspruch gegen die Staatskasse verwiesen.[222] Nicht erstattungsfähig sind auch Beitreibungskosten, die der Zweitschuldner wegen eigener Säumnis an die Gerichtskasse zahlen musste.[223]

---

**215** Statt aller: Stein/Jonas/*Bork* § 91 Rdn. 73 m.w.N.
**216** OLG Frankfurt MDR 1981, 58.
**217** Vgl. LAG Düsseldorf JurBüro 1989, 811 (Vorlage durch Gericht angeordnet).
**218** OLG Hamm VersR 1983, 498.
**219** OLG Köln MDR 2012, 1491.
**220** OLG Hamburg JurBüro 1977, 1444, strenger KG JurBüro 1968, 918.
**221** Saenger/*Gierl* § 91 Rdn. 14.
**222** OLG Koblenz JurBüro 1985, 135; OLG MDR JurBüro 1979, 122; **a.A.** (bei ausdrücklicher Übernahme der Kosten auch der Höhe nach) OLG Düsseldorf Rpfl. 1985, 255.
**223** LG Berlin JurBüro 1989, 1572.

53 **Gerichtsstandswahl:** Das Wahlrecht des Klägers unter mehreren zuständigen Gerichten (§ 35) darf nicht über das Kostenrecht eingeschränkt werden. Entgegen einer verbreiteten Meinung sind deshalb die Kosten bei dem vom Kläger gewählten Gerichtsstand auch dann erstattungsfähig, wenn ein anderer Gerichtsstand geringere Kosten verursacht hätte.[224]

54 **Gutachten:** Die Kosten eines vom Gericht angeordneten bzw. eingeholten Gutachtens sind stets erstattungsfähig. Im Übrigen s. Stichwort „Privatgutachten".

55 **Güteverfahren:** Für Kosten, die vor einer durch die Landesjustizverwaltung eingerichteten oder anerkannten Gütestelle entstanden sind, enthält § 91 Abs. 3 eine Sonderregelung. Die anlässlich eines Güteverfahrens entstehenden Kosten und Gebühren sind Kosten des Rechtsstreits nach § 91.

56 **Hebegebühr:** Die Hebegebühr gegen den Mandanten nach RVG-VV 1009 für die Erhebung, Verwahrung und Ablieferung von Geld oder Wertpapieren gehört grundsätzlich nicht zu den Kosten des Rechtsstreits i.S.v. § 91.[225] Erstattungsfähig ist die Hebegebühr lediglich dann, wenn sie Prozessbezogenheit aufweist und notwendigerweise angefallen ist.[226] Dies ist z.B. dann der Fall, wenn die ihr zugrunde liegende Handlung des Anwalts zur zweckentsprechenden Rechtsverfolgung oder Rechtsverteidigung nötig war.[227] Dies kommt nur in Sonderfällen in Betracht. Erstattungsfähigkeit wurde von der Rechtsprechung bspw. bejaht bei besonderem Eilbedürfnis,[228] bei einem im Ausland wohnenden Gläubiger[229] und bei unregelmäßiger Zahlungsweise des Schuldners.[230] Eine weitere Ausnahme kommt in Betracht, wenn der Gegner sich im Vergleich ausdrücklich zur Zahlung zu Händen des Prozessbevollmächtigten verpflichtet hat.[231]

Umstritten ist die Frage, ob Erstattungsfähigkeit auch besteht, wenn der Schuldner freiwillig und unaufgefordert an den Prozessbevollmächtigten zahlt, der (regelmäßig in den Vollmachtsformularen enthalten) einen Auftrag zur Entgegennahme des Geldes hat. Die herrschende Meinung bejaht dies zu Recht, da der Schuldner hierdurch die Ursache für die Entstehung der Hebegebühr gesetzt hat.[232] Zahlt ein teilweise verurteilter Beklagter die Urteilssumme unaufgefordert an den Prozessbevollmächtigten des Klägers, so ist nach OLG Düsseldorf JurBüro 1980, 865 die Hebegebühr sogar ungequotelt festzusetzen. Die Erstattungsfähigkeit ist zu verneinen, wenn der Schuldner anlässlich der anwaltlichen Zahlungsaufforderung nicht auf die Entstehung der Hebegebühr hingewiesen wurde.[233]

57 **Hilfspersonen:** Die Erstattungsfähigkeit der Kosten der Einschaltung von Hilfspersonen bei der Vorbereitung oder Bearbeitung des Prozesses wird von der Rechtsprechung mit Recht streng gehandhabt, da die Gefahr besteht, dass die Partei auf diesem Weg eine eigene Zeitversäumnis, die nicht erstattungsfähig wäre, umgeht.[234] Einer Partei

**224** KG Rpfl. 1976, 323; OLG Köln MDR 1976, 496; OLG Frankfurt JurBüro 1985, 1884 (LS); **a.A.** (beachtenswerte Gründe erforderlich) LG Bayreuth JurBüro 1976, 1378.
**225** OLG München NJW-RR 1998, 1452, 1453; MünchKomm/*Schulz* § 91 Rdn. 135.
**226** OLG Hamburg OLGR 2000, 210; OLG München NJW-RR 1998, 1452, 1453.
**227** KG Rpfl. 1981, 410; OLG Hamm JurBüro 1975, 1609.
**228** OLG Frankfurt Rpfl. 1952, 445.
**229** OLG OLGZ München AnwBl. 1963, 339; AG Bruchsal VersR 1986, 689.
**230** KG NJW 1960, 2345.
**231** KG Rpfl. 1981, 410.
**232** OLG Frankfurt MDR 1981, 856; OLG Köln DGVZ 1962, 60; OLG Schleswig AnwBl. 1989, 170; **a.A.** OLG Düsseldorf Rpfl. 1973, 188.
**233** OLG Koblenz JurBüro 1973, 1138; ähnlich (für den Fall der persönlichen Übergabe an den gegnerischen Prozessbevollmächtigten) OLG München JurBüro 1992, 178 m. Anm. *Roidl* und *Mümmler*.
**234** OLG Hamburg MDR 1985, 237 (Zuziehung eines Architekten im Bauprozess); LG Hannover JurBüro 1987, 598 (Prozessbearbeitung durch ehemaligen Mitarbeiter).

sind nur solche Kosten zu erstatten, die ihren Grund allein in der Tatsache des Obsiegens oder Unterliegens im Prozess haben, nicht dagegen in Besonderheiten, die in den Verantwortungsbereich der Parteien fallen und für den Gegner nicht voraussehbar sind. Das gilt grundsätzlich auch dann, wenn die Partei nicht selbst tätig geworden ist, sondern eine Hilfsperson beauftragt hat.[235] Im Einzelfall können die Kosten für die Hinzuziehung von Hilfspersonen aber erstattungsfähig sein, wenn es auf deren besondere Sachkunde ankommt und ein Beweisangebot durch Sachverständigengutachten nicht ausreichend ist.

**Hinterlegung:** Hinterlegungskosten gehören weder zu den Kosten des Rechtsstreits 58
noch zu den Kosten eines Verfahrens.[236]

**Honorarvereinbarung:** Die Erstattung eines nach § 3a RVG vereinbarten Honorars 59
kommt i.d.R. nach § 91 Abs. 2 nicht in Betracht und wird nur in wenigen Sonderfällen in Betracht kommen.[237] In Betracht kommt vor allem der Fall, dass sich der Gegner in einem Vergleich zur Übernahme verpflichtet hat.[238] Bei einem nach § 4a RVG vereinbartem Erfolgshonorar beschränkt sich der Erstattungsanspruch auch lediglich auf die fiktive gesetzliche Vergütung.[239] Erstattungsfähig ist ein vereinbartes Honorar des Weiteren, wenn sich anderenfalls kein Rechtsanwalt zur Übernahme des Mandats bereits erklärt hätte und das Honorar niedriger als die Reisekosten der Partei zum Termin vor dem Amtsgericht ist.[240]

**Information:** Siehe Stichwort „Ablichtungen und Abschriften“. 60

**Inkasso:** Die Kosten für die Einschaltung eines Inkassobüros können als Verzugs- 61
schaden einen materiell-rechtlichen Kostenerstattungsanspruch auslösen. Allerdings verstößt der Gläubiger gegen seine Pflicht, den Schaden gering zu halten, wenn er keine konkreten Anhaltspunkte dafür hatte, dass er seine Forderung über das Inkassounternehmen voraussichtlich ohne gerichtliche Hilfe beitreiben könnte.[241]

**Insolvenzverwalter**: Führt ein zum Insolvenzverwalter bestellter Rechtsanwalt ei- 62
nen Prozess für die Masse vor einem auswärtigen Gericht und betraut er mit der Terminswahrnehmung einen am Gerichtsort ansässigen Unterbevollmächtigten, kann er nicht Erstattung fiktiver Reisekosten beanspruchen, weil er ohne weiteres in der Lage gewesen wäre, einen am Prozessgericht tätigen Rechtsanwalt sachgerecht über den Gegenstand des Rechtsstreits zu unterrichten und diesem die gesamte Prozessführung als Hauptbevollmächtigtem unter Ersparung jeglicher Reisekosten zu übertragen.

**Kanzleiabwickler:** Nach § 55 Abs. 3 BRAO stehen dem Abwickler der Kanzlei eines 63
verstorbenen Rechtsanwaltes die Gebühren und Auslagen nur zu, soweit sie noch nicht vor seiner Bestellung erwachsen sind.[242] Lässt die Partei das Mandat durch einen anderen Rechtsanwalt abwickeln, so sind entstehende Mehrkosten nur nach den für einen Anwaltswechsel geltenden Grundsätzen erstattungsfähig.

---

**235** OLG Hamm zit. *N. Guido Schäfer*, jurisPR-FamR 6/2013 Anm 3.
**236** OLG Hamm NJW 1966, 2065; OLG Koblenz JurBüro 1988, 1690.
**237** Strenger OLG Karlsruhe JurBüro 1973, 1176 („niemals“ bei Verkehrsanwalt); ausführlich: *Hau* JZ 2011, 1047, 1048 ff.
**238** OLG Koblenz Rpfl. 1977, 106; OLG München JurBüro 1985, 133.
**239** MünchKomm/*Schulz* § 91 Rdn. 137.
**240** AG Wiedenbrück AnwBl. 1965, 384.
**241** OLG Karlsruhe JurBüro 1987, 931; Nachweise zur Rspr. bei *Mümmler* JurBüro 1993, 484; aus der Literatur s. *David* Zusammenarbeit mit Inkassounternehmen (1989), *Jäckle* Die Erstattungsfähigkeit der Kosten eines Inkassobüros (1978); s.a. *von Garmissen* Rechtsprechung des OLG München zur Erstattung von Inkassokosten, JurBüro 1993, 641 (insb. auch zur Frage, inwieweit die Kostenerstattung auf die Höhe vergleichbarer Anwaltskosten begrenzt ist); über die Rspr. des OLG Schleswig berichtet *Philipp* JurBüro 1991, 467.
**242** OLG Hamburg KostRspr. BRAO § 55 Nr. 1.

64 **Klagerücknahme:** Ist im Zeitpunkt der Beauftragung eines Rechtsanwaltes die Klage bereits zurückgenommen, sind die Kosten des Rechtsanwaltes objektiv nicht mehr notwendig und damit nicht erstattungsfähig nach § 91 Abs. 1 Satz 1. In der Judikatur wird vertreten, auf eine verschuldete oder auch unverschuldete Unkenntnis der beklagten Partei von der Klagerücknahme komme es nicht an. Das lässt sich aber nicht halten, vielmehr ist eine Ausnahme für den Fall zu machen, in dem der Anwalt des Beklagten unverschuldet von der Rücknahme noch keine Kenntnis hatte.

65 **Kreditkosten:** Die Kosten für einen Kredit zur Finanzierung des Rechtsstreits sind nicht erstattungsfähig, in Betracht kommt ein materiell-rechtlicher Ersatzanspruch wegen Verzugsschadens.[243]

66 **Mahnschreiben:** Ob die Kosten für eine vorprozessuale Mahnung nur als Verzugsschaden eingeklagt werden können oder auch im Kostenfestsetzungsverfahren zu berücksichtigen sind, war einst umstritten. Nach Auffassung des BGH und der herrschenden Meinung gehören die Aufwendungen für ein Mahnschreiben nicht zu den Kosten, die der Vorbereitung eines bevorstehenden Rechtsstreits dienen und daher auch nicht als notwendige Kosten i.S.v. § 91 festgesetzt werden können.[244] Da es sich um Vorbereitungskosten handelt, die wegen § 93 auch eine prozessuale Funktion haben, sollte ihre Geltendmachung im Kostenfestsetzungsverfahren aus Vereinfachungsgründen zugelassen werden.[245]

67 **Mahnverfahren:** Kosten, die in Zusammenhang mit einem Mahnverfahren entstehen, zählen unstreitig zu den Kosten des Rechtsstreits,[246] umstritten ist aber häufig, ob die Kosten notwendig waren:

Der Antragsgegner hat i.d.R. ein berechtigtes Interesse an der Klärung der Rechtslage, er muss sich deshalb nicht auf die Einlegung des Widerspruchs beschränken, sondern kann Antrag auf Terminsbestimmung und Klageabweisung stellen. Die hierfür entstehenden Kosten sind erstattungsfähig.[247]

Mit vielen Differenzierungen behandelt die Rechtsprechung die Frage, ob Mehrkosten (insbesondere durch einen Anwaltswechsel), die durch die Wahl des Mahnverfahrens entstehen, auch dann zu erstatten sind, wenn mit einem Widerspruch zu rechnen war. Die herrschende Ansicht verneint in diesem Fall die Erstattungsfähigkeit.[248] Ihr ist mit der Einschränkung zuzustimmen, dass die Erstattungsfähigkeit nur dann zu versagen ist, wenn der Gläubiger mit großer Wahrscheinlichkeit mit einem Widerspruch rechnen musste.[249] Grundsätzlich hat der Gläubiger ein gesetzliches Wahlrecht, ob er das Verfahren durch Mahnantrag oder Klage einleiten will. Es steht ihm frei, den Weg einzuschlagen, der ihm sachdienlich erscheint. Das Gebot der Kostenersparnis steht dem nur insoweit entgegen, als sich die vom Gläubiger ausgeübte Wahl als rechtsmissbräuchlich

**243** OLG Koblenz Rpfl. 1988, 161; OLG München MDR 1989, 267. OLG Köln KostRspr. ZPO § 91 (B – Auslagen) Nr. 20; OLG Koblenz NJW-RR 2006, 502, 503.

**244** BGH NJW 2006, 2560; Stein/Jonas/*Bork* Rdn. 43; Zöller/*Herget* Rdn. 13 „Mahnschreiben“; MünchKomm/*Schulz* Rdn. 96; Thomas/Putzo/*Hüßtege* § 91 Rdn. 8; Prütting/Gehrlein/*Schneider* § 91 Rdn. 41.

**245** Baumbach/Lauterbach/Albers/*Hartmann*[71] *§ 91* Rdn. 270 „Vorbereitungskosten“ m.w.N.

**246** Prütting/Gehrlein/*Schneider* § 91 Rdn. 42.

**247** OLG Hamburg MDR 1983, 233; OLG München MDR 1992, 909; Stein/Jonas/*Bork* Rdn. 53; **a.A.** OLG Schleswig SchlHA 1981, 72; Baumbach/Lauterbach/Albers/*Hartmann*[71] § 91 Rdn. 114 „Mahnverfahren“.

**248** OLG Frankfurt JurBüro 1989, 977; OLG Hamm MDR 1989, 549; OLG Bamberg JurBüro 1989, 524, 1574; 1991, 386; OLG Koblenz Rpfl. 1989, 522 (LS); KG JurBüro 1979, 208; OLG München JurBüro 1993, 298; OLG Schleswig JurBüro 1990, 363; **a.A.** OLG Düsseldorf MDR 1988, 679 (Aufgabe früherer Rspr.); JurBüro 1992, 174; 1990, 1178; MDR 1993, 1247; OLG Hamburg JurBüro 1988, 662.

**249** OLG Stuttgart JurBüro 1986, 1090; OLG Karlsruhe AnwBl. 1988, 654; ähnlich OLG Celle JurBüro 1985, 1715; OLG Bamberg JurBüro 1986, 925; OLG Oldenburg JurBüro 1983, 774.

darstellt.[250] Selbst bei sicherem Widerspruch sind die Mehrkosten deshalb dann erstattungsfähig, wenn der Gläubiger das Mahnverfahren aus sachlich gerechtfertigten Gründen gewählt hat, bspw. um eine drohende Verjährung zu unterbrechen.

Bei einem überregional tätigen Unternehmen (hier: der Deutschen Telekom AG) kann es trotz des Gebots der Kosteneinsparung aus wirtschaftlich sinnvollen Gründen gerechtfertigt sein, einen weder am Unternehmenssitz noch am Sitz des späteren Prozessgerichts ansässigen Rechtsanwalt mit der Durchführung des Mahnverfahrens zu beauftragen, obwohl für die Mandatserteilung ein eingehendes Mandatsgespräch nicht erforderlich ist. Solche Gründe sind die personelle und organisatorische Eignung der Kanzlei zur Bewältigung von massenhaften Mahnverfahren sowie der Erfahrung des Unternehmens, dass 90% dieser Mahnverfahren ohne Widerspruch durchgeführt werden.

Ein Sonderproblem bildet die Erstattbarkeit von Kosten eines Mahnanwalts, der weder am Wohnsitz des Gläubigers noch an dem des Schuldners praktiziert (Mahnanwalt am dritten Ort). Die im Anwaltsprozess anfallenden Mehrkosten, die durch die Beauftragung eines Rechtsbeistands im Mahnverfahren anfallen, sind neben den Kosten des im streitigen Verfahren beauftragten Rechtsanwalts unabhängig davon grundsätzlich nicht erstattungsfähig, ob bei Einleitung des Mahnverfahrens mit der Erhebung eines Widerspruchs zu rechnen war oder nicht.

Soweit eine Mahngebühr nach den dargestellten Grundsätzen nicht erstattungsfähig ist, ist zu prüfen, inwieweit sie als Verkehrsgebühr oder in Höhe ersparter Informationskosten erstattet werden kann.[251]

**Mehrheit von Prozessen:** Die Kosten für die Geltendmachung mehrerer Ansprüche 68
in getrennten Prozessen sind grundsätzlich erstattungsfähig, da es der Klagepartei grundsätzlich freisteht, den ihr als zweckmäßig erscheinenden Weg der Rechtsverfolgung zu wählen.[252] Ebenso hat der Kläger grundsätzlich die freie Wahl, gegen mehrere aus einem gleichartigen Grund Verpflichtete in getrennten Verfahren vorzugehen, es sei denn hierfür würde jeder sachliche Grund fehlen.[253] Diese Grundsätze sind indes zu modifizieren: Es kann sich als rechtsmissbräuchlich darstellen, wenn der Antragsteller die Festsetzung von Mehrkosten beantragt, die dadurch entstanden sind, dass er einen einheitlichen Lebenssachverhalt willkürlich in mehrere Prozessmandate aufgespalten hat.[254] Dies kann beispielsweise dann anzunehmen sein, wenn er einen oder mehrere gleichartige oder in einem inneren Zusammenhang stehende und aus einem einheitlichen Lebensvorgang erwachsene Ansprüche gegen eine oder mehrere Personen ohne sachlichen Grund in getrennten Prozessen verfolgt hat.[255] Ein Antrag auf Festsetzung von Mehrkosten, die dadurch entstanden sind, dass ein oder mehrere gleichartige, aus einem einheitlichen Lebensvorgang erwachsene Ansprüche gegen eine oder mehrere Personen ohne sachlichen Grund in getrennten Prozessen verfolgt worden sind, kann als rechtsmissbräuchlich anzusehen sein. Dies ist der Fall, wenn Wohngeldrückstände für mehrere Wohnungen desselben Eigentümers von der Wohnungseigentümergemeinschaft jeweils in Einzelverfahren geltend gemacht wurden, obwohl die Durchsetzung der Ansprüche auch in einem

---

**250** **A.A.** Baumbach/Lauterbach/Albers/*Hartmann*[71] § 91 Rdn. 114 „Mahnverfahren".
**251** KG JurBüro 1977, 1732; OLG Koblenz JurBüro 1986, 392; OLG Köln JurBüro 1988, 616.
**252** OLG München KostRspr. ZPO § 91 (B – Allgemeines) Nr. 79; MDR 1965, 998; Baumbach/Lauterbach/Albers/*Hartmann*[71] § 91 Rdn. 139 „Mehrheit von Prozessen"; **strenger** (zureichende Gründe erforderlich) OLG Hamburg JurBüro 1983, 1255; OLG Koblenz KostRspr. ZPO § 91 (B – Allgemeines) Nr. 113; Zöller/*Herget* *§ 91* Rdn. 13 „Mehrheit von Prozessen"; s.a. *Schneider* MDR 1989, 606.
**253** OLG Frankfurt JurBüro 1986, 97; OLG München MDR 1987, 677; KG JurBüro 1989, 1697.
**254** BGH RVGreport 2013, 108.
**255** BGH B. v. 11.9.2012 – VI ZB 59/11.

(einzigen) Verfahren möglich war, und bei der späteren Vollstreckung aus dem Urteil im Wege der Zwangsversteigerung keine ernsthaften Schwierigkeiten zu erwarten waren.[256] Die getrennte Geltendmachung von gleichgerichteten Unterlassungsansprüchen wegen persönlichkeitsrechtsverletzender Presseberichterstattung durch zwei durch dieselbe Veröffentlichung Betroffene in getrennten Verfügungsverfahren mit der Erwirkung gleichlautender Unterlassungsverfügungen, mithin die Vorgehensweise aus einem identischen Lebenssachverhalt in getrennten Verfahren, stellt eine rechtsmissbräuchliche Rechtsverfolgung dar. Sie stellt keine erhöhten Anforderungen, die eine getrennte Rechtsverfolgung und eine Erstattung der hierdurch entstandenen Mehrkosten rechtfertigen können.[257] Eine Qualifikation des Kostenfestsetzungsverlangens als rechtsmissbräuchlich kommt auch dann in Betracht, wenn der bzw. die von demselben Prozessbevollmächtigten vertretenen Antragsteller die gleichartigen oder in innerem Zusammenhang zueinander stehenden und aus einem einheitlichen Lebensvorgang erwachsenen Ansprüche vor unterschiedlichen Gerichten verfolgt haben, obwohl eine subjektive Klagehäufung auf der Aktiv-oder Passivseite für den oder die Antragsteller nicht mit Nachteilen verbunden gewesen wäre.[258]

Ein Verstoß gegen die Verpflichtung der Prozesspartei, die Kosten ihrer Prozessführung, die sie im Falle ihres Sieges vom Gegner erstattet verlangen will, so niedrig zu halten, wie sich dies mit der Wahrung ihrer berechtigten Belange vereinbaren lässt, kann unter den vorgenannten Voraussetzungen dazu führen, dass das Festsetzungsverlangen als rechtsmissbräuchlich zu qualifizieren ist und die zur Festsetzung angemeldeten Mehrkosten vom Rechtspfleger im Kostenfestsetzungsverfahren abzusetzen sind.[259]

69 **Mehrere Prozessbevollmächtigte:** Die Kosten für die Vertretung einer Partei durch mehrere Rechtsanwälte sind nach § 91 Abs. 2 S. 3 nicht erstattungsfähig (s. aber Stichworte „Anwaltswechsel“ und „Verkehrsanwalt“). Dies gilt auch, wenn eine seltene Spezialmaterie zu behandeln ist[260] oder sich der Fiskus im Prozess durch mehrere Ressortministerien vertreten lässt;[261] s.a. Stichwort „Spezialanwalt“.

Streitgenossen und Nebenintervenienten steht es grundsätzlich frei, einen eigenen Prozessbevollmächtigten zu beauftragen.[262] Wenn zwischen den Streitgenossen jedoch kein Interessenkonflikt auftreten kann (bspw. im Verhältnis von GmbH & Co. KG und ihrer GmbH), so kann Rechtsmissbrauch vorliegen.[263] Waren Streitgenossen in einem Prozess, in welchem ein Streitgenosse obsiegt hat und ein anderer unterlegen ist, durch einen gemeinschaftlichen Anwalt vertreten, so kann der obsiegende Streitgenosse grundsätzlich nur den seiner Beteiligung am Rechtsstreit entsprechenden Bruchteil der Anwaltskosten von dem Prozessgegner erstattet verlangen. Ist für eine interessengerechte Vertretung von zwei verklagten – einfachen – Streitgenossen (§§ 59, 60, 61) ein eigener Anwalt für jeden Streitgenossen nicht erforderlich, so ist es rechtsmissbräuchlich, ohne besonderen sachlichen Grund einen weiteren Anwalt einzuschalten mit der Folge, dass die angefallenen Kosten für zwei Anwälte nicht als notwendig im Sinne von § 91 Abs. 1 anzusehen und damit auch nicht erstattungsfähig sind.

---

**256** BGH NJW-RR 2013, 337.
**257** BGH AnwBl 2012, 1008; BGH, 2.5.2007 – XII ZB 156/06, NJW 2007, 2257.
**258** RVGreport 2013, 108; OLG München, OLGR 2001, 105, 106.
**259** BGH NJW-RR 2013, 337.
**260** BPatG GRUR 1989, 193; OLG Koblenz JurBüro 1984, 922; **a.A.** OLG Frankfurt JurBüro 1977, 947.
**261** OLG Köln Rpfl. 1980, 157.
**262** BVerfG NJW 1990, 2124; OLG Hamm AnwBl. 1983, 526; **a.A.** (sachliche Gründe sind darzulegen) Zöller/*Herget* § 91 Rdn. 13 „Streitgenossen“.
**263** OLG Hamm MDR 1978, 849; OLG Köln JurBüro 1993, 352.

Die Bestellung eines eigenen Anwalts durch den Versicherungsnehmer bei Geltendmachung des Direktanspruchs gegen den Haftpflichtversicherer und des Schadensersatzanspruches gegen den Halter/Fahrer des versicherten Fahrzeuges in einem gemeinsamen Rechtsstreit ist dann nicht notwendig und die damit verursachten Kosten sind auch nicht erstattungsfähig, wenn kein besonderer sachlicher Grund für die Einschaltung eines eigenen Anwalts besteht. Dem ist zu folgen, da i.d.R. kein (rechtlich zu beachtender) Interessenkonflikt zwischen dem Haftpflichtversicherer und dem Versicherungsnehmer bestehen wird.

Werden Rechtsanwälte als einfache Streitgenossen verklagt und steht fest, dass ein eigener Prozessbevollmächtigter für jeden Streitgenossen bei interessengerechter Prozessführung nicht erforderlich sein wird, ist es rechtsmissbräuchlich, jeweils einen eigenen Anwalt einzuschalten, so dass die doppelt geltend gemachten Kosten nicht als notwendig im Sinne von § 91 Abs. 1 anzusehen und damit auch nicht erstattungsfähig sind.

In einem vergaberechtlichen Nachprüfungsverfahren ist es aus kostenrechtlicher Sicht i.S. von § 91 Abs. 1 S. 1 zur zweckentsprechenden Rechtsverfolgung durch eine Bietergemeinschaft regelmäßig ausreichend und den verschiedenen Mitgliedern der Bietergemeinschaft auch zumutbar, dass die Bietergemeinschaft von einem Rechtsanwalt als Hauptbevollmächtigten einheitlich vertreten wird. Lässt sich die Bietergemeinschaft von mehreren Rechtsanwälten getrennt vertreten, so sind deren außergerichtliche Aufwendungen nur bis zur Höhe der fiktiven Kosten eines einheitlichen Verfahrensbevollmächtigten erstattungsfähig.

**Mehrwertsteuer:** Siehe Stichwort „Umsatzsteuer". 70

**Meinungsumfragen:** Gutachten von Meinungsforschungsinstituten spielen in Wett- 71
bewerbssachen zur Glaubhaftmachung im Verfahren der einstweiligen Verfügung eine bedeutende Rolle. Sie sind nach den Grundsätzen über vorprozessuale Privatgutachten erstattungsfähig, wenn die Partei Grund zu der Annahme hatte, die Glaubhaftmachung werde nur auf diesem Wege gelingen.[264] Aufgrund der regelmäßig hohen Kosten besteht besonderer Anlass zur Prüfung, ob die Kosten in Anbetracht der Bedeutung des Rechtsstreits notwendig waren und ob sich die Beauftragung des Meinungsforschungsinstituts nach Umfang und Auswahl der Testpersonen als notwendig darstellte.[265]

**Mieter- und Vermietervereine:** Kosten für eine Terminswahrnehmung durch diese 72
Organisationen sind grundsätzlich nicht erstattungsfähig. Umstritten ist, inwieweit Kosten für die Tätigkeit außerhalb der mündlichen Verhandlung erstattungsfähig sind. Teilweise werden die Kosten bis zur Höhe der Kosten eines Rechtsbeistands zugesprochen.[266] Rechtsbeistandsgebühren sind allerdings zu erstatten, wenn der Geschäftsführer des Vereins in seiner Eigenschaft als Rechtsbeistand tätig wird.[267]

Allein der Umstand, dass das Mietobjekt, das Anlass für den Rechtsstreit ist, am Sitz des Prozessgerichts gelegen ist und sich der klagende Eigentümer deshalb gelegentlich zu dessen Verwaltung dort aufhält, verpflichtet ihn erstattungsrechtlich nicht, einen Prozessbevollmächtigten am Ort des Gerichts zu beauftragen.

**Parteiwechsel** (vgl. auch: Ausscheiden): Bei einem Parteiwechsel auf Klägerseite 73
trägt der ursprüngliche Kläger seine eigenen außergerichtlichen Kosten sowie regelmäßig die Hälfte der bis zum Ausscheiden entstandenen Gerichtskosten und außergerichtli-

**264** OLG Hamm MDR 1979, 234; OLG Hamburg JurBüro 1989, 812.
**265** KG MDR 1987, 677; OLG München JurBüro 1976, 666.
**266** LG Mainz WuM 1968, 202; AG Lüdingshausen WuM 1970, 87; Baumbach/Lauterbach/Albers/*Hartmann*[71] § 91 Rdn. 141 „Mieterverein".
**267** LG Aachen JurBüro 1983, 270.

chen Kosten des Beklagten.[268] Bei einem Passivparteiwechsel hat die ausscheidende Partei einen Erstattungsanspruch gegen den Kläger.[269]

74 **Patentanwalt:** In Patent-, Geschmacksmuster-, Gebrauchsmuster- oder Kennzeichenstreitsachen ordnen die §§ 143 Abs. 3 PatG, § 52 Abs. 4 DesignG, § 27 Abs. 3 GebrMG und § 140 Abs. 3 MarkenG an, dass die Gebühren des Patentanwalts sowie seine notwendigen Auslagen zu erstatten sind. Gleichlautende Verweisungen finden sich in § 32 Abs. 5 WZG und § 48 Sortenschutzgesetz. In diesen Angelegenheiten ist somit nicht zu prüfen, ob die Zuziehung eines Patentanwalts notwendig war. § 140 Abs. 3 MarkenG bestimmt den Erstattungsanspruch für Kosten eines Patentanwalts, nicht aber das Verfahren, in dem diese Kosten geltend zu machen sind. Ob Patentanwaltskosten im Kostenfestsetzungsverfahren berücksichtigt werden können, bestimmt sich allein nach den §§ 91, 103ff. Danach können nur solche vorgerichtlich entstandene Kosten für einen Patentanwalt im Kostenfestsetzungsverfahren einbezogen werden, die einen ausreichend engen Bezug zum konkreten Rechtsstreit haben. Für den nach § 91 Abs. 1 Satz 1 erforderlichen konkreten Prozessbezug genügt es nicht, dass die Kenntnisse aus der Tätigkeit der Patentanwälte irgendwann in einem Rechtsstreit verwendet werden, sondern die Tätigkeit der Patentanwälte muss sich auf den konkreten Rechtsstreit beziehen und gerade mit Rücksicht auf den konkreten Prozess in Auftrag gegeben worden sein. In Designsachen ist ebenso wie in Markensachen die Notwendigkeit der Mitwirkung eines Patentanwalts (§ 91 Abs. 1 Satz 1) im Kostenfestsetzungsverfahren nur hinsichtlich der Auslagen, nicht aber auch der Gebühren des Patentanwalts zu prüfen Allerdings werden die Kosten eines gleichzeitig hinzugezogenen Rechtsanwalts i.d.R. dann nur bei besonderer rechtlicher Schwierigkeit erstattungsfähig sein.[270] In Rechtsstreitigkeiten, auf die die genannten Vorschriften keine Anwendung finden, bspw. in Wettbewerbsprozessen, ist im Einzelfall zu prüfen, ob die Zuziehung eines Patentanwalts wegen besonderer technischer Schwierigkeiten notwendig war.[271] Für den Patentanwalt in eigener Sache ist nach umstrittener Ansicht § 91 Abs. 2 S. 4 entsprechend anzuwenden.[272] Wirkt ein Patentanwalt, der zugleich Rechtsanwalt ist, in beiden Funktionen am Rechtsstreit mit, so sind die für die jeweilige Tätigkeit anfallenden Gebühren getrennt erstattungsfähig.[273] Handelt es sich bei dem Erkenntnisverfahren um eine Streitsache nach dem DesignG, gilt dies nicht automatisch auch für das sich anschließende Zwangsvollstreckungsverfahren. Es ist vielmehr im Einzelfall zu prüfen, ob es der vom Gesetzgeber für das Erkenntnisverfahren fingierten besonderen Sachkunde des Patentanwalts auch im Rahmen der Vollstreckung des Anspruchs bedarf.

75 **Patentingenieur:** § 143 Abs. 3 PatG ist auf Patentingenieure nicht anwendbar, die Notwendigkeit ihrer Einschaltung ist im Einzelfall zu prüfen, wobei ihre Vergütung bis zur Höhe einer Rechtsanwaltsgebühr erstattungsfähig ist (Einzelheiten sind umstritten).[274]

76 **Pflegschaft und Vormundschaft:** Die Kosten für die Bestellung eines Vormunds oder Pflegers für eine prozessunfähige Partei können als Vorbereitungskosten erstat-

---

**268** LG Frankfurt MDR 1987, 591; Zöller/*Greger* § 263, Rdn. 18 ff.; **a.A.** Baumbach/Lauterbach/Albers/*Hartmann*[71] § 91 § 263 Rdn.15 m.w.N.

**269** OLG Schleswig JurBüro 1975, 947; OLG München JurBüro 1966, 49; **abw.** OLG Köln OLGZ 1965, 43.

**270** BGHZ 43, 452; BPatG GRUR 1965, 445.

**271** OLG Celle NJW 1969, 328; OLG Frankfurt JurBüro 1989, 1129; 1966, 430; KG NJW 1968, 755.

**272** BPatG GRUR 1982, 293; **a.A.** OLG Frankfurt WRP 1979, 657; OLG Karlsruhe GRUR 1985, 127.

**273** OLG Karlsruhe AnwBl. 1989, 106; zu den Reisekosten eines auswärtigen Patentanwalts s. OLGR München 1994, 35 m.w.N.

**274** Vgl. BGH MDR 1972, 945; OLG Hamburg JurBüro 1986, 1566; OLG Düsseldorf NJW 1966, 1325; OLG Frankfurt JurBüro 1961, 307.

tungsfähig sein, sofern die Bestellung allein im Hinblick auf den Rechtsstreit erforderlich wurde;[275] s.a. Rdn. 6. Da für die Antragstellung kein Anwaltszwang besteht, ist bei Geltendmachung von Anwaltskosten aber zu prüfen, ob eine anwaltliche Vertretung durch rechtliche Schwierigkeiten gerechtfertigt war.[276]

**Porto und Post:** Porto- und Telefonkosten der Partei und ihres Anwalts sind grund- 77
sätzlich erstattungsfähig. Der Rechtsanwalt kann eine Pauschale von 20% der Gebühren, jedoch höchstens € 20,00 nach RVG-VV Nr. 7002 fordern. Keine notwendigen Kosten der Prozessführung sind allerdings Portokosten zur Unterrichtung der Rechtsschutzversicherung.[277] Zu erstatten sind auch hohe Kosten für Ferngespräche zur Information des Prozessbevollmächtigten, sofern nicht im Einzelfall diese Information schriftlich hätte geschehen können und die Kosten einer Informationsreise nicht überschritten sind.[278]

**Privatgutachten:** Rechtsgutachten sind nur in Ausnahmefällen erstattungsfähig, 78
wenn die Rechtslage außergewöhnlich schwierig ist.[279] Im laufenden Verfahren ist die Einholung eines Privatgutachtens nur notwendig, wenn im Prozess erforderlicher substantiierter Sachvortrag ohne dessen Einholung nicht möglich ist. In einem vom Besteller gegen den Werkunternehmer wegen Mängeln der Werkleistung geführten Bauprozess sind die Kosten für eine komplette Prozessbegleitung der klagenden Partei durch einen Privatgutachter, die über die Ausarbeitung einzelner schriftlicher Stellungnahmen hinaus u.a. die Durchführung diverser Besprechungstermine mit der Partei und ihrem Prozessbevollmächtigten, die Erstellung erläuternder Pläne und Übersichten sowie vergleichen- der Gegenüberstellungen von Äußerungen der Gerichtsgutachter, die inhaltliche Überarbeitung von Anwaltsschriftsätzen sowie die – jeweils nicht gerichtlich angeordnete – Teilnahme an den vom Gericht sowie dem gerichtlich beauftragten Sachverständigen anberaumten Verhandlungs- und Ortsterminen umfasst, jedenfalls im Regelfall nicht erforderlich im Sinne von § 91 Abs. 1 Satz 1. Grundsätzlich ist es Aufgabe des Prozessbevollmächtigten der Partei, die Rechtslage zu klären oder die Partei an einen Rechtsanwalt mit speziellen Rechtskenntnissen zu verweisen. Eine Ausnahme kommt insbesondere bei Fragen ausländischen Rechts in Betracht.[280] Ferner spricht für die Notwendigkeit der Vorlage eines Gutachtens der Grundsatz der Waffengleichheit, wenn die gegnerische Partei bereits ein ihr günstiges Gutachten eines anerkannten Rechtsgelehrten vorgelegt hat. Die Beurteilung der Erstattungsfähigkeit der Kosten für die Einholung eines Privatgutachtens hat sich daran auszurichten, ob eine verständige und wirtschaftlich vernünftig denkende Partei die Kosten auslösende Maßnahme ex ante als sachdienlich ansehen durfte. Die Erstattungsfähigkeit solcher Kosten setzt nicht zusätzlich voraus, dass das Privatgutachten im Rahmen einer ex-post-Betrachtung tatsächlich die Entscheidung des Gerichts beeinflusst hat. Die Kosten eines vorgerichtlich vom im Verkehrsunfallprozess mitverklagten Kfz-Haftpflichtversicherer eingeholten Privatgutachtens zu einer vermuteten Unfallmanipulation sind nicht als Kosten des Rechtsstreits i.S.d. § 91 Abs. 1 erstattungsfähig, wenn das Gutachten lediglich der allgemeinen und eher routinemäßigen Prüfung der Frage diente, ob es sich um ein vorgetäuschtes Unfallgeschehen handelte, und damit um eine Prüfung der Einstandspflicht, welche die Partei grundsätzlich in eigener Verantwortung vorzunehmen hat. Den dadurch entstehenden Aufwand hat sie

**275** OLG Köln Rpfl. 1967, 100 (LS); **a.A.** (keine Kosten des Rechtsstreits) OLG Bamberg MDR 1963, 1021.
**276** KG MDR 1989, 744.
**277** OLG Schleswig JurBüro 1969, 334.
**278** Siehe LAG Kiel AnwBl. 1961, 315; LG Köln AnwBl. 1970, 104.
**279** OLG Celle Rpfl. 1964, 327 (LS); OLG Neustadt Rpfl. 1967, 2 (LS); OLG Hamburg JurBüro 1975, 377; OLG Nürnberg MDR 1980, 854; OLG Koblenz Rpfl. 1986, 107; JurBüro 1988, 1025.
**280** OLG Frankfurt JurBüro 1979, 112; 1987, 752; 1993, 294; strenger OLG Hamburg JurBüro 1983, 770; s.a. OLG Köln RIW 1985, 330 (zu § 293).

mithin grundsätzlich selbst zu tragen. Dagegen: Ein Anspruch auf Erstattung von Kosten eines vorprozessual beauftragten Privatsachverständigen kann auch dann bestehen, wenn bei Erteilung des Gutachtensauftrags ausreichende Anhaltspunkte für einen versuchten Versicherungsbetrug gegeben waren und das im Einzelnen nicht angegriffene Gutachten aufzeigt, dass Ersatz von Schäden begehrt wurde, die durch den Unfall nicht entstanden sein können. Die erstattungsfähigen Kosten eines prozessbegleitend eingeholten Privatgutachtens können nicht deshalb der Höhe nach begrenzt werden, weil die Partei ihrem Gegner den Kostenrahmen des Gutachtens nicht vor dessen Einholung mitgeteilt hat. Die Erstattungsfähigkeit dieser Kosten richtet sich nicht nach den Vergütungssätzen des Justizvergütungs- und -entschädigungsgesetzes (JVEG).

Im Kostenfestsetzungsverfahren bedarf es daher einer substantiierten Darlegung, dass die in Ansatz gebrachten Kosten tatsächlich entstanden sind und dass diese Kosten notwendig waren. Hierzu ist die Einreichung einer aufgegliederten Rechnung des Sachverständigen und eine detaillierte Darlegung seiner konkreten Tätigkeit erforderlich.

Weniger strenge Anforderungen gelten für Sachgutachten. Deren Kosten sind erstattungsfähig, wenn die Einholung des Gutachtens aus der Sicht der Partei objektiv geeignet und erforderlich war, um ihre Chancen im Prozess zu erhöhen. Bei während des Prozesses eingeholten Gutachten ist allerdings stets zu untersuchen, ob nicht ein Beweisantrag ausgereicht hätte. Ob das Gutachten tatsächlich Einfluss auf das Prozessergebnis hatte, kann nur Indiz für seine Notwendigkeit, nicht aber entscheidendes Kriterium sein.[281] Denn die Notwendigkeit der Kosten darf nicht retrospektiv beurteilt werden. In der Regel ist ein Privatgutachten nur erstattungsfähig, wenn es in den Prozess eingeführt wurde. Eine Ausnahme besteht, wenn das Privatgutachten trotz seiner Nichtvorlage zur zweckentsprechenden Rechtsverfolgung notwendig war, bspw. um die Gegenseite zu einem Vergleichsschluss zu bewegen.[282]

Ein wichtiges Hilfsmittel für die Beurteilung der Notwendigkeit eines Gutachtens ist der Grundsatz der Waffengleichheit.[283] Dieser kommt insbesondere zum Tragen, wenn der Prozessgegner durch Vorlage eines eigenen Privatgutachtens oder infolge überlegener Fachkenntnisse deutliche Vorteile in der Prozessführung hat, die zu kompensieren sind.

Der früher teilweise vertretenen Auffassung, die Vorlage des Gutachtens sei schon deshalb erforderlich, wenn das Gutachten den Verlauf des Rechtsstreits zugunsten der das Privatgutachten vorlegenden Partei beeinflusst habe,[284] ist der BGH entgegengetreten. Er hat klargestellt, dass für die Beurteilung der Erstattungsfähigkeit maßgebend sei, ob die Partei die Einholung des Gutachtens ex ante als sachdienlich ansehen durfte.[285] Zur zweckentsprechenden Rechtsverfolgung notwendig ist die Einholung eines Privatgutachtens, wenn eine verständige und wirtschaftlich vernünftig denkende Partei die Kosten auslösende Maßnahme ex ante als sachdienlich ansehen durfte. Dabei darf die Partei die zur vollen Wahrnehmung ihrer Belange erforderlichen Schritte ergreifen.[286] Liegen bspw. nach dem Klagevorbringen Anhaltspunkte für den Verdacht eines versuchten Versicherungsbetrugs vor, darf der Beklagte die Einholung eines Sachverständigen-

---

**281** OLG Bamberg AnwBl. 1985, 387; OLG Bremen JurBüro 1979, 1711; OLG Saarbrücken JurBüro 1988, 1360; 1990, 623; **a.A.** OLG Frankfurt JurBüro 1987, 896; OLG Hamm NJW 1973, 289 (LS); JurBüro 1972, 1022; 1990, 366.

**282** OLG Frankfurt Rpfl. 1990, 182; OLG Saarbrücken JurBüro 1990, 623; **a.A.** OLG Bamberg JurBüro 1989, 392; OLG Frankfurt JurBüro 1984, 1083.

**283** OLG Bamberg JurBüro 1987, 1403; OLG Koblenz AnwBl. 1990, 47.

**284** OLG Bamberg, JurBüro 1990, 732; OLG Frankfurt, JurBüro 1984, 1083, 1084.

**285** BGHZ 192, 140; BGH NSW ZPO § 91 (BGH-intern).

**286** BGH NSW ZPO § 91 (BGH-intern); BGHZ 192, 140.

gutachtens zur Klärung der Frage einer möglicherweise gegebenen Unfallmanipulation als sachdienlich erachten. Wenn auf Grund eines Verkehrsunfalls der Fahrer und/oder der Halter eines beteiligten Kraftfahrzeugs und dessen Haftpflichtversicherung verklagt werden und in diesem Rechtsstreit nur der Fahrer und/oder Halter obsiegt, während die Haftpflichtversicherung unterliegt, kann der obsiegende Streitgenosse, zu dessen Gunsten eine Kostengrundentscheidung ergangen ist, den seiner Beteiligung am Rechtsstreit entsprechenden Anteil der Kosten des gemeinsamen Rechtsanwalts gegen den Erstattungspflichtigen festsetzen lassen und zwar unabhängig davon, ob im Innenverhältnis die Haftpflichtversicherung diese Kosten in vollem Umfang zu tragen hat.[287] Nimmt ein Versicherungsnehmer einen Kfz-Haftpflichtversicherer darauf in Anspruch, ihm wegen eines Unfallereignisses Deckungsschutz aus dem Versicherungsvertrag zu gewähren, so kommt die Festsetzung vorgerichtlicher Sachverständigenkosten mangels Prozessbezogenheit nicht in Betracht bei einem Privatgutachten, das der Versicherer, allein um sich gegen zu erwartende Forderungen der neben ihrem Versicherungsnehmer am Verkehrsunfall Beteiligten adäquat verteidigen zu können, zu einer Zeit eingeholt hat, als nicht ansatzweise absehbar war, dass er von seinem Versicherungsnehmer im Klagewege auf Deckungsschutz in Anspruch genommen werden könnte.[288]

Erweist sich die kostenauslösende Maßnahme einer Partei – Einholung eines Privatgutachtens – nachträglich als überflüssig, weil ein gerichtlicher Beweisbeschluss mit nahezu identischer Beweisfrage ergeht, hat die Partei das ihr Mögliche zu veranlassen, um die von ihr ausgelöste Kostenbelastung abzuwenden. Dazu gehört in der Regel, dass sie sich im Rahmen des Zumutbaren bemüht, den Gutachtenauftrag zurückzuziehen, bevor dort Kosten entstehen oder weitere Kosten anfallen.

Für die erstattungsfähige Höhe der Privatgutachterkosten liefert das JVEG allenfalls Anhaltspunkte, eine Bindung an dessen Sätze besteht nicht.[289] Bedenklich ist die in der Rechtsprechung häufig anzutreffende Angemessenheitsprüfung.[290] Gesetzliches Kriterium für die Erstattungsfähigkeit ist die Notwendigkeit, nicht aber die Angemessenheit der angefallenen Kosten. Eine teilweise Versagung der Erstattung tatsächlich angefallener Privatgutachterkosten ist deshalb nur gerechtfertigt, wenn die Partei gegen das Gebot der Kostenersparnis verstoßen hat, indem sie dem Gutachter vertraglich eine im Vergleich zu anderen Gutachtern zu hohe Vergütung zugebilligt hat, oder wenn sie rechtsmissbräuchlich gehandelt hat, bspw. wegen einer Nebenfrage Gutachterkosten verursacht hat, die außer Verhältnis zur Bedeutung der Angelegenheit stehen.[291]

**Prozesskostenhilfe:** Die Kosten der bedürftigen Partei im Prozesskostenhilfe-Prü- 79
fungsverfahren sind aufgrund des Kostentitels der Hauptsache erstattungsfähig.[292] Gleiches gilt für die Kosten der bedürftigen Partei im Beschwerdeverfahren.[293] Hingegen sind die Kosten des Gegners der bedürftigen Partei im Prozesskostenhilfe-Prüfungsverfahren und im zugehörigen Beschwerdeverfahren aufgrund der Kostenentscheidung der Hauptsache wegen § 118 Abs. 1 S. 3 nicht erstattungsfähig.[294] Eine Kostenerstattung findet fer-

---

**287** OLG München AGS 2013, 44 im Anschluss OLG Stuttgart JurBüro 1990, 625 und OLG Karlsruhe JurBüro 1994, 684.
**288** OLG JurBüro 2013, 92.
**289** OLG Bamberg JurBüro 1976, 1688; OLG Koblenz JurBüro 1988, 878, 1184.
**290** Zum Beispiel OLG Hamm VersR 1969, 1122; OLG Zweibrücken JurBüro 1985, 1874.
**291** Siehe auch OLG München JurBüro 1987, 897.
**292** OLG Bamberg JurBüro 1987, 900; OLG Frankfurt MDR 1979, 147; OLG Hamm Rpfl. 1973, 317, 1091; **a.A.** Zöller/*Herget* § 91 Rdn. 13 „Prozesskostenhilfe", s.a. § 118, 16.
**293** OLG Karlsruhe JurBüro 1980, 940; OLG Schleswig JurBüro 1980, 1731; **a.A.** OLG München MDR 1989, 267 = KostRspr. ZPO § 91 (B – Allgemeines) Nr. 120 m. zust. Anm. *Lappe*.
**294** OLG Celle JurBüro 1966, 1064; OLG Bamberg JurBüro 1987, 905; OLG Frankfurt JurBüro 1978, 1083.

ner auch dann nicht statt, wenn Prozesskostenhilfe nicht bewilligt wird und Kosten angefallen sind.[295]

80 **Prozessstandschaft:** Bei gewillkürter Prozessstandschaft können Kosten, die beim vertretenen Rechtsträger angefallen sind, erstattungsfähig sein, wenn sie auch beim Prozessstandschafter als notwendige Kosten der Rechtsverfolgung oder -verteidigung angefallen wären.[296] Mehrkosten, die durch die Geltendmachung des Anspruchs in Prozessstandschaft erwachsen, sind dem Beklagten nicht zuzurechnen, er hat deshalb bspw. die Kosten des Verkehrsanwalts des Trägers des sachlichen Rechts nicht zu erstatten.[297]

81 **Ratsgebühr:** Grundsätzlich geht die sog. Ratsgebühr des Rechtsanwalts aus RVG-VV Nr. 2100ff. u.a. in der Verfahrensgebühr auf und ist daher nicht erstattungsfähig. Die vorprozessual angefallenen Kosten der Beratung durch einen Anwalt können jedoch in Ausnahmefällen erstattungsfähig sein. Beispiele sind die Beratung des Klägers zur gerichtlichen Zuständigkeit[298] oder die Beratung eines rechtlich unerfahrenen Beklagten zur Frage, ob er sich auf einen bevorstehenden Prozess einlassen soll.[299] Im Übrigen ist die Ratsgebühr des Anwalts regelmäßig nur dann erstattungsfähig, wenn die Voraussetzungen für die Inanspruchnahme eines Verkehrsanwalts vorlagen.[300]

82 **Rechtsanwalt:** Nach § 91 Abs. 2 S. 1 sind die gesetzlichen Gebühren und Auslagen eines Rechtsanwalts in allen Prozessen erstattungsfähig, ohne dass geprüft werden darf, ob die Einschaltung eines Prozessbevollmächtigten nötig ist. Die Partei ist auch in einfach gelagerten Parteiprozessen oder Mahnverfahren nicht verpflichtet, sich selbst zu vertreten oder eine kostenlose rechtliche Unterstützung in Anspruch zu nehmen, die ihr bspw. infolge einer Verbandsmitgliedschaft zusteht.[301] Eine Ausnahme gilt unter dem Gesichtspunkt des Rechtsmissbrauchs nur, wenn die Vertretung für die Partei offensichtlich nutzlos war und nur dem Gegner Kosten verursachen soll.[302] Die Erstattungsfähigkeit hängt nicht davon ab, ob sich der Anwalt im Prozess bestellt hat. Erstattungsfähig sind deshalb auch die Kosten eines Anwalts, der die Partei prozessbegleitend berät (bis zur Höhe der bei prozessualer Vertretung anfallenden Gebühren).[303] Solange die Tätigkeit des Anwalts sinnvoll zur zweckentsprechenden Rechtsverfolgung oder Rechtsverteidigung der Partei beiträgt, kommt es auch nicht darauf an, ob er beim Prozessgericht zugelassen ist.[304] Die beklagte Partei darf grundsätzlich ohne weiteres und sofort einen Rechtsanwalt mit der Wahrnehmung ihrer Interessen beauftragen, auch wenn die Klage offensichtlich unzulässig oder, bspw. infolge einer Namensverwechslung, offensichtlich unbegründet ist.[305] Aufgrund der Kompliziertheit unseres Rechtssystems wird die Partei regelmäßig nicht in der Lage sein, zuverlässig zu beurteilen, ob sie ohne Einschaltung eines Anwalts prozessuale Nachteile erleidet.

§ 91 Abs. 2 S. 1 enthebt nicht der Notwendigkeit, im Einzelfall zu prüfen, ob die von dem eingeschalteten Prozessbevollmächtigten vorgenommenen Prozesshandlungen

**295** Prütting/Gehrlein/*Schneider* § 91 Rdn. 46.
**296** **A.A.** OLG München Rpfl. 1980, 232.
**297** OLG Koblenz Rpfl. 1986, 449.
**298** OLG Düsseldorf MDR 1983, 760.
**299** OLG Bamberg JurBüro 1981, 548; OLG Frankfurt JurBüro 1985, 1410.
**300** OLG Bamberg JurBüro 1989, 1283; OLG Koblenz AnwBl. 1985, 213; näher s. *Dittmar* NJW 1986, 2091.
**301** LAG Düsseldorf JurBüro 1987, 903; OVG Bremen JurBüro 1986, 1870; AG Hannover AnwBl. 1979, 235.
**302** OLG Hamm NJW 1970, 2217.
**303** OLG München MDR 1980, 1027; OLG Zweibrücken KostRspr. ZPO § 91 (B – Vertretungskosten) Nr. 222; LG Berlin MDR 1982, 499.
**304** OLG Frankfurt JurBüro 1983, 277; OLG Hamm AnwBl. 1986, 208; OLG Saarbrücken AnwBl. 1972, 394; OLG Zweibrücken FamRZ 1982, 187; **a.A.** OLG Celle JurBüro 1986, 270; OLG Frankfurt JurBüro 1987, 859.
**305** Siehe bspw. OLG München MDR 1984, 946; LG Berlin MDR 1989, 165; **abw.** OLG Bamberg JurBüro 1989, 538.

zweckentsprechend waren.[306] Hieraus erklärt sich beispielsweise der Streit, ob für den Berufungsbeklagten die volle Prozessgebühr des Anwalts erstattungsfähig ist, wenn dieser bereits vor Eingang der Berufungsbegründung einen Antrag auf Zurückweisung der Berufung stellt, obwohl der Gegner die Berufung nur zur Fristwahrung einlegt (s. oben Rdn. 36). Was Kosten betrifft, die im vorprozessualen Bereich, z.B. für Mahnschreiben angefallen sind, so werden diese von § 91 Abs. 2 S. 1 nicht erfasst, hier muss jeweils geprüft werden, ob die Einschaltung eines Anwalts notwendig war.[307]

Die Erstattungsfähigkeit hat nicht zur Voraussetzung, dass der Anwalt die Gebühren der Partei gegenüber bereits geltend gemacht hat[308] oder dass die Gebühren nicht durch eine Rechtsschutzversicherung bezahlt werden.[309] Ebenso wenig kommt es darauf an, ob es sich bei der Partei um einen nahen Angehörigen oder Unterhaltsberechtigten des Anwalts handelt.[310] (Dies folgt schon daraus, dass der Anwalt selbst in eigener Sache Gebühren erstattet verlangen kann.) Unerheblich ist auch, ob sich der Anwalt die Gebühr durch einen Verstoß gegen Standesrecht verdient hat.[311] § 91 Abs. 2 S. 4 ordnet ausdrücklich an, dass der Anwalt auch in eigener Sache Gebühren und Auslagen erstattet erhält. Da aber davon auszugehen ist, dass der Rechtsanwalt im Allgemeinen die Fähigkeit hat, selbst einen anderen Rechtsanwalt zu unterrichten, ist die Verkehrsgebühr regelmäßig nicht erstattungsfähig.[312] Nicht erstattungsfähig ist auch die rechnerisch auf die Gebühren und Auslagen entfallende Mehrwertsteuer.[313] Eine Ausnahme gilt bei eigenen privaten Angelegenheiten des Anwalts.[314] Eine weitere Ausnahme gilt, sofern bei einem umsatzsteuerpflichtigen Anwalt der Eigenverbrauch bei einer Vertretung in eigener Sache Umsatzsteuer auslöst.[315] (Siehe auch Stichwort „Umsatzsteuer").

Bei den durch die vorprozessuale Beauftragung des Rechtsanwalts entstandenen Kosten handelt es sich um eine Nebenforderung, die nach § 43 Abs. 1 GKG nicht streitwerterhöhend wirkt, solange die der Beauftragung zu Grunde liegende Forderung Gegenstand des Prozesses ist.[316]

Ein Anwaltswechsel ist nur dann notwendig im Sinne von § 91 Abs. 2 Satz 2, wenn er nicht auf ein Verschulden der Partei oder ein ihr nach dem Grundgedanken von § 85 Abs. 2 zuzurechnendes Verschulden ihres Rechtsanwalts zurückzuführen ist.[317] Denn nach dem Sinn und Zweck von § 91 Abs. 2 Satz 2, der auf eine Einschränkung der Erstattungsfähigkeit gerichtet ist, reicht für die Erstattungsfähigkeit von Mehrkosten, die durch einen Anwaltswechsel entstanden sind, nicht schon die objektive Notwendigkeit des Anwaltswechsels aus. Vielmehr ist § 91 Abs. 2 Satz 2 dahin auszulegen, dass ein Wechsel nur dann eintreten musste, wenn er darüber hinaus unvermeidbar war, somit nicht schuldhaft verursacht worden ist.[318] Die Mehrkosten für einen zweiten Rechtsanwalt sind erstattungsfähig, wenn der erste Prozessbevollmächtigte seine Zulassung zur

**306** OLG Düsseldorf JurBüro 1972, 64.
**307** BGH NJW-RR 1988, 1199.
**308** OLG Hamburg JurBüro 1978, 442.
**309** OLG Karlsruhe NJW 1962, 813, **a.A.** (überholt) KG Rpfl. 1965, 354 (LS).
**310** OLG Hamburg, JurBüro 1974, 59; LG Berlin JurBüro 1977, 1446.
**311** OLG Hamburg JurBüro 1980, 720 (Verstoß gegen § 46 BRAO).
**312** OLG Koblenz MDR 1987, 852 m.w.N.
**313** BFH NJW 1977, 408 (LS); OLG Hamburg JurBüro 1982, 1349; KG MDR 1981, 1024; OLG Frankfurt AnwBl. 1988, 70 (ungeachtet der Nachteile beim Kostenausgleich).
**314** OLG Hamburg JurBüro 1986, 873; OLG Hamm AnwBl. 1986, 452; OLG Stuttgart JurBüro 1986, 443.
**315** OLG Hamm AnwBl. 1986, 453.
**316** OLG Celle AGS 2012, 572.
**317** OLG Celle NJW-RR 2011, 485; OLG Koblenz Rechtspfleger 2004, 184; OLG Frankfurt JurBüro 1986, 453 Zöller/Herget, § 91 Rdn. 13 „Anwaltswechsel".
**318** BGH FuR 2013, 39.

Anwaltschaft aus achtenswerten Gründen zurückgegeben hat und dies bei Übernahme des Mandats noch nicht absehbar war.[319] Die Zuziehung eines Rechtsanwalts neben einem Patentanwalt ist typischerweise als zur zweckentsprechenden Rechtsverfolgung oder Rechtsverteidigung notwendig im Sinne von § 91 Abs. 1 Satz 1 ZPO anzusehen, wenn zeitgleich mit dem Nichtigkeitsverfahren ein das Streitpatent betreffender Verletzungsrechtsstreit anhängig ist, an dem die betreffende Partei oder ein mit ihr wirtschaftlich verbundener Dritter beteiligt ist.[320] Ein nach § 3 Abs. 1 Satz 1 Nr. 1, § 4 UKlaG in die Liste qualifizierter Einrichtungen eingetragener Verbraucherverband ist unabhängig von seiner Geschäftsorganisation in durchschnittlich schwierigen Fällen unter dem Gesichtspunkt der Kostenerstattung gehalten, einen am Gerichtsort ansässigen Prozessvertreter zu beauftragen. Reisekosten zum Prozessgericht zählen in diesen Fällen nicht zu den notwendigen Kosten einer zweckentsprechenden Rechtsverfolgung.[321]

Auch wenn im Zeitpunkt der Beauftragung eines Rechtsanwalts der Antrag bereits zurückgenommen ist, steht dies der Erstattungsfähigkeit der Kosten des Rechtsanwalts nicht grundsätzlich entgegen.[322] Vor Zustellung der Klage hat der Anspruchsgegner, der zufällig von der Klageeinreichung Kenntnis erlangt, aber in der Regel keine Veranlassung, einen Rechtsanwalt zu beauftragen. Führt die Rücknahme der eingereichten Klage vor deren Zustellung zu einer Kostenentscheidung nach § 269 ZPO, besagt das nicht, dass die dem Anspruchsgegner entstandenen Kosten erstattungsfähiger Prozessaufwand sind.[323]

83 **Rechtsbeistand:** Nach Art. IX KostÄndG gilt die BRAGO und somit auch das die BRAGO ablösende RVG für Rechtsbeistände sinngemäß. Des Weiteren ordnet die Vorschrift an, dass § 91 Abs. 2 sinngemäß anzuwenden ist. Die Gebühren und Auslagen eines Rechtsbeistandes sind also auch bei Tätigkeit in eigener Sache erstattungsfähig.[324] Soweit im weiteren Verfahrensverlauf, bspw. durch eine Klageerhöhung, die Einschaltung eines Rechtsanwalts in vorhersehbarer Weise nötig wird, sind die Kosten des Rechtsbeistands jedoch nicht zu erstatten. Rechtsbeistandskosten sind bei Einleitung des Verfahrens durch Mahnbescheid neben Rechtsanwaltskosten deshalb nur erstattungsfähig, wenn nicht mit einem Widerspruch zu rechnen war.[325]

84 **Referendar:** Die Tätigkeit eines dem Anwalt zur Ausbildung zugewiesenen Referendars steht der des Anwalts gleich, § 5 RVG. Bei einem Referendar, der sich nicht in der Anwaltsstation befindet, billigen einige Gerichte nur die Hälfte der Anwaltsgebühren als erstattungsfähig zu.[326]

85 **Reisekosten:** Nach § 91 ist zwischen den Reisekosten der Partei und des Anwalts zu unterscheiden. Für die Partei sind Fahrtkosten, Reiseaufwand und Zeitversäumnis nach den Bestimmungen des JVEG zu erstatten, § 91 Abs. 1 S. 2 Halbsatz 2.[327] Eine Reise liegt vor, wenn die Partei die Grenzen der politischen Gemeinde überschreitet, in der sie wohnt,[328] auf die tatsächliche Entfernung kommt es aus Vereinfachungsgründen nicht

**319** BGH NJW 2012, 3790.
**320** BGH MittdtschPatAnw 2013, 145.
**321** BGH NJW-RR 2013, 242.
**322** OLG Hamm ZfSch 2013, 106.
**323** OLG Koblenz MDR 2013, 300.
**324** LG Kiel Rpfl. 1969, 248; AG Bielefeld JurBüro 1977, 846.
**325** KG JurBüro 1970, 983; OLG Stuttgart JurBüro 1982, 1681; LG Bremen JurBüro 1969, 961.
**326** LG Braunschweig Rpfl. 1985, 507; LG Kassel AnwBl. 1980, 203; **abw.** LG Osnabrück JurBüro 1978, 216 (2/3); LG Mosbach AnwBl. 1976, 180 (3/4); LG Ravensburg NJW 1976, 2225 (voll).
**327** BVerwG Rpfl. 1984, 158; OLG Düsseldorf MDR 1974, 590; **a.A.** (ZSEG nicht maßgebend) OLG Karlsruhe Justiz 1969, 224.
**328** OLG Hamm JurBüro 1981, 144.

an.[329] Reisekosten der Partei zu Terminen sind auch bei Vertretung durch einen Prozessbevollmächtigten grundsätzlich erstattungsfähig, da die Anwesenheit der Partei in aller Regel der Prozessbeschleunigung und -förderung dient.[330] Dies ist vor allem bei verwickelten Sachverhalten[331] und in einstweiligen Verfügungssachen anzunehmen.[332] Stets notwendig sind die Reisekosten, wenn das Gericht das persönliche Erscheinen der Partei angeordnet hat.[333] In diesem Fall sind auch die Reisekosten eines Vertreters nach § 141 Abs. 3 S. 2 erstattungsfähig.[334] Einem beteiligten Elternteil mit Sitz im Ausland (hier Vereinigte Staaten von Amerika) werden wie einem Beteiligten im Inland Reisekosten zur Teilnahme am Anhörungstermin erstattet. Solche Reisekosten sind gem. §§ 85 FamFG, 91 Abs.1 ZPO auch dann erstattungsfähig, wenn der Beteiligte anwaltlich vertreten ist und das Gericht das persönliche Erscheinen nicht angeordnet hat. Nicht erstattungsfähig sind hingegen Reisekosten, die dadurch entstehen, dass ein Kaufmann mit mehreren Filialen Rechtsstreitigkeiten zentral bearbeiten lässt.[335] In bestimmten Ausnahmekonstellationen können auch die Mehrkosten eines an einem dritten Ort ansässigen Bevollmächtigten notwendig und damit erstattungsfähig sein, so wenn Besonderheiten etwa in der Betriebsorganisation oder in der zu vertretenden Sache bestehen. Letzteres ist insbesondere dann der Fall, wenn ein spezialisierter auswärtiger Rechtsanwalt mandatiert ist und ein vergleichbarer Anwalt am Wohnort der Partei nicht beauftragt werden kann.

Dass der Kläger den Anwalt seines Vertrauens bereits vorgerichtlich mit der Wahrnehmung seiner Interessen beauftragt hatte, gibt ebenfalls keinen Grund, die durch seine Prozessvertretung entstandenen Reisekosten einschließlich der Abwesenheitsgelder als zur zweckentsprechenden Rechtsverfolgung notwendige Kosten anzusehen. Zwar ist es im Allgemeinen für die Partei kostengünstiger, den von ihr vorgerichtlich eingeschalteten Rechtsanwalt auch mit der Prozessvertretung zu beauftragen. Für die Frage der Notwendigkeit, einen auswärtigen Rechtsanwalt einzuschalten, ist jedoch nicht auf den Zeitpunkt abzustellen, in dem sich die Frage stellt, welcher Rechtsanwalt mit der Prozessvertretung mandatiert werden soll, sondern auf den der Beauftragung des Rechtsanwalts mit der außergerichtlichen Wahrnehmung der Interessen der Partei. Insoweit wird eine vernünftige und kostenorientierte Partei einen in ihrer Nähe oder am Gerichtsort tätigen Rechtsanwalt einschalten.

Die Reisekosten eines beim Prozessgericht nicht zugelassenen und weder am Gerichtsort noch am Geschäfts- oder Wohnort der Prozesspartei ansässigen Prozessbevollmächtigten zur Terminswahrnehmung sind jedenfalls insoweit zu erstatten, als sie sich im Rahmen der erstattungsfähigen Reisekosten halten, die angefallen wären, wenn die Partei einen Prozessbevollmächtigten entweder am Gerichtsort oder an ihrem Geschäfts- oder Wohnort beauftragt hätte. Dieser Grundsatz gilt auch dann, wenn der sachbearbeitende Rechtsanwalt einer überörtlichen Anwaltssozietät angehört, die auch am Sitz des Prozessgerichts mit dort postulationsfähigen Rechtsanwälten vertreten ist. Für die Entstehung einer Gebühr kommt es nicht darauf an, ob die den gesetzlichen Gebührentatbestand ausfüllenden Maßnahmen erforderlich waren. Ihre Erstattungsfähigkeit nach § 91 ist jedoch grundsätzlich von der Notwendigkeit der Maßnahmen zur zweckentsprechenden Rechtsverfolgung oder -verteidigung abhängig. Ein eingehendes persönliches Man-

---

**329** OLG Stuttgart JurBüro 1984, 762; **a.A.** OLG Köln JurBüro 1976, 375.
**330** OLG Frankfurt JurBüro 1987, 272; OLG Koblenz JurBüro 1979, 442; **a.A.** OLG Celle JurBüro 1986, 281; OLG Hamburg JurBüro 1980, 289.
**331** OLG Karlsruhe JurBüro 1990, 209.
**332** OLG Frankfurt KostRspr. ZPO § 91 (B – Auslagen) Nr. 29 m. Anm. *von Eicken*; KG JurBüro 1987, 754.
**333** OLG Frankfurt JurBüro 1979, 907.
**334** Schleswig Koblenz JurBüro 1977, 99; 1980, 1419.
**335** OLG Hamm MDR 1972, 877; OLG Stuttgart JurBüro 1992, 688; s.a. LAG Hamm EzA ZPO § 91 Nr. 5.

dantengespräch, das die Zuziehung eines am Wohn- oder Geschäftsort der auswärtigen Partei ansässigen Rechtsanwalts als zur zweckentsprechenden Rechtsverfolgung oder Rechtsverteidigung notwendig erscheinen lässt, kann nicht mit der Begründung als entbehrlich angesehen werden, einem Unternehmen, das nicht über eine eigene Rechtsabteilung verfügt, sei die Einrichtung einer solchen jedenfalls zuzumuten. Die bei der Anwendung von § 91 Abs. 2 Satz 1 Halbsatz 2 gebotene typisierende Betrachtungsweise führt dabei dazu, dass die Notwendigkeit einer zweckentsprechenden Rechtsverfolgung oder Rechtsverteidigung zu bejahen ist, wenn eine rechtsunkundige Partei an ihrem Wohn- oder Geschäftssitz ansässigen Rechtsanwalt mit der Vertretung in einem Prozess beauftragt, der vor einem auswärtigen Gericht geführt wird. Beauftragt ein Unternehmen, das bei einem auswärtigen Gericht klagt oder verklagt wird, einen Rechtsanwalt mit der Prozessführung, der weder am Gerichtsort noch am Unternehmenssitz der Partei und auch nicht an dem Ort der unternehmensinternen Bearbeitung der Sache ansässig ist, sind die Reisekosten des Rechtsanwalts regelmäßig nur bis zur Höhe der fiktiven Reisekosten vom Unternehmenssitz zum Gerichtsort erstattungsfähig. Es ist für sich allein kein ausreichender Grund, einen weder am Sitz des Prozessgerichts noch der Prozesspartei niedergelassenen Rechtsanwalt mit der Prozessvertretung zu beauftragen, wenn eine zu einer Unternehmensgruppe gehörende Handelsgesellschaft den an einem dritten Ort niedergelassenen Rechtsanwalt nur deshalb wählt, weil dieser mit den Gesellschaftern der zur Unternehmensgruppe gehörenden Gesellschaften durch eine langjährige vertrauensvolle Zusammenarbeit verbunden ist und daher für alle Gesellschaften dieser Gruppe tätig wird. Beauftragt eine am Ort ihrer Zweigniederlassung verklagte GmbH, deren Rechtsangelegenheiten an ihrem Hauptsitz bearbeitet werden, einen dort ansässigen Rechtsanwalt mit ihrer Vertretung, so sind dessen Reisekosten zum Prozessgericht im Regelfall erstattungsfähig.

Macht ein Steuerberater durch Beauftragung eines an seinem eigenen Sitz tätigen Rechtsanwalts vor einem auswärtigen Gericht einen Gebührenanspruch geltend, sind die Reisekosten des Rechtsanwalt nicht erstattungsfähig, wenn der Steuerberater ohne weiteres in der Lage gewesen wäre, einen am Ort des Prozessgerichts niedergelassenen Rechtsanwalt nach umfassender Information mit der Wahrnehmung der Angelegenheit zu betrauen.

Die Partei kann Erstattung der Kosten einer Flugreise von ihrem Sitz an den Ort des Prozessgerichts nur beanspruchen, wenn die geltend gemachten Kosten in einem angemessenen Verhältnis zu der Bedeutung der Sache stehen. Dies ist bei Bagatellstreitigkeiten regelmäßig abzulehnen. Die Partei hat von mehreren Möglichkeiten der Anreise die kostengünstigste zu wählen. Das bedeutet bei einer Anreise per Flugzeug, dass sie die günstigste Fluglinie auswählen muss.

Erstattungsfähig sind auch die Reisekosten der Partei zur Information eines auswärtigen Anwalts. Die Zahl der zuzubilligenden **Informationsreisen** richtet sich nach Umfang, Dauer und Bedeutung des Prozesses.[336] Außer in ganz einfach gelagerten Sachen ist regelmäßig mindestens eine Informationsreise pro Tatsacheninstanz zuzubilligen.[337] Aber auch bei häufigeren Reisen ist eine kleinliche Prüfung nicht angebracht, da davon auszugehen ist, dass die Partei die Mühen einer Reise nicht ohne Grund auf sich nimmt. Beauftragt eine vor einem auswärtigen Gericht klagende Partei einen in der Nähe ihres Wohnsitzes ansässigen Rechtsanwalt mit der gerichtlichen Vertretung, sind die Kosten des von diesem eingeschalteten Unterbevollmächtigten am Gerichtsort jedenfalls dann erstattungsfähig, wenn sie die (fiktiven) Reisekosten des Prozessbevollmächtigten am

**336** OLG Nürnberg JurBüro 1967, 662; OLG Schleswig SchlHA 1961, 334.
**337** OLG Hamburg JurBüro 1985, 288; OLG Hamm JurBüro 1985, 126.

Wohnsitz der Partei nicht erheblich übersteigen. Auch sind neben einer erstattungsfähigen Verkehrsanwaltsvergütung i.d.R. keine Reisekosten der Partei zur Information des Prozessbevollmächtigten zuzubilligen.[338] Bei kompliziert gelagerten Sachverhalten sind aber Ausnahmen denkbar. Außer den Termins- und Informationsreisekosten sind, je nach Notwendigkeit, auch Reisekosten zu anderen Zielen, bspw. zur Beschaffung von Prozessmaterial erstattungsfähig.[339]

Übt der Kläger das ihm zustehende Recht zur Wahl unter mehreren zuständigen Gerichten gem § 35 – vorliegend in Verbindung mit § 14 Abs. 2 Satz 1 UWG – dahin aus, dass er nicht im eigenen Gerichtsstand klagt, sondern bei einem auswärtigen Gericht an einem dritten Ort, der auch nicht dem Gerichtsstand des Beklagten entspricht, dann sind die Reisekosten nach Nr. 7003 und 7005 RVG-VV seines an seinem Wohn- oder Geschäftssitz ansässigen Prozessbevollmächtigten anlässlich der Terminwahrnehmung an dem auswärtigen Gerichtsort nicht zur zweckentsprechenden Rechtsverfolgung notwendig und deshalb nicht erstattungsfähig gem. § 91 Abs. 1 Satz 1, Abs. 2 Satz 1, weil der Kläger bei der Gerichtswahl seiner Pflicht zur kostengünstigsten Prozessführung nicht nachgekommen ist.

Bei **Geschäftsreisen** des Anwalts ist zwischen dem Ersatzanspruch des Anwalts im Innenverhältnis zu seinem Auftraggeber und dem Kostenerstattungsanspruch des Auftraggebers gegenüber dem Prozessgegner nach § 91 zu unterscheiden. Eine Geschäftsreise liegt vor, wenn das Prozessgericht entweder außerhalb der Kanzleigemeinde oder außerhalb der Wohngemeinde liegt, wobei auf den Ort der tatsächlichen Abreise abzustellen ist.[340] Allerdings zeigt § 91 Abs. 2, dass die Partei regelmäßig die Auslagen, die sie ihrem Anwalt schuldet, erstattet verlangen kann. Zugleich ist aber zu berücksichtigen, dass die Partei aus Gründen der Kostenersparnis grundsätzlich verpflichtet ist, einen am Ort des Gerichts ansässigen Anwalt zu beauftragen. Die Erstattungsfähigkeit von Reisekosten eines nicht am Gerichtsort ansässigen Prozessbevollmächtigten bedarf deshalb eines rechtfertigenden Grundes. Die Tatsache, dass der eingeschaltete Prozessbevollmächtigte die Partei ständig betreut, liegt in deren Sphäre und reicht deshalb hierfür nicht aus. Erstattungsfähigkeit kann aber vorliegen, wenn ein spezielles Rechtsgebiet die Einschaltung eines Spezialisten erfordert, der am Gerichtsort nicht zur Verfügung steht.[341] Neben den Reisekosten des Anwalts für die Wahrnehmung von Terminen können auch Informationsreisen zur Partei oder zu anderen Orten erstattungsfähig sein, soweit diese notwendig sind.[342] Dies kann bspw. für die Besichtigung von Unfallstellen oder streitbefangenen Grundstücken zutreffen.

**Richter- und Sachverständigenablehnung:** Nach umstrittener Ansicht sind die Kosten eines Beschwerdeverfahrens erstattungsfähig, wenn das Beschwerdegericht eine Kostenentscheidung getroffen hat.[343] Da es sich nicht um kontradiktorische Verfahren handelt, ist eine Kostenentscheidung jedoch nur veranlasst, wenn der Gegner zur Stellungnahme aufgefordert worden war.[344] 86

**Sachverständiger:** Die Gebühren für ein vom Gericht eingeholtes Sachverständigengutachten sind stets erstattungsfähig, dem Erstattungsberechtigten kann nicht ent- 87

338 OLG München MDR 1987, 333.
339 BGH VersR 1961, 183; OLG Hamm JurBüro 1968, 1006; 1969, 769.
340 OLG Düsseldorf, Beschl. v. 23.2.2012 – I-10 W 97/11.
341 LAG Düsseldorf ZiP 1980, 471; ArbG Bochum NJW 1978, 775.
342 OLG Nürnberg MDR 1969, 854; VG Stuttgart AnwBl. 1985, 544.
343 BGH NJW 2005, 2233; OLG Düsseldorf MDR 1985, 589; OLG Koblenz MDR 1992, 310; OLG Schleswig JurBüro 1989, 502 m.w.N.; **a.A.** OLG Hamm MDR 1989, 917.
344 OLG Hamm JurBüro 1979, 117; **a.A.** (keine Erstattung) OLG München JurBüro 1987, 1088; OLGR München 1994, 120 (LS); s.a. *Schneider* DRiZ 1979, 186.

gegengehalten werden, er hätte den Kostenansatz gem. § 19 GKG angreifen müssen.[345] Soweit zur Vorbereitung der Begutachtung Kosten entstehen, die das Maß einer üblichen und zumutbaren Prozessbearbeitung übersteigen, sind diese der Partei zu erstatten.[346]

88 **Schaden:** Aufwendungen oder Schäden, die einer Partei entstehen, können nur dann im Kostenfestsetzungsverfahren erstattet werden, wenn sie in unmittelbarem Zusammenhang mit der Prozessführung entstanden sind. So sind Einkommenseinbußen, die durch eine gerichtlich angeordnete Sachverständigenbegutachtung (Maschinenausfall) entstehen, erstattungsfähig.[347]

89 **Schiedsgutachten:** Die Aufwendungen für ein vereinbarungsgemäß eingeholtes Schiedsgutachten sind im nachfolgenden Rechtsstreit grundsätzlich nicht als Prozessgutachten erstattungsfähig.[348]

90 **Schuldner nach Eröffnung des Insolvenzverfahrens über sein Vermögen:** Ein Schuldner, der persönlich verklagt wird, obwohl über sein Vermögen das Insolvenzverfahren eröffnet ist, kann wirksam einen Rechtsanwalt mit seiner Rechtsverteidigung beauftragen. Nimmt der Kläger die Klage zurück und werden ihm nach § 269 Abs. 3 die Kosten des Rechtsstreits auferlegt, gehören die beim Beklagten entstandenen Rechtsanwaltsgebühren zu den Kosten, die zur zweckentsprechenden Rechtsverteidigung notwendig waren und deshalb nach § 91 zu erstatten sind.

91 **Schutzschrift:** Die Kosten einer Schutzschrift sind erstattungsfähig. Dies gilt auch dann, wenn der spätere Verfügungsantrag wieder zurückgenommen wird.[349]

92 **Sequestration:** Die Kosten der Sequestration können im Kostenfestsetzungsverfahren aufgrund der Kostengrundentscheidung des Verfahrens festgesetzt werden, in dem die Sequestration angeordnet worden ist.

93 **Sicherheitsleistung:** Kosten, die im Zusammenhang mit einer für die Prozessführung erforderlichen Sicherheitsleistung, bspw. nach § 110, entstehen, sind erstattungsfähig.[350] Die Erstattungsfähigkeit der Kosten einer Avalbürgschaft, die der Gläubiger beibringt, um die Zwangsvollstreckung aus einem vorläufig vollstreckbaren Urteil zu ermöglichen, hängt nicht davon ab, dass dem Schuldner zuvor eine vollstreckbare Ausfertigung des Titels zugestellt wurde. Vielmehr reicht es grundsätzlich aus, dass der Gläubiger im Zeitpunkt der kostenauslösenden Maßnahme im Besitz einer vollstreckbaren Ausfertigung des Schuldtitels ist und der Schuldner in Kenntnis seiner unbedingten Zahlungsverpflichtung einen Zeitraum von 14 Tagen zur freiwilligen Erfüllung der titulierten Forderung hat verstreichen lassen.[351]

94 **Spezialanwalt:** Die gesonderte Heranziehung eines Spezialisten ist i.d.R. nicht erstattungsfähig, da sich der Prozessbevollmächtigte die erforderlichen Kenntnisse entweder selbst verschaffen muss oder die Partei an einen geeigneten Kollegen verweisen muss.[352]

---

**345** OLG Stuttgart Justiz 1983, 119.

**346** OLG Köln JurBüro 1983, 1087; KG JurBüro 1981, 1388; OLG Koblenz MDR 1986, 855 (Ausbau einer Kfz-Motors); JurBüro 1978, 120 (unvermeidbarer Schaden durch die Untersuchung).

**347** **A.A.** OLG Stuttgart JurBüro 1981, 1076; s.a. Fn. 348.

**348** BGH NJW-RR 2006, 212, 213; OLG Koblenz JurBüro 2003, 210; OLG Düsseldorf, JurBüro 1999, 367, 368.

**349** BGH NJW 2003, 1257; BGH JurBüro 2007, 430; BGH NJW-RR 2008, 1093.

**350** OLG Hamm NJW 1956, 1642; KG MDR 1983, 495.

**351** BGH NJW-RR 2003, 1581; BGH NJW 2012, 3789.

**352** OLG Frankfurt MDR 1992, 193; OLG Stuttgart JurBüro 1981, 1069; OLG Karlsruhe MDR 1990, 159 = KostRspr. ZPO § 91 (B – Vertretungskosten) Nr. 394 m. krit. Anm. *Lappe* (verweist auf BVerfG NJW 1978, 259); Stein/Jonas/*Bork* § 91 Rdn. 114; zu den Ausnahmen: Musielack/*Lackmann* § 91 Rdn. 25.

**Steuerberater:** Die übliche Vergütung eines Steuerberaters ist nach den für Privatgutachten entwickelten Grundsätzen erstattungsfähig, bspw. wenn sich die Partei zu speziellen steuerrechtlichen Fragen beraten lässt, um ihrer Darlegungslast nachzukommen.[353] 95

**Strafanzeige:** Anwaltskosten für eine Strafanzeige gegen den späteren Prozessgegner können als Vorbereitungskosten erstattungsfähig sein, wenn die Anzeige zur Durchsetzung des zivilrechtlichen Anspruchs geboten war.[354] Grundsätzlich sind die Kosten einer Strafanzeige jedoch nicht erstattungsfähig, sie können jedoch, falls die Strafanzeige notwendig war, materiell-rechtlich geltend gemacht werden.[355] 96

**Strafaktenauszug:** Insbesondere in Verkehrsunfallsachen werden Aktenauszüge aus Straf- oder Bußgeldakten regelmäßig als notwendige Kosten des Rechtsstreits anzusehen sein.[356] 97

**Streitgenossen:** Siehe Kommentierung zu § 100 und Rdn. 73. 98

**Streithelfer:** Siehe Kommentierung zu § 101. 99

**Streitverkündung:** Ihre Kosten sind nicht erstattungsfähig, da sie nicht das Verhältnis zum Prozessgegner betreffen.[357] 100

**Streitwertfestsetzung:** Nach § 68 Abs. 3 Satz 1 GKG bzw. § 59 Abs. 3 Satz 1 FamGKG fallen weder Gerichtskosten an, noch werden außergerichtliche Kosten nach § 68 Abs. 3 Satz 2 GKG bzw. § 59 Abs. 3 Satz 2 FamGKG erstattet. 101

**Stufenklage:** Die Kostentragungspflicht ist für jede Stufe gesondert zu prüfen.[358] 102

**Testkauf:** Nach überwiegender Ansicht sind die entstehenden Kosten, soweit sie nach einem strengen Maßstab als notwendig anzusehen sind, als Vorbereitungskosten des Rechtsstreits erstattungsfähig.[359] Etwas anderes gilt, wenn der Testkauf nur die Zuständigkeit eines weiteren Gerichts begründen sollte.[360] Die Kostenfestsetzung ist durch die Anordnung einzuschränken, dass der Erstattungsberechtigte die Kaufsache Zug um Zug zurückzugeben hat.[361] 103

**Treuhandstelle:** Die Kosten der Forderungseinziehung durch eine Treuhandstelle sind nicht erstattungsfähig.[362] 104

**Umsatzsteuer:** Die Umsatzsteuer ist erstattungsfähig, soweit eine Vorsteuerabzugsberechtigung fehlt. Im Verkehrshaftpflichtprozess ist die Mehrwertsteuer, die die obsiegenden beklagten Streitgenossen (hier: Haftpflichtversicherer, Halter und Fahrer) ihrem gemeinsamen Prozessbevollmächtigten schulden, von der unterlegenen Klägerseite auch dann in voller Höhe zu erstatten, wenn einer der Streitgenossen (hier: der Halter) vorsteuerabzugsberechtigt ist, sofern der nicht vorsteuerabzugsberechtigte Haftpflichtversicherer – wie im Regelfall – im Innenverhältnis der Streitgenossen die gesamten Kosten des gemeinsamen Prozessbevollmächtigten zu tragen hat. 105

353 OLG München JurBüro 1977, 1139; s.a. OLG Düsseldorf JurBüro 1981, 1571 (Überprüfung gegnerischer Bilanzen im Unterhaltsprozess); OLG Düsseldorf BeckRS 2010, 30085; **a.A.** OLG Frankfurt JurBüro 1988, 360 (Kosten für die Ermittlung eigenen Einkommens im Unterhaltsprozess).

354 KG JurBüro 1983, 1251; **a.A.** OLG Düsseldorf JurBüro 1969, 1073.

355 Vgl. dazu: Prütting/Gehrlein/*Schneider* § 91 Rdn. 52 m.w.N.

356 LG Bonn AnwBl. 1966, 364; LG Essen AnwBl. 1975, 441; einschränkend KG Rpfl. 1975, 30; vgl. auch OLG Naumburg, Rpfleger 2011, 119.

357 OLG Düsseldorf Rpfl. 1978, 62; OLG Hamburg JurBüro 1978, 1244; OLG München MDR 1989, 548; OLG Schleswig SchlHA 1975, 66; KG MDR 2006, 236.

358 OLG München JurBüro 1988, 1238.

359 OLG Frankfurt JurBüro 1988, 1522; 1985, 1406; OLG München OLGR 2004, 205; **a.A.** OLG Hamm MDR 1985, 414.

360 OLG München MDR 1976, 670.

361 KG MDR 1976, 670; OLG Stuttgart NJW-RR 1986, 978; **a.A.** OLG Koblenz JurBüro 1985, 1865.

362 OLG Celle NJW 1962, 811; OLG Koblenz JurBüro 1990, 52; **a.A.** LG Köln NJW 1958, 1689.

Nach § 104 Abs. 2 bedarf es im Kostenfestsetzungsantrag einer – sachlich richtigen – Erklärung des Antragstellers, ob er zum Vorsteuerabzug berechtigt ist. (Ist die Erklärung falsch, so muss der Antragsgegner den Weg der Vollstreckungsgegenklage beschreiten.) Entscheidend ist der Steuersatz bei Fälligkeit der Vergütung.[363] Auf Zinsen für die festgesetzten Kosten entfällt keine Umsatzsteuer.[364] Ist die Partei Unternehmer mit Sitz außerhalb des Erhebungsgebietes, so darf ihr keine Umsatzsteuer berechnet werden,[365] eine Erstattungspflicht kommt deshalb nur in Betracht, wenn Empfänger der Leistung des Anwalts eine inländische Betriebsstätte des Unternehmers ist.[366] Vertritt der Rechtsanwalt mehrere Streitgenossen, so ist die Umsatzsteuer erstattungsfähig, wenn sie einem von ihnen berechnet werden darf.[367] Trotz evtl. fehlender Vorsteuer-Abzugsberechtigung hat auch ein ausländisches Unternehmen dem Gegner die von diesem an seinen Rechtsanwalt zu zahlende Umsatzsteuer zu erstatten.[368]

Sofern fiktive Kosten erstattungsfähig sind, bspw. fiktive Reisekosten anstelle nicht erstattungsfähiger Verkehrsanwaltsgebühren, so ist keine Umsatzsteuer in Ansatz zu bringen.[369]

106 **Untervertreter:** Die Mehrkosten für einen Unterbevollmächtigten i.S.v. § 5 RVG sind erstattungsfähig, wenn durch sie keine höheren Kosten anfallen als durch Bestellung eines Prozessbevollmächtigten am Gerichtsort und eines notwendigen Verkehrsanwalts.[370]

107 **Unterrichtung:** Zur Erstattungsfähigkeit von Informationsreisen der Partei s. Stichwort „Reisekosten". Siehe des weiteren Stichwort „Ablichtungen und Abschriften".

108 **Urlaub der Partei zur Terminswahrnehmung**: Einer Partei, die zur notwendigen Wahrnehmung von Terminen (hier: Gerichts- und Ortstermine) bezahlten Urlaub genommen hat, steht kein Anspruch auf Verdienstausfallentschädigung nach § 91 Abs. 1 Satz 2 i.V.m. § 22 JVEG, sondern nur ein Anspruch auf Zeitversäumnisentschädigung gemäß § 20 JVEG zu.

109 **Verbindung:** Zuvor getrennte Prozesse können im Kostenfestsetzungsverfahren nicht mehr verbunden werden.[371]

110 **Verfassungsbeschwerde:** Die Kosten der Stellungnahme zu einer Verfassungsbeschwerde können nicht aufgrund der Kostenentscheidung der angefochtenen Entscheidung erstattet werden.[372]

111 **Verdienstausfall** (vgl. auch Urlaub der Partei): Gemäß § 91 Abs. 1 Satz 2 wird Verdienstausfall nur für notwendige Reisen erstattet und nicht für den allgemeinen Prozessaufwand. Einer juristischen Person kann wegen der Teilnahme ihres Geschäftsführers an einem Gerichtstermin ein Anspruch auf Verdienstausfall zustehen.

112 **Verjährung:** Der prozessuale Kostenerstattungsanspruch verjährt in 30 Jahren; § 197 BGB.[373]

---

**363** OLG Hamm JurBüro 1982, 716; OLG Düsseldorf AnwBl. 1983, 334; LG Frankfurt AnwBl. 1982, 490.
**364** EuGH NJW 1983, 505; OLG Frankfurt MDR 1983, 225; **a.A.** LG Baden-Baden JurBüro 1983, 80.
**365** OLG Frankfurt Rpfl. 1983, 85; OLG Hamburg MDR 1982, 857; OLG Stuttgart JurBüro 1982, 1674.
**366** OLG Koblenz JurBüro 1989, 1681.
**367** OLG Frankfurt JurBüro 1985, 1552; s.a. § 100 Fn. 30.
**368** OLG Frankfurt Rpfl. 1984, 116; OLG Hamburg JurBüro 1988, 205.
**369** OLG Bamberg JurBüro 1973, 523; OLG Celle MDR 1961, 860; OLG Koblenz JurBüro 1979, 397.
**370** OLG Hamburg JurBüro 1985, 130; OLG Stuttgart Justiz 1979, 99 (LS); LG Freiburg AnwBl. 1984, 98.
**371** OLG Celle Nds Rpfl. 1987, 283.
**372** OLG München Rpfl. 1978, 420.
**373** OLG Frankfurt JurBüro 1988, 885; OLG Hamm MDR 1983, 60; OLG München NJW 1971, 1755; MünchKomm-BGB/*Grothe* § 197 BGB Rdn. 21; MünchKomm/*Schulz* § 91 Rdn. 45 m.w.N.; **a.A.** OVG Münster NJW 1971, 1767.

**Verkehrsanwalt:** Die Kosten eines Verkehrsanwalts sind grundsätzlich nicht erstattungsfähig.[374] Die Kosten eines Anwalts, der für die Partei den Prozessbevollmächtigten instruiert, sind nur erstattungsfähig, wenn sie notwendig im Sinne von § 91 Abs. 1 S. 1 waren. Für die Beurteilung der Notwendigkeit sind wie stets alle Umstände des Einzelfalls heranzuziehen, weshalb sich eine nahezu nicht mehr überschaubare Rechtsprechung herausgebildet hat, über die sich nur wenig Allgemeines sagen lässt. Im Grundsatz ist davon auszugehen, dass eine Partei unter Kostengesichtspunkten verpflichtet ist, den Prozessbevollmächtigten unmittelbar, sei es schriftlich, fernmündlich oder durch Informationsreisen, zu informieren. Die Kosten für einen Verkehrsanwalt sind deshalb nur zu erstatten, wenn die unmittelbare Information des Prozessbevollmächtigten nicht möglich, nicht zumutbar oder aber voraussichtlich mit gleich hohen oder höheren anderen Aufwendungen verbunden gewesen wäre.[375] Hauptsächliche Kriterien für die Beurteilung der Unzumutbarkeit sind im subjektiven Bereich Alter, Krankheit, Körperbehinderung oder Schreibgewandtheit, im objektiven Bereich die Kompliziertheit der Sach- oder Rechtslage. Des Weiteren zieht die Rechtsprechung Entfernung und die Verkehrsverhältnisse zwischen den jeweiligen Wohnorten mit in Betracht, was angesichts der modernen Kommunikationsmittel allerdings immer weniger als geeignetes Kriterium erscheint. So hat denn auch das Oberlandesgericht Frankfurt seinen, aus Gründen der Rechtssicherheit an sich zu begrüßenden Versuch, aufgegeben, die Erstattungsfähigkeit zu schematisieren, indem es sie grundsätzlich bejahte, wenn die Information des Prozessbevollmächtigten mehr als einen halben Arbeitstag in Anspruch genommen hätte.[376] 113

Bei der Prüfung der Notwendigkeit einer bestimmten Rechtsverfolgungs- oder Rechtsverteidigungsmaßnahme ist eine typisierende Betrachtungsweise geboten. Deshalb bedarf es für die Erstattungsfähigkeit von Reisekosten nicht der Feststellung im Einzelfall, dass die Partei zu dem den Termin wahrnehmenden Rechtsanwalt ein besonderes Vertrauensverhältnis gehabt hat. Bei kaufmännisch geführten Unternehmen ist i.d.R. davon auszugehen, dass sie für Rechtsstreitigkeiten innerhalb ihres Tätigkeitsbereichs in der Lage sind, den Prozessbevollmächtigten ohne Einschaltung eines Verkehrsanwalts ausreichend zu informieren.[377] Die Tatsache, dass sich ein Unternehmen ständig durch einen Hausanwalt beraten lässt, rechtfertigt keine Ausnahme.[378] Die Reisekosten und Abwesenheitsgelder des Prozessbevollmächtigten der Klägerin sind nicht erstattungsfähig, weil sie zur zweckentsprechenden Rechtsverfolgung nicht notwendig waren (§ 91 Abs. 1 Satz 1, Abs. 2 Satz 1 Hs 2). Die Zuziehung eines am Wohn- oder Geschäftsort der auswärtigen Partei ansässigen Rechtsanwalts ist daher auch dann regelmäßig als zur zweckentsprechenden Rechtsverfolgung oder Rechtsverteidigung notwendig im Sinne von § 91 Abs. 2 Satz 1 2. Halbsatz ZPO anzusehen, wenn ein Haftpflichtversicherer Partei ist, der keine eigene Rechtsabteilung unterhält, sondern bei rechtlichen Schwierigkeiten einen Hausanwalt an seinem Geschäftsort beauftragt (sog. „Outsourcing"). Eine Ausnahme kommt jedoch in Betracht, wenn der Anwalt über den Sachverhalt besser als die Partei selbst informiert ist.[379] In Eilsachen neigt die Rechtsprechung dazu, die Erstattungsfä-

374 Siehe ausf. Musielak/*Lackmann* § 91 Rdn. 27 ff.
375 OLG Düsseldorf JurBüro 1985, 289; OLG Frankfurt Rpfl. 1985, 211; OLG München JurBüro 1985, 454; in eigener Sache erhält der Anwalt deshalb keine Verkehrsgebühr, OLGR München 1994, 36 m.w.N.
376 OLG Frankfurt JurBüro 1984, 1886, 1891; 1983, 1399; aufgegeben von OLG Frankfurt MDR 1984, 420 (LS), 587; Rpfl. 1988, 81; s.a. OLG Hamm MDR 1988, 61; OLG München AnwBl. 1988, 69.
377 OLG Düsseldorf JurBüro 1988, 356; 1989, 399; OLG Schleswig AnwBl. 1988, 356.
378 OLG Bamberg JurBüro 1988, 625; 1989, 1284.
379 KG NJW 1962, 254; OLG Düsseldorf MDR 1974, 1027; JurBüro 1974, 1010; 1993, 484; OLG Koblenz KostRspr. ZPO § 91 (B – Vertretungskosten) Nr. 201.

higkeit großzügiger zu bejahen,[380] in Rechtsmittelsachen ist sie hingegen strenger,[381] aber auch hier kommt es auf den Einzelfall an. Dies betont zu Recht die Rechtsprechung.[382] In der Rechtsmittelinstanz spricht für die Notwendigkeit der Einschaltung eines Verkehrsanwalts vor allem, dass neuer Tatsachenvortrag einzubringen war.[383] Kommt im Einzelfall eine Erstattung der Verkehrsanwaltskosten nicht in Betracht, so ist zu prüfen, ob die entstandenen Kosten in Höhe fiktiver Reise- oder Beratungskosten erstattungsfähig sind.[384] (Hierzu s. Stichwort „Ratsgebühr" und „Reisekosten".) Werden frühere Mitmieter, die nicht mehr zusammen wohnen und in verschiedene Städte verzogen sind, nach Vertragsbeendigung vom Vermieter auf Schadensersatz und Nutzungsentschädigung in Anspruch genommen, so sind sie grundsätzlich berechtigt, einen Rechtsanwalt an ihrem jeweiligen Wohnort zu beauftragen, ohne sich dem Vorwurf der Verursachung nicht notwendiger Kosten auszusetzen.

Ein in die Liste qualifizierter Einrichtungen nach § 3 Abs. 1 Satz 1 Nr. 1, § 4 UKlaG eingetragener Verbraucherverband ist in der Regel ebenso wie ein Unternehmen mit eigener Rechtsabteilung in der Lage, einen Prozessbevollmächtigten am Sitz des Prozessgerichts schriftlich und telefonisch zu instruieren. Verkehrsanwaltskosten sind dann auch nicht in Höhe ersparter Parteireisekosten zu erstatten, sondern nur in Höhe der Kosten für eine schriftliche und telefonische Informationserteilung.

Eine Teilnahme des Verkehrsanwalts an Verhandlungs- oder Beweisterminen wird nur in seltenen Fällen geboten sein.[385] Die Mitwirkung des Verkehrsanwalts an Vergleichsverhandlungen ist hingegen in vielen Fällen sinnvoll, eine andere Frage ist, ob sie auch im Sinne von § 91 Abs. 1 S. 1 notwendig ist, dies wird entgegen einer teilweise großzügigeren Rechtsprechung fast immer zu verneinen sein.[386]

114 **Verkündungstermin:** Kosten der Anreise sind nicht erstattungsfähig,[387] eine u.U. in Lauf gesetzte Frist kann telefonisch bei der Geschäftsstelle erfragt werden.[388]

115 **Verweisung:** Grundsätzlich sind die vor Verweisung des Rechtsstreits angefallenen Kosten erstattungsfähig, da sie Kosten des Rechtsstreits darstellen. Wird der Rechtsstreit vom Arbeitsgericht an das ordentliche Gericht verwiesen, so sind die beim Arbeitsgericht angefallenen Rechtsanwaltskosten wegen § 12a Abs. 1 S. 1 ArbGG nicht erstattungsfähig.[389] Wenn der Rechtsstreit umgekehrt vom ordentlichen Gericht an das Arbeitsgericht verwiesen wird, so hat der Kläger unabhängig vom Prozessausgang dem Beklagten die vor dem ordentlichen Gericht entstandenen Anwaltskosten zu erstatten. Dies gilt selbst dann, wenn der Beklagte vor beiden Gerichten durch denselben Anwalt vertreten wurde und die Gebühren in gleicher Höhe vor dem Arbeitsgericht erneut anfielen.[390]

---

**380** S. bspw. OLG Karlsruhe NJW 1962, 2018; OLG Stuttgart JurBüro 1982, 1851.
**381** OLG Bamberg JurBüro 1984, 591; JurBüro 1989, 400; OLG Karlsruhe JurBüro 1973, 1176.
**382** OLG Celle JurBüro 1986, 270; OLG Hamburg JurBüro 1988, 1031, 1191; KG MDR 1987, 679; OLG München JurBüro 1985, 454.
**383** OLG Frankfurt JurBüro 1978, 1342; 1979, 1710; **a.A.** OLG Frankfurt AnwBl. 1981, 506 (neuer Tatsachenvortrag nur erheblich, wenn in 2. Instanz neue Anwaltssozietät eingeschaltet wird).
**384** Siehe bspw. OLG Celle JurBüro 1988, 884; OLG München JurBüro 1985, 1561; 1993, 485.
**385** OLG Düsseldorf MDR 1963, 145; OLG München NJW 1966, 2069.
**386** OLG Düsseldorf JurBüro 1972, 1083; **a.A.** OLG Bamberg JurBüro 1987, 1517; OLG Hamm JurBüro 1988, 492.
**387** Prütting/Gehrlein/*Schneider* § 91 Rdn. 47.
**388** **A.A.** Baumbach/Lauterbach/Albers/*Hartmann*[71] § 91 Rdn. 209 „Terminswahrnehmung".
**389** OLG Karlsruhe Rpfl. 1990, 223; OLG München AnwBl. 1989, 108.
**390** LAG Frankfurt AnwBl. 1985, 104; LAG Hamm MDR 1987, 876; LAG Rheinland-Pfalz JurBüro 1988, 1658; LAG München AnwBl. 1985, 103; LAG Schleswig SchlHA 1989, 79.

**Verzichtsurteil:** Die Kosten treffen den Kläger auch dann, wenn der Beklagte die zu dem Verzicht führenden Umstände früher geltend machen konnte.[391] 116

**Vorbereitungskosten:** Vorprozessuale Aufwendungen sind nur erstattungsfähig, wenn sie unmittelbar mit Blick auf den konkreten Prozess getätigt wurden.[392] 117

**Vorprozesse:** Die Kosten anderer Straf- oder Zivilprozesse, die in Zusammenhang mit dem Rechtsstreit geführt wurden, sind im Kostenfestsetzungsverfahren nicht erstattungsfähig. Möglich ist es allerdings, derartige Kosten aufgrund einer materiell-rechtlichen Anspruchsgrundlage im Prozess geltend zu machen.[393] 118

**Widerspruch:** Die im Mahnverfahren in Anspruch genommene Partei hat ein Klarstellungsinteresse, weshalb sie sich nicht auf den Widerspruch beschränken muss, sondern Antrag auf Terminsbestimmung und Klageabweisung stellen kann.[394] 119

**Widerspruchs-Eintragung im Grundbuch:** Die Kosten für die Eintragung eines Widerspruchs im Grundbuch gehören nicht zu den Kosten des Rechtsstreits i.S. von § 91 und können nicht durch das Prozessgericht festgesetzt werden. 120

**Wohnungseigentumsgemeinschaft:** Die Kosten des Rechtsanwaltes, der für eine Wohnungseigentümergemeinschaft tätig wird, sind regelmäßig i.R.v. § 50 WEG erstattungsfähig. Eine Sondervergütung des Verwalters für die Bearbeitung eines Rechtsstreits gegen einen Wohnungseigentümer gehört jedenfalls dann nicht zu den nach § 91 Abs. 1 zu erstattenden Kosten des Rechtsstreits, wenn der Verwalter die Ansprüche der WEG im eigenen Namen geltend macht.[395] 121

**Zeitversäumnis:** Die Partei erhält hierfür nur eine Erstattung, soweit die Zeitversäumnis durch notwendige Reisen oder notwendige Terminswahrnehmung entstand; § 91 Abs. 1 Satz 2. Zu den notwendigen Reisen gehören auch Informationsbesuche bei einem auswärts wohnenden Prozessbevollmächtigten, wenn eine schriftliche Information nicht ausreichend oder der Partei nicht zumutbar ist. Ansonsten gibt es keine Erstattung für die mit der Bearbeitung des Prozesses verbundene Zeitversäumnis. Bei Handelsgesellschaften wird der Zeitaufwand ihrer gesetzlichen oder sonstigen Vertreter erstattet.[396] Die Entschädigung für den Verdienstausfall berechnet sich nach den Vorschriften des JVEG, soweit die Zeitversäumnis den Urlaub oder die Freizeit der Partei betrifft, erhält sie Nachteilsentschädigung nach den Vorschriften des JVEG.[397] 122

**Zeuge:** Die Kosten für einen vom Gericht geladenen oder zumindest vernommenen Zeugen, der nach dem JVEG zu entschädigen ist, sind als Teil der Gerichtskosten stets erstattungsfähig.[398] Darüber hinaus besteht Erstattungsfähigkeit, wenn die Stellung des Zeugen aus der Sicht der Partei notwendig erschien. Dies wird vor allem in einstweiligen Verfügungsverfahren der Fall sein, wenn anzunehmen ist, dass eine eidesstattliche Versicherung des Zeugen nicht ausreicht.[399] Erklärt ein Zeuge gegenüber dem Gericht Gebührenverzicht, so verzichtet er dadurch noch nicht auf die Erstattung seiner Auslagen 123

---

**391** OLG Hamm MDR 1982, 676.

**392** Siehe bspw. OLG Hamburg JurBüro 1988, 761; OLG Koblenz JurBüro 1976, 95, 1373; vgl. auch Musielak/*Lackmann* § 91 Rdn. 73.

**393** Ausführlich *Klimke* VersR 1981, 17.

**394** Stein/Jonas/*Bork* § 91 Rdn. 53; **a.A.** KG JurBüro 1989, 1114; Zöller/*Herget* § 91 Rdn. 13 „Widerspruch".

**395** BGH NJW 2012, 1152 Rdn. 5 ff.

**396** BGH NJW 2009, 1001, 1002 m.w.N.; OLG Frankfurt JurBüro 1987, 908; OLG Hamburg JurBüro 1979, 108; 1991, 1089; OLG München Rpfl. 1973, 257; OLG Stuttgart JurBüro 1990, 889 (Zeitversäumnis eines Behördenvertreters); **a.A.** OLG Hamm MDR 1978, 1008; **abw.** KG MDR 1985, 851 (kein Verdienstausfall aber Nachteilsentschädigung nach § 2 Abs. 3 ZSEG).

**397** KG Rpfl. 1983, 172; OLG Köln JurBüro 1986, 445; OLG Schleswig JurBüro 1991, 545; **a.A.** LG Augsburg JurBüro 1988, 1573 m. krit. Anm. *Mümmler*.

**398** OLG Frankfurt JurBüro 1985, 1402; OLG Koblenz JurBüro 1983, 1661.

**399** OLG Frankfurt JurBüro 1977, 555; 1985, 1402.

seitens der beweisführenden Partei. Die von der Partei an den Zeugen geleistete Entschädigung gehört deshalb zu den notwendigen Parteiauslagen.[400]

124 **Zustellung:** Kosten der öffentlichen Zustellung oder der Zustellung durch Vermittlung des Gerichtsvollziehers sind nur erstattungsfähig, wenn die Partei ein berechtigtes Interesse an schneller bzw. zuverlässiger Zustellung hat, bspw. bei der Zustellung einer einstweiligen Verfügung.[401]

125 **Zwangsvollstreckung:** Kosten der Zwangsvollstreckung sind mit Ausnahme des Falles nach § 788 Abs. 1 nach §§ 103f. festsetzbar. Eine anwaltliche Vollstreckungsgebühr für eine an den Schuldner gerichtete Zahlungsaufforderung mit Vollstreckungsandrohung ist – abgesehen von den Fällen des § 798 ZPO – bereits dann erstattungsfähig, wenn der Gläubiger eine vollstreckbare Ausfertigung des Titels im Besitz hat und dem Schuldner zuvor ein angemessener Zeitraum zur freiwilligen Erfüllung zur Verfügung stand. Die Erstattungsfähigkeit der Vollstreckungsgebühr setzt die vorherige Zustellung des Titels nicht voraus. Der Schuldner ist aber nicht Partei des Verfahrens über die Erinnerung des Gläubigers nach § 766 Abs. 2 ZPO und auch nicht des darauf folgenden Beschwerdeverfahrens des Gläubigers. Die Bestimmungen der §§ 91ff. finden daher nicht zu seinen Lasten Anwendung.

126 **Zweigniederlassung:** Wird eine Partei am Ort der Zweigniederlassung verklagt, so sind die Mehrkosten für die Prozessführung von einer Zentrale aus nicht erstattungsfähig.[402]

127 **Verfahren Zuständigkeit.** Die Überprüfung der Rechtmäßigkeit einer zu Lasten des PKH-Antragstellers ergangenen Kostengrundentscheidung ist dem Beschwerdeverfahren gem. § 269 Abs. 5 ZPO vorbehalten und kann nicht auf den Rechtspfleger im Kostenfestsetzungsverfahren abgewälzt werden. Dieser hat auf Grund eigener Prüfungskompetenz gem. § 21 Nr. 1 RpflG i.V.m. §§ 103ff. ZPO festzustellen, welche Kosten des Rechtsstreits i.S. des § 91 ZPO für den Fall der Klagezustellung erstattungsfähig gewesen wären. Hierzu zählen nicht die im Prozesskostenhilfe-Bewilligungsverfahren dem Gegner entstandenen Kosten (§ 118 Abs. 1 Satz 4), sodass der richterliche Kostenbeschluss inhaltlich ins Leere geht.

Ist die Verbindung zweier gleichartiger Prozesse unterblieben und sind zwei Kostengrundentscheidungen ergangen, kann der Rechtspfleger die Verbindung im Kostenfestsetzungsverfahren nicht nachholen. Im Kostenfestsetzungsverfahren kann jedoch geprüft werden, ob die Geltendmachung von Ansprüchen in mehreren Prozessen zu nicht vertretbaren Mehrkosten geführt hat.

§ 91 Abs. 4 regelt die sogenannte Rückfestsetzung dadurch, dass die Vorschrift anordnet, dass zu den Kosten des Rechtsstreits im Sinne von Absatz 1 auch Kosten gehören, die die obsiegende Partei der unterlegenen Partei im Verlaufe des Rechtsstreits gezahlt hat. Wenn der im Wege der Prozesskostenhilfe beigeordnete Rechtsanwalt seine Gebühren aufgrund eines obsiegenden Urteils erster Instanz im eigenen Namen gemäß § 126 beigetrieben hat, kann der Gegner diese Kosten gemäß § 91 Abs. 4 im Kostenfestsetzungsverfahren gegen den beigeordneten Rechtsanwalt rückfestsetzen lassen, wenn er im höheren Rechtszug obsiegt. Eine Aufrechnung gegen die nach § 91 Abs. 4 mögliche Rückfestsetzung von Kosten setzt eine unstreitige Aufrechnungslage voraus.

---

**400** OLG Karlsruhe JurBüro 1991, 1514; OLG München JurBüro 1981, 1245; **a.A.** OLG Bamberg JurBüro 1977, 1619.
**401** KG JurBüro 1981, 438.
**402** OLG Hamm JurBüro 1986, 268; OLG Hamburg MDR 1988, 782.

## § 91a
## Kosten bei Erledigung der Hauptsache

**(1) Haben die Parteien in der mündlichen Verhandlung oder durch Einreichung eines Schriftsatzes oder zu Protokoll der Geschäftsstelle den Rechtsstreit in der Hauptsache für erledigt erklärt, so entscheidet das Gericht über die Kosten unter Berücksichtigung des bisherigen Sach- und Streitstandes nach billigem Ermessen durch Beschluss. Dasselbe gilt, wenn der Beklagte der Erledigungserklärung des Klägers nicht innerhalb einer Notfrist von zwei Wochen seit der Zustellung des Schriftsatzes widerspricht, wenn der Beklagte zuvor auf diese Folge hingewiesen worden ist.**

**(2) Gegen die Entscheidung findet die sofortige Beschwerde statt. Dies gilt nicht, wenn der Streitwert der Hauptsache den in § 511 genannten Betrag nicht übersteigt. Vor der Entscheidung über die Beschwerde ist der Gegner zu hören.**

### Schrifttum

*Ansorge* Die einseitige Erledigungserklärung im Zivilprozeß, Diss. Köln 1973; *Assmann* Die einseitige Erledigungserklärung, FS Schwab (1990) 179; *Baur* Bemerkungen zu einigen atypischen Prozeßlagen, FS Liebmann (1979) 109; *Bergerfurth* Erledigung der Hauptsache im Zivilprozeß, NJW 1992, 1655; *Blomeyer, J.* Die Schuldtilgung durch den Beklagten nach Einreichung der Klage als Kostenproblem, NJW 1982, 2750; *Bücking* Zur Möglichkeit der Erledigung der Hauptsache vor Anhängigkeit des Verfahrens, ZZP 88 (1975), 307; *Buhl* Die Kostenentscheidung bei gemeinsamer Anzeige einer Erledigung der Hauptsache, Diss. Erlangen 1953; *Göppinger* Die Erledigung des Rechtsstreits in der Hauptsache, 1958; *Grunsky* Grenzen des Gleichlaufs von Hauptsache- und Kostenentscheidung, FS Schwab (1990) 165; *Habscheid* Die Rechtsnatur der Erledigung der Hauptsache, FS Lent (1957) 153; *Hölzer* Die Erledigung der Hauptsache, Jur. Büro 1991, 1; *Kannengießer* Der Antrag, die Hauptsache für erledigt zu erklären, Diss. Würzburg 1973; *Lüke* Zur Erledigung der Hauptsache, FS Weber (1975) 323; *Pohle* Zur rechtlichen Bedeutung der Erledigungserklärung nach deutschem Zivilprozeßrecht, FS Maridakis (1963) 427; *Richter* Die Erledigung der Hauptsache im Verfahren der freiwilligen Gerichtsbarkeit, Diss. Saarbrücken 1986; *Rixecker* Die nicht erledigende Erledigungserklärung, ZZP 96 (1983), 505; *Schiller* Klageerneuerung nach Erledigung des Rechtsstreits in der Hauptsache im Zivilprozeß, Diss. Bonn 1979; *Smid* Verfahren und Kriterien der Kostenentscheidung nach § 91a ZPO, ZZP 97 (1984), 245; *Schneider* Sachverhaltsaufklärung nach Erledigung der Hauptsache, MDR 1976, 885; *Schwab* Die einseitige Erledigungserklärung, ZZP 82 (1969) 127; *Temming* Der Einfluß der Erledigungserklärung auf die Rechtshängigkeit, Diss. Frankfurt 1971; *Wosgien* Konkurs und Erledigung der Hauptsache, 1984.

### Übersicht

## I. Allgemeines

1 **1. Regelungszweck.** Ein **Vorläufer** des § 91a wurde 1942 durch die Dritte Vereinfachungsverordnung[1] geschaffen, um den Kläger aus Gründen der **Kostengerechtigkeit** zu schützen, falls seine ursprünglich zulässige und begründete Klage nachträglich unzulässig oder unbegründet wird. Mit geringen Änderungen wurde diese Regelung 1950 als § 91a in die ZPO übernommen.[2] Sie gibt dem Kläger die Möglichkeit, einer kostenpflichtigen Klageabweisung zu entgehen, ohne die Klage mit der Folge des § 269 Abs. 3 S. 2 zurücknehmen zu müssen. Allerdings ist die Erledigung der Hauptsache in § 91a nur unvollständig geregelt, da die Norm nur den Fall regelt, dass beide Parteien den Rechtsstreit in vollem Umfang für erledigt erklären. Der Beklagte kann die Anwendung des § 91a also verhindern, indem er sich der **Erledigungserklärung** nicht anschließt. Deshalb bedurfte die Vorschrift der Ergänzung durch die Rechtsprechung für den Fall der einseitigen Erledigungserklärung seitens des Klägers (unten III.). Des Weiteren mussten Regeln für den Fall entwickelt werden, dass der Rechtsstreit nur teilweise für erledigt erklärt wird (unten V.). Richtig ist der Satz, im Rahmen einer Entscheidung nach § 91a ZPO sei die Erfolgsaussicht summarisch zu prüfen. Er bedarf aber näherer Ausführung, um an Inhalt zu gewinnen.

2 **2. Anwendungsbereich.** § 91a und die sonstigen von der Rechtsprechung entwickelten Rechtsgrundsätze über die Erledigung der Hauptsache gelten für alle **kontradiktorischen** Verfahren der ZPO, in denen eine Kostengrundentscheidung ergehen kann. Zudem gilt die Regelung auch in einer Reihe von Verfahren außerhalb der ZPO entsprechend,[3] bspw. in Patentnichtigkeitsverfahren,[4] echten Streitverfahren der freiwilligen Gerichtsbarkeit[5] und Verwaltungsstreitverfahren nach der BRAO.[6] Jedoch ist zu beachten, dass eine wirksame Erledigungserklärung mit der Wirkung, dass der Rechtsstreit beendet wird, ohne dass das Gericht zu prüfen hat, ob die Erledigung tatsächlich eingetreten ist, nur möglich ist, wenn das Verfahren der Parteiherrschaft unterliegt. Da § 243 FamFG keine Regelung für die übereinstimmende Erledigungserklärung enthält, ist auf die allgemeinen Kostenvorschriften des § 91a Abs. 1 zurückzugreifen.[7]

3 § 91a und die hierzu entwickelten, ergänzenden Rechtsgrundsätze **gelten** bspw. in Verfahren über Arreste und einstweilige Verfügungen[8] und in Verfahren im Bereich der Zwangsvollstreckung wie bspw. dem Erinnerungsverfahren nach § 766 oder Verfahren über die Verhängung von Ordnungsmitteln nach §§ 887, 888, 890.[9] Die Anwendbarkeit von § 91a wurde ferner im Zwischenstreit über die Zulassung eines Streithelfers bejaht.[10] Anwendbar ist § 91a des Weiteren im Mahnverfahren,[11] nicht hingegen im Prozesskos-

---

1 RGBl. 1942 I 333.
2 BGBl. 1950 I 533; geändert durch das Rechtspflege-Vereinfachungsgesetz, BGBl. 1990 I 2847.
3 Vgl. *Müller-Tochtermann* NJW 1959, 421.
4 BGH MDR 1984, 665.
5 BGH NJW 1982, 2505, 2506; BayObLGZ 1987, 349; s.a. *Lerch* NJW 1987, 1923.
6 BGHZ 84, 149, 151.
7 OLG Köln JurBüro 2013, 101; OLG Stuttgart FamRZ 2011, 1613.
8 Bspw. OLG Hamm MDR 1987, 589; OLG Hamburg MDR 1973, 1028; OLG München NJW 1963, 1014.
9 OLG Hamburg MDR 1957, 234; OLG Hamm WRP 1987, 566; OLG Frankfurt MDR 1978, 411; OLG Koblenz JurBüro 1982, 1897; AnwBl. 1984, 216; OLG München MDR 1991, 357.
10 OLG Oldenburg VersR 1966, 1173.
11 OLG Karlsruhe MDR 1988, 1066; OLG Nürnberg NJW-RR 1987, 1278; OLG Stuttgart MDR 1984, 673; Stein/Jonas/*Bork* § 91a Rdn. 3; **a.A.** KG MDR 1983, 323; Zöller/*Vollkommer* § 91a Rdn. 58 „Mahnverfahren" (wegen § 699 Abs. 1 S. 2 Hs 2).

tenhilfeverfahren, da dieses kein kontradiktorisches Verfahren ist,[12] und auch nicht im Verfahren der Vollstreckbarerklärung ausländischer Urteile.[13]

Es ist freilich – zumal im Rechtsbeschwerdeverfahren – nicht Zweck einer Kostenentscheidung nach § 91a, Rechtsfragen von grundsätzlicher Bedeutung zu klären oder das Recht fortzubilden, soweit es um Fragen des Zwangsvollstreckungsrechts geht. Grundlage der Entscheidung ist wie etwa in dem vom BGH entschiedenen Fall der Entscheidung über die Zulässigkeit eines rechtsgeschäftlichen Verzichts auf den Antrag auf Bewilligung oder Verlängerung einer Räumungsfrist nach § 794a demgemäß lediglich eine summarische Prüfung, bei der das Gericht grundsätzlich davon absehen kann, in einer rechtlich schwierigen Sache nur wegen der Verteilung der Kosten alle für den hypothetischen Ausgang bedeutsamen Rechtsfragen zu entscheiden.

**Keine** Anwendung findet § 91a im selbständigen Beweisverfahren, auch bei übereinstimmender Erledigungserklärung der Parteien ergeht keine Kostenentscheidung.[14] Die des Öfteren vertretene Auffassung, eine Ausnahme gelte, wenn der Antrag ohne Erledigungserklärung als unzulässig hätte abgewiesen werden müssen,[15] ist abzulehnen, da für eine Kostenentscheidung nur Raum ist, wenn ein prozessualer Kostenerstattungsanspruch existiert. Dies ist bei einem isolierten Beweisverfahren nicht der Fall, der Antragsteller muss seine Kosten gegenüber dem Gegner in einem gesonderten Verfahren gestützt auf etwaige materiell-rechtliche Anspruchsgrundlagen (positive Vertragsverletzung, Verzugsschaden etc.) geltend machen, s.a. § 91, 39.

Ein Fall der Erledigung der Hauptsache ist auch die **Gesetzesänderung.**[16] Der Ge- 4
setzgeber hat dem häufig durch Sonderregelungen Rechnung getragen, die § 91a und den Regeln über die Erledigung der Hauptsache vorgehen.[17]

(Kein Erledigungsgrund ist hingegen die **Nichtigerklärung eines Gesetzes** durch das Bundesverfassungsgericht nach Art. 100 Abs. 1 GG.[18] Der Kläger, der seine Klage auf ein derartiges Gesetz stützte, kann einer Klageabweisung nicht dadurch entgehen, dass er die Sache einseitig für erledigt erklärt. Ebenfalls keinen Erledigungsgrund stellt die Nichtigerklärung eines Gesetzes aufgrund einer Verfassungsbeschwerde dar.)[19]

## II. Übereinstimmende Erledigungserklärung

**1. Begriff und Bedeutung.** Mit der Erledigungserklärung bringen die Parteien ge- 5
genüber dem Gericht zum Ausdruck, dass sie eine Entscheidung über die Hauptsache für nicht mehr **nötig** halten. Das Gericht ist an eine **überstimmende Erledigungserklärung** gebunden, es muss nach § 91a verfahren, ohne prüfen zu können, ob tatsächlich Erledigung eingetreten ist.[20] Die übereinstimmende Erledigungserklärung ist Prozesshandlung, die allgemeinen Prozesshandlungsvoraussetzungen müssen vorliegen, insbesondere unterliegt sie dem Anwaltszwang. Die übereinstimmende Erledigungserklärung ist **Bewirkungshandlung**, sie gestaltet das Prozessrechtsverhältnis, die Rechtshängigkeit des für erledigt erklärten Streitgegenstandes erlischt, gerichtliche Entscheidungen,

---

**12** KG MDR 1967, 133; vgl. a. OLG Düsseldorf FamRZ 1986, 288.
**13** OLG Hamburg NJW 1987, 2165; MDR 1989, 553.
**14** BGHZ 20, 15 (aber offengelassen in BGH NJW 1983, 284); LG Kiel SchlHA 1987, 11; LG Köln JurBüro 1988, 1193; Baumbach/Lauterbach/Albers/*Hartmann*[71] § 91 Rdn. 193.
**15** OLG Hamm MDR 1985, 415; Zöller/*Vollkommer* § 91a Rdn. 58 „Selbständiges Beweisverfahren".
**16** KG MDR 1954, 489.
**17** Näher *Petersen* MDR 1958, 810; 2. Aufl., § 91a, B Ic 2; Stein/Jonas/*Bork* § 91a Rdn. 63.
**18** BGH NJW 1965, 296.
**19** BVerfGE 66, 152, 153.
**20** BGHZ 83, 14; 21, 258.

die noch nicht rechtskräftig geworden sind, werden entsprechend § 269 Abs. 3 S. 1 wirkungslos. Im Gerichtsverfahren anhängig bleibt nur der Kostenpunkt.[21]

6 Die Partei kann ihre Erklärung frei **widerrufen**, solange nicht auch die Erklärung des Gegners bei Gericht eingegangen ist.[22] Nach wirksamer Abgabe beider Erledigungserklärungen ist grundsätzlich kein **Widerruf** und keine **Anfechtung** mehr möglich.[23] Dies gilt auch für den übereinstimmenden Widerruf der Parteien, denn durch die übereinstimmende Erledigungserklärung wurde die Rechtshängigkeit ebenso beseitigt, wie dies bei einer Klagerücknahme oder einem Prozessvergleich der Fall ist.[24] Eine Ausnahme gilt lediglich bei Vorliegen eines Restitutionsgrundes.[25]

7 **2. Form und Inhalt.** Die Erledigungserklärung ist ein **Antrag** an das Gericht. Die Erklärung muss nicht ausdrücklich, sie kann auch schlüssig erfolgen, bspw. indem die Parteien keine Sachanträge zur Hauptsache stellen oder der Beklagte der Erledigungserklärung des Klägers nicht widerspricht.[26] Allerdings ist es nicht Aufgabe des Gerichts, unklare Sachanträge des Klägers (bspw. auf Verurteilung „abzüglich während des Rechtsstreits geleisteter Zahlungen") durch großzügige Auslegung als Erledigungserklärung zu deuten.[27] Vielmehr hat das Gericht durch Hinweise nach § 139 auf die Stellung eindeutiger Anträge hinzuwirken, kommt der Kläger dem nicht nach, so geht dies zu seinen Lasten.[28]

8 Die Erledigungserklärung war nach früher h. A. grundsätzlich in **mündlicher** Verhandlung abzugeben.[29] Durch die Textänderung von Abs. 1 im Rechtspflege-Vereinfachungsgesetz ist seit 1.4.1991 klargestellt, dass die Erledigungserklärung auch durch Einreichung eines Schriftsatzes oder zu Protokoll der Geschäftsstelle abgegeben werden kann. (Dabei steht es jeder Partei frei, welche Form sie wählt, die eine Partei kann die Erklärung also bspw. mündlich, die andere schriftlich abgeben.)[30] Wegen § 78 Abs. 3 besteht kein Anwaltszwang. Die Erklärung kann schriftsätzlich auch noch nach Schluss der mündlichen Verhandlung abgegeben werden.[31]

9 Eine übereinstimmende **hilfsweise Erledigungserklärung** der Parteien unter Aufrechterhaltung ihrer streitigen Sachanträge ist unwirksam. Denn das Gericht muss vorab über die Sachanträge entscheiden, hierbei wird es entweder dem Sachantrag der einen oder der anderen Partei zu entsprechen haben, zu einer Entscheidung nach § 91a kann es deshalb nicht mehr kommen.[32]

10 Die Erledigungserklärung eines **Streitgenossen** wirkt für jedes Prozessrechtsverhältnis gesondert. Bei notwendiger Streitgenossenschaft (§ 62) ist die Erklärung aber nur wirksam, wenn sie von allen Streitgenossen abgegeben wird, da nur alle gemeinsam

---

**21** BGH NJW 1989, 2886; NJW 1967, 565.
**22** BGH NJW 1968, 991; LG Nürnberg-Fürth NJW 1981, 2587.
**23** OLG Köln VersR 1974, 605; **a.A.** OLG München JurBüro 1976, 971.
**24** Stein/Jonas/*Bork* § 91a Rdn. 22; **a.A.** (für die Zeit bis zum Erlass der Kostenentscheidung) MünchKomm/*Lindacher* § 91a Rdn. 37 f.
**25** OLG Düsseldorf NJW 1964, 822 m. Anm. *Habscheid*.
**26** BGHZ 21, 298; NJW-RR 1993, 391.
**27** OLG Frankfurt MDR 1977, 56.
**28** *Schneider* MDR 1983, 370.
**29** BGH NJW 1968, 992; 1984, 1901; **a.A.** LAG Hamm NJW 1972, 2063 m. zust. Anm. *Walchshöfer* NJW 1973, 294; Stein/Jonas/*Bork* § 91a Rdn. 17.
**30** MünchKomm/*Lindacher* § 91a Rdn. 35.
**31** OLGR München 1993, 73.
**32** BGH NJW 1989, 2886; 1967, 564, 565; Stein/Jonas/*Bork* § 91a Rdn. 19; *Teubner*/*Prange* MDR 1989, 587; **a.A.** OLG Koblenz ZiP 1987, 1413, 1417; *Bergerfurth* NJW 1968, 533; 1992, 1660.

über den Streitgegenstand verfügen können.[33] Aus demselben Grund ist bei streitgenössischen Nebenintervenienten die Erledigungserklärung der Partei nur mit Zustimmung ihres Streithelfers wirksam,[34] während es der Zustimmung eines einfachen Streithelfers nicht bedarf.

### 3. Entscheidung

**a) Inhalt.** Entscheidungsgrundlage im Rahmen des § 91a Abs. 1 S. 1 ist der Stand des Verfahrens im Zeitpunkt, da die übereinstimmende Erledigung wirksam geworden ist. Im Falle, dass die Erledigungserklärungen schriftlich erfolgen, ist dies der Zeitpunkt des Eingangs der zustimmenden Erledigungserklärung. Ist die letztgenannte Erklärung mit neuem Tatsachenvortrag verbunden, ist dem Gegner lediglich, aber auch unbedingt Gelegenheit zu geben, sich hierzu zu erklären (arg ex § 283). Haben die Parteien den Rechtsstreit übereinstimmend für erledigt erklärt, so hat das Gericht daher über die Kosten des Rechtsstreits aufgrund des bisherigen Sach- und Streitstandes nach billigem Ermessen durch Beschluss zu entscheiden. Die Ausübung des Ermessens richtet sich nach den allgemeinen kostenrechtlichen Bestimmungen der ZPO,[35] allerdings kann das Gericht auch die Umstände und Motive berücksichtigen, die zur Abgabe der Erledigungserklärungen geführt haben und im Einzelfall von den allgemeinen Grundgedanken des Kostenrechts abweichen, die sich aus den §§ 91–97, 100, und 101 ergeben. IdR wird dies aber nicht nötig sein, da sich in diesen Vorschriften der Gedanke der Kostengerechtigkeit hinreichend wiederspiegelt, bspw. kann das Gericht im Rahmen seiner Ermessensentscheidung insbesondere auch den Rechtsgedanken des § 93 (Veranlassung zur Klage) heranziehen.[36] Hat der Beklagte den Klageanspruch unverzüglich nach Abstandnahme des Klägers vom unstatthaften Urkundenprozess mit der Folge einer übereinstimmenden Erledigungserklärung erfüllt, liegt einem sofortigen Anerkenntnis gleich zu stellendes Prozessverhalten des Beklagten vor. Der Kläger hat dann aufgrund des zugunsten des Beklagten anzuwendenden Rechtsgedankens des § 93 nach § 91a Abs. 1 S. 1 die Kosten zu tragen. Im Rahmen der Billigkeitsentscheidung nach § 91a kann aber auch bei „reziproker" Anwendung des Rechtsgedankens des § 93 dann nicht auf die zu § 93 entwickelte Beweislastregelung abgestellt werden, wenn dies dazu führt, dass der Antragsgegner eine negative Tatsache – z.B. den Nichtzugang eines Schreibens – beweisen müsste. Grundsätzlich ist von dem allgemeinen Grundsatz des Kostenrechts auszugehen, dass der Unterlegene die Kosten zu tragen hat. Das Gericht muss deshalb die hypothetische Frage beantworten, welche Partei den Prozess ohne die Erledigungserklärung voraussichtlich verloren hätte.[37] Bei Teilunterliegen wie auch bei ungewissem Prozessausgang gilt § 92 entsprechend. Ein wichtiges Kriterium sowohl für das voraussichtliche Prozessergebnis als auch für die Billigkeitsentscheidung kann sein, ob sich eine Partei vor der Erledigungserklärung freiwillig in die Rolle des Unterlegenen (bspw. durch Erfüllung der 11

33 Zöller/*Vollkommer* § 91a Rdn. 58 „Streitgenossenschaft"; **a.A.** Stein/Jonas/*Bork* § 91a Rdn. 16 (Abweisung der restlichen Klagen i.d.R. mangels Prozessführungsbefugnis); MünchKomm/*Lindacher* § 91a Rdn. 32.
34 **A.A.** Stein/Jonas/*Bork* § 91a Rdn. 16
35 OLG Düsseldorf FamRZ 1982, 431; OLG Zweibrücken NJW 1986, 939.
36 OLG Köln FamRZ 2007, 66; OLG Bamberg FamRZ 1984, 303; OLG Düsseldorf OLGZ 1985, 74; OLG Frankfurt NJW-RR 1989, 571; OLG Hamm NJW-RR 1986, 1121; OLG Nürnberg NJW-RR 1987, 695; OLG Karlsruhe ZiP 1989, 791. Zur sog. reziproken Anwendung des § 93 s.u. § 93 Rdn. 44.
37 BGH LM Nr. 1, 6; im Urkundenprozess kommt es auf den Ausgang des Nachverfahrens an, OLG Hamm MDR 1963, 317.

Forderung des Gegners) begeben hat.[38] Allerdings ist dieses Kriterium mit Vorsicht anzuwenden, da die verschiedenartigsten Motive eine Partei veranlassen können, sich freiwillig in die Rolle des Unterlegenen zu begeben (bspw. zur Vermeidung eines zeitaufwendigen und lästigen Prozesses).[39] *Smid* hat darauf hingewiesen, dass die Zustimmung des Beklagten zur Erledigungserklärung des Klägers zu dessen Lasten geht[40] wenn im Übrigen Tatsachenfeststellungen noch nicht getroffen worden sind. Dem entspricht die Judikatur des BGH: Im Rahmen der Billigkeitsentscheidung nach § 91a Abs. 1 kann das Gericht berücksichtigen, dass sich die beklagte Partei durch Zahlung des mit der Klage geforderten Betrags und Erklärung zur Übernahme der Kosten des Rechtsstreits in die Rolle des Unterlegenen begeben hat. Daher begegnet es Bedenken, wenn das KG in einem Fall die Kosten des Rechtsstreits über die Hauptsacheklage zu teilen oder gegeneinander aufzuheben für billig i.S.v. § 91a Abs. 1 S. 1 erachtet, in dem der Gläubiger, der zuvor eine einstweilige Verfügung gegen den Schuldner erwirkt hat, nach Stattgabe eines vom Schuldner nach Erlöschen des mit der einstweiligen Verfügung geltend gemachten Anspruchs gestellten Antrags nach § 926 Abs. 1 die Hauptsacheklage erhebt. Und es ist richtig, wenn das OLG München entschieden hat, dass es nicht billigem Ermessen iSv § 91a Abs. 1 S 1 entspricht, dem Gläubiger eines Gegendarstellungsanspruchs auch nur einen Teil der Kosten zu überbürden, nur weil der Schuldner die Rechtslage wegen fehlender Unterlagen für die Prüfung der Erfolgsaussicht einer Beschwerde nicht zutreffend beurteilt hat. Dies gilt jedenfalls dann, wenn der Gläubiger ordnungsgemäß vorgetragen und die benötigten Unterlagen vorgelegt und in die Diskussion im Rahmen der Antragsschrift mit eingebracht hatte.

12 Nach herrschender Auffassung muss das Gericht in rechtlich schwierig gelagerten Fällen nicht jeder Rechtsfrage nachgehen, sondern darf sich mit einer **summarischen Prüfung** der Erfolgsaussichten begnügen.[41] Dies ist zumindest bei hohen Streitwerten abzulehnen. § 91a fordert eine Entscheidung des Gerichts auf der Basis des bisherigen Sach- und Streitstandes. Das mag ein vom BGH entschiedener Fall beispielhaft illustrieren: Hat beispielsweise ein klagender Urheberrechtsinhaber gegenüber einem Kunsthändler allgemein Auskunft über die von diesem unter seiner Beteiligung veräußerten Werke und zusätzlich nähere Auskunft über die Weiterveräußerung einer bestimmten Kunstsammlung (hier: Sammlung Ahlers) begehrt, so entspricht es der Billigkeit, dem Kläger $^3/_4$ der Kosten aufzuerlegen, wenn er mit dem allgemeinen Auskunftsanspruch erfolgreich war, und die Revision des Beklagten hinsichtlich des konkreten Auskunftsanspruchs voraussichtlich Erfolg gehabt hätte, und dieser mit $^3/_4$ des Gesamtstreitwerts bewertet wurde. Hat eine Abänderungsklage mit dem Ziel einer Erhöhung des Kindesunterhalts ihre Erledigung durch übereinstimmende Erledigungserklärung gefunden, ist im Rahmen der nach § 91a zu treffenden Kostenentscheidung für eine Kostenquotelung kein Raum, wenn sich der Unterhaltsschuldner in einer Jugendamtsurkunde zu einem höheren als dem nach der abzuändernden Jugendamtsurkunde geschuldeten Unterhalt verpflichtet hat. Bei der Kostenentscheidung gem. § 91a Abs. 1 ZPO kann es sich im Rahmen des billigen Ermessens zu Lasten der zunächst auf Mindestunterhalt in Anspruch genommenen Beklagten auswirken, wenn diese eine Einlassung zu einem Antrag der Kläger auf Prozesskostenhilfe für eine Stufenklage verweigert hatte. Ist ein Rechtsstreit von der klagenden Partei später als möglich und zumutbar in der Hauptsache für erledigt erklärt worden und sind dadurch zusätzliche Kosten entstanden, ist dies zwar bei der

38 BAG AP § 91a Nr. 7.
39 Ähnlich OLG Celle NJW-RR 1986, 1061; OLG Karlsruhe MDR 1986, 240; OLG Koblenz GRUR 1988, 566.
40 *Smid* ZZP 97 (1984) 301; MDR 1985, 191.
41 BGHZ 67, 345; 36, 28; NJW 1954, 1038.

nach § 91a zu treffenden Entscheidung zu berücksichtigen und sind die zusätzlich entstandenen Kosten der klagenden Partei aufzuerlegen. Davon, dass das Gericht seiner ureigensten Aufgabe, der Rechtsfindung, in diesem Fall nicht nachkommen muss, ist nicht die Rede. Wenn für die Parteien hohe Kosten auf dem Spiel stehen, ist es regelmäßig nicht ermessensgerecht, wenn das Gericht die Klärung schwieriger Rechtsfragen unterlässt. Es gilt der Grundsatz „iura novit curia". Eine Ausnahme gilt für Fragen ausländischen Rechts, die nur durch Heranziehung eines Sachverständigen geklärt werden können (vgl. § 293).

Grundsätze der Kostengerechtigkeit, die im Rahmen der Kostenentscheidung nach § 91a zu beachten sind, sind ferner enthalten in § 93b,[42] § 281 Abs. 3 S. 2 und § 344.[43] Bei einem außergerichtlichen Vergleich gilt § 98 (s. dort Rdn. 8). Im Einzelfall **weicht** die Rechtsprechung von den für die prozessuale Kostenerstattung geltenden Grundsätzen ab, wenn sich die **materiell-rechtliche Erstattungspflicht** einer Partei ohne besondere Schwierigkeiten und ohne neue Beweiserhebungen feststellen lässt.[44] Diese Vermischung der materiell-rechtlichen und der prozessualen Ebene ist dogmatisch bedenklich, aus Vereinfachungsgründen aber akzeptabel, solange die Entscheidung klar erkennen lässt, ob über die materiell-rechtlichen Ansprüche abschließend entschieden wurde.

Bei **Streitgenossen** muss die Entscheidung nicht notwendigerweise einheitlich ergehen.[45] Insbesondere kann gewichtet werden, inwieweit einzelne Streitgenossen Anlass zur Klage gegeben haben oder kostenträchtige Beweisaufnahmen verursacht haben.

**b) Verfahren.** Die Entscheidung nach § 91a ergeht von Amts wegen (§ 308 Abs. 2), 13
Kostenanträge sind nicht erforderlich.[46] Allerdings können die Parteien durch ausdrückliche Erklärung auf eine Kostenentscheidung verzichten.[47]

Die Entscheidung nach § 91a ergeht durch **Beschluss**, der (außer im Fall des § 313a)[48] 14
zu begründen ist.[49] Der Beschluss beschränkt sich grundsätzlich auf die Kostenentscheidung, ist jedoch im Rechtsstreit bereits eine Entscheidung ergangen, so dient es der Klarstellung, wenn analog zu § 269 Abs. 3 S. 2 die Wirkungslosigkeit dieser Entscheidung festgestellt wird. Die Entscheidung ergeht aufgrund freigestellter mündlicher Verhandlung (§ 91a Abs. 1 S. 2). Wird der Beschluss nicht verkündet, so ist er zuzustellen (§ 329 Abs. 3).[50]

Vor der Entscheidung muss das Gericht den Parteien die **Möglichkeit** geben, zu den 15
für die Ermessensausübung maßgeblichen Gesichtspunkten vorzutragen (Art. 103 Abs. 1 GG). Dabei ist unstreitiger neuer Sachvortrag zu berücksichtigen.[51] Hingegen können nach dem Regelungszweck des § 91a, der Vermeidung eines aufwendigen Verfahrens nur der Kosten willen, in den Rechtsstreit grundsätzlich keine neuen strittigen Tatsachen und Beweismittel mehr eingeführt werden.

---

**42** LG Mannheim ZMR 1967, 183; LG München WuM 1983, 118.
**43** OLG Stuttgart Justiz 1984, 19.
**44** BGH MDR 1981, 126; OLG Frankfurt JurBüro 1991, 431; OLG Köln OLGZ 1986, 237; JurBüro 1989, 218; OLG Nürnberg NJW 1975, 2206; OLG Stuttgart VersR 1973, 627.
**45** BGH MDR 1984, 914 f.
**46** OLG Köln JMBl. NRW 1973, 185; Stein/Jonas/*Bork* Rdn. 29; **a.A.** 2. Aufl, § 91a, A IIIb; *Brox* JA 1983, 289, 290.
**47** *Schneider* NJW 1969, 88.
**48** § 313a ist anwendbar, s. Stein/Jonas/*Bork* § 91a Rdn. 37.
**49** LG Stuttgart ZMR 1960, 124.
**50** OLG Bamberg NJW-RR 1986, 998.
**51** *Schneider* MDR 1976, 885; OLG Düsseldorf MDR 1993, 1120; OLG Celle OLGR 2009, 651; **a.A.** Baumbach/Lauterbach/Albers/*Hartmann*[71] § 91a Rdn. 116, vgl. aber hingegen Rdn. 112 a.E.

15a Es stellt sich die Frage, wie Fallkonstellation „billig" über die Kosten zu entscheiden ist, in denen bei streitigem Sachverhalt eine Beweisaufnahme zum Zeitpunkt der Erledigungserklärung noch nicht stattgefunden hat. Es stellt sich dann die Frage, ob das Gericht auch nach den übereinstimmenden Erledigungserklärungen der Parteien noch die beantragte Beweisaufnahme durchzuführen hat, um dadurch eine Tatsachengrundlage für die Feststellung gewinnen zu können, wer ohne den Eintritt der Erledigung in der Hauptsache obgesiegt hätte?[52] Über diese Frage nun wird seit geraumer Zeit in der Literatur gestritten. So wird – unter Hinweis auf das Gebot der Interpretation verfahrensrechtlicher Normen unter der Prämisse der Prozessökonomie – von einigen Stimmen in der Literatur[53] die Durchführung einer weiteren Beweisaufnahme abgelehnt. Dagegen häufen sich in Rechtsprechung[54] und Schrifttum[55] Ansichten, die auf der einen Seite auch „im Verfahren nach § 91a", also zur Vorbereitung des Beschlusses über die Kostenfrage, weitere Sachverhaltsermittlungen zulassen wollen. Auf der anderen Seite wird auch von den Vertretern dieser Ansicht geäußert, dass unter prozessökonomischen Aspekten diese weitere Sachverhaltsermittlung zu beschränken sei. So wird – unter Hinweis auf das Gebot der Interpretation verfahrensrechtlicher Normen unter der Prämisse der Prozessökonomie – von einigen Stimmen in der Literatur[56] die Durchführung einer weiteren Beweisaufnahme abgelehnt. Dagegen häufen sich in Rechtsprechung[57] und Schrifttum[58] Ansichten, die auf der einen Seite auch „im Verfahren nach § 91a", also zur Vorbereitung des Beschlusses über die Kostenfrage, weitere Sachverhaltsermittlungen zulassen wollen. Auf der anderen Seite wird auch von den Vertretern dieser Ansicht geäußert, dass unter prozessökonomischen Aspekten diese weitere Sachverhaltsermittlung zu beschränken sei. Den Befürwortern einer weiteren Sachverhaltsermittlung nach Erledigung des Rechtsstreits in der Hauptsache erscheint es „unbillig", das Gericht zu veranlassen, eine Kostenentscheidung auf „unbekannter" oder „unsicherer" Tatsachengrundlage zu erlassen; einer ebenfalls weit verbreiteten Ansicht[59] wird damit widersprochen, die in Fällen „fehlender" Tatsachengrundlage „nach billigem Ermessen" die Kosten hälftig teilen oder gegeneinander aufheben will.

15b Der BGH[60] hat in zwei *obiter dicta* – anlässlich der Beurteilung der Frage, ob für Kostenentscheidungen nach § 91a das Richterprivileg des § 839 Abs. 2 BGB einschlägig sei – geäußert, auch im Verfahren nach § 91a seien noch weitere Beweisaufnahmen zulässig. Doch weder die Rechtsprechung noch das Schrifttum haben Kriterien angegeben, aufgrund deren die Frage nach der Tatsachengrundlage der Entscheidung aus § 91a und ihrer Beschaffung beantwortet werden kann. Die Schwierigkeiten der Fragestellung rühren daher, dass bei der Auslegung des § 91a zwei scheinbar unvereinbare „Zwecke" dieser Vorschrift berücksichtigt werden müssen: Auf der einen Seite sollte es die Einführung des Instituts der „Erledigung der Hauptsache" dem Kläger ermöglichen, den Prozess

52 Vgl. allein statt aller: Stein/Jonas/*Bork* § 91a Rdn. 28 ff.
53 Vgl. Baumbach/Lauterbach/Albers/*Hartmann*[71] § 91a Rdn. 115 f.
54 Aus der Vielzahl der Entscheidungen vgl. hier vorerst allein LG Stuttgart, ZZP 69, 399; OLG Stuttgart MDR 1958, 111 und 401.
55 *Göppinger* Die Erledigung des Rechtsstreits in der Hauptsache, 1958 S. 205 ff.; *Göppinger* ZZP 67, 468; ZZP 68, 26; *Habscheid* RPfl 1955, 35.
56 Vgl. Baumbach/Lauterbach/Albers/*Hartmann*[71] § 91a Rdn. 115 f.
57 Aus der Vielzahl der Entscheidungen vgl. hier vorerst allein LG Stuttgart, ZZP 69, 399; OLG Stuttgart MDR 1958, 111 und 401.
58 *Göppinger* Die Erledigung des Rechtsstreits in der Hauptsache, 1958 S. 205 ff.; *Göppinger* ZZP 67, 468; ZZP 68, 26; *Habscheid* RPfl 1955, 35.
59 Vgl. Baumbach/Lauterbach/Albers/*Hartmann*[71] § 91a Rdn. 115 f., eingehend zur Kostenverteilung Rdn. 125.
60 Vgl. BGHZ 13, 145 und dazu *Ostendorf* DRiZ 1973, 388; ferner BGHZ 21, 298 ff.

„ohne Verluste“ beenden zu können, wenn der Beklagte die Klage während des Verfahrens durch außerprozessuale Zahlung u.dgl.m. unschlüssig machte.[61]

**15c** Die Erledigung der Hauptsache machte es möglich, die unschlüssig gewordene Klage nicht abzuweisen, sondern den Streit um die Kosten fortzusetzen, als wäre die Hauptsache noch anhängig.[62] Die Normierung des heutigen § 91a[63] verfolgte dagegen einen „umgekehrten“ Zweck: die unökonomische Fortsetzung des Streits allein um die Kosten sollte zugunsten einer schnell und ohne Aufwand zu erlangenden Billigkeitsentscheidung abgeschnitten werden. Klägerschutz und Prozessökonomie also gilt es, in einer geeigneten Weise bei der Auslegung des § 91a zu vermitteln. Die Gegner einer weiteren Beweisaufnahme nach § 91a argumentieren damit, beide Parteien „wollten“ allein eine „Billigkeitsentscheidung“. Sie hätten ihr Einverständnis auch mit einer Kostenentscheidung erklärt, die für sie ungünstig sei.[64] So ist im Ausgangsfall bei einer hälftigen Kostenteilung eine der Parteien evident entgegen der materiell-rechtlichen Klageveranlassung mit den Kosten belastet. Diese Begründung lässt sich jedoch nicht halten. Zum einen zeigt die Geschichte des § 91a, dass sein Zweck nicht die Prozessbeendigung durch einen „Verzicht“[65] der Parteien, sondern im Gegenteil der Schutz des Klägers durch Fortführung des Prozesses war. Zum anderen würde den Parteien durch eine pauschale Kostenteilung das rechtliche Gehör abgeschnitten: Der Ausgangsfall macht deutlich, dass die Parteien hinsichtlich der Kosten in der Tat noch streiten und in diesem Streit angehört werden wollen.

**15d** Auch die Befürworter einer weiteren Beweisaufnahme nach Erledigung der Hauptsache versuchen, die prozessökonomische Funktion des § 91a ZPO zu berücksichtigen. Um den Streit wegen der Kosten trotz der geforderten Beweisaufnahme nicht „ausufern“ zu lassen, wollen deren Befürworter sie allein in einem eng begrenzten Katalog von Fallkonstellationen zulassen.[66] So sollen bereits erlassene Beweisbeschlüsse durchgeführt oder sogar „neue“ erlassen werden können, wenn sie aufgrund der Anwesenheit der Beweismittel in der mündlichen Verhandlung (etwa wenn die Parteien Zeugen mitgebracht oder Urkunden vorgelegt haben) ohne weitere Verzögerungen durchgeführt werden können. Auch wird vorgeschlagen, unstreitiges neues Vorbringen der Parteien, präsente Beweismittel wie Urkunden und anwesende Zeugen, zwar zur Feststellung der Tatsachengrundlage der Kostenentscheidung nach § 91a zu berücksichtigen, jedoch keine weiteren förmlichen Beweisverfahren mehr durchzuführen.[67] Die Zulassung allein bestimmter Beweismittel im Verfahren nach § 91a freilich bereitet eigene Schwierigkeiten: Wäre im Eingangsfall der präsente Zeuge etwa nur von dem Beklagten benannt worden, so hätte die Beschränkung der Beweisaufnahme auf diesen Zeugen eine Schlechterstellung des Klägers im Prozess zur Folge. Gleiches würde gelten, wenn sich aufgrund der Beweisaufnahme eine veränderte Sachlage ergäbe und eine oder beide Parteien noch Gelegenheit zur weiteren Stellungnahme begehrten.

**15e** Schon diese Überlegungen zeigen, dass sich eine angemessene Auslegung des § 91a ZPO weder auf apodiktisch behauptete noch verabsolutierte „Zwecke“ des § 91a stützen

---

**61** Zur historischen Diskussion vgl. insbes. *Pfitzer* GruchB Bd. 30 S. 96 ff.; *Weiß* GruchB Bd. 72 S. 297 ff. Zur Entwicklungsgeschichte des heutigen § 91a ZPO eingehend *Smid* ZZP Bd. 97 (1984) S. 246 Teil I S. 250 ff.

**62** Näher *Smid* ZZP 97 (1984), 245, 252.

**63** Seit § 4 der 3. VereinfachungsVO v. 16.5.1942, RGBl I S. 333.

**64** Vgl. etwa auch die von *Rinsche* NJW 1971, 1349 f. mitgeteilte und besprochene Entscheidung des OLG Hamm.

**65** Die „Klageverzichtstheorien“ sind – wie bereits *Habscheid* Lent-F 1957 S. 157 dargestellt hat – allein historisch von Bedeutung; vgl. näher *Smid* ZZP 97 (1984), 245, 260.

**66** Vgl. *Baumgärtel* MDR 1969, 883 f.; *Schneider* MDR 1976, 885 ff.

**67** Insbesondere *Schneider* MDR 1976, 885 ff.

kann. Diese „Zwecke“ sind disparat, gegenläufig. Auch wäre es nicht angemessen, einseitig von der „Gewährung rechtlichen Gehörs“ auf der einen oder einer „Praktikabilität“ auf der anderen Seite auszugehen, um von dort aus auf die Frage kurzzuschließen, ob im Verfahren nach § 91a Beweisaufnahmen durchzuführen seien. Und doch ist es einsichtig, dass bei der Auslegung des 91a die Gesichtspunkte der „Prozessökonomie“[68] wie aber auch die Gewährung rechtlichen Gehörs (Art. 103 Abs. 1 GG) eine Rolle spielen. Dass die grundrechtlich verbürgte Gewährung rechtlichen Gehörs nicht durch „prozessökonomische“ Aspekte relativiert werden darf,[69] kann als Ausgangspunkt der weiteren Überlegungen zunächst festgehalten werden. Dabei ist allerdings zu beachten, dass die Parteien der Sache sich bereits in Form ihrer Erledigungserklärungen geäußert haben: Sie haben ihren Anspruch auf rechtliches Gehör wahrgenommen und durch die übereinstimmende Erklärung der Erledigung der Hauptsache tatsächlich Einfluss auf den Prozess genommen. Für die nähere Interpretation der Erledigungserklärungen der Parteien selbst kann daher davon ausgegangen werden, dass weitere Beweisaufnahmen nicht mehr erforderlich sind, um Kriterien zu liefern, nach denen unter Beachtung des Art. 103 Abs. 1 GG die Kostenentscheidung des 91a zu fällen sei.

**15f** Die konkrete Stellung der Parteien im Prozess unterscheidet sich deutlich aufgrund der konträren prozessualen Stellung von Kläger und Beklagtem. Für den Kläger lässt sich diese Frage aufgrund der Entwicklungsgeschichte des heutigen § 91a ZPO ohne weiteren Aufwand beantworten. So haben auch die oben angeführten Beispielsfälle vorgeführt, dass der Kläger etwa nach der Zahlung durch den Beklagten (oder durch den nicht mehr am Prozess beteiligten, erstinstanzlich verurteilten Gesamtschuldner) keine verfahrensrechtlich akzeptable Alternative zur Erledigungserklärung zur Verfügung hat. Allein durch die Erklärung der Erledigung des Rechtsstreits in der Hauptsache kann der Kläger auf die Befriedigung seines Anspruches und den dadurch bedingten Fortfall der Begründetheit seiner Klage reagieren, ohne Kostennachteile hinnehmen zu müssen.[70] Der Kläger kann nämlich mit seiner Erledigungserklärung unter dem „Vorbehalt“ vom Rechtsstreit Abstand nehmen, dass die Kosten dem Beklagten auferlegt werden. Der Kläger reagiert also allein auf den Fortfall der Begründetheit seiner Klage. Der Beklagte dagegen stimmt der Erledigungserklärung des Klägers zu, obwohl er andere Möglichkeiten hätte, sich prozessual gegen den Kläger zu verteidigen. Mit anderen Worten besteht eine Asymmetrie[71] – eine Ungleichgewichtigkeit – in den prozessualen Handlungsmöglichkeiten, die dem Kläger auf der einen und dem Beklagten auf der anderen Seite zur Verfügung stehen.[72] So braucht der Beklagte, wenn die Klage wie im Ausgangsfall erst während des Prozesses begründet wird, nicht außerprozessual zu zahlen, um darauf mit dem Kläger die Erledigung der Hauptsache zu erklären, sondern er kann ein sofortiges Anerkenntnis mit der Kostenfolge des § 93 abgeben. Der Beklagte erleidet dadurch keine Nachteile.[73] Die Verzögerung der Zahlung geht vielmehr wirtschaftlich zu Lasten des Klägers. Das ist gerechtfertigt, da der Kläger eine zunächst unbegründete Klage erhoben hat, deren Folgen er – und nicht der Beklagte – zu tragen hat. Zum anderen kann der Beklagte

---

**68** Hierzu allgemein *Schumann* FS Larenz (1973) S. 271 ff. m.w.N.

**69** Grundlegend für den Zivilprozess vgl. *Baur* AcP 153, 409.

**70** Vgl. allein m.w.N. *Ansorge* Die einseitige Erledigungserklärung im Zivilprozess, 1973 S. 9.

**71** Zu diesem methodischen Argumentationstopos nunmehr eingehend: *Florstedt* Recht als Symetrie, Habilitationsschrift (unveröff.), 2013.

**72** *Smid* ZZP 97 (1984), 245, 292.

**73** Zur Kritik der widersprechenden Auffassung *Baumgärtels* MDR 1969, 883 f.; vgl. näher *Smid* ZZP 97 (1984), 245, 288.

auch schon vor der Abgabe seines sofortigen Anerkenntnisses im Verfahren an den Kläger unter Vorbehalt nach § 362 BGB[74] leisten,[75] wenn er – aus welchen Gründen auch immer – an der Herbeiführung des wirtschaftlichen Erfolges seiner Leistungen interessiert ist.

Die Parteien können ferner im Rahmen der Beschwerde gegen eine auf ein sofortiges Anerkenntnis des Beklagten nach § 93 hin ergangene Kostenentscheidung des Anerkenntnisurteils im Rahmen der allgemeinen zivilprozessualen Regelungen auch mit „neuem" Vorbringen gehört werden. Die gem. § 99 Abs. 2 zulässige isolierte Anfechtung der Kostenentscheidung nach § 93 verhilft den Parteien über die Regelung des § 570 also zu einer Erweiterung der Tatsachengrundlage der Entscheidung.[76] Und auch in anderen Fallkonstellationen braucht der Beklagte sich nicht auf die klägerische Erledigungserklärung einzulassen. So wurde bereits oben darauf hingewiesen, dass sich Fälle denken lassen, in denen sich der Streit aufgrund einer Zahlung Dritter erledigt. Oder es verlangt der Kläger – zu Unrecht – eine Sache vom Beklagten heraus, die dort während des Prozesses untergeht. Wenn der Kläger in dieser Situation die Erledigung erklärt, muss der Beklagte aus Gründen der Waffengleichheit – zu seinem Schutz[77] – im Prozess die Möglichkeit haben, dieser Erklärung entgegenzutreten,[78] also einen Erledigungsstreit zu führen. Doch es kann nicht ohne weiteres von dieser zunächst apodiktischen Behauptung auf die prozessuale Stellung der Parteien und damit auf die Möglichkeit des Beklagten, durch Beibehaltung seines Klagabweisungsantrags rechtliches Gehör zu erhalten, „kurzgeschlossen" werden. **15g**

Von hier aus können nun die übereinstimmenden Erledigungserklärungen näher als Einflussnahmen der Parteien auf den Prozess interpretiert und daraus Kriterien für die Kostenentscheidung nach § 91a gewonnen werden. Diese Kriterien machen zugleich deutlich, welche prozessualen Voraussetzungen diese Kostenentscheidung hat. Die heute „gebräuchlichen" Maßstäbe der nach § 91a zu fällenden Kostenentscheidungen bleiben unscharf. So ist davon die Rede, es solle den Beklagten die Kostenlast treffen, sofern er dem Kläger „Anlass" zur Klage gegeben habe oder „willkürlich" das erledigende Ereignis herbeigeführt habe.[79] Der Kläger soll dagegen die Kosten des Verfahrens dann zu tragen haben, wenn er seinerseits die Klage „willkürlich" erhoben hat.[80] Auch wird immer noch davon gesprochen, Gedanken des § 93 sollten bei der Entscheidung nach § 91a entsprechende Berücksichtigung finden.[81] Das aber bedeutet, dass seine Zustimmung zur klägerischen Erledigungserklärung zunächst zu Lasten des Beklagten geht. Diese Kriterien können einen nachvollziehbaren Inhalt bekommen, auch ohne dass bei der Kostenentscheidung die Ermittlung eines Sachverhalts im Wege einer Beweisaufnahme vorausgesetzt werden muss. Denn es bedarf nicht notwendig der weiteren Sachverhaltsermittlung, um Folgerungen hinsichtlich der „Klagveranlassung" oder der „willkürlichen" Herbeiführung des erledigenden Ereignisses oder der Klagerhebung ziehen zu können. Es kann vielmehr die dargestellte Ungleichheit der prozessualen Interessenlage **15h**

---

**74** Palandt/Grüneberg Überbl. v. § 362 Rdn. 2f.
**75** So schon *Lazarus* GruchB 52, 606; ebenso *Köst* Die Erledigung in der Hauptsache, 1939 S. 39. Auch *Baumgärtel* greift dies auf, ohne jedoch für seine Untersuchung weitre Konsequenzen zu ziehen.
**76** Vgl. allein: Thomas/Putzo/*Reichold* § 570 Rdn. 1.
**77** Vgl. *Ansorge* S. 51 mit umf. Nachw.
**78** *Blomeyer* JuS 1962, 215.
**79** Vgl. 2. Aufl. § 91a, B Ib.
**80** Stein/Jonas/*Bork* § 91a Rdn. 36.
**81** So z.B. OLG Düsseldorf GRUR 1980, 135 m.w.N.

der Parteien zum Maßstab der Entscheidung nach § 91a gemacht werden. Nach den bisherigen Überlegungen kann nämlich gesagt werden, dass nicht der Beklagte den Kläger durch die außerprozessuale Herbeiführung eines erledigenden Ereignisses zur Abgabe der Erledigungserklärung mit der Folge veranlassen können darf, dass der Beklagte sich mit seiner Zustimmung zur klägerischen Erledigungserklärung stets zu einem Teil aus seiner kostenrechtlichen Verantwortung entfernt. Die prozessuale Interessenlage des Beklagten nämlich (so etwa im Beispielsfall des Streits um die Fälligkeit der Klageforderung) legt es nahe, die Übereinstimmung mit der Erledigungserklärung des Klägers des Beklagten als Abstandnahme von der ihm möglichen weiteren Verteidigung zu interpretieren. Diese wäre ihm im Erledigungsstreit oder im Verfahren nach § 93 weiterhin möglich gewesen. Wenn er sie nicht wahrnimmt und stattdessen durch die Erklärung seiner Zustimmung zur klägerischen Erledigungserklärung die Beendigung des Verfahrens herbeiführt, kann das Verhalten des Beklagten im Sinne eines *confessus pro iudicio habetur*[82] ausgelegt werden. Denn anstatt sich mit den ihm zu Gebote stehenden Mitteln zu verteidigen, entgeht er durch seine Erledigungserklärung dem Erlass eines streitigen Urteils. Und es kann zugleich mit dieser Auslegung § 91a mit dem übrigen Kostenrecht insofern abgestimmt werden, als bei dieser Auslegung § 91a als besondere Ausgestaltung des allgemeinen Prinzips der Orientierung der Kostenentscheidung am Obsiegen oder Unterliegen der Parteien verstanden werden kann.

**15i** Diese Interpretation wurde seinerzeit allerdings durchweg in den einschlägigen Kommentierungen des § 91a abgelehnt.[83] Es sollte – so lautete die Kritik – die Erledigungserklärung des Beklagten grundsätzlich nicht zu seinen Lasten interpretiert werden können. Betrachtet man jedoch die in dieser Literatur zitierten konkreten Fälle, so wird deutlich, dass mit der Ablehnung einer grundsätzlich zu Ungunsten des Beklagten erfolgenden Interpretation seiner Erklärung ausschließlich solche Fallgestaltungen angesprochen werden, in denen aufgrund der Möglichkeit, über das hypothetische Obsiegen des Beklagten in dem Kostenbeschluss Aussagen zu treffen, die Überbürdung der Kosten auf den Beklagten falsch wäre.[84]

**15j** Die grundsätzlich gegen den Beklagten zu fällende Kostenentscheidung ist also zu korrigieren, wenn dem Gericht ein „Mehr" an Sachverhalt vorliegt, als allein in den Erledigungserklärungen der Parteien gegeben ist. Dies ist der Fall, wenn bereits Beweisaufnahmen stattgefunden haben, die Parteien allein um Rechtsfragen streiten.[85] Denkbar sind auch Fälle der Teilerledigung, in denen aus dem streitig entschiedenen Teil kostenrechtlich auf den erledigten Teil geschlossen werden kann, wenn beide Teile auf demselben Sachverhalt beruhen. Und auch nach § 91a kann der Richter nach § 287 durch Wahrscheinlichkeitsüberlegungen die Stichhaltigkeit des Vorbringens der Parteien werten.[86]

So können im Rahmen der Kostenentscheidung nach § 91a Kosten, die durch eine verspätete Erledigungserklärung des Antragstellers verursacht worden sind, zu Lasten des Antragstellers berücksichtigt werden. So verhält es sich mit den außergerichtlichen Kosten des Widerspruchsverfahrens, wenn die nach Zustellung der einstweiligen Verfügung erklärte Unterwerfung die Wiederholungsgefahr beseitigt hat und der Antragsteller

---

82 *Pfitzer* GruchB Bd. 30 S. 98 ff., vgl. für die heutige Rechtslage näher *Smid* ZZP 97 (1984), 245 (299 ff.).
83 Vgl. Baumbach/Lauterbach/*Hartmann*[51] § 91a Anm. 3 Ac m.w.N.
84 So etwa beispielhaft OLG Frankfurt/M. NJW 1977, 1783 f.
85 Vgl. OLG Bremen FamRZ 1978, 133.
86 Abzulehnen ist dagegen die Berücksichtigung sog. materieller Kostenerstattungsansprüche im Verfahren nach § 91a ZPO (vgl. *Smid* ZZP 1997, 245, 308 ff. m.N. der Rechtsprechung). Denn es wird den Parteien das rechtliche Gehör genommen, wenn diese Ansprüche im summarischen Verfahren unentschieden bleiben.

ungeachtet der Aufforderung des Antragsgegners, auf die Rechte aus der einstweiligen Verfügung zu verzichten, das Verfahren erst für erledigt erklärt, nachdem der Antragsgegner den bei rechtzeitiger Erledigungserklärung unnötigen Widerspruch eingelegt hat.[87]

Der Beschluss ist von dem Gericht auszusprechen, vor dem für erledigt erklärt wird. **15k** Eine **Verweisung** wegen Unzuständigkeit kommt nicht mehr in Betracht.[88]

**c) Streitwert und Gebühren.** Bei beiderseitigen wirksamen Erledigungserklärun- **16** gen ist als verbleibender Streitwert der Betrag der bisher entstandenen Kosten anzusetzen.[89] Für die Entscheidung per Beschluss gelten die KV-GVG Nr. 1210, 1220, 1230, 1250, 1410. Eine Reduzierung der Verfahrensgebühr findet grundsätzlich nicht statt, es sei denn, es ergeht keine Kostenentscheidung oder sie ergeht aufgrund einer Kostenübernahmeerklärung einer Partei bzw. Einigung der Parteien; KV-GKG Nr. 1211 Nr. 4, 1221, 1222 Nr. 4, 1231, 1232 Nr. 4, 1251, 1252 Nr. 4, 1411 Nr. 4.[90]

Für den **Anwalt** entsteht durch die Abgabe der Erledigungserklärung keine besondere Gebühr, da seine Tätigkeit durch die Prozessgebühr abgegolten wird, RVG-VV Nr. 3100 ff. Darüber hinaus entstehen keine Sondergebühren; § 19 Abs. 1 Nr. 9 RVG. Sofern eine mündliche Verhandlung stattgefunden hat, fällt eine Terminsgebühr nach RVG-VV Nr. 3104 an, welche sich für den Klägervertreter dann reduzieren kann, wenn die Erledigungserklärung noch durch Schriftsatzeinreichung vor Aufruf der Sache möglich gewesen wäre.[91] Eine Gebühr nach RVG-VV Nr. 3500 fällt im Beschwerdeverfahren an.

**d) Rechtskraft.** Der Beschluss nach § 91a Abs. 1 S. 1 wird nach allgemeinen Regeln **17** formell rechtskräftig, sobald die Frist zur Einlegung der sofortigen Beschwerde abgelaufen ist oder eine eingelegte Beschwerde wirksam zurückgenommen wird. Für die Hauptsache, die die Parteien für erledigt erklärt haben, entfaltet der Beschluss keine **materielle Rechtskraft**. Der Kläger kann also erneut klagen.[92] Jedoch entfaltet der Beschluss Rechtskraft für die Kostentragungspflicht. Soweit das Gericht bei seiner Entscheidung materiell-rechtliche Anspruchsgrundlagen verwertet hat (s. oben Rdn. 12), erwächst der Beschluss ebenfalls in materielle Rechtskraft.[93]

**4. Rechtsbehelfe.** Gegen den Beschluss nach § 91a ist die sofortige Beschwerde **18** statthaft (§ 91a Abs. 2, § 577).[94] Erklärt der Antragsteller seinen Eröffnungsantrag einseitig für erledigt, findet gegen die Entscheidung des Insolvenzgerichts, welche die Erledigung des Antrags feststellt und dem Antragsgegner die Kosten des Verfahrens auferlegt, die sofortige Beschwerde nach §§ 6, 34 Abs. 2 InsO statt; § 91a ist nicht anwendbar. Die Beschwerdefrist beginnt stets mit der Amtszustellung zu laufen (§§ 577 Abs. 2 S. 1,

**87** Hanseat. OLG Hamburg Magazindienst 2013, 29.
**88** OLG Frankfurt MDR 1981, 676; OLG München 1986, 61.
**89** OLG Köln AnwBl. 1983, 517.
**90** Vgl. Prütting/Gehrlein/*Hausherr* § 91a Rdn. 74.
**91** BGH NJW 2008, 668; BGH MDR 2010, 1342; **a.A.** *Jungbauer* Anm. zu BGH, 31.8.2010 – X ZB 03/09, 552, 553.
**92** BGH NJW 1991, 2280 f.; OLG Hamm FamRZ 1981, 1065; **a.A.** *Brox* JA 1983, 289, 295; *Rosenberg/Schwab/Prütting* § 131 II 4 (neuer Klage fehlt das Rechtsschutzbedürfnis); MünchKomm/*Lindacher* § 91a Rdn. 42.
**93** Baumbach/Lauterbach/Albers/*Hartmann*[71] § 91a Rdn. 167; **a.A.** *Thomas/Putzo/Hüßtege* § 91a Rdn. 50.
**94** So BGH NZM 2013, 825 bzgl. der Unstatthaftigkeit der Berufung als Rechtsmittel allein gegen die Kostenentscheidung nach § 91a ZPO.

329 Abs. 3).[95] Nach herrschender Meinung ist auch die **unselbständige Anschlussbeschwerde** statthaft (§ 521 analog).[96] Die Statthaftigkeit der Beschwerde setzt aber voraus, dass gegen eine Entscheidung in der Hauptsache ein Rechtsmittel gegeben wäre,[97] denn der Beschluss nach § 91a tritt an die Stelle der unterbliebenen Entscheidung in der Hauptsache. Die Beschwerdesumme (§ 567 Abs. 2) und zusätzlich die Berufungssumme des § 511 [98] müssen überschritten sein.

19 Vor der Entscheidung muss das Beschwerdegericht dem Gegner eine angemessene Frist zur **Stellungnahme** gewähren.[99] Hiervon kann abgesehen werden, falls die Beschwerde als unzulässig oder unbegründet zurückgewiesen wird. Neues Vorbringen (§ 571) ist in der Beschwerdeinstanz nur zu berücksichtigen, soweit es auch in erster Instanz als Ergänzung des „bisherigen" Sach- und Streitstandes einzubeziehen gewesen wäre (s. oben Rdn. 14).[100] Die Beschwerde kann weder auf eine Verletzung der örtlichen noch der sachlichen Zuständigkeit des Gerichts gestützt werden. Denn durch die Erledigungserklärung haben beide Parteien zum Ausdruck gebracht, dass sie eine Kostenentscheidung durch das angerufene Gericht wünschen. Das Beschwerdegericht überprüft die Entscheidung nicht nur auf Ermessensfehler, sondern kann sein eigenes Ermessen an die Stelle der ersten Instanz setzen. Eine weitere sofortige Beschwerde ist nicht statthaft. Dies gilt auch, wenn sich die Hauptsache erst im Beschwerdeverfahren erledigt und das Landgericht über die Kosten entschieden hat.[101]

20 Bei fehlerhafter **Entscheidung** über die Kosten durch Urteil anstatt durch Beschluss, kann nach dem Grundsatz der Meistbegünstigung Berufung oder sofortige Beschwerde eingelegt werden,[102] hierüber ist durch Beschluss zu entscheiden, gegen den kein Rechtsmittel statthaft ist.[103] Ist hingegen in der Kostenentscheidung eines Urteils zu Unrecht § 91a angewandt worden, so ist nur das gegen das Urteil gegebene Rechtsmittel statthaft, nicht dagegen (auch nicht für einen isolierten Teil) die sofortige Beschwerde nach § 91a.[104]

Die Zulässigkeit der Kostenbeschwerde nach Erledigung der Hauptsache richtet sich in Familienstreitsachen nach §§ 113 Abs. 1 S. 2 FamFG, 91a Abs. 2, 567 ff., nicht nach §§ 58 ff. FamFG.

### III. Einseitige Erledigungserklärung

21 **1. Allgemeines.** § 91a erfasst nicht die **einseitige Erledigungserklärung** einer Partei. Seitens des Beklagten wäre ein derartiger Antrag nach herrschender Auffassung auch unzulässig, weil nur der Kläger über den Streitgegenstand bestimmen kann.[105] Schließt sich der Kläger der Erledigungserklärung nicht an, so ist über den Rechtsstreit nach Maßgabe seines Sachantrags zu entscheiden, wenn sich die Klage tatsächlich erledigt

**95** OLG Nürnberg MDR 1960, 484; 1972, 429.
**96** KG MDR 1979, 763; OLG Schleswig NJW 1971, 571; *Kirchner* NJW 1976, 610; **a.A.** OLG München NJW 1974, 2011.
**97** OLG Frankfurt NJW-RR 1988, 838; OLG Köln OLGZ 1988, 296; **a.A.** *Gölzenleuchter/Meyer* NJW 1985, 2813.
**98** OLG Karlsruhe NJW 1987, 387; **a.A.** Stein/Jonas/*Bork* § 91a Rdn. 38.
**99** OLG Schleswig JurBüro 1963, 718; s.a. BVerfGE 60, 313, 317; 64, 224, 227.
**100** OLG Frankfurt WRP 1987, 116; JurBüro 1991, 1393.
**101** KG MDR 1978, 498.
**102** BGH MDR 1959, 554; 1966, 232; OLG Köln MDR 1963, 60.
**103** BGH LM Nr. 23.
**104** BGH NJW 1968, 2243; MDR 1959, 554.
**105** BGH MDR 1961, 125; **a.A.** *Rosenberg/Schwab/Gottwald* § 131 III 3.

hat, ist sie als unbegründet abzuweisen.[106] Ein Schweigen des Gegners auf die Erledigungserklärung des Klägers bzw. Gläubigers kann nur unter den Voraussetzungen des § 91a Abs. 1 S. 2 so behandelt werden, als habe der Gegner der Erledigungserklärung zugestimmt.

Haben die Parteien in einem Prozessvergleich festgelegt, über die Kosten des Rechtsstreits sei vom Gericht nach § 91a zu entscheiden, so ist diese Entscheidung grundsätzlich nach den für § 91a geltenden allgemeinen Regeln zu treffen. Unter besonderen Umständen können abweichend davon zwar die in dem Vergleich zum Ausdruck gekommenen Vorstellungen der Parteien über die Kostenverteilung im Rahmen des dem Gericht nach § 91a Abs. 1 Satz 1 eröffneten billigen Ermessens Berücksichtigung finden. Gibt die Auslegung eines Vergleichs nichts dafür her, was die Parteien hinsichtlich der Kosten gewollt haben, kann auch eine weite Auslegung nicht zu dem Ergebnis führen, es sollte eine Kostenentscheidung analog § 91a vereinbart werden.

Für den Kläger ist hingegen nahezu unumstritten, dass die **Gerechtigkeit** gebietet, 22 ihm die Möglichkeit zu geben, einen Prozess, der ohne ein erledigendes Ereignis zu seinen Gunsten ausgegangen wäre, ohne Kostennachteile zu beenden. Deshalb kann der Kläger die Hauptsache für erledigt erklären, obwohl der Beklagte dem widerspricht und weiterhin Klageabweisung begehrt. Über die **Rechtsnatur** der einseitigen Erledigungserklärung herrscht Streit, allerdings ohne dass hieraus gravierende Unterschiede in den Rechtsfolgen entstehen würden. Nach einer Auffassung ist die einseitige Erledigungserklärung eine privilegierte Klagerücknahme, für die keine Einwilligung des Beklagten erforderlich ist.[107] Dies ist abzulehnen, da durch die einseitige Erledigungserklärung gerade die negative Kostenfolge der Klagerücknahme vermieden werden soll. *Gottwald/Rosenberg/Schwab* (§ 131 III 3) sehen in der Erledigungserklärung des Klägers deshalb ein eigenständiges Rechtsinstitut. Diese Betrachtungsweise ist unnötig, wenn man der herrschenden Auffassung folgt, die die einseitige Erledigungserklärung des Klägers als eine Klageänderung ansieht, die nach § 264 Nr. 2 (oder zumindest nach § 263 Alt. 2) zulässig ist. Hiernach stellt der Kläger den neuen Antrag, festzustellen, dass die im Zeitpunkt der Erledigung zulässige und begründete Klage durch ein nachträgliches Ereignis unzulässig oder unbegründet wurde.[108]

Die einseitige Erledigungserklärung ist als Feststellungsantrag **Prozesshandlung**, 23 die allgemeinen Prozesshandlungsvoraussetzungen müssen vorliegen. Im Gegensatz zur beiderseitigen Erledigungserklärung, die die Rechtshängigkeit der Klage beendet, bleibt die einseitige Erklärung Erwirkungshandlung und deshalb widerruflich, solange ihr der Beklagte nicht zustimmt oder das Gericht nicht über sie entschieden hat.[109] Da es sich um einen Sachantrag handelt, muss er (mit Ausnahme im schriftlichen Verfahren, § 128) in mündlicher Verhandlung gestellt werden. Im Gegensatz zur beiderseitigen Erledigungserklärung hat das Gericht zu prüfen, ob sich der Rechtsstreit tatsächlich erledigt hat. Der Kläger muss deshalb die Tatsachen, die die Erledigung begründen, darlegen und ggf. unter Beweis stellen. Die Erledigungserklärung kann mit der innerprozessualen Bedingung verknüpft werden, dass der Beklagte ihr zustimmt. Dann sind auf sie nur die Regeln über die übereinstimmende Erledigungserklärung anwendbar. Umstritten ist, ob

---

**106** Stein/Jonas/*Bork* § 91a Rdn. 50; **a.A.** BFH NJW 1980, 1592 (unzulässig wegen fehlenden Rechtsschutzbedürfnisses).

**107** *Blomeyer* NJW 1982, 2750; Stein/Jonas/*Bork* § 91a Rdn. 59 (vgl. heute Stein/Jonas/*Bork* § 91a Rdn. 47: Klageänderung!).

**108** OLG Nürnberg NJW-RR 1989, 444; *Habscheid* JZ 1963, 625; *Mössner* NJW 1970, 175; Stein/Jonas/*Bork* § 91a Rdn. 47.

**109** OLG Frankfurt NJW 1967, 1811; OVG Lüneburg NJW 1967, 1294.

der Kläger die Erklärung auch hilfsweise neben dem ursprünglichen Klageantrag abgeben kann, woran insbesondere dann ein Interesse besteht, wenn der Erledigungseintritt zweifelhaft ist. Da keine schutzwürdigen Interessen des Beklagten entgegenstehen, ist diese Möglichkeit zu bejahen.[110] Die Begründung der Gegenansicht,[111] das Ziel des Hilfsantrags, eine Erledigungsfeststellung anstelle der Abweisung des Hauptantrags sei gerade deshalb nicht erreichbar, weil das Gericht vorrangig den Hauptantrag zu prüfen und ggf. zurückzuweisen habe, überzeugt in ihrem Ansatzpunkt nicht, das vorrangige Ziel des Hilfsantrags ist die günstige Kostenentscheidung, dieses ist mit dem Hauptantrag nicht unvereinbar. (Die umgekehrte Konstellation, die hilfsweise Aufrechterhaltung des ursprünglichen Klageantrags, wird auch von der herrschenden Meinung zugelassen.)[112]

Im aktienrechtlichen Anfechtungsprozess ist eine hilfsweise Erledigungserklärung unzulässig, wenn der Hauptantrag als unbegründet abgewiesen worden ist. Eine günstige Kostenfolge nach § 91a Abs. 1 ist mit einem entsprechenden Hilfsantrag, selbst wenn der Gegner der Erledigungserklärung zustimmt regelmäßig nicht zu erreichen, weil im Rahmen der Kostenentscheidung stets zu berücksichtigen ist, dass die Klage mit dem Hauptantrag abgewiesen worden ist.

24 **2. Entscheidung.** Stimmt der Beklagte der Erledigungserklärung des Klägers nicht zu, so bleibt die ursprüngliche Hauptsache **Streitgegenstand** in der Form, dass der Kläger beantragt, festzustellen, dass seine Klage ohne das erledigende Ereignis zulässig und begründet gewesen wäre. Das Gericht muss deshalb die Zulässigkeit und Begründetheit der Klage prüfen sowie zusätzlich der Frage nachgehen, ob sich die Klage tatsächlich durch ein nachträgliches Ereignis erledigt hat. Anders als bei beiderseitiger Erledigungserklärung ist der Prozess bis zur Entscheidungsreife durchzuführen. Hierfür gelten die allgemeinen Grundsätze des Klageverfahrens (mündliche Verhandlung, Verteilung von Darlegungs- und Beweislast etc.). Die Entscheidung kann nach allgemeinen Regeln auch durch den Einzelrichter erfolgen (§ 348). Da es sich um eine echte Sach- und nicht nur um eine Kostenentscheidung handelt, können der Vorsitzende der Kammer für Handelssachen und der Einzelrichter in der Berufungsinstanz jedoch nur bei Einverständnis der Parteien entscheiden (§§ 349 Abs. 3, 524 Abs. 4). Gegebenenfalls muss das erledigende Ereignis durch Beweisaufnahme festgestellt werden.[113]

25 Abzuweisen ist die Klage, falls sie schon vor dem erledigenden Ereignis unzulässig oder unbegründet war; des Weiteren, wenn in Wahrheit keine Erledigung eingetreten ist. In jedem Fall hat das Gericht dem Kläger nach §§ 139, 278 Gelegenheit zur **Reaktion** zu geben. Dies gilt nicht nur für den (seltenen) Fall, dass die zulässige und begründete Klage nicht erledigt ist, sondern auch für den Fall, dass das Gericht die Klage für von Anfang an unzulässig oder unbegründet hält. Dann bleibt dem Kläger allerdings nur eine Rücknahme oder ein Verzicht auf den sachlich-rechtlichen Anspruch, um der Klageabweisung zu entgehen. Ansonsten wird die Klage, wenn sie im maßgeblichen Zeitpunkt, dem Eintritt des erledigenden Ereignisses,[114] unzulässig war, durch Prozessurteil abgewiesen. Nach herrschender Meinung kommt bei Unzuständigkeit des Gerichts keine Verweisung (auch nicht auf hilfsweise gestellten Verweisungsantrag hin) mehr in Be-

**110** Ebenso OLG Schleswig NJW 1973, 1933; OLG Koblenz ZIP 1987, 1413, 1417; *Bergerfurth* NJW 1968, 530.
**111** BGH NJW 1989, 2887 (anders noch NJW 1975, 539); Stein/Jonas/*Bork* § 91a Rdn. 18 f.; Zöller/*Vollkommer* § 91a Rdn. 35; *Teubner*/*Prange* MDR 1989, 586.
**112** BGH MDR 1965, 641; WM 1982, 1260; OLG Nürnberg NJW-RR 1989, 445.
**113** BGH NJW 1969, 237.
**114** BGH NJW 1986, 589.

tracht.[115] Dies ist angreifbar, da dem Kläger hierdurch ein Kostennachteil auferlegt wird, der deutlich über § 281 Abs. 3 S. 2 hinausgeht. Im Fall der Unbegründetheit der ursprünglichen Klage oder des Fehlens eines erledigenden Ereignisses wird die Klage durch Sachurteil abgewiesen. Entgegen einer in der älteren Rechtsprechung verbreiteten Meinung[116] bedarf es für Klageabweisung keines besonderen Rechtsschutzinteresses des Beklagten. Denn der Beklagte, der mit einer Klage überzogen wurde, hat stets ein berechtigtes Interesse an einer rechtskraftfähigen negativen Feststellung.[117]

Stellt das Gericht fest, dass die Klage bis zum Eintritt des erledigenden Ereignisses 26
zulässig und begründet war, so wird die Erledigung der Hauptsache durch **Sachurteil** festgestellt,[118] ggf. kann es sich auch um ein Versäumnisurteil handeln.[119] Die Erledigung wird im Tenor des Urteils festgestellt (bspw.: „Die Hauptsache ist erledigt").[120] Zudem ist es sinnvoll, zur Klarstellung die Aufhebung vorangegangener Entscheidungen (bspw. eines Versäumnisurteils) auszusprechen.[121] Notwendig ist eine derartige Feststellung jedoch nicht, da vorangegangene Entscheidungen mit Rechtskraft der Erledigungsentscheidung wirkungslos werden.[122]

**3. Kosten.** Die Kostenentscheidung erfolgt nach § 91 oder, falls die Erledigung nur 27
teilweise festgestellt wird, nach § 92.[123] Ergänzend sind auch die sonstigen **allgemeinen** Kostenvorschriften (bspw. §§ 96, 97) anzuwenden. § 91a ist jedoch nicht anwendbar, da ein streitiges Sachurteil ergeht.[124] Der Beklagte kann die Anwendung des § 91a auch nicht dadurch herbeiführen, dass er sich neben seinem Klageabweisungsantrag hilfsweise der Erledigungserklärung des Klägers anschließt. Denn eine übereinstimmende Erledigungserklärung, die Voraussetzung für eine Entscheidung nach § 91a ist, setzt gerade voraus, dass beide Parteien keine Entscheidung in der Sache mehr wünschen.

**4. Rechtskraft.** Die Entscheidung des Gerichts wird nach allgemeinen Regeln **for-** 28
**mell** rechtskräftig. Ihr kommt darüber hinaus **materielle Rechtskraft** zu.[125] Stellt das Gericht fest, dass die Hauptsache erledigt ist, so ist deswegen eine neue Klage aus demselben Anspruch unzulässig.[126] Im umgekehrten Fall, der Klageabweisung ist den Gründen zu entnehmen, ob die Klage abgewiesen wurde, weil sie von Anfang an unzulässig oder unbegründet gewesen ist. Hiernach richtet sich die materielle Rechtskraft.

**5. Streitwert und Gebühren.** Die Bemessung des **Streitwertes** im Fall der einseiti- 29
gen Erledigungserklärung ist umstritten. Im Wesentlichen werden **drei** Auffassungen vertreten: Nach einer Meinung beschränkt sich das Interesse des Klägers an der Ent-

115 OLG München OLGZ 1986, 67, 69; Zöller/*Vollkommer* § 91a Rdn. 44.
116 BAG NJW 1962, 125; AP Nr. 11; BVerwG NJW 1965, 1035; NJW 1969, 1789.
117 Wie hier BGH NJW 1969, 237; MDR 1976, 568, 1000; NJW 1982, 767, 768; 1992, 2235 f; KG OLGZ 1969, 254; OLG Karlsruhe VersR 1969, 263.
118 BGH NJW 1968, 2243; 1981, 686.
119 OLG Zweibrücken NJW 1968, 110; *Beuermann* DRiZ 1978, 312.
120 BGH VersR 1982, 296.
121 vgl. Baumbach/Lauterbach/Albers/*Hartmann*[71] § 91a Rdn. 148 (beiderseitige Erklärung), Rdn. 176 (einseitige Erklärung).
122 Stein/Jonas/*Bork* § 91a Rdn. 50; **aber:** vgl. Baumbach/Lauterbach/Albers/*Hartmann*[71] § 91a Rdn. 176.
123 BGHZ 83, 12, 15; OLG Köln FamRZ 1983, 1263.
124 **A.A.** Rosenberg/*Schwab* § 84 Rdn. 36 ff.; MünchKomm/*Lindacher § 91a* Rdn. 98 f.; OLG Stuttgart NJW 1962, 1872; zur entgegenstehenden h.M. s. Fn. 88.
125 *Koenigk* NJW 1975, 529; MünchKomm/*Lindacher* § 91a Rdn. 84.
126 *Schwab* ZZP 72 (1959) 136; *Grunsky* I § 12 III 2b cc; **a.A.** *Blomeyer* JuS 1962, 214.

scheidung des Rechtsstreits auf die Kosten, maßgebend sei nur deren Wert.[127] Nach einer anderen Auffassung ist ähnlich der positiven Feststellungsklage ein Abschlag auf den Streitwert der Hauptsache vorzunehmen, der mit 50% zu bemessen sei.[128] Nach einer dritten Auffassung verbleibt es beim Streitwert der Hauptsache.[129] Der letztgenannten Auffassung ist der Vorzug zu geben, da das Gericht eine rechtskraftfähige Entscheidung über den ursprünglich geltend gemachten Anspruch trifft. Dies kann mit der negativen Feststellungsklage verglichen werden, bei der nach herrschender Meinung der volle Wert in Ansatz zu bringen ist.[130]

30 Gerichts- und Anwaltsgebühren fallen bei einer Entscheidung über die einseitige Erledigungserklärung nach **allgemeinen** Regeln an.

31 **6. Rechtsbehelfe.** Es gelten die für **Sachurteile** allgemein anwendbaren Regeln.[131] Das Urteil ist mit Berufung oder Revision anfechtbar. Die Beschwerdesumme richtet sich nach dem Streitwert des Feststellungsantrags (oben Rdn. 29). Eine isolierte Anfechtung der Kostenentscheidung ist nicht statthaft, § 99 Abs. 1.[132] Im Fall der Klageabweisung, gleich aus welchem Grund (Unzulässigkeit oder Unbegründetheit des ursprünglichen Klageantrags, mangelnde Erledigung) ist der Kläger stets beschwert, er kann die Entscheidung auch dann anfechten, wenn es ihm vorwiegend oder ausschließlich auf eine Abänderung der ihn belastenden Kostenentscheidung ankommt.[133] Der Beklagte ist durch die Feststellung der Erledigung der Hauptsache beschwert, darüber hinaus steht ihm auch bei Klageabweisung die sofortige Beschwerde zu, falls das Gericht ihm fälschlich nach § 91a einen Teil der Kosten auferlegt hat. Da eine Anfechtung des Urteils wegen § 99 Abs. 1 ausgeschlossen ist, ist nach den allgemeinen Grundsätzen über die Anfechtung fehlerhafter Entscheidungen die sofortige Beschwerde entsprechend § 91a Abs. 2 statthaft.[134]

### IV. Erledigendes Ereignis

32 **1. Begriff.** Das **erledigende Ereignis** ist eine **Tatsache**, die eine ursprünglich zulässige und begründete Klage nachträglich gegenstandslos werden lässt, indem sie deren Unzulässigkeit oder Unbegründetheit herbeiführt.[135] Paradebeispiel ist die Erfüllung der Klageforderung. Diese führt auch dann zur Erledigung, wenn sich der Beklagte bei der Leistung die Rückforderung vorbehält[136] oder die Berechtigung des Klägers bestreitet.

---

**127** BGH NJW 1969, 1173; 1982, 768; 1989, 2886; 1990, 3148; OLG Hamburg JurBüro 1993, 363; OLG Karlsruhe MDR 1994, 217; OLG Koblenz AnwBl. 1988, 295; OLG Rostock MDR 1993, 1019; OLG Stuttgart MDR 1989, 266; MünchKomm/*Lindacher* § 91a Rdn. 89 f., 103.

**128** OLG Celle NJW 1970, 2113; OLG München NJW 1975, 2021; OLGR München 1993, 201; OLG Köln JurBüro 1991, 832; Stein/Jonas/*Bork* § 91a Rdn. 56.

**129** OLG Frankfurt MDR 1984, 320; OLG Hamm MDR 1982, 327; KG WRP 1987, 111; OLG München MDR 1989, 73; ebenso BGH NJW 1982, 768 (Ehrenschutzsache); WM 1978, 737 (Erledigungserklärung des Klägers wegen von ihm erklärter Aufrechnung).

**130** Wie hier Stein/Jonas/*Bork* § 91a Rdn. 56; Baumbach/Lauterbach/Albers/*Hartmann*[71] Anhang § 3 Rdn. 45; OLG Bamberg JurBüro 1992, 762.

**131** BGHZ 37, 137; NJW 1963, 48; BVerwG NJW 1989, 184.

**132** BGH NJW 1963, 48; BGH NZM 2013, 825; LG Berlin NJW 1964, 775; **a.A.** MünchKomm/*Lindacher* § 91a Rdn. 101.

**133** BGHZ 57, 224.

**134** Zöller/*Vollkommer* § 91a Rdn. 49.

**135** BGH NJW 1986, 589; 1992, 2236; **abw.** BGH MDR 1986, 560 (speziell für das Kartellverwaltungsverfahren); BVerwG NJW 1965, 1035, OVG Hamburg MDR 1969, 339; näher *Walchshöfer* ZZP 90 (1977) 186.

**136** **A.A.** Stein/Jonas/*Bork* § 91a Rdn. 7.

Eine Ausnahme gilt allerdings, wenn der Beklagte unter dem Druck einer drohenden Zwangsvollstreckung leistet, dies folgt aus § 717.[137] Die Erledigung kann auch auf Zeitablauf (Erlöschen eines befristeten Rechts) oder auf Zufall (Untergang der streitbefangenen Sache) beruhen.

**2. Einzelfälle.** Durch **Aufrechnung** erlischt die Forderung des Gegners, als Form 33
der Erfüllung kann sie ein erledigendes Ereignis darstellen. Wegen der Rückwirkungsfiktion des § 389 BGB entscheidet der Eintritt der Aufrechnungslage.[138] Bestand sie bereits vor Anhängigkeit der Klage (nach herrschender Meinung vor Rechtshängigkeit der Klage, s. unten Rdn. 45), so ist die Klage bei einseitiger Erledigungserklärung als von Anfang an unbegründet abzuweisen.

Die Einrede der **Verjährung** stellt hingegen kein erledigendes Ereignis dar. Sie ist ein Verteidigungsmittel des Beklagten, mit dem der Kläger rechnen musste. Der Kläger hatte es in der Hand, die Verjährung durch rechtzeitige Klage zu unterbrechen.[139] Das Institut der einseitigen Erledigungserklärung soll nur den Kläger schützen, der sich trotz sorgfältiger Prozessführung einer drohenden Klageabweisung gegenübersieht.

Eine Erledigung kann auch im **Verlust** einer subjektiven Prozessvoraussetzung, 34
bspw. der Parteifähigkeit, liegen.

Bei **Feststellungsklagen** stellt bspw. der Wegfall des Feststellungsinteresses ein er- 35
ledigendes Ereignis dar.[140] Nach Auffassung des BGH erledigt sich eine negative Feststellungsklage, wenn der Beklagte Leistungsklage erhebt.[141]

Eine Kostenentscheidung in entsprechender Anwendung von § 91a kommt im selbstständigen Beweisverfahren nicht in Betracht. Das gilt unabhängig davon, zu welchem Zeitpunkt des selbständigen Beweisverfahrens übereinstimmende Erledigungserklärungen der Parteien erfolgen. Macht der Bauherr im Prozess über die Rückforderung eines Kostenvorschusses die ihm entstandenen Kosten eines selbstständigen Beweisverfahrens zum Gegenstand einer Widerklage, so ist die Widerklage grundsätzlich erledigt, wenn der Bauherr in der Berufungsinstanz gegen den Rückforderungsanspruch mit Schadensersatzansprüchen wegen Baumängeln aufrechnet. Die Widerklage ist jedoch nur in der Höhe erledigt, in der der Bauherr nach der Kostenentscheidung in der Hauptsache Erstattung der Kosten des selbstständigen Beweisverfahrens verlangen kann.

Eine auf Unterlassung einer Eigentumsbeeinträchtigung gerichtete Klage erledigt sich in der Hauptsache, wenn der Beklagte eine strafbewehrte Unterlassungserklärung abgibt, die zur Ausräumung der Wiederholungsgefahr geeignet ist. Nichts anderes gilt, wenn die strafbewehrte Unterlassungserklärung erst in zweiter Instanz abgegeben wird und der Kläger an seinem Unterlassungsbegehren festhält, weil gegen einen Beschluss des Berufungsgerichts nach § 91a derzeit kein Rechtsmittel gegeben ist und der Kläger auf Grund der vom Berufungsgericht beharrlich vertretenen, von der Rechtsprechung des Bundesgerichtshofes abweichenden Rechtsauffassung davon ausgehen muss, dass ihm die Kosten des Rechtsstreits gemäß § 91a auferlegt werden würden.

Der Antrag auf Erlass eines **Arrestes** oder einer **einstweiligen Verfügung** erledigt sich, sobald der Antragsteller im Hauptsacheverfahren eine (vorläufig) vollstreckbare

---

**137** BGHZ 101, 1, 6; 94, 268, 274; WM 1977, 1307; OLG München NJW 1988, 349; OLG Nürnberg OLGZ 1973, 39.
**138** Zöller/*Vollkommer* § 91a Rdn. 58 „Aufrechnung"; **a.A.** LG Kiel SchlHA 1977, 117.
**139** OLG Hamm BB 1979, 1378; MDR 1977, 498; OLG Schleswig NJW-RR 1986, 38; **a.A.** OLG Karlsruhe WRP 1985, 288; OLG München WRP 1987, 268; OLG Düsseldorf MDR 1980, 1027.
**140** Siehe bspw. BGH NJW 1962, 1723; 1974, 183.
**141** BGHZ 99, 343; zu Recht kritisch *Hermann* JR 1988, 376.

Entscheidung erlangt hat. Als erledigende Ereignisse kommen des Weiteren der Wegfall der Dringlichkeit und bei Unterlassungsverfügungen der Wegfall der Wiederholungsgefahr in Betracht. Versäumt der Antragsteller hingegen die Vollziehung innerhalb der Frist des § 929 Abs. 2, so liegt hierin eine prozessuale Unterlassung, jedoch kein erledigendes Ereignis.[142] Haben die Parteien das Verfügungsverfahren in der Hauptsache übereinstimmend für erledigt erklärt, so ist ein aufgrund der einstweiligen Verfügung erlassener Ordnungsmittelbeschluss aufzuheben.[143]

36 Werden mit der Klage **höchstpersönliche Ansprüche** geltend gemacht, so kann der Tod der Partei ein erledigendes Ereignis darstellen,[144] für Ehesachen ordnet dies § 131 FamFG ausdrücklich an.

37 Die in der Vorauf. Vertretene Meinung, im Rahmen einer **Stufenklage** nach § 254 könne trotz übereinstimmender Erledigungserklärung der Parteien kein Beschluss nach § 91a erlassen werden,[145] da eine sachgerechte Würdigung des Sach- und Streitstands nur in Zusammenhang mit der Kostenentscheidung über die restliche Hauptsache stattfinden könne, wird nicht mehr uneingeschränkt aufrechterhalten. Ein materiell-rechtlicher Kostenerstattungsanspruch ist im Rahmen der nach § 91a zu treffenden Billigkeitsentscheidung allenfalls dann beachtlich, wenn sein Bestehen sich ohne besondere Schwierigkeiten, insbesondere ohne Beweisaufnahme feststellen lässt. Erklären die Parteien der Stufenklage die Hauptsache nach der Auskunftserteilung übereinstimmend für erledigt, hat das Gericht unabhängig von der Frage, ob tatsächlich ein Fall der Erledigung vorliegt, gem. § 91a über die Kosten des Rechtsstreits zu entscheiden, wobei es bei der Ausübung seines Ermessens auch das Bestehen eines materiell-rechtlichen Kostenerstattungsanspruchs berücksichtigen kann. Erklären die Parteien übereinstimmend den Rechtsstreit in der Hauptsache für erledigt, weil der Kautionsrückzahlungsanspruch im Hinblick auf Forderungen des Vermieters gegen den Mieter nicht besteht, kann dem Mieter gemäß §§ 280 Abs. 2, 286 BGB aber ein materieller Kostenerstattungsanspruch gegen den Vermieter zustehen, der im Rahmen der Entscheidung nach § 91a zur Auferlegung der Kosten des Rechtsstreits auf den Vermieter führt. Ein einseitiger Erledigungsantrag des Klägers wäre dagegen als unzulässig abzuweisen, da er nach § 264 Nr. 2 jederzeit zur Leistungsstufe übergehen kann.

38 Keine Erledigung tritt ein, wenn einer von mehreren Klagegründen wegfällt[146] oder der Kläger das wirtschaftliche Interesse an der Klage verliert (bspw. wegen Vermögensverfall des Beklagten).[147] Wird die Partei eines Rechtsstreits Alleinerbe ihres Gegners, endet das Verfahren wegen des Verbots des Insichprozesses in der Hauptsache. Eine Kostenentscheidung nach § 91a kommt dann in diesem Fall grundsätzlich nicht in Betracht.

§ 91a Abs. 1 Satz 2 sieht vor, dass nach billigem Ermessen zu entscheiden ist, wenn der Beklagte der Erledigungserklärung des Klägers nicht innerhalb einer Notfrist von zwei Wochen seit der Zustellung des Schriftsatzes widerspricht, wenn der Beklagte zuvor auf diese Folge hingewiesen worden ist. Eine Kostenentscheidung nach § 91a Abs. 1 Satz 2 ist unzulässig, wenn der Beklagte nicht auf die in § 91a Abs. 1 Satz 1 geregelte Rechtsfolge hingewiesen worden ist, dass das Gericht – ebenso wie im Falle der übereinstimmenden Erledigungserklärung – über die Kosten des Rechtsstreits unter Berücksichtigung des bisherigen Sach- und Streitstands nach billigem Ermessen durch Beschluss

**142** OLG Düsseldorf WRP 1985, 640.
**143** OLG Hamm MDR 1989, 1001.
**144** BGH NJW-RR 1986, 369.
**145** OLG Düsseldorf JurBüro 1983, 1876; *Rixecker* MDR 1985, 633.
**146** OLG Düsseldorf MDR 1978, 763.
**147** OLG Köln JW 1931, 2147; OLG Schleswig SchlHA 1969, 20.

entscheiden wird, falls der Beklagte der Erledigungserklärung des Klägers nicht fristgerecht widerspricht.

### V. Teilweise Erledigungserklärung

Eine **teilweise Erledigungserklärung** ist möglich, wenn das erledigende Ereignis einen abtrennbaren Teil der bisherigen Hauptsache betrifft. Dies ist bei teilbarem Streitgegenstand oder bei einer Mehrheit von Streitgegenständen der Fall. 39

Erklären die Parteien **übereinstimmend** einen Teil der Hauptsache für erledigt, so entfällt die Rechtshängigkeit für diesen Teil. Da das Gebührensystem aber insoweit keine Kostentrennung ermöglicht, ergeht kein gesonderter Beschluss nach § 91a.[148] (Etwas anderes gilt, wenn bereits ein rechtskräftiges streitiges Teilurteil vorliegt und wegen des noch offenen Streitgegenstandes die Hauptsache für erledigt erklärt wird, dann ist über die Kosten nicht durch Schlussurteil, sondern durch Beschluss zu entscheiden.[149] Denn hier liegt keine **teilweise** Erledigungserklärung vor, da durch die Erledigungserklärung der gesamte noch rechtshängige Streitgegenstand wegfällt.) Sachlich ist über den erledigten Teil nach den Grundsätzen des § 91a zu entscheiden, ohne dass dies aus dem Tenor (wohl aber aus den Gründen) der Entscheidung hervorgehen muss.

Die so gebildete **Kostenmischentscheidung** kann, soweit sie sich auf § 91a stützt, 40
mit der sofortigen **Beschwerde** angefochten werden,[150] falls die Beschwerdesumme des § 567 Abs. 2 überschritten ist. Das Beschwerdegericht ist darauf beschränkt, die Kostenentscheidung für den erledigten Teil zu prüfen. Für die restliche Kostenentscheidung scheidet eine isolierte Anfechtung aus, § 99. Allerdings umfasst die Berufung gegen das Urteil auch die Kostenentscheidung für den nach § 91a erledigten Teil.[151] Über die Berufung wird insgesamt durch Urteil nach allgemeinen Grundsätzen entschieden. Jedoch kann dies nicht zu einer Erweiterung des Instanzenzugs (§ 567 Abs. 3) führen, weshalb der BGH eine Revision insoweit für unzulässig befindet, als sie sich gegen die auf § 91a beruhende Kostenentscheidung richtet. Der Instanzenzug endet nach Ansicht des BGH für diesen Teil der Kostenentscheidung auch dann beim OLG, wenn die Revision im Übrigen zulässig ist.[152]

Auch im Fall der **einseitigen Teilerledigungserklärung** ergeht eine einheitliche 41
Kostenentscheidung nach §§ 91, 92ff.; da die Rechtshängigkeit für die teilweise erledigte Hauptsache nicht durch die Erklärung erlischt, wird die Erledigung im Tenor festgestellt (Beispiel: „Im Übrigen ist der Rechtsstreit in der Hauptsache erledigt“). Ist die Hauptsache nur zum Teil übereinstimmend für erledigt erklärt worden, ist daher diese Entscheidung nicht durch Beschluss, sondern im Urteil zu treffen. Eine teilweise Erledigungserklärung kann insbesondere in einer Beschränkung des Klageantrags (§ 264 Nr. 2) zu sehen sein.[153] Gegen die Kostenentscheidung ist kein selbständiges Rechtsmittel gegeben, § 91a Abs. 2 S. 1 greift nicht ein.

Hinsichtlich eines auf § 91a Abs. 1 beruhenden Teils der Kostenentscheidung kann die Revision nur darauf gestützt werden, dass das Berufungsgericht die Voraussetzungen dieser Bestimmung verkannt habe. Dagegen kann sie nicht geltend machen, dass

---

148 BGH NJW 1962, 2252; 1963, 583; OLG Frankfurt AnwBl. 1990, 275.
149 LG München I MDR 1989, 647.
150 BGH NJW 1964, 660; OLG München BauR 2012, 537; OLG Saarbrücken JurBüro 2005, 97; OLG Nürnberg MDR 1959, 135; MünchKomm/*Lindacher* § 91a Rdn. 119; **a.A.** OLG Düsseldorf MDR 1959, 788.
151 KG MDR 1986, 241; OLG Hamm OLGZ 1987, 375; **a.A.** *Schiffer* ZZP 101 (1988) 25; OLG München NJW 1970, 761.
152 BGH KostRespr. § 91a (B) Nr. 194 m. Anm. *Lappe*.
153 OLG Koblenz JurBüro 1990, 172 im Anschluss an BGHZ 21, 298, 299.

das Berufungsgericht die Erfolgsaussichten des übereinstimmend für erledigt erklärten Anspruchs unzutreffend beurteilt habe, weil andernfalls ein zur Überprüfung einer solchen Kostenentscheidung vom Gesetz nicht vorgesehenes Rechtsmittel eröffnet würde.

### VI. Zeitpunkt der Erledigung

#### 1. Erledigung vor Rechtshängigkeit

42 **a) Übereinstimmende Erledigungserklärung.** In diesem Fall ist unerheblich, ob das erledigende Ereignis vor Anhängigkeit oder Rechtshängigkeit der Klage eintrat. Allein die übereinstimmende Erledigungserklärung der Parteien genügt zum Wegfall der Rechtshängigkeit und verpflichtet das Gericht, über die Kosten durch Beschluss nach § 91a zu entscheiden.[154] Im Rahmen der Ermessensentscheidung nach § 91a kann das Gericht aber den Erledigungstatbestand (soweit er ihm im Rahmen des bisherigen Sach- und Streitstandes vorgetragen wurde) berücksichtigen, ebenso wie ein materiell-rechtlicher Kostenerstattungsanspruch des Klägers (bspw. aus Verzugsschaden) zu berücksichtigen sein kann (s.o. Rdn. 12). Im Übrigen ist die Einreichung der Klage der maßgebliche Zeitpunkt für die Erfolgsprognose.[155] Scharf zu trennen vom Zeitpunkt des Erledigungsereignisses ist der Zeitpunkt der Abgabe der Erledigungserklärung, diese kann wirksam erst nach Rechtshängigkeit abgegeben werden, da es vorher an einem Rechtsstreit im Sinne von § 91a fehlt.

43 **b) Einseitige Erledigungserklärung.** Die Ansicht, eine Erledigungsfeststellung käme bereits für den Zeitraum vor Anhängigkeit der Klage in Betracht, falls der Kläger von dem erledigenden Ereignis schuldlos keine Kenntnis hatte, ist abzulehnen, da der Streitgegenstand, von dessen Erledigung die Rede ist, erst durch die Anhängigkeit festgelegt wird.[156] Während diese Ansicht nur vereinzelt vertreten wird,[157] ist stark umstritten, ob eine Erledigungsfeststellung mit der Kostenfolge des § 91 zu Lasten des Beklagten möglich ist, wenn das erledigende Ereignis zwischen Anhängigkeit und Rechtshängigkeit der Klage eintritt. Allerdings besteht im Ergebnis Einigkeit, dass der Kläger (außer es liegen die Voraussetzungen des § 93 vor) möglichst von Kosten freigestellt werden soll, falls sich seine Klage zwischen Anhängigkeit und Rechtshängigkeit erledigt.

44 In der Vergangenheit bejahten eine Reihe oberlandesgerichtlicher Entscheidungen sowie zahlreiche Stimmen in der Literatur die Möglichkeit einer **Erledigungsfeststellung** und begründen dies seinerzeit damit, dass sich aus §§ 207 Abs. 1 a.F., 270 Abs. 3 a.F. (heute § 167 ZPO) und 693 Abs. 2 a.F. der allgemeine Rechtssatz ableiten lasse, dass der Kläger, der sich verfahrensgerecht verhalten habe, keinen Nachteil daraus erleiden soll, dass er auf den Zeitraum zwischen Abhängigkeit und Rechtshängigkeit keinen Einfluss hat.[158] (Offen bleibt, ob eine Erledigungsfeststellung auch zulässig wäre, wenn der Kläger die Klagezustellung durch Nichtzahlung des Kostenvorschusses nach dem GKG verzögert hat.) Auch u.a. der BAG verlegt in abweichender Rechtsprechung zum BGH

---

**154** BGH NJW 1956, 1517; OLG Hamm VersR 1974, 329; OLG Nürnberg NJW 1975, 2206; OLG Köln JurBüro 1989, 217.
**155** LG München I ZMR 1986, 125; *Blomeyer* NJW 1982, 2751.
**156** *Bücking* ZZP 88 (1975) 307 mwN.
**157** *Reinelt* NJW 1974, 344.
**158** OLG Frankfurt GRUR 1987, 651; KG OLGZ 1980, 241; OLG Düsseldorf MDR 1962, 137; OLG Hamburg MDR 1958, 174; OLG Hamm MDR 1980, 845; OLG München NJW 1979, 247; *Blomeyer* NJW 1982, 2750; *Rixecker* ZZP 96 (1983) 505; MünchKomm/*Lindacher § 91a* Rdn. 79 ff., 105 ff.; ebenso LG Hamburg MDR 1993, 577.

den Zeitpunkt des erledigenden Ereignisses aus Gründen der Prozessökonomie vor, zu dem der Antrag zulässig und begründet gewesen sein muss.[159] Aufgrund der Änderungen im Gesetz bestehen erhebliche Zweifel daran, ob dies so heute noch haltbar ist. Zudem sind die durch §§ 261 Abs. 1 ZPO und § 253 Abs. 1 ZPO getroffenen Regelungen eindeutig und in ihrer dogmatisch-begrifflichen Argumentation zwingend.[160]

Zum gleichen Ergebnis wie die Stimmen, die den Erledigungsbegriff auf die Zeit zwischen Einreichung und Zustellung der Klage ausdehnen wollen, kam auch die Lehre, die § 93 „reziprok" anwenden möchte.[161] Dem Beklagten werden analog § 93 die Kosten auferlegt, wenn er durch sein Verhalten Klageanlass gegeben hat und der Kläger „sofort" nach Erfüllung die Hauptsache für erledigt erklärt. Eine weitere Konstruktion, um den Kläger von Kosten freizustellen, liegt schließlich darin, wie bei der übereinstimmenden Erledigungserklärung auch nach einseitiger Erledigungserklärung eine materielle Kostenerstattungspflicht des Beklagten zu berücksichtigen.[162] Dies ist jedoch nicht tragfähig, da das Tor zur Berücksichtigung materiell-rechtlicher Anspruchsgrundlagen, der Ermessensspielraum des § 91a, für die Kostenentscheidung bei einseitiger Erledigungserklärung (§§ 91, 92ff.) verschlossen ist.

Der **Bundesgerichtshof** verneint die Möglichkeit der Erledigungsfeststellung für **45** den Fall, dass das erledigende Ereignis zwischen Anhängigkeit und Rechtshängigkeit eintritt.[163] Vor Rechtshängigkeit sei kein Rechtsstreit im Sinne der Zivilprozessordnung gegeben. Erst durch Klagezustellung werden das Prozessrechtsverhältnis (Parteien und Streitgegenstand) bestimmt, §§ 253 Abs. 2, 261. Zudem sei der Schutz des Beklagten vorrangig, aus dessen Sicht allein die Zustellung entscheidend sei. Im Falle der Erledigungsfeststellung werde ihm kostenmäßig angelastet, dass er sich gegen eine zunächst zulässige und begründete Klage zur Wehr gesetzt habe. Diese Intention treffe auf eine Klage, die schon vor Zustellung unzulässig oder unbegründet war, nicht zu.[164] Allerdings ist der Kläger auch nach Ansicht des Bundesgerichtshofes nicht darauf verwiesen, die Klage mit der Kostenfolge des § 269 Abs. 3 zurückzunehmen und den entstandenen Schaden in einem neuen Prozess geltend zu machen, sondern er hat die Möglichkeit der Klageänderung gemäß § 263, gerichtet auf Feststellung, dass der Verzugsschaden zu ersetzen ist.[165]

Als weitere Lösungen wurden diskutiert: Die Geltendmachung des zu beziffernden materiell-rechtlichen Kostenerstattungsanspruchs im Wege der Klageänderung im ursprünglichen Prozess (praktisch schwierig),[166] des Weiteren eine Klageänderung in eine unbezifferte Klage auf Feststellung, dass der Beklagte verpflichtet sei, die Kosten des Rechtsstreits zu tragen, diese Feststellung soll dann unmittelbar im Kostenfestsetzungsverfahren konkretisiert werden.[167]

Die Ansicht des BGH führt zu unnötigen Komplikationen. Seine dogmatischen Bedenken sind nicht gerechtfertigt, durch die Einreichung der Klageschrift bei Gericht werden Parteien und Streitgegenstand hinreichend konkretisiert, dies beweist nicht zuletzt der Blick auf die Rechtslage im Verfügungsverfahren und in anderen Verfahrensordnun-

**159** BAG NJW 2008, 1977; vgl. auch OLG Naumburg BeckRS 2001, 30204469.
**160** Musielak/*Lackmann* § 91a Rdn. 38.
**161** OLG Frankfurt MDR 1989, 192; *Haubelt* ZZP 89 (1976) 192; zur Kritik vgl. *Mertius* DRiZ 1989, 283; *Vollkommer* AcP 187, 619.
**162** LG Freiburg MDR 1984, 237; *Schneider* MDR 1984, 549.
**163** BGH NJW 1982, 1598; BGH NJW-RR 1988, 1151; BGH NJW 1994, 3232.
**164** So auch Stein/Jonas/*Bork* § 91a Rdn. 11.
**165** BGH NJW 1982, 1598, 1599.
**166** KG NJW-RR 1987, 994; vgl. a. *Rixecker* ZZP 96 (1983) 508; *Sannwald* NJW 1985, 898.
**167** *Brüchert* AnwBl. 1989, 82; *Sannwald* NJW 1985, 899; krit. *Stöhr* JR 1985, 491.

gen, in denen Rechtshängigkeit und Anhängigkeit nicht auseinanderfallen. Entgegen der Ansicht des BGH werden auch keine schutzwürdigen Interessen des Beklagten verletzt, wenn man eine Erledigungsfeststellung für den Zeitraum zwischen Anhängigkeit und Rechtshängigkeit zulässt. Der Beklagte, der meint, er sei ohne Veranlassung verklagt worden, kann die Hauptsache ebenfalls für erledigt erklären, das Gericht hat dann im Rahmen der Ermessensentscheidung nach § 91a den Rechtsgedanken des § 93 anzuwenden.

46 **2. Erledigung in höherer Instanz und zwischen den Instanzen.** Erledigung kann in **allen** Rechtsmittelzügen erklärt werden, sei es in der Berufungs-,[168] der Beschwerde-[169] oder der Revisionsinstanz.[170] Die Erledigung der Hauptsache kann auch noch während des Verfahrens über die Nichtzulassungsbeschwerde erklärt werden. Bei der danach zu treffenden Kostenentscheidung ist der mutmaßliche Ausgang des Nichtzulassungsbeschwerde- und gegebenenfalls des Revisionsverfahrens zu berücksichtigen. Dies gilt ebenso für die einseitige Erledigungserklärung (auch in der Revisionsinstanz).[171] Wird die Erledigung in der Hauptsache im Revisionsverfahren erklärt, ist bei der Entscheidung nach § 91a zu berücksichtigen, ob die Revision Erfolg gehabt hätte, wenn es nicht zur Erledigung der Hauptsache gekommen wäre.

Fehlt die Postulationsfähigkeit mangels Zulassung vor dem Bundesgerichtshof, kann eine Entscheidung gem. § 91a Abs. 1 Satz 1 dennoch ergehen, wenn sie außerhalb der mündlichen Verhandlung ergeht und somit nicht dem Anwaltszwang unterliegt.

47 **Voraussetzung** der Erledigungserklärung ist, dass das Rechtsmittel statthaft und zulässig ist.[172] Die Erledigung ändert nichts an der Beschwer. Für die Erledigung nach Einlegung des Rechtsmittels folgt dies bereits daraus, dass für die Beschwer der Zeitpunkt der Einlegung des Rechtsmittels maßgebend ist.[173] Die Beschwer ist aber auch gegeben, wenn das Rechtsmittel erst nach Erledigung eingelegt wird.[174] Der Gegenansicht,[175] die dann eine Beschwer verneint, halten Stein/Jonas/*Bork* Rdn. 48 zu Recht entgegen, dass zwar die materielle Beschwer weggefallen ist, der Kläger aber nach wie vor in formellem Sinn beschwert ist. § 99 Abs. 1 steht nicht entgegen, da (auch) eine Änderung der Entscheidung in der Hauptsache begehrt wird.[176] Nach Ansicht des OLG Hamm NJW 1973, 1376 kann die Erledigungserklärung des Berufungsbeklagten unter der innerprozessualen Bedingung der Zulässigkeit der Berufung abgegeben werden. Unzulässig ist es hingegen, wenn der Berufungsbeklagte seine Erledigungserklärung nur für den Fall der Begründetheit der Berufung abgibt, denn hierdurch zwingt er das Berufungsgericht zu einer Sachprüfung, die § 91a gerade vermeiden will.

48 Aufgrund der übereinstimmenden Erledigungserklärung werden die im ersten Rechtszug ergangenen Entscheidungen **wirkungslos.**[177] Das Rechtsmittelgericht entscheidet neu über die Kosten des gesamten Rechtsstreits einschließlich der unteren Instan-

---

**168** BGH NJW 1986, 852.
**169** OLG München NJW 1969, 617.
**170** BGH NJW 1989, 2887.
**171** BGH NJW 1965, 537 m. abl. Anm. *Putzo* 1018.
**172** BGH NJW 1968, 1725; *Heintzmann* ZZP 87 (1974) 200.
**173** BGH NJW 1967, 564.
**174** BGH NJW 1975, 539; OLG Frankfurt MDR 1971, 853; OLG Hamm GRUR 1984, 68, 69; OLG Hamburg NJW-RR 1989, 570.
**175** BGH LM Nr. 4; OLG Hamm NJW 1975, 1843.
**176** Siehe auch OLG Zweibrücken OLGZ 1975, 44.
**177** OLG Nürnberg NJW 1967, 205.

zen.[178] Ein unselbständiges Anschlussrechtsmittel verliert seine Wirkung nicht dadurch, dass die Parteien den Rechtsstreit im Umfang des Hauptrechtsmittels für erledigt erklären (§ 522).[179]

Aus Gründen der Praktikabilität und Prozessökonomie ist eine übereinstimmende Erledigungserklärung **zwischen** den Instanzen, d.h. nach Urteilserlass bis zur Rechtskraft der Entscheidung, zuzulassen.[180] Die Parteien können dem Gericht schriftsätzlich die Erledigung anzeigen. Dogmatische Bedenken wegen § 318 lassen sich mit dem Hinweis besänftigen, dass die ursprüngliche Entscheidung des Gerichts durch die übereinstimmende Erledigungserklärung wirkungslos wird, wodurch der Weg zu einem Beschluss nach § 91a frei wird. 49

Anders verhält es sich mit der einseitigen Erledigungserklärung des **Klägers**, die darin liegende Klageänderung ist nach Erlass der Entscheidung nicht mehr möglich (§ 318). Der Kläger muss ein Rechtsmittel einlegen, um die Hauptsache in der höheren Instanz für erledigt zu erklären. Seine Beschwer ist infolge der Erledigung nicht weggefallen (oben Rdn. 47). 50

**3. Erledigung des Rechtsmittels.** Umstritten ist, ob in direkter oder analoger Anwendung von § 91a auch ein Rechtsmittel **übereinstimmend** für erledigt erklärt werden kann, mit der Folge, dass die angefochtene Entscheidung bestehen bleibt und das Rechtsmittelgericht nur noch über die Kosten des Rechtsmittels zu entscheiden hat.[181] Bedarf für eine Erledigungserklärung nur in Bezug auf das Rechtsmittel entsteht, wenn dieses ursprünglich zulässig und begründet war, durch ein nachträgliches Ereignis aber unzulässig oder unbegründet wird, was bspw. der Fall sein kann, wenn die angefochtene Entscheidung auf einem Verfahrensmangel beruht, der im Laufe des Rechtsmittelverfahrens behoben wird. 51

## § 92
## Kosten bei teilweisem Obsiegen

**(1) Wenn jede Partei teils obsiegt, teils unterliegt, so sind die Kosten gegeneinander aufzuheben oder verhältnismäßig zu teilen. Sind die Kosten gegeneinander aufgehoben, so fallen die Gerichtskosten jeder Partei zur Hälfte zur Last.**

**(2) Das Gericht kann der einen Partei die gesamten Prozesskosten auferlegen, wenn**
1. **die Zuvielforderung der anderen Partei verhältnismäßig geringfügig war und keine oder nur geringfügig höhere Kosten veranlasst hat oder**
2. **der Betrag der Forderung der anderen Partei von der Festsetzung durch richterliches Ermessen, von der Ermittlung durch Sachverständige oder von einer gegenseitigen Berechnung abhängig war.**

---

**178** *Heintzmann* ZZP 87, 199, 223 m.w.N.; *Thomas/Putzo/Hüßtege* § 91a Rdn. 45ff.; **a.A.** KG OLGZ 1986, 358, 361.
**179** BGH NJW 1986, 852; **a.A.** OLG München MDR 1984, 320; *Habscheid/Lindacher* NJW 1964, 2395.
**180** Unstreitig, vgl. LAG Hamm NJW 1972, 2063; Rosenberg/Schwab/Gottwald § 131 II 2; *Walchshöfer* NJW 1973, 294.
**181** **Bejahend** KG OLGZ 1986, 359; OLG Frankfurt NJW-RR 1989, 63; OLG Hamm FamRZ 1987, 1056; MünchKomm/*Lindacher* § 91a Rdn. 128f.; **a.A.** *Habscheid* NJW 1960, 2132.

## I. Teilweises Unterliegen

1 Die Kostenentscheidung richtet sich nach § 92, soweit jede Partei teilweise obsiegt bzw. teilweise unterliegt. Grundsätzlich sind dann die Kosten nach Abs. 1 gegeneinander aufzuheben oder verhältnismäßig zu teilen. Die ausnahmsweise alleinige Kostenverteilung auf eine der Parteien ist nach den Regelungen des Abs. 2 möglich.

§ 92 ergänzt den **Grundgedanken** des § 91 für den Fall, dass eine Partei mit ihren Anträgen im Prozess nicht vollständig durchdringt. Nachdem auch im Anwendungsbereich des § 92 geltenden **formalen Erfolgsprinzip** kommt es nur auf das Prozessergebnis an, für Billigkeitserwägungen ist über den Gesetzeswortlaut (§ 92 Abs. 2) hinaus kein Raum. Maßgebend für die Beurteilung des **Teilunterliegens** ist der Gebührenstreitwert. § 92 ist sowohl anzuwenden, wenn der Kläger bei einem teilbaren Streitgegenstand nur einen Teil der geforderten Leistung zugesprochen erhält, als auch wenn bei objektiver Klagehäufung nur einzelne Klagebegehren erfolgreich sind. Ob die Klageabweisung einen Haupt- oder Nebenanspruch betrifft, ist unerheblich.[1] Der Zinsanspruch ist bei der Berechnung der beiderseitigen Obsiegens- und Unterliegensanteile nicht zu berücksichtigen, wenn der abgewiesene Zinsanspruch auf keiner eigenständigen Begründung beruht, sondern sich als notwendige Folge der Klageabweisung hinsichtlich der Hauptforderung darstellt.[2] Ein Teilunterliegen liegt auch vor, wenn der Beklagte entgegen dem Antrag des Klägers nur bedingt, befristet oder Zug um Zug verurteilt wird; des Weiteren wenn die Leistung erst zu einem späteren als dem geforderten Zeitpunkt zugesprochen wird. Bei der Stufenklage ist das Obsiegen und Unterliegen i.S.v. § 92 Abs. 1 hinsichtlich jeder einzelnen Stufe gesondert zu prüfen.[3]

Stellt der Kläger einen Haupt- und einen Hilfsantrag, so ist zu unterscheiden: Wird der **Hilfsantrag** nicht beschieden, so hat er keinen Einfluss auf den Kostenstreitwert und es fehlt am Teilunterliegen.[4] Soweit der Hauptantrag hingegen abgewiesen wird, unterscheidet die herrschende Meinung danach, ob der Hilfsantrag geringer- oder höherwertig war. In letztem Falle verneint sie ein Teilunterliegen und wendet § 91 an, da der Hilfsantrag dann nur Ausdruck einer andersartigen Begründung des Hauptanspruchs sei.[5] Dem ist nicht zu folgen, da sich die Frage des Teilunterliegens nicht nach der Begründung, sondern nach dem den Streitgegenstand bestimmenden Antrag richtet.[6] Obsiegt der Kläger erst infolge eines im zweiten Rechtszug gestellten Hilfsantrages, so plädieren Zöller/*Herget* Rdn. 8 dafür, ihm die Kosten des ersten Rechtzugs voll aufzuerlegen und nur die Kosten höherer Instanz zu quotieren. Für diese Durchbrechung des Grundsatzes der Kosteneinheit findet sich aber keine Grundlage im Gesetz.[7] Jedoch kommt die Anwendung von § 97 Abs. 2 in Betracht.[8]

2 Eine **Aufrechnung** wirkt nicht streitwerterhöhend, weshalb § 91 anzuwenden ist, wenn die Klage ihretwegen abgewiesen wird. Hingegen erhöht eine Hilfsaufrechnung

---

1 BGH NJW 1988, 2173.
2 OLG Saarbrücken NJW-RR 2007, 426.
3 OLG Brandenburg FamRZ 2009, 1699.
4 Zöller/*Herget* § 92 Rdn. 8; *Frank* Anspruchsmehrheiten im Streitwertrecht (1986); **a.A.** *Merle* ZZP 83 (1975), 467 (§§ 269 Abs. 3 S. 2, 515 Abs. 3 S. 1 entsprechend).
5 Baumbach/Lauterbach/Albers/*Hartmann*[71] § 92 Rdn. 12; BGH LM Nr. 8; OLG Koblenz WM 1989, 1697.
6 Im Ergebnis ebenso *Frank* (aaO Fn. 2 S. 263ff.); Zöller/*Herget* § 92 Rdn. 8; *Thomas/Putzo/Hüßtege* § 92 Rdn. 2ff.
7 BGH NJW 1957, 543; Baumbach/Lauterbach/Albers/*Hartmann*[71] § 92 Rdn. 12.
8 OLG Karlsruhe KostRspr. ZPO § 97 Nr. 19.

gem. § 45 Abs. 3 GKG den Streitwert, bei einer Klageabweisung wegen durchgreifender Hilfsaufrechnung ist deshalb § 92 anzuwenden.[9]

## II. Kostenverteilung

**1. Kosteneinheit.** Unzulässig ist eine Kostenverteilung nach Verfahrensgegenständen, Verfahrensabschnitten, prozessbeendigenden Vorgängen oder Zeitabschnitten.[10] Wegen des **Pauschsystems** der Gebühren wären derartige Unterscheidungen praktisch meist nicht durchführbar. Unzulässig ist insbesondere eine Verteilung nach den Kosten der Klage einerseits, denen der Widerklage andererseits,[11] oder (vorbehaltlich § 97) nach den Zeitabschnitten der Instanz.[12] Eine unzulässige Kostenverteilung nach Verfahrensgegenständen ist dahingehend auszulegen, dass im Verhältnis der Einzelwerte der Verfahrensgegenstände quotiert wird.[13] 3

**2. Kostenaufhebung.** Obsiegt jede Partei ungefähr zur **Hälfte**, so kann das Gericht die Kosten des Rechtsstreits gegeneinander aufheben, was dazu führt, dass die Gerichtskosten von jeder Partei zur Hälfte zu tragen sind und jede Partei ihre außergerichtlichen Kosten selbst trägt. Sind den Parteien außergerichtliche Kosten in unterschiedlichem Maß entstanden, so hat das Gericht zu untersuchen, ob Kostenaufhebung oder verhältnismäßige Kostenverteilung zu einem gerechteren Ergebnis führt.[14] Dabei ist einerseits zu beachten, dass nicht eine Partei wegen der ihr unvermeidbar entstandenen hohen außergerichtlichen Kosten benachteiligt wird, andererseits muss verhindert werden, dass eine Partei, bspw. wenn sie sich anwaltlich nicht vertreten lässt, für ihre sparsame Prozessführung bestraft wird. Wenn sich die Hauptparteien in einem Vergleich dahin einigen, die Kosten des Verfahrens gegeneinander aufzuheben, kann der Nebenintervenient anders als bei einer Kostenteilung keine Kostenerstattungsansprüche gegen die Gegenpartei geltend machen.[15] 4

**3. Verhältnismäßige Teilung.** Werden die Kosten verhältnismäßig geteilt, so ist **Verteilungsmaßstab** der Gebührenstreitwert, da er die wesentliche Bemessungsgrundlage für die Kosten des Rechtsstreits bildet und mit seiner Hilfe der Anteil der Kostenverursachung durch jede Partei am gerechtesten erfasst werden kann. Die verhältnismäßige Teilung ist grundsätzlich nach Bruchteilen oder Prozentsätzen vorzunehmen, wobei es im Zeitalter des Taschenrechners (entgegen weit verbreiteter Praxis) auch bei geringen Streitwerten keinen Grund gibt, die Kostenverteilung nicht möglichst genau vorzunehmen.[16] Allerdings kann auch außerhalb des Anwendungsbereiches des §§ 95 und 96 der Prozessverlauf und sein Einfluss auf das Prozessergebnis bei der Quotierung berücksich- 5

9 BGH NJW 1985, 1556 = KostRspr. GKG § 19 Nr. 92 m. Anm. *Schneider* und *Lappe*; OLG Köln MDR 1983, 226; OLG Schleswig JurBüro 1986, 1064; entgegenstehende Entscheidungen wie bspw. KG MDR 1976, 846 ergingen vor der Neufassung des § 19 Abs. 3 GKG; zu Einzelheiten s. *Schulte* Die Kostenentscheidung bei der Aufrechnung durch den Beklagten im Zivilprozeß, Diss. Bielefeld 1990.

10 Vgl. Musielak/*Lackmann* § 92 Rdn. 3 m.w.N.; Prütting/Gehrlein/*Schneider* § 92 Rdn. 4.

11 BGH NJW 1956, 182.

12 BGH NJW 1957, 543; **abw.** OLG Köln MDR 1981, 590 (für Streitwertminderung im Laufe des Prozesses); hierzu *Zschockelt* MDR 1981, 536; *Schneider* MDR 1981, 539; ähnlich BFHE 141, 333, 338; s.a. OLG München NJW 1958, 2070 (Trennung zwischen den Kosten des Wiederaufnahmeverfahrens und des wiederaufgenommenen Verfahrens).

13 OLG Hamm JurBüro 1986, 106.

14 LG Hamburg Rpfl. 1985, 374 m. krit. Anm. *Schneider*.

15 BGH NJW 2003, 3354.

16 vgl. hierzu Baumbach/Lauterbach/Albers/*Hartmann*[71] § 92 Rdn. 33 u. 37.

tigt werden. So können bspw. die Kosten einer Beweisaufnahme, die nur über einen Teil des Anspruchs oder über die Widerklage durchgeführt wurde, nach einer gesonderten Quotelung verteilt werden, wenn der Kläger hinsichtlich des in der Beweisaufnahme behandelten Anspruchsteils in einem anderen Verhältnis obsiegte, als dies für die gesamte Klage der Fall war.[17] Soweit eine gesonderte Quotierung nicht in Betracht kommt, bspw. weil die Beweisaufnahme verschiedene Punkte mit jeweils unterschiedlichen Ergebnissen umfasste, muss das Gericht die anfallenden Kosten zumindest überschlägig berechnen und aus den Einzelergebnissen eine Gesamtquote bilden.[18] Zulässig ist es auch, einer Partei eine bestimmte Summe aufzuerlegen und den Restbetrag entweder zu quoteln oder der anderen Partei aufzuerlegen. Dies wird sich bspw. anbieten, wenn im Rahmen einer umfassenden Beweisaufnahme zu einem Punkt ein teures Sachverständigengutachten eingeholt wurde. Die verhältnismäßige Kostenteilung nach § 92 Abs. 1 muss nicht zwingend durch eine einheitliche Quote erfolgen, sondern kann nach einer Streitwertminderung auch mit unterschiedlichen Quoten nach Zeitabschnitten vorgenommen werden.

Nimmt der Berufungskläger die Berufung zurück, so hat er auch die Kosten einer Anschlussberufung zu tragen. Die Kosten sind jedoch gemäß § 92 zu quoteln, wenn der Anschlussberufungskläger zunächst eine selbstständige Berufung eingelegt hatte, die wegen Nichteinhaltung der Berufungsbegründungsfrist unzulässig geworden ist und die er deshalb als Anschlussberufung weiterverfolgt hat.[19]

Wird die Berufung gemäß § 522 Abs. 2 durch Beschluss zurückgewiesen, so sind die Kosten einer gemäß § 524 Abs. 4 ZPO dadurch wirkungslos gewordenen Anschlussberufung nicht – wie im Rahmen des § 516 Abs. 3 Satz 1[20] – dem Berufungskläger, sondern in entsprechender Anwendung des § 96 dem Berufungsbeklagten (= Anschlussberufungskläger) aufzuerlegen, so dass gemäß § 92 Abs. 1 eine Quote zu bilden ist.[21]

Bei der Rücknahme von Klage und Widerklage sind die Kosten entsprechend § 92 quotenmäßig zu verteilen. Dies gilt auch dann, wenn der Kläger Veranlassung für die Widerklage gegeben hat. Jede formelle und sachliche Prüfung der Klage und Widerklage ist im Fall von § 269 ZPO ausgeschlossen.[22]

6 Die Maßgeblichkeit des **Gebührenstreitwerts** führt dazu, dass man nach einem Vorverfahren (Beweissicherungsverfahren) das Verhältnis seines Kostenstreitwerts zu demjenigen des Hauptverfahrens bei der Quotelung berücksichtigen muss.[23] Nach dem Verhältnis der Kosten, die jede Partei verursacht hat, ist auch bei Klagen auf rückständigen und laufenden Unterhalt (§ 42 GKG) zu entscheiden. Die Tatsache, dass das wirtschaftliche Interesse der Parteien hinsichtlich des laufenden Unterhalts oft höher ist als der Jahresbetrag nach § 17 Abs. 1 GKG, ist deshalb nicht gesondert zu berücksichtigen.[24]

Wenn im Urteilsverfahren des dritten Rechtszugs die Kosten nach § 92 Abs. 1 ZPO verhältnismäßig geteilt werden, ist § 12a Abs. 2 ArbGG entsprechend anzuwenden.[25]

---

**17** Siehe auch BGHZ 19, 176 (Widerklage).
**18** *Schneider* Kostenentscheidung im Zivilurteil (1977)² § 22 VII.
**19** OLG Stuttgart FamRZ 2007, 748.
**20** hierzu BGH NJW-RR 2006, 1147–1148.
**21** KG MDR 2010, 1486.
**22** OLG Stuttgart Justiz 2004, 514; OLG Dresden MDR 2003, 1079; LG Memmingen MDR 2004, 171.
**23** OLG Schleswig JurBüro 1985, 216; LG Verden JurBüro 1983, 1897; zum selbständigen Beweisverfahren s.a. § 91, 39.
**24** Zöller/*Herget* § 92 Rdn. 2; **a.A.** OLG Braunschweig KostRspr. ZPO § 92 Nr. 16 m. abl. Anm. *Lappe*; Baumbach/Lauterbach/Albers/*Hartmann*⁷¹ § 92 Rdn. 36.
**25** LAG Hamm, Beschlüsse v. 27.9.2012 – 6 Ta 357/12 sowie 6 Ta 358/12, openJur 2013, 3532 und 3533.

### III. Auferlegung der gesamten Kosten (Abs. 2)

Von dem Grundsatz der anteiligen Kostenverteilung nach Obsiegen und Unterliegen der Parteien macht Abs. 2 eine Ausnahme. Die Vorschrift normiert nunmehr zwei Tatbestände, aufgrund derer das Gericht der einen Partei die gesamten Prozesskosten auferlegen kann. Nach Abs. 2 Nr. 1 ist dies der Fall, wenn die Zuvielforderung der anderen Partei verhältnismäßig geringfügig war und keine oder nur geringfügig höhere Kosten veranlasst hat. Abs. 2 Nr. 2 sieht vor, dass einer Partei die gesamten Kosten auferlegt werden können, wenn der Betrag der Forderung der anderen Partei von der Festsetzung durch richterliches Ermessen, von der Ermittlung durch Sachverständige oder von einer gegenseitigen Berechnung abhängig war. 7

Dem Beklagten können die gesamten Kosten des Rechtsstreits gem. § 92 Abs. 2 Nr. 1 auch dann aufzuerlegen sein, wenn eine Kaufpreisklage nur mit der Einschränkung der Zug um Zug zu erbringenden Gegenleistung Erfolg hat.[26]

Hängt der Forderungsbetrag von der Ermittlung durch Sachverständige ab, kann der Ansicht nicht gefolgt werden, wonach die Anwendung der Vorschrift des § 92 Abs. 2 Nr. 2 auszuscheiden hat, wenn der auszuurteilende Betrag um mehr als 20% von dem beantragten abweicht. Vielmehr beurteilt sich die Frage nach der Anwendbarkeit des § 92 Abs. 2 Nr. 2 allein danach, ob das von dem Kläger ursprünglich Eingeklagte auf einem ex ante betrachtet verständlichen und nachvollziehbaren Schätzfehler beruht oder nicht.[27]

Weist der Insolvenzverwalter den absonderungsberechtigten Insolvenzgläubiger im Rahmen der vorgerichtlichen Auseinandersetzung nicht über den abweichend vom Ergebnis des Rechtsstreites tatsächlich erzielten (geringeren) Erlös hin, ist über die Kosten eines anschließenden Rechtsstreites zwischen dem absonderungsberechtigten Insolvenzgläubiger und dem Insolvenzverwalter unter Berücksichtigung des § 92 Abs. 2 Nr. 2 Alt. 3 zu entscheiden.[28]

§ 92 Abs. 2 nennt vier Fälle, in denen das Gericht auch bei nur teilweisem Unterliegen einer Partei die **gesamten** Prozesskosten auferlegen „kann". Nach ganz herrschender Meinung begründet diese Vorschrift einen weiten Ermessensspielraum für das Gericht, den es pflichtgemäß, d.h. nur aus sachgerechten Motiven, ausfüllen darf.[29] Dem ist für den ersten Anwendungsfall des § 92 Abs. 2 nicht zu folgen, da bei einer geringfügigen Zuvielforderung, die keine besonderen Kosten veranlasst hat, praktisch kein Grund denkbar ist, aus dem das Gericht davon absehen sollte, die gesamten Kosten der Partei aufzuerlegen, die größtenteils unterliegt. Denn diese Partei hat die anfallenden Kosten im Ergebnis verursacht.

Hauptanwendungsfall des § 92 Abs. 2 ist, dass eine geringfügige Zuvielforderung keinen **Gebührensprung** veranlasst. Beide Voraussetzungen müssen kumulativ vorliegen.[30] Die Geringfügigkeit beurteilt sich nach dem Verhältnis der zugesprochenen Leistungen zur ursprünglichen Klageforderung, wobei als Faustregel eine Grenze bei 10% zu ziehen sein wird.[31] Unerheblich für die Beurteilung der Geringfügigkeit ist, ob der Kläger mit Haupt- oder Nebenforderungen (Kosten und Zinsen) unterlegen ist.[32] Durch die geringfügige Zuvielforderung dürfen keine besonderen Kosten entstanden sein, auch wenn 8

26 OLGR Frankfurt 2006, 1057.
27 LG Nürnberg RuS 2008, 264.
28 LG Dresden ZInsO 2006, 663.
29 S. bspw. Baumbach/Lauterbach/Albers/*Hartmann*[71] § 92 Rdn. 45, insb. 47 f.
30 RGZ 142, 83.
31 *Thomas/Putzo/Hüßtege* § 92 Rdn 8.
32 Siehe auch AG Freiburg AnwBl. 1984, 99.

die Mehrkosten nur ganz geringfügig sind, ist § 92 Abs. 2 nicht anwendbar.[33] Trotz des Wortlauts „Zuvielforderung“ ist die Vorschrift auch zugunsten eines Beklagten anwendbar, der nur mit einem geringfügigen Teil unterliegt.[34]

9 Als zweiten, wichtigen Anwendungsfall sieht § 92 Abs. 2 vor, dass einer Partei die gesamten Prozesskosten auferlegt werden können, wenn der Betrag der Forderung der anderen Partei von der **Festsetzung durch richterliches Ermessen** abhängig war. Dies ist vor allem bei unbezifferten Klageanträgen, bspw. auf Zahlung von Schmerzensgeld nach § 253 Abs. 2 BGB, der Fall.[35] Weitere Beispiele sind die richterliche Schadensschätzung nach § 287 sowie §§ 315, 319, 343, 655, 660, 2048, 2156, 2192 BGB. Hat die Partei jedoch, bspw. bei der Geltendmachung eines Schmerzensgeldanspruches, einen bestimmten Mindestbetrag gefordert, so ist § 92 Abs. 2 nicht anwendbar, wenn das Gericht deutlich unter diesem Betrag bleibt.[36] Benennt der Kläger hingegen lediglich einen Betrag, der ihm angemessen erscheint, so bleibt § 91 Abs. 2 anwendbar, wenn sich der Betrag in angemessenen Grenzen hält.[37]

10 Sowohl bei bezifferter als auch bei unbezifferter Klageforderung kommt die Anwendung von § 92 Abs. 2 des Weiteren dann in Betracht, wenn das Gericht für die **Ermittlung** der Höhe der Klageforderung (bspw. eines Schadens oder des Zustands einer Sache) auf einen Sachverständigen angewiesen ist.

11 Der vierte und letzte Anwendungsfall des § 92 Abs. 2, die Abhängigkeit der Forderung von einer **gegenseitigen Berechnung** kommt vor allem in Betracht, wenn der Kläger im Fall der Aufrechnung unverschuldet die Höhe der Gegenforderung des Beklagten nicht kannte oder nicht nachprüfen konnte.

## § 93
## Kosten bei sofortigem Anerkenntnis

**Hat der Beklagte nicht durch sein Verhalten zur Erhebung der Klage Veranlassung gegeben, so fallen dem Kläger die Prozesskosten zur Last, wenn der Beklagte den Anspruch sofort anerkennt.**

### Schrifttum

*Leuschner* Prüfungsfristen und Darlegungsobliegenheiten bei der außergerichtlichen Inanspruchnahme, AcP 207 (2007), S. 64–101.

### I. Anwendungsbereich

1 § 93 enthält eine **Ausnahme** vom formalen Erfolgsprinzip, indem er dem Kläger, der einen unnötigen Prozess anfängt, die Kosten des Rechtsstreits auferlegt – falls der Beklagte den Anspruch sofort anerkennt. Die Vorschrift schützt den leistungswilligen Be-

---

**33** OLG München MDR 1988, 501; MünchKomm/*Schulz* § 92 Rdn. 18; **a.A.** (Analogie) Zöller/*Herget* § 92 Rdn. 11.
**34** RGZ 142, 84.
**35** Vgl. *Husmann* Der unbezifferte Klageantrag als Abwehrrecht gegen unbillige Kostenlast und die Kostenvorschrift des § 92 Abs. 2 ZPO, NJW 1989, 3126; *Butzer* Prozessuale und kostenrechtliche Probleme beim unbezifferten Klageantrag, MDR 1992, 539.
**36** OLG Celle KostRspr. ZPO § 92 Nr. 7.
**37** BGH KostRspr. ZPO § 92 Nr. 4; OLG München NJW 1986, 3090.

klagten und dient zugleich dem öffentlichen Interesse an der Vermeidung unnötiger Arbeit der Justiz.

§ 93 ist in allen Verfahren anwendbar, die der **Parteiherrschaft** unterliegen und in denen ein Anerkenntnis nach § 307 abgegeben werden kann. Die Klageart, ob Leistungs-, Feststellungs- oder Gestaltungsklage, ist irrelevant. Da § 93 auf den Anlass zur Klageerhebung aus der Sicht des Klägers und nicht auf eine objektive Besorgnis abstellt, ist er auch in Verfahren auf künftige Leistung nach §§ 257 ff. anwendbar.[1] Ein Urteil ist nicht nötig, § 93 ist auch im Beschlussverfahren anwendbar.[2] Zum Anwendungsbereich zählt insbesondere auch ein auf einen Arrest oder eine einstweilige Verfügung gerichtetes Verfahren.[3] 2

Besonderheiten gelten bei der Beurteilung von **Einlassungen von Insolvenzverwaltern**. Wird die auf **Zahlung einer Masseschuld** gerichtete Klage erst im Laufe des Rechtstreits zulässig, so kann der verklagte Insolvenzverwalter den Klageanspruch noch „sofort" i.S.v. § 93 anerkennen, um die Kostenfolge des § 91 abzuwenden.[4] Wird eine zunächst **vorläufig bestrittene Forderung** später zur Insolvenztabelle festgestellt und erklären die Parteien daraufhin übereinstimmend den zuvor vom anmeldenden Gläubiger aufgenommenen Rechtsstreit für erledigt, ist die Kostenentscheidung nach den zu § 93 entwickelten Grundsätzen zu treffen.[5] Hat sich im Insolvenzverfahren der beklagte Sozialversicherungsträger vorprozessual gegenüber dem vom Insolvenzverwalter geltend gemachten Anspruch aus Insolvenzanfechtung hinsichtlich des Erfordernisses der objektiven Gläubigerbenachteiligung alle Verteidigungsmöglichkeiten offen gehalten, indem er die erwünschte Auskunft, ob die fragliche Zahlung „aus dem freien und pfändbaren Vermögen" des Schuldners stamme, ausdrücklich als eine von mehreren Voraussetzungen des § 129 Abs. 1 InsO bezeichnet hat, so brauchte der Insolvenzverwalter angesichts der üblicherweise von den Sozialversicherungsträgern vorgebrachten Einwendungen vor einer Klageerhebung nicht mit einem Einwendungsverzicht zu rechnen.[6] 2a

§ 93 ist auf den **Kläger** nicht entsprechend anwendbar, da seine Intention, unnötige Klagen zu verhindern, hier nicht eingreift. Weder ein Klageverzicht noch eine Klagerücknahme können deshalb nach § 93 behandelt werden. Sofern der Kläger berechtigterweise an Kostenfreistellung interessiert ist, wird dem durch § 91a oder die Existenz materiell-rechtlicher Kostenerstattungsansprüche genüge getan.[7] 3

**Unanwendbar** ist § 93 in Ehe-, Status-, Entmündigungs-und Aufgebotsverfahren. In diesen Verfahren können die Parteien nicht über den Streitgegenstand verfügen. Soweit jedoch eine Folgesache, der Parteidisposition unterliegt, ist § 93 anzuwenden. Für bestimmte Unterhaltssachen (ausgenommen § 231 Abs. 2 FamFG) trifft jedoch § 243 FamFG eine Sonderregelung. 4

In der **Zwangsvollstreckung** gilt grundsätzlich das Amtsermittlungsprinzip, weshalb § 93 unanwendbar ist. Allerdings gilt dies nicht für Prozesse im Zusammenhang mit

---

1 *Thomas/Putzo/Hüßtege* § 93 Rdn. 1 ff.; MünchKomm/*Schulz* § 93 Rdn. 2.
2 Stein/Jonas/*Bork* § 93 Rdn. 26.
3 Einhellige Ansicht s. bspw. OLG Köln NJW 1975, 454 m. Anm. *Joost* S. 1172; Stein/Jonas/*Bork* § 93 Rdn. 27.
4 OLG Rostock ZIP 2009, 582.
5 BGH DZWIR 2006, 252 = ZIP 2006, 576.
6 BGH DZWIR 2007, 112 = ZIP 2007, 95.
7 Gegen eine analoge Anwendung von § 93 auch OLG Bamberg JurBüro 1991, 1696; OLG Hamm MDR 1982, 676; OLG Koblenz NJW-RR 1986, 1443 (Klageverzicht); für die Klagerücknahme OLG Düsseldorf JurBüro 1982, 1240; LG Tübingen JurBüro 1991, 720; **a.A.** OLG Frankfurt OLGZ 1981, 99; AG Offenbach MDR 1984, 1032; näher zur sog. reziproken Anwendung des § 93 *Schneider* MDR 1984, 548; *Rixecker* MDR 1985, 635; *Wiek* Das Kostenrisiko des Mieters bei einer Kautionsklage, WuM 1989, 549, 551.

der Zwangsvollstreckung, bspw. Vollstreckungsgegenklagen oder Drittwiderspruchsklagen, in diesen kann ein Anerkenntnis abgegeben werden, weshalb § 93 anwendbar ist.

Gegen eine Kostenentscheidung nach §§ 93, 99 Abs. 2 ist die Rechtsbeschwerde nach § 574 Abs. 1 Nr. 2 statthaft.[8]

## II. Voraussetzungen

5 **1. Fehlender Anlass zur Klage.** Erste Voraussetzung des § 93 ist, dass der Kläger keine Veranlassung zur Erhebung der Klage hatte. Klageerhebung bedeutet Anrufung des Gerichts, sprich Einreichung der Klage. Rechtshängigkeit ist nicht erforderlich, die bloße Anhängigkeit genügt.[9] Dies folgt aus dem Regelungszweck des § 93, der den mit unnötigen Klagen verbundenen Aufwand verhindern will. Bereits durch die Einreichung der Klage können Kosten entstehen.[10] **Klageanlass** besteht, wenn das Verhalten des Beklagten den Kläger bei vernünftiger Würdigung zu dem Schluss berechtigt, ohne Beschreiten des Rechtswegs werde er nicht zu seinem Recht gelangen.[11] Erklärt der Unterhaltsgläubiger auf die außergerichtliche Aufforderung des Schuldners auf Abänderung des titulierten Unterhalts, dass eine Herabsetzung „zum jetzigen Zeitpunkt nicht möglich" ist, so gibt er im Sinne von § 93 Anlass zur Erhebung einer Abänderungsklage. Eine Klageveranlassung im Sinne des § 93 liegt im Falle eines Abänderungsantrages nur dann vor, wenn die Abänderungsvoraussetzungen vollständig und nachvollziehbar vorgetragen und belegt werden.[12] Die Erklärung des Gläubigers, aus einem abzuändernden Titel nur noch in eingeschränkter Höhe zu vollstrecken, beseitigt die Veranlassung zum Abänderungsverfahren nicht.[13] Ein Anlass zur Klage besteht regelmäßig dann nicht, wenn der bei einem Kfz-Unfall Geschädigte es entgegen § 119 Abs. 3 VVG unterlässt, berechtigt angeforderte Auskünfte zu erteilen und Belege zur Verfügung zu stellen. Dies gilt entsprechend für Fotos eines Schadensgutachtens. Freilich darf auf diesem Wege nicht ein dilatorisches Verhalten eines Haftpflichtversicherers honoriert werden, das auf eine sachlich nicht gerechtfertigte oder gar schikanöse Regulierungsverzögerung angelegt ist.[14] Wenn ein Unternehmen erfolglos abgemahnt wird, mag eine weitere Abmahnung eines Organs des Unternehmens überflüssig erscheinen. Ein Unternehmen gibt aber im umgekehrten Fall keine Veranlassung zur Klageerhebung i.S.d. § 93, wenn nicht das Unternehmen, sondern nur sein Geschäftsführer erfolglos abgemahnt worden ist.[15] Dieses Erfordernis ist vom Rechtsschutzbedürfnis zu trennen. Zwar kann aus Umständen, die das Rechtsschutzbedürfnis für die Klage begründen, zugleich der Klageanlass folgen, bspw. wenn der Beklagte sich eines umstrittenen Rechts berühmt und damit für eine negative Feststellungsklage zugleich den Klageanlass wie auch das Rechtsschutzbedürfnis liefert; jedoch ist ein solches Zusammentreffen nicht zwingend. Rechtslogisch besteht der Unterschied darin, dass das Rechtsschutzbedürfnis eine notwendige Sachurteilsvoraussetzung ist, während die Frage nach dem Klageanlass die Entscheidung nur im Kostenpunkt beeinflussen kann. Anlass zur Klage besteht regelmäßig, wenn der Schuldner trotz Fälligkeit des Anspruchs nicht leistet (wobei sich nach den Umständen des Einzelfalls beurteilt, ob er vorab gemahnt werden musste), wenn er die Leistung un-

8 BGH MDR 2004, 896.
9 OLG Bamberg JurBüro 1982, 1884.
10 Baumbach/Lauterbach/Albers/*Hartmann*[71] § 93 Rdn. 28.
11 Siehe bspw. BGH NJW 1979, 2041.
12 OLG Hamm FamRZ 2011, 1749.
13 OLG Hamm FamRZ 2011, 1245.
14 OLG Karlsruhe MDR 2012, 460.
15 KG BB 2011, 962.

berechtigt verweigert oder wenn er sich auf mangelnde Leistungsfähigkeit beruft. Ob den Beklagten ein Verschulden trifft, ist nicht relevant.[16]

Mahnt ein Wettbewerber die Werbeanzeige eines Konkurrenten vorgerichtlich umfassend ab und setzt er sich in diesem Rahmen detailliert mit praktisch allen Aspekten der Anzeige in wettbewerbsrechtlicher Hinsicht auseinander, so kann es nach den Umständen des Einzelfalls im Rahmen von § 93 für ihn unschädlich sein, wenn er anschließend den Verfügungsantrag (auch) auf einen Aspekt stützt, der nicht Gegenstand der Abmahnung war, und der Verletzer im Hinblick hierauf den Anspruch sofort anerkennt. Der Verletzer hat in einem derartigen Fall trotz dieser Abweichung von der vorgerichtlichen Abmahnung i.S.v. § 93 Anlass zur Klageerhebung gegeben, wenn der Verletzte die konkrete Werbebehauptung in der vorgerichtlichen Abmahnung zwar rechtlich gewürdigt, dabei aber nicht zugleich aus einem (offensichtlichen) Schreibfehler, der die Werbeaussage missverständlich macht, rechtliche Konsequenzen gezogen hat. Nimmt der Verletzer nunmehr ausschließlich diesen übersehenen Aspekt zum Anlass für ein Anerkenntnis, handelt er entgegen § 242 BGB im Rahmen des begründeten gesetzlichen Schuldverhältnisses treuwidrig bzw. rechtsmissbräuchlich.[17]

Die Nichtbefolgung eines vorprozessualen Aufforderungsschreibens stellt nur dann einen Anlass zur Klageerhebung gem. § 93 dar, wenn sich die Aufforderung auf den später geltend gemachten Anspruch bezieht.[18]

Aus Gründen der Logik kann für die Frage der Klageveranlassung nur das **vorprozessuale** Verhalten des Beklagten maßgeblich sein. Veranlassung zur Erhebung einer Klage gibt man durch ein Verhalten, das vernünftigerweise den Schluss auf die Notwendigkeit eines Prozesses rechtfertigt. Daraus folgt, dass es für die Frage, ob die Beklagte Anlass zur Klage gegeben hat, auf ihr Verhalten vor dem Prozess ankommt.[19] Ein Unterhaltsschuldner, der nur Teilleistungen auf den geschuldeten Unterhalt erbringt, gibt auch dann Veranlassung für eine Klage auf den vollen Unterhalt, wenn er zuvor nicht zur Titulierung des freiwillig gezahlten Teils aufgefordert worden ist.[20] Jedoch kann sein Verhalten nach Klageerhebung als Indiz für das vorprozessuale Verhalten zu werten sein.[21] Darüber hinaus kann durch ein Verhalten des Beklagten nach Prozessbeginn zwar nicht rückwirkend Anlass zur Klageerhebung begründet werden, es kann aber treuwidrig sein, wenn sich der Beklagte trotz eines widersprüchlichen Verhaltens nach Klageerhebung auf den mangelnden Klageanlass berufen würde. Deshalb hat ein Beklagter, der den fälligen Klageanspruch zwar sofort anerkennt, ihn aber nicht alsbald erfüllt, i.d.R. auch dann die Verfahrenskosten zu tragen, wenn sein der Klagezustellung vorausgegangenes Verhalten keinen Anlass zur Klageerhebung gab.[22] Hat sich der beklagte Sozialversicherungsträger vorprozessual gegenüber dem vom Insolvenzverwalter geltend gemachten Anspruch aus Insolvenzanfechtung hinsichtlich des Erfordernisses der objektiven Gläubigerbenachteiligung alle Verteidigungsmöglichkeiten offen gehalten, indem er die erwünschte Auskunft, ob die fragliche Zahlung „aus dem freien und pfändbaren Vermögen" des Schuldners stamme, ausdrücklich als eine von mehreren Voraussetzun- 6

**16** OLG Zweibrücken JurBüro 1982, 1083; Stein/Jonas/*Bork* Rdn. 13.
**17** OLG Hamburg GRUR-RR 2007, 175.
**18** OLGR Köln 2004, 58.
**19** BGH NJW 1979, 2040; NJW-RR 2005, 1005.
**20** BGH FamRZ 2010, 195.
**21** BGH NJW 1979, 2040; OLG Frankfurt MDR 1984, 149; OLG Köln NJW-RR 1988, 187; OLG Zweibrücken JurBüro 1982, 1083.
**22** Ähnlich Zöller/*Herget* § 93 Rdn. 3; OLG München NJW 1966, 1417; 1969, 1815; **a.A.** BGH NJW 1979, 2040; OLG München NJW 1988, 271 (ausdrückliche Aufgabe von NJW 1966, 1417); Stein/Jonas/*Bork* § 93 Rdn. 13.

gen des § 129 Abs. 1 InsO bezeichnet hat, so brauchte der Insolvenzverwalter angesichts der üblicherweise von den Sozialversicherungsträgern vorgebrachten Einwendungen vor einer Klageerhebung nicht mit einem Einwendungsverzicht zu rechnen.[23]

Auch der Insolvenzverwalter, der eine von einem Insolvenzgläubiger zur Insolvenztabelle angemeldete Forderung lediglich „vorläufig“ bestreitet, löst die vom Gesetz an das Bestreiten geknüpften Rechtsfolgen aus. Wird die zunächst vorläufig bestrittene Forderung später zur Insolvenztabelle festgestellt und erklären die Parteien daraufhin übereinstimmend den zuvor vom anmeldenden Gläubiger auf- genommenen Rechtsstreit für erledigt, ist die Kostenentscheidung nach den zu § 93 entwickelten Grundsätzen zu treffen.[24]

Gibt der Beklagte ein **Anerkenntnis** ab, so ist für eine Prüfung der materiellen Rechtslage, auch in Zusammenhang mit der Frage, ob Klageanlass bestand, kein Platz mehr.[25] Eine derartige Prüfung wäre nicht prozessökonomisch. Umgekehrt muss der Beklagte allerdings auf eine unschlüssige Klage hin nicht sofort anerkennen, er kann abwarten, bis die Klage in schlüssiger Form eingereicht wird und danach noch „sofort“ anerkennen.[26] Ist eine Klage z.B. auf Duldung der Zwangsvollstreckung aus einer Grundschuld wegen fehlender Angaben zur Fälligkeit gemäß § 1193 BGB zunächst nicht schlüssig, kann die beklagte Partei trotz angezeigter Verteidigungsbereitschaft im schriftlichen Vorverfahren nach entsprechend ergänztem Sachvortrag den Anspruch noch „sofort“ i.S. von § 93 ZPO anerkennen.[27]

Der Beklagte muss sich das Verhalten von Personen, wie bspw. Rechtsvorgängern und Vertretern, für deren Handlungen er nach allgemeinen Rechtsgrundsätzen **einzustehen** hat, anrechnen lassen. Im Erbfall ist § 93 jedoch selbständig anwendbar für die nach Aufnahme des Rechtsstreits entstehenden Kosten, weshalb der Kläger dem Erben vor Fortführung des Rechtsstreits Gelegenheit zu einem Anerkenntnis geben muss.[28] Ein Anerkenntnis des Beklagten ist erst geboten – und damit „sofortig“ i.S.v. § 93 –, sobald der Kläger die Voraussetzungen des Zurückbehaltungsrecht des Beklagten (z.B. durch Erteilung einer ordnungsgemäßen Rechnung) ausräumt.[29]

Der Insolvenzverwalter kann im aufgenommenen Prozess nach § 86 InsO nicht mehr sofort anerkennen.[30]

7 Die Darlegungs- und Beweislast für das Fehlen eines Klageanlasses (und die übrigen Voraussetzungen des § 93) trifft grundsätzlich den **Beklagten**, weil § 93 eine Ausnahmeregelung zum formalen Erfolgsprinzip des § 91 ist.[31] Jedoch ist scharf zwischen Klageanlass und etwaigen besonderen Zulässigkeitsvoraussetzungen der Klage zu trennen. Soweit der Kläger für letztere die Beweislast trägt, verbleibt es hierbei auch dann, wenn es sich um Tatsachen handelt, die sowohl den Klageanlass als auch die besondere Zulässigkeitsvoraussetzung betreffen. Der Kläger bleibt beispielsweise für die Besorgnis der Nichterfüllung in § 259 beweispflichtig, obwohl diese zugleich einen Klageanlass im Sinne

---

**23** BGH DZWIR 2007, 112.
**24** BGH DZWIR 2006, 252; OLG Celle ZInsO 2012, 978.
**25** OLG Hamm JurBüro 1990, 915; OLG München NJW 1969, 1815; OLG Schleswig JurBüro 1982, 1570; Zöller/*Herget* § 93 Rdn. 3; **a.A.** Baumbach/Lauterbach/Albers/*Hartmann*[71] § 93 Rdn. 39; OLG Düsseldorf MDR 1993, 801.
**26** Zöller/*Herget* § 93 Rdn. 6 „Unschlüssige Klage“.
**27** BGH WM 2004, 833.
**28** OLG Zweibrücken NJW 1968, 1635; **a.A.** Stein/Jonas/*Bork* § 93 Rdn. 15; s.a. OLG Hamm JurBüro 1987, 436 (zum Vorbehalt der beschränkten Erbenhaftung).
**29** BGH NJW-RR 2005, 1005.
**30** BGH ZIP 2006, 2132.
**31** OLG Hamburg MDR 1987, 329; OLG Hamm MDR 1987, 329; **a.A.** Voraufl. B IIa 4; **abw.** OLG Köln FamRZ 1988, 96.

von § 93 begründet. Hingegen verbleibt bei einer Klage nach § 257 oder § 258, für die nach herrschender Ansicht kein besonderes Klageinteresse nötig ist, die Beweislast für den fehlenden Klageanlass beim Beklagten.[32] Daher trifft den Beklagten, der im Wettbewerbsprozess auf die Klageerhebung hin eine strafbewehrte Unterlassungserklärung abgegeben hat und geltend macht, ihm sei die Abmahnung des Klägers nicht zugegangen, grundsätzlich die Darlegungs- und Beweislast für die Voraussetzungen einer dem Kläger die Prozesskosten auferlegenden Entscheidung nach § 93. Im Rahmen der sekundären Darlegungslast ist der Kläger lediglich gehalten, substantiiert darzulegen, dass das Abmahnschreiben abgesandt worden ist. Kann nicht festgestellt werden, ob das Abmahnschreiben dem Beklagten zugegangen ist oder nicht, ist für eine Kostenentscheidung nach § 93 kein Raum.[33] Soweit sich der Kläger als Replik auf eine entsprechende Einlassung des Beklagten darauf beruft, der Klageanlass sei durch einen bestimmten Vorgang herbeigeführt worden, so ist er hierfür, bspw. für den Zugang einer notwendigen Abmahnung und für das Ausreichen einer nur kurzen Abmahnfrist, beweispflichtig.[34]

Mit der Einlegung des auf die Kosten beschränkten Widerspruchs gegen die einstweilige Verfügung wird i.S. des § 93 des Verfügungsanspruch in der Sache sofort anerkannt. Grundsätzlich hat der Beklagte bzw. im einstweiligen Verfügungsverfahren der Antragsgegner darzulegen und gegebenenfalls zu beweisen bzw. glaubhaft zu machen, dass er vor dem sofortigem Anerkenntnis keinen Anlass zur Klage gegeben hat. Bei der Ausgestaltung dieser Darlegungs- und Beweislast ist nach der neuen Rechtsprechung des BGH zu berücksichtigen, dass es sich bei dem darzulegenden und glaubhaft zu machenden Umstand um eine negative Tatsache. Der Kläger bzw. Antragsteller ist darum gehalten, die genauen Umstände der Absendung der Abmahnung vorzutragen und gegebenenfalls unter Beweis zu stellen bzw. glaubhaft zu machen.[35]

**2. Anerkenntnis.** Es muss sich um ein wirksames Anerkenntnis nach § 307 handeln. 8
**Erfüllung** der klägerischen Forderung ist nicht notwendig,[36] jedoch ist die Nichterfüllung ein wesentliches Kriterium für die Frage des Klageanlasses,[37] denn wenn der Beklagte nicht leistet, obwohl er den klägerischen Anspruch anerkennt, so zeigt dies in aller Regel, dass der Kläger Anlass hatte, sich einen Vollstreckungstitel zu beschaffen. Ein Teilanerkenntnis ist möglich mit der Folge, dass über den anerkannten Teil nach § 93 und über den Rest nach §§ 91, 92 zu entscheiden ist, wobei die Gesamtkosten dann in entsprechender Anwendung des § 92 zu verteilen sind. Das Teilanerkenntnis kann nicht nur für einen zahlenmäßig bezifferten Teil des Klageanspruchs abgegeben werden, es kann auch in der Abgabe eines mit einem berechtigten Vorbehalt verbundenen Anerkenntnisses liegen, bspw. wenn der Anspruch Zug um Zug anerkannt wird[38] oder wenn ein Hilfsanspruch anerkannt wird.[39] Ein Teilanerkenntnis wirkt allerdings nicht kostenbefreiend, wenn es eine unzulässige Teilleistung (§ 266 BGB) anbietet.[40]

---

**32** BGH MDR 2007, 1162; **a.A.** MünchKomm/*Schulz § 93* Rdn. 8.
**33** BGH OLG Frankfurt NJW-RR 1996, 62; OLGR Frankfurt 1996, 42; entgegen KG WRP 1992, 716; OLG Düsseldorf NJW-Wettbr 1996, 256.
**34** OLG Stuttgart WRP 1983, 305; Zöller/*Herget* § 93 Rdn. 6 „Wettbewerbsstreitigkeiten"; **a.A.** (Beweis der Absendung des Mahnschreibens genügt, da es auf die Sicht des Klägers ankomme) Stein/Jonas/*Bork* § 93 Rdn. 19.
**35** BGH MDR 2007, 1162; LG Hamburg GRUR-RR 2009, 159.
**36** KG MDR 1987, 767; OLG Frankfurt MDR 1993, 1246.
**37** Stein/Jonas/*Bork* § 93 Rdn. 13.
**38** OLG Köln FamRZ 1989, 878.
**39** OLG Köln KostRspr. ZPO § 93 Nr. 142.
**40** OLG Schleswig FamRZ 1984, 187.

Bei einem Teilanerkenntnis ergeht keine Teilkostenentscheidung, diese bleibt dem Schlussurteil vorbehalten.[41]

9 **3. Zeitpunkt.** Nach § 93 muss sofort anerkannt werden, dies bedeutet, dass der Beklagte grundsätzlich bei der ersten sich bietenden Gelegenheit ein Anerkenntnis nach § 307 abgeben muss.[42] Im Erkenntnisverfahren ist dies der erste Verhandlungstermin, bevor kontradiktorisch verhandelt wird.[43] Im schriftlichen Vorverfahren (§ 276) muss das Anerkenntnis bereits mit dem ersten Erklärungsschriftsatz erfolgen, soweit der Beklagte vorher eine Anzeige der Verteidigungsabsicht nach § 276 Abs. 1 S. 1 eingereicht hat, ist kein sofortiges Anerkenntnis mehr möglich.[44] Geht das Anerkenntnis des Beklagten kurz nach Ablauf der Zwei-Wochen-Frist des § 276 Abs. 1 bei Gericht ein, so steht dies aber der Anwendung von § 93 nicht entgegen.[45] Ebenfalls auf den ersten Schriftsatz kommt es im schriftlichen Verfahren an (§ 128 Abs. 2, 3).[46] Der in § 128 Abs. 2 S. 2 bestimmte Zeitpunkt stellt den spätestmöglichen Zeitpunkt dar, bis zu dem die Partei den Schriftsatz mit dem Anerkenntnis einreichen kann.

Der Ablauf der Klagerwiderungsfrist gemäß § 276 Abs. 1 S. 2 ist die zeitliche Grenze, bis zu der ein Anerkenntnis noch als „sofortiges" i.S.d. § 93 abgegeben werden kann. § 265 kann im Falle von Klagen auf Duldung der Zwangsvollstreckung nach den §§ 1147, 1192 BGB Anwendung finden.[47]

Bei Anordnung des schriftlichen Vorverfahrens kann der Beklagte den geltend gemachten Anspruch innerhalb der Klageerwiderungsfrist jedenfalls dann „sofort" im Sinne des § 93 anerkennen, wenn die Verteidigungsanzeige keinen auf eine Abweisung der Klage gerichteten Sachantrag enthält.[48]

Ein Bestreiten vor den genannten Zeitpunkten ist für die Frage, ob ein sofortiges Anerkenntnis vorliegt, unerheblich, da hierfür nur zu untersuchen ist, wann die Partei erstmals prozessual wirksam ein Anerkenntnis abgeben konnte.[49] Allerdings wird ein vorheriges Bestreiten im Prozess ein starkes Indiz für das Bestehen eines Klageanlasses sein.

10 Im Übrigen richtet sich die Rechtzeitigkeit des Anerkenntnisses nach der **Entscheidungsreife** der Klage. Solange sie unzulässig ist, muss selbst dann nicht anerkannt werden, wenn durch das Anerkenntnis die Unzulässigkeit behoben werden könnte.[50] Der Beklagte kann also eine objektiv begründete Zulässigkeitsrüge erheben und das Anerkenntnis bis zur Behebung des Zulässigkeitsmangels aufsparen. Besteht allerdings die Unzulässigkeit entgegen der Auffassung des Beklagten nicht, so kommt sein Anerkennt-

---

**41** OLG Schleswig SchlHA 1978, 172; **a.A.** Baumbach/Lauterbach/Albers/*Hartmann*[71] § 93 Rdn. 112 f. mit Tenorierungsvorschlag.

**42** Siehe: *Leuschner* AcP 207 (2007), S. 82.

**43** OLG München WPR 1971, 487.

**44** OLG Bremen JurBüro 1983, 625; OLG Köln KostRspr. ZPO § 93 Nr. 158; LG Hamburg MDR 1980, 942; s.a. OLG München MDR 1989, 267; krit. *Meiski* Das sofortige Anerkenntnis im schriftlichen Vorverfahren, NJW 1993, 1904.

**45** OLGR Stuttgart 2001, 45.

**46** Stein/Jonas/*Bork* § 93 Rdn. 6.

**47** OLG Schleswig SchlHA 2011, 145.

**48** BGHZ 168, 57 Bestätigung OLG Bamberg, NJW-RR 1996, 392; OLG Brandenburg MDR 2005, 1310; OLG Hamburg MDR 2002, 421; OLG KarlsruheR 2004, 513; OLG Nürnberg NJW 2002, 2254 und OLG Schleswig MDR 1997, 971; entgegen OLG Celle NJW-RR 1998, 1370; OLG Frankfurt NJW-RR 1993, 126; OLG München MDR 1989, 267; OLGR Naumburg 2002, 239; OLGR Stuttgart 2000, 84 und OLGR Zweibrücken 2001, 394.

**49** LG Köln GRUR 1989, 542; Stein/Jonas/*Bork* § 93 Rdn. 7; Baumbach/Lauterbach/Albers/*Hartmann*[71] § 93 Rdn. 97 „Klageerwiderung"; **a.A.** 2. Aufl., § 93, B IIc 2; Thomas/Putzo/*Hüßtege* § 93 Rdn. 10.

**50** RGZ 52, 141.

nis zu spät.[51] Der Beklagte kann insbesondere die örtliche oder sachliche Zuständigkeit des Gerichts rügen und das Anerkenntnis erst vor dem endgültig zuständigen Gericht abgeben. Stellt er allerdings selbst einen Verweisungsantrag nach § 98 GVG, so handelt er rechtsmissbräuchlich, da die Zivilkammer ohne diesen Antrag zuständig geblieben wäre.[52]

Der Rechtzeitigkeit des Anerkenntnisses steht es grundsätzlich auch nicht entgegen, wenn sich der Beklagte auf die **Unschlüssigkeit** oder mangelnde Substantiierung der Klage beruft und mit dem Anerkenntnis wartet, bis der Mangel behoben ist.[53] Allerdings kann ein derartiges Verhalten im Einzelfall als Indiz dafür zu werten sein, dass der Beklagte zur Klageerhebung Anlass gegeben hatte.[54] 11

Ist die Klage zulässig und schlüssig, so darf der Beklagte gegen den nicht erschienenen Kläger entgegen der herrschenden Meinung kein **Versäumnisurteil** nach § 330 nehmen.[55] Denn ein derartiges Verhalten stünde im Widerspruch zu einem späteren Anerkenntnis. Eine Ausnahme gilt allerdings, wenn der Beklagte im Zeitpunkt des Versäumnisurteils noch keinen Anlass dazu hatte, anzuerkennen, weil ihm die Berechtigung des klägerischen Anspruchs noch nicht bekannt war. Wenn gegen den Beklagten ein Versäumnisurteil nach § 331 ergangen ist, so kann das Anerkenntnis grundsätzlich noch in der Einspruchsverhandlung abgegeben werden. Dies folgt zum einen aus § 342, der anordnet, dass der Prozess in die Lage vor Eintritt der Säumnis zurückversetzt wird, und zum anderen daraus, dass der Beklagte die Gelegenheit haben muss, die Voraussetzungen des § 93 darzulegen.[56] Allerdings stellt sich auch hier wiederum die Frage, ob aus dem Verhalten des Beklagten nicht der Anlass zur Klageerhebung zu schließen ist, bspw. weil die Säumnis aus Verzögerungsgründen in Kauf genommen wurde. 12

Unschädlich für ein kostenbefreiendes Anerkenntnis ist der **Widerspruch** im Mahnverfahren, weil der Beklagte sich nur mit diesem Rechtsbehelf gegen die Kosten des durch sein Verhalten nicht veranlassten Mahnverfahrens wehren kann.[57] Der Widerspruch muss nicht auf die Kostenlast beschränkt werden, da der Gläubiger andernfalls wegen der unwidersprochenen Hauptforderung Vollstreckungsbescheid nehmen könnte und den Schuldner hierdurch mit den Kosten des Vollstreckungsbescheides belasten würde.[58] 13

**Rechtsnachfolger** müssen sich das Bestreiten ihres Rechtsvorgängers zurechnen lassen (s.a. Rdn. 6). Für das Anerkenntnis des Insolvenzverwalters bewirkt allerdings die Sondervorschrift des § 86 Abs. 2 InsO, dass die Kostenforderung nicht Masseschuld, sondern nur Insolvenzforderung ist.[59] Im Übrigen ist bereits ein Bestreiten im ersten Prüfungstermin, §§ 176 ff. InsO, für den Schuldner kostenschädlich.[60]

Im Urkunden-, Scheck- oder Wechselprozess ist ein Anerkenntnis im **Nachverfahren** verspätet, Vor- und Nachverfahren bilden eine Einheit, § 600.[61] 14

---

**51** RGZ 137, 71 f.
**52** Im Ergebnis ebenso OLG Saarbrücken MDR 1981, 676.
**53** Stein/Jonas/*Bork* § 93 Rdn. 10.
**54** LG Hamburg MDR 1966, 845.
**55** **A.A.** bspw. Stein/Jonas/*Bork* § 93 Rdn. 8.
**56** Ganz hM s. bspw. LG Siegen WM 1983, 118.
**57** KG MDR 1980, 942; OLG Düsseldorf NJW 1967, 162.
**58** Ebenso Stein/Jonas/*Bork* § 93 Rdn. 9 mwN; **a.A.** bspw. OLG Zweibrücken OLGZ 1971, 380.
**59** RGZ 137, 22.
**60** So damals zum Konkursrecht: OLG Köln KTS 1979, 119; LG Bonn MDR 1990, 558; s.a. OLG Düsseldorf ZIP 1982, 201.
**61** OLG Düsseldorf MDR 1983, 496.

15 Wird die Klage **vor Eintritt** der sie begründenden Tatsachen oder vor Fälligkeit erhoben, wird sie geändert oder auf einen neuen Lebenssachverhalt gestützt, so kommt es für die Rechtzeitigkeit des Anerkenntnisses auf die erste streitige mündliche Verhandlung oder auf den ersten Schriftsatz nach der Klageänderung bzw. nach Eintritt des fälligkeitsbegründenden Ereignisses an, da der Beklagte bis dahin keinen Anlass hatte, anzuerkennen.[62]

### III. Einzelfälle

16 Vor **Fälligkeit** besteht grundsätzlich kein Klageanlass, weshalb der Beklagte mit dem Anerkenntnis bis zum Eintritt der Fälligkeit warten kann, es sei denn, es liegt eine Klage auf künftige Leistung vor. Bei fälligen Forderungen hat der Beklagte i.d.R. Klageanlass gegeben, wenn er bereits in Verzug (§§ 286ff. BGB) geraten war und die Forderung nicht alsbald nach Fälligkeit bezahlt hat. Eine Ausnahme kann im Einzelfall gelten, wenn der Beklagte von den Verzugsvoraussetzungen keine Kenntnis hatte.[63] Auch ohne Verzug kann Anlass zur Klage gegeben sein, bspw. wenn der Beklagte den Anspruch bestreitet oder sich auf mangelnde Zahlungsfähigkeit beruft.[64] Das vorprozessuale Anerkenntnis eines überschuldeten oder unpfändbaren Beklagten ist wertlos, es beseitigt den Klageanlass nur, wenn der Schuldner zugleich anbietet, an der Errichtung eines Vollstreckungstitels (§ 794 Abs. 1 Nr. 5) mitzuwirken.

Ist eine **Klage zunächst nicht schlüssig**, kann die beklagte Partei trotz angezeigter Verteidigungsbereitschaft im schriftlichen Vorverfahren nach entsprechend ergänztem Sachvortrag den Anspruch noch „sofort" i.S. von § 93 anerkennen.[65] Hat der Beklagte ein Zurückbehaltungsrecht ausgeübt und kann es dem Klagebegehren entgegensetzen, kommt ein Anerkenntnisurteil gem. § 307 nur in Betracht, wenn der Kläger in seinem Sachantrag das Gegenrecht anerkennt[66] oder das Gegenrecht zum Erlöschen bringt. Lässt der Kläger dagegen in seiner Klageschrift das Zurückbehaltungsrecht des Beklagten unberücksichtigt, ist dieser zunächst nicht gehalten, den Klageanspruch als begründet anzuerkennen. Der BGH hat darauf erkannt, dass ein **Unterhaltsschuldner, der nur Teilleistungen auf den geschuldeten Unterhalt erbringt**, auch dann Veranlassung für eine Klage auf den vollen Unterhalt gibt, wenn er zuvor nicht zur Titulierung des freiwillig gezahlten Teils aufgefordert worden ist.[67]

Eine besondere **Aufforderung** mit Klageandrohung ist zwar empfehlenswert, rechtlich aber grundsätzlich nicht nötig. Jedoch muss der Kläger dem späteren Beklagten vorprozessual in zumutbarem Umfang Gelegenheit gegeben haben, sich von der Berechtigung der Klageforderung zu überzeugen. Keine Klageveranlassung besteht deshalb, wenn der Kläger trotz Aufforderung des Beklagten seine Ansprüche nicht näher beziffert und belegt.[68] Je nach den Umständen des Einzelfalls ist dem Beklagten auch eine angemessene Prüfungsfrist zuzubilligen.[69] Dies gilt insbesondere dann, wenn der Beklagte,

---

62 OLG Frankfurt MDR 1984, 238.
63 Stein/Jonas/*Bork* § 93 Rdn. 17.
64 LG Freiburg VersR 1980, 728.
65 BGH NJW-RR 2004, 999.
66 BGHZ 107, 142, 147.
67 BGH NJW 2010, 238; OLG Zweibrücken FamRZ 2002, 1130; OLGR Köln 2002, 384; OLG Düsseldorf FamRZ 1991, 1207; entgegen OLG Oldenburg FamRZ 2003, 1575; OLG Nürnberg FamRZ 2000, 621; OLGR Braunschweig 1998, 332; OLG Hamburg, FamRZ 1993, 101; OLGR München 1992, 25; OLG Bremen FamRZ 1989, 876; OLG Nürnberg FamRZ 2002, 252; OLG Düsseldorf FamRZ 1994, 117; OLG Hamm FamRZ 1993, 712.
68 LG München VersR 1979, 459.
69 Siehe bspw. OLG Hamm VersR 1971, 187.

wie bspw. ein Kfz-Haftpflichtversicherer, auf Informationen von dritter Seite zur Beurteilung des Klagegrundes angewiesen ist.[70] Bestreitet der Schuldner die Forderung, so liegt das Prüfungsrisiko auf seiner Seite, soweit ihm die notwendigen Unterlagen zur Verfügung gestellt wurden. Werden dann Berechnungszweifel des Beklagten erst im Prozess ausgeräumt, so ist kein kostenbefreiendes Anerkenntnis mehr möglich.[71]

Bei **Unterlassungsansprüchen**, insbesondere in Wettbewerbssachen, ist regelmä- 17
ßig eine Abmahnung erforderlich, damit Klageanlass gegeben ist. Eine Ausnahme gilt insbesondere bei vorsätzlichen Verstößen oder bei besonderem Eilbedürfnis, wobei in letzterem Fall zu beachten ist, ob diesem nicht durch eine sehr kurz gehaltene Abmahnungsfrist Rechnung getragen werden kann.[72] Die Beweislast für den Zugang der Abmahnung, auch im Sinne von § 93, liegt nach umstrittener Ansicht beim Abmahnenden.[73] Allerdings kann sich der Verletzer auf die fehlende Abmahnung nur berufen, falls er auf die Abmahnung hin eine Unterwerfungserklärung abgegeben hätte.[74] Grundsätzlich trifft den Beklagten die Darlegungs- und Beweislast für die Voraussetzungen einer dem Kläger aufzuerlegenden Kostenentscheidung nach § 93, wenn er im Wettbewerbsprozess auf Klageerhebung hin eine strafbewehrte Unterlassungserklärung abgegeben hat und zudem geltend macht, ihm sei das Abmahnschreiben des Klägers nicht zugegangen.[75] Kann der Zugang des Abmahnschreibens beim Beklagten nicht festgestellt werden, kommt eine Kostenentscheidung nach § 93 nicht in Betracht.[76]

Auch kann sich derjenige Schuldner, der das per Einschreiben/Rückschein durch den Gläubiger versandte und im Anschluss bei der Post hinterlegte Abmahnschreiben nicht innerhalb der Abholfrist abgeholt hat, nicht auf § 97 berufen.[77]

Ergeht ein **Arrest** oder eine **einstweilige Verfügung** ohne Anhörung des Antragsgegners, so kann dieser mit der Kostenfolge des § 93 die Hauptsache anerkennen und den Widerspruch nur wegen der Kosten einlegen (sog. **Kostenwiderspruch**).[78] Der Widerspruch muss von Anfang an eindeutig auf die Kosten beschränkt sein, er darf insbesondere nicht mit einem Aufhebungsantrag verbunden sein.[79] Nach Erlass der einstweiligen Verfügung muss der Unterlassungsgläubiger regelmäßig erneut durch ein sog. Abschlussschreiben verwarnen, bevor er Anlass zur Erhebung der Hauptsacheklage hat.[80]

Aufgrund seines besonderen Interesses am zuverlässigen Eingang der für ihn exis- 18
tentiellen Zahlungen hat der Gläubiger laufenden **Unterhalts** nach herrschender Meinung auch dann ein Anrecht auf einen Vollstreckungstitel, wenn der Schuldner freiwillig zahlt.[81] Klageanlass besteht im Fall freiwilliger Zahlung jedoch nur, wenn der Unterhaltsgläubiger den Schuldner vergeblich zur Schaffung eines (kostengünstigen) Titels nach § 794 Abs. 1 Nr. 5 aufgefordert hat.[82] Soweit der Schuldner erklärt, nur zu Teilleistungen

---

**70** Siehe bspw. LG Zweibrücken r + s 1986, 112 (vier Wochen).
**71** OLG Köln MDR 1979, 941.
**72** Siehe auch OLG Frankfurt JurBüro 1984, 1087; OLG Düsseldorf JurBüro 1987, 1407; OLG München MDR 1990, 556; LG Hamburg WRP 1981, 344.
**73** LG Essen MDR 1984, 149; s.a. Rdn. 7 mit Fn. 16.
**74** OLG Stuttgart WRP 1981, 116.
**75** BGH MDR 2007, 1162.
**76** BGH MDR 2007, 1162.
**77** OLG Frankfurt am Main, Beschluss v. 29.1.2014, AZ 6 W 62/13.
**78** BGH MDR 1985, 467.
**79** OLG Hamburg MDR 1989, 1002; LG Braunschweig WRP 1984, 363.
**80** Näher s. BGH WRP 1983, 264; OLG Köln GRUR 1988, 646; *Borck* WRP 1985, 311.
**81** Siehe bspw. OLG Frankfurt NJW 1982, 946; OLG Köln FamRZ 1986, 827; krit. *Bittmann*, FamRZ 1986, 420.
**82** OLG Koblenz FamRZ 1986, 826; OLG Bamberg JurBüro 1990, 690.

bereit oder verpflichtet zu sein, kann der Unterhaltsgläubiger aufgrund seines Titulierungsinteresses den vollen Unterhaltsbetrag einklagen, ohne dass ein Teilanerkenntnis des Schuldners die Folge des § 93 hätte.[83]

Bei einer **Stufenklage** ist jede Stufe gesondert zu betrachten, ein Anerkenntnis mit kostenbefreiender Wirkung kann deshalb für den Leistungsanspruch noch in der mündlichen Verhandlung über diese Stufe abgegeben werden.[84]

Wenn das Gericht gem. § 276 das **schriftliche Vorverfahren** angeordnet hatte und die Schuldnerin sich gegen die Klage verteidigt hat verliert der Beklagte das Kostenprivileg des § 93 jedenfalls mit Einreichung der Klageerwiderungsschrift im schriftlichen Vorverfahren, mit der ein Antrag auf Klageabweisung angekündigt wird.[85] Bei Anordnung des schriftlichen Vorverfahrens kann der Beklagte den geltend gemachten Anspruch innerhalb der Klageerwiderungsfrist jedenfalls dann „sofort" im Sinne des § 93 anerkennen, wenn die Verteidigungsanzeige keinen auf eine Abweisung der Klage gerichteten Sachantrag enthält.[86]

Der Rechtsgedanke des § 93 ZPO ist bei der Kostenentscheidung im Verfahren auf Vollstreckbarerklärung von inländischen Schiedssprüchen unabhängig davon anwendbar, ob ein „Anerkenntnisbeschluss" in entsprechender Anwendung des § 307 ergehen kann. Besteht die Verpflichtung aus dem Schiedsspruch in der Unterlassung bestimmter Handlungen, so ist in der Regel ein berechtigtes Interesse des Gläubigers an der Vollstreckbarerklärung gegeben, ohne dass es einer besonderen Veranlassung durch den Schuldner bedarf. In diesem Fall ist für die Anwendung des § 93 regelmäßig kein Raum.[87]

Nach Übergang von einer Klage auf Abschlagszahlung auf eine Klage auf Zahlung des Saldos ist ein sofortiges Anerkenntnis gemäß § 93 möglich. Dabei ist auch bezüglich der Klagveranlassung der Zeitpunkt der Umstellung der Klage maßgeblich.[88]

19 Bei **Duldungsklagen** (§ 1147 BGB; §§ 737, 743, 745 Abs. 2, 748 Abs. 2) hat der Beklagte dem Kläger zur Erhebung einer Klage auf Duldung der Zwangsvollstreckung dann keine Veranlassung gegeben, wenn der Kläger den Beklagten zuvor nicht aufgefordert hat, eine vollstreckbare Urkunde gem. § 794 Abs. 1 Nr. 5 ZPO zu errichten.[89]

20 Besonders problematisch ist die Frage, inwieweit der Beklagte Gelegenheit zur Prüfung des Anspruchs haben muss, bei **Drittwiderspruchsklagen** nach § 771. Nach herrschender Ansicht hat der Beklagte keinen Klageanlass gegeben, solange der Kläger ihm gegenüber sein Recht nicht glaubhaft gemacht hat.[90] Hierbei ist zu berücksichtigen, dass

**83** OLG Koblenz aaO; OLG Stuttgart NJW 1978, 112; **a.A.** OLG Bremen FamRZ 1989, 876; OLG Karlsruhe FamRZ 1985, 955 (bei geringfügigen Beträgen).

**84** OLG Bamberg JurBüro 1989, 539, 690.

**85** BGH ZIP 2006, 2132; OLG Bamberg NJW-RR 1996, 392, 393; OLG Hamburg MDR 2002, 421 f.; OLG Nürnberg NJW 2002, 2254 f.; OLG Schleswig NJW-RR 1998, 285; Musielak/*Lackmann* § 93 Rdn. 5.

**86** BGH NJW 2006, 2490; OLG Bamberg NJW-RR 1996, 392; OLG Brandenburg MDR 2005, 1310; OLG Hamburg MDR 2002, 421; OLGR Karlsruhe 2004, 513; OLG Nürnberg NJW 2002, 2254; OLG Schleswig, MDR 1997, 971; entgegen OLG Celle NJW-RR 1998, 1370; OLG Frankfurt NJW-RR 1993, 126; OLG München MDR 1989, 267; OLGR Naumburg 2002, 239; OLGR Stuttgart 2000, 84; OLGR Zweibrücken. 2001, 394.

**87** OLG Stuttgart SchiedsVZ 2009, 67.

**88** OLG Stuttgart NJW-RR 2011, 1591.

**89** OLG Köln OLGZ 1987, 251; OLG München MDR 1984, 674; OLG Schleswig JurBüro 1987, 1078; Stein/Jonas/*Bork* § 93 Rdn. 23; **a.A.** OLG Köln NJW 1977, 256; Stein/Jonas/*Leipold*[20] § 93 Rdn. 19.

**90** Baumbach/Lauterbach/Albers/*Hartmann*[71] § 93 Rdn. 82 „Widerspruchsklage"; Zöller/*Herget* § 93 Rdn. 6 „Widerspruchsklage"; weitergehend verlangt OLG München WM 1979, 292 den Nachweis des Rechts); kritisch Stein/Jonas/*Bork* § 93 Rdn. 11.

eidesstattliche Versicherungen des Widerspruchsklägers oder des Vollstreckungsschuldners nur schwache Beweiskraft haben.[91] Urkunden, die das Eigentumsrecht des Widerspruchsklägers belegen, muss dieser dem Beklagten in Abschrift übergeben und auf Anfrage zur Einsicht zur Verfügung stellen.

Im gesamten Bereich des gewerblichen Rechtsschutzes und somit auch im Urheberrecht gilt, dass zur Vermeidung der Kostenfolge des § 93 eine „Gegenabmahnung" grundsätzlich nicht erforderlich ist. Vielmehr kann der Abgemahnte sogleich negative Feststellungsklage erheben.[92]

Der Schädiger aus einem Verkehrsunfall, der wegen des durch Weiternutzung des Fahrzeugs von 6 Monaten nachgewiesenen Integritätsinteresses des Geschädigten zum Ersatz der den Wiederbeschaffungswert übersteigenden Reparaturkosten verpflichtet ist, gibt wegen der Fälligkeit der Reparaturkostenrechnung mit Durchführung der Reparatur zur Klageerhebung Anlass gemäß § 93, wenn er die Zahlung zurückhält, bis der Nachweis erfolgt ist.[93]

Eine **Widerklage** kann auch dann noch mit der Kostenfolge des § 93 „sofort" anerkannt werden, wenn der Widerbeklagte zwar im schriftlichen Vorverfahren bereits einen Klageabweisungsantrag angekündigt hat und er der Widerklage auch in der Sache entgegengetreten ist, der Widerbeklagte aber zugleich die örtliche Zuständigkeit des angerufenen Gerichts gerügt hat und die örtliche Zuständigkeit erst im Verlauf des Verfahrens infolge einer Änderung der höchstrichterlichen Rechtsprechung eintritt.[94]

Im Einzelfall kann der Beklagte ein kostenbefreiendes Anerkenntnis sogar noch nach **Beweisaufnahme** abgeben, wenn der Kläger nicht alles ihm zumutbare unternommen hatte, um den Beklagten von seinem Recht zu überzeugen.[95]

## § 93a

Aufgehoben durch Art. 29 Nr. 4 FGG-RG mWv 1.9.2009. Entspricht §§ 132, 150 FamFG.

## § 93b
## Kosten bei Räumungsklagen

**(1) Wird einer Klage auf Räumung von Wohnraum mit Rücksicht darauf stattgegeben, dass ein Verlangen des Beklagten auf Fortsetzung des Mietverhältnisses auf Grund der §§ 574 bis 574b des Bürgerlichen Gesetzbuchs wegen der berechtigten Interessen des Klägers nicht gerechtfertigt ist, so kann das Gericht die Kosten ganz oder teilweise dem Kläger auferlegen, wenn der Beklagte die Fortsetzung des Mietverhältnisses unter Angabe von Gründen verlangt hatte und der Kläger aus Gründen obsiegt, die erst nachträglich entstanden sind (§ 574 Abs. 3 des Bürgerlichen Gesetzbuchs). Dies gilt in einem Rechtsstreit wegen Fortsetzung des Mietverhältnisses bei Abweisung der Klage entsprechend.**

91 KG NJW 1949, 956; **a.A.** OLG Frankfurt MDR 1973, 60.
92 OLG Stuttgart MMR 2011, 833.
93 BGH NJW 2009, 910; OLG Düsseldorf MDR 2009, 562.
94 OLG Koblenz BauR 2013, 512 als Reaktion auf die Änderung der Rechtsprechung des BGH zur Anwendung des § 33 auf die isolierte Drittwiderklage, BGHZ 187, 112.
95 OLG Celle MDR 1954, 490; OLG Köln MDR 1957, 754.

**(2) Wird eine Klage auf Räumung von Wohnraum mit Rücksicht darauf abgewiesen, dass auf Verlangen des Beklagten die Fortsetzung des Mietverhältnisses auf Grund der §§ 574 bis 574b des Bürgerlichen Gesetzbuchs bestimmt wird, so kann das Gericht die Kosten ganz oder teilweise dem Beklagten auferlegen, wenn er auf Verlangen des Klägers nicht unverzüglich über die Gründe des Widerspruchs Auskunft erteilt hat. Dies gilt in einem Rechtsstreit wegen Fortsetzung des Mietverhältnisses entsprechend, wenn der Klage stattgegeben wird.**

**(3) Erkennt der Beklagte den Anspruch auf Räumung von Wohnraum sofort an, wird ihm jedoch eine Räumungsfrist bewilligt, so kann das Gericht die Kosten ganz oder teilweise dem Kläger auferlegen, wenn der Beklagte bereits vor Erhebung der Klage unter Angabe von Gründen die Fortsetzung des Mietverhältnisses oder eine den Umständen nach angemessene Räumungsfrist vom Kläger vergeblich begehrt hatte.**

### I. Allgemeines

1 Aus Gründen der **Kostengerechtigkeit** weicht die 1964 in die ZPO eingefügte Vorschrift[1] vom formalen Erfolgsprinzip ab. In Anknüpfung an Rechtsgedanken, die sich auch in den §§ 91a, 93 und 97 Abs. 2 finden, ermöglicht es die Vorschrift, demjenigen die Kosten aufzuerlegen, der seinen Vertragspartner nicht ausreichend Gelegenheit zur Einschätzung der Rechtslage gegeben hat. Die Vorschrift ergänzt dabei Tendenzen des materiellen Rechts, durch Begründungszwänge im **Wohnraummietrecht** zur Prozessvermeidung beizutragen.

2 § 93b gilt für Mietverhältnisse über **Wohnraum.**

### II. Kostenbelastung des Vermieters (Abs. 1)

#### 1. Voraussetzungen

3 **a) Räumungs- oder Fortsetzungsklage.** Die Anwendung von § 93b Abs. 1 setzt voraus, dass entweder der Vermieter auf **Räumung** von Wohnraum klagt oder der Mieter auf **Fortsetzung des Mietverhältnisses** klagt. Er ist auch auf Widerklagen anwendbar. Bei Klagehäufung ist Abs. 1 nur auf die Kosten anzuwenden, die die Räumungs- oder Fortsetzungsklage betreffen.

4 **b) Fortsetzungsverlangen.** Der Mieter muss die Fortsetzung des Mietverhältnisses gem. § 574 BGB unter Beachtung der Form- und Fristerfordernisse verlangt haben (§ 574b BGB). Der Mieter muss dem Vermieter vor dem Rechtsstreit konkrete Gründe für sein Fortsetzungsverlangen mitgeteilt haben, die bloße Bezugnahme auf § 574 BGB und die unsubstantiierte Behauptung des Mieters, die Voraussetzungen dieser Vorschrift seien erfüllt, genügt nicht.[2]

5 **c) Abweisung des Fortsetzungsverlangens.** Das Fortsetzungsverlangen muss vom Gericht aufgrund der Interessenabwägung des § 574 BGB abgelehnt worden sein. Wurde dem Fortsetzungsverlangen aus anderen Gründen (bspw. wegen Fristversäumnis oder

---

1 2. Mietrechtsänderungsgesetz vom 14.7.1964, BGBl. I 457, Neufassungen durch das 3. Mietrechtsänderungsgesetz vom 21.12.1967, BGBl. I 1248, und das Mietrechtsverbesserungsgesetz vom 4.11.1971, BGBl. I 1745.

2 LG Mannheim MDR 1965, 833 (LS).

weil die Gründe des Mieters auch ohne Berücksichtigung der Interessen des Vermieters nicht für eine Fortsetzung ausreichen), so greift § 93b Abs. 1 nicht ein.[3]

**d) Unkenntnis des Mieters.** Dem Mieter dürfen die Gründe, die seinem Fortsetzungsverlangen entgegenstehen, nicht bekannt gewesen sein. 6

**2. Entscheidung.** Ob das Gericht unter den in 1. genannten Voraussetzungen von § 93b Abs. 1 Gebrauch macht, steht in seinem **Ermessen.** Hierbei sind das prozessuale und außerprozessuale Verhalten der Parteien sowie ihre wirtschaftlichen und sozialen Verhältnisse zu berücksichtigen. 7

### III. Kostenbelastung des Mieters (Abs. 2)

Unterliegt der Vermieter im Rechtsstreit über eine Räumungs- oder Fortsetzungsklage so können die Kosten dennoch dem **Mieter** auferlegt werden, wenn er einem Auskunftsverlangen des Klägers auf Mitteilung der Gründe des Kündigungswiderspruchs nicht ausreichend[4] nachgekommen ist. Die Vorschrift des § 93b Abs. 2 ist das Gegenstück zu Abs. 1, die dortigen Ausführungen gelten entsprechend. 8

### IV. Bewilligung einer Räumungsfrist (Abs. 3)

**1. Anwendungsbereich.** § 93b Abs. 3 gilt für Klagen auf Räumung von Wohnraum, er gilt auch zwischen Mieter und Untermieter.[5] Im Gegensatz zu Abs. 1 und 2 muss kein Mietverhältnis bestehen, der Wohnraum kann auch aufgrund einer anderen Vertragsart überlassen worden sein. § 93b Abs. 3 erweitert zugunsten des Mieters die Möglichkeit, sich durch ein sofortiges Anerkenntnis von der Kostenlast zu befreien. § 93 bleibt daneben anwendbar. 9

#### 2. Voraussetzungen

**a) Sofortiges Anerkenntnis.** Für das sofortige Anerkenntnis gelten die zu § 93 entwickelten Regeln. Unerheblich ist, dass der Beklagte Anlass zur Klage gegeben hat, war dies nicht der Fall, so greift bereits § 93 ein. Das Bestreiten des Räumungsanspruchs in einem vorbereitenden Schriftsatz schadet noch nicht, wenn im ersten Termin anerkannt wird.[6] 10

**b) Bewilligung einer Räumungsfrist.** Unerheblich ist, ob die im Urteil gewährte **Räumungsfrist** auf Antrag oder von Amts wegen zugebilligt wurde, § 721. 11

**c) Fortsetzungs- oder Räumungsfristverlangen.** Der Beklagte ist durch § 93b Abs. 3 geschützt, wenn er vor Klageerhebung unter Angabe von Gründen[7] entweder die Fortsetzung des Mietverhältnisses oder eine den Umständen nach angemessene Räumungsfrist vergeblich vom Kläger begehrt hat. Das Begehren der Räumungsfrist kann ebenso wie 12

---

3 LG Hagen ZMR 1965, 140 m. Anm. *Linke*.
4 MünchKomm/*Schulz* § 93b Rdn. 14; **a.A.** Baumbach/Lauterbach/Albers/*Hartmann*[71] § 93 Rdn. 32 (Auskunft darf unvollständig sein).
5 LG Hamm NJW 1967, 1865.
6 LG Freiburg NJW-RR 1990, 382.
7 LG Kassel DWW 1971, 94; **a.A.** LG Stuttgart NJW 1973, 1377.

deren Ablehnung stillschweigend erfolgen.[8] Eine Ablehnung liegt auch darin, dass der Vermieter nach Ablauf der Kündigungsfrist eine zu kurze Räumungsfrist bewilligt.[9] Die vom Mieter begehrte Räumungsfrist muss angemessen sein, hierzu muss sich der Mieter zur Länge der Räumungsfrist zumindest in bestimmbarer Weise äußern.[10]

13 Abs. 3 ist **entsprechend** anwendbar, wenn dem Mieter keine Räumungsfrist mehr gewährt werden muss, bspw. weil er bereits eine Ersatzwohnung hat.[11]

## § 93c

Aufgehoben durch Art. 29 Nr. 4 FGG-RG mWv 1.9.2009. Entspricht §§ 132, 150 FamFG.

## § 93d

Aufgehoben durch Art. 29 Nr. 4 FGG-RG mWv 1.9.2009. Entspricht §§ 132, 150 FamFG.

## § 94
## Kosten bei übergegangenem Anspruch

**Macht der Kläger einen auf ihn übergangenen Anspruch geltend, ohne dass er vor der Erhebung der Klage dem Beklagten den Übergang mitgeteilt und auf Verlangen nachgewiesen hat, so fallen ihm die Prozesskosten insoweit zur Last, als sie dadurch entstanden sind, dass der Beklagte durch die Unterlassung der Mitteilung oder des Nachweises veranlasst worden ist, den Anspruch zu bestreiten.**

1 In § 94 wird unter Abweichung vom Grundsatz einheitlicher Kostenentscheidung nach § 91 ein Fall der Kostentrennung geregelt. Es handelt sich dabei um eine zwingende Vorschrift, die dem Richter keinerlei Ermessensspielraum einräumt.[1] Voraussetzung ist neben einem vor Prozessbeginn übergegangenen Anspruch i.S.v. § 194 Abs. 1 BGB, dass der Kläger die Anzeige des Anspruchübergangs gegenüber dem Beklagten unterlassen hat bzw. den Übergang nicht nachweisen kann. Weiterhin muss der Beklagte diesen Anspruch bestritten haben und dadurch Kosten verursacht haben. Die unterlassene Anzeige bzw. Mitteilung über den Anspruchsübergang sowie der fehlende Nachweis über den Übergang müssen kausal für das Bestreiten des Beklagten sein.[2]

2 Ein Beklagter, der die Klageforderung des klagenden Abtretungsempfängers im frühen ersten Termin anerkennt, kann sich hinsichtlich der Kostenlast nicht erfolgreich auf § 94 berufen, wenn ihm die Forderungsabtretung vor Einleitung des Mahnverfahrens angezeigt worden ist und er erst lange nach Eintritt der Rechtshängigkeit wenige Tage vor dem Gerichtstermin den Nachweis der Forderungsabtretung verlangt hat.[3]

---

8 LG Hagen NJW 1965, 1491.
9 LG Heidelberg WuM 1982, 302.
10 LG Kassel ZMR 1972, 16; LG Münster WuM 1979, 17; **abw.** LG Lübeck SchlHA 1965, 39 (bestimmte Frist).
11 LG Essen ZMR 1972, 16; LG Mannheim WuM 1978, 135.

1 MünchKomm/*Schulz* § 94 Rdn. 7; Musielak/*Lackmann* § 94 Rdn. 4; Prütting/Gehrlein/*Schneider* § 94 Rdn. 5.
2 MünchKomm/*Schulz* § 94 Rdn. 6.
3 OLG München MDR 2007, 1394.

## § 95
## Kosten bei Säumnis oder Verschulden

**Die Partei, die einen Termin oder eine Frist versäumt oder die Verlegung eines Termins, die Vertagung einer Verhandlung, die Anberaumung eines Termins zur Fortsetzung der Verhandlung oder die Verlängerung einer Frist durch ihr Verschulden veranlasst, hat die dadurch verursachten Kosten zu tragen.**

§ 95 sieht **zwingend** vor, dass bestimmte, unnötige **Mehrkosten** der Prozessführung dem Verursacher im Wege der **Kostentrennung** aufzuerlegen sind. Im Falle der Säumnis enthält § 344 eine ähnliche, aber vorrangige Sonderregel. Unabhängig von § 95 steht die in der Praxis wenig angewandte Vorschrift des § 38 GKG, nach der das Gericht einer Partei eine **Verzögerungsgebühr** auferlegen kann. § 95 dient der Prozessbeschleunigung. Wie stets in Fällen der Kostentrennung können der Partei jedoch nur Kosten gesondert auferlegt werden, die sich exakt aussondern lassen. Wegen des Pauschsystems der Gebühren werden dies i.d.R. nur Auslagen (Zeugen- und Sachverständigenkosten, Reisekosten) sein.[1] 1

§ 95 unterscheidet **zwei** Fälle. Nach dem ersten reicht es für die Kostenfolge des § 95, dass die Partei einen Termin oder eine Frist versäumt. Termin in diesem Sinne ist auch eine vom Sachverständigen anberaumte und den Parteien mitgeteilte Ortsbesichtigung.[2] Unter Frist ist jede gesetzliche oder richterliche Frist zu verstehen, die der säumigen Partei gesetzt wurde. Ein Verschulden ist für die Versäumung von Terminen oder Fristen nicht nötig. 2

Der zweite Fall des § 95 betrifft von der Partei **verschuldete** Mehrkosten, die durch Terminverlegung, Vertagung, Fortsetzung der Verhandlung oder Verlängerung von Fristen verursacht wurden. Für das Verschulden ist § 276 BGB entsprechend heranzuziehen, die Partei hat, wie stets, für ein Verschulden ihrer Vertreter einzustehen (§§ 51 Abs. 2, 85 Abs. 2). Maßstab ist ein Verstoß gegen die zur gewissenhaften Prozessführung gebotene Sorgfalt. 3

Im Fall des § 95 ist stets sorgfältig zu untersuchen, ob das Verhalten der Partei für die Mehrkosten auch **ursächlich** war. Hätte das Gericht, bspw. wegen eines Verfahrensfehlers ohnehin vertagen müssen, so scheidet die Anwendung von § 95 aus. Das gleiche gilt, wenn das Gericht die Prozessverzögerung durch gebotene Maßnahmen hätte verhindern können. 4

§ 95 ist bei der Kostenentscheidung zwingend und ohne Antrag zu berücksichtigen. Vor der Entscheidung hat das Gericht der betroffenen Partei **Gelegenheit** zur Stellungnahme zu geben. Aufgrund der geringen praktischen Bedeutung der Vorschrift ist dies auch geboten, wenn die Partei anwaltlich vertreten ist. § 95 wird in der abschließenden Kostenentscheidung angewandt, ein isolierter Beschluss ist nicht zulässig.[3] Angreifbar ist die Entscheidung nur zusammen mit der gesamten Kostengrundentscheidung (hierzu s. § 99). 5

Das BVerfG hat darauf erkannt, dass es dem Willkürverbot widerspreche, wenn § 95 über seinen Wortlaut hinaus auf Fälle angewendet wird, in denen ein Kläger nicht bereit ist, im schriftlichen Vorverfahren einen aus Sicht des Gerichts unschlüssigen Teil seiner Klageforderung zurückzunehmen, um damit einen Haupttermin entbehrlich zu machen. 6

1 Stein/Jonas/*Bork* § 95 Rdn. 4.
2 OLG Schleswig SchlHA 1975, 135.
3 OLG Köln MDR 1974, 240; NJW 1972, 1999; OLG Stuttgart Justiz 1970, 52 (LS).

Auch wenn das schriftliche Vorverfahren Möglichkeiten zur Erledigung des Rechtsstreits ohne mündliche Verhandlung bietet, ist es angesichts der grundsätzlich vorgeschriebenen mündlichen Verhandlung aber nicht nachvollziehbar, weshalb daraus eine kostenrechtlich sanktionierte Verpflichtung des Klägers folgen sollte, aus Sicht des Gerichts unbegründete Teile seiner Klage zurückzunehmen, um einen Haupttermin zu vermeiden.[4]

## § 96
## Kosten erfolgloser Angriffs- oder Verteidigungsmittel

**Die Kosten eines ohne Erfolg gebliebenen Angriffs- oder Verteidigungsmittels können der Partei auferlegt werden, die es geltend gemacht hat, auch wenn sie in der Hauptsache obsiegt.**

### Schrifttum

*Streit/Schade* Anwendbarkeit von § 96 ZPO im Rahmen der Kostenentscheidung nach § 93 ZPO? JurBüro 2004, 120–122.

1 § 96 enthält einen weiteren Fall der **Kostentrennung**. Die Entscheidung über die Anwendung der Vorschrift steht im pflichtgemäßen Ermessen des Gerichts, ein Antrag des Prozessgegners ist nicht erforderlich.[1] In der Revisionsinstanz ist nur nachzuprüfen, ob die für Ermessensentscheidungen geltenden Grenzen überschritten wurden.[2]

2 § 96 ist in allen ZPO-Verfahren und in allen Instanzen **anwendbar**. Der Begriff der **Angriffs- und Verteidigungsmittel** entspricht dem des § 67. Hierunter fallen grundsätzlich alle Mittel, mit denen die Partei ihr prozessuales Begehren verfolgt: Klagegründe,[3] Beweisanträge oder Beweiseinreden,[4] Beweissicherungsanträge,[5] einfaches Bestreiten[6] und Einreden, wie bspw. die Aufrechnung oder der Hinweis auf eine fehlende Prozesskostensicherheit.[7]

3 Angriffs- und Verteidigungsmittel beziehen sich auf den **Streitgegenstand**. Soweit dieser durch das Vorbringen der Parteien begründet oder verändert wird, handelt es sich um den Angriff selbst und nicht um ein Angriffs- oder Verteidigungsmittel. Keine Angriffs- oder Verteidigungsmittel sind deshalb die Klage und die Widerklage.[8] Dies gilt auch für Eventualanträge,[9] Klageänderungen und -erweiterungen[10] sowie Parteiwechsel. Auch Rechtsmittel fallen nicht unter den Begriff, für diese gilt § 97.

---

4 BVerfG AGS 2011, 203.

1 LG Frankenthal MDR 1981, 941; Stein/Jonas/*Bork* § 96 Rdn. 1.
2 BGH MDR 1951, 419.
3 BGH NJW 1980, 1794.
4 BGH NJW 1984, 1964.
5 KG RPfl. 1979, 143; OLG München Rpfl. 1973, 446.
6 BGHZ 12, 49; JZ 1977, 102; OLG Köln NJW 1973, 1847.
7 BGH NJW 1980, 839.
8 BGH NJW 1986, 2258.
9 OLG Breslau JW 1931, 3575; **a.A.** (falls über den Eventualantrag nicht entschieden wurde) Stein/Jonas/*Bork* Rdn. 4.
10 BGH JZ 1982, 512; OLG Karlsruhe NJW 1979, 879.

Weitere **Voraussetzung** für die Anwendung von § 96 ist, dass das Angriffs- oder Verteidigungsmittel „ohne Erfolg geblieben" ist. Es darf keinen für die Partei vorteilhaften Einfluss auf die Entscheidung in der Hauptsache gehabt haben.[1] Nach Baumbach/Lauterbach/Albers/*Hartmann*[71] § 96 Rdn. 5 fehlt ein solcher Einfluss auch dann, wenn das Angriffs- oder Verteidigungsmittel nur für eine Hilfsbegründung relevant war. Dies ist zweifelhaft, jedenfalls wird es regelmäßig ermessenfehlerhaft sein, wenn das Gericht einer Partei einerseits die Mehrkosten für ein Angriffs- oder Verteidigungsmittel auferlegt, andererseits aber eine Hilfsbegründung für angebracht hält, für die das Angriffs- oder Verteidigungsmittel von Bedeutung war. 4

§ 96 erfordert des Weiteren, dass die **Partei**, der die Mehrkosten für ein Angriffs- oder Verteidigungsmittel auferlegt werden sollen, „in der Hauptsache obsiegt". Der prozessuale Erfolg muss sich dabei mindestens auf einen aussonderbaren Teil des Streitgegenstandes beziehen, zu dem das Angriffs- oder Verteidigungsmittel vorgebracht wurde.[2] § 96 ist deshalb im Fall der Klagerücknahme ebenso unanwendbar[3] wie bei beiderseitigen Erledigungserklärungen.[4] 5

§ 96 erfordert nach seinem Wortlaut kein **Verschulden**, jedoch wird die Frage nach dem Grad des Verschuldens der Partei bei der Anwendung des gerichtlichen Ermessens eine wesentliche Rolle spielen. War bspw. für die Parteien nicht voraussehbar, dass das von ihr geltend gemachte Angriff- oder Verteidigungsmittel keinen Erfolg haben würde, so wäre eine Anwendung des § 96 regelmäßig ermessensfehlerhaft. 6

Das Gericht entscheidet über die Anwendung von § 96 in der **Kostengrundentscheidung** des Endurteils. Ein isolierter Beschluss ergeht nicht, da vor dem Endurteil nicht feststeht, ob die von der Anwendung des § 96 betroffene Partei in der Hauptsache obsiegt. Vor Anwendung des § 96 muss das Gericht beide Parteien anhören, Art. 103 Abs. 1 GG. 7

Umstritten ist die Anwendbarkeit von § 96 i.R.d. Kostenentscheidung nach § 93 in einzelnen Fallkonstellationen. Bisher wurde sowohl die direkte als auch eine analoge Anwendung von § 96 auf die Fälle von § 93 ausdrücklich abgelehnt, da es in hier an einer notwendigen Voraussetzung des § 96, der erfolglosen Geltendmachung von Angriffs- oder Verteidigungsmitteln durch eine Partei, fehlt.[5] Das OLG Köln hatte in einer Entscheidung die Kosten beider Instanzen den Klägern nach § 93 auferlegt und in Ausnahme dazu dem Beklagten die Kosten der erstinstanzlich durchgeführten Beweisaufnahme entsprechend § 96 in Rechnung gestellt.[6] Die vorgenannte Entscheidung wird überwiegend dahingehend abgelehnt, da § 96 keine Analogiefähigkeit zukomme und eine getrennte Auferlegung der Kosten zudem gegen den Grundsatz des Veranlasserprinzips aus dem GKG verstoße.[7] 8

**Einzelfälle:** Die im selbständigen Beweisverfahren entstandenen Gerichtskosten stellen gerichtliche Kosten des nachfolgenden Hauptsacheverfahrens dar. Über diese Kosten kann gegebenenfalls gemäß § 96 gesondert entschieden werden. Die **Erstattungsfähigkeit der gerichtlichen Kosten des selbständigen Beweisverfahrens** aufgrund des Kostenausspruchs im Urteil hängt nicht davon ab, ob das Beweisergebnis verwertet worden ist.[8] Bleibt die Hauptsacheklage hinter dem Verfahrensgegenstand des 9

1 MünchKomm/*Schulz* § 96 Rdn. 3.
2 Abweichend *Matthies* JR 1993, 181.
3 OLG Celle NJW 1961, 1363.
4 Baumbach/Lauterbach/Albers/*Hartmann*[71] § 96 Rdn. 6.
5 Statt aller: *Streit/Schade* JurBüro 2004, 120, 121 mwN. (auch unter Angabe der Gegenauffassungen).
6 OLG Köln, Urteil v. 8.6.2000 – 18 U 243/99.
7 *Streit/Schade* JurBüro 2004, 120, 121 f. m.w.N.
8 BGH BauR 2004, 1487, 1488; BauR 2006, 865.

selbständigen Beweisverfahrens zurück, können im Hauptsacheverfahren dem Antragsteller in entsprechender Anwendung von § 96 die dem Antragsgegner durch den überschießenden Teil des selbständigen Beweisverfahrens entstandenen Kosten auferlegt werden. Hat das Gericht der Hauptsache von dieser Möglichkeit keinen Gebrauch gemacht, scheidet eine Korrektur der Kostengrundentscheidung im Wege der Kostenfestsetzung aus.[19] Das gilt auch dann, wenn der Antragsteller mehrere von einander unabhängige Eigentumsstörungen zum Gegenstand eines einheitlichen selbständigen Beweisverfahrens macht und nur eine davon zum Gegenstand der anschließenden Klage wird. Soweit der Antragsteller und spätere Kläger den Gegenstand des selbständigen Beweisverfahrens mit der Klage gegen den Antragsgegner des Beweisverfahrens nicht aufgreift, können ihm dessen Kosten im Klageverfahren analog § 96 anteilig auferlegt werden, wenn er in der Hauptsache obsiegen sollte. Das ist regelmäßig angezeigt, wenn sich der Anspruch insoweit als unbegründet erwiesen hat.[20] In entsprechender Anwendung des § 96 trägt die Vergabestelle auch dann die Kosten, die durch einen von ihr **zurückgenommenen Antrag auf Vorabgestattung des Zuschlags** gemäß § 121 Abs. 1 GWB entstanden sind, wenn der Nachprüfungsantrag in der Beschwerdeinstanz zurückgenommen wird.[21]

## § 97
## Rechtsmittelkosten

**(1) Die Kosten eines ohne Erfolg eingelegten Rechtsmittels fallen der Partei zur Last, die es eingelegt hat.**

**(2) Die Kosten des Rechtsmittelverfahrens sind der obsiegenden Partei ganz oder teilweise aufzuerlegen, wenn sie auf Grund eines neuen Vorbringens obsiegt, das sie in einem früheren Rechtszug geltend zu machen imstande war.**

**Übersicht**



### I. Allgemeines

1 **1. Systematik und Anwendungsbereich.** § 97 ist eine Sondervorschrift, für die in der **Rechtsmittelinstanz** entstehenden Kosten, die die damit zusammenhängenden Kostenfragen jedoch nur teilweise klärt. Abs. 1 regelt die Kostenverteilung bei erfolglosen Rechtsmitteln in konsequenter Fortsetzung des auch § 91 zugrunde liegenden Erfolgsprinzips. Abs. 2 regelt einen Fall der **Kostentrennung** bei erfolgreichen Rechtsmitteln. Er dient der Kostengerechtigkeit und der Prozessökonomie, indem er es dem Gericht ermöglicht, im Fall neuen Vorbringens, das eine Partei in erster Instanz zurückgehalten hatte, die Kosten der an und für sich überflüssigen Rechtsmittelinstanz dieser Partei auf-

19 BGH BauR 2004, 1487, 1488; BauR 2006, 865.
20 BGH BauR 2005, 429.
21 BGH NZBau 2006, 392.

zuerlegen. Abs. 2 setzt stillschweigend voraus, dass das Rechtsmittelgericht normalerweise nach dem Grundprinzip der Kostenhaftung des Unterliegenden (§ 91) die Kosten des gesamten Rechtsstreits (inkl. der Rechtsmittelinstanz) dem Verlierer auferlegt. Hierzu ermöglicht Abs. 2 eine Ausnahme.

Soweit § 97 von **Partei** spricht, gilt der allgemeine Parteibegriff, hierunter fällt bspw. 2
auch die Partei kraft Amtes oder ein Prozessstandschafter. Für Streitgenossen und Streithelfer sind die einschlägigen Sondervorschriften vorrangig (§§ 100 f.). Im Übrigen kann § 97 Anwendung finden.[1] Gesetzliche Vertreter und Prozessbevollmächtigte sind nicht Partei, jedoch kann sich deren Verhalten auch im Bereich des § 97 zu Lasten der Partei auswirken (§§ 51 Abs. 2, 85 Abs. 2). Partei ist der Prozessbevollmächtigte, wenn er ein Rechtsmittel aus eigenem Recht (bspw. nach § 32 Abs. 2 RVG) oder ohne Vollmacht einlegt, ohne dass der Vertretene dies veranlasst oder nachträglich genehmigt hat.[2] Soweit Dritte Rechtsmittel einlegen können, bspw. Versorgungsträger im Versorgungsausgleichsverfahren, ist § 97 auf sie ebenfalls anwendbar.[3]

**2. Rechtsmittel.** § 97 gilt für **alle** Rechtsmittel (Berufung, Revision, Beschwerde) 3
einschließlich der Anschlussrechtsmittel.[4] Entscheidendes Abgrenzungskriterium zu den bloßen Rechtsbehelfen ist der Devolutiveffekt des Rechtsmittels, der die angegriffene Entscheidung zur Nachprüfung einer höheren Instanz stellt.[5] Eine Erinnerung wird deshalb erst zum Rechtsmittel im Sinne von § 97, wenn das Gericht ihr nicht abhilft und sie der Beschwerdeinstanz vorlegt. Der Einspruch gegen ein Versäumnisurteil oder einen Vollstreckungsbescheid ist kein Rechtsmittel, da die Entscheidung über den Einspruch in derselben Instanz bleibt.[6] Für eine Anwendung von § 97 besteht kein Bedürfnis (vgl. § 344). Ebenfalls keine Rechtsmittel sind der Widerspruch im Mahnverfahren oder die Nichtigkeits- bzw. Restitutionsklage (§§ 579 f.) im Wiederaufnahmeverfahren. Ein Wiedereinsetzungsantrag (§§ 234 ff.) ist kostenmäßig zunächst nach § 238 Abs. 4, im Übrigen nach allgemeinen Grundsätzen (§§ 91 ff.) zu behandeln. § 97 findet keine Anwendung.

**Kosten** des Rechtsmittels sind alle durch das Beschreiten der neuen Instanz verur- 4
sachten Prozesskosten. Zu den Kosten der Berufungsinstanz, die unter den Voraussetzungen des § 97 Abs. 2 der obsiegenden Partei ganz oder teilweise aufzuerlegen sind, gehören auch Kosten, die nach einer Zurückverweisung der Sache durch das Revisionsgericht an das Berufungsgericht (§ 556 ZPO) entstehen.[7]

### II. Erfolglosigkeit des Rechtsmittels (Abs. 1)

**Erfolglos** ist ein Rechtsmittel, wenn es verworfen oder zurückgewiesen wird. Die Er- 5
folglosigkeit ergibt sich aus dem Vergleich des Rechtsmittelantrags mit der Rechtsmittelentscheidung. Erfolglos ist das Rechtsmittel auch, wenn es nur in einem Nebenpunkt (vgl. § 4 Abs. 1) zu einer Abänderung der angegriffenen Entscheidung führt.[8] Soweit Nebenpunkte jedoch eine Streitwerterhöhung auslösen, sind sie in die Betrachtung mit einzubeziehen. § 97 Abs. 1 gilt dann nur bei völliger Erfolglosigkeit des Rechtsmittels. Dringt der Rechtsmittelführer mit seinem Begehren auch nur teilweise durch, so muss

1 BGHZ 39, 296.
2 BGH LM Nr. 4.
3 KG FamRZ 1981, 381.
4 Siehe auch *Finger* MDR 1986, 881.
5 Baumbach/Lauterbach/Albers/*Hartmann*[71] § 97 Rdn. 15.
6 Baumbach/Lauterbach/Albers/*Hartmann*[71] § 97 Rdn. 19 „Einspruch“.
7 BGH NJW 1967, 203.
8 BGH 1959, 209 (Kosten); BayObLGZ 57, 157 (Zinsen).

das Gericht die Kosten nach § 92 verteilen.[9] Haben beide Parteien Rechtsmittel oder Anschlussrechtsmittel eingelegt, so ist jedes Rechtsmittel gesondert zu beurteilen. Wenn beide Rechtsmittel erfolglos sind, muss das Gericht die Kosten der Rechtsmittelinstanz nach dem Verhältnis der beiden Rechtsmittelstreitwerte aufteilen.

6 Die Kosten des erfolglosen Rechtsmittels treffen **den Rechtsmittelführer**. Der BGH[10] vertritt nunmehr die überzeugende Ansicht, dass nach der zwingenden Vorschrift des § 97 Abs. 1 dem Rechtsmittelführer die Kosten seines erfolglosen Rechtsmittels aufzuerlegen sind. Dabei wendet er sich gegen seine frühere Judikatur und lehnt es nunmehr ab, dem Gericht die Befugnis zuzusprechen, ohne Rücksicht auf die einfachgesetzliche Ausgestaltung der Regelung über die Prozesskosten eine Entscheidung nach Billigkeit treffen.[11] Dies gilt auch, wenn die Berufung gegen ein Grundurteil nach § 304 erfolglos bleibt, der Beklagte aber im Nachverfahren obsiegt, weil im Betragsverfahren von der Forderung des Klägers nichts mehr übrig bleibt.[12] Das Rechtsmittelgericht muss über die Kosten seiner Instanz selbst entscheiden, wenn es in der Hauptsache abschließend entscheidet und die Sache nicht nur zurückverweist. Eine Ausnahme gilt nur, wenn der Kläger mit der Anschlussberufung ein ihm günstigeres Grundurteil nach § 304 erreicht; in diesem Fall ist die Kostenentscheidung dem Schlussurteil im Nachverfahren über die Höhe des zuzusprechenden Betrags vorbehalten.[13] Wird der Mangel der Zulässigkeit der Klage im Berufungsrechtszug geheilt, ist zum Schutze des Beklagten zu prüfen, ob die Verfahrensweise des Klägers Kostenfolgen nach § 97 Abs. 2 hat.[14] Die Kosten des Rechtsmittelverfahrens können der obsiegenden Partei nach § 97 Abs. 2 auch dann auferlegt werden, wenn nicht sicher feststeht, dass das Rechtsmittel ohne das neue Vorbringen erfolglos gewesen wäre.[15]

Weist ein abgelehnter Richter das gegen ihn gerichtete Ablehnungsgesuch zurück und entscheidet sodann in der Hauptsache, so entfällt für eine sofortige Beschwerde gegen die Zurückweisung des Ablehnungsgesuchs regelmäßig das Rechtsschutzinteresse, wenn eine Berufung in der Hauptsache statthaft ist, da in deren Rahmen auf entsprechende Rüge auch über die Ablehnung zu entscheiden ist. Der Beschwerdeführer muss dann die sofortige Beschwerde für erledigt erklären, um der Kostenfolge des § 97 Abs. 1 zu entgehen.[16]

Zu beachten ist, dass das Rechtsmittelgericht den Kostenausspruch der **angefochtenen** Entscheidung von Amts wegen überprüfen muss und ihn ggf. trotz eines erfolglosen Rechtsmittels zu korrigieren hat.[17] Dies gilt selbst für Streitgenossen, die am Rechtsmittelverfahren nicht beteiligt sind.[18] Nach nur teilweiser Annahme der Revision (§ 554b) überprüft der BGH allerdings den Teil der Kostenentscheidung nicht mehr, der den rechtskräftig gewordenen Teil der Hauptsache betrifft.[19] Gleiches gilt, wenn ein Teil des Hauptanspruchs in der Berufungsinstanz rechtskräftig wurde und deshalb nicht zum Revisionsgericht gelangt.[20]

---

9 BGH NJW 1981, 2360; s.a. *Schneider* MDR 1973, 979.
10 BGHZ 60, 337; BGHZ 118, 312.
11 Anders noch BGHZ 60, 337; BGHZ 118, 312
12 BGHZ 20, 397 = LM Nr. 9 m. Anm. *Hauß*; BGH NJW 1970, 1416; OLG Schleswig Rpfl. 1962, 430; **a.A.** OLG Frankfurt NJW-RR 1988, 1213; vgl. a. BGH NJW 1989, 40 (Verwerfung des Rechtsmittels).
13 BGH VRS 16, 404.
14 BGH NJW 2012, 997.
15 BGHZ 88, 130, 136 ff.; BGH NJW-RR 2005, 866.
16 BGH FamRZ 2007, 274.
17 BGH KostRspr. ZPO § 92 Nr. 8; WM 1981, 48; OLG Karlsruhe KostRspr. ZPO § 99 Nr. 55.
18 BGH MDR 1981, 928.
19 BGH NJW-RR 1986, 548; zur teilweisen Annahme einer Revision s. allgemein BGH NJW 1979, 550.
20 BGH MDR 1993, 37.

### III. Erfolgreiches Rechtsmittel (Abs. 2)

**1. Grundsatz.** Hat das Rechtsmittel vollen Erfolg, so fallen die Kosten des gesamten 7 Rechtsstreits nach § 91 regelmäßig dem Unterliegenden voll zur Last, es sei denn, es liegt ein Fall der §§ 93, 94, 95, 96 oder 97 Abs. 2 vor. Ob der Unterliegende in einer vorherigen Instanz obsiegt hatte, spielt ebenso wenig eine Rolle wie der Grund des Prozesserfolges.[21] Bei teilweisem Erfolg sind die Kosten nach § 92 zu verteilen.

**2. Kostenpflicht trotz Obsiegens.** § 97 Abs. 2 ordnet **Kostentrennung** zu Lasten 8 der obsiegenden Partei an, wenn diese in einer höheren Instanz aufgrund eines neuen Vorbringens obsiegt, das sie hätte früher vorbringen können und sollen. Es handelt sich um eine Ausnahme zum Unterliegensgrundsatz. Die Vorschrift gilt für den Rechtsmittelkläger wie für den Rechtsmittelbeklagten. Sie ist auch gegenüber der bereits in erster Instanz siegreichen Partei anzuwenden.[22] Allerdings wird der bereits in erster Instanz siegreichen Partei nur selten der Vorwurf gemacht werden können, dass sie erfolgversprechendes Vorbringen entgegen ihrer Prozessförderungspflicht zurückgehalten hat.[23]

§ 97 Abs. 2 ist eine aus Gründen der Billigkeit und der Prozessbeschleunigung exis- 9 tierende **Sondervorschrift**. Sie ist nur anwendbar, wenn der Erfolg des Rechtsmittels ausschließlich auf dem neuen Vorbringen basiert. Der BGH hat darauf erkannt, dass die Kosten des Rechtsmittelverfahrens der obsiegenden Partei nach § 97 Abs. 2 auch dann auferlegt werden können, wenn nicht sicher feststeht, dass das Rechtsmittel ohne das neue Vorbringen erfolglos gewesen wäre. Der BGH weist damit die Auffassung zurück, eine Anwendung des § 97 Abs. 2 komme nur in Betracht, wenn sicher feststehe, dass das Rechtsmittel ohne das neue Vorbringen erfolglos gewesen wäre. Der BGH hält dies als mit dem Zweck der Vorschrift unvereinbar. Sie soll der Prozessbeschleunigung dienen und hierzu demjenigen die Kosten des Rechtsmittelverfahrens auferlegen, der den Prozess nachlässig führt. § 97 Abs. 2 findet bei Erfolg einer im zweiten Rechtszug erhobenen sachdienlichen Widerklage, die keine Auswirkung auf den Ausgang des Klageverfahrens hat und die auf dieselben Gesichtspunkte gestützt wird, die zur Abweisung der Klage geführt haben, keine Anwendung.

Der Begriff **Vorbringen** ist noch umfassender als der in § 96 verwandte Begriff Angriffs- und Verteidigungsmittel. Er umfasst alle Behauptungen, Beweisantritte und Tatsachenerklärungen, auf die die Partei ihr prozessuales Begehren stützt; darüber hinaus erfasst er auch neue Klageanträge, wie bspw. einen erst in zweiter Instanz gestellten Hilfsantrag.[24] Nicht unter den Begriff fallen hingegen bloße Rechtsmeinungen.[25] Des Weiteren findet § 97 Abs. 2 keine Anwendung, wenn der Prozesserfolg aufgrund einer weiteren, von Amts wegen durchgeführten Beweisaufnahme in der Berufungsinstanz eintritt.[26] Neu ist Vorbringen, das erstmals von der Partei in der Rechtsmittelinstanz in den Prozess eingeführt wird. Unerheblich ist, ob dem Gegner das Vorbringen bereits im ersten Rechtszug bekannt war.[27] Etwas anderes kann bei Arglist des Gegners gelten.[28]

§ 97 Abs. 2 setzt voraus, dass der Obsiegende imstande war, das neue Vorbringen be- 10 reits früher in den Prozess einzuführen. **Maßstab** ist die sorgfältige und gewissenhafte

**21** BGHZ 10, 303.
**22** OLG Hamm NJW 1973, 198.
**23** BGH NJW 1960, 818; LM Nr. 16.
**24** OLG Karlsruhe KostRspr. ZPO § 97 Nr. 19.
**25** OLG Bamberg JurBüro 1984, 737 m. Anm. *Mümmler*.
**26** OLG Karlsruhe OLGZ 1980, 384.
**27** BGH NJW 1960, 818; LM Nr. 16; abw. OLG Düsseldorf NJW-RR 1989, 600; OLG Hamm MDR 1984, 1032.
**28** OLG Frankfurt FamRZ 1972, 806; OLG Köln MDR 1973, 324.

Prozessführung seitens der Partei (§ 282 Abs. 1) oder ihres Vertreters (§§ 51 Abs. 2, 85 Abs. 2). Verschleppungsabsicht oder grobe Nachlässigkeit braucht nicht vorgelegen zu haben.[29] § 97 Abs. 2 gilt deshalb nicht für ein Vorbringen, dass der Partei erst nach Abschluss der unteren Instanz bekannt wurde, vgl. § 296a.[30] Eine Ausnahme gilt, wenn die Partei die Tatsache, aufgrund derer sie in der Rechtsmittelinstanz obsiegte, bereits während des vorherigen Rechtszuges hätte schaffen können (bspw. durch Aussprechen einer Kündigung).[31] Die entgegenstehende Ansicht des RG und des BGH widerspricht der Beschleunigungstendenz des § 97.[32]

11 Der Partei ist zuzubilligen, den **sichersten** Weg zu gehen, es darf ihr deshalb kein Vorwurf daraus gemacht werden, dass sie das Rechtsmittelverfahren beschritten hat, anstatt sich auf das (stets unsichere) Berichtigungsverfahren nach § 319 einzulassen. Allerdings muss der Beschwerdeführer die sofortige Beschwerde für erledigt erklären, um der Kostenfolge des § 97 Abs. 1 zu entgehen, wenn ein abgelehnter Richter das gegen ihn gerichtete Ablehnungsgesuch zurückweist und sodann in der Hauptsache entschei-det. In diesem Fall entfällt nämlich für eine sofortige Beschwerde gegen die Zurückweisung des Ablehnungsgesuchs regelmäßig das Rechtsschutzinteresse, wenn eine Berufung in der Hauptsache statthaft ist, da in deren Rahmen auf entsprechende Rüge auch über die Ablehnung zu entscheiden ist.

§ 97 Abs. 2 ist auch anwendbar, wenn die **Verjährungseinrede** erstmals im zweiten Rechtszug erhoben wird, obwohl dies bereits in erster Instanz möglich gewesen wäre. Allerdings gilt dies nicht, wenn die Verjährungseinrede rechtlich zweifelhaft war oder sich der Gläubiger mir ihr nicht zufrieden gegeben hätte.[33] Im Fall der Berufung auf ein Zurückbehaltungsrecht ist § 97 Abs. 2 anwendbar, wenn der Kläger seinen Klageantrag nach Erhebung der Einrede in der Rechtsmittelinstanz sofort entsprechend beschränkt.[34] Ebenso treffen die Kosten des zweiten Rechtszugs den Beklagten einer Unterhaltsklage, wenn dieser seine Leistungsunfähigkeit verspätet erst in zweiter Instanz darlegt und der Kläger auf den geltend gemachten Anspruch verzichtet.[35]

12 Soweit die Voraussetzungen des § 97 Abs. 2 vorliegen, **muss** das Gericht der obsiegenden Partei die Kosten des Rechtsmittelverfahrens auferlegen. Entgegen Baumbach/Lauterbach/Albers/*Hartmann* § 97 Rdn. 69 folgt aus dem Wortlaut („ganz oder teilweise aufzuerlegen“) nicht, dass es im Ermessen des Gerichts stünde, wieviel von den Kosten des Rechtsmittelverfahrens dem Prozesssieger auferlegt werden. Ein Gegenschluss zu § 96 zeigt, dass der Gesetzgeber zur Einräumung eines Ermessens das Wort „können“ benutzt. Eine teilweise Auferlegung kommt deshalb nur in Betracht, wenn sich das neue Vorbringen nur auf einen von mehreren Streitgegenständen oder auf einen Teil eines teilbaren Streitgegenstandes bezieht.

## IV. Zurückverweisung

13 Wird die Vorentscheidung aufgehoben und der Rechtsstreit zur Entscheidung an die **Vorinstanz** zurückverwiesen (§§ 538, 539, 565, 566), so ist grundsätzlich der Vorinstanz die Entscheidung über die Kosten der Rechtsmittelinstanz zu überlassen, da der Aus-

29 BGHZ 31, 350; RG JW 1936, 1778.
30 BGH LM Nr. 7.
31 KG JurBüro 1986, 1721; OLG Hamm MDR 1990, 450; OLG Kiel HRR 1936 Nr. 428.
32 RG HRR 1928 Nr. 1155; BGH NJW 1954, 1200; wie hier Zöller/*Herget* § 97 Rdn. 14; Stein/Jonas/*Bork* § 97 Rdn. 12.
33 BGHZ 61, 227; OLG Hamm WRP 1979, 327.
34 OLG Hamm MDR 1987, 402.
35 OLG Schleswig SchlHA 1978, 172.

gang des Prozesses noch offen ist. Das untere Gericht hat über die gesamten Kosten des Rechtsstreits einschließlich derjenigen des Rechtsmittelverfahrens zu befinden und hierbei auch § 97 anzuwenden.[36] Eine Ausnahme gilt, wenn die Rechtsmittelinstanz bereits eine abschließende Entscheidung, bspw. indem die Berufung des Beklagten gegen ein Grundurteil nach § 304 oder ein Wechselvorbehaltsurteil zurückweist, trifft und nur im Übrigen zurückverweist.[37] Ansonsten sollte bei nur teilweiser Zurückverweisung die Kostenentscheidung im Interesse ihrer Klarheit und Einfachheit der unteren Instanz vorbehalten bleiben, wenn nicht schutzwürdige Interessen der erstattungsberechtigten Partei dem entgegenstehen.[38]

## § 98
## Vergleichskosten

**Die Kosten eines abgeschlossenen Vergleichs sind als gegeneinander aufgehoben anzusehen, wenn nicht die Parteien ein anderes vereinbart haben. Das Gleiche gilt von den Kosten des durch Vergleich erledigten Rechtsstreits, soweit nicht über sie bereits rechtskräftig erkannt ist.**

**Übersicht**



### I. Allgemeines

1 **1. Anwendungsbereich.** § 98 verwirklicht die **Parteiherrschaft** auch im Kostenrecht. Soweit sich die Parteien über den Verfahrensgegenstand vergleichen können, haben sie auch die Möglichkeit, die Kosten dieses Verfahrens zu regeln. Soweit die Parteien dies unterlassen, greift die Ergänzungsregel des § 98: Die Kosten des Rechtsstreits werden aus Vereinfachungsgründen gegeneinander aufgehoben. § 98 gilt für alle ZPO-Verfahren, die der Parteiherrschaft unterliegen. Haben die Parteien in einem gerichtlichen Vergleich (§ 794 Nr. 1) keine Abrede bezüglich der Kosten getroffen, ergänzt § 98 die Vereinbarung der Parteien dahin, dass die Kosten des Rechtsstreits als gegeneinander aufgehoben gelten. Aus § 98 ergibt sich somit, wer im Falle eines Vergleichs die Kosten des Rechtsstreits zu tragen hat; für eine Kostenentscheidung nach § 91a ist daneben kein Raum.[1] Des Weiteren gilt er für streitige Verfahren der **freiwilligen Gerichtsbarkeit.**[2] In Scheidungsverfahren ist ein Vergleich zur Hauptsache nicht möglich, zudem hat § 93a

36 OLG Koblenz Rpfl. 1974, 27.
37 BGHZ 20, 397; OLG München BayJMBl. 1955, 196; OLG Oldenburg JurBüro 1992, 492; **a.A.** OLG Frankfurt NJW-RR 1988, 1213; s.a. BGH JZ 1960, 375 (Zurückverweisung hinsichtlich eines Streitgenossen).
38 Zöller/*Herget* § 97 Rdn. 8; **a.A.** Baumbach/Lauterbach/Albers/*Hartmann*[71] § 97 Rdn. 75.

1 BGHReport 2003, 1046.
2 OLG Frankfurt NJW 1956, 1035; AG Hamburg MDR 1958, 46.

Abs. 1 S. 3 a.F., heute neu geregelt in § 150 Abs. 4 Satz 3 FamFG, den Vorrang vor § 98. Bei einer Rücknahme des Scheidungsantrags infolge Aussöhnung der Parteien, will das OLG Düsseldorf MDR 1972, 54 die Kostenregelung des § 98 anwenden. Dies ist abzulehnen, da die **Aussöhnung** einem Vergleich, der ein gegenseitiges Nachgeben beinhaltet, nicht gleichgestellt werden kann.[3]

Im Verhältnis zu Streitgenossen und Streithelfern sind vorrangig § 100 bzw. § 101 Abs. 1 anzuwenden. Gemäß § 101 Abs. 1 sind die durch eine unselbständige Nebenintervention verursachten Kosten dem Gegner der Hauptpartei aufzuerlegen, soweit er nach den Vorschriften der §§ 91–98 die Kosten des Rechtsstreits zu tragen hat; soweit dies nicht der Fall ist, sind sie dem Nebenintervenienten aufzuerlegen. Gemäß dem sich hieraus ergebenden Grundsatz der Kostenparallelität entspricht der Kostenerstattungsanspruch des Nebenintervenienten inhaltlich dem Kostenerstattungsanspruch, den die von ihm unterstützte Hauptpartei gegen den Gegner hat.[4] Das gilt nicht nur für richterliche Kostenentscheidungen, sondern, wie sich aus der Bezugnahme des § 101 Abs. 1 auf § 98 ergibt, auch bei Vereinbarungen der Parteien (nur) über die Verteilung der sie betreffenden Prozesskosten in einem Vergleich, den sie ohne Beteiligung des Nebenintervenienten geschlossen haben.[5] Bei Streitgenossen ist zu beachten, dass sie eigene Kostenerstattungsansprüche haben können, über die das Gericht auf Antrag zu entscheiden hat.[6] Über die Kostenerstattungsansprüche Dritter dürfen die Parteien selbstverständlich nicht verfügen.[7] Gegebenenfalls hat das Gericht die Kostenentscheidung zugunsten des Streitgehilfen nach § 91a zu treffen.[8]

2 Nach § 29 Nr. 2 GKG haftet derjenige für die Gerichtskosten nach dem GKG, wer diese durch eine Kostenvereinbarung bzw. qua Vergleich übernommen hat. Dies hätte auch zur Folge, dass eine Partei, die mithilfe der Prozesskostenhilfe prozessiert, nach einem entsprechenden Vergleichsabschluss gegenüber der Staatskasse für die Gerichtskosten haften würde. Da dies überwiegend als unbefriedigend empfunden wird, kann nach Auffassung der Rechtsprechung die Partei grundsätzlich dann nicht mit Erfolg bzgl. der Gerichtskosten in Anspruch genommen werden, wenn ihr Prozesskostenhilfe bewilligt worden ist und sie durch Vergleich zum Übernahmeschuldner geworden ist und, soweit keine Anzeichen für einen missbräuchlichen Kostenvergleich zulasten der Staatskasse ersichtlich sind.[9] Die Gegenauffassung[10] würde eine Benachteiligung von Parteien, die ein Verfahren mittels Prozesskostenhilfe durchführen, benachteiligen, da diese gehindert würden, das Verfahren angesichts der Inanspruchnahme bzgl. der Gerichtskosten qua Vergleich zu erledigen.[11]

Schließen die Beteiligten in einer Unterhaltssache einen Vergleich ohne Kostenregelung, ist die gesetzliche Wertung des § 98 bei der gemäß § 243 FamFG nach billigem Ermessen zu treffenden Kostenentscheidung neben den weiteren, in § 243 Satz 2 FamFG als Regelbeispiele aufgeführten Gesichtspunkten zu berücksichtigen.[12]

3 Ebenso OLG Düsseldorf FamRZ 1973, 264.
4 BGH NJW 2011, 3721 ff.
5 OLG Düsseldorf NJW-RR 2013, 315.
6 OLG Schleswig JurBüro 1973, 996.
7 BGH NJW 1967, 383; OLG Schleswig SchlHA 1965, 264.
8 **A.A.** OLG Frankfurt NJW 1972, 1866 (für § 98).
9 OLG Stuttgart, MDR 2011, 1076; KG NJW-RR 2012, 1021.
10 OLG Frankfurt, Beschluss v. 25.9.2008 – 14 W 85/08, juris; OLG Frankfurt, Beschluss v. 4.11.2010 – 18 W 226/10, juris; OLG Frankfurt, Beschluss v. 18.3.2011 – 18 W 42/11, juris.
11 OLG Stuttgart MDR 2011, 1076 [Fn. 10 des Urteils].
12 BGH FamRZ 2011, 1933.

Bei einem Vergleich in einem Zwangsvollstreckungsverfahren sind die Kosten des Vergleichs in entsprechender Anwendung von § 98 Satz 1 als gegeneinander aufgehoben anzusehen, soweit nichts anderes vereinbart ist.[13]

**2. Teilvergleich.** Schließen die Parteien den Vergleich nur über einen **Teil des Streitgegenstandes**, so gilt, wenn sie keine Kostenregelung treffen, lediglich § 98 S. 1. Über den streitigen Rest hat das Gericht nach §§ 91ff. zu entscheiden.[14] Beendet jedoch der Teilvergleich den Rechtsstreit völlig (bspw. nach einem Teilurteil), so gelten für die Kosten sowohl § 98 S. 1 als auch § 98 S. 2.[15] 3

§ 98 gilt auch, wenn der Vergleich über den Prozessgegenstand hinausgeht.

**3. Außergerichtlicher Vergleich.** Beenden die Parteien den Rechtsstreit durch einen **außergerichtlichen Vergleich, ohne** in diesem zugleich die Kosten zu regeln, so gilt § 98.[16] Die Gegenansicht, die § 91a anwendet,[17] verkennt, dass § 98 schon nach seinem Wortlaut nicht danach differenziert, ob der den Rechtsstreit erledigende Vergleich in oder außerhalb des Verfahrens abgeschlossen wurde. Keine Anwendung findet § 98 lediglich dann wenn die Parteien im Vergleich eine gerichtliche Kostenentscheidung nach § 91a erbeten haben oder wenn der außerprozessuale Vergleich nach Rechtskraft der Kostenentscheidung abgeschlossen wurde. In letzterem Fall hat es, wie § 98 S. 2 Hs 2 klarstellt, mit der Kostenentscheidung sein Bewenden. Die Kosten eines außergerichtlichen Vergleichs gehören nur dann zu den erstattungsfähigen Kosten des Rechtsstreits, wenn die Parteien dies vereinbart haben.[18] 4

### II. Kostenvereinbarung

**1. Auslegungsfragen.** Eine Vereinbarung der Parteien über die Kosten ist ein **Prozessvertrag**, der nach den allgemeinen, zu §§ 157, 242 BGB entwickelten Grundsätzen auszulegen ist.[19] Im Zweifel erfasst eine Kostenvereinbarung der Parteien nur die notwendigen Kosten im Sinne von § 91.[20] Auf die Kenntnis der Parteien vom Anfall der Kosten kommt es grundsätzlich nicht an.[21] Allerdings kann die Auslegung der Vereinbarung anhand des Parteiwillens etwas anderes ergeben, wenn eine Seite auf Kosten erheblicher Höhe nicht hingewiesen hat, mit denen der Gegner nicht zu rechnen brauchte.[22] Im Zweifel ist eine Kostenvereinbarung dahin auszulegen, dass die Parteien die Kosten des Rechtsstreits umfassend regeln wollten. Die Vereinbarung ergreift deshalb grundsätzlich die Kosten aller Instanzen[23] und im Urkunden- oder Wechselprozess sowohl die Kosten 5

13 BGH NJW 2007, 1213.

14 Nach OLG Bamberg JurBüro 1975, 820 m. zust. Anm. *Mümmler* erfasst eine Vereinbarung über die „Kosten dieses (Teil-)Vergleichs" im Zweifel alle bis dahin angefallenen Kosten (zweifelhaft).

15 OLG Zweibrücken OLGZ 1983, 80.

16 BGHZ 39, 69; BGH WM 1988, 1462; OLG Hamm MDR 1987, 589; OLG Karlsruhe MDR 1988, 1063, OLG München JurBüro 1983, 1880.

17 OLG Bremen MDR 1979, 500; OLG Schleswig JurBüro 1993, 745; differenzierend Stein/Jonas/*Bork* § 91a Rdn. 28.

18 BGH Rpfleger 2011, 461.

19 Bspw. OLG Oldenburg MDR 1983, 1030.

20 OLG Bamberg JurBüro 1973, 447; OLG Celle NJW 1963, 1014; OLG Karlsruhe Justiz 1989, 85.

21 OLG Düsseldorf JurBüro 1978, 1657; OLG Zweibrücken JurBüro 1986, 445; **a.A.** OLG Hamburg MDR 1962, 743.

22 OLG Zweibrücken Beschl. v. 28.9.1977 – 5 W 85/77.

23 Enger OLG Koblenz 1980, 762.

des Vor- als auch des Nachverfahrens.[24] Grundsätzlich erfasst sind des Weiteren auch vor- oder außerprozessuale Kosten der Parteien, soweit sie notwendige Kosten des Rechtsstreits im Sinne von § 91 sind. Allerdings ist im Einzelfall strenger zu prüfen, ob ihre Einbeziehung auch dem Parteiwillen entspricht.

6 Kosten einer vorangegangenen **Zwangsvollstreckung** gehören regelmäßig nicht zu den Kosten, die die Parteien im Rahmen eines Vergleichs über die Kosten „des Rechtsstreits" regeln wollen,[25] sie treffen den Gläubiger, sofern nicht die Auslegung des Vergleichs etwas anderes ergibt.[26]

Ging dem Vergleich eine **Verweisung** voraus und berücksichtigt die Kostenregelung der Parteien § 281 Abs. 3 S. 2 nicht, so ist umstritten, ob die Kostenregelung auch die durch die Verweisung entstandenen Mehrkosten umfasst. Überwiegend wird die Ansicht vertreten, dies entspreche dem Parteiwillen;[27] demgegenüber argumentiert die Gegenansicht mit dem Grundsatz, dass die Kostenvereinbarung im Zweifelsfall nur für die notwendigen Kosten des Rechtsstreits umfasst, zu denen Mehrkosten für die Anrufung eines unzuständigen Gerichts nicht gehören.[28]

Ein ähnliches Problem stellt sich bei **Säumniskosten** (§ 344), die manche, obwohl keine notwendigen Kosten des Rechtsstreits, als von der Kostenregelung eines Vergleichs umfasst ansehen.[29] Dem wird man folgen können, soweit durch die Säumnis, wie regelmäßig, nur geringfügig Kosten entstanden sind, andernfalls wird man nicht annehmen können, dass der Gegner des Säumigen derartige Kosten übernehmen wollte.

Die Kostenregelung des Vergleichs gilt im Zweifel auch für **Beweissicherungskosten**.[30] (Zur umstrittenen Frage, ob im Fall der Kostenaufhebung die Beweissicherungskosten zu den Gerichtskosten zählen s.o. § 91, 39).

7 Die Parteien können (selbstverständlich) vereinbaren, dass höhere als die gesetzlichen **Gebühren** erstattet werden.[31] Festgesetzt werden können diese Gebühren jedoch nur, wenn die Gebührenvereinbarung der erstattungsberechtigten Partei mit ihrem Bevollmächtigten in der Form des § 3a RVG dargelegt wird.[32] Ob ein Vergleich die Erstattung von Verkehrsanwaltskosten regelt, ist durch Auslegung zu ermitteln.[33] Für eine Einbeziehung der Verkehrsanwaltskosten spricht, wenn der Vergleich ohne seine Mitwirkung nicht zustande gekommen wäre, was insbesondere dann anzunehmen sein wird, wenn die Vergleichsverhandlungen mit dem Verkehrsanwalt geführt wurden oder sich der Gegner unmittelbar an den Verkehrsanwalt gewandt hatte.[34] Die Vergleichsgebühr des Verkehrsanwalts ist also nur dann zu erstatten, wenn seine Mitwirkung beim

---

**24** OLG Hamm Rpfl. 1975, 322.

**25** OLG Hamm JurBüro 1977, 1456; MDR 1993, 917; OLG Karlsruhe MDR 1994, 733; **a.A.** (Kosten der Zwangsvollstreckung sind insoweit zu erstatten, als sie auch bei einer Vollstreckung aus dem späteren Vergleich entstanden wären) OLG Stuttgart Rpfleger 1994, 118; OLGR Frankfurt 1994, 22.

**26** OLG Karlsruhe MDR 1994, 733, 734.

**27** OLG Frankfurt Rpfl. 1988, 78; OLG Karlsruhe MDR 1988, 1063; KG MDR 1976, 405; OLG Koblenz JurBüro 1987, 1712.

**28** OLG Bremen Rpfl. 1986, 402; OLG Köln Rpfl. 1987, 429; ähnlich OLG Frankfurt MDR 1988, 869; OLG München JurBüro 1985, 292.

**29** OLG Düsseldorf MDR 1980, 233; OLG München JurBüro 1979, 908; **a.A.** Baumbach/Lauterbach/Albers/*Hartmann*[71] § 98 Rdn. 49 „Säumniskosten".

**30** OLG Frankfurt JurBüro 1981, 764; OLG Hamburg MDR 1986, 591; OLG Hamm JurBüro 1975, 1214; 1983, 1101; LG Frankfurt JurBüro 1989, 1697.

**31** OLG Hamm AnwBl. 1974, 274; 1975, 95.

**32** OLG Koblenz Rpfl. 1977, 107.

**33** OLG Saarbrücken JurBüro 1987, 700; OLGR Braunschweig 1994, 110.

**34** OLG Bamberg JurBüro 1987, 1517; OLG Hamm JurBüro 1988, 492; 1981, 854; OLG Hamburg JurBüro 1988, 759; OLG Koblenz MDR 1984, 587.

Vergleich erforderlich war. Es genügt nicht, dass die Einschaltung eines Verkehrsanwalts an sich notwendig und die Verkehrsanwaltsgebühr deshalb erstattungsfähig war.[35]

**2. Negative Kostenregelung.** Die Parteien können den Vergleich ausdrücklich oder stillschweigend auf die Hauptsache **beschränken** und die Anwendung des § 98 auf diese Weise ausschließen. Das Gericht hat dann über die Kosten des Rechtsstreits nach § 91a zu entscheiden, wobei Maßstab der Kostenverteilung die Erfolgsaussichten nach dem bisherigen Sach- und Streitstand sind.[36] Dabei fordert OLG Zweibrücken OLGZ 1983, 80, dass die negative Kostenregelung bei einem Prozessvergleich gleichzeitig und in der Form des Prozessvergleichs getroffen wird. In der Tat ist jedenfalls bei außergerichtlichen Vergleichen nicht anwaltlich vertretener Parteien zu untersuchen, ob diese, wenn sie formulieren, das Gericht möge über die Kosten entscheiden, tatsächlich die Anwendung des § 98 ausschließen wollten. Oft wird übersehen, dass § 98 eine kraft Gesetzes eingetretene Kostenfolge beinhaltet, für die es keiner gerichtlichen Entscheidung bedarf. 8

**3. Teilweise Kostenregelung.** Haben die Parteien die Kosten im Vergleich unbewusst nur unvollständig geregelt, so ist der Vergleich **ergänzend** auszulegen (§ 157 BGB). Erfasst der Vergleich bewusst nur einen Teil der Kosten, so gilt für diesen Teil der Vorrang der Kostenvereinbarung der Parteien. Für den Rest greift die Ergänzungsregelung in § 98. 9

### III. Kostenaufhebung

**1. Grundsätze.** Treffen die Parteien im Vergleich keine Kostenvereinbarung, so gelten sowohl die Kosten des Vergleichs als auch des Rechtsstreits als gegeneinander **aufgehoben**. (Nach dem ausdrücklichen Wortlaut des Gesetzes bleibt allerdings eine bereits rechtskräftige Kostenentscheidung bestehen). Diese Kostenfolge, die derjenigen des § 92 Abs. 1 S. 2 entspricht, tritt kraft Gesetzes ein. Im Gegensatz zu § 269 Abs. 3 S. 3 sieht das Gesetz keinen feststellenden Beschluss des Gerichts vor. Der Antrag einer Partei auf Erlass eines deklaratorischen Beschlusses zu den Kosten bedarf deshalb eines besonderen Rechtsschutzbedürfnisses, das bei unsicherer oder umstrittener Rechtslage gegeben ist.[37] 10

Verpflichtet sich eine Partei in einem Vergleich ohne Kostenregelung die Klage oder ein Rechtsmittel **zurückzunehmen**, so gehen die §§ 269 Abs. 3 bzw. 516 Abs. 3 dem § 98 vor.[38] Nach anderer Auffassung kann in der Verpflichtung zur Zurücknahme der Klage per Prozessvergleich keine beachtliche Erklärung nach §§ 269 Abs. 2 Satz 1, 516 Abs. 2 Satz 1 erblickt werden, so dass die §§ 269 Abs.3 Satz 1, 516 Abs. 3 Satz 1 keine Anwendung finden; es gilt § 98.[39] Die herrschende Meinung argumentiert, nach § 269 Abs. 3 S. 2 habe der Kläger die Kosten des Rechtsstreits nur insoweit zu tragen, als über sie nicht bereits rechtskräftig erkannt wurde. Die Beendigung des Rechtsstreits durch einen Vergleich stehe dem gleich.[40] Allerdings sei im Einzelfall durch Auslegung zu ermitteln, ob die Par- 11

35 OLG Hamm AnwBl. 1975, 97; OLG Karlsruhe Justiz 1989, 85; OLG Saarbrücken JurBüro 1987, 700.
36 BGH NJW 1965, 103; OLG Frankfurt JurBüro 1983, 1878; KG NJW-RR 1988, 1406; OLG Koblenz AnwBl. 1990, 48; OLG München MDR 1990, 344; Stein/Jonas/*Bork § 98* Rdn. 13; MünchKomm/*Lindacher* § 98 Rdn. 2; **a.A.** (§ 98 bleibt anwendbare lex specialis) Voraufl. A III; Stein/Jonas/*Bork* § 98 Rdn. 13; OLG Bamberg MDR 1980, 60.
37 OLG Köln Rpfl. 1987, 430; *Bergerfurth* NJW 1972, 1840.
38 *Thomas/Putzo/Hüßtege* § 98 Rdn. 9 (für den außergerichtlichen Vergleich).
39 Musielak/*Lackmann* § 98 Rdn. 6; Zöller/*Herget* § 98 Rdn. 6.
40 Siehe bspw. BGHZ 39, 60, 69; KG KostRspr. ZPO § 98 Nr. 38; LAG Schleswig-Holstein KostRspr. ZPO § 98 Nr. 50.

teien eine von § 98 abweichende Kostenregelung konkludent vereinbart hätten. Dies komme in Betracht, wenn die vergleichsweise vereinbarte **Rücknahmeverpflichtung** lediglich eine dem Zurücknehmenden ungünstige Entscheidung vorweg nehme.[41] Eine derartige Unterscheidung, wie sie die herrschende Meinung vornehmen will, verkennt, dass es gerade im Kostenrecht auf einfache, der Rechtssicherheit dienende Lösungen ankommt. Zudem ist das Unterscheidungskriterium unpraktikabel. Wenn der zurücknehmende (Rechtsmittel-)Kläger nur einer ihm ungünstigen Gerichtsentscheidung zuvor kam, wird sich fast stets argumentieren lassen, die andere Partei hätte ihm kostenmäßig entgegenkommen wollen, bspw. um eine schnelle Beendigung des Rechtsstreits herbeizuführen. Dem Argument, die Beendigung des Rechtsstreits durch Vergleich stehe einem rechtskräftigen Erkenntnis im Sinne von § 269 Abs. 3 S. 2 gleich, ist entgegenzuhalten, dass eine derartige Entscheidung des Gerichts i.d.R. mit einem Kostenausspruch verbunden wäre (§ 308 Abs. 2), eine vergleichbare Kostenregelung im vorliegenden Fall aber gerade fehlt. Im Gegenteil, im Zweifel ist davon auszugehen, dass Parteien gerade durch die Verpflichtung zur Zurücknahme der Klage oder des Rechtsmittels auf die entsprechenden Kostenregelungen (§§ 269 Abs. 3 S. 2, 516 Abs. 3) Bezug genommen haben.

12 **2. Kosten des Vergleichs (§ 98 S. 1).** § 98 S. 1 behandelt die durch den **Abschluss** des Vergleichs entstandenen Kosten. In erster Linie sind dies die Einigungsgebühren der beteiligten Anwälte nach RVG-VV Nr. 1000, 1003, die allerdings wegen der angeordneten Kostenaufhebung für die Erstattung keine Rolle spielen sowie eine etwaige Vergleichsgebühr nach GKG-KV Nr. 1900 (falls der Wert des Vergleichsgegenstands den Wert des Streitgegenstands übersteigt).

13 **3. Kosten des Rechtsstreits (§ 98 S. 2).** § 98 S. 2 umfasst alle **Prozesskosten**, die nicht durch den Vergleichsabschluss ausgelöst wurden. Wie stets sind auch hier die notwendigen Kosten in die Betrachtung mit einzubeziehen, was allerdings kein Problem darstellt, da bei Kostenaufhebung (§ 92 Abs. 1 S. 2) nur Gerichtskosten erstattungsfähig sein können; soweit die Partei diese verauslagt hat, handelt es sich stets um notwendige Parteikosten. (Zur Zugehörigkeit der Kosten eines selbständigen Beweisverfahrens s.o. § 91 Rdn. 39).

14 Eine rechtskräftige **Kostengrundentscheidung** hat Vorrang sowohl vor einer Kostenvereinbarung der Parteien als auch vor der Ergänzungsregelung des § 98.[42] Eine entgegenstehende Parteiabrede ist zwar zivilrechtlich wirksam, im Kostenfestsetzungsverfahren aber unbeachtlich.

## § 99
## Anfechtung von Kostenentscheidungen

**(1) Die Anfechtung der Kostenentscheidung ist unzulässig, wenn nicht gegen die Entscheidung in der Hauptsache ein Rechtsmittel eingelegt wird.**

**(2) Ist die Hauptsache durch eine auf Grund eines Anerkenntnisses ausgesprochene Verurteilung erledigt, so findet gegen die Kostenentscheidung die sofortige Beschwerde statt. Dies gilt nicht, wenn der Streitwert der Hauptsache den in § 511 genannten Betrag nicht übersteigt. Vor der Entscheidung über die Beschwerde ist der Gegner zu hören.**

41 BGH NJW 1989, 40; OLG Köln MDR 1986, 503; OLG Hamm JurBüro 1992, 424; LAG München MDR 1994, 737.

42 OLG Hamm JurBüro 1975, 518; **a.A.** OLG München AnwBl. 1990, 173.

Übersicht



## I. Ausschluss isolierter Anfechtung des Kostenpunkts (Abs. 1)

1 **1. Regelungszweck.** Die Norm[1] will im Interesse der **Prozesswirtschaftlichkeit** verhindern, dass das Rechtsmittelgericht nur wegen der Kostenfrage die Hauptsache erneut beurteilen muss. Wegen der im Allgemeinen nachrangigen Bedeutung der Kostenentscheidung verkürzt sie den Rechtsweg, ohne dass es darauf ankommt, wie hoch die im Einzelfall angefallenen Kosten sind.

§ 99 Abs. 1 findet nach § 113 Abs. 1 S. 2 FamFG, abweichend von § 58 Abs. 1 FamFG, auch auf Ehe- und Familienstreitsachen (§§ 111, 112 FamFG) sowie nach § 243 FamFG auf Unterhaltssachen Anwendung. Des Weiteren ist § 99 Abs. 1 ZPO nach ihrem Sinn und Zweck auch auf Urteile anzuwenden, mit denen dem obsiegenden Beklagten gemäß § 93d ZPO die Kosten des Rechtsstreits auferlegt worden sind.[2]

### 2. Begriffe

2 **a) Entscheidung zur Hauptsache und über den Kostenpunkt.** Entscheidung in der Hauptsache ist jede Entscheidung über den Streitgegenstand. Entscheidungsform (Urteil oder Beschluss) und Verfahrensart (Hauptsacheverfahren, Eilverfahren) sind unerheblich. Zur Hauptsache zählen auch Entscheidungen über Nebenforderungen (§ 4) oder über prozessuale Fragen wie bspw. die Zuständigkeit.[3] Zur Hauptsache zählt ferner ein Kostenerstattungsanspruch, der gestützt auf eine materiell-rechtliche Anspruchsgrundlage durch Klage geltend gemacht wird.[4] Hingegen wird die Entscheidung über die prozessuale Kostenpflicht auch dann nicht zur Hauptsache, wenn die Kosten in ihr bereits beziffert oder im Einzelnen bezeichnet sind.[5]

3 Die Rechtswegsperre des § 99 Abs. 1 setzt voraus, dass eine **Kostenentscheidung** erging. Wurde der Erlass einer Kostenentscheidung ganz oder teilweise abgelehnt oder bewusst unterlassen, so gilt § 99 Abs. 1 nicht.[6] Unterblieb die Kostenentscheidung aus Versehen, so hilft eine Ergänzung nach § 321 Abs. 1 S. 1.

4 **b) Rechtsmittel.** Die Norm schließt Berufung, Revision und Beschwerde gegen die Kostenentscheidung aus. Kein Rechtsmittel ist die Wiederaufnahmeklage, da sie aber in ähnlicher Weise eine Anfechtung des Urteils bezweckt und § 588 Abs. 1 Nr. 3 die Angabe verlangt, welche andere Entscheidung „in der Hauptsache" beantragt wird, lässt der

---

1 Bis 1900 § 94 CPO; Änderungen durch RGBl. 1898, 256; 1924 I 210; BGBl. 1950 I 533.
2 OLG Zweibrücken, Beschluss v. 24.5.2006 – 2 WF 107/06, FamRZ 2007, 749.
3 RGZ 33, 341; s.a. RGZ 32, 428 (§ 239).
4 RGZ 47, 404; OLG Schleswig SchlHA 1951, 113; 1952, 9; Stein/Jonas/*Bork* § 99 Rdn. 2.
5 BGH LM § 4 ZPO Nr. 5; RGZ 50, 359.
6 BGH NJW 1959, 291; KG Rpfl. 1981, 318; OLG Zweibrücken MDR 1990, 53.

Bundesgerichtshof eine auf die Kosten beschränkte Wiederaufnahmeklage nicht zu.[7] Eine Nichtzulassungsbeschwerde ist nicht statthaft, soweit sie sich gegen eine in dem Berufungsurteil enthaltene Entscheidung über die Kosten eines durch ein Anerkenntnis erledigten Teils der Hauptsache richtet.[8]

**4a** Im Rahmen von Kostenentscheidungen nach übereinstimmenden Erledigungserklärungen gem. § 91a ist die Statthaftigkeit einer Rechtsbeschwerde mittlerweile allgemein anerkannt.[9] In der Judikatur des BGH[10] sind dagegen zwar Bedenken mit Blick auf § 99 Abs. 1 geäußert worden. Eine Rechtsbeschwerde gegen eine Entscheidung über die Kosten nach § 91a ist dagegen als unstatthaft anzusehen, soweit eine Anfechtung der Kostenentscheidung nach § 99 Abs. 1 ausgeschlossen ist. Der BGH begründet dies damit, dass im Verfahren gem. § 91a nicht mehr über den Streitgegenstand entschieden wird,[11] erscheint dieses zudem wenig geeignet, rechtsgrundsätzliche Fragen entscheidungsrelevant zu klären. Die Kostenentscheidung ergeht, wenn der Rechtsstreit übereinstimmend für erledigt erklärt worden ist, nur nach billigem Ermessen unter Berücksichtigung des bisherigen Sach- und Streitstands. Grundlage der Entscheidung ist demgemäß lediglich eine summarische Prüfung, bei der das Gericht – auch bei einer Entscheidung im Revisions- oder Rechtsbeschwerdeverfahren – grundsätzlich davon absehen kann, in einer rechtlich schwierigen Sache nur wegen der Verteilung der Kosten alle für den Ausgang bedeutsamen Rechtsfragen abzuhandeln.[12]

**4b** Der BGH[13] führt nunmehr aus, dass die besondere gesetzliche Regelung eines auf Rechtskontrolle beschränkten Rechtsmittels in § 574 Abs. 1 Nr. 2 auch gegenüber der allgemeinen Regelung zur Anfechtung von Kostenentscheidungen des § 99 Abs. 1 klar und vom Gesetzgeber gerade auch auf diesem Rechtsgebiet in Anbetracht des bislang begrenzten Instanzenzuges gewollt sei. Eine Überprüfung von Kostenentscheidungen gem. § 93 im Rahmen der Rechtsbeschwerde weder eine umfassende Beurteilung der Hauptsache noch ermöglicht sie diese. Denn überprüft wird nur und zwar weitgehend ohne Rücksicht auf die materielle Rechtslage, ob die anerkennende Partei Veranlassung zur Klage gegeben und ob sie sofort anerkannt hat. Insoweit unterliegt dieses Rechtsmittel eigenen, vom Zweck der Sperrwirkung des § 99 Abs. 1 nicht erfassten Prüfungskriterien. Hat indes wie im vorliegenden Fall das Oberlandesgericht als Gericht erster Instanz (§ 1062 Abs. 1 Nr. 4 Fall 2) die Kostenentscheidung erlassen, steht deren Rechtsmittelfähigkeit § 567 entgegen. Ebenso wenig könnte, wenn das Oberlandesgericht als Berufungsgericht ein Anerkenntnisurteil erlassen hätte (was z.B. im Vollstreckbarerklärungsverfahren nach den §§ 1042a ff. ZPO a.F. – Rechtslage vor dem Inkrafttreten des Schiedsverfahrens-Neuregelungsgesetzes – möglich gewesen wäre), diese Kostenentscheidung mit der Nichtzulassungsbeschwerde oder der Revision isoliert angefochten werden. Bei Anfechtungen von Kostenentscheidungen nach §§ 93, 99 Abs. 2 ist daher die Rechtsbeschwerde gemäß § 574 Abs. 1 Nr. 2 statthaft.[14]

---

7 BGHZ 43, 239, 245.
8 BGH NJW-RR 2010, 640.
9 BGH NJW-RR 2004, 999; BGH ZMR 2003, 333;BGH NJW-RR 2003, 1504; BGH WuM 2003, 637; BGH WuM 2003, 709; Musielak/*Lackmann* § 91a Rdn. 26; Thomas/Putzo/*Hüßtege* § 91a Rdn. 52; Baumbach/Lauterbach/Albers/*Hartmann*[71] § 91a Rdn. 156.
10 BGH NJW-RR 2003, 1075 obiter dictum.
11 BGHZ 106, 359, 366; BGH GRUR 1999, 522, 523.
12 BGH NJW-RR 2008, 664; BGHZ 67, 343, 345 f.
13 BGH NJW-RR 2004, 999.
14 BGH WM 2004, 833.

Die in einem Verfahren auf Vollstreckbarerklärung eines Schiedsspruchs von dem Oberlandesgericht als Gericht erster Instanz getroffene Kostenentscheidung entsprechend § 93 ist nicht mit der Rechtsbeschwerde anfechtbar.[15]

Erklärt der Antragsteller seinen Eröffnungsantrag einseitig für erledigt, findet gegen die Entscheidung des Insolvenzgerichts, welche die Erledigung des Antrags feststellt und dem Antragsgegner die Kosten des Verfahrens auferlegt, die sofortige Beschwerde nach §§ 6, 34 Abs. 2 InsO statt; § 91a ist nicht anwendbar.[16]

Ist eine Rechtsbeschwerde zur Hauptsache unzulässig, weil die Voraussetzungen des § 574 Abs. 2 nicht vorliegen, sind auch Angriffe gegen die Kostenentscheidung des angegriffenen Beschlusses unzulässig.[17] Ist die angefochtene Kostenentscheidung in einem **Verfahren auf Erlass einer einstweiligen Verfügung** ergangen, ist der Instanzenzug für die Anfechtung von Entscheidungen in der Hauptsache durch § 542 Abs. 2 Satz 1 begrenzt, ohne dass es darauf ankommt, ob durch Urteil oder Beschluss entschieden worden ist.[18] Diese Regelung hat ihren Grund im summarischen Charakter des Eilverfahrens. Der ihr zugrundeliegende Gedanke gilt nach überzeugender Ansicht des BGH[19] erst recht, wenn es nur um die Anfechtung einer nach billigem Ermessen zu treffenden Entscheidung über die Kosten nach § 91a Abs. 1 geht. Eine **Nichtzulassungsbeschwerde** ist nicht statthaft, soweit sie sich gegen eine in dem Berufungsurteil enthaltene Entscheidung über die Kosten eines durch ein Anerkenntnis erledigten Teils der Hauptsache richtet.[20] 4c

Mangels **Anfallwirkung** keine Rechtsmittel sind der Einspruch gegen ein Versäumnisurteil, der Widerspruch gegen einen Mahnbescheid oder eine einstweilige Verfügung sowie die Erinnerung gegen einen Kostenfestsetzungsbeschluss und in der Zwangsvollstreckung. Diese Rechtsbehelfe können auf die Kosten beschränkt werden. § 99 Abs. 1 erfasst nur richterliche Entscheidungen, eine Kostenentscheidung des Rechtspflegers ist also stets isoliert anfechtbar, jedoch ist keine Durchgriffsbeschwerde zulässig.[21] 5

Ergeht auf einen zulässigerweise nur gegen die Kostenentscheidung eingelegten Rechtsbehelf, bspw. nach einem Einspruch allein gegen die Kostenentscheidung eines Versäumnisurteils, eine richterliche Entscheidung, so greift die Rechtsmittelsperre des § 99 Abs. 1.[22] Für eine Analogie zu § 99 Abs. 2 besteht kein Bedarf.[23] 6

Nach herrschender Ansicht ist es zulässig, die (selbständige oder unselbständige) **Anschließung an ein Rechtsmittel** auf die Kosten zu beschränken.[24] Für die unselbständige Anschließung ist dies überflüssig, weil die Kostenentscheidung ohnehin von Amts wegen zu überprüfen ist,[25] wofür das Verschlechterungsverbot nicht gilt.[26] Für die selbständige Anschließung ist nicht ersichtlich, warum der Rechtsmittelführer privilegiert werden sollte, der Grundgedanke des § 99 Abs. 1, zu verhindern, dass das Gericht lediglich wegen der Kostenentscheidung die Hauptsache erneut prüfen muss, greift auch 7

15 BGH NJW-RR 2008, 664.
16 BGH ZInsO 2008, 1206.
17 BGH NSW ZPO § 99 (BGH-intern).
18 BGH WRP 2003, 658 f.
19 BGH WRP 2003, 658 f.
20 BGH NJW-RR 2010, 640.
21 OLG Düsseldorf MDR 1990, 62; OLG Stuttgart Rpfl. 1984, 199.
22 BGH KostRspr. ZPO § 99 Nr. 75; OLG Stuttgart JurBüro 1981, 1894.
23 Offengelassen von BGH KostRspr. ZPO § 99 Nr. 75; **a.A.** Zöller/*Herget* § 99 Rdn. 3.
24 BGH NJW 1955, 1394; OLG Hamburg JZ 1951, 336; OLG Nürnberg NJW 1954, 1687; Stein/Jonas/*Bork* § 99 Rdn. 3 m.w.N.
25 BGH WM 1981, 46, 48; KostRspr. ZPO § 308 Nr. 4 m. Anm. *Lappe*.
26 BGH MDR 1981, 928; OLG Köln NJW 1989, 721.

hier ein.[27] Keine Anwendung findet § 99 Abs. 1 für die Aufhebungsklage gegen die Kostenentscheidung eines Schiedsspruchs.[28]

8 **3. Ausnahmen.** Ausnahmen von § 99 Abs. 1 gelten für das Anerkenntnisurteil (§ 99 Abs. 2) für die Kostenentscheidung bei Erledigung der Hauptsache (§ 91a Abs. 2) und für den Kostenbeschluss nach Klagerücknahme (§ 269 Abs. 3). Kraft ausdrücklicher gesetzlicher Anordnung ist in diesen Fällen die sofortige Beschwerde statthaft; diese ist gleichfalls statthaft, wenn das Gericht auf einseitige Erledigungserklärung des Klägers die Erledigung der Hauptsache feststellt und diesem dennoch nach § 91a Abs. 1 die Kosten auferlegt.[29]

9 Die Rechtsprechung lässt eine isolierte Anfechtung des Kostenpunktes dann zu, wenn eine Kostenentscheidung (bspw. in einem Teilurteil) unzulässig war, wobei umstritten ist, ob analog § 99 Abs. 2 die sofortige Beschwerde gegeben ist[30] oder ob das gegen die Hauptsacheentscheidung statthafte Rechtsmittel zu ergreifen ist.[31] Diese Rechtsprechung knüpft an Entscheidungen zur Zulassung der sog. außerordentlichen Beschwerde in Fällen sog. greifbarer Gesetzwidrigkeit an.[32] Wie diese produziert sie, indem sie das formalisierte Rechtsmittelsystem auflockert, Rechtsunsicherheit, Widersprüche und Abgrenzungsschwierigkeiten. Eine Durchbrechung der Rechtsmittelsperre des § 99 Abs. 1 sollte deshalb auf (auch in ihren wirtschaftlichen Auswirkungen) krasse Fälle beschränkt bleiben, die bloße Tatsache, dass ein Gericht Kostenvorschriften übersehen oder falsch angewandt haben könnte, reicht nicht.[33]

10 Bei Kostenentscheidungen gegenüber **Dritten**, bspw. nach §§ 380 Abs. 3, 409 Abs. 2 gilt § 99 Abs. 1 grundsätzlich nicht, da i.d.R. eine Hauptsacheentscheidung im Sinne der Vorschrift fehlt. Infolgedessen ist bspw. die Statthaftigkeit eines Rechtsmittels des Vertreters der Partei unabhängig von den Schranken des § 99 zu prüfen.[34] Eine Ausnahme gilt, wenn der Dritte im Zwischenstreit Parteistellung erlangt, bspw. im Zwischenstreit über eine Zeugnisverweigerung (§ 387 Abs. 3).

11 Für Streitgenossen und Streithelfer gelten vorrangig §§ 100 f., im Übrigen bleibt § 99 anwendbar. Rechtsmittel sind unabhängig von denen der Partei oder anderer Streitgenossen zu beurteilen, die Anfechtung allein des Kostenausspruchs ist selbst dann nicht zulässig, wenn die Hauptsacheentscheidung durch einen anderen Beteiligten angefochten wurde.[35]

### II. Anfechtung in der Hauptsache und im Kostenpunkt

12 Ein zulässiges Rechtsmittel in der Hauptsache ergreift automatisch die **gesamte** Kostenentscheidung. Dies gilt auch, wenn das Rechtsmittel auf einen Teil der Hauptsache beschränkt wird und wenn es sich als unbegründet herausstellt.[36] Unerheblich ist,

---

27 Im Ergebnis ebenso *Gilles* ZZP 92 (1979) 158; *Musielak* FS Schwab 1990 S. 356.
28 RGZ 165, 140.
29 KGR Berlin 1994 m.w.N.
30 OLG Stuttgart NJW 1963, 1015; OLG Frankfurt NJW 1975, 742.
31 OLG Düsseldorf MDR 1990, 632; LG Bonn NJW 1973, 1375.
32 S. bspw. BGH NJW 1989, 2625; 1988, 51.
33 OLG Frankfurt MDR 1982, 152; OLG Koblenz MDR 1985, 852; Stein/Jonas/*Bork* § 99 Rdn. 4; großzügiger Baumbach/Lauterbach/Albers/*Hartmann*[71] § 99 Rdn. 19 „Unzulässige Kostenentscheidung".
34 BGH NJW 1988, 50; vgl. a. BGH NJW 1959, 291; sowie OLG Düsseldorf JurBüro 1993, 365 (Beschwerde der Landeskasse); **abw.** Zöller/*Herget* § 99 Rdn. 5 (§ 99 Abs. 2 analog).
35 OLG Köln VersR 1973, 641.
36 BGH KostRspr. ZPO § 92 Nr. 8; OLG Karlsruhe KostRspr. ZPO § 99 Nr. 55.

ob es der Partei wirtschaftlich allein auf die Anfechtung der Kostenentscheidung ankommt und ob das Rechtsmittel in der Hauptsache aussichtslos ist.[37] Allerdings hält der BGH das Rechtsmittel für unzulässig, wenn der Rechtsmittelführer an dem zur Hauptsache gestellten Antrag offensichtlich kein schutzwürdiges Interesse hat.[38] Die Schaffung eines derartigen Umgehungstatbestandes ist abzulehnen, da er unverhältnismäßige Abgrenzungsprobleme schafft und in den meisten einschlägigen Fällen ein Rechtsmittel bereits mangels Beschwer unzulässig sein wird. Unzulässig wird das Rechtsmittel allerdings, wenn der Rechtsmittelkläger seinen Rechtsmittelantrag im Nachhinein auf die Kosten beschränkt, ohne dass ein erledigendes Ereignis hierzu Anlass gab.[39]

### III. Anerkenntnis (Abs. 2)

**1. Voraussetzung.** § 99 Abs. 2 lässt die isolierte Anfechtung der Kostenentscheidung eines **Anerkenntnisurteils** zu. Die Verurteilung aufgrund eines Anerkenntnisses kann sich auch aus den Urteilsgründen ergeben.[40] Die sofortige Beschwerde nach Abs. 2 ist deshalb auch statthaft, wenn nach Anerkenntnis in der Hauptsache ein streitiges Urteil gegen den Anerkennenden ergeht.[41] **13**

Die allgemeinen **Voraussetzungen** für die sofortige Beschwerde müssen vorliegen, insbesondere muss die Beschwerdesumme nach § 567 Abs. 2 (€ 200,00), die sich nicht nach dem Wert der Hauptsache, sondern nur nach den Kosten bemisst, erreicht sein.[42] Durch § 98 Abs. 2 S. 2 wird das Beschwerderecht ausgeschlossen, wenn der Streitwert der Hauptsache den Betrag nach § 511 Abs. 2 Nr. 1 i.H.v. € 600,00 nicht übersteigt.[43] Ist im Arrest- und Verfügungsverfahren der Widerspruch auf die Kosten beschränkt worden (sog. Kostenwiderspruch), so ist gegen das Urteil nicht die Berufung, sondern analog § 99 Abs. 2 die sofortige Beschwerde gegeben.[44] **14**

**2. Umfang.** Gegenstand des Rechtsmittels ist nur der **Kostenpunkt**. Die Entscheidung zum Hauptanspruch darf nicht in Frage gestellt werden. Die Gebühren des Gerichts ergeben sich aus der Festgebühr nach GKG-KV 1810 sowie im Rechtsbeschwerdeverfahren nach GKG-KV 1823, soweit keine Ermäßigungen nach GKG-KV 1811 bzw. 1824, 1825 in Betracht kommen. Soweit die Voraussetzungen für die Entstehung der Gebühren vorliegen, kann der Rechtsanwalt eine Verfahrensgebühr nach RVG-VV 3500 und ggf. auch eine Termingebühr nach RVG-VV 3513 geltend machen. **15**

### IV. Teil- und Schlussurteil

Ergeht eine Entscheidung durch Teil- und Schlussurteil, so könnte eine Partei die dem Schlussurteil **vorbehaltene** Kostenentscheidung nicht angreifen, wenn dieses für sich allein in der Hauptsache nicht anfechtbar ist oder das Schlussurteil für sie keine Beschwer enthält. Um dieser als unbillig empfundenen Beschneidung des Rechtswegs zu begegnen, lässt die Rechtsprechung zu, dass eine Partei, die das **Teilurteil** zulässiger- **16**

---

**37** RGZ 102, 290; s.a. BGHZ 59, 22.
**38** BGH LM Nr. 12, 14; OLG Düsseldorf JurBüro 1991, 430.
**39** RGZ 18, 421.
**40** OLG Zweibrücken NJW 1968, 1635; LG Köln JurBüro 1977, 556.
**41** OLG Düsseldorf MDR 1990, 59; OLG Köln FamRZ 1989, 877.
**42** RGZ 61, 194; 103, 105.
**43** Vgl. hierzu auch: LAG Köln, Beschluss v. 18.10.2005 – 4 Ta 166/05, openJur 2011, 40000.
**44** OLG Frankfurt WRP 1984, 416; OLG Düsseldorf NJW 1972, 1955; OLG Hamburg MDR 1976, 674; OLG München GRUR 1990, 482; **a.A.** (unanfechtbar) OLG München NJW 1972, 954; WRP 1978, 313.

weise angefochten hat, das **Schlussurteil** lediglich im Kostenpunkt mit Rechtsmitteln angreift. Statthaftes Rechtsmittel ist die Berufung oder Revision, nicht die Beschwerde.[45] Ausschlaggebend für dieses Rechtsmittel ist lediglich die Beschwer in der Hauptsache durch das Teilurteil.[46] Jedoch muss die Anfechtung des Schlussurteils gesondert ausgesprochen werden, ein Rechtsmittel gegen das Teilurteil erstreckt sich nicht automatisch auf die Kostenentscheidung des Schlussurteils.[47]

Aufgrund des Rechtsmittels gegen das Teilurteil und der isolierten Anfechtung der Kostenentscheidung im Schlussurteil kann die **Sachentscheidung** des Schlussurteils nicht nachgeprüft werden;[48] jedoch steht die gesamte Kostenentscheidung zur Disposition des Rechtsmittelgerichts,[49] zum einen wäre eine Trennung zwischen den verschiedenen Teilen der Kostenentscheidung oft praktisch kaum durchführbar, zum anderen entspricht es gefestigter Rechtsprechung, auch bei einer nur teilweisen Anfechtung der Entscheidung in der Hauptsache, die gesamte Kostenentscheidung zu überprüfen (s.o. Rdn. 12). Die genannten Grundsätze gelten auch, wenn das Schlussurteil nur noch die Kosten behandelt.[50]

17 Eine **isolierte** Anfechtung der Kostenentscheidung des Schlussurteils lässt der Bundesgerichtshof nicht mehr zu, wenn über das Teilurteil bereits entschieden wurde.[51] Dem ist nicht zu folgen, denn im Rahmen des Rechtsmittels gegen das Teilurteil konnte die Kostenentscheidung nicht überprüft werden, es käme zu einer ungerechtfertigten Verkürzung des Rechtsschutzes, wenn das Schlussurteil nicht isoliert anfechtbar wäre.

### V. Mischentscheidungen

18 In der Rechtsprechung ist mittlerweile anerkannt, dass die isolierte Anfechtung der Kostenentscheidung auch dann möglich bleibt, wenn die auf einem Anerkenntnis (§ 99 Abs. 2) oder einer übereinstimmenden Erledigung (§ 91a Abs. 2) beruhende Kostenentscheidung äußerlich mit Kostenentscheidungen **verbunden** wird, die auf anderen Rechtsgrundlagen beruhen. Die ältere Rechtsprechung, die eine gesonderte Anfechtung ausschloss, weil die Kostenentscheidung in diesen Fällen eine untrennbare Einheit bilde, ist heute überholt.[52] Die isolierte Anfechtung des Kostenpunktes durch sofortige Beschwerde (§ 99 Abs. 2 oder § 91a Abs. 2) entspricht dem praktischen Bedürfnis. Der Rechtsmittelführer soll durch die äußerliche Verbindung der Kostenentscheidungen nicht gezwungen werden, ein Rechtsmittel zur Hauptsache einlegen zu müssen. Den praktischen Schwierigkeiten, die auftreten können, wenn die Kostenentscheidung in der Rechtsmittelinstanz isoliert für den gesondert anfechtbaren Teil betrachtet werden muss, hat das Rechtsmittelgericht notfalls dadurch Rechnung zu tragen, dass es eine Aufteilung selbst vornimmt, falls sich diese nicht bereits aus der Urteilsformel oder den Gründen des angefochtenen Urteils ergibt.[53] Die isolierte Anfechtung nur eines Kostenteils mit

---

**45** BGH NJW 1956, 912; RGZ 148, 403; 163, 252.
**46** BGH NJW 1959, 578.
**47** BGH NJW 1956, 912.
**48** BGH NJW 1959, 578.
**49** RGZ 163, 252; **a.A.** Stein/Jonas/*Bork* § 99 Rdn. 9.
**50** OLG Celle Nds Rpfl. 1956, 128; Stein/Jonas/*Bork* § 99 Rdn. 10 f.; **a.A.** BGH WM 1983, 1336.
**51** BGH LM Nr. 7; ebenso OLG Frankfurt MDR 1977, 143; LAG Hamm MDR 1972, 900; **a.A.** Stein/Jonas/*Bork* § 99 Rdn. 10.
**52** RGZ 55, 394; 59, 431; OLG Köln MDR 1959, 934.
**53** Vgl. BGH NJW 1960, 66.

der sofortigen Beschwerde ist deshalb auch dann zulässig, wenn die betreffenden Kosten im Urteil nicht getrennt ausgewiesen sind.[54]

Statthaftigkeit und Zulässigkeit jedes Rechtsmittels sind **gesondert** zu betrachten, praktisch können nur Berufung und sofortige Beschwerde zusammentreffen, da für letztere auch bei einer Teilanfechtung der Instanzenzug beim OLG endet, § 567 Abs. 3.[55] Aus der Selbständigkeit beider Rechtsmittel folgt, dass eine Berufungsrücknahme nicht die daneben eingelegte Beschwerde erfasst.[56] Jedoch sollte das Gericht die Befugnis haben, die verschiedenen Verfahren analog § 147 zu verbinden und so nur noch im Rahmen des Berufungsverfahrens zu verhandeln. Dies ist aus Gründen der Prozessökonomie geboten, zumal bereits auf die Berufung hin die gesamte Kostenentscheidung zu überprüfen ist.[57]

Aus den genannten Grundsätzen ergibt sich Folgendes:

Basiert ein Urteil **teilweise** auf einem Anerkenntnis und teilweise auf streitiger Verhandlung, so kann es insgesamt mit Berufung oder Revision angegriffen werden, die Partei kann sich aber auch darauf beschränken, nur den Teil, der das Anerkenntnis betrifft, mit sofortiger Beschwerde nach § 99 Abs. 2 anzufechten.[58] (Wird lediglich Berufung eingelegt, die aber unzulässig ist, so kann diese als sofortige Beschwerde nach § 99 Abs. 2 gegen die Kostenentscheidung behandelt werden, falls die Frist des § 577 Abs. 2 durch die Berufungseinlegung gewahrt ist.)[59] Die Möglichkeit isolierter Anfechtung besteht auch, wenn nach einem **Teilanerkenntnisurteil** erst das **Schlussurteil** die Entscheidung über die gesamten Kosten enthält.[60] 19

Ein **Nebeneinander** von sofortiger Beschwerde (nach § 91a Abs. 2) und Berufung ergibt sich auch, wenn der Rechtsstreit teilweise durch übereinstimmende Erledigungserklärung und teilweise durch streitiges Urteil beendet wird. Die Kostenentscheidung des über die Gesamtkosten einheitlich befindenden Urteils kann nach § 91a Abs. 2 isoliert angefochten werden, soweit sie sachlich auf § 91a Abs. 1 beruht.[61] Dies gilt auch, wenn zuerst ein streitiges Teilurteil ergeht, der Rest übereinstimmend für erledigt erklärt wird und ein Schlussurteil über die Kosten befindet.[62] 20

Treffen eine teilweise **übereinstimmende Erledigungserklärung** und ein **teilweises Anerkenntnis** zusammen, so ist lediglich die sofortige Beschwerde gegeben, da diese sowohl in § 91a Abs. 2 wie auch in § 99 Abs. 2 vorgesehen ist.[63] Beide Teile der Kostenentscheidung sind selbständig anfechtbar. Nichts anderes gilt, wenn ein Teilanerkenntnis und eine teilweise Klagerücknahme zusammentreffen, für die Kostenentscheidung im Anerkenntnisschlussurteil.[64] 21

Die Möglichkeit der gesonderten Anfechtung durch sofortige Beschwerde besteht auch, wenn in einem Rechtsstreit die Kosten wegen Abweisung der Klage und wegen sofortigen Anerkenntnisses des Widerklageanspruchs gegeneinander aufgehoben werden. Dabei ist für die Zulässigkeit des Rechtsmittels nicht von Bedeutung, ob der anerkannte Anspruch oder der, über den streitig entschieden wurde, überwiegt.[65]

---

54 BGH NJW 1962, 2252 (gegen RGZ 144, 318).
55 BGHZ 58, 341.
56 OLG Hamm AnwBl. 1989, 614.
57 BGH NJW 1955, 1394.
58 BGH NJW 1960, 66; OLG München AnwBl. 1984, 313.
59 OLG Hamm NJW 1974, 2291.
60 BGH NJW 1963, 583, 584.
61 BGH NJW 1960, 66; OLG Nürnberg MDR 1959, 135.
62 BGH NJW 1963, 583.
63 BGH LM Nr. 10; OLG Celle MDR 1964, 926.
64 Vgl. auch LG Freiburg NJW 1977, 2217.
65 LG Flensburg NJW 1974, 1337.

## § 100
## Kosten bei Streitgenossen

**(1) Besteht der unterliegende Teil aus mehreren Personen, so haften sie für die Kostenerstattung nach Kopfteilen.**

**(2) Bei einer erheblichen Verschiedenheit der Beteiligung am Rechtsstreit kann nach dem Ermessen des Gerichts die Beteiligung zum Maßstab genommen werden.**

**(3) Hat ein Streitgenosse ein besonderes Angriffs- oder Verteidigungsmittel geltend gemacht, so haften die übrigen Streitgenossen nicht für die dadurch veranlassten Kosten.**

**(4) Werden mehrere Beklagte als Gesamtschuldner verurteilt, so haften sie auch für die Kostenerstattung, unbeschadet der Vorschrift des Absatzes 3, als Gesamtschuldner. Die Vorschriften des bürgerlichen Rechts, nach denen sich diese Haftung auf die im Absatz 3 bezeichneten Kosten erstreckt, bleiben unberührt.**

**Übersicht**



### I. Allgemeines

1 Die Vorschrift[1] regelt **unmittelbar** nur die Kostenlast unterliegender Streitgenossen. Sie gilt für einfache wie für notwendige Streitgenossen, für nach § 147 verbundene Prozesse verschiedener Parteien[2] und gem. § 101 Abs. 2 für streitgenössische Nebenintervenienten (§ 69). Wer unterliegt, ergibt sich aus der Entscheidung zum Hauptanspruch. Der in § 101 Abs. 1 geregelte Grundsatz der Kostenparallelität gilt nur in Fällen einfacher Nebenintervention. Handelt es sich um eine streitgenössische Nebenintervention gem. § 69, sind ausschließlich § 101 Abs. 2, § 100 anzuwenden, so dass über die Kosten des Nebenintervenienten eigenständig und unabhängig von der gegenüber der unterstützten Hauptpartei zu treffenden Kostenentscheidung zu befinden ist.[3]

2 § 100 gilt bis zum **Ausscheiden eines Streitgenossen** durch Prozesstrennung nach § 145 oder durch Teilurteil, Teilerledigung nach § 91a und Klagerücknahme.[4] Die Kostenentscheidung bleibt grundsätzlich dem Schlussurteil vorbehalten.[5] Ausnahmsweise ist eine Kostenentscheidung bereits im Teilurteil insoweit möglich, als es auf die nachfolgende Entscheidung im Schlussurteil nicht mehr ankommt. Dies ist insbesondere der Fall hinsichtlich der außergerichtlichen Kosten bei Klagerücknahme gegenüber einzel-

1 Bis 1900 § 95 CPO; geändert durch RGBl. 1898, 256.
2 RG JW 1898, 74; OLG Celle OLGRspr. 1913, 110.
3 BGH ZIP 2007, 1337.
4 KG JW 1931, 2044.
5 OLG Düsseldorf NJW 1970, 568; KG JurBüro 1973, 351.

nen Streitgenossen,[6] bei einem kostenbefreienden Anerkenntnis nach § 93 seitens eines beklagten Streitgenossen[7] und bei vollständigem Prozesssieg einzelner Streitgenossen.[8]

Unterliegen **einzelne** Streitgenossen, so darf das Teilurteil grundsätzlich keine Kos- 3
tenentscheidung enthalten, da die Quote noch davon abhängt, welche Entscheidung gegenüber den restlichen Streitgenossen ergeht. Jedoch lässt die Rechtsprechung aus Gründen der Billigkeit zu Recht Ausnahmen zu, falls andernfalls der Erstattungsberechtigte Gefahr liefe, seinen Erstattungsanspruch, z.B. wegen drohender Zahlungsunfähigkeit des verurteilten Streitgenossen, nicht mehr durchsetzen zu können.[9] In diesem Fall müssen im Teilurteil die bis zu seinem Erlass entstandenen Kosten verteilt werden, entgegen dem Grundsatz der Kosteneinheit muss also eine Trennung nach Zeitabschnitten durchgeführt werden.[10] Die Vorwegentscheidung über die Kosten im Teilurteil muss im Schlussurteil (selbstverständlich) berücksichtigt werden.[11] Im Einzelnen folgt daraus, dass eine obsiegende Partei, die zusammen mit weiteren, im Prozess unterlegenen Streitgenossen durch einen gemeinschaftlichen Anwalt vertreten war, grundsätzlich nur den ihrer Beteiligung am Rechtsstreit entsprechenden Bruchteil der Anwaltskosten von dem Prozessgegner erstattet verlangen kann.[12]

Im **Rechtsmittelverfahren** gilt § 100 neben § 97. Insbesondere haften mehrere in 4
erster Instanz als Gesamtschuldner verurteilte Beklagte auch für die Kosten ihrer erfolglosen Berufung als Gesamtschuldner, ohne dass es eines ausdrücklichen Ausspruchs im Berufungsurteil bedarf (§ 100 Abs. 4).[13] Legt nur ein Streitgenosse ein Rechtsmittel ein und bleibt es erfolglos, so trägt er nach § 97 Abs. 1 allein die Kosten. Ist hingegen ein Rechtsmittel, das nur ein Streitgenosse eingelegt hat, erfolgreich, so darf das Rechtsmittelgericht die Kostenentscheidung der Vorinstanz auch insoweit ändern, als sie ausgeschiedene Streitgenossen betrifft.[14] Mit der Nichtannahme der Revisionen der Parteien kann daher das gegen einen von mehreren Beklagten ergangene Teilurteil, das die Kostenentscheidung dem Schlussurteil des Berufungsgerichts vorbehalten hatte, durch Aufnahme einer Teilkostenentscheidung geändert werden.[15]

Die **Haftung** für die Gerichtskosten im Verhältnis zur Staatskasse (Kostenschuld) ist 5
in § 32 Abs. 1 GKG gesondert geregelt.

### II. Unterliegen aller Streitgenossen

**1. Regel (Abs. 1).** Aus Vereinfachungsgründen statuiert § 100 Abs. 1 den **Grundsatz,** 6
dass unterliegende Streitgenossen für die Kostenerstattung nach Kopfteilen, d.h. zu gleichen Teilen, haften. Die Haftung nach Kopfteilen tritt von Gesetzes wegen ein, ohne dass die Urteilsformel dies besonders feststellen muss.[16] Die Haftungsverteilung nach Abs. 1 gilt nur im Außenverhältnis zum erstattungsberechtigten Gegner, das Innenverhältnis der Streitgenossen richtet sich nach materiellem Recht. Die Kopfteilhaftung gilt (vorbe-

---

6 OLG Köln MDR 1976, 496; OLG München NJW 1964, 1079.
7 *Furtner* JZ 1961, 628.
8 BGH NJW 1960, 484; OLG Düsseldorf NJW 1970, 568.
9 OLG München NJW 1969, 1123.
10 *Schneider* JR 1962, 131.
11 *Bull* Rpfl. 1959, 307; *Lappe* Rpfl. 1959, 308.
12 BGH NJW-RR 2003, 1217; BGH FamRZ 2006, 1028.
13 LG Köln KostRspr. ZPO § 100 Nr. 32 = MDR 1981, 502; OLG Köln JurBüro 1993, 430 (Auslegung einer Beschwerdeentscheidung).
14 BGH NJW 1981, 2360; **a.A.** OLG Köln JMBlNRW 1979, 149.
15 BGH NJW-RR 2001, 642.
16 KG JW 1925, 1019.

haltlich Abs. 2) auch, wenn gegen einzelne Streitgenossen verschiedene Ansprüche geltend gemacht wurden.[17]

### 2. Ausnahmen

7 **a) Verschiedenheit der Beteiligung (Abs. 2):** Die Regel des Abs. 1 kann erhebliche Kostenungerechtigkeiten nach sich ziehen. Das Gericht kann deshalb nach § 100 Abs. 2 nach seinem **Ermessen** an Stelle der Kopfteilshaftung eine erhebliche Verschiedenheit der Beteiligung der Streitgenossen am Rechtsstreit zum Maßstab nehmen. Die Beteiligung am Rechtsstreit bemisst sich nach dem Umfang, in dem ein Streitgenosse am Streitgegenstand beteiligt ist, eine stark verschiedenartige Beteiligung liegt bspw. vor, wenn ein Streitgenosse auf Zahlung von € 5000,00 der andere auf Zahlung von € 1.000,00 verklagt wurde. Als Faustregel für eine erhebliche Verschiedenheit der Beteiligung wird man mit Baumbach/Lauterbach/Albers/Hartmann[71] § 100 Rdn. 32 eine Grenze bei $^2/_3$ der Beteiligung ansetzen können.

Der in § 101 Abs. 1 geregelte Grundsatz der Kostenparallelität gilt nur in Fällen einfacher Nebenintervention. Handelt es sich um eine streitgenössische Nebenintervention gem. § 69 ZPO, wie im Falle des Beitritts von Aktionären zu einer von anderen Aktionären geführten Anfechtungs- bzw. Nichtigkeitsklage, sind ausschließlich § 101 Abs. 2, § 100 anzuwenden, so dass über die Kosten des Nebenintervenienten eigenständig und unabhängig von der gegenüber der unterstützten Hauptpartei zu treffenden Kostenentscheidung zu befinden ist.[18]

Eine obsiegende Partei, die zusammen mit weiteren, im Prozess unterlegenen Streitgenossen durch einen gemeinschaftlichen Anwalt vertreten war, kann grundsätzlich nur den ihrer Beteiligung am Rechtsstreit entsprechenden Bruchteil der Anwaltskosten von dem Prozessgegner erstattet verlangen.[19]

8 Die **Entscheidung** steht im pflichtgemäßen Ermessen des Gerichts, das in der Revisionsinstanz nur auf Ermessensfehler überprüft werden kann. Dabei ist eine Verschiedenheit der Beteiligung am Rechtsstreit nicht nur bei unterschiedlichen Streitwerten zu beachten, sondern auch bei unterschiedlichem Prozessverhalten, bspw. wenn einer der Streitgenossen anerkennt oder Versäumnisurteil gegen sich ergehen lässt.[20] Eine Kostenverteilung nach § 100 Abs. 2 setzt eine richterliche Kostengrundentscheidung voraus, sie kann im Kostenfestsetzungsverfahren nicht mehr nachgeholt werden.[21]

9 **b) Einzelhaftung für besonderes Angriffs- oder Verteidigungsmittel (Abs. 3).** Kraft Gesetzes haften Streitgenossen nicht für die Kosten, die durch ein besonderes Angriffs- oder Verteidigungsmittel eines anderen Streitgenossen entstanden sind. (Zum Begriff des Angriffs- oder Verteidigungsmittels s. § 96.) Die Vorschrift ist nur anzuwenden, wenn sich die übrigen Streitgenossen das Angriffs- und Verteidigungsmittel nicht zu eigen gemacht haben. Unterlässt es das Gericht, die zwingende Kostenfolge des § 100 Abs. 3 auszusprechen, so kann der Rechtspfleger dies im Kostenfestsetzungsverfahren im Wege der Auslegung der Kostenentscheidung nachholen, falls der Sachverhalt klar ist.[22]

17 RGZ 131, 338, 339.
18 BGH ZIP 2007, 1337.
19 BGH NJW-RR 2003, 1217; BGH FamRZ 2006, 1028.
20 LG Münster JurBüro 1978, 753.
21 OLG Celle Nds Rpfl. 1976, 35; OLG München MDR 1989, 167; OLG Schleswig SchlHA 1983, 173.
22 KG MDR 1977, 321; OLG Schleswig JurBüro 1993, 742.

**c) Gesamtschuldner (Abs. 4).** Als Gesamtschuldner verurteilte Beklagte haften auch für die Kostenerstattung gesamtschuldnerisch. Es reicht, wenn sich die gesamtschuldnerische Haftung in der Hauptsache aus den Urteilsgründen ergibt.[23] (Für Vollstreckungskosten haftet aber nur der, gegen den vollstreckt wird).[24] Ebenso wie § 100 Abs. 1 gilt § 100 Abs. 4 nur im Verhältnis zum Prozessgegner, der Kostenausgleich zwischen den Streitgenossen erfolgt nach materiellem Recht, insbesondere nach § 426 Abs. 1 BGB.[25] 10

Die Verurteilung bei **positiven Feststellungsklagen** und die nach § 304 wird der Verurteilung zu einer **Leistung** gleichgesetzt.[26] Gleiches gilt für eine negative Feststellungsklage, wenn sich aus deren Abweisung die gesamtschuldnerische Haftung der Kläger ergibt. Wie Gesamtschuldner sind auch Gesellschafter einer oHG oder KG zu behandeln, die neben der Gesellschaft nach § 128 HGB verurteilt werden.[27] 11

Hauptschuldner und **Bürge** sind nach der Rechtsprechung des Bundesgerichtshofes trotz § 767 BGB nicht als Gesamtschuldner anzusehen, sie haften also auch für die Kosten nicht als Gesamtschuldner.[28] Legen Gesamtschuldner, die in erster Instanz verurteilt wurden, erfolglos **Berufung** ein, so haften sie auch für Kosten der Berufung als Gesamtschuldner, ohne dass es eines ausdrücklichen Ausspruchs im Berufungsurteil bedarf.[29]

Kraft ausdrücklicher Anordnung bleibt die Vorschrift des Abs. 3 von Abs. 4 unberührt. Trotz gesamtschuldnerischer Verurteilung hat das Gericht also zu prüfen, ob nicht einem Streitgenossen die Kosten **besonderer** Angriffs- oder Verteidigungsmittel allein aufzuerlegen sind; gegebenenfalls muss eine Kostenentscheidung, die dies unterlassen hat, entsprechend ausgelegt werden.[30] 12

### III. Sieg aller Streitgenossen

Das Gesetz regelt nicht den Fall, dass die Streitgenossen obsiegen. Nach dem Grundsatz des § 91 sind in diesem Fall dem Gegner die Kosten aufzuerlegen. Im Grundsatz kann jeder Streitgenosse seine notwendigen Prozesskosten vom Gegner ersetzt verlangen. Die Frage der Notwendigkeit ist nach den zu § 91 entwickelten Grundsätzen zu beantworten. Insbesondere darf jeder Streitgenosse grundsätzlich einen eigenen Anwalt beauftragen.[31] Hatten Streitgenossen zunächst einen gemeinsamen Rechtsanwalt und beauftragt einer von ihnen in der gleichen Instanz einen eigenen Rechtsanwalt, so kann er jedoch die Kosten beider Rechtsanwälte nur nach den Grundsätzen über notwendige Anwaltswechsel verlangen.[32] 13

Der Kostenerstattungsanspruch entfällt bei **Rechtsmissbrauch.** Rechtsmissbräuchlich ist es i.d.R., wenn die mitverklagte Komplementärin einer GmbH & Co. KG einen

23 OLG Hamm JurBüro 1974, 886; OLG Karlsruhe NJW 1973, 1202.
24 LG Berlin MDR 1983, 140; LG Osnabrück MDR 1972, 600; LG Frankenthal JurBüro 1989, 1264; **a.A.** *Schimpf* MDR 1985, 102.
25 BGH NJW 1974, 693.
26 OLG Bamberg OLGRspr. 1901, 465.
27 OLG Karlsruhe NJW 1973, 1202.
28 BGH NJW 1955, 1398.
29 Oben Fn. 10.
30 OLG Köln MDR 1988, 325; **a.A.** (Auslegung darf richterliche Feststellung nicht ersetzen: kein Ermessen) *Thomas/Putzo/Hüßtege* § 100 Rdn. 10.
31 BVerfG NJW 1990, 2124; OLG Schleswig JurBüro 1992, 473; Stein/Jonas/*Bork* § 91 Rdn. 120.
32 OLG Frankfurt AnwBl. 1988, 74; MünchKomm/*Schulz* § 100 Rdn. 21 f.; **a.A.** OLG Saarbrücken JurBüro 1989, 394; Stein/Jonas/*Bork* § 91 Rdn. 120.

eigenen Prozessbevollmächtigten bestellt,[33] da es meist an einem Interessengegensatz fehlt.[34]

15 Für die Kostenfestsetzung maßgebend sind die dem Streitgenossen **tatsächlich** entstandenen Kosten.[35] Gemeinsame Aufwendungen können deshalb nur einmal gefordert werden, insbesondere können die Streitgenossen vom Gegner nicht mehr an Gebühren und Auslagen fordern, als ihr gemeinsamer Prozessbevollmächtigter nach § 7 Abs. 2 RVG insgesamt von ihnen zu fordern hat.[36] Grundsätzlich kann der Streitgenosse im Kostenfestsetzungsverfahren deshalb nicht den vollen Betrag verlangen, für den er seinem Anwalt gesamtschuldnerisch haftet, sondern nur den Bruchteil der Gesamtkosten, der seiner Beteiligung am Rechtsstreit entspricht.[37] Eine Ausnahme gilt, wenn der Streitgenosse glaubhaft macht, dass er die Kosten tatsächlich bezahlt[38] hat oder dass die Kosten wegen Zahlungsunfähigkeit des anderen Streitgenossen von ihm zu zahlen sein werden.[39]

16 Die Kosten sind für jeden Streitgenossen **einzeln** festzusetzen, betreiben die Streitgenossen die Kostenfestsetzung gemeinsam, so ist für jeden Streitgenossen der Gesamtbetrag nach dem Innenverhältnis aufzuteilen.[40]

### IV. Unterliegen einzelner Streitgenossen

17 **1. Kostenentscheidung.** Siegt ein Streitgenosse und unterliegt ein anderer, so ist für die **Gerichtskosten** § 92 anzuwenden, in dem Verhältnis des Gegners zum Obsiegenden wie in dem zum Unterliegenden hingegen § 91.[41] Als Grundsatz gilt, dass der obsiegende Streitgenosse von allen Kosten freizustellen ist und dass ihm ein Kostenerstattungsanspruch für seine außergerichtlichen Kosten einzuräumen ist. Hierzu müssen in der Kostenentscheidung Gerichtskosten und außergerichtliche Kosten getrennt werden. Bei gleicher Beteiligung der Streitgenossen am Rechtsstreit wendet die Praxis die sog. **Baumbach'sche-Formel** an, wenn ein Beklagter obsiegt und der andere unterliegt: „Die Gerichtskosten tragen die Kläger und der Erstbeklagte je zur Hälfte. Die außergerichtlichen Kosten des Zweitbeklagten trägt der Kläger alleine, die außergerichtlichen Kosten des Klägers trägt der Erstbeklagte zur Hälfte. Im Übrigen tragen die Parteien ihre außergerichtlichen Kosten selbst." Diese Formel, deren letzter Satz nur der Klarstellung dient, entspricht der überwiegend vertretenen Meinung,[42] von der sich nur vereinzelte Abweichungen finden.[43]

---

**33** OLG Hamm Rpfl. 1978, 329; OLG Koblenz MDR 1994, 416; **a.A.** OLG Düsseldorf JurBüro 1981, 762.
**34** Siehe auch OLG Stuttgart Justiz 1980, 20.
**35** OLG München AnwBl. 1986, 542; strittig ist, ob bei Streitgenossen, von denen nur einer zum Vorsteuerabzug berechtigt ist, die Mehrwertsteuer voll (OLG Nürnberg JurBüro 1992, 27), anteilig (OLG Bamberg JurBüro 1993, 89; OLG Hamburg JurBüro 1991, 1081; OLG Köln JurBüro 1991, 1337) oder nur auf die Erhöhungsgebühr (OLG Hamm Rpfleger 1992, 229) festzusetzen ist.
**36** OLG Düsseldorf JurBüro 1977, 659; OLG Hamburg JurBüro 1977, 199; OLG München Rpfl. 1988, 38.
**37** KG NJW 1972, 2045; OLG Karlsruhe JurBüro 1992, 546; OLG Koblenz Rpfl. 1981, 122; **a.A.** BGH JurBüro 1969, 942; OLG Düsseldorf NJW 1976, 1698; OLG Frankfurt AnwBl. 1985, 263.
**38** MünchKomm/*Schulz* § 100 Rdn. 29; **a.A.** Stein/Jonas/*Bork* § 100 Rdn. 14.
**39** VGH Mannheim NJW 1975, 1671; Stein/Jonas/*Bork* § 100 Rdn. 14 m.w.N.
**40** OLG Koblenz MDR 1977, 585 = KostRspr. ZPO § 100 Nr. 11 m. abl. Anm. *von Eicken* und *Lappe*; teilw. **abw.** Stein/Jonas/*Bork* § 100 Rdn. 15 (einheitliche Festsetzung auf Antrag des gemeinsamen Prozessbevollmächtigten) und MünchKomm/*Schulz* § 100 Rdn. 30 f. (zudem Zustimmung des Gegners erforderlich), je m.w.N.
**41** BGH NJW 1953, 618; 1954, 1200; OLG München NJW 1970, 1797; *Lang* NJW 1970, 408; **a.A.** *Vetzberger* NJW 1957, 148.
**42** Bspw. BGH NJW 1953, 618; OLG München Rpfl. 1989, 128.
**43** Bspw. OLG Hamburg MDR 1978, 674; *Herr* DRiZ 1989, 86.

Bei **unterschiedlicher** Beteiligung der Streitgenossen am Streitwert oder bei teilweisem Unterliegen einzelner Streitgenossen ist die Formel entsprechend abzuwandeln. 18

Beispiel (nach Stein/Jonas/*Bork* § 100 Rdn. 17): Klage gegen X auf € 3.000,00 und gegen Y auf zusätzliche € 6.000,00; X unterliegt, Y obsiegt. Die Kostenentscheidung lautet: „*Von den Gerichtskosten tragen der Kläger 2/3, der Beklagte X 1/3. Der Kläger trägt die außergerichtlichen Kosten des Beklagten Y sowie 2/3 seiner eigenen außergerichtlichen Kosten. Der Beklagte X trägt 1/3 der außergerichtlichen Kosten des Klägers sowie seine eigenen außergerichtlichen Kosten.*“ Die Quoten bemessen sich also nach der Beteiligung der Streitgenossen am Streitwert und nach dem Maß des diesbezüglichen Unterliegens.

Eine **Folge** der Baumbach'schen Formel ist, dass im Rechtsmittelverfahren die Kostenentscheidung insgesamt überprüft und ggf. abgeändert werden muss, auch soweit sie einen im höheren Rechtszug nicht mehr beteiligten Streitgenossen betrifft, da andernfalls die Kostenentscheidung rechnerisch nicht mehr aufgehen würde.[44] 19

**2. Kostenerstattung.** Die Kostenfestsetzung für den obsiegenden und gegen den unterliegenden Streitgenossen ist in zwei **getrennten** Beschlüssen durchzuführen, eine allseitige Verrechnung ist nicht zulässig.[45] 20

Umstritten ist, wie **gemeinsame** Kosten der Streitgenossen, insbesondere für einen gemeinschaftlich beauftragten Anwalt, in der Kostenerstattung zu berücksichtigen sind. Im Wesentlichen werden zwei Ansichten vertreten:[46] 21

Nach vormaliger Ansicht des BGH konnte der obsiegende Streitgenosse Kostenerstattung für den vollen Betrag verlangen, für den er gegenüber dem Anwalt haftet (§ 6 Abs. 2 BRAGO a.F.).[47] Da jedoch unbestritten ist, dass Streitgenossen zusammen höchstens einmal die vollen Gebühren und Auslagen des gemeinsamen Prozessbevollmächtigten fordern können,[48] muss diese Ansicht, die eine Ausgleichungspflicht der Streitgenossen im Innenverhältnis unberücksichtigt lässt, den Erstattungsschuldner notfalls auf die Vollstreckungsgegenklage verweisen.[49]

Die Gegenansicht, die nunmehr vom BGH und der überwiegend obergerichtlicher Rechtsprechung vertreten wird, billigt dem siegreichen Streitgenossen grundsätzlich nur eine Erstattung des bei einem Kostenausgleich auf ihn fallenden Kostenteils (der i.d.R. seinem Kopfteil oder seiner wertmäßigen Beteiligung entspricht) zu.[50] Lediglich wenn der Erstattungsberechtigte glaubhaft macht, dass er im Innenverhältnis einen gesamtschuldnerischen Ausgleich, z.B. wg. Zahlungsunfähigkeit seines Streitgenossen[51] oder weil ein mittelloses Kind gemeinsam mit seinen Eltern verklagt wird,[52] nicht erwarten kann, können zu seinen Gunsten die gesamten Kosten, für die er seinem Prozessbevoll-

44 BGH MDR 1981, 928; Zöller/*Herget* § 100 Rdn. 8.
45 KG JW 1937, 1662.
46 Ausführlich *Husmann* Rpfl. 1990, 150.
47 BGH JurBüro 1969, 941 m. abl. Anm. *Schneider*; OLGR Düsseldorf 1994, 60; OLG Frankfurt JurBüro 1986, 96; OLG Bamberg (1. Senat) JurBüro 1988, 1689; (3. Senat) 1182; OLG Hamm JurBüro 1988, 204; MDR 1994, 102; OLG Oldenburg JurBüro 1988, 484.
48 Siehe bspw. OLG München Rpfl. 1988, 38.
49 Bspw. OLG Frankfurt JurBüro 1986, 96 = KostRspr. ZPO § 100 Nr. 57 m. abl. Anm. *von Eicken*.
50 BGH NJW-RR 2003, 1217; BGH NJW-RR 2003, 1507; BGH MDR 2006, 1193; BGH NJW-RR 2006, 215; BGH NJW-RR 2006, 1508; OLG Dresden NJW-RR 1999, 293; KG NJW-RR 2001, 1435; OLG Bamberg (5. Senat) JurBüro 1988, 624; OLG Karlsruhe JurBüro 1992, 546; OLG Koblenz JurBüro 1988, 1691; MDR 1994, 102; KG JurBüro 1984, 1090; NJW 1972, 2045; OLG Köln JurBüro 1987, 899; OLG München MDR 1994, 215; 1993, 804; OLG Oldenburg MDR 1994, 416; OLG Zweibrücken Rpfl. 1988, 38; abweichend Stein/Jonas/*Bork* § 100 Rdn. 18 (Innenverhältnis der Streitgenossen ist nicht zu berücksichtigen).
51 BGH NJW-RR 2003, 1217; OLG Koblenz JurBüro 2012, 429; OLG München MDR 1995, 856.
52 OLG Koblenz MDR 2007, 686.

mächtigten haftet, festgesetzt werden.[53] Absprachen der Streitgenossen über die Aufteilung der Kosten im Innenverhältnis werden hingegen weder zu Gunsten, noch zu Lasten des Gegners berücksichtigt.[54]

Die letztgenannte Absicht ist vorzuziehen, da sie die durch die Baumbach'sche Formel in der Kostengrundentscheidung vorgegebene Marschroute in der Kostenfestsetzung konsequent fortsetzt, auch entspricht sie dem Grundsatz, dass jeder Prozessbeteiligte nur die Kosten erstattet verlangen kann, die ihm tatsächlich entstanden sind bzw. noch entstehen. Deshalb kann der obsiegende Streitgenosse bspw. dann keine Kostenerstattung verlangen, wenn der Auftrag für den gemeinsamen Anwalt allein vom unterliegenden Streitgenossen stammt.[55]

## § 101
## Kosten einer Nebenintervention

**(1) Die durch eine Nebenintervention verursachten Kosten sind dem Gegner der Hauptpartei aufzuerlegen, soweit er nach den Vorschriften der §§ 91 bis 98 die Kosten des Rechtsstreits zu tragen hat; soweit dies nicht der Fall ist, sind sie dem Nebenintervenienten aufzuerlegen.**

**(2) Gilt der Nebenintervenient als Streitgenosse der Hauptpartei (§ 69), so sind die Vorschriften des § 100 maßgebend.**

### I. Anwendungsbereich

1 **1. Kosten der Nebenintervention.** § 101 regelt die Kosten der **unselbständigen Streithilfe**; die selbständige (§ 69) wird den Regeln des § 100 unterworfen (§ 101 Abs. 2).[1] Kosten der Nebenintervention sind alle Aufwendungen der Parteien und des Streithelfers, die durch seinen Beitritt zum Verfahren entstanden sind. Hierzu gehören insbesondere die Rechtsanwaltskosten und Fahrtauslagen des Streithelfers.[2] Da die Zulässigkeit von Streitverkündung und Streithilfe auch in einem selbständigen Beweisverfahren grundsätzlich anerkannt wird[3] schließt der BGH[4] daraus, dass die Vorschrift des § 101 Abs. 1 analog anzuwenden ist. Dem Antragsteller sind daher die durch die Nebenintervention auf Seiten des Antragsgegners verursachten Kosten insoweit aufzuerlegen, als er die Kosten des selbständigen Beweisverfahrens zu tragen hat.

2 Nicht unter § 101 fallen die Kosten der **Streitverkündung**, diese sind weder als Kosten des Rechtsstreits noch als Kosten der Nebenintervention festsetzbar.[5] Die Kosten eines Zwischenstreits über die Zulassung des Streitgehilfen fallen ebenfalls nicht unter

---

53 OLG Karlsruhe AnwBl. 1988, 653; vgl. auch: OLG Köln NJW-RR 2012, 1019; OLG Schleswig JurBüro 1999, 29.
54 OLG Stuttgart JurBüro 1990, 625; MünchKomm/*Schulz* § 100 Rdn. 39.
55 OLG Köln JMBlNRW 1973, 263.

1 Die Regelung des § 101, nach welcher die Hauptpartei die Aufwendungen des auf ihrer Seite stehenden Nebenintervenienten auch im Falle eines Unterliegens nicht zu tragen hat, kann auch auf das vergaberechtliche Beschwerdeverfahren übertragen werden, OLG München ZfBR 2013, 104.
2 BGH ZIP 2007, 1337.
3 BGHZ 134, 190.
4 BGH NJW 2009, 3240.
5 OLG München JurBüro 1989, 1121.

§ 101, sie sind dem im Zwischenstreit unterlegenen Teil im Zwischenurteil nach § 91 aufzuerlegen.[6]

3 **2. Kosten des Rechtsstreits.** Von den Kosten der Nebenintervention zu unterscheiden sind die Kosten des **Rechtsstreits.** Hierzu zählen auch die Kosten eines Angriffs- oder Verteidigungsmittels, das der Streithelfer zugunsten seiner Partei geltend macht. Im Falle ihres Unterliegens fallen diese daher der unterstützten Partei zur Last.[7] (Das Entstehen derartiger Kosten kann die Partei nur durch Widerspruch nach § 67 verhindern.)

4 Eine **Ausnahme** gilt, wenn der Streitgehilfe einen Rechtsbehelf (Einspruch, Widerspruch, Erinnerung, Rechtsmittel) einlegt und damit ein – begonnenes – Verfahren weiterbetreibt, ohne dass sich die unterstützte Partei in diesem noch beteiligt. Die durch den Rechtsbehelf entstehenden Kosten werden dem Streithelfer allein auferlegt.[8] Eine Beteiligung liegt bereits im Einreichen eines Schriftsatzes oder der Teilnahme an mündlicher Verhandlung.[9] Wenn nur der Streitgenosse Berufung einlegt und obsiegt, auf die Revision des Gegners aber das erstinstanzliche Urteil wiederhergestellt wird, so treffen den Streitgenossen die Kosten sowohl der Berufungs- als auch der Revisionsinstanz.[10] Haben sowohl die Partei wie ihr Streitgehilfe Rechtsmittel eingelegt, so ist die Partei nicht untätig geblieben und hat auch die Rechtsmittelkosten allein zu tragen, wobei es nicht darauf ankommt, ob die Rechtsmittel zulässig waren.[11]

Hatte nur der Streitgehilfe Berufung eingelegt und legt dann die Hauptpartei Revision ein oder beteiligt sich am Revisionsverfahren, so werden die gesamten Kosten (also auch die des Berufungsverfahrens) der Partei aufgebürdet. Entsprechendes gilt, wenn nach Aufhebung und Zurückverweisung in der Revisionsinstanz die Hauptpartei im Berufungsverfahren auftritt; hierdurch treffen sie auch die Kosten der vorangegangenen Rechtsmittelverfahren, an denen sie sich nicht beteiligt hatte. Zieht sich die Partei hingegen vor Abschluss der Instanz durch ausdrückliche Erklärung aus dem Verfahren zurück, so trägt der Streithelfer alle ab diesem Zeitpunkt anfallenden Rechtsmittelkosten.[12] Nimmt die Hauptpartei das Rechtsmittel jedoch nach § 51 Abs. 3 kostenpflichtig zurück, so treffen sie die Kosten, auch wenn das Rechtsmittel vom Streitgehilfen eingelegt worden war.[13]

## II. Kostenentscheidung

5 Über die Kosten der **Nebenintervention** muss das Gericht von Amts wegen entscheiden, § 308 Abs. 2.[14] Eine Entscheidung allein über die Kosten des Rechtsstreits umfasst nicht die Kosten der Nebenintervention und erlaubt keine Festsetzung der Kosten der Nebenintervenienten;[15] das Urteil ist nach § 321 zu ergänzen,[16] was durch Beschluss geschehen kann.[17]

---

**6** BAG MDR 1967, 954.
**7** BGHZ 49, 196; RG JW 1930, 3627.
**8** BGH MDR 1960, 383; NJW 1956, 1154; BGHZ 49, 195.
**9** BGHZ 49, 195, 196.
**10** BGH MDR 1959, 571; BayObLGZ 1968, 291.
**11** RG JW 1933, 1065.
**12** BGH MDR 1958, 419; **a.A.** 2. Auflage B II.
**13** OLG München JurBüro 1977, 92.
**14** RGZ 56, 114.
**15** OLG München Rpfl. 1990, 269.
**16** BGH NJW 1975, 218; OLG Köln MDR 1992, 301 (Rechtskraft des Urteils steht nicht entgegen).
**17** BGH NJW 1967, 983.

6 Die Kosten der Nebenintervention werden **entweder** dem Gegner der Hauptpartei oder dem Nebenintervenienten auferlegt. Sie treffen nie die unterstützte Partei, da im Verhältnis zwischen ihr und dem Streitgehilfen kein Rechtsstreit begründet wurde, aus dem ein prozessualer Erstattungsanspruch folgen könnte.[18]

7 Den **Gegner** der unterstützten Partei treffen die Kosten der Nebenintervention, soweit ihm nach §§ 91 ff. (einschl. § 91a)[19] oder § 269[20] die Kosten des Rechtsstreits aufzuerlegen sind. Soweit kein Urteil ergeht, ist über die Kosten der Nebenintervention durch einen besonderen Beschluss zu befinden. Wechselt der Nebenintervenient im Verfahren die unterstützte Partei, so sind die Kosten der Nebenintervention zu quoteln.[21] Eine Ausnahme vom Grundsatz der Kostenpflicht des unterliegenden Gegners der unterstützten Partei ergibt sich, wenn der Streitgehilfe dem Rechtsstreit erst nach Schluss der mündlichen Verhandlung beitritt, da ein derartiger Beitritt keine sachliche Unterstützung mehr bewirken kann und ein Beitritt nur wegen der Kostenerstattung rechtsmissbräuchlich ist.[22]

8 Soweit die **unterstützte** Partei die Kosten des Rechtsstreits nach allgemeinen Vorschriften (§§ 91 ff., 269) zu tragen hat, sind die Kosten der Streithilfe dem Streitgehilfen aufzuerlegen. Gleiches gilt analog § 269 Abs. 3, falls der Streitgehilfe den Beitritt zurücknimmt[23] oder er nach § 71 durch Zwischenurteil zurückgewiesen wird.[24] Tritt hingegen der Streitgehilfe der später siegreichen Partei erst im zweiten Rechtszug bei, so hat die unterlegene Partei die Kosten der Streithilfe auch dann zu tragen, wenn ihrem Gegner die Kosten der Berufung nach § 97 Abs. 2 auferlegt werden.[25]

9 Endet der Rechtsstreit durch **Vergleich**, so ist § 98 sinngemäß anzuwenden. Es ist zu unterscheiden:

Ist der Nebenintervenient am Vergleich **beteiligt**, so ist die dort getroffene Kostenregelung allein ausschlaggebend. Werden die Kosten der Nebenintervention im Vergleich nicht geregelt, so ist durch Auslegung zu ermitteln, ob darin ein Verzicht auf Kostenerstattung seitens des Nebenintervenienten liegt oder ob die subsidiäre Regelung des § 98 eingreifen soll. Im Übrigen kann im Vergleich auch vereinbart werden, dass eine Kostenerstattung im Verhältnis zwischen Nebenintervenienten und unterstützter Partei stattfindet.

10 Aber auch wenn der Nebenintervenient am Vergleich **nicht** beteiligt war, ist die zwischen den Prozessparteien im Vergleich getroffene Kostenregelung für seine Kosten maßgeblich.[26] Grundsätzlich gilt daher, dass, wenn die Parteien in einem Vergleich Kostenaufhebung vereinbaren, dem Streithelfer einer Partei selbst dann kein prozessrechtlicher Kostenerstattungsanspruch zusteht, wenn diese Vereinbarung bezweckte, Kostenerstattungsansprüche des Streithelfers auszuschließen.[27] Etwa bestehende materiell-rechtliche Kostenerstattungsansprüche bleiben davon aber unberührt.[28] Nehmen die Streithelfer nicht am Abschluss des Vergleichs teil und wird die Frage ihres Kostenerstattungsan-

**18** OLG Hamburg JurBüro 1980, 932; OLGR Hamm 1994, 156; LAG Düsseldorf JurBüro 1988, 358.
**19** BGH MDR 1985, 914.
**20** RG JW 1904, 492.
**21** OLG München Rpfl. 1989, 127; **a.A.** (zeitliche Trennung der Kosten) OLG Hamm Rpfl. 1989, 127; KostRspr. ZPO § 101 Nr. 42.
**22** OLG Düsseldorf KostRspr. ZPO § 101 Nr. 28; OLG München Rpfl. 1989, 127 Nr. 33.
**23** RGZ 61, 289.
**24** RG JW 1886, 191.
**25** OLG Hamm MDR 1994, 311.
**26** OLG Hamm MDR 1990, 252.
**27** BGH NJW-RR 2005, 1159; vgl. auch BGH NJW 2003, 1948.
**28** BGH NJW-RR 2005, 1159.

spruchs nicht durch den Vergleich geregelt, greift m.a.W. der in § 101 zum Ausdruck kommende Grundsatz der Kostenparallelität ein.[29] Daher hat grundsätzlich die Gegenpartei, die einen Teil der Kosten des Rechtsstreits zu tragen hat, auch den entsprechenden Anteil an den außergerichtlichen Kosten der Streithelferinnen zu tragen,[30] während im Fall der Kostenaufhebung ein Anspruch auf Erstattung der außergerichtlichen Kosten nicht besteht.[31] Allerdings können die Parteien dem Nebenintervenienten im Vergleich keine Kosten auferlegen und auch seinen Erstattungsanspruch nicht ausschließen, denn hierin läge ein unzulässiger Vertrag zu Lasten Dritter.[32] Wurden die Kosten im Vergleich (ausdrücklich oder infolge der Regel des § 98) gegenseitig aufgehoben, so trägt der Gegner die Hälfte der gerichtlichen und außergerichtlichen Kosten der Streithilfe, die andere Hälfte trägt der Nebenintervenient selbst.[33] Die Gegenansicht,[34] die bei Kostenaufhebung einen Erstattungsanspruch des Nebenintervenienten verneint, übersieht, dass § 101 einen gesetzlichen Erstattungsanspruch beinhaltet, der der Disposition der Prozessparteien entzogen ist; zudem führt sie zu einer unbilligen Benachteiligung des Streitgehilfen. Es ist nicht einzusehen, warum der Nebenintervenient zwar bei hälftiger Kostenteilung im Vergleich einen Erstattungsanspruch erhalten soll, nicht aber bei Kostenaufhebung.

Die durch eine unselbstständige Nebenintervention entstandenen Kosten sind nach dem Maßstab zu verteilen, den die Parteien in einem ohne Beteiligung des Nebenintervenienten geschlossenen Vergleich für die Verteilung der übrigen Kosten des Rechtsstreits festgelegt haben. Für den sich daraus ergebenden Kostenerstattungsanspruch des Nebenintervenienten kommt es nicht darauf an, inwieweit die von ihm unterstützte Hauptpartei dem Prozessgegner außergerichtliche Kosten erstatten muss.[35] Der Nebenintervenient ist an die Kostenregelung im Vergleich auch dann gebunden, wenn die unterstützte Partei alle Kosten übernommen hat.[36] Dies kann zu unbilligen Ergebnissen führen, die aber aufgrund der ausdrücklichen Verweisung des § 101 auf § 98 nur durch materiell-rechtliche Schadensersatzansprüche bei bewusster Schädigung des Nebenintervenienten durch die Parteien gemildert werden können.

Die **Kostenregelung** im Vergleich gilt selbst dann für die Kosten der Nebenintervention entsprechend, wenn die Parteien diese ausdrücklich von der vergleichsweisen Regelung ausgenommen haben, denn der Erstattungsanspruch für diese Kosten ergibt sich unmittelbar aus dem Gesetz, er unterliegt nicht der Disposition der Prozessparteien.[37] 11

Da der Kostenerstattungsanspruch des Nebenintervenienten im Vergleich regelmäßig nicht mit geregelt ist und deshalb kein Titel für die Kostenfestsetzung besteht, muss das Gericht (von Amts wegen)[38] den Kostenerstattungsanspruch des Nebenintervenienten in Analogie zu §§ 91a Abs. 1 S. 2 und 269 Abs. 3 S. 3 durch Beschluss **titulieren**.[39] Gegen die Ablehnung einer derartigen Entscheidung hat der Nebenintervenient die einfa- 12

**29** OLG Frankfurt MDR 2013, 54.
**30** OLG München NJW-RR 1998, 1453 f.
**31** BGHZ 154, 351 ff. = NJW 2003, 1948 f., BGH NJW-RR 2005, 1159.
**32** BGH NJW 1961, 460; 1967, 983; OLG Köln JurBüro 1989, 102.
**33** BGH NJW 1961, 460; OLG Celle Nds Rpfl. 1986, 100; KG NJW 1953, 1872; OLG Köln JurBüro 1989, 102; 1993, 684; OLG München JurBüro 1992, 423 m.w.N.; **abw.** (Kostenentscheidung analog § 91a) OLG Hamm MDR 1988, 325; OLG Stuttgart MDR 1974, 937 m. abl. Anm. *Stürner*.
**34** OLG Celle JurBüro 1983, 447; OLG Karlsruhe Justiz 1986, 141; OLG Nürnberg AnwBl. 1989, 104.
**35** BGH NJW 2011, 3721; BGH NJW 2003, 3354; BGH NJW 1967, 983; OLG Celle NJW 1976, 2170; **a.A.** (stets zur Hälfte) OLG Frankfurt NJW 1972, 1866.
**36** BGH NJW 1967, 983.
**37** OLG München NJW 1977, 540; Stein/Jonas/*Bork* § 101 Rdn. 7; weitere Nachweise Fn. 25.
**38** OLG Köln JurBüro 1983, 1882; OLG Frankfurt MDR 1990, 929; **a.A.** (auf Antrag) Zöller/*Herget* § 101 Rdn. 9.
**39** OLG München JurBüro 1990, 629.

che Beschwerde, gegen die Entscheidung selbst ist die sofortige Beschwerde analog §§ 91a Abs. 2, 99 Abs. 2 statthaft. Im Übrigen gelten die allgemeinen Vorschriften, insbesondere § 99 Abs. 1, wonach der Streitgehilfe die ihn betreffende Kostengrundentscheidung nicht getrennt von der Hauptsacheentscheidung angreifen kann.[40] Soweit die unterstützte Partei allein die Kostenentscheidung mit der sofortigen Beschwerde angreifen darf, darf dies auch ihr Streitgehilfe (§§ 91a Abs. 2, 99 Abs. 2).[41] Das Rechtsmittel wirkt nur zugunsten des Streitgehilfen, die unterstützte Partei hat nicht die Möglichkeit des Widerspruchs nach § 67.[42]

13 Umstritten ist auch die Frage, ob § 101 Abs. 1 im Hauptsacheverfahren anwendbar ist, wenn der Streithelfer des selbstständigen Beweisverfahrens dem Hauptsacheverfahren beitritt. Die überwiegende Ansicht erkennt dem Streithelfer unabhängig von seinem Beitritt auch im Hauptsacheverfahren einen Anspruch auf Kostenerstattung zu.[43] Die Gegenauffassung hält dagegen den Beitritt im Hauptsacheverfahren für stets erforderlich.[44] Der BGH hat sich nunmehr der erstgenannten Entscheidung angeschlossen und eine Ausgestaltung des Anwendungsbereiches des § 101 Abs. 1 zwecks Schließung von Lücken in der Gesetzgebung für notwendig erachtet.[45] So entschied der BGH, dass die entsprechende Anwendung des § 101 Abs. 1 für das selbstständige Beweisverfahren unabhängig von einem zusätzlichen Beitritt des Streithelfers im Hauptsacheverfahren zu einer Kostenentscheidung im selbstständigen Beweisverfahren führt. Demnach ist also der Beitritt des Streithelfers im Hauptverfahren keine Voraussetzung für eine Entscheidung über dessen Kosten im Hauptsacheverfahren.

## § 102

(Prozessstrafe für Verschulden, aufgehoben durch BGBl. 1964 I 933)

## § 103
## Kostenfestsetzungsgrundlage; Kostenfestsetzungsantrag

**(1) Der Anspruch auf Erstattung der Prozesskosten kann nur auf Grund eines zur Zwangsvollstreckung geeigneten Titels geltend gemacht werden.**

**(2) Der Antrag auf Festsetzung des zu erstattenden Betrages ist bei dem Gericht des ersten Rechtszuges anzubringen. Die Kostenberechnung, ihre zur Mitteilung an den Gegner bestimmte Abschrift und die zur Rechtfertigung der einzelnen Ansätze dienenden Belege sind beizufügen.**

### Schrifttum

*von Eicken/Lappe/Madert* Die Kostenfestsetzung, 17. Auflage 1987.

---

40 RG JW 1898, 659.

41 RG JW 1902, 18.

42 OLG Dresden SeuffA 60, 129.

43 OLG Hamm NJW 2013, 2130; OLG Köln NJW-RR 2010, 1679, OLG Düsseldorf BeckRS 2009, 04787; OLG Celle NJW-RR 2003, 1509; MünchKomm/*Schulz* § 101 Rdn. 19; Musielak/*Lackmann* § 101 Rdn. 2; Stein/Jonas/*Bork* § 101 Rdn. 4 ff.; Prütting/Gehrlein/*Schneider* § 101 Rdn. 2.

44 Vgl. Zöller/*Herget* § 101 Rdn. 2 m.w.N.

45 BGH ZIP 2014, 396.

**Übersicht**



## I. Allgemeines

Das **Kostenfestsetzungsverfahren** ist ein selbständiges **Nachverfahren**, in dem 1
aufgrund einer richterlichen Kostengrundentscheidung ein bezifferter Titel über den prozessualen Kostenerstattungsanspruch ergeht. Als Sonderverfahren schließt es für den prozessualen Erstattungsanspruch den Klageweg aus. Der Erstattungsberechtigte erhält in Form des Kostenfestsetzungsbeschlusses einen Vollstreckungstitel für seine Kosten (§§ 794 Abs. 1 Nr. 2, 798). Zur Geltendmachung materiell-rechtlicher Kostenerstattungsansprüche im Kostenfestsetzungsverfahren und zu Rechtskraftproblemen vgl. Rdn. 7 bis 11 Vor § 91.

Nach §§ 103, 104 sind grundsätzlich alle von der unterliegenden Partei gemäß § 91 Abs. 1 und 2 zu tragenden Kosten des Rechtsstreits festsetzungsfähig. Dazu zählt auch die Gebühr für die Mitwirkung an einer auf die Erledigung des gerichtlichen Verfahrens gerichteten außergerichtlichen Besprechung, die einen ausreichenden Bezug zu dem jeweiligen Rechtsstreit aufweist. Der Einwand, die Voraussetzungen einer derartigen Gebühr ließen sich in der Praxis häufig nicht zuverlässig feststellen, greift nicht. Dass das formalisierte Kostenfestsetzungsverfahren im Interesse der Rechtssicherheit klarer und praktikabler Berechnungsgrundlagen bedarf , bedeutet nicht, dass Kosten, die nicht ohne weiteres anhand der Gerichtsakten oder anderer Urkunden feststellbar sind, nicht festsetzungsfähig sind. Wie sich aus § 104 Abs. 2 ergibt, reicht für die Berücksichtigung einer prozessbezogenen Kostenposition deren Glaubhaftmachung aus, wobei sich der Rechtspfleger sämtlicher Beweismittel des § 294 Abs. 1 bedienen kann und muss. Folgerichtig werden z.B. durch die Terminswahrnehmung entstandene Reisekosten oder Verdienstausfälle der betroffenen Partei allgemein als festsetzungsfähig angesehen.

Die im Vorfeld eines gerichtlichen Verfahrens entstandene Geschäftsgebühr kann im Kostenfestsetzungsverfahren nach §§ 103, 104 nicht berücksichtigt werden. Dementsprechend können weder die Kosten für eine wettbewerbsrechtliche Abmahnung noch die für die vorprozessuale Abwehr eines wettbewerbsrechtlichen Anspruchs angefallene Geschäftsgebühr nach Nr. 2300 RVG-VV Gegenstand einer Kostenfestsetzung nach §§ 103, 104 sein.

Die Kostenfestsetzung bildet ein grundsätzlich **selbständiges** Nachverfahren. Die 2
Vorschriften über **Unterbrechung** und **Aussetzung** des Verfahrens (§§ 239ff.) finden nach allgemeiner Ansicht auch auf das Kostenfestsetzungsverfahren Anwendung.[1] Da jedoch die Kostenfestsetzung einen zur Zwangsvollstreckung geeigneten Kostentitel (§ 103 Abs. 1) zur Voraussetzung hat, erstreckt sich die Aussetzung oder Unterbrechung des Hauptprozesses grundsätzlich auch auf das Kostenfestsetzungsverfahren.[2] Dies gilt

1 KG MDR 1970, 429; OLG Köln JurBüro 1974, 373; OLG München Rpfl. 1974, 368.
2 OLG Hamm Rpfl. 1988, 380.

jedoch nicht, soweit der Kostentitel von der Aussetzung unbeeinflusst bleibt, eine Verfahrensaussetzung in zweiter Instanz hindert deshalb nicht die Kostenfestsetzung für die Kosten der ersten Instanz.[3] Ebenso wenig wirkt sich eine Aussetzung des Rechtsstreits nach Erlass eines vorläufig vollstreckbaren Kostentitels und eines hierauf gestützten Kostenfestsetzungsbeschlusses auf das weitere Kostenfestsetzungsverfahren (Erinnerung und Beschwerde) aus.[4]

### II. Festsetzungstitel (Abs. 1)

3 **1. Art.** Kostenfestsetzung findet statt aufgrund **jedes** Titels, der nach Bundes- oder Landesrecht die Zwangsvollstreckung nach der ZPO ermöglicht. Dies sind insbesondere alle rechtskräftigen oder vorläufig vollstreckbaren Urteile, wobei es nicht nötig ist, dass das Urteil in der Hauptsache einen vollstreckbaren Inhalt hat. Zur Erwirkung eines Kostenfestsetzungsbeschlusses bedarf der Rechtsnachfolger des im Titel ausgewiesenen Kostengläubigers nach § 727 einer Umschreibung des Titels in Gestalt einer auf ihn lautenden vollstreckbaren Ausfertigung.[5] Kostenfestsetzung ist auch aufgrund abweisender, rechtsgestaltender oder feststellender Urteile zulässig. Geeigneter **Festsetzungstitel** ist auch ein Versäumnisurteil, selbst wenn nach dessen Erlass die Hauptsache übereinstimmend für erledigt erklärt wird, können die bis zum Erlass des Versäumnisurteils entstandenen Kosten aufgrund von dessen Kostenentscheidung festgesetzt werden.[6]

4 Ferner **genügen** als Festsetzungstitel bspw. ein Kostenbeschluss nach Klage- oder Rechtsmittelrücknahme,[7] ein Aufhebungsbeschluss nach § 942 Abs. 3, ein Kostenbeschluss im selbständigen Beweisverfahren nach § 494a Abs. 2, eine vollstreckbare Urkunde oder eine Eintragung in der Konkurstabelle wegen der Kosten der Zwangsvollstreckung;[8] des Weiteren eine Kostenentscheidung nach § 91a.[9]

5 Kein geeigneter Festsetzungstitel ist der **Vollstreckungsbescheid**, da er keine Kostengrundentscheidung enthält, sondern lediglich die Kosten im Einzelnen beziffert.[10] Jedoch können noch nicht erfasste Kosten in Ergänzung des Vollstreckungsbescheides festgesetzt werden.[11]

6 Keinen geeigneten Vollstreckungstitel bietet ferner ein **Schiedsspruch** oder ein **Schiedsgutachten.**[12] Eine durch außergerichtliche Verhandlungen entstandene Terminsgebühr kann nach der Judikatur des BGH im Kostenfestsetzungsverfahren in Ansatz gebracht werden, wenn die tatbestandlichen Voraussetzungen des Gebührentatbestandes unstreitig sind. Das gilt sowohl dann, wenn der Gegner sich selbst über solche Verhandlungen erklärt und damit die maßgeblichen Tatsachen im Wege eines Geständnisses gem. § 288 eingeräumt hat, als auch dann, wenn der Gegner sich zu dem den Gebührentatbestand begründenden, ihm zur Stellungnahme überreichten Vortrag nicht erklärt

3 OLG Hamburg MDR 1990, 349; OLG Koblenz Jur. Buro 1988, 885; LG Berlin JurBüro 1985, 619.
4 OLG München JurBüro 1990, 369.
5 BGH Rpfleger 2010, 603.
6 OLG Koblenz MDR 1980, 320.
7 OLG Hamm JurBüro 1972, 696; 1974, 1130.
8 LG Köln KTS 1985, 124.
9 KG JurBüro 1971, 1033; OLG München JurBüro 1964, 836.
10 OLG Schleswig JurBüro 1985, 781; LG Berlin JurBüro 1989, 1131; 1987, 1827; 1964, 48; MünchKomm/*Schulz* § 103 Rdn. 6 m.w.N.; Zöller/*Herget* § 104 Rdn. 21 „Vollstreckungsbescheid"; **a.A.** OLG Koblenz JurBüro 1985, 780; LG Lüneburg Rpfl. 1973, 409; LG Detmold JurBüro 1979, 1715; Stein/Jonas/*Bork* § 103 Rdn. 3.
11 OLG Schleswig JurBüro 1985, 781.
12 BGH FamRZ 1977, 185; OLG Hamburg JurBüro 1982, 796; OLG Köln JurBüro 1975, 233.

und dieser daher gem. § 138 Abs. 3 als unstreitig anzusehen ist.[13] Der BGH[14] vertritt dabei die Ansicht, es reiche für die Entstehung der Terminsgebühr gerade bei komplexen Sachverhalten und/oder mehreren Parallelverfahren aus, wenn bestimmte Rahmenbedingungen für eine mögliche Einigung abgeklärt und/oder unterschiedliche Vorstellungen über die Erledigung der Parallelfälle unter Einschluss des streitigen Verfahrens ausgetauscht werden. Dabei lässt es der BGH genügen, wenn sich der Gesprächspartner an einer außergerichtlichen Erledigung des Rechtsstreits interessiert zeigt. Das Gesetz bezwecke nicht in erster Linie die Honorierung nur erfolgreicher außergerichtlicher Verhandlungen der Parteien.[15] Dagegen hat der BGH später darauf erkannt, die im Vorfeld eines gerichtlichen Verfahrens entstandene Geschäftsgebühr könne im Kostenfestsetzungsverfahren nach §§ 103, 104 nicht berücksichtigt werden. Dementsprechend können weder die Kosten für eine wettbewerbsrechtliche Abmahnung noch die für die vorprozessuale Abwehr eines wettbewerbsrechtlichen Anspruchs angefallene Geschäftsgebühr nach Nr. 2300 RVG-VV Gegenstand einer Kostenfestsetzung nach §§ 103, 104 ZPO sein.[16] Eine vorgerichtlich entstandene Geschäftsgebühr nach Nr. 2300 RVG-VV, die denselben Gegenstand betrifft, ist nach Vorbemerkung 3 Abs. 4 zu Nr. 3100 RVG-VV auf die spätere Verfahrensgebühr des gerichtlichen Verfahrens nach Nr. 3100 RVG-VV auch dann anzurechnen, wenn die Geschäftsgebühr im Kostenfestsetzungsverfahren nach §§ 103, 104 nicht berücksichtigt werden kann.[17]

Ein geeigneter Festsetzungstitel ist hingegen der **Prozessvergleich**, sofern dessen 7
Formerfordernisse (Protokollierung, evtl. Anwaltszwang etc.) erfüllt sind.[18] Der Vergleich muss nicht in dem Prozess, dessen Kosten festgesetzt werden sollen, abgeschlossen worden sein. Es genügt, dass der Rechtsstreit in einem anderen Verfahren mitverglichen wurde. Allerdings sind die Kosten jeweils für das Verfahren, in dem sie entstanden sind, getrennt festzusetzen.[19] Hierbei gehört die Vergleichsgebühr zu den Kosten des Verfahrens, in dem der Vergleich protokolliert wurde.[20] Eine Ausnahme gilt im Verhältnis von Eil- und Hauptsacheverfahren, hier können die Kosten beider Rechtsstreitigkeiten gemeinsam festgesetzt werden.[21] Kein geeigneter Festsetzungstitel ist ein Prozessvergleich, der in einem anderen Verfahren geschlossen wurde, jedoch dann, wenn bereits eine rechtskräftige Kostenentscheidung oder ein rechtskräftiger Festsetzungsbeschluss erging.[22]

Für das Kostenfestsetzungsverfahren genügt ein **Arrestbefehl** oder eine einstweilige 8
Verfügung, soweit diese Entscheidungen (richtigerweise) auch über die Kosten befinden. Dies gilt auch, wenn der Vollzug der Entscheidung (§ 929 Abs. 2) versäumt wurde.[23] Sind in Verfahren auf Anordnung eines Arrests und auf Aufhebung wegen veränderter Umstände nach § 927 gegensätzliche Kostenentscheidungen ergangen, so kann jede Partei vom Gegner Kostenerstattung verlangen.[24] Dies gilt jedoch nicht bei einer Aufhebung mangels Klageerhebung nach § 926 Abs. 2.[25]

13 BGH NJW-RR 2007, 787.
14 BGH NJW-RR 2007, 1578.
15 BGH NJW-RR 2007, 1578.
16 BGH NJW 2007, 2049; BGH AGS 2008, 574.
17 BGH AGS 2008, 574; BGH NJW 2008, 1323.
18 Vgl. OLG Hamm NJW 1972, 1998; 1975, 1709; LG Berlin Rpfl. 1988, 110.
19 OLG Köln JurBüro 1973, 638.
20 OLG München JurBüro 1990, 212.
21 KG MDR 1984, 590.
22 KG JurBüro 1972, 256; OLG Hamm JurBüro 1975, 517 m. Anm. *Mümmler*; vgl. auch: MünchKomm/*Schulz* § 103 Rdn. 12ff., 16; **a.A.** OLG München NJW 1969, 2149.
23 OLG Hamburg NJW 1952, 550; LG Berlin Rpfl. 1961, 23; **a.A.** OLG Hamm NJW 1976, 1409.
24 OLG Koblenz KostRspr. ZPO § 103 (B) Nr. 46; OLG München AnwBl. 1988, 416.
25 KG JurBüro 1974, 1395.

9 **2. Beschränkungen des Festsetzungstitels.** Ist die **Vollstreckung** des Urteils in der Hauptsache dadurch beschränkt, dass sie bedingt oder befristet oder von besonderen Voraussetzungen (etwa einer Sicherheitsleistung oder einer Zug um Zug zu bewirkenden Leistung) abhängig ist, so kann dennoch die Kostenfestsetzung erfolgen, da der Ausspruch über die Kosten, der das Prozessergebnis widerspiegelt, von diesen Beschränkungen nicht erfasst wird.[26] Eine Ausnahme bildet der bedingte oder widerrufliche Vergleich, da in diesem Fall nicht nur die Vollstreckung aus dem Titel, sondern die Existenz des Titels selbst von der Bedingung bzw. von der Ausübung des Widerrufs abhängt.[27] Allerdings müssen die Voraussetzungen und Bedingungen, wie bspw. eine vollstreckungsbeschränkende Vereinbarung in einem Vergleich, in den Kostenfestsetzungsbeschluss ebenfalls aufgenommen werden.[28] Ebenfalls in den Kostenfestsetzungsbeschluss mit aufzunehmen ist der Vorbehalt der beschränkten Erbenhaftung,[29] sofern dieser im Titel enthalten ist.[30] Nicht in den Festsetzungsbeschluss übernommen wird hingegen der Ausspruch des Urteilstenors, dass nur Zug um Zug zu leisten ist, denn dieser Ausspruch hindert nicht die Vollstreckung wegen der Kosten.[31]

10 Die **Voraussetzungen** der Zwangsvollstreckung müssen für den Erlass des Kostenfestsetzungsbeschlusses nicht vorliegen. Ihr Fehlen hindert lediglich die Zwangsvollstreckung aus dem Kostenfestsetzungsbeschluss. Der Erlass des Beschlusses ist deshalb unabhängig davon, ob die in einem vorläufig vollstreckbaren Urteil angeordnete Sicherheitsleistung erbracht wurde oder ob umgekehrt der Schuldner die zur Abwendung der Vollstreckung nötige Sicherheit erbracht hat.[32] Auch eine Einstellung der Zwangsvollstreckung nach §§ 707, 719 hindert nicht den Erlass des Kostenfestsetzungsbeschlusses, sondern nur dessen Vollstreckung.

Allerdings sind **besondere** Zwangsvollstreckungsvoraussetzungen wie die Notwendigkeit einer Sicherheitsleistung oder eine Abwendungsbefugnis des Schuldners aus dem Urteilstenor in den Kostenfestsetzungsbeschluss zu übernehmen.[33] Dabei ist der Kostenfestsetzungsbeamte an die vom Gericht angeordnete Sicherheitsleistung gebunden, er kann keine gesonderte Sicherheitsleistung in Höhe der festgesetzten Kosten bestimmen.[34] Die Sicherheitsleistung ist als Einheit zu betrachten, da dem Schuldner auch aus einer Teilvollstreckung ein überproportionaler Schaden entstehen kann.

11 **3. Aufhebung oder Wegfall des Titels.** Der Kostenfestsetzungsbeschluss setzt eine Kostengrundentscheidung voraus, fehlt es an dieser, so ist er nichtig,[35] ohne dass dies gesondert ausgesprochen werden muss.[36] Der Kostenfestsetzungsbeschluss teilt das Schicksal der Kostengrundentscheidung.[37] Dies gilt auch für einen Kostenfestsetzungsbeschluss, der aufgrund der Kostenentscheidung eines Vorbehaltsurteils ergangen ist; dieser verliert

---

**26** Stein/Jonas/*Bork* § 103 Rdn. 5; Prütting/Gehrlein/*Schmidt* § 103 Rdn. 3.
**27** OLG Hamm JurBüro 1970, 65.
**28** OLG Frankfurt Rpfl. 1980, 481; OLG Hamm NJW 1966, 1760; OLG München Rpfl. 1979, 466.
**29** OLG Hamm MDR 1982, 855; KG NJW 1964, 1330.
**30** KG MDR 1976, 584.
**31** OLG Düsseldorf NJW 1971, 1756; OLG Frankfurt Rpfl. 1980, 481.
**32** Stein/Jonas/*Bork* § 103 Rdn. 6; Prütting/Gehrlein/*Schmidt* § 103 Rdn. 4.
**33** RG JW 1882, 131.
**34** OLG Karlsruhe NJW 1955, 1117; KG Rpfl. 1984, 246; OLG Nürnberg JurBüro 1964, 44; OLG Stuttgart Rpfl. 1988, 39; Baumbach/Lauterbach/Albers/*Hartmann*[71] Einf §§ 103–107 Rdn. 12 f.; vgl. auch MünchKomm/*Schulz* § 104 Rdn. 51, 62 ff.; **a.A.** Stein/Jonas/*Bork* § 103 Rdn. 6; OLG Bamberg Rpfl. 1981, 455.
**35** BAG NJW 1963, 1027.
**36** MünchKomm/*Schulz* § 104 Rdn. 142 f.; **a.A.** OLG Köln NJW 1967, 114.
**37** OLG Hamburg MDR 1989, 826; KG NJW 1976, 1272.

mit Aufhebung des Vorbehaltsurteils im Nachverfahren seine Wirkung.[38] Der Kostenfestsetzungsbeschluss verliert selbst dann seine Wirksamkeit, wenn der Titel, auf dem er beruht, mit dem neuen Kostentitel sachlich übereinstimmt, auch wenn die erneute Kostengrundentscheidung dann keinen neuen Kostenerstattungsanspruch, sondern denselben Anspruch betrifft.[39] Etwas anderes gilt dann, soweit die Parteien den Fortbestand der ursprünglichen Kostenentscheidung per Prozessvergleich vereinbart haben.[40]

Der Kostenfestsetzungsbeschluss verliert seine Wirkung auch dann, wenn die Kos- 12
tengrundentscheidung nur teilweise **abgeändert** wird, eine Ausnahme kommt in Betracht, wenn die Abänderung zum alleinigen Vorteil der Partei, die den Kostenfestsetzungsbeschluss erwirkt hatte, geschah und die Zuordnung der Kosten zu dem nicht geänderten Teil des Titels feststeht.[41] Durch die Aufhebung oder Änderung der Kostengrundentscheidung wird das gesamte Kostenfestsetzungsverfahren gegenstandslos, eine eingelegte Erinnerung oder Beschwerde erledigt sich.[42] Ein ergangener Kostenfestsetzungsbeschluss kann zur Klarstellung aufgehoben werden,[43] wobei die Kosten des Erinnerungs- oder Beschwerdeverfahrens demjenigen aufzuerlegen sind, der die Kostenfestsetzung betrieben hat.[44]

Keinen Einfluss auf die Kostenfestsetzung hat die **Vollstreckungsgegenklage** nach 13
§ 767, da diese nur den Hauptsacheanspruch, nicht auch den Kostenerstattungsanspruch betrifft.[45]

Nach Aufhebung oder Änderung der Kostengrundentscheidung lässt die herrschen- 14
de Meinung eine **Rückfestsetzung** des bereits gezahlten Betrages analog § 717 Abs. 2 zu, wenn Zahlung und Betrag unstreitig, offenkundig oder urkundlich nachweisbar sind.[46] Jedoch hindern materiell-rechtliche Einwendungen, wie bspw. der Aufrechnungseinwand[47] oder der Einwand mitwirkenden Verschuldens,[48] die Rückfestsetzung.

### III. Festsetzungsgesuch (Abs. 2)

**1. Allgemeines.** Die Kostenfestsetzung bedarf (außer im Fall des § 105 Abs. 2) stets 15
eines **Antrags.**[49] Eine Antragsfrist besteht nicht,[50] jedoch kann das Antragsrecht verwirkt werden.[51] Das Kostenfestsetzungsgesuch kann bis zur Rechtskraft des Kostenfestsetzungsbeschlusses ganz oder teilweise zurückgenommen werden. Die Rücknahme ist bin-

---

**38** OLG Koblenz JurBüro 1985, 1886 = KostRspr. ZPO § 103 (B) Nr. 36 m. Anm. *Lappe*.
**39** OLG Frankfurt MDR 1983, 941 = KostRspr. ZPO § 103 (B) Nr. 18 m. abl. Anm. *Lappe*; KG Rpfl. 1976, 325; OLG München Rpfl. 1982, 159; Stein/Jonas/*Bork* § 103 Rdn. 7; MünchKomm/*Schulz* § 104 Rdn. 144 m.w.N.; Zöller/*Herget* § 104 Rdn. 21 „Aufhebung/Änderung der Kostengrundentscheidung"; die hM lässt allerdings in diesem Fall Bezugnahme auf den ursprünglichen Festsetzungsantrag zu, LG Berlin AnwBl. 1992, 497 m.w.N.
**40** OLG München NJW-RR 2001, 718, 719; MünchKomm/*Schulz* § 104 Rdn. 144.
**41** OLG Frankfurt AnwBl. 1978, 465; LG Köln Rpfl. 1984, 112.
**42** OLG Hamburg JurBüro 1989, 502.
**43** OLG Hamm Rpfl. 1976, 408; OLG Köln JurBüro 1986, 1249.
**44** KG Rpfl. 1978, 384.
**45** RGZ 75, 200; LG Berlin MDR 1983, 137.
**46** OLG Celle JurBüro 1985, 1721; KG MDR 1987, 680; JurBüro 1991, 389; OLG Hamm NJW 1962, 541; JurBüro 1981, 1246; 1988, 1033; **a.A.** OLG Köln Rpfl. 1987, 474; 1976, 220; OLG München MDR 1982, 760; OLGR München 1994, 24.
**47** OLG Koblenz JurBüro 1985, 1883 (LS).
**48** OLG Düsseldorf Rpfl. 1989, 39.
**49** Stein/Jonas/*Bork* § 103 Rdn. 17.
**50** **A.A.** (unhaltbar) OVG Münster NJW 1971, 1767.
**51** OLG Bamberg JurBüro 1987, 1412; OLG Frankfurt MDR 1974, 240; KGR Berlin 1994, 95; **a.A.** OLG Düsseldorf MDR 1988, 972 (keine Berücksichtigung im Kostenfestsetzungsverfahren).

dend und unwiderruflich.[52] Nach erklärter Rücknahme darf keine Festsetzung mehr erfolgen,[53] ein bereits ergangener, noch nicht rechtskräftiger Kostenfestsetzungsbeschluss wird analog § 269 Abs. 3 S. 1 wirkungslos.

### 2. Parteien

16 **a) Antragsberechtigter.** Das Gesuch kann jeder stellen, der aufgrund des Titels einen Kostenerstattungsanspruch hat. Außer der Partei (oder ihrer Streitgenossen)[54] kann dies ein Streithelfer,[55] eine aus dem Prozess ausgeschiedene Partei[56] oder ein am Vergleich beteiligter Dritter sein. Antragsberechtigt ist auch derjenige, der den Erstattungsanspruch abgetreten hat.[57] Gewillkürte Prozessstandschaft ist jedoch nicht zulässig.[58] Rechtsnachfolger sind zur Stellung des Kostenfestsetzungsgesuchs erst berechtigt, wenn der Titel nach §§ 727 ff. auf sie umgeschrieben ist.[59]

17 Der **Prozessbevollmächtigte** der Partei hat grundsätzlich kein eigenes Antrags- und Beschwerderecht im Kostenfestsetzungsverfahren. Jedoch kann er aufgrund seiner Prozessvollmacht im Namen der Partei Festsetzung beantragen, die Vollmacht erlischt mit Anzeige der Mandatsbeendigung (auch im Anwaltsprozess).[60] Selbst antrags- und beschwerdeberechtigt ist hingegen der im Wege der Prozesskostenhilfe für die Partei bestellte Anwalt (§ 126).

18 **b) Antragsgegner.** Das Kostenfestsetzungsgesuch ist gegenüber demjenigen zu stellen, dem die Kosten in der Kostengrundentscheidung des Festsetzungstitels auferlegt wurden; des Weiteren gegenüber Rechtsnachfolgern oder sonstigen Personen, gegen die das Gericht eine Vollstreckungsklausel erteilt hat (§§ 727 ff., 738, 742, 744, 745 Abs. 2, 749). Als Antragsgegner kommen auch Streitgenossen, Streithelfer oder Dritte in Betracht, soweit der Titel, bspw. ein Prozessvergleich, ihre Erstattungspflicht gegenüber dem Antragsteller regelt.[61]

19 **3. Form und Inhalt.** Das **Gesuch** ist schriftlich mit eigenhändiger Unterschrift oder zu Protokoll der Geschäftsstelle unter genauer Angabe des Rechtsstreits und der Erklärung, dass Kostenfestsetzung begehrt wird, einzureichen. Anwaltszwang besteht nicht (§ 13 RpflG), die Prozessvollmacht des erstinstanzlichen Anwalts gilt auch für die Kostenfestsetzung, hingegen bedarf der Anwalt höherer Instanz einer besonderen Vollmacht.[62]

Die allgemeinen Prozesshandlungsvoraussetzungen müssen zur Zulässigkeit des Antrags grundsätzlich erfüllt sein, jedoch steht dem Gesuch nicht entgegen, dass die Partei- oder Prozessfähigkeit des Antragstellers in dem zugrunde liegenden Titel verneint wurde,[63] da anderenfalls der Erstattungsanspruch nicht realisierbar wäre.

---

52 OLG Koblenz Rpfl. 1976, 324.
53 OLG Hamm Rpfl. 1973, 370.
54 OLG München AnwBl. 1985, 42.
55 OLG München NJW 1975, 1367.
56 OLG Hamm JurBüro 1975, 1503.
57 BGH NJW 1988, 3205.
58 OLG Bremen NJW-RR 1989, 574.
59 KG JurBüro 1966, 707; OLG Karlsruhe JurBüro 1992, 747; OLG München MDR 1993, 83.
60 KG MDR 1972, 247; OLG München MDR 1980, 146.
61 OLG Koblenz VersR 1980, 1149; 1987, 995; OLG München NJW 1975, 1367.
62 OLG Köln JMBlNRW 1962, 258.
63 OLG Hamburg MDR 1989, 826; OLG Schleswig SchlHA 1978, 178.

**4. Notwendige Anlagen (Abs. 2 S. 2).** Der **Festsetzungstitel** ist in § 103 Abs. 2 S. 2 nicht genannt, da er sich i.d.R. bei den Gerichtsakten befindet. Soweit dies nicht der Fall ist, ist er in einfacher Ausfertigung vorzulegen. Einer vollstreckbaren Ausfertigung bedarf es, wie u.a. § 105 beweist, i.d.R. nicht, eine Ausnahme gilt nur in Fällen der Rechtsnachfolge, falls der Titel für oder gegen eine andere Person umgeschrieben werden muss.[64] Sofern der Titel nur nach Eintritt der Rechtskraft zur Zwangsvollstreckung geeignet ist und diese bei dem festsetzenden Gericht nicht offenkundig ist, ist auch die Vorlage eines Rechtskraftzeugnisses erforderlich. 20

Erforderlich ist in jedem Fall die Vorlage einer detaillierten **Kostenberechnung**, die die einzelnen Positionen nach Grund, Datum und Höhe getrennt aufführt. Je höher und ungewöhnlicher der Kostenansatz ist, umso strengere Anforderungen gelten.[65] Eine mangelhafte Kostenberechnung führt (nach vergeblicher Aufforderung zur Nachbesserung) zur Zurückweisung des Gesuchs.[66] 21

Eine **Abschrift** der Kostenberechnung (nicht auch der Belege) ist für den Gegner beizufügen. Andernfalls fertigt die Geschäftsstelle die Abschrift auf Kosten des Antragstellers (KV 1900 Nr. 1b). 22

Der Kostenberechnung sind **Belege** beizufügen, soweit sich diese nicht bereits in der Gerichtsakte befinden. Eine Beifügung der Handakten kann im Einzelfall, je nach deren Übersichtlichkeit, genügen. Soweit die anwaltliche Versicherung nach § 104 Abs. 2 S. 2 genügt, ist kein Einzelnachweis erforderlich. 23

**5. Nachliquidation.** Auch nach **Rechtskraft** eines Kostenfestsetzungsbeschlusses kann die Festsetzung weiterer Kostenerstattungsforderungen beantragt werden, soweit die Forderungen im ersten Kostenfestsetzungsverfahren nicht berücksichtigt wurden,[67] sei es weil sie irrtümlich nicht geltend gemacht wurden[68] oder weil der Rechtspfleger versehentlich nicht über sie entschieden hat.[69] Einem Ansatz fiktiver Reisekosten anstelle einer abgelehnten Verkehrsanwaltsgebühr steht aber die Rechtskraft des Beschlusses entgegen.[70] Eine Erinnerung wegen gestrichener Positionen kann gleichzeitig zur Nachliquidation benutzt werden,[71] jedoch steht das Verfahren der Durchgriffserinnerung für die **Nachliquidation** nicht zur Verfügung, wenn die Kosten antragsgemäß festgesetzt wurden.[72] 24

**6. Zuständigkeit.** Ausschließlich zuständig für die Festsetzung der Kosten aller Instanzen ist der Rechtspfleger beim **Prozessgericht** erster Instanz, §§ 21 Nr. 1 RpflG, 103 Abs. 2 S. 1. Die Zuständigkeit des Rechtspflegers erster Instanz ist auch für die Kostenfestsetzung aufgrund eines vom Berufungsgericht angeordneten Arrestes oder einer einstweiligen Verfügung gegeben;[73] des Weiteren für eine vor dem Berufungsgericht verhandelte Wiederaufnahmeklage.[74] 25

---

**64** S. Stein/Jonas/*Bork* § 103 Rdn. 19.
**65** KG JurBüro 1976, 814.
**66** BVerfGE 65, 74.
**67** KG Rpfl. 1976, 366; OLG Frankfurt JurBüro 1986, 599; OLG Hamm JurBüro 1982, 450; OLG München JurBüro 1987, 262.
**68** OLG Hamburg MDR 1979, 235.
**69** KG Rpfl. 1980, 158.
**70** OLG Karlsruhe MDR 1994, 413.
**71** OLG München Rpfl. 1969, 394.
**72** OLG Celle MDR 1975, 498.
**73** OVG Lüneburg Rpfl. 1986, 319.
**74** OLG München Rpfl. 1973, 318.

26 Wurde ein Rechtsstreit in einem anderen Rechtsstreit **mitverglichen**, so müssen nach umstrittener Ansicht getrennte Kostenfestsetzungsverfahren durchgeführt werden,[75] die Vergleichsgebühr ist nur in dem Verfahren festsetzbar, in dem sie angefallen ist.[76]

Kosten der **Zwangsvollstreckung** sind nach Ansicht des BGH vom Prozessgericht festzusetzen, soweit sie nicht nach § 788 beigetrieben werden können.[77] Die Festsetzung von Kosten der Zwangsvollstreckung aus einem Vollstreckungsbescheid erfolgt durch den Rechtspfleger des Gerichts des ersten Rechtszugs, das für eine Entscheidung im Streitverfahren zuständig gewesen wäre (§§ 796 Abs. 3, 797 Abs. 5, 797a Abs. 3).[78]

Bei einer vollstreckbaren Urkunde ist hingegen der Rechtspfleger des Vollstreckungsgerichts zuständig.[79] Die Verweisung eines Kostenfestsetzungsantrages vom Prozess- an das Vollstreckungsgericht bindet jedoch nicht, da es sich um eine Verweisung wegen funktioneller Unzuständigkeit handelt.[80]

27 In den Fällen der **Verweisung** erfolgt die Festsetzung oder die Entscheidung über eine Erinnerung gegen den bereits erlassenen Kostenfestsetzungsbeschluss durch das neue Gericht.[81]

28 **7. Rechtsmittel.** Ein im Rechtsstreit beigetretener Streithelfer kann für die von ihm unterstützte Partei im anschließenden Kostenfestsetzungsverfahren Rechtsmittel einlegen.[82]

## § 104
## Kostenfestsetzungsverfahren

**(1) Über den Festsetzungsantrag entscheidet das Gericht des ersten Rechtszuges. Auf Antrag ist auszusprechen, dass die festgesetzten Kosten vom Eingang des Festsetzungsantrags, im Falle des § 105 Abs. 3 von der Verkündung des Urteils ab mit fünf Prozentpunkten über dem Basiszinssatz nach § 247 des Bürgerlichen Gesetzbuchs zu verzinsen sind. Die Entscheidung ist, sofern dem Antrag ganz oder teilweise entsprochen wird, dem Gegner des Antragstellers unter Beifügung einer Abschrift der Kostenrechnung von Amts wegen zuzustellen. Dem Antragsteller ist die Entscheidung nur dann von Amts wegen zuzustellen, wenn der Antrag ganz oder teilweise zurückgewiesen wird; im Übrigen ergeht die Mitteilung formlos.**

**(2) Zur Berücksichtigung eines Ansatzes genügt, dass er glaubhaft gemacht ist. Hinsichtlich der einem Rechtsanwalt erwachsenden Auslagen für Post- und Telekommunikationsdienstleistungen genügt die Versicherung des Rechtsanwalts, dass diese Auslagen entstanden sind. Zur Berücksichtigung von Umsatzsteuerbeträgen genügt die Erklärung des Antragstellers, dass er die Beträge nicht als Vorsteuer abziehen kann.**

---

75 KG MDR 1984, 590 m.w.N.; OLG Köln JurBüro 1973, 638; OLG München AnwBl. 1990, 173.
76 OLG Köln JMBlNRW 1964, 142; OLG München AnwBl. 1990, 173.
77 BGH NJW 1982, 2070; 1986, 2438; BGHZ 90, 207, 210; s.a. BAG NJW 1983, 1448; **a.A.** OLG Hamm AnwBl. 1989, 48.
78 BGH MDR 1988, 291.
79 KG Rpfl. 1986, 404; LG München II Rpfl. 1985, 476.
80 BayObLG MDR 1989, 167.
81 OLG Frankfurt Rpfl. 1974, 321; **abw.** (für Verweisung durch die Berufungskammer des LG an das LG als erste Instanz) Stein/Jonas/*Bork* § 103 Rdn. 16; zur Teilverweisung s. OLG Oldenburg Rpfl. 1984, 431.
82 OLG Celle MDR 2013, 298.

**(3) Gegen die Entscheidung findet sofortige Beschwerde statt. Das Beschwerdegericht kann das Verfahren aussetzen, bis die Entscheidung, auf die der Festsetzungsantrag gestützt wird, rechtskräftig ist.**

**Übersicht**



## I. Kostenfestsetzung

1 **1. Zuständigkeit und Verfahrensgrundsätze.** Zuständig zur Entscheidung ist nach § 21 Nr. 1 RpflG der **Rechtspfleger**. (Zu weiteren Einzelheiten s. § 103 Rdn. 26.)

2 Dem **Antragsgegner** ist vor Erlass des Kostenfestsetzungsbeschlusses durch schriftliche oder mündliche Anhörung **rechtliches Gehör** zu gewähren, Art. 103 Abs. 1 GG.[1] Eine Ausnahme kommt nur in ganz einfach gelagerten Fällen, deren Ergebnis feststeht, in Betracht.[2] Im Rahmen der Gewährung rechtlichen Gehörs ist dem Antragsgegner die Abschrift der Kostenberechnung zur Stellungnahme zu übersenden.[3] Das Fehlen des rechtlichen Gehörs wird durch eine Anhörung im Erinnerungsverfahren geheilt.[4] Ist der Kostenfestsetzungsbeschluss bereits rechtskräftig, so ist nach Ansicht des OLG München AnwBl. 1982, 532 die Abänderung im Wege der Gegenvorstellung zulässig.

3 Die tatsächlichen Angaben des Antragstellers über die Entstehung, die Höhe und die Notwendigkeit der geforderten Kosten sind **glaubhaft** zu machen, § 294. Der Rechtspfleger kann sich zur Aufklärung des Sachverhalts aller Beweismittel bedienen.[5] (Zur Anordnung und Abnahme eines Eides muss er die Sache aber dem Richter vorlegen, § 4 Abs. 3 RpflG.) Zur Feststellung der Höhe der Kosten kann der Rechtspfleger in geeigneten Fällen zur **Schätzung** nach § 287 greifen.[6]

---

1 BVerfG NJW 1983, 2187; 1990, 1104; OLG Braunschweig Rpfl. 1977, 176.
2 OLG Bamberg JurBüro 1974, 1172; OLG München JurBüro 1993, 300; LG Berlin JurBüro 1986, 717.
3 BayObLG AnwBl. 1989, 161.
4 OLG Stuttgart Rpfl. 1974, 26.
5 OLG Koblenz Rpfl. 1980, 383.
6 OLG Koblenz Rpfl. 1981, 502 (LS); OLG München MDR 1992, 1005.

Zur **Amtsermittlung** ist der Rechtspfleger zwar berechtigt, aber nicht verpflichtet.[7] Eine Ausnahme gilt für die Anforderung ergänzender dienstlicher Erklärungen des Prozessgerichts.[8]

3a Ein **Kostenfestsetzungsverfahren** für die Kosten der Vorinstanzen ist auch dann **gem. § 240 unterbrochen**, wenn die Unterbrechungswirkung erst in einem späteren Rechtszug eintritt.[9] Macht der Insolvenzverwalter nach **Anzeige der Masseunzulänglichkeit** glaubhaft, dass eine danach entstandene, als Neumasseverbindlichkeit einzustufende Kostenerstattungsforderung aus der Masse nicht befriedigt werden kann, darf gegen ihn ein Kostenfestsetzungsbeschluss nicht ergehen.[10]

### 2. Prüfungsumfang

4 **a) Zulässigkeit.** Der Rechtspfleger prüft zunächst die Zulässigkeit des Gesuchs, insbesondere seine Zuständigkeit, die Form des Gesuchs und die Antragsberechtigung des Antragstellers.

5 **b) Titel.** Der Rechtspfleger prüft ferner, ob ein formal wirksamer, zur Zwangsvollstreckung geeigneter Titel vorliegt. An dessen Kostengrundentscheidung ist er gebunden, auch wenn sie fehlerhaft ist.[11] Hat bspw. die Kostengrundentscheidung nicht berücksichtigt, dass Beweisaufnahmekosten nur aufgrund des Vortrags eines von mehreren Streitgenossen entstanden sind, so kann dies im Kostenfestsetzungsverfahren nicht nachgeholt werden.[12] Auch eine Ergänzung, Berichtigung oder Nachprüfung des Titels selbst ist dem Rechtspfleger verwehrt, weshalb bspw. eine vom Gericht als prozessfähig angesehene Partei im Kostenfestsetzungsverfahren nicht geltend machen kann, sie sei nicht prozessfähig.[13] Es ist dem Rechtspfleger auch verwehrt, eine vom Gericht unterlassene Kostenentscheidung nach § 281 Abs. 3 S. 2 im Kostenfestsetzungsverfahren mit der Erwägung nachzuholen, dass die zusätzlichen Anwaltskosten vor dem zunächst angegangenen örtlich unzuständigen Gericht zur zweckentsprechenden Rechtsverfolgung nicht notwendig gewesen seien.[14]

Die Kostenfestsetzung für oder gegen den (Gesamt-)Rechtsnachfolger des in der Kostengrundentscheidung bezeichneten Beteiligten setzt eine entsprechende Rechtsnachfolgeklausel (§ 727) voraus. [15]

6 Die **Bindung** an den Titel und dessen Kostengrundentscheidung verbietet jedoch nicht die Auslegung, wenn nach dem Wortlaut Zweifel über die inhaltliche Tragweite der Entscheidung bestehen.[16] Ist allerdings der Tenor des Urteils eindeutig formuliert, so ist für eine anderweitige Auslegung anhand der Gründe kein Raum.[17] Daher erfordert nach Ansicht des BGH die Festsetzung einer anwaltlichen Einigungsgebühr nach § 2 Abs. 2

---

7 *Hägele* AnwBl. 1977, 139, 403; OLG München AnwBl. 1983, 569; **a.A.** *Lappe* AnwBl. 1977, 302; OLG Köln Rpfl. 1987, 173.
8 OLG Frankfurt MDR 1980, 233; OLG München NJW 1964, 1377.
9 BGH Rpfleger 2005, 695.
10 BGH DZWIR 2009, 161 = ZIP 2008, 2284; BGH DZWIR 2005, 342 = ZIP 2005, 817; BGH DZWIR 2006, 41 = ZIP 2005, 1983 (Fehlen des Rechtsschutzbedürfnisses).
11 BGH NJW 1962, 36; OLG Bamberg JurBüro 1986, 108; OLG Hamburg JurBüro 1969, 555; OLG Zweibrücken JurBüro 1986, 1573.
12 OLG München MDR 1989, 116.
13 OLG Hamburg MDR 1989, 826.
14 KG MDR 1976, 405; **a.A.** OLG Hamm KostRspr. ZPO § 276 Nr. 57 m.w.N.
15 OLG Köln FGPrax 2012, 282.
16 OLG Frankfurt JurBüro 1979, 1892.
17 OLG Koblenz JurBüro 1985, 1886.

Satz 1 RVG in Verbindung mit Nrn. 1000, 1003 RVG-VV im Kostenfestsetzungsverfahren nach §§ 103, 104, dass die Parteien einen als Vollstreckungstitel tauglichen Vergleich nach § 794 Abs. 1 haben protokollieren lassen (§§ 160 Abs. 3 Nr. 1, 162f.).[18]

Bei misslungener Kostengrundentscheidung darf der Rechtspfleger nicht einfach die Kostenfestsetzung **ablehnen**, er muss die unzulässige Kostenentscheidung vielmehr durch Auslegung einer Festsetzung zugänglich machen. Dies gilt insbesondere in Fällen unzulässiger Kostentrennung.[19] Zur Auslegung können nur der Titel und der Akteninhalt herangezogen werden, eine Beweisaufnahme ist nicht statthaft.[20]

**c) Prozesskosten.** Erforderlich ist des Weiteren, dass die in dem Gesuch aufgeführten Kosten zu den Kosten des Rechtsstreites gehören, den der vorgelegte Vollstreckungstitel betrifft. (Zur Einbeziehung von Vorbereitungskosten s. Rdn. 11 Vor § 91.) Zu den Prozesskosten zählen auch Kosten der Zwangsvollstreckung, die nicht nach § 788 ohne förmliches Kostenfestsetzungsverfahren beigetrieben wurden.[21] Eine Verbindung mehrerer Kostenfestsetzungsverfahren aus getrennt geführten Prozessen zur Herbeiführung eines Kostenfestsetzungsbeschlusses ist nicht statthaft.[22] Die Kosten der Sequestration können im Kostenfestsetzungsverfahren aufgrund der Kostengrundentscheidung des Verfahrens festgesetzt werden, in dem die Sequestration angeordnet worden ist.[23] Eine Verfahrensgebühr gemäß RVG-VV Nr. 3101 Ziffer 2 sowie eine Terminsgebühr gemäß RVG-VV Vorbemerkung 3 Abs. 3 i.V.m. Nr. 3104 können im Verfahren nach §§ 103ff. nur festgesetzt werden, wenn der betreffende Gegenstand rechtshängig war.[24] Die auf die Verfahrensgebühr des gerichtlichen Verfahrens nach der Vorbemerkung 3 Abs. 4 der Anlage zu § 2 Abs. 2 RVG nicht anrechenbare Geschäftsgebühr nach RVG-VV Nr. 2400 dieser Anlage für ein Mahnschreiben zählt nicht zu den Kosten des Rechtsstreits im Sinne des § 91 Abs. 1 Satz 1 und kann nicht im Kostenfestsetzungsverfahren nach §§ 103, 104, § 11 Abs. 1 Satz 1 RVG festgesetzt werden.[25] Die zur Abwehr der Zwangsvollstreckung aufgewendeten Kosten sind kostenfestsetzungsrechtlich als Verfahrenskosten weiteren Sinne anzusehen.[26] 7

**Prozesskostenvorschüsse** (§§ 1360a Abs. 4 BGB) zwischen den Parteien können im Festsetzungsverfahren grundsätzlich nicht zurückgefordert werden (s.a. Rdn. 12).[27] Eine Ausnahme lässt die Rechtsprechung zu, falls die Zahlung unstreitig ist[28] oder die erstattungspflichtige Partei die Anrechnung aus offensichtlich verfehlten Gründen in Zweifel zieht.[29] Umstritten ist der Verrechnungsmodus im Fall des Kostenausgleichs, nach richtiger Ansicht ist ein unstreitig gezahlter Kostenvorschuss voll zu berücksichtigen und 8

18 BGH Rpfleger 2006, 436; BGH NJW 2002, 3713.
19 OLG Hamburg MDR 1981, 149; OLG Schleswig JurBüro 1982, 1404; OLG Köln JurBüro 1986, 453.
20 OLG Hamm JurBüro 1968, 297; OLG Schleswig SchlHA 1982, 173.
21 BGH NJW 1986, 2438.
22 OLG Hamm Rpfl. 1980, 439; s.a. oben § 103, 27.
23 BGH Rpfleger 2006, 611; BGH DGVZ 2008, 77; WRP 2006, 1246.
24 BGH NJW 2009, 233.
25 BGH Rpfleger 2006, 505.
26 BGH Rpfleger 2006, 268; OLG Düsseldorf, JurBüro 1996, 430 und NJW-RR 1998, 1455; OLG Karlsruhe JurBüro 1990, 64; OLG Koblenz JurBüro 2001, 380; OLG München NJW-RR 2000, 517; OLGR Schleswig 1999, 59 entgegen OLG Celle Rpfleger 1983, 498; OLG Frankfurt JurBüro 1986, 109; OLG Hamburg MDR 1999, 188; OLG Hamm JurBüro 1987, 1083; OLG Koblenz JurBüro 1985, 943; OLG Köln JurBüro 1999, 272.
27 OLG Celle Nds Rpfl. 1974, 137; OLG Hamm FamRZ 1971, 582; OLG Karlsruhe Rpfl. 1981, 408; OLG München NJW 1972, 1473; *Mümmler*, JurBüro 1992, 139.
28 OLG Bamberg JurBüro 1982, 449; OLG Stuttgart JurBüro 1978, 443.
29 KG JurBüro 1979, 269.

nicht nur soweit er die Kosten übersteigt, die der Empfänger nach der Kostengrundentscheidung nicht erstattet verlangen kann.[30]

9 **d) Kostenanfall.** Die in Ansatz gebrachten Kosten müssen tatsächlich entstanden sein, ersparte Kosten sind nicht erstattungsfähig.[31] Nicht erwachsene Kosten sind auch dann nicht zuzusprechen, wenn der Gegner der unzutreffenden Rechtsauffassung des Antragstellers (bspw. zur Entstehung einer Gebühr) zustimmt.[32] Bei Gerichts-, Anwalts- und Gerichtsvollzieherkosten genügt es, dass die Zahlungspflicht feststeht, um die Aufwendung glaubhaft zu machen (vgl. auch § 105 Abs. 2).[33] Selbst ein Verzicht des Rechtsanwalts gegenüber dem Mandanten auf die gesetzliche Vergütung berührt dessen Kostenerstattungsanspruch gegen den Gegner nicht.[34] Für Gerichtskosten, für die auch der verurteilte Gegner nach § 31 Abs. 2 GKG haftet, bedarf es allerdings des Nachweises der Zahlung durch den Antragsteller, da ansonsten die Gefahr besteht, dass der Antragsgegner doppelt zahlen muss.[35] Gleiches gilt im Fall des § 122 Abs. 2.

Hinsichtlich der einem **Rechtsanwalt** des Antragstellers erwachsenen Auslagen an **Post- und Telekommunikationsgebühren** genügt die Versicherung des Anwalts zur Glaubhaftmachung. (Bei Geltendmachung der Pauschale nach RVG-VV Nr. 7002 ist die Versicherung nicht erforderlich.) Die anwaltliche Versicherung betrifft nur die Entstehung der Postgebühren, ihre Notwendigkeit ist im Einzelnen nachzuweisen, sofern der Ansatz das Übliche übersteigt.[36]

10 **e) Notwendigkeit.** Jeder Ansatz ist daraufhin zu überprüfen, ob die Aufwendung zur zweckentsprechenden Rechtsverfolgung notwendig war. Dabei ist es nach zutreffender Ansicht des BGH nicht erforderlich, dass sich die für die Festsetzung der beantragten Gebühren maßgeblichen Tatsachen ohne weitere Erhebungen z.B. aus der Gerichtsakte ergeben oder unstreitig sind. Denn § 104 Abs. 2 Satz 1 fordert zur Berücksichtigung eines Ansatzes allein, dass er glaubhaft gemacht ist. Hierfür ist lediglich erforderlich, dass die tatsächlichen Voraussetzungen des geltend gemachten Kostentatbestandes mit überwiegender Wahrscheinlichkeit feststehen müssen.[37] Zur Glaubhaftmachung können gemäß § 294 Abs. 1 alle Beweismittel unter Einschluss der eidesstattlichen Versicherung verwendet werden. Die in § 294 Abs. 2 enthaltene Beschränkung auf präsente Nachweismittel gilt nicht in den Fällen, in denen das Gesetz die Glaubhaftmachung nicht erfordert, sondern, wie im Fall des § 104 Abs. 2 Satz 1, lediglich genügen lässt. Weitere Voraussetzungen für den Nachweis der den Kostenansatz rechtfertigenden tatsächlichen Umstände sind nicht vorgesehen.[38] Gegebenenfalls ist der notwendige Kostenaufwand analog § 287 zu schätzen (oben Rdn. 3).

---

**30** OLG Stuttgart FamRZ 1987, 968; OLG Koblenz Rpfl. 1985, 209; **a.A.** OLG Frankfurt JurBüro 1992, 246; OLG Karlsruhe FamRZ 1986, 376; KG Pfleger 1988, 39 m. Anm. *Cronauer* (vorrangige Verrechnung mit den nicht gedeckten Kosten); OLG Celle FamRZ 1985, 731 (anteilige Verrechnung); s.a. OLGR München 1994, 179.

**31** BVerfG NJW 1983, 809.

**32** OLG Frankfurt Rpfl. 1980, 158.

**33** OLG München Rpfl. 1982, 115; OLG Hamm Rpfl. 1973, 408.

**34** OLG Zweibrücken JurBüro 1973, 304.

**35** OLG Köln Rpfl. 1965, 242.

**36** OLG Frankfurt MDR 1982, 402; OLG Hamburg JurBüro 1981, 454; 1989, 96; OLG München MDR 1992, 1005.

**37** BGHZ 156, 139, 142 f.

**38** BGH Rpfleger 2007, 506.

**f) Streitwert.** Der Rechtspfleger ist an eine gerichtliche **Streitwertfestsetzung** selbst dann gebunden, wenn sie durch eine funktionell unzuständige Zivilkammer (anstelle des Einzelrichters)[39] oder in Abweichung von der übereinstimmenden Annahme der Parteien vorgenommen wurde.[40] Setzt das Gericht den Streitwert abweichend von dem im Kostenfestsetzungsantrag zugrunde gelegten Wert fest, so hat der Rechtspfleger den Betrag, der sich nach dem neuen Wert ergibt, selbständig zu errechnen, der Kostenfestsetzungsantrag darf deshalb nicht zurückgewiesen werden.[41] Mangels gerichtlicher Streitwertfestsetzung kann der Rechtspfleger den Streitwert selbständig ermitteln oder die Akte dem Richter vorlegen; § 63 GKG. 11

**3. Einwendungen.** Das Festsetzungsverfahren hat den Zweck, die Höhe der Erstattungsforderung auf möglichst einfachem Weg festzustellen. Für die Behandlung **materiell-rechtlicher Einwendungen** ist es nicht konzipiert. Diese sind deshalb grundsätzlich nicht zu berücksichtigen.[42] Dies gilt bspw. für den Einwand der Erfüllung,[43] der Verjährung, Verwirkung[44] oder Stundung. Nicht zu berücksichtigen ist auch die Behauptung, es seien außergerichtliche Vereinbarungen über die Kosten getroffen worden; Gleiches gilt für Einwendungen aus dem Auftragsverhältnis des Erstattungsberechtigten zu seinem Anwalt.[45] Derartige Einwendungen sind im Verfahren nach § 767 oder § 775 Nr. 4, 5 geltend zu machen. 12

Keinen Grund zur Nichtberücksichtigung einer materiell-rechtlichen Einwendung gibt es jedoch, wenn diese zugestanden oder rechtskräftig festgestellt ist.[46] Zur Frage der Anforderung an das Bestreiten vgl. die Vorauflage, § 104 Rdn. 12. Erst ab Umschreibung des Titels zu berücksichtigen ist schließlich der Einwand, der Kostenerstattungsanspruch sei abgetreten oder gepfändet worden.[47]

Für die **Aufrechnung** im Kostenfestsetzungsverfahren gelten die geschilderten Grundsätze, sie ist grundsätzlich unbeachtlich, da dem Rechtspfleger die Kompetenz zu einer nach § 322 Abs. 2 rechtskraftfähigen Entscheidung über den Gegenanspruch fehlt.[48] Eine Ausnahme ist wiederum zu machen, wenn die Tatsachen, die der Aufrechnungsforderung[49] und der materiell-rechtlichen Zulässigkeit der Aufrechnung zugrunde liegen, unstreitig sind.[50] 13

**4. Entscheidung**

**a) Form und Inhalt.** Die Entscheidung über den Kostenfestsetzungsantrag ergeht in Beschlussform (§ 794 Abs. 1 Nr. 2; § 21 Abs. 1 Nr. 1, 2 RPflG). Da der Beschluss als Vollstreckungstitel dient, § 794 Abs. 1 Nr. 2 muss er die Parteien genau bezeichnen (vollständiges Rubrum). 14

39 OLG Koblenz MDR 1986, 151.
40 OLG München MDR 1963, 604.
41 LG Kiel AnwBl. 1975, 96.
42 Bspw. OLG Bamberg JurBüro 1975, 1498; MünchKomm/*Schulz* § 104 Rdn. 34.
43 OLG Bamberg JurBüro 1977, 203.
44 OLG Stuttgart Rpfl. 1984, 113; **a.A.** OLG Frankfurt Rpfl. 1977, 261.
45 OLG Hamburg JurBüro 1985, 1720; KG MDR 1970, 429; NJW 1968, 1290.
46 OLG Hamburg JurBüro 1988, 1728; OLG München Rpfl. 1970, 98; Stein/Jonas/*Bork* § 104 Rdn. 15.
47 OLG München MDR 1993, 83 m.w.N.; vgl. MünchKomm/*Schulz* § 104 Rdn. 37; eine Verbindung des Kostenfestsetzungsverfahrens mit dem Verfahren der Titelumschreibung ist wegen der unterschiedlichen Verfahrensgänge nicht zulässig, OLG München MRD 1993, 83; **a.A.** Stein/Jonas/*Bork* § 103 Rdn. 19.
48 BGH NJW 1952, 144; OLG Düsseldorf JurBüro 1975, 819; Stein/Jonas/*Bork* § 104 Rdn. 16.
49 OLG Hamburg JurBüro 1988, 1728.
50 KG MDR 1984, 150; Prütting/Gehrlein/*Schmidt* § 104 Rdn. 16 m.w.N.

Der Beschluss beziffert den Gesamtbetrag der erstattungsfähigen Kosten, einzelne Positionen sind nur insoweit aufzuführen, als sie nicht zugesprochen wurden. Die Entscheidung darf nicht mehr als beantragt zusprechen, § 308 Abs. 1.[51] Allerdings bezieht die Rechtsprechung aus berechtigten praktischen Gründen die Bindung nur auf den Gesamtbetrag der beantragten Kosten und lässt einen Austausch von Positionen insoweit zu, als es sich um Wesensgleiche Gebühren oder Ansätze handelt.[52] Die zuletzt genannte Einschränkung sollte aufgegeben werden, da sie willkürlich anmutet und Abgrenzungsschwierigkeiten bereitet. Allerdings ist beim Austausch von Positionen darauf zu achten, dass nicht die Rechtskraft eines evtl. bereits ergangenen Kostenfestsetzungsbeschlusses verletzt wird.[53]

15 **Vollstreckungsbeschränkungen**, die sich aus dem Titel ergeben, sind in den Kostenfestsetzungsbeschluss aufzunehmen.[54] Ebenso ist im Kostenfestsetzungsbeschluss zu vermerken, wenn die Zwangsvollstreckung aus dem Titel eingestellt wurde.[55] Gleiches gilt für die in einem Vergleich enthaltene Ratenzahlungsvereinbarung mit Verfallklausel über die Hauptforderung und den Kostenerstattungsanspruch.[56]

Eine im zugrunde liegenden Titel enthaltene **Sicherheitsleistung** ist, sofern nicht Teilvollstreckung gestattet wurde, in voller Höhe in den Kostenfestsetzungsbeschluss zu übernehmen.[57] Aufzunehmen ist auch der Vorbehalt der beschränkten Erbenhaftung nach § 780, sofern er im Titel enthalten ist und sich auf die Kostenentscheidung erstreckt.[58] Keine Aufnahme findet hingegen die Zug-um-Zug-Verurteilung in der Hauptsache, da diese die Kosten nicht berührt.[59]

16 **b) Gründe.** Der Beschluss ist zu begründen, falls beantragte Kostenpositionen gestrichen werden oder Beanstandungen des Gegners nicht gefolgt wird.[60] Die fehlende Begründung hemmt allerdings den Lauf der Erinnerungsfrist nicht.[61] Die fehlende Begründung stellt einen wesentlichen Verfahrensmangel dar, der, falls er nicht im Erinnerungsverfahren geheilt wird, in der Beschwerdeinstanz regelmäßig zur Zurückverweisung führt.[62]

17 **c) Zinsen.** Auf Antrag ist im Kostenfestsetzungsbeschluss auszusprechen, dass die festgesetzten Kosten zu verzinsen sind; § 104 Abs. 1 Satz 2. Dies gilt auch für festgesetzte Kosten der Zwangsvollstreckung.[63] In den Grenzen der Verwirkung kann der Antrag selbst nach Rechtskraft des Kostenfestsetzungsbeschlusses noch nachgeholt werden.[64]

---

**51** OLG Hamm JurBüro 1969, 769.
**52** OLG Frankfurt JurBüro 1979, 389; KG KostRspr. ZPO § 104 Nr. 12; OLG Hamm MDR 1974, 411; OLG Karlsruhe JurBüro 1992, 546; OLG Koblenz JurBüro 1992, 474; 1990, 1011; s.a. OLG München MDR 1992, 308 (kein Postenaustausch zwischen den Instanzen).
**53** Stein/Jonas/*Bork* § 104 Rdn. 23 ff.
**54** OLG München MDR 1980, 147; OLG Karlsruhe BeckRS 2000, 30127463.
**55** OLG Stuttgart Rpfl. 1988, 39.
**56** OLG Düsseldorf JurBüro 1971, 796; OLG Köln Rpfl. 1967, 181.
**57** KG JurBüro 1984, 1572; OLG Hamm NJW 1966, 1760; LG Berlin JurBüro 1983, 1566; s.a. § 103, 11.
**58** KG MDR 1976, 584; 1981, 851; OLG Frankfurt Rpfl. 1977, 372; LG Berlin JurBüro 1987, 710.
**59** OLG Düsseldorf Rpfl. 1971, 322; OLG Frankfurt JurBüro 1980, 1886.
**60** OLG Koblenz JurBüro 1975, 942; OLG Düsseldorf JurBüro 1981, 1540; LG Krefeld NJW 1970, 2035.
**61** *Schneider* MDR 1967, 138; **a.A.** OLG München NJW 1966, 2068.
**62** OLG Düsseldorf NJW 1971, 520; OLG Hamburg JurBüro 1991, 682; OLG Karlsruhe NJW 1971, 764; OLG Frankfurt JurBüro 1985, 1101; MünchKomm/*Schulz* § 104 Rdn. 53.
**63** OLG Hamm MDR 1992, 1006; LG Münster MDR 1989, 77; AG Dillenburg JurBüro 1987, 127; **a.A.** OLG Saarbrücken JurBüro 1991, 970; LG Aachen Rpfl. 1989, 522; LG Bielefeld Rpfl. 1989, 522.
**64** KG MDR 1978, 1027; OLG Hamm Rpfl. 1970, 143.

Die Zinshöhe ist mit 5% über dem Basiszinssatz nach § 247 BGB anzusetzen. Es gilt die regelmäßige Verjährungsfrist nach §§ 197 Abs. 2, 195 BGB. Über den Zinsbeginn entscheidet nach dem Gesetzestext der Eingang des Kostenfestsetzungsgesuchs, nicht der Zeitpunkt des evtl. späteren Zinsantrags.[65] Jedoch kann die Verzinsungspflicht nicht beginnen, bevor ein zur Zwangsvollstreckung geeigneter Titel vorliegt,[66] weshalb in Ehesachen die Verzinsung erst mit der Rechtskraft der Entscheidung beginnt.[67] Ist in einem Prozessvergleich die Fälligkeit des Kostenerstattungsanspruchs hinausgeschoben, so hemmt dies auch den Beginn der Verzinsungspflicht.[68] Wird ein Kostenfestsetzungsantrag eingereicht, ehe ein zur Zwangsvollstreckung geeigneter Titel vorliegt, beginnt der gemäß § 104 Abs. 1 Satz 2 bestehende Anspruch auf Verzinsung der festgesetzten Kosten nicht schon mit Eingang des Festsetzungsantrags, sondern erst mit Erlass des Titels.[69] Bei einer Änderung der Kostenquote im Berufungsverfahren ist derjenige Betrag der erstinstanzlichen Kosten, der sowohl nach der erst- wie nach der zweitinstanzlichen Kostengrundentscheidung zu erstatten ist, seit dem Eingang des (ursprünglichen) Kostenfestsetzungsantrags zu verzinsen.[70] **Umsatzsteuerbeträge** sind bei der Kostenfestsetzung in der Regel ohne weitere Prüfung zu berücksichtigen, wenn die **Erklärung nach § 104 Abs. 2 Satz 3** vorliegt.[71] Sind dagegen bleibende Ausgaben für **vorsteuerabzugsberechtigte Prozessbevollmächtigte** einer Partei in Form gezahlter Umsatzsteuer wegen der Möglichkeit des Vorsteuerabzugs nicht gegeben, können diese bei der Kostenfestsetzung nicht berücksichtigt werden,[72] weil dem Mandanten als Auftraggeber die entsprechenden Umsatzsteuerbeträge nicht in Rechnung gestellt werden dürfen.

Wird in einem Verfahren die **Kostengrundentscheidung** aufgehoben oder abgeändert, so beginnt die Verzinsungspflicht dennoch mit Einreichung des ersten Kostenfestsetzungsgesuchs, soweit der Erstattungsanspruch bestehen bleibt oder wieder hergestellt wird.[73] Die Gegenansicht[74] verkennt, dass der prozessuale Kostenerstattungsanspruch in seiner Rechtsnatur nicht dadurch verändert wird, dass er Gegenstand mehrerer Entscheidungen zum Kostengrund ist. Etwas anderes gilt i.d.R. dann, wenn die Parteien eine gerichtliche Kostengrundentscheidung durch einen Prozessvergleich ersetzt haben, dann wird mangels anderer Auslegungsgesichtspunkte davon auszugehen sein, dass die Verzinsung erst mit dem Vergleichsschluss einsetzen sollte.[75]

**d) Verfahrenskosten.** Das Festsetzungsverfahren ist einschließlich des Verfahrens über die Erinnerung gerichtsgebührenfrei. (Für die Beschwerdeinstanz s. GKG-KV Nr. 1812.) Die Anwaltskosten sind mit den Gebühren nach RVG VV Nr. 3100ff. abgegolten. So fallen Anwaltsgebühren lediglich im Erinnerungs- und Beschwerdeverfahren an, RVG-VV Nr. 3500, 3513 an. Eine Kostenentscheidung ist deshalb mangels anfallender Kosten re- 18

**65** KG Rpfl. 1977, 217; OLG Hamm JurBüro 1978, 925; OLG München NJW 1961, 465.
**66** KG NJW 1967, 1569.
**67** OLG München JurBüro 1980, 1746.
**68** OLG Frankfurt JurBüro 1975, 661; OLG München Rpfl. 1972, 148.
**69** OVG Nordrhein-Westfalen NJW 2013, 554.
**70** BGH Rpfleger 2006, 225.
**71** BGH NJW 2003, 1534 im Anschluss an BVerfG NJW 1996, 382.
**72** NSW ZPO § 104 (BGH-intern).
**73** OLG Hamburg JurBüro 1989, 388; OLG Karlsruhe Rpfl. 1990, 382; OLG München MDR 1986, 503; KG MDR 1985, 238.
**74** OLG Köln Rpfl. 1986, 237; OLG Koblenz MDR 1988, 61; LG Berlin AnwBl. 1992, 498 m.w.N.
**75** Vgl. OLG Schleswig JurBüro 1975, 1501; OLG München Rpfl. 1978, 224; OLG Bamberg JurBüro 1993, 89; OLG Hamm JurBüro 1993, 299; OLG Karlsruhe MDR 1992, 1007; ebenso für den Fall des § 91a OLG Hamm MDR 1992, 912.

gelmäßig überflüssig. Ansonsten ist sie in entsprechender Anwendung der §§ 91 bis 101 unter gleichzeitiger Bezifferung und Festsetzung der Kosten zu treffen.

19 **e) Streitgenossen.** Der Beschluss muss die anfallenden Kosten auf die Parteien aufteilen (s.a. oben § 100, 16). Unzulässig ist ein Antrag mehrerer Streitgenossen, die Kosten für einen gemeinsamen Prozessbevollmächtigten gegen den Kostenschuldner einheitlich festzusetzen. Das Gesuch muss den jeweiligen Anspruchsteller und den jeweiligen konkreten Erstattungsbetrag angeben.[76] Bei der Festsetzung gegen unterlegene Streitgenossen, die nicht Gesamtschuldner sind, sind in einem Kostenfestsetzungsbeschluss, der nicht auf das Urteil gesetzt wird, die Beträge gegen jeden einzelnen Streitgenossen festzusetzen.[77]

20 **f) Bekanntgabe.** Zustellung und Mitteilung des Kostenfestsetzungsbeschlusses regelt § 104 Abs. 1 S. 3 und 4. Eine erforderliche Zustellung erfolgt auf Veranlassung der Geschäftsstelle, über einen Antrag auf öffentliche Zustellung entscheidet der Rechtspfleger.[78] Die Zustellung erfolgt auch dann an den Prozessbevollmächtigten der ersten Instanz, wenn nur die Kosten der Berufungsinstanz festgesetzt wurden, § 176.[79] Nach Mandatsniederlegung erfolgt die Zustellung (auch im Anwaltsprozess) an die Partei selbst.[80]

Wurde dem Gegner entgegen § 103 Abs. 2 S. 2 keine **Abschrift** der Kostenberechnung zugestellt, so hindert dies den Lauf der Erinnerungsfrist nur, wenn der Beschluss ohne die Kostenrechnung nicht verständlich ist.[81]

21 **g) Vollstreckbarkeit.** Der Kostenfestsetzungsbeschluss ist ein selbständiger Vollstreckungstitel nach § 794 Abs. 1 Nr. 2. Für Kostenfestsetzungsbeschlüsse, die nach § 105 mit dem Titel verbunden wurden, bedarf es keiner eigenen Vollstreckungsklausel, § 795a. Für die Zwangsvollstreckung aufgrund des Kostenfestsetzungsbeschlusses ist die Wartefrist nach § 798 zu beachten, die Zustellung des Titels, aufgrund dessen der Kostenfestsetzungsbeschluss erging, muss nicht abgewartet werden.[82]

22 **h) Berichtigung und Rechtskraft.** Entsprechend §§ 319, 321 können offenbare Unrichtigkeiten des Kostenfestsetzungsbeschlusses berichtigt[83] und übersehene Anträge nachträglich beschieden werden.[84] Eine Berichtigung, Änderung oder Aufhebung des Beschlusses von Amts wegen ist nicht zulässig.[85] Der Kostenfestsetzungsbeschluss erwächst hinsichtlich der zu- oder abgesprochenen Posten in formelle und materielle Rechts-

---

**76** OLG München JurBüro 1984, 1569 (auch zur Auslegung getrennter Gesuche, in denen jeweils die Festsetzung der vollen Anwaltsgebühren begehrt wird).
**77** LG Berlin Rpfl. 1978, 422.
**78** OLG München MDR 1988, 679; **a.A.** OLG Köln JurBüro 1980, 619.
**79** LG München I Rpfl. 1971, 408.
**80** KG MDR 1972, 274; OLG Koblenz Rpfl. 1978, 316; **a.A.** OLG Bremen Rpfl. 1986, 99.
**81** LG Stade Nds Rpfl. 1981, 208.
**82** LG Frankfurt Rpfl. 1981, 204.
**83** OLG Hamm MDR 1977, 760; nach umstrittener Ansicht gilt dies auch für ein versehentliches Abweichen von der Kostengrundentscheidung, OLG München JurBüro 1992, 247 m.w.N.
**84** OLG Hamm Rpfl. 1973, 409; OLG Düsseldorf JurBüro 1970, 780.
**85** OLG Celle MDR 1968, 160; OLG Düsseldorf MDR 1978, 677; OLG Karlsruhe Justiz 1967, 314; **a.A.** analog § 319: BGH NJW-RR 2004, 501; OLG Hamm OLGR 2008, 230; Baumbach/Lauterbach/Albers/*Hartmann*[71] § 104 Rdn. 33 (Berichtigung); Stein/Jonas/*Bork* § 104 Rdn. 28 (hinsichtlich Berichtigung); MünchKomm/*Schulz* § 104 Rdn. 58f (Berichtigung).

kraft.[86] Bisher nicht geltend gemachte oder übersehene Positionen können jedoch erneut zur Festsetzung angemeldet werden.[87] So hat der BGH entschieden, dass die **Rechtskraft** einer Entscheidung im Kostenfestsetzungsverfahren über einen Antrag, mit dem eine Verfahrensgebühr unter hälftiger Anrechnung der Geschäftsgebühr geltend gemacht worden ist, einer **Nachfestsetzung** der restlichen Verfahrensgebühr nicht entgegensteht.[88] Für den Fall der Festsetzung eines abweichenden Streitwerts s. § 107.

### II. Erinnerung

**1. Statthaftigkeit.** Der Kostenfestsetzungsbeschluss kann mit der befristeten **Erinnerung**, der keine aufschiebende Wirkung zukommt, angegriffen werden. Sie ist noch nicht zulässig, wenn der Kostenfestsetzungsbeschluss unterzeichnet ist, sondern erst wenn er das Gericht verlassen hat.[89] Wurde das Festsetzungsgesuch aus formellen Gründen als unzulässig zurückgewiesen, so war nach altem Recht die Erinnerung gemäß § 11 Abs. 1 S. 1 RpflG unbefristet,[90] während gegen eine Entscheidung in der Sache die befristete Erinnerung gegeben war. Seit der Änderung des Gesetzestextes durch das Rechtspflege-Vereinfachungsgesetz (zum 1. 4. 1991) ist diese unglückliche Trennung Vergangenheit. Nunmehr ist in jedem Fall die befristete Erinnerung nach § 11 Abs. 2 S. 1 RpflG gegeben. 23

Die Erinnerung kann auf einen abgrenzbaren Teil des Kostenfestsetzungsbeschlusses beschränkt werden.[91] Sie ist auch isoliert gegen eine etwaige Kostenentscheidung im Beschluss zulässig, wegen § 99 Abs. 1 ist jedoch die Durchgriffsbeschwerde ausgeschlossen.[92]

### 2. Einlegung

**a) Form.** Die Erinnerung ist schriftlich (mit eigenhändiger Unterschrift)[93] oder unter den Voraussetzungen des § 569 Abs. 2 S. 2 zu Protokoll der Geschäftsstelle einzureichen. Die Erinnerungserklärung muss die angegriffene Entscheidung bezeichnen und, ohne dass es auf den Wortlaut ankäme, erkennen lassen, dass ihre sachliche Überprüfung gewollt ist.[94] Eine Begründung ist nicht nötig. Die Umdeutung eines bereits vor Erlass des Kostenfestsetzungsbeschlusses eingereichten Schriftsatzes ist nicht zulässig,[95] jedoch kann Erinnerung fristwahrend durch Bezugnahme auf einen Schriftsatz ohne Rechtsmittelerklärung eingelegt werden, falls der bezugnehmende Schriftsatz die Frist wahrt.[96] 24

**Anwaltszwang** besteht nicht,[97] § 13 RpflG.

**b) Frist.** Die Erinnerung gegen die Entscheidung des Rechtspflegers muss innerhalb einer zweiwöchigen Notfrist eingelegt werden, § 11 Abs. 2 S. 1 RpflG i.V.m. § 569 Abs. 1 25

---

**86** OLG Koblenz JurBüro 1990, 735; OLG München AnwBl. 1982, 532.
**87** OLG München MDR 1987, 419.
**88** BGHZ 187, 227.
**89** OLG Hamm JurBüro 1983, 934; OLG Koblenz Rpfl. 1982, 295.
**90** KG MDR 1985, 505; OLG Düsseldorf JurBüro 1992, 42; OLG München Rpfl. 1972, 181; **a.A.** (befristet) OLG Hamburg JurBüro 1988, 627; OLG Stuttgart JurBüro 1980, 1422.
**91** KG Rpfl. 1973, 320.
**92** OLG Stuttgart Rpfl. 1984, 199.
**93** LG Berlin MDR 1976, 407.
**94** LG Berlin JurBüro 1983, 132.
**95** OLG Düsseldorf MDR 1978, 677.
**96** OLG Frankfurt Rpfl. 1983, 117.
**97** BGH Rpfleger 2006, 416.

Satz 1. Die Frist wird nach § 222 berechnet, sie beginnt mit Zustellung des Beschlusses, § 11 Abs. 2 Satz 4 RpflG; § 569 Abs. 1 Satz 2. Die Frist beginnt auch, wenn die Kostenberechnung nicht beigefügt war, es sei denn, der Beschluss ist ohne diese nicht verständlich.[98] Sie läuft jedoch nicht, soweit das Gericht eine Position ohne Anhörung des Antragstellers stillschweigend gestrichen hat.[99]

Der **Eingang** der Erinnerung beim Beschwerdegericht wahrt die Frist nicht, § 569 Abs. 1 Satz 1 gilt nicht entsprechend.[100] Für die Wiedereinsetzung nach § 233 ist der Rechtspfleger zuständig, soweit er das Gesuch für zulässig und begründet hält,[101] andernfalls ist der Richter und bei Nichtabhilfe das Beschwerdegericht[102] zuständig.

Bis zur Entscheidung des Beschwerdegerichts ist die unselbständige **Anschlusserinnerung** (§ 11 Abs. 2 Satz 4 RPflG; § 567 Abs. 3) zulässig,[103] ohne dass eine Beschwer oder das Erreichen des Beschwerdewertes erforderlich wäre.[104]

26 **3. Beschwer.** Die Zulässigkeit der Erinnerung setzt voraus, dass der **Erinnerungsführer** durch den Kostenfestsetzungsbeschluss beschwert ist. Hierfür genügt es, wenn der Beschluss hinter dem Antrag zurückbleibt oder umgekehrt ihm auch nur teilweise stattgibt. Eine Beschwerdesumme muss nicht erreicht werden, da § 567 Abs. 2 im Erinnerungsverfahren noch nicht gilt. Auch von § 99 Abs. 1 wird die Erinnerung nicht erfasst, weshalb eine Beschwer in Bezug auf die Kosten des Festsetzungsverfahrens genügt. Der Prozessbevollmächtigte der Partei ist aus eigenem Recht nur dann zur Erinnerung befugt, wenn er selbst Antragsteller im Fall des § 126 ist. Im Übrigen ist eine Erinnerung des Anwalts mit dem Ziel, die Gebühr aus einem höheren Wert zu berechnen, in einen Antrag auf Wertfestsetzung umzudeuten.[105] Ebenso ist eine Erinnerung der Partei, die sich nur gegen den angenommenen Wert richtet, als Antrag auf Wertfestsetzung oder – wenn der Wert schon festgesetzt wurde – als Streitwertbeschwerde zu behandeln.[106] Wegen § 107 besteht für eine Erinnerung, mit der allein die Bewertung des Streitgegenstandes angegriffen wird, kein Rechtsschutzbedürfnis.

Sofern eine Beschwer vorliegt können mit der Erinnerung auch Kostenpositionen im Wege der sog. **Nachliquidation** nachgeschoben werden.[107] Dies dient der Verfahrenskonzentration. Allerdings ist eine nur mit dem Ziel der Nachliquidation eingelegte Erinnerung mangels Beschwer nicht zulässig,[108] hierfür besteht auch kein Bedürfnis, da neue Kostenpositionen mit einem erneuten Festsetzungsgesuch geltend gemacht werden können.

---

98 Stein/Jonas/*Bork* § 104 Rdn. 29 ff., 45 m.w.N.; OLG Hamm JurBüro 2001, 592; **a.A.** OLG Hamburg MDR 1969, 936.
99 OLG München NJW 1966, 2068.
100 OLG Köln MDR 1975, 671; OLG München JurBüro 1992, 613; LG München I Rpfl. 1972, 399; **a.A.** OLG Bamberg JurBüro 1975, 1498.
101 *Bergerfurth* Rpfl. 1971, 397; **a.A.** OLG Düsseldorf MDR 1975, 233; OLG München Rpfl. 1976, 300 m. abl. Anm. *Stöber*.
102 OLG Karlsruhe JurBüro 1989, 104; Musielak/*Lackmann* § 104 Rdn. 29; **a.A.** OLG Düsseldorf JurBüro 1989, 695.
103 KG Rpfl. 1973, 221; OLG Koblenz MDR 1976, 584; OLG München NJW 1971, 763; **a.A.** LG Hannover Nds Rpfl. 1970, 94.
104 OLG Hamburg JurBüro 1979, 769.
105 OLG Bamberg JurBüro 1976, 185.
106 OLG Frankfurt JurBüro 1979; **a.A.** LG Lübeck Rpfl. 1973, 180; **abw.** (für Zulässigkeit der Erinnerung bei zu hohem Streitwertansatz).
107 OLG Koblenz JurBüro 1977, 1778; Stein/Jonas/*Bork* § 104 Rdn. 49.
108 OLG Koblenz JurBüro 1990, 629.

#### 4. Verfahren vor dem Rechtspfleger

**a) Abhilfe.** Der Rechtspfleger muss prüfen, ob er der Erinnerung ganz oder teilweise abhelfen kann, § 11 Abs. 2 RpflG.[109] Einen Ermessensspielraum hat der Rechtspfleger dabei nicht.[110] Die Abhilfeentscheidung darf den Erinnerungsführer (auch im Kostenpunkt) nicht schlechter stellen.[111] Wird die Erinnerung im Verfahren vor dem Rechtspfleger zurückgenommen, so ist dies bindend und führt auf Antrag des Gegners entsprechend § 516 Abs. 3 dazu, dass der Rechtspfleger die Verfahrenskosten dem Erinnerungsführer durch Beschluss auferlegt.[112] 27

Die Einlegung der Erinnerung hemmt die Vollstreckung aus dem Kostenfestsetzungsbeschluss nicht. Der Rechtspfleger kann aber nach § 11 Abs. 2 Satz 7 RpflG und § 570 auf Antrag eine Anordnung zur Vollziehung (Einstellung der Vollstreckung, Fortführung gegen Sicherheitsleistung) treffen. Gegen die diesbezügliche Entscheidung ist Erinnerung zum Richter nach § 11 Abs. 2 S. 6 RpflG möglich, ein weiteres Rechtsmittel besteht nicht.[113]

Beabsichtigt der Rechtspfleger, der Erinnerung ganz oder teilweise **abzuhelfen**, so hat er dem Gegner des Erinnerungsführers vorher rechtliches Gehör zu gewähren, Art. 103 Abs. 1 GG.[114] Soweit der Rechtspfleger der Erinnerung abhilft, entscheidet er durch Änderungsbeschluss, der als neuer Festsetzungsbeschluss für die Gegenpartei wiederum erinnerungsfähig ist.[115] Auch bei nur teilweiser Abhilfe muss der Rechtspfleger den gesamten Festsetzungsbeschluss neu fassen, bevor er dem Richter vorlegt.[116] Die Abhilfeentscheidung ist zu begründen und bei vollständiger Abhilfe mit einer Entscheidung über die außergerichtlichen Kosten des Erinnerungsverfahrens zu verbinden.[117] Bei nur teilweiser Abhilfe bleibt die Entscheidung über die Kosten des Rechtsmittelverfahrens insgesamt dem Gericht vorbehalten.[118] 28

**b) Vorlage.** Soweit der Rechtspfleger der Erinnerung nicht abhilft, hält er dies in den Akten fest und legt die Erinnerung dem Richter vor; § 11 Abs. 2 Satz 6 RPflG. Eine eigene Begründung ist nur erforderlich, falls der angefochtene Beschluss keine enthielt,[119] andernfalls genügt eine Bezugnahme auf dessen Begründung.[120] 29

#### 5. Verfahren vor dem Richter

**a) Allgemeines.** Mit der Vorlage der Erinnerung an den Richter geht die alleinige Zuständigkeit auf diesen über, der Rechtspfleger kann der Erinnerung danach nicht mehr abhelfen.[121] Zuständiger Richter ist der Spruchkörper des Gerichts, dessen Rechtspfleger entschieden hat. Das Landgericht entscheidet nach § 28 RpflG in voller Beset- 30

109 OLG Hamm Rpfl. 1986, 277; OLG München Rpfl. 1981, 412.
110 Prütting/Gehrlein/*Schmidt* § 104 Rdn. 35 m.w.N.; Musielak/*Lackmann* § 104 Rdn. 32.
111 OLG Köln NJW 1975, 2347; Musielak/*Lackmann* § 104 Rdn. 31.
112 LG Essen Rpfl. 1964, 183; MünchKomm/*Schulz* § 104 Rdn. 129, 136.
113 KG NJW 1971, 473; OLG München NJW 1973, 334.
114 OLG Karlsruhe Rpfl. 1973, 219.
115 OLG München, JurBüro 1989, 402.
116 OLG Düsseldorf Rpfl. 1986, 404 m. abl. Anm. *Lappe/Meyer-Stolte*.
117 OLG Düsseldorf JurBüro 1970, 780.
118 OLG München Rpfl. 1977, 70.
119 OLG Frankfurt Rpfl. 1984, 477.
120 OLG München Rpfl. 1990, 156; s.a. OLG München JurBüro 1992, 688.
121 OLG München Rpfl. 1982, 196; KG Rpfl. 1985, 455.

zung, der Einzelrichter entscheidet, falls ihm die Sache übertragen war, § 348.[122] Bei der Kammer für Handelssachen ist der Vorsitzende zuständig, § 349 Abs. 2 Nr. 12.

31 Für das **Verfahren** gelten die §§ 569 bis 575 entsprechend, § 11 Abs. 2 S. 7 RpflG. Dem Gegner des Erinnerungsführers ist rechtliches Gehör zu gewähren, falls das Gericht der Erinnerung stattgeben möchte, im Übrigen ist eine Anhörung nur geboten, um eine Unterlassung des Rechtspflegers mit heilender Wirkung nachzuholen.[123]

Anwaltszwang besteht wegen § 13 RpflG (auch im Fall einer seltenen mündlichen Verhandlung)[124] nicht.[125]

32 **b) Entscheidung.** Das Gericht entscheidet über die Erinnerung, wenn sie entweder zulässig und begründet ist oder gegen einen vom Richter erlassenen Kostenfestsetzungsbeschluss kein Rechtsmittel zulässig wäre. Die Entscheidung ergeht durch zu begründenden Beschluss.[126] Eine Schlechterstellung des Erinnerungsführers ist verboten (Verbot der reformatio in peius).[127] Eine Ausnahme gilt, wenn der Kostenfestsetzungsbeschluss mangels geeigneten Vollstreckungstitels nichtig ist.[128] Auch das Gericht ist wie der Rechtspfleger an den Antrag gebunden und darf nicht über diesen hinaus von Amts wegen in die Kostenfestsetzung eingreifen.[129] Hält das Gericht die Erinnerung für (teilweise) zulässig und begründet, so entscheidet es entweder in der Sache oder verweist an den Rechtspfleger zurück, wobei es diesen zugleich anweist, in bestimmtem Sinne die Kosten festzusetzen. Im Fall der vollständigen Abhilfe entscheidet das Gericht zugleich nach §§ 91, 97 über die Kosten.[130] Im Falle nur teilweiser Abhilfe darf das Gericht über den Restbetrag dann selbst ohne Vorlage entscheiden, wenn er die Beschwerdesumme nicht erreicht.[131]

33 Das Gericht kann die **Erinnerung** verwerfen bzw. zurückweisen, wenn sie unzulässig oder unbegründet ist und gegen die Entscheidung, falls das Gericht sie erlassen hätte, kein Rechtsmittel gegeben wäre. Dies ist insbesondere der Fall, wenn die Beschwerdesumme nach § 567 Abs. 2 nicht erreicht wird oder infolge Teilabhilfe des Rechtspflegers unterschritten wird.[132]

### III. Sofortige Beschwerde

34 **1. Zuständigkeit.** Bei Kostenfestsetzungsbeschlüssen des Rechtspflegers beim Amtsgericht ist (außer in Familiensachen) zuständiges Beschwerdegericht das Landgericht, ansonsten das Oberlandesgericht, §§ 72, 119 Abs. 1 GVG. In Familiensachen ist das Oberlandesgericht zuständig.[133] Eine mündliche Verhandlung findet nicht statt, §§ 572 Abs. 4, 128 Abs. 4.

---

**122** OLG Düsseldorf JurBüro 1980, 469; s.a. OLG Karlsruhe NJW 1971, 764 (Zuständigkeit des Einzelrichters infolge Protokollierung des zugrundeliegenden Vergleichs); **a.A.** OLG Hamm NJW 1972, 1903.
**123** BVerfGE 5, 22; OLG Karlsruhe Rpfl. 1973, 219.
**124** **A.A.** Stein/Jonas/*Bork* § 104 Rdn. 56.
**125** OLG Stuttgart Rpfl. 1971, 145.
**126** OLG Bamberg JurBüro 1987, 569; OLG Düsseldorf JurBüro 1974, 371.
**127** OLG Köln NJW 1967, 114; 1975, 2347.
**128** OLG München NJW 1968, 945; OLG Hamm NJW 1972, 2047; **a.A.** KG NJW 1973, 2115.
**129** KG NJW 1973, 2115.
**130** *Schneider* MDR 1984, 588.
**131** OLG Düsseldorf JurBüro 1972, 261; OLG Hamm NJW 1971, 1142.
**132** OLG Frankfurt Rpfl. 1978, 149; OLG München JurBüro 1972, 1023; OLG Koblenz Rpfl. 1976, 302.
**133** BGH FamRZ 1978, 585.

### 2. Zulässigkeit

**a) Statthaftigkeit.**Gegen Kostenfestsetzungsbeschlüsse oder Entscheidungen des Rechtspflegers über eine ganz oder teilweise Zurückweisung von Kostenfestsetzungsanträgen ist die sofortige Beschwerde nach §§ 104 Abs. 3, 567 das statthafte Rechtsmittel; §§ 11 Abs. 1, 21 Nr. 1 RPflG. Ist die sofortige Beschwerde unzulässig, findet nach § 11 Abs. 2 RPflG die Erinnerung statt. Die Abgrenzung erfolgt nach dem für die Eröffnung der sofortige Beschwerde maßgeblichen Beschwerdewert von mehr als € 200,00; § 567 Abs. 2. 35

**b) Beschwer und Beschwerdesumme.** Beschwerdeberechtigt sind die Parteien und im Falle des § 126 ihre Prozessbevollmächtigten, sofern sie durch die angegriffene Entscheidung beschwert sind. Die Beschwerdesumme nach § 567 Abs. 2 muss erreicht sein, bei ihrer Errechnung ist auch die **Umsatzsteuer** des Rechtsanwalts[134] und die zugesprochene Verzinsung[135] zu berücksichtigen. Der Wert mehrerer in derselben Sache angefochtener Kostenfestsetzungsbeschlüsse ist nicht zusammenzurechnen.[136] Legen hingegen beide Parteien gegen denselben Kostenfestsetzungsbeschluss Erinnerung ein, von denen nur eine den Beschwerdewert erreicht, so hat das Beschwerdegericht in vollem Umfang zu entscheiden.[137] 36

**Anschlussbeschwerde** ist zulässig, als unselbständige ist sie von einer Beschwerdesumme unabhängig. Jedoch ist eine Beschwerde mit dem alleinigen Zweck der Nachliquidation mangels Beschwer unzulässig.[138]

**3. Verfahren.** Für das Verfahren vor dem Beschwerdegericht gelten die Vorschriften über die Beschwerde (§§ 104 Abs. 3 S. 1, 577, 567 ff.). Rechtliches Gehör ist zu gewähren, soweit dieses im Verfahren versäumt wurde oder neue rechtlich erhebliche Tatsachen vorgebracht werden. Das Beschwerdegericht kann das Festsetzungsverfahren nach § 104 Abs. 3 S. 2 aussetzen, bis die Kostengrundentscheidung rechtskräftig ist. Davon unabhängig besteht die Möglichkeit, nach § 572 Abs. 3 die Aussetzung der Vollziehung anzuordnen. (Zum Anwaltszwang s.o. Rdn. 24.) 37

**4. Entscheidung.** Das Beschwerdegericht ist bei seiner Entscheidung an die Rechtsmittelanträge **gebunden**, über diese hinaus darf es in den Kostenfestsetzungsbeschluss nicht eingreifen.[139] Das **Verschlechterungsverbot** gilt auch im Beschwerdeverfahren, allerdings bezieht es sich nur auf den gesamten festgesetzten Betrag, ein Austausch von Positionen ist zulässig.[140] Keinen Verstoß gegen das Verschlechterungsverbot bildet die Aufhebung eines Kostenfestsetzungsbeschlusses, für den die Kostengrundentscheidung fehlt oder weggefallen ist, da ein derartiger Kostenfestsetzungsbeschluss nichtig ist und die Aufhebung deshalb nur klarstellende Bedeutung hat.[141] 38

---

**134** OLG Düsseldorf MDR 1964, 155; OLG Koblenz MDR 1992, 196.
**135** OLG Hamm Rpfl. 1989, 523.
**136** OLG Stuttgart JurBüro 1979, 609; **a.A.** OLG Nürnberg JurBüro 1975, 191; *Thomas/Putzo/Hüßtege* § 104 Rdn. 45.
**137** OLG Bamberg JurBüro 1972, 522; OLG Karlsruhe Rpfl. 1979, 389.
**138** OLG Hamm JurBüro 1966, 1073; 1968, 414; Rpfl. 1976, 326; Stein/Jonas/*Bork* § 104 Rdn. 38; **a.A.** *Thomas/Putzo/Hüßtege* § 104 Rdn. 46.
**139** KG NJW 1973, 2115; OLG Nürnberg KostRspr. ZPO § 104 (B) Nr. 33.
**140** OLG Hamm Rpfl. 1972, 266; OLG Oldenburg JurBüro 1978, 1811; OLG Köln NJW 1975, 2347; BFH BStBl. 1970 II 251; LG Detmold NJW 1974, 511.
**141** OLG Hamm NJW 1973, 2047; OLG München Rpfl. 1982, 196.

39 Eine **unzulässige** Beschwerde verwirft das Gericht, § 572 Abs. 2 S. 2. § 99 Abs. 1 gilt.[142] Die unbegründete Beschwerde wird zurückgewiesen. Im Falle unzulässiger Vorlage, bspw. wenn die Beschwerdesumme nicht erreicht wurde, gibt das Beschwerdegericht die Angelegenheit unter gleichzeitiger Aufhebung der Vorlageentscheidung an das Erstgericht zur Entscheidung zurück.[143]

Ist die Beschwerde zulässig und begründet, so hebt das Gericht die angefochtene Entscheidung auf und **ersetzt** sie durch eine eigene. Alternativ kann die Sache an den Rechtspfleger oder, falls dieser entschieden hatte, an den Richter zurückverwiesen werden, § 572 Abs. 3. Eine Zurückverweisung kommt insbesondere in Betracht, wenn schwere Verfahrensmängel vorliegen oder weitere Sachaufklärung nötig ist.[144] Außer im Fall der Zurückverweisung[145] entscheidet das Beschwerdegericht zugleich über die Kosten des Erinnerungs- und Beschwerdeverfahrens. Bei erfolgloser Beschwerde ergeht die Entscheidung nach § 97 ansonsten nach §§ 91, 92. Da auch das Kostenfestsetzungsverfahren ein Parteiverfahren ist, sind dem Gegner im Fall erfolgreicher Beschwerde die Kosten auch dann aufzuerlegen, wenn er ihr nicht entgegengetreten war.[146] Sofern das Erinnerungs- oder Beschwerdeverfahren wegen Aufhebung des zugrunde liegenden Kostentitels gegenstandslos wird, sind die Kosten der Partei aufzuerlegen, die die Kostenfestsetzung betrieben hat.[147] Kosten fallen beim Gericht nach GKG-KV Nr. 1812 (bei Verwerfung oder Zurückweisung) an, beim Anwalt nach RVG-VV Nr. 3500.

40 **5. Rechtsbehelfe.** Wenn vom Beschwerdegericht zugelassen, ist die Rechtsbeschwerde statthaft; § 574 Abs. 1 Nr. 2. Anderenfalls ist die Entscheidung unanfechtbar. Eine Gegenvorstellung kommt nur in Ausnahmefällen in Betracht, falls ansonsten eine Verfassungsbeschwerde, bspw. wegen Versagung des rechtlichen Gehörs, erfolgreich wäre.[148]

## § 105
## Vereinfachter Kostenfestsetzungsbeschluss

**(1) Der Festsetzungsbeschluss kann auf das Urteil und die Ausfertigungen gesetzt werden, sofern bei Eingang des Antrags eine Ausfertigung des Urteils noch nicht erteilt ist und eine Verzögerung der Ausfertigung nicht eintritt. Erfolgt der Festsetzungsbeschluss in der Form des § 130b, ist er in einem gesonderten elektronischen Dokument festzuhalten. Das Dokument ist mit dem Urteil untrennbar zu verbinden.**

**(2) Eine besondere Ausfertigung und Zustellung des Festsetzungsbeschlusses findet in den Fällen des Absatzes 1 nicht statt. Den Parteien ist der festgesetzte Betrag mitzuteilen, dem Gegner des Antragstellers unter Beifügung der Abschrift der Kostenberechnung. Die Verbindung des Festsetzungsbeschlusses mit dem Urteil**

---

**142** OLG Düsseldorf NJW 1974, 1714.
**143** OLG Koblenz Rpfl. 1976, 11.
**144** Vgl. OLG Frankfurt Rpfl. 1980, 156; OLG Stuttgart Justiz 1971, 250.
**145** OLG Bamberg JurBüro 1979, 1713.
**146** **A.A.** OLG Karlsruhe KostRspr. ZPO § 104 (B) Nr. 4 m. abl. Anm. *H. Schmidt*.
**147** Stein/Jonas/*Bork* § 104 Rdn. 63.
**148** OLG München AnwBl. 1982, 532; **a.A.** (generell unstatthaft) Baumbach/Lauterbach/Albers/*Hartmann*[71] § 104 Rdn. 68; zur weiteren Beschwerde s.a. OLG Hamm JurBüro 1993, 292 (Verletzung des rechtlichen Gehörs reicht nicht).

**soll unterbleiben, sofern dem Festsetzungsantrag auch nur teilweise nicht entsprochen wird.**

**(3) Eines Festsetzungsantrags bedarf es nicht, wenn die Partei vor der Verkündung des Urteils die Berechnung ihrer Kosten eingereicht hat; in diesem Fall ist die dem Gegner mitzuteilende Abschrift der Kostenberechnung von Amts wegen anzufertigen.**

### I. Allgemeines

Die Vorschrift enthält getrennte Vereinfachungsmöglichkeiten: Die **Verbindung** 1
von Festsetzungsbeschluss und Urteil (Abs. 1) und den **vereinfachten Festsetzungsantrag** vor Urteilsverkündung (Abs. 3). § 105 gilt auch für Versäumnisurteile nach § 331 Abs. 3[1] und entsprechend für vollstreckbare Beschlüsse und Vergleiche.[2]

### II. Verbindung von Kostenfestsetzung und Urteil

**1. Voraussetzungen.** Es gelten zunächst die allgemeinen Voraussetzungen für den 2
Erlass eines Kostenfestsetzungsbeschlusses. Hinzu kommen als weitere Voraussetzungen, dass noch keine (einfache oder vollstreckbare) Ausfertigung des Urteils erteilt wurde,[3] dass sich die Urteilsausfertigung durch die Verbindung mit dem Kostenfestsetzungsbeschluss nicht verzögert und dass die Prozesskosten nicht quotenmäßig (§ 106 Abs. 1 S. 2) zu verteilen sind.

**2. Entscheidung.** Ob der Rechtspfleger den Kostenfestsetzungsbeschluss mit dem 3
Urteil verbindet, steht in seinem **Ermessen** und hängt von Zweckmäßigkeitserwägungen ab. Unzweckmäßig ist es insbesondere dann, wenn Probleme mit der Ausfertigung drohen oder Erinnerung zu erwarten ist. Der Rechtspfleger kann die Verbindung wieder lösen, bspw. wenn er einer Erinnerung abhilft und den Kostenfestsetzungsbeschluss ändert, indem er eine neue, besondere Ausfertigung erteilt. Hierzu kann er auch vom Gericht auf Erinnerung hin angewiesen werden.

Im Rahmen seiner Ermessensentscheidung hat der Rechtspfleger abzuwägen, dass die Verbindung der Kostenfestsetzung mit dem Urteil für den Kostengläubiger den Vorteil hat, dass er keine Wartefrist einhalten muss (§ 798) und es keiner besonderen Vollstreckungsklausel bedarf (§ 795a).

Gemäß § 105 Abs. 2 Satz 1 findet eine besondere Ausfertigung und Zustellung für den 4
Festsetzungsbeschluss nach Abs. 1 nicht statt. Der durch das Gericht festgesetzte Betrag wird den Parteien formlos mitgeteilt, wobei der Antragsgegner eine Abschrift der Kostenberechnung erhält; Abs. 2 Satz 2. Diese für den Gegner bestimmte Abschrift der **Berechnung** wird von Amts wegen gebührenfrei angefertigt (KV 1900 greift nicht ein).

### III. Vereinfachtes Festsetzungsgesuch (Abs. 3)

Das Verfahren nach Abs. 3 ist unabhängig vom Verfahren nach Abs. 1.[4] Nach § 105 5
Abs. 3 ist ein förmliches Kostenfestsetzungsgesuch entbehrlich, wenn die Partei schon vor Verkündung des Urteils ihre **Kostenberechnung** einreicht. Diese Vereinfachungs-

1 LG Stuttgart, AnwBl. 1981, 197.
2 LG Berlin NJW 1960, 204.
3 OLG Celle Nds Rpfl. 1962, 33.
4 Musielak/*Lackmann* § 105 Rdn. 5.

möglichkeit besteht nicht bei quotenmäßiger Verteilung (§ 106 Abs. 1 S. 2). Die Vorschrift ist nur in erster Instanz anwendbar, weil nur hier die Kostenfestsetzung erfolgt. Der Vorteil für die Partei liegt in der Möglichkeit einer Verfahrensbeschleunigung.

## § 106
## Verteilung nach Quoten

**(1) Sind die Prozesskosten ganz oder teilweise nach Quoten verteilt, so hat nach Eingang des Festsetzungsantrags das Gericht den Gegner aufzufordern, die Berechnung seiner Kosten binnen einer Woche bei Gericht einzureichen. Die Vorschriften des § 105 sind nicht anzuwenden.**

**(2) Nach fruchtlosem Ablauf der einwöchigen Frist ergeht die Entscheidung ohne Rücksicht auf die Kosten des Gegners, unbeschadet des Rechts des letzteren, den Anspruch auf Erstattung nachträglich geltend zu machen. Der Gegner haftet für die Mehrkosten, die durch das nachträgliche Verfahren entstehen.**

### I. Allgemeines

1 § 106 will **verhindern**, dass im Falle quotenmäßiger Verteilung der Prozesskosten die Kosten zweimal festgesetzt werden müssen. Er sieht eine **Verrechnung** der gegenseitigen Kostenerstattungsansprüche durch einheitlichen Beschluss vor. Bei Vorliegen der Voraussetzungen ist zwingend nach § 106 zu verfahren, es besteht kein Ermessen.[1] Nach Abs. 1 ist Voraussetzung des **Kostenausgleichs**, dass die Prozesskosten ganz oder teilweise nach Quoten verteilt wurden. Hierunter fällt auch die Kostenaufhebung nach § 92 Abs. 1 S. 2 (Teilung der Gerichtskosten).[2] Für die Anwendung des § 106 reicht es auch, wenn nur die Kosten einer Instanz nach Quoten zu verteilen sind[3] oder ein Prozessvergleich zwischen Streitgenossen quotenmäßige Verteilung der Kosten vorsieht.[4] Daher würde es § 106 widersprechen, wonach bei einer Verteilung der Prozesskosten nach Quoten der Kostenausgleich einheitlich in einem Beschluss durchgeführt werden muss, wenn zwei separate Kostenbeschlüsse nach § 106 und § 126 erlassen würden. Denn wie der BGH festgestellt hat würde diese Trennung der Verfahren in Fällen, bei dem die mit Prozesskostenhilfe prozessierende Partei teilweise unterliegt, jedoch gegenüber dem Prozessgegner die geringere Quote zu tragen hat, zu einer nicht zu rechtfertigenden Schlechterstellung der bedürftigen Partei führen, als wenn sie keine Prozesskostenhilfe erhalten hätte.[5]

Kein Fall des Kostenausgleichs ist hingegen, wenn das Gericht die Kosten nach **Prozessabschnitten** aufgeteilt hat, bspw. die Kosten der ersten Instanz der einen, die der zweiten Instanz der anderen Partei auferlegt hat.[6] Nicht anwendbar ist § 106 ferner, wenn Kosten ausgesondert werden, bspw. nach § 281 Abs. 3 S. 2[7] oder nach § 344,[8] oder wenn Eilverfahren und Hauptverfahren selbständige Kostengrundentscheidungen enthalten.[9]

1 OLG Hamm JurBüro 1977, 1621; OLG Koblenz JurBüro 1975, 942; LG Bonn Rpfl. 1984, 33.
2 OLG Braunschweig Rpfl. 1977, 176; MünchKomm/*Schulz* § 106 Rdn. 3.
3 Stein/Jonas/*Bork* § 106 Rdn. 2.
4 OLG München MDR 1975, 1366.
5 OLG Brandenburg v. 9.2.2007 – 6 W 109/06.
6 OLG Hamburg MDR 1979, 942; **a.A.** LG Aurich JurBüro 1976, 1386.
7 KG Rpfl. 1977, 107.
8 OLG Bamberg JurBüro 1982, 1258.
9 OLG Karlsruhe MDR 1989, 826.

Allerdings kann die Partei in derartigen Fällen im Kostenfestsetzungsverfahren des Gegners ihren eigenen prozessualen Kostenerstattungsanspruch durch **Aufrechnung** geltend machen. Die Bedenken gegen die Geltendmachung materiell-rechtlicher Einwände im Kostenfestsetzungsverfahren hindern dies nicht, da das Kostenfestsetzungsverfahren gerade zur Klärung der Höhe prozessualer Kostenerstattungsansprüche geschaffen wurde.[10] Für das Kostenfestsetzungsgesuch gelten auch im Falle des Kostenausgleichs die allgemeinen Anforderungen, Antrag auf Kostenausgleich kann auch von der Partei gestellt werden, die im Ergebnis erstattungspflichtig ist, da auch sie ein Interesse an Feststellung der gegenseitigen Ansprüche hat.

## II. Verfahren

Mit der Aufforderung nach § 106 Abs. 1 leitet das Gericht dem **Antragsgegner** eine 2
Abschrift des Gesuchs und der **Kostenberechnung** zu, Art. 103 Abs. 1 GG. Die anfallenden Verrichtungen nimmt die Geschäftsstelle wahr. Die Wochenfrist zur Einreichung der Kostenberechnung bestimmt sich nach § 222, ihre Verlängerung ist wegen § 224 Abs. 2 unzulässig. Die Aufforderung ist von Amts wegen zuzustellen, § 329 Abs. 3. Auch nach Ablauf der Wochenfrist ist ein Antrag des Gegners zu berücksichtigen, solange der Kostenfestsetzungsbeschluss noch nicht zur Zustellung hinausgegeben wurde.[11] Nach diesem Zeitpunkt ist eine Änderung wegen des Eingangs der Kostenberechnung der gegnerischen Partei nicht mehr zulässig.[12]

Geht die **gegnerische** Kostenberechnung rechtzeitig ein und entspricht sie den ge- 3
setzlichen Anforderungen (einschließlich der nötigen Belege), so wird durch einheitlichen Beschluss über beide Kostenfestsetzungsgesuche entschieden und der Überschussbetrag angegeben, den eine Partei der anderen zu erstatten hat. Ein unstreitig erhaltener Prozesskostenvorschuss ist hierbei zu berücksichtigen.[13] Bei bewilligter **Prozesskostenhilfe** sind die Kosten der Parteien so zu berechnen, als ob keine Prozesskostenhilfe gewährt worden wäre.[14] Haben Streitgenossen einen gemeinsamen Anwalt, so ist auch im Rahmen der Kostenausgleichung die Obergrenze von RVG-VV Nr. 1008 (§ 7 RVG) zu beachten.[15] Ist der Anfall einer Gebühr streitig, so hat das Gericht, wenn es den Anfall bejaht, die Gebühr auch auf Seiten der Partei anzusetzen, die den Anfall der Gebühr bestritten hatte und folgerichtig diese in ihrem Festsetzungsantrag nicht aufgeführt hatte, ein ausdrücklicher Hilfsantrag ist nicht erforderlich.[16] Stehen die Voraussetzungen einer materiell-rechtlichen Einwendung fest, so kann diese ausnahmsweise auch im Kostenfestsetzungsverfahren berücksichtigt werden.

Der **Beschluss** ist beiden Parteien von Amts wegen zuzustellen, § 329 Abs. 3. Er ist 4
für jede Partei getrennt rechtsmittelfähig, soweit sie beschwert ist. Für Beschwer und Beschwerdesumme ist die Abweichung des Beschlusses von dem von der Partei beanspruchten Differenzbetrag ausschlaggebend, nicht der nach Ansicht des Rechtsmittelführers zu Unrecht abgesetzte Einzelbetrag.[17] Eine Beschwer fehlt, soweit mit der Erinnerung die Berücksichtigung einer Gebühr erstrebt wird, die entweder auf beiden Seiten

---

10 *Lappe* Anm. zu KostRspr. § 106 Nr. 19.
11 LG Berlin JurBüro 1986, 1093; **a.A.** Baumbach/Lauterbach/Albers/*Hartmann*[71] § 106 Rdn. 6.
12 LG Hannover Rpfl. 1989, 342.
13 OLG Koblenz JurBüro 1985, 1565 m. zust. Anm. *Mümmler*.
14 OLG Bamberg FamRZ 1988, 967; OLG Bremen JurBüro 1984, 609; zu weiteren Einzelheiten s. OLG München JurBüro 1982, 417 m. Anm. *Mümmler*; *Lappe* MDR 1984, 638.
15 OLG München Rpfl. 1983, 124.
16 OLG Oldenburg MDR 1993, 390.
17 OLG Köln JurBüro 1973, 1100; Stein/Jonas/*Bork* § 106 Rdn. 7.

oder gar nicht erwachsen ist und deren Berücksichtigung im Kostenausgleich somit zu keiner Änderung zugunsten des Erinnerungsführers führen würde. (Ob auch der Gegner die streitige Gebühr angemeldet hat, ist unerheblich.)[18] Die Erinnerung kann auch nicht allein damit begründet werden, dass bisher nicht mitgeteilte Beträge in die Ausgleichung einzubeziehen sind,[19] hierfür muss die Partei beim Rechtspfleger die Ergänzung des Ausgleichungsbeschlusses beantragen.

### III. Fristversäumung (Abs. 2)

5 Unterlässt es der Gegner, rechtzeitig eine (den allgemeinen Anforderungen genügende) Kostenberechnung einzureichen, so ergeht die Festsetzungsentscheidung ohne Rücksicht auf seine Kosten. Eine Ausschlusswirkung ist hiermit nicht verbunden, der Gegner kann seine Prozesskosten in einem gesonderten weiteren Festsetzungsverfahren geltend machen (nicht hingegen im Erinnerungs- oder Beschwerdeverfahren).[20] In dem nachträglich ergehenden zweiten Kostenfestsetzungsbeschluss ist zugleich auszusprechen, dass die säumige Partei für Mehrkosten einzustehen hat (§ 106 Abs. 2 S. 2).

## § 107
## Änderung nach Streitwertfestsetzung

**(1) Ergeht nach der Kostenfestsetzung eine Entscheidung, durch die der Wert des Streitgegenstandes festgesetzt wird, so ist, falls diese Entscheidung von der Wertberechnung abweicht, die der Kostenfestsetzung zugrunde liegt, auf Antrag die Kostenfestsetzung entsprechend abzuändern. Über den Antrag entscheidet das Gericht des ersten Rechtszuges.**

**(2) Der Antrag ist binnen der Frist von einem Monat bei der Geschäftsstelle anzubringen. Die Frist beginnt mit der Zustellung und, wenn es einer solchen nicht bedarf, mit der Verkündung des den Wert des Streitgegenstandes festsetzenden Beschlusses.**

**(3) Die Vorschriften des § 104 Abs. 3 sind anzuwenden.**

### I. Allgemeines

1 Im Falle einer **Änderung des Streitwerts** durch gerichtliche Wertfestsetzung erlaubt § 107 eine streitwertbedingte **Korrektur** ohne dass dem die materielle Rechtskraft des Kostenfestsetzungsbeschlusses entgegenstünde. Anlässlich dieser Änderung kann eine Nachprüfung der betroffenen Gebühren dem Grunde nach nicht mehr erfolgen, da insoweit die materielle Rechtskraft nicht durchbrochen wird.[1] Vor Eintritt der Rechtskraft hat die Partei die Wahl zwischen dem Änderungsantrag nach § 107 und der Erinnerung nach § 104 Abs. 3.

---

**18** KG Rpfl. 1978, 225.
**19** OLG Hamm Rpfl. 1968, 289; MünchKomm/*Schulz* § 106 Rdn. 13.
**20** OLG Hamburg JurBüro 1978, 283.

1 OLG Hamm Rpfl. 1983, 256; MünchKomm/*Schulz* § 107 Rdn. 1 f., 8.

## II. Voraussetzungen

§ 107 setzt eine geänderte Streitwertfestsetzung und einen **Antrag** auf Änderung der Kostenfestsetzung voraus. Ob der Wertfestsetzungsbeschluss rechtskräftig ist, ist nicht entscheidend. 2

Der Antrag ist binnen **Monatsfrist** bei der Geschäftsstelle anzubringen. Die Frist ist keine Notfrist (§ 223 Abs. 3), sie kann nicht verlängert werden (§ 224). Die Frist beginnt mit der Verkündung oder Zustellung des Wertfestsetzungsbeschlusses; § 107 Abs. 2 S. 2. Stellt das Berufungsgericht in mündlicher Verhandlung den Streitwert für den ersten Rechtszug neu fest und beraumt es gleichzeitig Verkündungstermin in der Hauptsache an, so beginnt die Frist erst mit Verkündung der Entscheidung in der Hauptsache zu laufen.[2] Auch nach Ablauf der Frist ist ein ergänzendes Festsetzungsgesuch wegen des streitwerterhöhenden Beschlusses möglich, wenn die Kostenfestsetzung (aufgrund der Annahme eines geringeren Streitwertes) antragsgemäß erfolgt war und daher keine dem Kostengläubiger nachteiligen Rechtskraftwirkungen entfaltete.[3] Im Übrigen sperrt eine Versäumung der Frist nur das Kostenfestsetzungsverfahren, die Geltendmachung eines Bereicherungsanspruchs oder die Erhebung einer Vollstreckungsgegenklage ist nicht ausgeschlossen.[4]

## III. Entscheidung

Zuständig ist der **Rechtspfleger**, § 21 Nr. 1 RPflG. Er kann den alten Beschluss nur insoweit ändern, als Positionen vom Streitwert beeinflusst wurden. Ergibt die nachträgliche Änderung, dass Kosten zu viel erstattet wurden, so ist der entsprechende Betrag rückfestsetzbar, wenn die Überzahlung unstreitig oder eindeutig feststellbar ist.[5] Ein Antrag auf Rückfestsetzung wahrt die Frist des § 107.[6] 3

## IV. Rechtsbehelfe

Kraft Verweisung in Abs. 3 sind gegen die Änderung des Kostenfestsetzungsbeschlusses dieselben Rechtsbehelfe wie gegen die **erste** Kostenfestsetzung statthaft (sofortige Beschwerde bzw. befristete Erinnerung nach § 104 Abs. 3). Eine Anfechtung kann nicht mit der Begründung erfolgen, dass die dem abgeänderten Streitwert angepassten Gebühren nicht erstattungsfähig seien.[7] 4

## V. Kosten und Gebühren

Rechtsanwaltsgebühren und Gerichtskosten fallen nicht an. Die Gebühren des Rechtsanwaltes sind durch die Gebühren nach RVG-VV Nr. 3100 ff. abgegolten; § 19 Abs. 1 Nr. 14 RVG. 5

---

2 OLG Hamburg MDR 1990, 253; MünchKomm/*Schulz* § 107 Rdn. 5; **a.A.** Stein/Jonas/*Bork* § 107 Rdn. 4.
3 KG Rpfl. 1975, 324.
4 OLG München MDR 1983, 137; Prütting/Gehrlein/*Schmidt* § 107 Rdn. 3.
5 OLG Düsseldorf Rpfl. 1981, 409; MünchKomm/*Schulz* § 107 Rdn. 8 ff.
6 OLG Koblenz Rpfl. 1989, 40.
7 OLG München Rpfl. 1973, 258.

# TITEL 6
# Sicherheitsleistung

## Vorbemerkung
## Vor § 108

### Schrifttum

*Jakobs* Vorläufige Vollstreckbarkeit gegen Sicherheitsleistung unter besonderer Berücksichtigung der Prozeßbürgschaft, DGVZ 1973, 107; *Kotzur* Sicherheitsleistung durch Beibringung einer Prozeßbürgschaft mit befreiender Hinterlegungsklausel? DGVZ 1990, 161; *Mümmler* Sicherheitsleistung durch Bürgschaft, JurBüro 1971, 217; *Noack* Die Prozeßbürgschaft als Sicherheitsleistung und besondere Voraussetzung für die Zwangsvollstreckung, MDR 1972, 287; *Pecher* Zum Erlöschen einer Prozeßbürgschaft wegen Wegfalls der Veranlassung zur Sicherheitsleistung, WM 1986, 1513; *Rechel* Die Aufsicht des Insolvenzgerichts über den Insolvenzverwalter, Diss. Berlin 2009.

1 Die ZPO ordnet an **verschiedenen Stellen** an, Sicherheit zu leisten. Meist geschieht dies in Zusammenhang mit vorläufigen oder noch anfechtbaren Eingriffen in Vermögenswerte Beteiligter. Ersatzansprüche des Betroffenen sollen abgesichert sein, wenn der Eingriff zu Unrecht erfolgte.[1] Andererseits darf dem, der Sicherheit zu leisten hat, die Rechtsverfolgung nicht unangemessen erschwert werden. § 108 ermöglicht es, diese entgegenstehenden Interessen im Einzelfall abzuwägen, indem er es in das Ermessen des Gerichts stellt, Art und Höhe der Sicherheit im Einzelfall zu bestimmen. Zusammen mit § 109, der die Rückgabe der Sicherheit regelt, bildet die Vorschrift den „allgemeinen Teil" der Regelungen über die prozessuale Sicherheitsleistung. Die restlichen Paragraphen des sechsten Titels betreffen bereits einen besonderen Anwendungsfall, die sog. „Ausländersicherheit".

Auch das **materielle Recht** enthält Vorschriften über die Sicherheitsleistung (§§ 232–240 BGB). In zwei Detailfragen nimmt die ZPO hierauf ausdrücklich Bezug, § 108 Abs. 1 S. 2. Auch im Übrigen können Regelungslücken durch sinngemäße Anwendung des bürgerlichen Rechts ergänzt werden,[2] zumindest wird das Gericht bei der Ausübung seines Ermessens den Regelungsgehalt der §§ 232f. BGB zu berücksichtigen haben.[3]

Sicherheit wird meist in Zusammenhang mit der Zwangsvollstreckung oder dem einstweiligen Rechtsschutz geleistet (§§ 707, 709–715, 719ff., 732, 769, 771ff., 838, 890, 921, 923, 925, 927, 936, 939). Als weitere Anwendungsfälle der prozessualen Sicherheitsleistung finden sich in der ZPO: Die Sicherheitsleistung des vollmachtlosen Vertreters in § 89 Abs. 1 und die Pflicht ausländischer und staatenloser Kläger, für die Prozesskosten nach § 110ff., Sicherheit zu leisten.

2 Auch **außerhalb der ZPO** finden sich Anwendungsfälle. So kann das Gericht dem Zwangs- oder Insolvenzverwalter aufgeben, für die Erfüllung seiner Pflichten Sicherheit zu leisten, vgl. u.a. § 153 Abs. 2 ZVG.[4] Ein weiterer Fall der prozessualen Sicherheitsleistung ist die Bietersicherheit in der Zwangsversteigerung, §§ 67–69 ZVG. Die genannten Vorschriften enthalten jedoch Spezialregelungen, die § 108 verdrängen. Im Einzelfall bleibt lediglich für § 109 ein Anwendungsbereich.

---

1 Kostenforderungen der Staatskasse fallen nicht unter den Sicherungszweck, OLG Stuttgart MDR 1985, 1032.

2 RGZ 145, 328.

3 S. § 108 Rdn. 6; Musielak/*Foerste* § 108 Rdn. 1.

4 Vgl. bzgl. der Sicherheitsleistung des Konkursverwalters und der Frage der Sicherheitsleistung des Insolvenzverwalters als Aufsichtsmaßnahme: *Rechel* Teil F VII. (S. 353) m.w.N.

Soweit die ZPO die Möglichkeit vorsieht, den Streitgegenstand oder einen Verwertungserlös zu hinterlegen, so handelt es sich in der Regel ebenfalls um eine prozessuale Sicherheit, die nach §§ 108, 109 ZPO zu behandeln ist, §§ 711, 712, 720, 805 Abs. 4, 815 Abs. 2, 827 Abs. 2, 839, 885 Abs. 4, 930 Abs. 3. Eine Erfüllungswirkung tritt nicht ein. Eine Ausnahme bilden der Gläubigerprätendentenstreit und die mehrfache Pfändung von Geldforderungen oder Ansprüchen auf bewegliche Sachen (§§ 75, 853 f.); denn der zur Hinterlegung Berechtigte hinterlegt nicht, um Sicherheit zu leisten, sondern um eine Schuld zu erfüllen.[5] (Die Unterscheidung hat Bedeutung für die Anwendbarkeit von § 109 auf die Rückgabe des Hinterlegungsgegenstandes.)

## § 108
## Art und Höhe der Sicherheit

**(1) In den Fällen der Bestellung einer prozessualen Sicherheit kann das Gericht nach freiem Ermessen bestimmen, in welcher Art und Höhe die Sicherheit zu leisten ist. Soweit das Gericht eine Bestimmung nicht getroffen hat und die Parteien ein anderes nicht vereinbart haben, ist die Sicherheitsleistung durch die schriftliche, unwiderrufliche, unbedingte und unbefristete Bürgschaft eines im Inland zum Geschäftsbetrieb befugten Kreditinstituts oder durch Hinterlegung von Geld oder solchen Wertpapieren zu bewirken, die nach § 234 Abs. 1 und 3 des Bürgerlichen Gesetzbuchs zur Sicherheitsleistung geeignet sind.**

**(2) Die Vorschriften des § 234 Abs. 2 und des § 235 des Bürgerlichen Gesetzbuchs sind entsprechend anzuwenden.**

**Übersicht**



### I. Allgemeines

**1. Regelungsgehalt.** § 108 gilt für alle Fälle prozessualer **Sicherheitsleistung** (s. Vorbemerkung). Das Gericht muss in diesen Fällen lediglich die **Höhe** der Sicherheit 1

5 **A.A.** Stein/Jonas/*Bork* Vor § 108 Rdn. 3 (für §§ 853 f.); Baumbach/Lauterbach/Albers/*Hartmann*[71] Übers § 108 Rdn. 4 (für § 75 und §§ 853 f.); MünchKomm/*Schulz* § 108 Rdn. 4 (für §§ 853 f.).

bestimmen, eine Anordnung über die **Art** der Sicherheit ist entbehrlich, da § 108 als gesetzlichen Regelfall die Hinterlegung von Geld oder Wertpapieren vorsieht. Von dieser subsidiären gesetzlichen Regelung kann das Gericht im Rahmen seines pflichtgemäßen, am Sicherungszweck orientierten, Ermessens in jeder Richtung abweichen. Beispielsweise kann es die Anforderungen an die Art der Sicherheitsleistung verschärfen (was selten gerechtfertigt sein wird) oder es kann Sicherungsmittel zulassen, die nach dem gesetzlichen Regelungsmodell nicht ausreichen (bspw. Wertpapiere, die nicht mündelsicher sind).

2 Die in der Praxis regelmäßig auf Antrag des Sicherungsgebers meist zugelassene Sicherheitsleistung durch **Bankbürgschaft** ist nunmehr in Abs. 1 als gesetzliche Form der Sicherheitsleistung anerkannt.

Das Gericht bestimmt nach seinem pflichtgemäßen Ermessen Art und Höhe der Sicherheit. Dies gilt auch, wenn der Vollzug eines Arrests durch Hinterlegung einer Lösungssumme gehemmt werden soll. Zwar spricht § 923 nur von der Hinterlegung einer Geldsumme, jedoch kann das Gericht im Wege der Analogie auch andere Arten der Sicherheitsleistung zulassen.[1] Allerdings wird das Gericht die Eignung des alternativen Sicherungsmittels im Lichte des Arrestzwecks besonders kritisch zu prüfen haben.[2]

3 **2. Gerichtliche Anordnung.** Die Sicherheitsleistung wird im Parteiinteresse angeordnet, die Parteien können deshalb deren Art und Höhe frei vereinbaren. Eine derartige Vereinbarung geht der gerichtlichen Anordnung vor, sie kann im vor- wie nachhinein, gerichtlich wie außergerichtlich getroffen werden. Da derartige Vereinbarungen selten sind, wird es aber in der Regel auf die Anordnung des Gerichts ankommen. Hierbei ist zu unterscheiden zwischen der gerichtlichen Zulassung der Sicherheitsleistung an sich und der Zulassung einer bestimmten Art der Sicherheitsleistung.

Meist entscheidet das Gericht **von Amts wegen**, ob und in welcher Höhe Sicherheit zu leisten ist (vgl. z.B. § 709). Ausnahmen finden sich in §§ 110 f, 712, 927, 939.

Die Anordnung über die Sicherheitsleistung und deren Höhe ist bei §§ 709, 711 im vorläufig vollstreckbaren Urteil enthalten, ausnahmsweise auch in einer Urteilsergänzung nach § 716. Bei §§ 712, 925, 927, 939 wird über die Sicherheitsleistung ebenfalls bereits im Urteil entschieden. In den Fällen der §§ 921, 923 (936) entscheidet das Gericht im Arrestbefehl (der einstweiligen Verfügung) oder dem vorausgehenden Beschluss. Zur Prozessvoraussetzung der Ausländersicherheit (§ 110) ergeht in der Regel ein Zwischenurteil, § 280 Abs. 2.[3] Im Übrigen wird durch Beschluss entschieden.

4 Das Gericht kann die Stellung einer Sicherheit nur anordnen, wenn dies **gesetzlich vorgesehen** ist. So hat es der BGH abgelehnt, auf eine deutsche GmbH, die vermögenslos ist und eine von Ausländern abgetretene Forderung geltend macht, § 110 analog anzuwenden.[4] In Fällen, in denen die Sicherheitsleistung nur auf **Antrag** angeordnet wird (§§ 110f., 712, 927, 929), wird aufgrund mündlicher Verhandlung entschieden, es sei denn, die Pflicht oder Befugnis zur Sicherheitsleistung sowie deren Höhe wäre unstreitig oder eine mündliche Verhandlung wäre entbehrlich, §§ 128a, 251a, 331a. Ansonsten steht es dem Gericht frei, zu Fragen der Sicherheitsleistung eine mündliche Verhandlung anzuberaumen.

---

1 Stein/Jonas/*Münzberg*[20] § 923, I 3; Baumbach/Lauterbach/Albers/*Hartmann*[71] § 923 Rdn. 1.
2 LG Hamburg MDR 1971, 851.
3 Ausnahme s. bei § 112.
4 BGH NJW 1984, 2762.

## II. Höhe

5 Im Grundsatz ist unstreitig, dass das Gericht bei Anordnung der Sicherheitsleistung deren Höhe bestimmen **muss.**[5] Andernfalls wäre die Anordnung unwirksam, da nicht ausreichend bestimmt. Außer für die Bemessung der Ausländersicherheit, § 112 Abs. 2, enthält das Gesetz keine näheren Leitlinien. Das Gericht hat sein **Ermessen** am Schutzzweck der Norm zu orientieren, die die Sicherheitsleistung zugunsten des Sicherungsberechtigten vorsieht. Dessen absehbarer Schaden ist zu sichern. Sofern die Sicherheitsleistung der Vorbereitung der Zwangsvollstreckung dient, ist dies meist der Wert der Hauptsache zuzüglich Zinsen und Kosten, evtl. auch ein absehbarer Vollstreckungsschaden.[6] Das Ermessen des Gerichts kann vom Rechtsmittelgericht nachgeprüft werden.[7]

Die Festsetzung der Höhe der Sicherheit erfordert im Einzelfall detaillierte Berechnungen. Wird wegen wiederkehrender Leistungen oder teilbarer Vollstreckungsgegenstände vollstreckt, so führt dies zu praktischen Schwierigkeiten, weshalb bereits Generationen darüber streiten, ob eine **unbezifferte Tenorierung** („in Höhe des beizutreibenden Betrages“) zulässig ist.[8] Drei Grundpositionen werden vertreten: Die früher überwiegende Meinung bejaht eine unbezifferte Tenorierung jedenfalls dann, wenn künftig fällig werdende Raten sukzessive zu vollstrecken sind.[9] Darüber hinausgehend erachtet beispielsweise das Kammergericht im Anschluss an das Reichsgericht eine unbezifferte Tenorierung für generell zulässig.[10] Eine dritte Fraktion und heute vorherrschende Auffassung ist schließlich der Meinung, eine unbezifferte Tenorierung sei generell unzulässig.[11] Zulässig sei es bei wiederkehrenden Leistungen, das Urteil in Höhe des jeweils beizutreibenden Betrages für vorläufig vollstreckbar zu erklären.[12] Die Ansicht führt ins Feld, bereits der Wortlaut des § 709 („eine der Höhe nach zu bestimmende Sicherheit“) spreche für eine Bezifferung;[13] auch werde die Sicherheitsleistung andernfalls bis auf den ersten Teilbetrag aus dem Schuldnervermögen erbracht[14] und der Vollstreckungsschuldner unter Umständen durch zahlreiche kleinere Vollstreckungen übermäßig belastet.[15] Diese Argumente lassen sich zwar entkräften,[16] jedoch spricht entscheidend gegen die Zulassung einer Tenorierung „in Höhe des (jeweils) beizutreibenden Betrages“, dass der Schuldner hierdurch unzureichend gegen mögliche Vollstreckungsschäden geschützt wird.[17] Denn potentielle Vollstreckungsschäden (§ 717 Abs. 2) werden nicht gedeckt, wenn die Sicherheitsleistung nach dem jeweils beigetriebenen Betrag bemessen wird. Auch bietet ein prozentualer Sicherheitszuschlag („in Höhe des jeweils

---

5 Stein/Jonas/*Bork* § 108 Rdn. 2.
6 Ausführlich *Oetker* ZZP 102 (1989) 449, 451–461; MünchKomm/*Schulz* § 108 Rdn. 10, 56.
7 KG JW 1926, 2463.
8 *Oetker* ZZP 102 (1989) 449, 461 Fn. 69–74, m.w.N.
9 Stein/Jonas/*Münzberg*[20] § 709, 4; *Blomeyer* II S. 32; Rosenberg/Gaul/*Schilken*[10], S. 147; vgl. auch Fn. 10.
10 KG NJW 1977, 2270 (mit ausführlicher Begründung); NJW 1961, 2357; RG JW 1927, 991; MünchKomm/*Schulz* § 108 Rdn. 15; *Mager* ZZP 68 (1955) 166, 168 (für teilbare Leistungen).
11 OLG Celle Nds Rpfl. 1952, 4; OLG Karlsruhe OLGZ 1975, 484, 486; OLG Nürnberg BayJMBl. 1964, 33, 34; *Oetker* ZZP 102 (1989) 449, 461 m.w.N.; Baumbach/Lauterbach/Albers/*Hartmann*[71] § 108 Rdn. 9; Gaul/Schilken/*Becker-Eberhard*[12] § 14, Rdn. 33 ff. (sehen unbeziff. Tenorierung in akt. Aufl. als unzul. an).
12 Musielak/*Lackmann* § 709 Rdn. 6; Thomas/Putzo/*Seiler* §§ 708–720 Vorbem. Rdn. 11; Zöller/*Herget* § 108 Rdn. 4.
13 Siehe bspw. *Oetker* ZZP 102 (1989), 449, S. 462.
14 OLG Karlsruhe OLGZ 1975, 484, 487.
15 OLG Celle Nds Rpfl. 1952, 4.
16 Insofern richtig KG NJW 1977, 2270.
17 Ausführlich *Oetker* ZZP 102 (1989) 449, 462 f.

beizutreibenden Betrages zuzüglich 10%)[18] keinen ausreichenden Schutz, da Vollstreckungsschäden nicht notwendigerweise von der Höhe des beigetriebenen Betrages abhängen.[19] Des Weiteren ist eine unbezifferte Tenorierung im Fall des § 711 unpraktikabel.[20] Es ist deshalb unerlässlich, dass sich das Gericht jeweils konkret ein Bild vom drohenden Schaden macht und die Sicherheitsleistung im Einzelfall beziffert. Dies lässt sich auch bei Verurteilungen zu wiederkehrenden Leistungen praktizieren. Bemessungsgrundlage ist dann die jeweils geschuldete Rate, der ein etwaiger Zinsschaden hinzuzufügen ist. Die Sicherheitsleistung für den Kostenerstattungsanspruch ist in diesem Fall gesondert festzusetzen.[21] Eine Prozessbürgschaft, die der Kläger als Sicherheit für die Vollstreckung aus einem erstinstanzlichen Urteil beigebracht hat, deckt die Verpflichtung, die zur Abwendung der Vollstreckung geleistete Zahlung zurückzugewähren, auch dann, wenn Ansprüche aus § 717 Abs. 2 ZPO verjährt sind, die Klage jedoch rechtskräftig abgewiesen ist.[22]

Auch bei teilbaren Vollstreckungsgegenständen kann einem berechtigten Gläubigerinteresse Rechnung getragen werden, ohne auf eine unbezifferte Tenorierung zurückgreifen zu müssen. Der Gläubiger kann hierzu anregen, dass das Gericht (gegebenenfalls die Berufungsinstanz vorab nach § 718) die Forderung aufteilt und für jeden Teil eine Sicherheitsleistung festsetzt.[23]

### III. Art der Sicherheitsleistung

6 Theoretisch kann das Gericht alle denkbaren Sicherungsmittel zulassen, beispielsweise auch die Verpfändung von Sachen oder Rechten, Sicherungsübereignungen und -abtretungen, Grundschuldbestellungen etc.[24] Es ist nicht an den Katalog des § 232 Abs. 1 BGB gebunden. Allerdings geben die Vorschriften der §§ 232ff. BGB Auslegungshilfen für das gerichtliche Ermessen, die Eignung einer Grundschuld als Sicherungsmittel richtet sich deshalb regelmäßig nach § 238 BGB.[25] Auch im Übrigen ist zu beachten, dass der Sicherungsberechtigte möglichst nicht schlechter als bei einer Sicherheitsleistung durch Hinterlegung gestellt wird. Ein Pfandstück ist deshalb ungeeignet, da der Sicherungsberechtigte mit Aufhebung der Pfändung die Sicherheit verlieren könnte.[26] Ebenso ist ein Hypothekenbrief im Regelfall mit zu vielen Risiken für den Gläubiger behaftet, als dass er eine taugliche Sicherheit bieten könnte.[27]

Wenngleich der Katalog potentieller Sicherungsmittel grundsätzlich unbeschränkt ist, haben in der Praxis nur die Sicherheitsleistung durch Hinterlegung und durch Stellung einer Bürgschaft Bedeutung.

7 **1. Hinterlegung.** Bestimmt das Gericht nichts anderes, so ist Sicherheit zu leisten, indem Geld oder bestimmte Wertpapiere hinterlegt werden. Andere hinterlegungsfähige Gegenstände (§ 5 HintO a.F.) kann das Gericht zulassen.[28] Für das Verfahren galt bis zum

---

**18** KG NJW 1977, 2270.
**19** *Oetker* ZZP 102 (1989) 449, 463.
**20** *Oetker* ZZP 102 (1989), 449, S. 463.
**21** *Oetker* ZZP 102 (1989), 449, S. 464f.
**22** BGH DZWIR 2007, 121 = BGHZ 169, 308,
**23** **A.A.** OLG Frankfurt NJW-RR 1988, 189, 190 m.w.N.
**24** BayObLGZ 1988, 256 m.w.N.
**25** OLG Frankfurt MDR 1977, 409.
**26** OLG Celle NJW 1959, 2268; OLG Schleswig JurBüro 1969, 1111.
**27** Zöller/*Herget* § 108 Rdn. 5; Baumbach/Lauterbach/Albers/*Hartmann*[71] § 108 Rdn. 8.
**28** Prütting/Gehrlein/*Schmidt* § 108 Rdn. 8; Zöller/*Herget* § 108 Rdn. 6.

1.12.2010 die Hinterlegungsordnung (HintO) als Bundesrecht, welche durch Art. 17 G vom 23.11.2007[29] aufgehoben wurde. Die Hinterlegung erfolgt bei den Amtsgerichten; es gilt die Hinterlegungsordnung der einzelnen Bundesländer. Durch die Hinterlegung treten nach allgemeiner Ansicht[30] die **Wirkungen** des § 233 BGB ein: Der Sicherungsberechtigte erlangt ein Pfandrecht an der Hinterlegungsmasse oder am Rückforderungsanspruch des Hinterlegers, wenn Geld als gesetzliches Zahlungsmittel (vgl. nach § 7 Abs. 1 HintO a.F.) in das Eigentum des Fiskus übergegangen ist.

### a) Gesetzliche zugelassene Hinterlegungsgegenstände

**aa) Geld.** Geld im Sinne von § 108 ist nur **inländisches** Geld als gesetzliches Zahlungsmittel. Zwar könnte ausländisches Geld auch eine i.S.v. § 108 Abs. 1 S. 2 i.V.m. § 234 Abs. 1 BGB geeignete Sicherheit darstellen, jedoch würde die Hinterlegung ausländischen Geldes den Interessen des Sicherungsberechtigten wegen des Kursrisikos nicht gerecht werden. Hinzu kämen devisenrechtliche Probleme bei Währungen, die nicht frei konvertierbar sind. Ausländisches Papiergeld sollte deshalb auch nicht den Wertpapieren im Sinne von § 108 gleichgestellt werden.[31] Diese in der Kommentarliteratur zum BGB favorisierte Auslegung[32] lässt sich in Fällen der materiell-rechtlichen Sicherheitsleistung deshalb rechtfertigen, weil § 240 BGB dem Sicherungsberechtigten einen Anspruch auf Ergänzung der Sicherheit zubilligt, falls diese unzureichend wird. Für prozessuale Sicherheitsleistungen fehlt ein vergleichbarer Schutz, wobei die Effektivität dieser Schutzvorschrift ohnehin fraglich ist. Die heute wohl überwiegende Meinung geht analog § 234 Abs. 3 BGB von ¾ des Kurswertes aus.[33] Auch die analoge Anwendung des § 234 Abs. 3 BGB schützt den Sicherungsberechtigten nicht ausreichend, da es genügend Beispiele dafür gibt, dass Währungen binnen kurzer Zeit mehr als ein Viertel ihres Kurswertes verlieren. Aufgrund des Kursrisikos und etwaiger oft schwer übersehbarer devisenrechtlicher Probleme wird im Übrigen auch die (mögliche) gerichtliche Zulassung der Hinterlegung ausländischen Geldes nur bei sogenannten harten Währungen in Betracht kommen. 8

Analog § 69 Abs. 2 ZVG stehen von der Bundesbank oder den Landeszentralbanken bestätigte Schecks (§ 23 BBankG) dem Geld gleich, sie sind von der Hinterlegungsstelle entgegenzunehmen, sofern die Vorlegungsfrist nicht vor dem vierten Tag nach Übergabe abläuft.[34] Eine Bareinzahlung ist auch im Übrigen nicht nötig, die Überweisung auf ein Konto der Hinterlegungsstelle genügt.[35]

**bb) Wertpapiere.** Den Kreis der zur Sicherheitsleistung zugelassenen Wertpapiere grenzt § 108 Abs. 1 ein, indem er auf **§ 234 BGB** verweist. Hiernach muss es sich um Inhaberpapiere oder blankoindossierte Orderpapiere handeln, die einen Kurswert[36] haben und mündelsicher[37] sind. Um dem Kursrisiko zu entgegnen sind auch diese Papiere nur 9

29 BGBl. I S. 2614, 2616.
30 RGZ 56, 145, 147 f.; Zöller/*Herget* § 108 Rdn. 15 f.
31 Stein/Jonas/*Bork* § 108 Rdn. 16, warnen ebenfalls vor devisenrechtlichen Schwierigkeiten; **a.A.** MünchKomm/*Schulz* § 108 Rdn. 23.
32 Staudinger/*Dilcher* § 232 Rdn. 2 ff. m.w.N.
33 Vgl. MünchKomm/*Schulz* § 108 Rdn. 23; Prütting/Gehrlein/*Schmidt* § 108 Rdn. 7; Baumbach/Lauterbach/Albers/*Hartmann*[71] § 108 Rdn. 17.
34 Stein/Jonas/*Bork* § 108 Rdn. 14.
35 Stein/Jonas/*Bork* § 108 Rdn. 14; OLG Dresden OLG Rspr. 39, 51.
36 Amtliche Notierung nicht erforderlich, MünchKomm-BGB/*Grothe* § 234 Rdn. 1.
37 § 1807 BGB; MünchKomm-BGB/*Grothe* § 234 Rdn. 1.

zu $^3/_4$ ihres Kurswertes anzusetzen, woraus folgt, dass ihr Kurswert die Höhe des zu sichernden Betrages um $^1/_3$ übersteigen muss. Nach § 234 Abs. 2 BGB sind Berechtigungsscheine, die zu den Wertpapieren gehören, mit zu hinterlegen. Dies gilt für alle Wertpapiere. Auch bei Wertpapieren, die das Gericht zur Hinterlegung zulässt, obwohl sie den Anforderungen des § 234 Abs. 1 BGB nicht genügen, muss das Gericht die Hinterlegung der Berechtigungsscheine nicht gesondert anordnen. Soweit Zins-, Renten- oder Gewinnanteilscheine während der Hinterlegungsfrist fällig werden, kann der Hinterleger analog § 1296 S. 2 BGB deren Herausgabe verlangen.[38] Er kann diesen Anspruch im Beschlussverfahren nach § 109 verfolgen.[39]

10 **b) Gerichtliche Zulassung anderer Hinterlegungsgegenstände.** Das Gericht kann im Rahmen einer Anordnung nach § 108 Abs. 1 **andere Wertpapiere** als die in § 234 Abs. 1 BGB genannten zur Sicherheitsleistung zulassen. Diese Wertpapiere müssen der Art nach genau bezeichnet werden. Das Gericht hat auch zu bestimmen, zu welchem Prozentsatz ihres Kurswertes sie als Sicherheit dienen können. Trifft das Gericht keine derartige Bestimmung, so gilt § 234 Abs. 2 BGB analog.

Im Rahmen seines Ermessens kann das Gericht auch sonstige **hinterlegungsfähige Gegenstände** zur Sicherheitsleistung zulassen. (Nach § 5 HintO a.F. sind dies neben Geld und Wertpapieren sonstige Urkunden sowie Kostbarkeiten; vgl. auch *Prütting/Gehrlein/Schmidt* § 108 Rdn. 8; Zöller/*Herget* § 108 Rdn. 6). Taugliches Sicherungsmittel ist deshalb auch die Hinterlegung eines Sparkassenbuchs, wenn durch Sperrvermerk sichergestellt wurde, dass Verfügungen über das Sparguthaben nur gegen Vorlage des Buches getroffen werden können.[40] Jedoch ist das Sparbuch dann kein taugliches Sicherungsmittel, wenn es auf den Namen des zur Sicherheitsleistung Verpflichteten lautet, da die Forderung beliebig abtretbar ist und das Recht des durch die Hinterlegung Begünstigten auf Befriedigung gefährdet würde.[41] Zugelassen werden kann auch die Hinterlegung bei einer anderen Stelle, beispielsweise auf dem Anderkonto eines Notars.

Wie stets bei der Zulassung im Gesetz nicht vorgesehener Sicherungsmittel muss das Gericht abwägen, ob der angebotene Hinterlegungsgegenstand dem Sicherungsinteresse genügt. Aufgrund der dem Gläubiger auferlegten Risiken ist dies beispielsweise bei einem Hypothekenbrief regelmäßig nicht der Fall. Auch sollten Pfandstücke nicht zur Hinterlegung zugelassen werden, da der Berechtigte seine Sicherheit verliert, wenn die Pfändung aufgehoben werden sollte.[42]

11 **c) Umtauschrecht.** Geld oder mündelsichere Wertpapiere (§ 234 BGB) kann der Hinterleger in andere ebenfalls mündelsichere Wertpapiere oder Geld umtauschen (§ 108 Abs. 2 i.V.m. § 235 BGB). Dieses Umtauschrecht soll **Vermögensdispositionen** des Hinterlegers erleichtern.[43] Entsprechend besteht ein Umtauschrecht auch, wenn das Gericht andere Sicherungsmittel als die in § 108 Abs. 1 S. 2 vorgesehenen zugelassen hat. Der Hinterleger kann deshalb den hinterlegten Gegenstand gegen Geld oder mündelsichere Wertpapiere austauschen. Hingegen hat er nicht das Recht, hinterlegtes Geld oder mün-

---

**38** RGZ 72, 264; OLG Bamberg SeuffA 70, 68; Stein/Jonas/*Bork* § 108 Rdn. 17; zweifelnd Staudinger/*Dilcher* § 234 Rdn. 3 (§ 235 BGB vorrangig).
**39** RGZ 72, 264.
**40** OLG Köln MDR 1956, 43; **a.A.** OLG Frankfurt MDR 1956, 617 (keine ausreichende Sicherung gegen den Zugriff von Gläubigern auf das Sparguthaben); Stein/Jonas/*Bork* § 108 Rdn. 15; MünchKomm/*Schulz* § 108 Rdn. 17, 23.
**41** MünchKomm/*Schulz* § 108 Rdn. 17 m.w.N.
**42** OLG Celle NJW 1959, 2268.
**43** Prot. I 268.

delsichere Wertpapiere durch andere Sicherungsmittel, beispielsweise eine Bankbürgschaft, zu ersetzen.[44] Jedoch kann das Gericht einen derartigen Umtausch auf Antrag zulassen, da es die Bestimmung der Art der Sicherheit abändern darf.[45]

**2. Bürgschaft.**[46] Von Gesetzes wegen ist die Sicherheitsleistung durch eine **schriftliche, unwiderrufliche, unbedingte und unbefristete Bürgschaft** eines im Inland zum Geschäftsbetrieb befugten Kreditinstituts zugelassen. Damit hat der Gesetzgeber die Bankbürgschaft als **übliche Form** der prozessualen Sicherheit anerkannt. Ob daneben durch das Gericht auch die Sicherheitsleistung durch **Bürgschaft anderer Bürgen** zugelassen werden kann, ist eher zweifelhaft. Denn damit würde die Leitlinie für die gerichtliche Anordnung missachtet, dass der Sicherungsberechtigte nicht schlechter als bei einer Sicherheitsleistung durch Hinterlegung gestellt werden darf. Bestehen hieran Zweifel, so sollte das Gericht den Sicherungsberechtigten anhören, bevor es die Stellung einer Bürgschaft zulässt, damit dieser seine Bedenken, beispielsweise zur Person des Bürgen, vorbringen kann. 12

**a) Tauglicher Bürge** ist jedes im Inland nach dem KWG befugte Kreditinstitut. Andere Kreditinstitute, bspw. mit Sitz in anderen EU-Staaten, sind dann taugliche Bürgen, wenn die Bürgschaft von einer im Inland ansässigen Zweigniederlassung übernommen wird.[47] 13

**b) Inhalt der Bürgschaftserklärung.** Aus der Bürgschaftserklärung müssen die Person des Berechtigten und die zu sichernde Schuld hervorgehen. Bei Bankbürgschaften genügt es, wenn sich diese Angaben aus den Umständen ergeben, denn die Bürgschaft einer Bank bedarf zu ihrer Wirksamkeit nicht der Schriftform, § 350 HGB. Es genügt deshalb beispielsweise, wenn die Bürgschaftserklärung auf eine Ausfertigung des Titels gesetzt wird.[48] Jedoch ist die Schriftform aus prozessualen Gründen empfehlenswert (vgl. Rdn. 17). 14

Die Bürgschaft muss selbstschuldnerisch sein. Der Bürgschaftsvertrag kommt durch die Annahme des Vertragsangebotes des Kreditinstitutes durch den Sicherungsberechtigten zustande.[49]

Die Bürgschaftserklärung muss den Verzicht auf die **Einrede der Vorausklage** (§ 771 BGB) enthalten, § 239 Abs. 2 BGB entsprechend. Eine Bürgschaft ohne diesen Verzicht ist deshalb selbst dann nicht ordnungsgemäß, wenn das Gericht in seine Anordnung dieses Erfordernis (versehentlich) nicht aufgenommen hat. Bei Banken stellt sich diese Frage ohnehin nicht, da sie als Kaufleute kraft Gesetzes in jedem Fall selbstschuldnerisch haften, § 349 HGB. Bürgschaftserklärungen der Banken bedürfen deshalb keines ausdrücklichen Verzichts auf die Einrede der Vorausklage. 15

Die Bürgschaft darf grundsätzlich **weder bedingt noch befristet** sein. Andernfalls könnte ihre Sicherungsfunktion beeinträchtigt werden. Die Haftung des Bürgen darf von keiner anderen als der (immanenten) Bedingung der Aufhebung oder Änderung des Urteils abhängen. Auch von der Rechtskraft der aufhebenden oder ändernden Entschei-

---

44 BGH WM 1958, 1103; Stein/Jonas/*Bork* § 108 Rdn. 17.
45 Rdn. 23.
46 *Jakobs* DGVZ 1973, 107; *Mümmler* JurBüro 1971, 217; *Noack* MDR 1972, 287; *Pecher* WM 1986, 1513; Nachweise zur älteren Literatur bei Stein/Jonas/*Leipold*[20] § 108 Rdn. 17.
47 Musielak/*Foerste* § 108 Rdn. 7.
48 BGH NJW 1967, 823.
49 Statt aller zu den Voraussetzungen des Bürgschaftsvertrages: Prütting/Gehrlein/*Schmidt* § 108 Rdn. 12.

dung darf der Bürge seine Haftung nicht abhängig machen.[50] Andernfalls könnten unter Umständen Jahre vergehen bis der Berechtigte die Sicherheit in Anspruch nehmen kann. Zulässig ist hingegen eine Klausel, nach der die Verpflichtungen aus der Bürgschaft erlöschen, sobald die Veranlassung der Sicherheitsleistung weggefallen ist.[51] Denn ab diesem Zeitpunkt besteht an der Existenz der Bürgschaft kein schutzwürdiges Interesse mehr.

§ 109 steht dem nicht entgegen.[52] Das Verfahren nach § 109 soll die Verfolgung des Rückgabeanspruchs lediglich erleichtern, es stellt nicht den einzigen Weg dar, um den Wegfall des Sicherungszwecks vorzubringen.[53] Für eine derartige Klausel besteht auch ein berechtigtes Interesse des Bürgen, da ein Bürge, der nicht Prozesspartei ist, nach verbreiteter Auffassung kein Antragsrecht nach § 109 hat.[54]

Nach herrschender Meinung ist auch die Klausel der Banken unzulässig, nach der sie sich durch Hinterlegung der Bürgschaftssumme von der Bürgenschuld befreien können.[55] Da der Sicherheitenbesteller jedoch auch von seinem Umtauschrecht nach § 108 Abs. 2 i.V.m. § 235 BGB Gebrauch machen könnte, ist nicht ersichtlich, welches schutzwürdige Interesse des Sicherungsberechtigten tangiert würde, falls sich der Bürge durch Hinterlegung von seiner Schuld befreit.

16 Zulässig ist auch eine auflösende Bedingung, deren Eintritt in der Hand des Sicherungsberechtigten liegt. Ein praktisches Beispiel ist die in Bürgschaftsformularen der Banken häufig enthaltene Klausel, dass die Bürgschaft erlischt, sobald die **Bürgschaftsurkunde** dem Bürgen zurückgegeben wird. Diese Klausel ist grundsätzlich zulässig.[56] Allerdings muss **sichergestellt** sein, dass die Bedingung nicht gegen den Willen des Sicherungsberechtigten eintreten kann. Die Übermittlung einer **beglaubigten** Abschrift der Urkunde an ihn reicht deshalb nicht, um die Sicherheitsleistung **ordnungsgemäß** zu erbringen. Hierzu muss entweder das Original der Urkunde an den Sicherungsberechtigten ausgehändigt werden[57] oder es muss **hinterlegt werden.**[58] Des Weiteren sollte die Klausel so formuliert sein, dass nur eine Rückgabe mit Zustimmung des Berechtigten die Bürgschaft zum Erlöschen bringt.[59]

17 **c) Form.** Die Bürgschaft muss **schriftlich** erklärt werden, § 766 BGB. Obwohl Schriftform bei Kaufleuten kein materiell-rechtliches Wirksamkeitserfordernis ist (§ 350 HGB), gilt dies auch für Bankbürgschaften. Andernfalls könnte der Nachweis über die Leistung der Sicherheit nicht erbracht werden, § 751 Abs. 2 ZPO.[60] Ansonsten bestehen in der Regel keine Formerfordernisse. Weder muss die Unterschrift des Bürgen öffentlich beglaubigt

---

**50** OLG Bamberg NJW 1975, 1664; Stein/Jonas/*Bork* § 108 Rdn. 8; **a.A.** LG Berlin Rpfl. 1972, 421 (Übersieht § 717 Abs. 2 S. 2).
**51** OLG Nürnberg WM 1986, 214, 215; Pecher WM 1986, 1516; **a.A.** MünchKomm/*Schulz* § 108 Rdn. 31.
**52** **A.A.** AG Köln DGVZ 1983, 60.
**53** § 109 Rdn. 7.
**54** § 109 Rdn. 10.
**55** Zöller/*Herget* § 108 Rdn. 9; Baumbach/Lauterbach/Albers/*Hartmann*[71] § 108 Rdn. 14; MünchKomm/*Schulz* § 108 Rdn. 31; Stein/Jonas/*Bork* § 108 Rdn. 28; *Kotzur* DGVZ 1990, 161; LG Düsseldorf DGVZ 1988, 62; LG Bielefeld MDR 1985, 238; AG Gütersloh ZIP 1982, 1250; **a.A.** *Jakobs* (Fn. 41) S. 113; LG Frankfurt JurBüro 1989, 265.
**56** BGH NJW 1971, 701 (implizit); KG WM 1985, 878; NJW 1963; OLG Nürnberg WM 1986, 214; Stein/Jonas/*Bork* § 108 Rdn. 28; MünchKomm/*Schulz* § 108 Rdn. 29; Zöller/*Herget* § 108 Rdn. 9; *Jakobs* DGVZ 1973, 107, 113; *Noack* MDR 1972, 287, 288.
**57** OLG München MDR 1979, 1029; OLG Hamm WM 1993, 2051.
**58** OLG Hamburg WM 1982, 915.
**59** *Pecher* WM 1986, 1513, 1514.
**60** *Jakobs* DGVZ 1973, 107, 113.

sein, noch muss die Vertretungsbefugnis eines Unterzeichners durch öffentliche oder öffentlich beglaubigte Urkunde nachgewiesen sein. Dies ist streitig. Die Gegenposition verweist für Bürgschaften, die die Zwangsvollstreckung einleiten sollen, auf den Wortlaut des § 751 Abs. 2 ZPO und des Weiteren auf das Schutzbedürfnis des Sicherungsberechtigten, der anderenfalls Gefahr liefe, keine wirksame Bürgschaft zu erhalten.[61] Die herrschende Meinung in Literatur und Rechtsprechung hält dem jedoch zu Recht entgegen, dass lediglich ein Redaktionsversehen des Gesetzgebers vorliegt, dieser habe 1924 vergessen, § 751 Abs. 2 an die geänderte Fassung des § 108 anzupassen.[62] Zudem erlaube der Wortlaut des § 751 Abs. 2 die Auslegung, dass als Nachweis der Sicherheitsleistung die Urkunde über die Zustellung der privatschriftlichen Bürgschaftserklärung genügt. Im Hinblick auf das eminente praktische Bedürfnis ist der herrschenden Meinung zuzustimmen. Missbrauchsfälle dürften sehr selten sein, im Bedarfsfall kann das Prozessgericht das Risiko für den Sicherungsberechtigten minimieren, indem es für die Bürgschaftserklärung besondere Formerfordernisse anordnet.[63]

**d) Zustandekommen des Bürgschaftsvertrages.** Grundsätzlich ist auch die Prozessbürgschaft ein **Vertrag**, dessen Zustandekommen sich nach den allgemeinen Regeln des materiellen Rechts richtet. Er wird durch Angebot und Annahme abgeschlossen. Dabei muss die Annahme nicht ausdrücklich erklärt werden, da der Vertragsschluss sonst auch vereitelt werden könnte. Die gerichtliche Anordnung ersetzt die Annahme der Bürgschaftserklärung.[64] Der Bürgschaftsvertrag ist somit geschlossen, sobald die Bürgschaftsurkunde dem Gläubiger mit Wissen und Willen des Bürgen in Urschrift oder beglaubigter Abschrift zugeht.[65] 18

Für das Zustandekommen des Bürgschaftsvertrages reicht es somit, wenn die Bürgschaftserklärung dem Sicherungsberechtigten **zugeht.**[66] Hierfür gibt es zwei Möglichkeiten: Zum einen kann die Bürgschaftsurkunde in Urschrift[67] übergeben werden, § 130 Abs. 1 BGB, zum anderen kann die Bürgschaftserklärung in beglaubigter Abschrift nach § 132 Abs. 1 BGB i.V.m. §§ 166ff., 192ff. ZPO zugestellt werden. Dies ist der in der Praxis bevorzugte Weg, da er den einwandfreien Nachweis des Zugangs der Bürgschaft ermöglicht. Die Zustellung einer beglaubigten Abschrift genügt, um den Bürgschaftsvertrag zu schließen.[68] Allerdings liegt darin noch keine ordnungsgemäße Sicherheitsleistung, falls die Bürgschaft unter der auflösenden Bedingung der Rückgabe der Bürgschaftsurkunde steht.[69] In diesem Fall muss dem Sicherungsberechtigten das Original der Urkunde zugehen. 19

---

61 *Wüllersdorf* NJW 1966, 1521.
62 OLG Hamburg WM 1982, 915; OLG Hamm MDR 1975, 763; OLG Frankfurt NJW 1966, 1521; OLG Koblenz Rpfleger 1993, 356; OLG München OLGZ 1965, 292; LG Itzehoe DGVZ 1980, 156; LG Lübeck JurBüro 1978, 127; Stein/Jonas/*Bork* § 108 Rdn. 31; MünchKomm/*Schulz* § 108 Rdn. 33; *Mümmler* JurBüro 1971, 217, 222.
63 OLG Hamm MDR 1975, 763, 764; vgl. auch Prütting/Gehrlein/*Schmidt* § 108 Rdn. 10.
64 OLG Nürnberg WM 1986, 214, 215; OLG Hamburg MDR 1982, 588; OLG München MDR 1979, 1029; OLGZ 1965, 292; OLG Frankfurt NJW 1978, 1441, 1442; BayObLGZ 1975, 398, 407; OLG Hamm MDR 1975, 763; KG NJW 1963, 661, 663; Baumbach/Lauterbach/Albers/*Hartmann*[71] § 108 Rdn. 11; *Mümmler* JurBüro 1971, 217, 220.
65 In letzterem Fall beachte Rdn. 15.
66 Hinterlegung bei Gericht reicht nicht, OLG Hamm MDR 1975, 763, 764.
67 Abschrift reicht nicht: *Mümmler* JurBüro 1971, 217, 222; **a.A.** Baumbach/Lauterbach/Albers/*Hartmann*[71] § 108 Rdn. 12; Stein/Jonas/*Bork* § 108 Rdn. 32, Zöller/*Herget* § 108 Rdn. 11; zweifelnd BGH NJW 1967, 823, 824.
68 BGH NJW 1967, 823, 824; *Jakobs* DGVZ 1973, 115 m.w.N. (auch zu Sonderfällen wie bspw. einer gerichtlich angeordneten „beurkundeten Bankbürgschaft"); *Mümmler* JurBüro 1971, 217, 222.
69 OLG München MDR 1979, 1029; KG NJW 1963, 661, 663.

Zugestellt werden kann dem Prozessbevollmächtigten des Sicherungsberechtigten, seine Prozessvollmacht umfasst auch die Entgegennahme der Bürgschaftserklärung, § 81.[70] Jedoch kann auch der Partei zugestellt werden, § 176 gilt nicht;[71] die Zustellung nach § 132 Abs. 1 BGB ist ein Äquivalent zur Übergabe nach § 130 Abs. 1 BGB, es besteht deshalb kein Grund zwischen beiden Übermittlungsformen zu differenzieren. Allerdings ist es zweckmäßig, dem Prozessbevollmächtigten zuzustellen, da auf diesem Wege zugleich § 751 Abs. 2 für den § 176 gilt, erfüllt ist.[72]

20 Früher war umstritten, ob der Gerichtsvollzieher eingeschaltet werden muss oder ob eine Zustellung **von Anwalt zu Anwalt** nach § 198 ausreicht.

Heute wird die Zustellung durch den Gerichtsvollzieher nach § 132 Abs. 1 BGB i.V.m. §§ 192ff. oder von Anwalt zu Anwalt nach § 195 unter Überreichung einer beglaubigten Abschrift als gängige Praxis befürwortet.[73]

21 **e) Haftungsumfang.** Die Erklärung des Bürgen wird in der Regel auf den prozessualen Zweck und das anhängige Verfahren Bezug nehmen.[74] Der Umfang der Bürgenhaftung ist durch Vertragsauslegung zu ermitteln, diese wiederum richtet sich nach dem Vertragszweck, der Sicherung der Ansprüche des Berechtigten.[75] Bei der Sicherheitsleistung zur Abwendung der Zwangsvollstreckung haftet der Bürge deshalb für die volle Urteilssumme und nicht nur für einen etwaigen Verzögerungsschaden.[76] Denn die Bürgschaft soll den Sicherungsberechtigten im Vergleich zur Hinterlegung nicht benachteiligen. Der Zweck der Bürgschaft, dem Sicherungsberechtigten ein effizientes Sicherungsmittel zu stellen, verbietet es auch, dass der Bürge den Gesicherten auf die Inanspruchnahme bereits gepfändeter Sachen verweist oder ihm entgegenhält, er sei infolge bereits erfolgter Pfändungen genügend gesichert (vgl. § 777 BGB).[77]

Ein Urteil, dass den Hauptschuldner zur Leistung verpflichtet, entfaltet keine Rechtskraftwirkung gegenüber dem Bürgen (anders bei Klageabweisung).[78] Dies gefährdet den Sicherungszweck. Die Prozessbürgschaft ist deshalb so auszulegen, dass der Bürge den Ausgang des anhängigen Rechtsstreits als für sich verbindlich anerkannt hat.[79]

22 **f) Erlöschen.** Die Bürgschaft erlischt: Durch gerichtliche Anordnung (§§ 109 Abs. 2, 715); durch Parteivereinbarung oder durch den Eintritt einer auflösenden Bedingung (deren Vereinbarung nur eingeschränkt zulässig ist, vgl. Rdn. 15); durch Erlöschen der Hauptschuld (§ 765 BGB); durch Erledigung des Sicherungsverhältnisses (vgl. § 109).[80]

---

**70** Unstreitig, Stein/Jonas/*Bork* § 108 Rdn. 32; OLG Hamm MDR 1975, 763, 764 m.w.N.
**71** Unstreitig Stein/Jonas/*Bork* § 108 Rdn. 32; OLG Düsseldorf MDR 1978, 489.
**72** *Jakobs* DGVZ 1973, 115, 116.
**73** MünchKomm/*Schulz* § 108 Rdn. 36f.; Prütting/Gehrlein/*Schmidt* § 108 Rdn. 12 m.w.N.; Zöller/*Herget* § 108 Rdn. 11 m.w.N.
**74** LG München DGVZ 1974, 78.
**75** BGH NJW 1979, 417, 418; NJW 1978, 43; NJW 1975, 1119, 1120; NJW 1967, 823, 824; RGZ 141, 194, 197; ausführlich MünchKomm/*Schulz* § 108 Rdn. 53–61 .
**76** BGH NJW 1979, 417, 418; NJW 1967, 823, 825; RGZ 141, 194, 197; OLG Köln NJW-RR 1987, 251, 252 (betr. § 720a).
**77** Baumbach/Lauterbach/Albers/*Hartmann*[71] § 108 Rdn. 11ff.; *Noack* MDR 1972, 287, 289.
**78** BGH WM 1971, 614.
**79** BGH NJW 1975, 1119, 1121; offen gelassen von OLG Koblenz NJW-RR 1992, 108 für den Fall, dass die Forderung durch Anmeldung zur Konkurstabelle festgestellt wird.
**80** *Pecher* WM 1986, 1513, 1514.

## IV. Verfahrensfragen

**1. Zuständigkeit und Abänderung gerichtlicher Anordnungen.** Eine gerichtliche Anordnung zur Sicherheitsleistung erfolgt durch das Gericht, dessen Entscheidung die Sicherheitsleistung veranlasst hat. Gegebenenfalls ist dies der Vorsitzende der Kammer für Handelssachen, § 349 Abs. 2 Nr. 9, oder der Einzelrichter, § 348. Eine Zuständigkeit des Vollstreckungsgerichts ist im Falle des § 769 Abs. 2 gegeben. 23

Die **Höhe der Sicherheit** muss das Gericht sogleich festsetzen, da die Anordnung anderenfalls nicht bestimmt wäre. Soweit es sich um ein Urteil handelt, ist das Gericht an diese Entscheidung gebunden, § 318. Eine Änderung ist nur nach §§ 319–321, 716 zulässig.[81] Bei vorläufigen Entscheidungen kann das Gericht allerdings stets die Höhe der Sicherheit neu bestimmen.[82] Die **Art** der Sicherheitsleistung kann das Gericht ausdrücklich bestimmen oder offen lassen. Das Gericht kann hierzu auch einen ändernden oder ergänzenden Beschluss erlassen.[83] Zuständig ist das Gericht, das die Stellung der Sicherheit ursprünglich angeordnet hat. Dies gilt grundsätzlich auch, wenn zwischenzeitlich ein Rechtsmittel eingelegt wurde.[84] Eine konkurrierende Zuständigkeit des Rechtsmittelgerichts kommt nur in Ausnahmefällen in Betracht.[85] Beispielsweise in Eilfällen[86] oder wenn die Vorinstanz es irrig, aber unanfechtbar, abgelehnt hat, zu entscheiden.[87]

**2. Rechtsbehelfe.** Zu unterscheiden sind Rechtsbehelfe gegen die ursprüngliche Anordnung zur Sicherheitsleistung, gegen einen nachträglichen Beschluss (der nur die Art der Sicherheitsleistung betreffen kann) und gegen die Zurückweisung von Änderungsanträgen. 24

**a) Anordnung der Sicherheitsleistung.** Diese ist mit dem Rechtsbehelf anfechtbar, der gegen die Hauptsacheentscheidung statthaft ist. Bei Entscheidungen zur vorläufigen Vollstreckbarkeit ist dies meist die Berufung (§ 718). Diese kann theoretisch auf die Entscheidung zur vorläufigen Vollstreckbarkeit beschränkt werden.[88] Wurde in der Anordnung einem Antrag stattgegeben, eine bestimmte Art der Sicherheitsleistung zuzulassen, so steht dem Antragsgegner hiergegen kein besonderer Rechtsbehelf zur Verfügung: Die sofortige Beschwerde nach § 567 Abs. 1 ist unzulässig, da kein Gesuch zurückgewiesen wurde; die sofortige Beschwerde nach § 793 ist ebenfalls nicht statthaft, da die Bestimmung der Art der Sicherheitsleistung noch nicht Teil der Zwangsvollstreckung ist.[89] 25

Hingegen kann die Ablehnung eines Antrags zur Art der Sicherheitsleistung mit einfacher Beschwerde angegriffen werden, § 567 Abs. 1.[90] Das dem Prozessgericht nach § 108 zustehende Ermessen geht in diesem Fall auf das Beschwerdegericht über.[91] Der Rechtsbehelf steht selbständig neben einer eingelegten Berufung.[92] Dies ist sinnvoll, da im Rah-

---

**81** OLG Frankfurt OLGZ 1970, 172.
**82** *Thomas/Putzo/Hüßtege* § 108 Rdn. 2.
**83** BGH NJW 1966, 1028; OLG Nürnberg MDR 1961, 61; Stein/Jonas/*Bork* § 108 Rdn. 7.
**84** BGH NJW 1966, 1028.
**85** Offengelassen in BGH NJW 1966, 1028; gegen die Zulassung von Ausnahmen OLG Frankfurt NJW-RR 1986, 486; LG Aachen MDR 1966, 244.
**86** Zöller/*Herget* § 108 Rdn. 2; zu weitgehend LG Memmingen NJW 1974, 321.
**87** BGH NJW 1966, 1028.
**88** *Schneider* MDR 1983, 905.
**89** Zöller/*Herget* § 108 Rdn. 16; OLG Frankfurt MDR 1956, 617 m.w.N.; OLG München MDR 1969, 581.
**90** OLG Nürnberg MDR 1961, 61; 1959, 65.
**91** KG JW 1926, 2464.
**92** Baumbach/Lauterbach/Albers/*Hartmann*[71] § 108 Rdn. 20; **a.A.** OLG Frankfurt MDR 1981, 677.

men von § 718 Abs. 1 nur die Höhe, nicht aber die Art der Sicherheitsleistung korrigiert werden kann.[93]

26 **b) Nachträglicher Beschluss.** Gegen einen Beschluss, der die Anordnung über die Sicherheitsleistung nachträglich ergänzt oder ändert, gibt es nach herrschender Ansicht keinen Rechtsbehelf.[94] Der Streit hat nur geringe praktische Bedeutung, da es dem Antragsgegner freisteht, seinerseits einen Änderungsantrag zu stellen, gegen dessen Ablehnung einfache Beschwerde statthaft ist (s. unten, Rdn. 27). Eine unzulässige Beschwerde kann in einen derartigen Antrag umgedeutet werden.[95]

27 **c) Zurückweisung von Änderungsanträgen.** Weist das Gericht einen **Änderungsantrag** zurück, so ist hiergegen die einfache Beschwerde zulässig, § 567 Abs. 1. Dagegen werden vereinzelt Einwendungen erhoben.[96] Der hier vertretenen Ansicht, die sich auf den Wortlaut des § 567 Abs. 1 stützt, wird entgegengehalten, es sei zweifelhaft, ob ein das Verfahren betreffendes Gesuch vorliege, zudem bestehe kein Bedürfnis für einen Rechtsbehelf, da § 718 die Prüfung durch das Berufungsgericht ermögliche.[97] Diese Argumentation übersieht, dass § 718 Abs. 1 nur die Höhe der Sicherheitsleistung betrifft, Anordnungen über die Art der Sicherheitsleistung aber der Vorinstanz vorbehalten bleiben.[98] Auch ist nicht in allen Fällen die Berufung zulässig oder anhängig.

### V. Kosten

28 Durch die Sicherheitsleistung entstehen in der Regel Kosten; zwar ist die Hinterlegung von Geld beim Amtsgericht in den einzelnen Bundesländern teilweise gebührenfrei,[99] doch können Anwaltsgebühren und – im Fall der Bürgschaft – Bankkosten (sogenannte **Avalprovision**) entstehen.

Die unmittelbaren Kosten der Sicherheitsleistung stellen erstattungsfähige Kosten dar,[100] welche durch das Prozessgericht festgesetzt werden. Ebenso sind eventuelle Kosten der Hinterlegung und Verpfändung grundsätzlich erstattungsfähig. Nicht erstattet werden können dagegen Kosten zur Beschaffung der Sicherheit. Zur **Kostenerstattung** vgl. § 91.

Die Tätigkeit des Anwalts in Zusammenhang mit der Sicherheitsleistung gehört in der Regel zum Rechtszug und ist nicht gesondert zu vergüten (§ 19 Abs. 1 S. 2 Nr. 7 RVG). Dies gilt beispielsweise für den Antrag Sicherheitsleistung durch Bankbürgschaft zuzulassen[101] oder für die Übergabe bzw. Zustellung der Bürgschaftsurkunde.[102] Anderenfalls,

---

**93** Zöller/*Herget* § 108 Rdn. 16; Baumbach/Lauterbach/Albers/*Hartmann*[71] § 108 Rdn. 20, 21.
**94** Stein/Jonas/*Bork* § 108 Rdn. 10; Baumbach/Lauterbach/Albers/*Hartmann*[71] § 108 Rdn. 23; MünchKomm/*Schulz* § 108 Rdn. 75–76; *Schneider* MDR 1983, 906; *Thomas/Putzo/Hüßtege* § 108 Rdn. 16; OLG München MDR 1969, 581; OLG Frankfurt MDR 1956, 617; **a.A.** OLG Frankfurt MDR 1975, 323 (sofortige Beschwerde).
**95** *Schneider* MDR 1983, 906.
**96** Wie hier OLG Nürnberg MDR 1061, 61; Rpfl. 1959, 65: Stein/Jonas/*Bork § 108* Rdn. 10; Zöller/*Herget* § 108 Rdn. 16; *Thomas/Putzo/Hüßtege* § 108 Rdn. 17.
**97** OLG Frankfurt MDR 1981, 677; zustimmend OLG München MDR 1984; 321; die 2. Auflage Anm. B IIb 2 versagte dem Antragsteller das Beschwerderecht mit der Begründung, es gebe kein Recht auf Abänderung, ggfs. könne der Weg über §§ 707, 719 helfen.
**98** *Schneider* MDR 1983, 906; OLG Frankfurt NJW-RR 1986, 486 m.w.N.
**99** Vgl. Bülow/Mecke/*Schmidt* Hinterlegungsordnung (1993)[3] (Fn. 26) Rdn. 2 zu §§ 24–26 HintO.
**100** Vgl. Beispiele MünchKomm/*Schulz* § 108 Rdn. 70 m.w.N.
**101** OLG Schleswig JurBüro 1969, 416.
**102** OLG Stuttgart JurBüro 1985, 1344.

wenn der Rechtsanwalt bislang nicht im Verfahren tätig war, ist seine Tätigkeit i.R.d. Hinterlegung durch RVG-VV Nr. 3100 bzw. Nr. 3403 zu vergüten. Eine Geschäftsgebühr nach RVG-VV Nr. 2300 fällt dann an, wenn der Rechtsanwalt gegenüber der Bank tätig wurde, z.B. bei Beschaffung einer Bankbürgschaft, oder bei Tätigkeit gegenüber der Hinterlegungsstelle (Hebegebühr RVG-VV Nr. 1009).

## § 109
## Rückgabe der Sicherheit

**(1) Ist die Veranlassung für eine Sicherheitsleistung weggefallen, so hat auf Antrag das Gericht, das die Bestellung der Sicherheit angeordnet oder zugelassen hat, eine Frist zu bestimmen, binnen der ihm die Partei, zu deren Gunsten die Sicherheit geleistet ist, die Einwilligung in die Rückgabe der Sicherheit zu erklären oder die Erhebung der Klage wegen ihrer Ansprüche nachzuweisen hat.**

**(2) Nach Ablauf der Frist hat das Gericht auf Antrag die Rückgabe der Sicherheit anzuordnen, wenn nicht inzwischen die Erhebung der Klage nachgewiesen ist; ist die Sicherheit durch eine Bürgschaft bewirkt worden, so ordnet das Gericht das Erlöschen der Bürgschaft an. Die Anordnung wird erst mit der Rechtskraft wirksam.**

**(3) Die Anträge und die Einwilligung in die Rückgabe der Sicherheit können vor der Geschäftsstelle zu Protokoll erklärt werden. Die Entscheidungen ergehen durch Beschluss.**

**(4) Gegen den Beschluss, durch den der im Absatz 1 vorgesehene Antrag abgelehnt wird, steht dem Antragsteller, gegen die im Absatz 2 bezeichnete Entscheidung steht beiden Teilen die sofortige Beschwerde zu.**

**Übersicht**



### I. Allgemeines

Die Sicherheitsleistung überbrückt den **Schwebezustand** bis zur Klärung der Rechtslage. Danach kann der Sicherungsberechtigte die Sicherheit – je nach dem Ergebnis der Klärung – entweder verwerten oder er muss sie zurückgewähren. 1

Die **Verwertung der Sicherheit** richtet sich nach der Art der geleisteten Sicherheit. Im Fall der Hinterlegung ist die Hinterlegungsmasse (vgl. hierzu § 13 Abs. 2 HintO a.F. bzw. vergleichbare landesrechtliche Vorschriften) herauszugeben, wenn die Beteiligten 2 eingewilligt haben oder wenn die Empfangsberechtigung rechtskräftig festgestellt ist.[1] Verweigert der Sicherheitengeber die Einwilligung, so muss der Berechtigte auf Einwilligung in die Auszahlung des hinterlegten Geldes oder in die Verwertung des hinterlegten Pfandes klagen. Im Fall der Prozessbürgschaft wird der Anspruch gegen den Bürgen wie jeder andere zivilrechtliche Anspruch notfalls klageweise verfolgt. Nach Wegfall der Veranlassung zur Sicherheitsleistung kann der Schuldner auf Rückgabe eines zur Abwendung der Zwangsvollstreckung hinterlegten Geldbetrages verzichten und diesen Betrag schuldbefreiend mit der titulierten Forderung verrechnen.[2] Dies setzt aber voraus, dass er zugleich formgerecht die Einwilligung in die Herausgabe des Hinterlegten zugunsten des Gläubigers erklärt (§ 13 HintO a.F. bzw. vergleichbare landesrechtliche Vorschriften).

3 Die **Rückgewähr der Sicherheit** vollzieht sich ebenfalls je nach Art der geleisteten Sicherheit. Im Fall der Hinterlegung hat der Sicherungsnehmer in die Herausgabe der Hinterlegungsmasse einzuwilligen. Im Fall der Prozessbürgschaft bedarf es an sich keiner „Rückgewähr". Die Verbindlichkeit des Bürgen ist akzessorisch und erlischt deshalb, sobald feststeht, dass die Hauptschuld nicht mehr entstehen kann bzw. weggefallen ist. Zur Klarstellung bestimmt § 109 Abs. 2 jedoch, dass das Gericht das Erlöschen der Bürgschaft anordnet. (Dieser Satzteil wurde in § 109 Abs. 2 erst durch die Vereinfachungsnovelle von 1976 angefügt.[3] In analoger Anwendung von § 109 Abs. 2 a.F. hatte die Gerichtspraxis bereits zuvor einen das Bürgschaftsverhältnis lösenden Beschluss zugelassen.)[4]

4 § 109 regelt die Rückgewähr aller prozessual geleisteten Sicherheiten. Dabei eröffnet § 109 ein vereinfachtes, beschleunigtes und kostengünstiges zweistufiges Verfahren. Sein **Sinn** ist es, die Rückgewähr zugunsten des Sicherheitengebers zu erleichtern. Dies ist bei der Entscheidung von Zweifelsfragen zu beachten. Die Frage, ob die Ansprüche, wegen derer die Sicherheit bestellt wurde, bestehen, bleibt im Verfahren nach § 109 offen; ihre Klärung wird jedoch provoziert,[5] indem eine Frist gesetzt wird, binnen derer der Sicherungsnehmer seine behaupteten Ansprüche auf Verwertung der Sicherheit einklagen muss. Unterlässt er dies, obwohl ihm Ansprüche zustünden, so erleidet er einen Rechtsverlust, den er sich aber selbst zuzuschreiben hat. In diesem Fall wirkt die Anordnung des Erlöschens der Prozessbürgschaft rechtsgestaltend.[6]

5 Besonders geregelt ist in § 715 das Verfahren zur Rückgewähr einer Sicherheit, die seitens des Gläubigers geleistet wurde, um aus einem vorläufig vollstreckbaren Titel vorgehen zu können. Zur Rückerlangung der Sicherheit genügt hier die Vorlage eines Rechtskraftzeugnisses, § 706. Soweit dies möglich ist, fehlt einem Antrag nach § 109 regelmäßig das Rechtsschutzbedürfnis.[7]

6 Im Fall der **Hinterlegung** kann die **Hinterlegungsstelle** Beteiligten, die sich gegen die Herausgabe sperren, auf Antrag eine Frist zur Klageerhebung stellen, (vgl. § 16 HintO a.F. bzw. vergleichbare landesrechtliche Vorschriften). Von diesem – gegenüber § 109 eigenständigen – Verfahren soll jedoch nur Gebrauch gemacht werden, wenn es unbillig wäre, von dem Antragsteller weitere Nachweise seiner Empfangsberechtigung zu verlan-

---

1 Einzelheiten bei Bülow/Mecke/*Schmidt* Hinterlegungsordnung (1993)³; Baumbach/Lauterbach/Albers/*Hartmann*⁷¹ § 109 Rdn. 2ff.; MünchKomm/*Schulz* § 108 Rdn. 3, 46.
2 BGH Rpfl. 1984, 74.
3 BGBl. 1976 I 3281.
4 Nachweise s. Voraufl. Anm. A IVb.
5 Vgl. auch § 926.
6 *Pecher* WM 1986, 153, 1515.
7 **Vgl.** Zöller/*Herget* § 109 Rdn. 1; MünchKomm/*Schulz* § 109 Rdn. 5–6; Thomas/Putzo/*Hüßtege* § 109 Rdn. 14; *Thomas/Putzo/Seiler* § 715 Rdn. 1.

gen. Der Antragsteller ist deshalb von der Hinterlegungsstelle vorrangig auf den Weg des § 109 zu verweisen.[8]

**Anstelle** eines Antrags nach § 109 kann der Sicherheitengeber von sich aus klagen. Das Klageziel richtet sich nach der Art der Sicherheit: Bei der Hinterlegung wird Einwilligung in die Rückgabe der Hinterlegungsmasse begehrt, bei der Prozessbürgschaft ist eine negative Feststellungsklage zu erheben. Ein Scheinproblem liegt in der öfter diskutierten Frage, ob der Klage das Rechtsschutzbedürfnis fehlt, wenn der Weg über § 109 gangbar ist.[9] § 109 soll die Rückgabe der Sicherheit erleichtern und beschleunigen, nicht aber die Verfolgung des Rückgabeanspruchs erschweren. Es ist anerkannt, dass der Sicherheitengeber die Einwilligung des Sicherheitennehmers in die Rückgabe im Klageweg verlangen kann, wenn nach dessen Verhalten anzunehmen ist, dass eine Entscheidung durch Urteil nötig wird.[10] Erhebt der Beklagte Einwendungen, so zeigt sich, dass diese Voraussetzung vorliegt, verteidigt er sich hingegen nicht, so kann ihn ein Anerkenntnis nach § 93 vor den Kosten einer voreiligen Klage schützen, es wäre deshalb nicht interessengerecht, anstelle eines Anerkenntnisurteils die Klage wegen fehlenden Rechtsschutzbedürfnisses als unzulässig abzuweisen. Dem Verfahren nach § 109 kommt regelmäßig keine Exklusivstellung zu; deshalb kann beispielsweise auch der verklagte Bürge im Prozess einwenden, seine Bürgschaft sei durch Wegfall des Sicherungszwecks (infolge ihrer Akzessorietät) erloschen. Eine Ausnahme gilt aber, wenn im Verfahren nach § 109 die Rückgabe der Sicherheit angeordnet wurde: Infolge des Vorrangs des Rechtsbehelfs nach § 109 Abs. 4 kann der Sicherheitennehmer dann nicht mehr auf Feststellung der Unzulässigkeit der Rückgabe klagen.[11] 7

Mit Wegfall des Sicherungszwecks kann der Bürge Herausgabe der **Bürgschaftsurkunde** verlangen, § 371 BGB.[12] Im Beschluss nach § 109 Abs. 2 ist hierüber aber nicht zu entscheiden, da dieses Verfahren nicht der Klärung materiell-rechtlicher Ansprüche dient. Nur wenn die Urkunde aufgrund der Anordnung des Prozessgerichts hinterlegt worden war, kann das Gericht ihre Rückgabe anordnen.[13] Im Innenverhältnis zum Sicherheitenbesteller wird der Bürge häufig darauf achten, dass ihm das Erlöschen der Bürgschaft zweifelsfrei nachgewiesen wird. Der BGH hat dieses Interesse anerkannt und dem Sicherheitenbesteller auferlegt, über § 109 oder durch Klage zu erreichen, dass der Prozessgegner entweder die Bürgschaftsurkunde übergibt – falls an deren Rückgabe das Erlöschen der Bürgenschuld geknüpft ist – oder erklärt, er entlasse den Bürgen aus der Schuld, bevor der Bürge seinerseits verpflichtet ist, Sicherheiten freizugeben, die ihm zur Sicherung seiner Ansprüche gegen den Sicherheitenbesteller übertragen worden waren.[14] 8

### II. Fristbestimmung

Das Verfahren nach § 109 läuft in zwei Stufen ab: In der ersten Stufe setzt das Gericht dem Sicherheitennehmer auf Antrag eine Frist zur Klageerhebung (Abs. 1); nach deren fruchtlosem Ablauf wird sodann in der zweiten Stufe auf Antrag die Rückgabe der Sicherheit angeordnet (Abs. 2). 9

---

8 Bülow/Mecke/*Schmidt* Hinterlegungsordnung (1993)³ (Fn. 1) HintO § 16, 4.
9 Bejahend Stein/Jonas/*Bork* § 109 Rdn. 4; MünchKomm/*Schulz* *§109* Rdn. 4; vgl. Fn. 127; widersprüchlich RGZ 156, 164, 167; verneinend *Pecher* WM 1986, 1513, 1515.
10 BGH NJW 1979, 417; NJW 1971, 701.
11 Stein/Jonas/*Bork* § 109 Rdn. 4.
12 RGZ 156, 164, 172; **a.A.** *Pecher* WM 1986, 1513, 1515.
13 *Noack* MDR 1972, 287, 290.
14 BGH NJW 1971, 701; kritisch hierzu *Pecher* WM 1986, 1513, 1517 Fn. 38.

**1. Voraussetzungen.** Die Fristbestimmung nach § 109 Abs. 1 setzt neben einem ordnungsgemäßen Antrag voraus, dass die Veranlassung der Sicherheitsleistung weggefallen ist.

10 **a) Antrag.** Er muss schriftlich oder zu Protokoll der Geschäftsstelle gestellt werden, § 109 Abs. 3 S. 1; Anwaltszwang besteht nicht, § 78 Abs. 3, jedoch fallen Anträge und Erklärungen nach § 109 unter die Prozessvollmacht, § 81, und unter das Zustellungserfordernis nach § 176. Streitig ist, ob auch Dritte, insbesondere Bürgen, antragsberechtigt sind.[15] Da diese am Prozessrechtsverhältnis nicht beteiligt sind, ist dies zu verneinen. Nur der Sicherheitenbesteller ist antragsberechtigt, sein Antragsrecht geht nach allgemeinen Regeln auf Rechtsnachfolger und Überweisungsgläubiger (§ 835) über. Antragsgegner ist der Sicherheitennehmer, ggf. dessen Rechtsnachfolger.

11 Bei **mehreren** gesamtgläuberisch berechtigten Antragstellern genügt die Stellung des Antrags durch einen von ihnen, § 428 BGB. Bei mehreren einzeln Berechtigten und einzeln Verpflichteten sind nur die jeweils von der Rückgabe Betroffenen (und ihre Streitgehilfen) zur Antragstellung berechtigt, nicht aber die Streitgenossen. Sind zur Freigabe mehrere Personen verpflichtet, so ist der Antrag gegen alle zu richten (soweit nicht ein Einzelner bereits außergerichtlich und formgerecht nach § 13 Abs. 2 Nr. 1 HintO a.F. bzw. nach vergleichbaren landesrechtlichen Vorschriften in die Herausgabe eingewilligt hat). Da der Antrag nach § 109 das Rückgabeprocedere erleichtern will, ist er selbst dann zulässig, wenn bereits eine Klage auf Einwilligung in die Rückgabe der Sicherheit erhoben wurde.[16]

**b) Wegfall der Veranlassung**

12 **aa) Grundsatz.** Der Anlass der Sicherheitsleistung ist weggefallen, wenn der Schwebezustand beendet ist, den sie überbrücken sollte.[17] Dies ist der Fall, sobald zu sichernde Ansprüche nicht mehr entstehen können oder der Geltendmachung eines etwa entstandenen Anspruchs keine Hindernisse mehr entgegenstehen. Näheres lässt sich nur anhand einer Analyse der Norm sagen, aufgrund derer die Sicherheitsleistung angeordnet oder zugelassen wurde. Der Antragsteller muss lediglich nachweisen, dass der Eintritt des Sicherungsfalls nicht in Betracht kommt, die Nichtexistenz von Ansprüchen seines Gegners muss er hingegen nicht darlegen. § 109 bezweckt lediglich die beschleunigte Abwicklung des Sicherungsverhältnisses, nicht aber dessen materiell-rechtliche Klärung.[18]

13 **bb) Beispiele. Leistet der Gläubiger** Sicherheit um vollstrecken zu können (§ 709), so entfällt der Anlass zur Sicherheitsleistung spätestens mit Rechtskraft des Vollstreckungstitels, da ab diesem Zeitpunkt feststeht, dass dem Schuldner keine Ansprüche nach § 717 erwachsen können.[19] (Allerdings muss der Gläubiger bei dieser einfachen Konstellation in der Regel den Weg über § 715 beschreiten, um seine Sicherheit zurückzuerlangen, vgl. oben Rdn. 5). Darüber hinaus ist die Sicherheit bereits mit Erlass des

---

**15** Dafür: *Schreiber* JR 1979, 249; Zöller/*Herget* § 109 Rdn. 6; **dagegen** (h.M.): Stein/Jonas/*Bork* § 109 Rdn. 17; MünchKomm/*Schulz* § 109 Rdn. 16; *Thomas/Putzo/Hüßtege* § 109 Rdn. 2; Baumbach/Lauterbach/Albers/*Hartmann*[71] § 109 Rdn. 26; offengelassen in BGH NJW 1979, 417.

**16** Im Ergebnis ebenso vgl. Baumbach/Lauterbach/Albers/*Hartmann*[71] § 109 Rdn. 2.

**17** Vgl. auch: MünchKomm/*Schulz* § 109 Rdn. 8; Prütting/Gehrlein/*Schmidt* § 109 Rdn. 3.

**18** *Pecher* WM 1986, 1513, 1515.

**19** OLG Frankfurt NJW 1976, 1326; ausreichend ist die äußere Rechtskraft, bspw. eines Wechselvorbehaltsurteils (zur Inanspruchnahme des Prozeßbürgen in diesem Fall BGHZ 69, 270).

Berufungsurteils zurückzugewähren: Wurde das Ersturteil bestätigt, so ist das Berufungsurteil ohne Sicherheitsleistung vorläufig vollstreckbar (§ 708 Nr. 10), anderenfalls entfällt die Vollstreckungsmöglichkeit ohnehin (und damit zugleich die Gefahr eines Schadenseintritts im Sinne von § 717). Eine Ausnahme gilt jedoch, falls bereits vor Erlass des Berufungsurteils vollstreckt worden war: Sollte das Ersturteil in der Revision nicht bestätigt werden, so kann der Schadensersatzanspruch nach § 717 Abs. 2 auch noch nach Erlass des Berufungsurteils entstehen.[20] Durch eine Leistung des Schuldners zur Abwendung der Zwangsvollstreckung fällt die Veranlassung der Sicherheitsleistung ebenfalls nicht weg, da nach dem klaren Wortlaut des § 717 Abs. 2 auch in diesem Fall noch Schadensersatzansprüche entstehen können.

Das Verfahren nach § 109 ist weiterhin eröffnet, wenn der Kläger, dem durch Zwischenurteil die Stellung einer Prozesskostensicherheit nach § 110 Abs. 1 (**Ausländersicherheit**) aufgegeben worden ist, geltend macht, seine Pflicht sei entfallen, weil er nunmehr seinen gewöhnlichen Aufenthalt in einem Mitgliedstaat der Europäischen Union oder in einem Vertragsstaat des Abkommens über den Europäischen Wirtschaftsraum habe.

**Leistet der Schuldner** Sicherheit, um die Vollstreckung abzuwenden, so entfällt der 14
Anlass zur Sicherheitsleistung, sobald der Titel aufgehoben wird, auf Rechtskraft kommt es nicht an, denn gesichert wird nicht der materielle Anspruch des Gläubigers, der sich eventuell im weiteren Rechtszug doch noch als begründet erweist, sondern lediglich der Schaden, der durch die Verzögerung der Vollstreckungsmöglichkeit eintreten könnte.[21] Hingegen liegt kein Grund zur Rückgabe der Sicherheitsleistung vor, wenn eine einstweilige Einstellung nach §§ 719 Abs. 1, 707 durch die Berufungsentscheidung wegfällt.[22] Ebenfalls kein Wegfall der Veranlassung der Sicherheitsleistung ist gegeben, wenn das Verfahren zurückverwiesen wird, nachdem dem Schuldner in der Revisionsinstanz nach § 719 Abs. 2 gestattet wurde, Sicherheit zu leisten.[23] Wird ein Vergleich geschlossen, so bildet dies so lange keinen Grund zur Rückgabe einer geleisteten Sicherheit, als der Vergleich noch nicht erfüllt wurde.[24]

Haben im Fall des § 711 auf ein vorläufig vollstreckbares Urteil hin **sowohl der** 15
**Gläubiger als auch der Schuldner** die Möglichkeit, Sicherheit zu leisten, so ist die Veranlassung für die Sicherheitsleistung des Schuldners weggefallen, sobald der Gläubiger seinerseits Sicherheit geleistet hat, da ab diesem Zeitpunkt die Sicherheit des Schuldners die Vollstreckung nicht mehr verhindern kann.[25] Hingegen entfällt die Veranlassung für eine Sicherheitsleistung des Gläubigers im Rahmen der Vollstreckung nicht deswegen, weil dem Schuldner gestattet wurde (§§ 707, 719 Abs. 1), die Vollstreckung durch Sicherheitsleistung abzuwenden; in diesem Fall deckt die Sicherheit des Gläubigers auch den Schaden, der dem Schuldner infolge des Zwangs zur Stellung einer Abwehrsicherheit entstehen kann.[26] (Allerdings wird die Sicherheit in der Regel auf Antrag des Gläubigers zu reduzieren sein.)

Leistet der Gläubiger im Hinblick auf einen **Arrest** oder eine **einstweilige Verfü-** 16
**gung** Sicherheit, so ist deren Veranlassung spätestens dann weggefallen, wenn er in der

**20** BGHZ 69, 373; 11, 303, 304; KG NJW 1976, 1752 m.w.N.; OLG München OLGZ 1985, 458; OLG Nürnberg NJW 1959, 535; **a.A.** OLG Hamm NJW 1971, 1186, 1187.
**21** OLG Frankfurt (21. ZS) Rpfl. 1985, 32 (mit zustimmender Anm. *Acher*); OLG Hamm Rpfl. 1982, 354; OLG Karlsruhe OLGZ 1985, 81; KG Rpfl. 1979, 430; *Pecher* WM 1986, 1513, 1514; **a.A.** OLG Frankfurt (6. ZS) Rpfl. 1976, 221.
**22** BGH NJW 1979, 417, 418; s.a. OLG Frankfurt JurBüro 1993, 620.
**23** BGH NJW 1982, 1397.
**24** OLG Frankfurt MDR 1987, 239; OLG Köln NJW-RR 1987, 251.
**25** OLG Oldenburg Rpfl. 1985, 504; OLG Köln MDR 1993, 270.
**26** Zöller/*Herget* § 109 Rdn. 3; **a.A.** *Haakshorst/Comes* NJW 1977, 2344.

Hauptsache rechtskräftig obsiegt hat, da dann feststeht, dass dem Schuldner keine Ansprüche nach § 945 zustehen können. Ebenfalls zum Wegfall der Veranlassung führt es, wenn der Arrest oder die einstweilige Verfügung nicht fristgerecht (§ 929 Abs. 2 u. 3) vollzogen wird oder wenn er nicht angefochten wird und der Schuldner auch keinen Fristantrag nach § 926 gestellt hat. Hingegen ist die Sicherheit des Gläubigers noch nicht zurückzugewähren, wenn der Arrest zwar rechtskräftig bestätigt wurde, aber gleichzeitig der Rechtsstreit in der Hauptsache anhängig bleibt.

Leistet der Schuldner Sicherheit, um den Arrestvollzug abzuwenden oder aufzuheben, so entfällt die Veranlassung spätestens mit rechtskräftiger Abweisung der Hauptsacheklage – es ist unerheblich, ob ein Sach- oder ein Prozessurteil ergeht, da es der Gläubiger in der Hand gehabt hätte, eine zulässige Klage zu erheben.[27] Ebenso ist die Sicherheit an den Schuldner zurückzugewähren, wenn der Arrest (die einstweilige Verfügung) aufgehoben wird oder der Gläubiger befriedigt wird.

17 Die **Veranlassung zur Sicherheitsleistung** kann auch **teilweise** wegfallen.[28] Beispiele sind die teilweise Aufhebung des Vollstreckungstitels, ein teilweiser Verzicht des Gläubigers auf die vorläufige Vollstreckbarkeit[29] oder ein Vergleichsabschluss, bei dem die (noch nicht erfüllte) Vergleichsschuld einschließlich der Kosten geringer ist als die gestellte Sicherheit.[30] In diesen Fällen ist auf Antrag des Sicherheitengebers die Höhe der Sicherheit zu reduzieren, beispielsweise indem einem Antrag nach § 109 mit der Maßgabe stattgegeben wird, dass der Schuldner berechtigt ist, eine geleistete Bürgschaft Zug um Zug durch eine andere Bürgschaft von geringerer Höhe zu ersetzen. Allerdings ist bei derartigen Beschlüssen zu beachten, dass die Sicherheit auch für einen etwaigen Verzögerungsschaden haftet.[31]

Wird die Sicherheit **von mehreren** oder für **mehrere** bestellt, bei denen für einen Teil die Veranlassung weggefallen ist, so ist nach dem Gemeinschaftsverhältnis zu unterscheiden: Bei Teilgläubigern und Teilschuldnern entstehen keine Besonderheiten, jeder Teil ist gesondert zu behandeln, auch im Hinblick auf den Wegfall der Veranlassung. Haben hingegen mehrere Gläubiger oder Kläger die Sicherheit **gemeinschaftlich** bestellt, so sind sie im Verhältnis zum Sicherungsberechtigten Gesamtschuldner (§ 431 BGB). Da die Leistung zugunsten des Schuldners voll erbracht sein muss, ist der ausgeschiedene Gläubiger selbst dann nicht zur Rückforderung berechtigt, wenn nur er die Leistung erbracht hat. (Er hat dann zugleich als Dritter die Leistung für seine Streitgenossen bewirkt). Hat indes einer von mehreren (angeblichen) **Gesamtschuldnern** Sicherheit zur Abwendung der Vollstreckung geleistet, so ist die Vollstreckung gegen alle gehemmt; fällt für diesen Schuldner der Anlass weg, so kann er die Sicherheit ohne Rücksicht auf die anderen zurückfordern, der Gläubiger kann dann die Vollstreckung betreiben, wenn nicht anderweitig Sicherheit geleistet wird.

### 2. Verfahren

18 **a) Zuständigkeit.** Sachlich zuständig ist das Gericht, das die Sicherheitsleistung zugelassen oder angeordnet hat. Ein höheres Gericht ist daher nur zuständig, wenn es

---

**27** *Fingerhut* BB 1975, 765; Baumbach/Lauterbach/Albers/*Hartmann*[71] § 109 Rdn. 8; **a.A.** OLG München NJW 1975, 1665.

**28** OLG Düsseldorf MDR 1982, 412.

**29** OLG München DB 1978, 2020.

**30** OLG Frankfurt MDR 1987, 239.

**31** RGZ 141, 194, 196; 25, 373, 376.

die Anordnung selbst getroffen hat, nicht wenn es diese lediglich bestätigt hat. (Für Eilverfahren ist aber die Sondervorschrift des § 943 Abs. 2 zu beachten). Funktionell ist der Rechtspfleger zuständig, § 20 Nr. 3 RpflG.

**b) Anordnung.** Über den Antrag wird durch Beschluss entschieden. Mündliche Ver- 19
handlung ist freigestellt. Dem Antragsgegner muss Gelegenheit zur Stellungnahme gegeben werden. Die Frist wird nach pflichtgemäßem Ermessen bestimmt (Berechnung nach §§ 221, 222), sie kann verlängert werden, § 224. Der Beschluss muss nach einhelliger Ansicht nicht auf die Folgen der Fristversäumnis hinweisen, § 231 Abs. 1. (Bei nicht anwaltlich vertretenen Parteien wird ein solcher Hinweis jedoch aufgrund der gerichtlichen Fürsorgepflicht geboten sein.) Mangels anfallender Kosten enthält der Beschluss keine Kostenentscheidung.

**c) Zustellung.** Die Anordnung ist dem Antragsgegner von Amts wegen zuzustellen, 20
es sei denn, sie wurde in mündlicher Verhandlung verkündet; dem Antragsteller wird sie formlos übersandt, § 329 Abs. 2 S. 2. Wird der Antrag auf Fristsetzung abgelehnt, so ist der Beschluss dem Antragsteller zuzustellen, §§ 329 Abs. 2 S. 2, 109 Abs. 4. § 176 (Zustellung an Prozessbevollmächtigte) ist zu beachten.

### III. Rückgabeanordnung

**1. Voraussetzungen.** Die Anordnung über die Rückgabe der Sicherheit (oder des Er- 21
löschens der Bürgschaft) hat vier Voraussetzungen: Antrag, fruchtloser Fristablauf, ordnungsgemäße Zustellung des Beschlusses nach Abs. 1 sowie Fortbestand der Voraussetzungen für die Fristbestimmung.

**a) Antrag.** Die Rückgabeanordnung bedarf eines besonderen Antrags, der bereits 22
mit dem Fristantrag nach Abs. 1 verbunden werden kann. Im Übrigen gelten die Ausführungen unter Rdn. 10 und 11.

**b) Fristablauf.** Die nach Abs. 1 gesetzte Frist muss abgelaufen sein, ohne dass der 23
Antragsgegner nachgewiesen hat, dass er wegen seiner behaupteten Ansprüche Klage erhoben habe. Als Nachweis genügt auch eine Klage gegen den Prozessbürgen.[32] Eine Feststellungsklage genügt, wenn die Höhe der Ansprüche nicht sofort zu ermitteln ist.[33] Der Klage steht ein Mahnbescheidsantrag gleich, § 696 Abs. 3, ebenso ein Antrag nach § 717 Abs. 2,[34] nicht aber die Klage nach § 926.[35] Ausreichend ist auch ein Antrag auf Kostenfestsetzung, wenn die Sicherheit nur noch für die Prozesskosten haftet. Trotz Fristablaufs kann der Nachweis **nachgeholt** werden: Bei Entscheidung aufgrund (freigestellter) mündlicher Verhandlung bis zu deren Ende (§ 231 Abs. 2), ansonsten bis zur Hinausgabe des Rückgabebeschlusses zur Zustellung an die Beteiligten. Schließlich kann der Nachweis auch noch im Erinnerungs- oder Beschwerdeverfahren erbracht werden.[36] Die Aussichten der erhobenen Klage sind nicht zu prüfen, da dies ausschließlich dem Prozessgericht zusteht. Dies gilt insbesondere auch für prozessuale Mängel der Klage (zumal diese

32 OLG Köln OLGZ 1991, 216 f.
33 RGZ 156, 164, 168.
34 OLG Königsberg JW 1925, 2357.
35 LG Köln MDR 1962, 582.
36 OLG München OLGZ 1966, 549.

oft geheilt werden können). Umgekehrt hat das Prozessgericht nicht zu prüfen, ob die Fristsetzung nach Abs. 1 zu Recht erfolgte.[37]

Hat der Antragsgegner (Sicherungsberechtigte) Klage erhoben, so kann der Antragsteller (Sicherungsgeber) Widerklage auf Rückgewähr der Sicherheit erheben oder nach rechtskräftiger Klageabweisung den Antrag nach § 109 Abs. 2 erneut stellen; einer neuerlichen Fristsetzung nach § 109 Abs. 1 bedarf es auch bei einem Prozessurteil nicht (strittig),[38] der Sicherungsberechtigte hätte es in der Hand gehabt, ordnungsgemäß Klage zu erheben, dem Sicherungsgeber sind in diesem Fall keine weiteren Verzögerungen zuzumuten.

Wird umgekehrt auf die Fristsetzung hin in die Rückgabe eingewilligt, so erübrigt sich die Rückgabeanordnung nur, wenn (bei hinterlegter Sicherheit) die Form der §§ 14, 13 Abs. 2 Nr. 1 HintO a.F. bzw. vergleichbare landesrechtliche Vorschriften gewahrt wurde.

24 **c) Zustellung der Fristbestimmung und Fortbestand ihrer Voraussetzungen.** Da dem Antragsgegner nach § 109 Abs. 4 gegen den Beschluss über die Fristbestimmung kein Rechtsbehelf zusteht, hat das Gericht, das über die Rückgabeanordnung zu entscheiden hat, zu prüfen, ob der Fristsetzungsbeschluss ordnungsgemäß zugestellt wurde und ob die Voraussetzungen für die Fristbestimmung noch vorliegen.[39]

25 **2. Verfahren und Inhalt der Rückgabeanordnung.** Fehlt es an einer der vorgenannten Voraussetzungen, so ist der Antrag zurückzuweisen. Anderenfalls erfolgt die Anordnung der Rückgabe per Beschluss.

Für Form und Zuständigkeit kann auf Rdn. 18 und 19 verwiesen werden. Die mit ihrer Rechtskraft wirksame Anordnung ist beiden Parteien bzw. deren Prozessbevollmächtigten zuzustellen, § 329 Abs. 3.

Bei **Hinterlegung** wird die Rückgabe der (bestimmt zu bezeichnenden) Sicherheit angeordnet, der rechtskräftige Beschluss hierüber ist Nachweis im Sinne von §§ 13 Abs. 2 Nr. 2, 14 HintO a.F. bzw. vergleichbaren landesrechtlichen Vorschriften. Der Empfänger ist in der Rückgabeanordnung genau zu bezeichnen, hat ein Dritter in eigenem Namen hinterlegt, so ist dieser in dem Beschluss zu bezeichnen.[40] Die Prozessvollmacht legitimiert allein nicht zur Entgegennahme der Sicherheit.[41]

Bei **Bürgschaften** ist die Rückgabe der Bürgschaftsurkunde nicht gesondert anzuordnen. Zum einen liefert der Beschluss vollen Beweis für das Erlöschen der Bürgschaft, zum anderen ist der Anspruch auf Herausgabe der Urkunde zivilrechtlicher Natur, über ihn ist im Verfahren nach § 109 nicht zu entscheiden.

Machen die gegen den Sicherungsgeber klageweise geltend gemachten und vom Sicherungszweck erfassten Ansprüche nur einen geringen Teil der Sicherheit aus, so ist ihre teilweise Rückgabe anzuordnen.[42]

## IV. Rechtsbehelfe

26 **1. Fristantrag.** Gibt der Rechtspfleger dem Fristantrag statt, so steht dem Antragsgegner hiergegen die befristete Erinnerung nach § 11 Abs. 1 RpflG zu;[43] gegen die Ent-

**37** RGZ 97, 130.
**38** **A.A.** Stein/Jonas/*Bork* § 109 Rdn. 25.
**39** Stein/Jonas/*Bork* § 109 Rdn. 20.
**40** OLG Hamm JW 1922, 1410; Thomas/Putzo/*Hüßtege* § 109 Rdn. 11.
**41** Stein/Jonas/*Bork* § 109 Rdn. 30.
**42** OLG Düsseldorf MDR 1982, 412.
**43** OLG Frankfurt NJW 1976, 1326; OLG Köln MDR 1993, 270; OLG Köln JurBüro 2005, 554.

scheidung des Richters gibt es hingegen keinen Rechtsbehelf (§ 109 Abs. 4 e contrario). Wird der Fristantrag hingegen abgelehnt, so kann der Antragsteller sofortige Beschwerde (bzw. sofortige Erinnerung, § 11 Abs. 1 RpflG) einlegen. Im Rahmen von §§ 569 Abs. 2 S. 2, 573 Abs. 2 unterliegt die Beschwerde keinem Anwaltszwang.

**2. Rückgabeanordnung.** Beschlüsse zur Rückgabe können von beiden Parteien mit 27 befristeter Erinnerung oder (bei Richterentscheidungen) sofortiger Beschwerde angegriffen werden. Aufschiebende Wirkung besteht nicht (§ 572 Abs. 1), sie ist auch überflüssig, da die Anordnung über die Rückgabe der Sicherheit (oder des Erlöschens der Bürgschaft) nach § 109 Abs. 2 S. 2 erst mit Rechtskraft wirkt. Das Beschwerdegericht prüft auch die Rechtmäßigkeit der Fristsetzung;[44] dies ist ein Gebot der Waffengleichheit, da der stattgebende Fristsetzungsbeschluss unanfechtbar ist. Hingegen wird die Angemessenheit der Fristdauer nicht mehr geprüft.[45] Die Zulässigkeit der sofortigen weiteren Beschwerde bestimmt sich nach allgemeinen Regeln, § 567.

### V. Kosten

**1. Fristsetzungs- und Anordnungsverfahren (I. Instanz).** In erster Instanz entste- 28 hen keine gesonderten Kosten, das Verfahren ist einschließlich des Erinnerungsverfahrens **gerichtsgebührenfrei** (§ 11 Abs. 4 RpflG).

Für den Anwalt zählt die Tätigkeit im Rahmen von § 109 zu den Kosten des Rechtszugs, § 19 Abs. 1 S. 2 Nr. 7 RVG, sie wird durch die Prozessgebühr abgegolten. War der Rechtsanwalt vorher nicht am Verfahren beteiligt, so erhält er die Gebühr nach RVG-VV Nr. 3403.

**2. Beschwerdeverfahren; Erinnerungsverfahren.** Gerichtsgebühr entsteht nach 29 GKG-KV Nr. 1812 (Festgebühr iHv. € 50,00), wenn die Beschwerde verworfen oder zurückgewiesen wird. Das Erinnerungsverfahren ist nach § 11 Abs. 4 RPflG gebührenfrei.

Der Anwalt erhält im Beschwerde- bzw. im Erinnerungsverfahren die Gebühr nach RVG-VV Nr. 3500. Bei Stattfinden einer mündlichen Verhandlung fällt zudem die Terminsgebühr nach RVG-VV Nr. 3513 an.

**3. Sonstiges.** Die Kosten im Hinterlegungsverfahren bestimmen sich seit Aufhebung 30 der §§ 24 bis 26 HintO nach dem jeweiligen Landesrecht.[46]

Ob die Tätigkeit des Rechtsanwalts nach der Hinterlegungsordnung der Länder oder zur Beschaffung der Bankbürgschaft zum Rechtszug gehört und mit der Verfahrensgebühr abgegolten ist, ist strittig. Es ist davon auszugehen, dass diese Tätigkeiten nicht zum Rechtszug gehören und eine Gebühr nach RVG-VV Nr. 2300 auslösen (vgl. auch § 108 Rdn. 28).[47]

In allen Verfahren im Zusammenhang mit der Sicherheitsleistung richtet sich der Streitwert nach dem Wert der geleisteten Sicherheit, nicht nach dem (meist etwas geringeren) Wert des Streitgegenstandes des Hauptprozesses (s.a. § 108, 28).

---

44 RGZ 97, 130.
45 Zöller/*Herget* § 109 Rdn. 10.
46 S. bei Bülow/Mecke/*Schmidt* Hinterlegungsordnung (1993)³ (Fn. 1) Rdn. 2 zu §§ 24–26 HinO.
47 So auch: Musielak/*Foerste* § 109 Rdn. 13 m.w.N.; Zöller/*Herget* § 108 Rdn. 17; **a.A.**: Prütting/Gehrlein/*Schmidt* § 108 Rdn. 22 m.w.N., § 109 Rdn. 28.

## § 110
## Prozesskostensicherheit

**(1) Kläger, die ihren gewöhnlichen Aufenthalt nicht in einem Mitgliedstaat der Europäischen Union oder einem Vertragsstaat des Abkommens über den Europäischen Wirtschaftsraum haben, leisten auf Verlangen des Beklagten wegen der Prozesskosten Sicherheit.**

**(2) Diese Verpflichtung tritt nicht ein:**
1. **wenn auf Grund völkerrechtlicher Verträge keine Sicherheit verlangt werden kann;**
2. **wenn die Entscheidung über die Erstattung der Prozesskosten an den Beklagten auf Grund völkerrechtlicher Verträge vollstreckt würde;**
3. **wenn der Kläger im Inland ein zur Deckung der Prozesskosten hinreichendes Grundvermögen oder dinglich gesicherte Forderungen besitzt,**
4. **bei Widerklagen;**
5. **bei Klagen, die auf Grund einer öffentlichen Aufforderung erhoben werden.**

### Schrifttum

*Ahrens* Ausländersicherheit im einstweiligen Verfügungsverfahren, FS Nagel (1987), S. 1 ff.; *Ahrens* Prozesskostensicherheit und Gemeinschaftsrecht: Anmerkung zum Data-Delecta-Urteil des EuGH v. 26.9.1996 und zum Hayes-Urteil des EuGH v. 20.3.1977, ZZPInt 2 (1997), 155 ff.; *Altenkirch* Die Sicherheitsleistung für die Prozesskosten (2013); *Bajons* Aktorische Kaution und gemeinschaftsrechtliches Diskriminierungsverbot, öJZ 2002, 581 ff.; *Berger* Prozesskostensicherheit (cautio iudicatum solvi) im Schiedsverfahren, ASA Bulletin 2004, 4 ff.; *Bork/Schmidt-Parzefall* Zur Reformbedürftigkeit des § 110 ZPO, JZ 1994, 18 ff.; *Bungert* Sicherheitsleistung durch Ausländer und europäische Dienstleistungsfreiheit, IStR 1993, 481 ff.; *Bungert* Prozeßkostensicherheitsleistung ausländischer Kapitalgesellschafter und die Diskriminierungsverbote des EWG-Vertrages, EWS 1993, 315; *Danelzik* Sicherheitsleistung für die Prozeßkosten, Diss. Bonn 1976; *Haase* Das Erfordernis der Prozesskostensicherheit i.S. von § 110 ZPO im schiedsgerichtlichen Verfahren, BB 1995, 1252 ff.; *Henn* Ausländersicherheitsleistung für Prozeßkosten, NJW 1969, 1374 ff.; *Demharter,* Ist ein die Leistung von Ausländersicherheit anordnendes Zwischenurteil selbständig anfechtbar? MDR 1986, 186 ff.; *von Falck/Rinnert* Vereinbarkeit der Prozesskostensicherheitsverpflichtung mit dem TRIPS-Übereinkommen, GRUR 2005, 225 ff.; *Geimer* Urteilsanmerkung, GWR 2010, 227 ff.; *Haase* Das Erfordernis der Prozesskostensicherheit i.S.d. § 110 ZPO im schiedsgerichtlichen Verfahren, BB 1995, 1252 ff.; *Henn* Ausländer-Sicherheitsleistung für Prozesskosten, NJW 1969, 1374 ff.; *Jäger* Die Prozesskostensicherheit für Kläger aus EU-Mitgliedstaaten gehört nicht der Vergangenheit an, EWS 1997, 37 ff.; *Jäger* Stellung einer Ausländersicherheit durch Kläger aus Mitgliedstaaten der EU, NJW 1997, 1220 f.; *Kampf* Sicherheitsleistung durch britische Staatsangehörige – Ein Beitrag zur Anwendbarkeit des § 110 ZPO, NJW 1990, 3054 ff.; *Karrer/Desax* Security for Costs in International Arbitration, FS Böckstiegel (2001), S. 339 ff.; *Kaum* Ausländersicherheit für Briten – Inlandsbezug ausländischer Vorbehaltserklärungen, IPRax 1992, 18 ff.; *Leible* Ausländersicherheit und einstweiliger Rechtsschutz, NJW 1995, 2817 ff.; *Lutterloh* Sind lettländische Staatsangehörige zur Sicherheitsleistung wegen der Prozesskosten verpflichtet? JW 1929, 417 ff.; *Mankowski* Prozesskostensicherheit ausländischer Kläger, Unvereinbarkeit mit EU-Recht: „Data Delecta Aktiebolag, Ronny Forsberg ./. MSL Dynamics Ltd.“, EWiR 1996, 1151 f.; *Negro,* Die Zweckmäßigkeit der Annahme des italienischen Instituts der Sicherheitsleistung für die Prozesskosten seitens verschiedener Staaten, ZZP 67 (1954), 237 ff.; *Pörnbacher/Thiel* Kostensicherheit im Schiedsverfahren, SchiedsVZ 2010, 14 ff.; *Reimann* Der Verzicht auf die Prozesskostensicherheit US-amerikanischer Kläger nach § 110 II, IPRax 1998, 250 ff.; *Rützel* Ausländersicherheit und Nebenintervention, NJW 1998, 2086 ff.; *Sandrock* Prozesskostensicherheit im internationalen Schiedsverfahren, FS Gaul (1997), 607 ff.; *Schack* Prozesskostensicherheit im Verhältnis Deutschland – USA, FS Schütze (1999), S. 145 ff.; *Schlosser* Prozesskostensicherheit durch Ausländer und gemeinschaftsrechtliches Diskriminierungsverbot, EuZW 1993, 659 ff.; *Schmieder* Zur Höhe der Ausländersicherheit im Patentnichtigkeitsverfahren, GRUR 1982, 112 ff.; *Schneider* Die Sicherheitsleistung ausländischer Kläger für die Prozesskosten des Beklagen, JurBüro 1966, 447 ff.; *Schroeder* Zur Reichweite des § 110

ZPO im grenzüberschreitenden Konzernverbund, IPRax 2011, 58 ff.; *Schütze* Zur Verbürgung der Gegenseitigkeit bei der Ausländersicherheit (§ 110 Abs. 2 Nr. 1 ZPO), JZ 1983, 83 ff.; *Schütze* Die verkannte Funktion der Ausländersicherheit, IPRax 1990, 87 f.; *Schütze* Zur Ausländersicherheit im einstweiligen Verfügungsverfahren, IPRax 1986, 350 f.; *Schütze* Die deutsche Rechtsprechung zur Verbürgung der Gegenseitigkeit der Ausländersicherheit (§ 110 Abs. 2 Nr. 1 ZPO), RIW 1992, 1026 ff.; *Schütze* Zur Prozesskostensicherheit (§ 110 ZPO) von Angehörigen der ehemaligen Ostblockstaaten, NJW 1995, 496 ff.; *Schütze* Zur Neuregelung der cautio iudicatum solvi in Deutschland, RIW 1999, 10 ff.; *Schütze* Die Ausländersicherheit im internationalen Zivilprozessrecht, in: Institute of Comparative Law in Japan (Hrsg.), Towards Comparative Law in the 21st Century (FS Chuo University (1998)), S. 737 ff.; *Schütze* Die Rechtsprechung des EuGH zur Ausländerkaution – Luxemburg locuta causa finita, RIW 1998, 285 ff.; *Schütze* Die Verpflichtung einer nicht partei- und prozessfähigen Partei zur Stellung einer Ausländersicherheit, IPRax 2001, 193 ff.; *Schütze* Zur Befreiung ausländischer Kläger von der Prozesskostensicherheitspflicht nach § 110 Abs. 2 Nr. 2 ZPO, RIW 2002, 299 ff.; *Schütze* Der gewöhnliche Aufenthaltsort juristischer Personen und die Verpflichtung zur Stellung einer Prozesskostensicherheit nach § 110 ZPO, IPRax 2011, 245 ff.; *Schütze* Zur cautio iudicatum solvi juristischer Personen, IPRax 2014, 272 ff.; *Schweisfurth/Blöcker* zur Fortgeltung des Haager Übereinkommens über den Zivilprozess im Verhältnis zur Bundesrepublik Jugoslawien (Serbien/Montenegro), IPRax 1996, 9 ff.; *Söffing* Umfang der Ausländersicherheit i.S.d. § 112 Abs. 2 ZPO, MDR 1989, 599 ff.; *Stadler* Prozesskostensicherheit bei Widerklage und Vermögenslosigkeit (zu OLG München, 25.2.2010 – 29 U 1513/07), IPRax 2011, 480 ff.; *Streinz/Leible* Prozesskostensicherheit und gemeinschaftsrechtliches Diskriminierungsverbot, IPRax 1998, 162 ff.; *Stürner* Zur Einrede der Prozesskostensicherheit im einstweiligen Rechtsschutzverfahren – zu LG Hamburg, 24.1.2003 – 327 O 386/02), IPRax 2004, 513 ff.; *Wilske/Kordts* Sicherheitsleistung durch deutschen Kläger mit gewöhnlichem Aufenthalt außerhalb der EU oder des EWR, IPRax 2005, 116 ff.; *Wolf* Rechtswidrigkeit der Ausländersicherheit nach EG- und Verfassungsrecht, RIW 1993, 797 ff.; *Zimmermann* Die Ausländersicherheit des § 110 ZPO auf dem Prüfstand des Europäischen Gemeinschaftsrechts, RIW 1992, 707 ff.

**Zum ausländischen Recht:** *Altaras* Security for Costs, Arbitration 2003, 81 ff.; *Beechy* International Arbitrations and the Award of Security for Costs in England, ASA Bulletin 1994, 179 ff.; *Berger* Security for Costs: Trends and Developments in Swiss Arbitral Case Law, ASA Bulletin 2010, 7 ff.; *Brawn* Security for costs in arbitration in England an Wales, International Arbitration Law Review 2003, 191 ff.; *Cohn* Sicherheitsleistung für Prozeßkosten im deutsch-englischen Rechtsverkehr, ZZP 78 (1965), 161 ff.; *Dilger* Die Sicherheitsleistung für die Prozeßkosten in den arabischen Staaten, ZZP 85 (1972), 408 ff.; *Fitzpatrick* Security for Costs under the Arbitration Act, 1996, International Arbitration Law Review, 1998, 139 ff.; *Graupner/Lipps* Prozesskostensicherheit in Schiedsgerichtsverfahren in Großbritannien, AWD 1963, 314 ff.; *Kretschmar und Schütze* Zur Verbürgung der Gegenseitigkeit bei der Ausländersicherheit im Verhältnis zum Iran, RIW 1993, 941ff.; *Müller-Ibold* Befreiung von Ausländern von der Verpflichtung zur Leistung einer Prozeßkostensicherheit in Panama, IPRax 1991, 172 f.; *Rau* Zur Sicherheitsleistung für die Prozesskosten im venezolanischen Recht, RIW 1977, 339 ff.; *Prinz von Sachsen-Gessaphe* Zur Ausländersicherheit für Mexikaner (§ 110 Abs. 1 Nr. 2 ZPO), IPRax 1990, 88 ff.; *Sargin* A limitation to the right of effective access to justice before Turkish civil courts: „Cautio Judicatum Solvi", ZZPInt 10 (2005), 391 ff.; *Schütze* Zur Ausländersicherheit in Panama, RIW 1990, 674 f.; *Schütze* Zur Prozesskostensicherheit (§ 110 ZPO) von Angehörigen der ehemaligen Ostblockstaaten, NJW 1995, 496 ff.

**Übersicht**

## I. Gesetzeszweck

1 Die Prozessführung gegen einen im Inland nicht domizilierten oder wenigstens residenten Kläger, der im Inland auch kein Vermögen eignet, ist für den Beklagten mit erhöhten Risiken verbunden. Obsiegt er, dann muss er seinen Kostenerstattungsanspruch im Ausland durchsetzen, was wegen der Ausgestaltung der verschiedenen ausländischen Regelungen zur Anerkennung und Vollstreckbarerklärung ausländischer Kostentitel teils rechtlich schwierig oder unmöglich, teils wirtschaftlich sinnlos ist.[1] Gegen dieses

1 So ist es regelmäßig wirtschaftlich sinnlos, in den USA einen Kostenfestsetzungsbeschluss durchsetzen zu wollen. Da es – auch im Exequaturverfahren – keine Erstattungsverpflichtung für die Anwaltskosten gibt und die american rule of costs auch insoweit Anwendung findet, sind die vom Gläubiger

Risiko versuchen viele Prozessordnungen den inländischen Beklagten zu schützen, indem sie dem ausländischen,[2] den im Inland nicht domizilierten oder residenten[3] oder den im Inland vermögenslosen[4] Kläger die Verpflichtung zur Stellung einer Prozesskostensicherheit zu Gunsten des Beklagten im Falle von dessen Obsiegen auferlegen. Die Regelungen sind vielfältig und berücksichtigen die Interessenlage der Parteien in unterschiedlicher Weise.[5]

Durch das Dritte Gesetz zur Änderung des Rechtspflegergesetzes und anderer Gesetze vom 6.8.1998[6] ist die cautio iudicatum solvi[7] in Deutschland grundlegend neu geregelt worden.[8] Das deutsche Recht ist vom Staatsangehörigkeits- zum Aufenthaltsprinzip übergegangen. Damit ist eine rechtspolitische Fehlentscheidung berichtigt worden. Die wesentliche Funktion der Prozesskostensicherheit, die Durchsetzung des Kostenerstattungsanspruchs des obsiegenden Beklagten gegen den Kläger zu sichern, ist durch das Aufenthaltsprinzip besser gewährleistet als durch das Staatsangehörigkeitsprinzip, das auch deutsche Kläger aus dem sicheren Ausland fröhlich und risikolos prozessieren ließ. Das Staatsangehörigkeitsprinzip war in der EU im Übrigen auch nicht mehr zu halten,[9] nachdem der EuGH in einigen Entscheidungen das Abstellen auf die Staatsangehörigkeit bei Klägern aus anderen EU-Staaten für unwirksam ansah.[10] Mit der Reform 1998 ist das Ärgernis der chauvinistischen Bevorzugung deutscher Kläger[11] endlich beseitigt worden. 2

## II. Verfassungsrechtliche Zulässigkeit

Gegen die Regelung des § 110 in der gegenwärtigen Praxis sind teilweise verfassungsrechtliche Bedenken erhoben worden. *Altenbach*[12] hält die Regelung für partiell verfassungswidrig, soweit die Vermögenslosigkeit des Klägers – unabhängig von seinem gewöhnlichen Aufenthaltsort – nicht in allen Fällen zur Verpflichtung zur Stellung einer Prozesskostensicherheit führt. § 110 gehe nicht weit genug und verletze das Recht des Beklagten auf prozessuale Waffengleichheit (Art. 3 Abs. 1 GG).[13] Denn während der ob- 3

---

aufzuwendenden Kosten meist höher als der beizutreibende Betrag. Vgl. zu der misslichen Situation in den USA schon *Weinschenk* Die Eintreibung kleiner Forderungen in den USA, AWD 1973, 131 ff.

**2** Auf die Staatsangehörigkeit stellte § 110 a.F. bis zur Reform 1998 ab.

**3** Das ist nunmehr die Regelung im deutschen Zivilprozess, die auf den gewöhnlichen Aufenthalt in Deutschland, den anderen EU- und EWR-Staaten abstellt.

**4** Das war die Regelung im italienischen Recht (Art. 98 cpc), die später für verfassungswidrig erklärt wurde.

**5** Vgl. *Altenkirch* Die Sicherheitsleistung für die Prozesskosten (2013); *Danelzik* Sicherheitsleistung für die Prozesskosten, Diss. Bonn 1976; *Schütze* Die Ausländersicherheit im internationalen Zivilprozessrecht, FS Chuo University (1998), S. 373 ff.; ein kurzer Überblick über die ausländischen Regelungen findet sich bei *Schütze* Rechtsverfolgung im Ausland, 4. Auflage (2009) Rdn. 232 ff.

**6** BGBl. 1998 I 2030.

**7** Die Bezeichnung der Prozesskostensicherheit als cautio iudicatum solvi ist an sich falsch. Die cautio iudicatum solvi des römischen Rechts hatte eine Kautionspflicht für die Erfüllung des Urteils zum Gegenstand. Richtiger wäre es, von einer cautio pro expensis – dem Justinianischen Recht folgend – zu sprechen, vgl. *Altenkirch* S. 14 f.; *Danelziuk* S. 82 ff. Da sich der Terminus cautio iudicatum solvi aber im Rahmen des § 110 eingebürgert hat, wird er auch hier benutzt.

**8** Vgl. dazu *Schütze* RIW 1999, 10 ff.

**9** Vgl. für die gesetzgeberischen Motive BT-Drucks. 13/10871, S. 13 ff.

**10** Vgl. dazu *Schütze* RIW 1998, 285 ff. m.w.N. für die EuGH Rechtsprechung.

**11** Vgl. dazu schon *von Bar* Theorie und Praxis der internationalen Privatrechts, Bd. II, 1889, S. 394; in neuerer Zeit *Gottwald* Der Ausländer im Prozess, in: Habscheid/Beys (Hrsg.), Grundfragen des Zivilprozessrechts (1991), S. 3 ff. (43 ff.).

**12** Vgl. *Altenbach* S. 142 ff.

**13** Ähnliche Gedanken bei *Geimer* Urteilsanmerkung, GWR 2010, 227 ff.

siegende Kläger seinen Kostenerstattungsanspruch gegen den Beklagten regelmäßig realisieren könne, bleibe der siegreiche Beklagte immer wirtschaftlich – nicht rechtlich – auf seinen Kosten „sitzen". Zum anderen werde der von einem vermögenslosen Kläger Verklagte gegenüber anderen Beklagten benachteiligt. Der eine könne seinen Prozesskostenerstattungsanspruch durchsetzen, der andere nicht.

4 *Altenbach* hat im Ansatzpunkt recht. Es ist jedenfalls rechtspolitisch problematisch, dass ein Beklagter Kosten aufwenden muss, auch wenn er zu Unrecht – ja mutwillig – verklagt wird. De lege ferenda sollte man eine generelle Prozesskostenkaution für vermögenslose Kläger vorsehen.

### III. Verfahrensarten

5 **1. Grundsatz.** Die Regelung des § 110 gilt nur für Verfahren nach der ZPO. Dabei ist es gleichgültig, ob es sich um Leistungs-, Feststellungs- oder Gestaltungsklagen handelt.[14] Für Verfahren außerhalb der ZPO ist § 110 unanwendbar, selbst wenn eine Verpflichtung zur Stellung einer Prozesskostensicherheit besteht, wie im Patentnichtigkeitsverfahren.[15] Kraft Verweisung in § 46 ArbGG gilt § 110 jedoch auch im arbeitsgerichtlichen Verfahren. Wegen der begrenzten Kostenerstattungsverpflichtung hat die Prozesskostensicherheit in diesem Verfahren aber nur eine untergeordnete Bedeutung. Auch im Schiedsverfahren ist § 110 anwendbar, da es sich hier um ein Verfahren nach der ZPO handelt, wenngleich die Parteien in der Gestaltung des Schiedsverfahrens weitgehend frei sind.[16]

6 **2. Besondere Verfahrensarten.** Die Verpflichtung zur Stellung einer Ausländersicherheit besteht nicht für alle Verfahrensarten. Teilweise ist der Kläger nach Abs. 2 befreit, teilweise ist § 110 aufgrund der Natur des Verfahrens unanwendbar:

7 **a) Arrest.** Da die Sicherheitsleistung nur auf Antrag des Beklagten angeordnet wird, ist bei Erlass eines Arrestes ohne mündliche Verhandlung regelmäßig keine Sicherheitsleistung erforderlich.[17] Etwas anderes gilt, wenn der Antragsgegner eine Schutzschrift eingereicht hat und darin Sicherheit verlangt. Wird mündliche Verhandlung angeordnet oder kommt es auf Widerspruch zur mündlichen Verhandlung, so muss der Arrestkläger Sicherheit leisten.[18]

8 **b) Aufgebotsverfahren.** Die Verpflichtung zur Sicherheitsleistung entfällt nach Abs. 2 Nr. 5.

9 **c) Beweissicherungsverfahren.** Eine Verpflichtung zur Stellung einer Ausländersicherheit besteht im Grundsatz nicht, da im Beweissicherungsverfahren keine Kostenentscheidung ergeht und deshalb ein zu sichernder Kostenerstattungsanspruch des Beklag-

---

**14** Vgl. MünchKomm/*Giebel* § 110 Rdn. 3.

**15** Vgl. Stein/Jonas/*Bork* § 110 Rdn. 17 (§ 110 wird durch § 81 Abs. 1 PatG verdrängt); zur Regelung im Patentnichtigkeitsverfahren *Schmieder* Zur Höhe der Ausländersicherheit im Patentnichtigkeitsverfahren, GRUR 1982, S. 12ff.

**16** Vgl. *Haase* Das Erfordernis der Prozesskostensicherheit i.S. von § 110 ZPO im schiedsgerichtlichen Verfahren, BB 1995, 1252ff.; *Maier* Handbuch der Schiedsgerichtsbarkeit (1979) Rdn. 223; *Schütze* Schiedsgericht und Schiedsverfahren, Rdn. 469; *Schütze/Tscherning/Wais* Rdn. 352; *Schwab/Walter* Kap. 16 Rdn. 23; **a.A.** *Riezler* IZPR S. 429.

**17** Vgl. *Schütze* WM 1980, 1438ff. (1439); Zöller/*Herget* § 110 Rdn. 3.

**18** Vgl. MünchKomm/*Giebel* § 110 Rdn. 35; Zöller/*Herget* § 110 Rdn. 3; **a.A.** Stein/Jonas/*Bork* § 110 Rdn. 14.

ten (Antragsgegners) fehlt.[19] Da aber § 494a Abs. 2 einen Kostenerstattungsanspruch des Beklagten für den Fall vorsieht, dass nicht rechtzeitig Hauptklage erhoben wird und nicht abzusehen ist, ob dies der Fall ist, besteht nunmehr auch im Beweissicherungsverfahren Prozesskostensicherheitspflicht.

**d) Ehescheidungsverfahren.** Das Ehescheidungsverfahren ist trotz seiner Einleitung aufgrund eines Antrags ein echtes Parteiverfahren. § 110 ist anwendbar.[20] Das FamFG hat daran nichts geändert, da § 113 S. 2 FamFG auf die allgemeinen Vorschriften der ZPO verweist.[21] Lediglich die Bezeichnung hat sich nach § 113 Abs. 5 Nr. 1 FamFG geändert. Im Verfahren nach dem FamFG muss es Verfahrenssicherheitsleistung heißen. 10

**e) Einstweilige Verfügung.** Es gilt dasselbe wie für den Arrest. Eine Befreiung von der Verpflichtung zur Stellung einer Ausländersicherheit besteht nicht.[22] Nur dann und soweit ohne mündliche Verhandlung entschieden wird und der Antragsgegner nicht das Verlangen der Sicherheitsleistung in einer Schutzschrift bereits gestellt hat, kommt eine Sicherheitsleistung nicht in Betracht, weil es an einem Antrag des Antragstellers fehlt. 11

**f) Klagen aus eingetragenen Rechten.** Kläger aus eingetragenen Rechten im Grundbuch sind nicht mehr befreit, wie es nach früherem Recht der Fall war. 12

**g) Freiwillige Gerichtsbarkeit.** § 110 findet auch auf echte Streitverfahren der Freiwilligen Gerichtsbarkeit Anwendung.[23] Das gilt z.B. für Verfahren nach dem WEG. Dagegen gilt § 110 nicht in FG-Familiensachen.[24] 13

**h) Klagen aufgrund öffentlicher Aufforderung.** Die Verpflichtung zur Sicherheitsleistung entfällt nach Abs. 2 Nr. 5. Es handelt sich im Wesentlichen um Aufgebotsverfahren nach §§ 433 ff. FamFG.[25] 14

**i) Mahnverfahren.** Mangels eines Antrags des Schuldners ist zunächst keine Sicherheitsleistung des Gläubigers erforderlich. Nach Übergang in das Streitverfahren ist jedoch Sicherheit zu leisten.[26] 15

**j) Scheckprozess.** Die früher bestehende Befreiung von der Verpflichtung zur Leistung einer Prozesskostensicherheit besteht nicht mehr. Der Kläger ist auch im Scheckprozess prozesskostensicherheitspflichtig. 16

---

19 Vgl. MünchKomm/*Giebel* § 110 Rdn. 35.
20 Vgl. MünchKomm/*Giebel* § 110 Rdn. 36; Stein/Jonas/*Bork* §. 110 Rdn. 14; zur Rechtslage nach dem (aufgehobenen) § 606 b ZPO vgl. eingehend *Danelzik* S. 41 ff.
21 Vgl. Zöller/*Herget* § 110 Rdn. 3.
22 Vgl. OLG Köln IPRax 1986, 368; *Ahrens* Ausländersicherheit im einstweiligen Verfügungsverfahren, FS Nagel (1987), S. 1 ff. (unter Hinweis auf eine unveröffentlichte Entscheidung des LG Göttingen); MünchKomm/*Giebel* § 110 Rdn. 35; *Schütze* Zur Ausländersicherheit im einstweiligen Verfügungsverfahren, IPRax 1986, S. 350 f.; *Schütze* Einstweilige Verfügungen und Arreste im internationalen Rechtsverkehr, insbesondere im Zusammenhang mit der Inanspruchnahme von Bankgarantien, WM 1980, S. 1438 ff. (1439); Zöller/*Herget* § 110 Rdn. 3; **a.A.** LG Berlin MDR 1957, 552 mit zust. Anm. *Weimar*; Stein/Jonas/*Bork* § 110 Rdn. 14 sowie die 2. Aufl.. § 110 Anm. B IIIa.
23 Vgl. MünchKomm/*Giebel* § 110 Rdn. 36.
24 Vgl. OLG Frankfurt/Main OLGR 2005, 320; Zöller/*Herget*, § 110 Rdn. 3.
25 Vgl. Zöller/*Herget* § 100 Rdn. 6.
26 Vgl. MünchKomm/*Giebel* § 110 Rdn. 35; *Schütze* WM 1980, S. 1438 ff. (1439); Stein/Jonas/*Bork* § 110 Rdn. 14; *Zöller/Herget* § 110 Rdn. 3.

17 **k) Schiedsverfahren.** Das Schiedsverfahren ist in der ZPO geregelt. Die Verpflichtung zur Stellung der Ausländersicherheit trifft deshalb auch den Schiedskläger zumindest entsprechend.[27]

18 **l) Unterhaltsprozess.** Keine Prozesskostensicherheitsverpflichtung besteht, wenn der Prozesskostensicherheit verlangende Beklagte nach § 246 Abs. 1 FamFG für dessen Leistung prozesskostenvorschusspflichtig wäre, da er sonst seine Sicherung selbst finanzieren müsste und diese ad absurdum geführt würde.[28]

19 **m) Urkundenprozess.** Die früher bestehende Befreiung von der Verpflichtung zu Stellung einer Prozesskostensicherheit besteht nicht mehr. Es gelten die allgemeinen Regeln des Abs. 1.

20 **n) Widerklage.** Bei Widerklagen hat der Kläger das Forum nicht gewählt. Er ist deshalb von der Verpflichtung zur Sicherheitsleistung befreit, selbst wenn das ausländische Recht eine Ausländersicherheit vom Widerkläger fordert.[29] Die Befreiung gilt nur für die Widerklage, und zwar auch, wenn die Klage rechtskräftig abgewiesen worden ist.[30] Erhebt der Beklagte eine selbständige Klage, obwohl er Widerklage erheben könnte, so kommt ihm der Befreiungsgrund der Nr. 4 nicht zugute.[31] Dasselbe gilt nach Trennung von Klage und Widerklage.[32] Die Befreiung gilt auch für den Rechtsmittelkläger.[33]

21 **m) Vollstreckbarerklärung ausländischer Schiedssprüche.** Der BGH verneint eine Verpflichtung zur Sicherheitsleistung, wenn im Beschlussverfahren entschieden wird. Die Sicherheitsleistung soll auch dann nicht gefordert werden können, wenn bei mündlicher Verhandlung über Aufhebungsgründe entschieden wird.[34] Jedoch rechtfertigt weder das Beschleunigungsbedürfnis im ersteren Fall noch die faktische Angreiferstellung des Antragsgegners im zweiten Fall eine Befreiung von der Ausländersicherheit. Die Situation ist nicht anders als bei Arresten und einstweiligen Verfügungen. Der Gläubiger kann Vorsorge treffen, dass er die Sicherheit unverzüglich leistet, wenn diese angeordnet wird. § 110 ist uneingeschränkt anwendbar.[35]

22 **n) Vollstreckbarerklärung inländischer Schiedssprüche.** § 110 ist im Verfahren nach §§ 1060 ff. uneingeschränkt anwendbar.[36] Es gilt dasselbe wie für das Verfahren nach § 1061.

---

**27** Vgl. *Maier* Handbuch der Schiedsgerichtsbarkeit (1979), Rdn. 223; *Schütze* Schiedsgericht und Schiedsverfahren, Rdn. 469; *Schütze/Tscherning/Wais* Rdn. 352; *Schwab/Walter* Schiedsgerichtsbarkeit, Kap. 16, Rdn. 23 im Einzelnen § 1042, Rdn. 78 ff. m.w.N.; **a.A.** *Riezler* IZPR S. 439.

**28** Vgl. OLG Düsseldorf OLGR 97, 278.

**29** **A.A.** RGZ 127, 194.

**30** Vgl. OLG München IPRax 2011, 505, dazu *Stadler* Prozesskostensicherheit bei Widerklage und Vermögenslosigkeit, IPRax 2011, 480 ff.

**31** Vgl. MünchKomm/*Giebel* § 110 Rdn. 30.

**32** Vgl. MünchKomm/*Giebel* § 110 Rdn. 30; **a.A.** Stein/Jonas/*Bork* § 110 Rdn. 15.

**33** Vgl. RGZ 31, 285.

**34** Vgl. BGHZ 52, 321; ebenso OLG Frankfurt/Main, RIW 1994, 686; *Danelzik* S. 33; Stein/Jonas/*Bork* § 110 Rdn. 14; *Lachmann* Rdn. 2752 f.; *Riezler* Internationales Zivilprozessrecht (1949), S. 439; *Schwab/Walter* Kap. 27, Rdn. 10; *Zöller/Herget* § 110 Rdn. 3.

**35** Vgl. § 1061 Rdn. 107.

**36** **A.A.** Stein/Jonas/*Bork* § 110 Rdn. 13; *Zöller/Herget* § 110 Rdn. 3; *Danelzik* S. 33.

**o) Vollstreckbarerklärung ausländischer Urteile.** Die Verpflichtung zur Sicherheitsleistung besteht nicht nur für das Verfahren nach §§ 722f., sondern auch für das fakultative oder obligatorische Beschlussverfahren[37] nach den Ausführungsgesetzen zu den Staatsverträgen über die internationale Urteilsanerkennung. § 110 differenziert nicht hinsichtlich des Urteils- oder Beschlussverfahrens.[38] Die Stellung und Interessenlage des Urteilsschuldners hinsichtlich seines Kostenerstattungsanspruchs unterscheidet sich nicht nach der Verfahrensart und darf nicht von dessen Zufälligkeit abhängen. Eine ausdrückliche Befreiung bringen für die Klauselerteilung Art. 45 EuGVÜ/LugÜ I, Art. 51 LugÜ II sowie Art. 51 EuGVVO. 23

**p) Wechselprozess.** Die früher bestehende Befreiung von der Verpflichtung zur Stellung einer Prozesskostensicherheit besteht nicht mehr. § 110 Abs. 1 findet uneingeschränkt Anwendung auf Wechselklagen. 24

**q) Wiedergutmachungsverfahren.** Ebenso wie in Rückerstattungsverfahren wird § 110 angewendet.[39] 25

### IV. Parteistellung

**1. Kläger.** Prozesskostensicherheitspflichtig ist der Kläger. Die Parteirolle richtet sich nach seiner Stellung im Prozess 1. Instanz.[40] Sie wird nicht dadurch geändert, dass der Kläger Rechtsmittelbeklagter wird.[41] Der Wiederaufnahmekläger ist tatsächlich Rechtsmittelkläger. Er ist nur sicherheitspflichtig, wenn er zugleich Kläger, nicht aber Beklagter ist. Die Erhebung einer Widerklage genügt nicht zur Begründung der Verpflichtung aus § 110.[42] Erhebt der Beklagte jedoch eine selbständige Klage, obwohl er Widerklage erheben könnte, so kommt ihm der Befreiungsgrund des Abs. 2 Nr. 4 nicht zugute.[43] 26

**a) Klägermehrheit.** Bei mehreren Klägern besteht die Sicherheitsverpflichtung für jeden, bei dem die Voraussetzungen vorliegen. Da für den Erstattungsanspruch des Beklagten gegen die unterlegenen Kläger diese nach Kopfteilen haften (§ 100 Abs. 1), besteht auch die Verpflichtung zur Sicherheitsleistung dem Betrag nach nur quotenmäßig. Haben die Kläger teils ihren gewöhnlichen Aufenthalt im Gebiet der EU und des EWR, teils außerhalb dieses Gebiets, so sind letztere für die auf sie entfallende Quote des eventuellen Erstattungsanspruchs des Beklagten sicherheitspflichtig. 27

**b) Streithelfer.** Wie der Kläger ist auch ein selbständiger Streithelfer zu behandeln.[44] Die Prozesskostensicherheitsverpflichtung besteht auch hier in Höhe des eventuellen Erstattungsanspruchs gegen den Streithelfer. Hat der Kläger seinen gewöhnlichen Aufenthalt im EU- oder EWR-Gebiet, der Streithelfer jedoch außerhalb dieses Gebietes, 28

37 **A.A.** *Danelzik* S. 34.
38 So jedoch Stein/Jonas/*Bork* § 110 Rdn. 13f.
39 Vgl. OLG Freiburg RzW 1950, 135; OLG Koblenz RzW 1951, 88; BVerwG MDR 1966, 82; Baumbach/Lauterbach/*Hartmann* § 110 Rdn. 2.
40 Vgl. RGZ 31, 385; MünchKomm/*Giebel* § 110 Rdn. 8; Stein/Jonas/*Bork* § 110 Rdn11; Zöller/*Herget* § 110 Rdn. 3.
41 Vgl. BGHZ 37, 264; BGH WM 1981, 1278; RGZ 154, 225 (227); OLG Stuttgart MDR 1957, 552; Stein/Jonas/*Bork* § 110 Rdn. 11; *Riezler* IZPR S. 431; *Danelzik* S. 31.
42 § 110 Abs.2 Nr. 4.
43 **A.A.** *Danelzik* S. 31.
44 Vgl. Stein/Jonas/*Bork* § 110 Rdn. 11.

so ist letzterer für seine Quote sicherheitspflichtig, im umgekehrten Fall nur der Kläger. Der unselbständige Streithelfer des Klägers hat dagegen solange keine selbständige Kostenlast der Gegenpartei zu tragen, wie sich die Hauptpartei beteiligt. Nur soweit dies nicht der Fall ist und ihn bei Unterliegen eine Kostenerstattungspflicht trifft (wie bei der Einlegung und Durchführung von Rechtsmitteln), steht er dem Kläger gleich.

29 **c) Partei kraft Amtes.** Bei der Partei kraft Amtes ist hinsichtlich der Voraussetzungen der Prozesskostensicherheitsverpflichtung auf das verwaltete Vermögen bzw. die vertretene Person abzustellen,[45] nicht die Partei kraft Amtes.[46] Denn der Erstattungsanspruch für die Prozesskosten des siegreichen Beklagten richtet sich nicht gegen den Amtsträger persönlich, sondern gegen die Vermögensmasse oder Person, die er vertritt.[47] Deshalb ist die Staatsangehörigkeit des Amtsträgers unerheblich, entscheidend ist die Staatsangehörigkeit dessen, für den er handelt. Ein ausländischer Insolvenzverwalter eines deutschen Gemeinschuldners ist deshalb nicht prozesskostensicherheitspflichtig.

30 **d) Treuhänder.** Macht der Treuhänder einen Anspruch im eigenen Namen geltend, so ist auf seinen gewöhnlichen Aufenthalt abzustellen.[48] Denn der Treuhandzessionar haftet selbst für die Kosten. Macht also ein deutscher Treuhänder eine Forderung eines ausländischen Treugebers klageweise geltend, so besteht keine Prozesskostensicherheitsverpflichtung. Dagegen ist der Kläger ohne gewöhnlichen Aufenthalt im EU- oder EWR-Raum, der treuhänderisch einen Anspruch geltend macht, immer sicherheitspflichtig, selbst wenn der Treugeber seinen gewöhnlichen Aufenthalt in einem EU- oder EWR-Staat hat.[49]

31 Eine Ausnahme besteht dann, wenn die fiduziarische Übertragung des Anspruchs allein zur Abwendung der Prozesskostensicherheitsverpflichtung erfolgt.[50] In diesen Fällen ist der Kläger unter Anwendung des in § 157 Abs. 1 S. 2 zum Ausdruck kommenden Grundsatzes der Unbeachtlichkeit der Umgehung zur Sicherheitsleistung verpflichtet.[51]

32 Der BGH ist sehr zurückhaltend in der Annahme eines Umgehungstatbestandes. Die Vermögenslosigkeit des Treuhänders oder eines anderen Zessionars genügt allein nicht.[52] Insoweit besteht kein Unterschied für den Beklagten, ob der Zedent gewöhnlichen Aufenthalt in- oder außerhalb des EU- oder EWR-Raums hat.

33 **e) Exkurs: Vermögensloser Kläger.** Anders als verschiedene ausländische Rechte – z.B. das englische[53] und das schweizerische[54] – ist nach § 110 die Vermögenslosigkeit

---

**45** Vgl. MünchKomm/*Giebel* § 110 Rdn. 11; Musielak/*Foerste* § 110 Rdn. 4.
**46** Vgl. *Stadler* IPRax 2011, 480 ff. (481).
**47** Vgl. OLG München JW 1922, 1594 für den Testamentsvollstrecker; *Riezler* IZPR S. 431; Stein/Jonas/*Bork* § 110 Rdn. 9.
**48** Vgl. BGH VersR 1985, 42 = IPRspr. 1984 Nr. 123; Stein/Jonas/*Bork* § 110 Rdn. 10; **a.A.** OLG Naumburg JW 1925, 1306; OLG Stuttgart JW 1929, 3509 (jeweils zur Rechtslage nach § 110 a.F.).
**49** Vgl. BGH v. 17.3.1954 (I ZR 113/53).
**50** Vgl. *Riezler* IZPR S. 432; Stein/Jonas/*Bork* § 110 Rdn. 11; *Danelzik* S. 29 f. jedenfalls für den Fall, dass die Vermögenslage des fiduziarischen Klägers keine hinreichende Gewähr für eine Durchsetzung des Prozesskostenerstattungsanspruchs des Beklagten bietet; dagegen *Einmahl* Rezension, RabelsZ 34 (1970), S. 756 ff. (763) und *Kann* Ausländer als Prozeßparteien, FS Heinitz (1926), S. 313 ff. (338); **a.A.** wohl BGH VersR 1985, 42.
**51** Vgl. OLG Naumburg JW 1925, 1306; Stein/Jonas/*Bork* § 110 Rdn. 10; die Anwendung von § 138 BGB auf die Abtretung erwägt BGH IPRax 1985, 221.
**52** Vgl. BGH IPRax 1985, 221.
**53** Vgl. dazu *Altenkirch* S. 139 f.
**54** Vgl. Art. 99 Abs. 1 lit. b ZPO.

des Klägers allein kein Grund für die Anordnung einer Prozesskostensicherheit.[55] Das Risiko der Nichtbeitreibbarkeit des Kostenerstattungsanspruchs des siegreichen Beklagten soll der Beklagte bei inländischen und europäischen Klägern tragen. Das widerspricht dem Postulat prozessualer Gerechtigkeit, wonach der zu Unrecht Verklagte nicht auch noch auf seinen Kosten „sitzen bleiben" soll und ist verfassungsrechtlich umstritten (vgl. Rdn. 3f.).

**2. Beklagter.** Der Beklagte kann die Sicherheitsleistung fordern, auch seine selb- 34
ständigen und unselbständigen Streithelfer, aber nur im eigenen Namen und ohne Rücksicht auf einen etwaigen Widerspruch des Beklagten, weil ihr Kostenerstattungsanspruch selbständiger Art ist. Das OLG Hamburg hat für den Nebenintervenienten auf der Beklagtenseite die Berechtigung, Sicherheitsleistung zu fordern, jedenfalls für den Fall verneint, in dem es sich nicht um einen streitgenössischen Streithelfer im Sinne von § 69 handelt.[56] Die Verpflichtung zur Sicherheitsleistung soll in diesen Fällen entfallen, weil der gewöhnliche Streithelfer ohne Zutun des Klägers in den Prozess eintritt und die Streitverkündung nur deshalb erfolge, weil der Beklagte für den Fall seines Unterliegens seine Rechtsposition verbessern wolle. Darauf kommt es aber nicht an. Entscheidend ist, ob ein zu sichernder Kostenerstattungsanspruch besteht, dessen Vollstreckung im Ausland erschwert ist. Das ist aber auch bei der gewöhnlichen Nebenintervention der Fall.

Die zu leistende Sicherheit ist nach den außergerichtlichen Kosten des Streithelfers 35
zu bemessen, ohne dass die von ihm möglicherweise zu begleichenden Rechtsmittelkosten zu berücksichtigen sind.

Der Streitgenosse wie die Streithelfer des Klägers hat dagegen keinen Anspruch auf 36
Sicherheitsleistung gegen diesen. Denn diese können keine Prozesskostenerstattungsansprüche gegeneinander (von Vergleichen abgesehen) erlangen, vielmehr allenfalls außerprozessuale, die nicht geeignet sind, eine Verpflichtung zur Sicherheitsleistung auszulösen.

### V. Persönliche Voraussetzungen der Parteien

Die Verpflichtung zur Stellung der Ausländersicherheit ist allein an den gewöhnli- 37
chen Aufenthalt des Klägers geknüpft. Die Staatsangehörigkeit ist unerheblich.

#### 1. Gewöhnlicher Aufenthalt des Klägers außerhalb des EU- oder EWR Raums

**a) Bestimmung des gewöhnlichen Aufenthalts.** Der Begriff des gewöhnlichen 38
Aufenthalts ist ein anderer als der des Wohnsitzes. Der gewöhnliche Aufenthalt in § 110 ist derselbe wie in §§ 98 Abs. 1 Nr. 2, 99 Abs. 2 Nr. 2 FamFG und in anderen Gesetzen. Gewöhnlicher Aufenthalt einer Person ist dort, wo diese sich ständig oder für längere Zeit aufhält,[57] nicht nur vorübergehend (z.B. auf einer Reise oder bei einem Besuch) wohnt oder nächtigt.[58] Der gewöhnlich Aufenthaltsort muss legal sein. Kläger, die sich illegal in einem EU- oder EWR-Staat aufhalten, können die Befreiung von der Verpflichtung zur Stellung einer Prozesskostensicherheit nicht in Anspruch nehmen. Denn sie dürfen letztlich nicht für längere Zeit oder ständig an dem Ort ihres Aufenthalts wohnen. Dasselbe gilt für Asylsuchende, weil ja während des Verfahrens nicht absehbar ist, ob sie sich län-

55 Vgl. OLG München IPRax 2011, 505; dazu *Stadler* IPRax 2011, 480 ff. (482).
56 OLG Hamburg NJW 1990, 650.
57 Vgl. BGH NJW 1983, 2771; MünchKomm/*Giebel* § 110 Rdn. 9.
58 Vgl. BayObLG NJW 1990, 3099.

gere Zeit an einem bestimmten Ort aufhalten dürfen.[59] Die zu § 606a entwickelte Rechtsprechung, wonach selbst eine Ausreiseanordnung des gewöhnlichen Aufenthalt nicht entfallen lässt[60] ist jedenfalls im Rahmen von § 110 nicht anzuwenden.

**39** Der Begriff des gewöhnlichen Aufenthalts ist dem deutschen Recht zu entnehmen, die Legalität des Aufenthalts wird von dem Recht des Ortes bestimmt, an dem sich der Kläger faktisch aufhält. Der gewöhnliche Aufenthalt ist nicht mehr gegeben, wenn der Kläger dorthin für längere Zeit nicht mehr zurückkehren kann, weil er dort mit einem internationalen Haftbefehl gesucht wird und nach seiner Rückkehr mit einer Inhaftierung rechnen muss.[61]

**40** Bei juristischen Personen ist auf den Sitz abzustellen.[62] Unter der Geltung des Staatsangehörigkeitsprinzips hat das OLG Frankfurt/Main[63] angenommen, dass die inländische Zweigniederlassung eines ausländischen Kreditinstituts als Angehörige eines fremden Staats zu behandeln und damit prozesskostensicherheitspflichtig sei.[64] Das ist nach der Reform des § 110 nicht mehr zu halten. Jedenfalls dann, wenn die streitgegenständliche Forderung aus dem Geschäftsbetrieb der Zweigniederlassung herrührt, ist diese nicht prozesskostensicherheitspflichtig, wenn sie in einem EU- oder EWR-Staat ihre Geschäftsräume hat und ihren Geschäftsbetrieb ausübt.[65]

**41** Ist nun unstreitig auf den Sitz bei der Bestimmung des gewöhnlichen Aufenthaltsortes abzustellen, so mag fraglich sein, ob der statutarische Sitz und der Verwaltungssitz den Aufenthaltsort i.S. von § 110 bestimmen. Nachdem der EuGH in der Sache Überseering[66] für die Rechts- und damit Parteifähigkeit einer Gesellschaft, die nach dem Recht eines Mitgliedstaates gegründet worden ist, nicht auf den Verwaltungssitz sondern auf die Gründung, die regelmäßig mit dem statutarischen Sitz zusammenfällt, abstellt, könnte man geneigt sein, auch im Rahmen des § 110 an den statutarischen Sitz anzuknüpfen.[67] Das würde aber mit der ratio dieser Norm nicht vereinbar sein. Wie der vom OLG München entschiedene Fall zeigt, ist der statutarische Sitz zuweilen nur eine leere Hülse. Noch deutlicher wird das in einer Entscheidung des OLG Karlsruhe aus dem Jahre 2007.[68] In dem zugrunde liegenden Fall hatte die Klägerin an ihrem statutarischen Sitz keine Geschäftsräume. Alle Geschäfte und geschäftsführenden Tätigkeiten wurden in Kanada und von Kanada aus geführt.

**42** Würde man den statutarischen Sitz genügen lassen, dann wäre der Sicherungszweck des § 110 konzeptionell gefährdet. Der Kostenerstattungsanspruch mag zwar auch

---

**59** Vgl. Musielak/*Foerste* § 110 Rdn. 3.

**60** Vgl. OLG Nürnberg FamRZ 2002, 1343.

**61** Vgl. LG Karlsruhe IPRax 2005, 145 mit Besprechungsaufsatz *Wilske/Kordts* Sicherheitsleistung durch deutschen Kläger mit gewöhnlichem Aufenthalt außerhalb der EU oder des EWR, ebenda, 116 ff.

**62** Vgl. BGH NJW-RR 2005, 148; OLG München IPRax 2011, 267; OLG Karlsruhe NJW-RR 2008, 944; LG Berlin IPRax 2011, 83; OLG Schleswig, IPRax 2014, 289; MünchKomm/*Giebel* § 110 Rdn. 10; Musielak/*Foerste* § 110 Rdn. 4; Stein/Jonas/*Bork* § 110 Rdn. 9; *Schütze* Zur cautio iudicatum solve juristischer Personen, IPRax 2014, 272 ff.; *Schütze* Der gewöhnliche Aufenthaltsort juristischer Personen und die Verpflichtung zur Stellung einer Prozesskostensicherheit nach § 110 ZPO, IPRax 2011, 245 ff.; Thomas/Putzo/*Hüßtege* § 100 Rdn. 3; Zöller/*Herget* § 110 Rdn. 2.

**63** Vgl. OLG Frankfurt/Main MDR 1973, 232.

**64** Ebenso Stein/Jonas/*Bork* § 110 Rdn. 9.

**65** **A.A.** MünchKomm/*Giebel* § 110 Rdn. 10.

**66** Vgl. EuGH Rs. C-208/2000 – Überseering BV v. NCCB GmbH – EuGHE 2002 I, 9919 = NJW 2002, 3614, 2425; dazu *Leible/Hoffman* „Überseering" und das (vermeintliche) Ende der Sitztheorie, RIW 2002, 925 ff.; vgl. vorher schon EuGH Rs. C-212/1997 – Centros Ltd gegen Erhvervs- og Selskabsstyrelsen – EuGH 1999 I, 1459.

**67** So OLG Schleswig, IPRax 2014, 289 mit Besprechungsaufsatz *Schütze* IPRax 2014, 272 ff.

**68** Vgl. OLG Karlsruhe, NJW-RR 2008, 944.

bei vermögenslosen Klägern bei Abstellen auf den Verwaltungssitz gefährdet sein. Diese Gefährdung ist aber nicht größer als allgemein bei inländischen Klägern. Das lässt sich nicht vermeiden, will man nicht – wie das griechische Recht[69] – die Prozesskaution an die bloße Gefährdung des Prozesskostenerstattungsanspruchs knüpfen und die Kautionspflicht auch armen inländischen Klägern auferlegen.

In Übereinstimmung mit der h.L. in Rechtsprechung[70] und Schrifttum[71] bestimmt deshalb der Verwaltungssitz den gewöhnlichen Aufenthaltsort einer juristischen Person im Rahmen des § 110. Das steht in Übereinstimmung mit § 24 BGB, wo auch auf die Führung der Verwaltung abgestellt wird. § 24 BGB ist entsprechend anwendbar, da der Begriff des gewöhnlichen Aufenthalts in § 110 dem deutschen Recht als der lex fori zu entnehmen ist.[72] **43**

Bei Parteifähigen, die aus Teilparteien bestehen wie die OHG, KG, Reederei stellte die Rechtsprechung vor der Reform darauf ab, ob die Teilparteien sämtlich Deutsche waren.[73] Entsprechend müsste man darauf abstellen, ob die Teilparteien ihren gewöhnlichen Aufenthalt im EU- oder EWR-Raum haben. Das führt zu unpraktikablen Ergebnissen. Man muss auch hier – wie bei juristischen Personen – auf den Sitz abstellen.[74] **44**

### b) EU- und EWR-Gebiet

Der EU- und EWR-Raum umfasst: **45**

| | |
|---|---|
| Belgien | EU und EWR |
| Bulgarien | EU und EWR |
| Dänemark | EU und EWR |
| Deutschland | EU und EWR |
| Estland | EU und EWR |
| Finnland | EU und EWR |
| Frankreich | EU und EWR |
| Griechenland | EU und EWR |
| Irland | EU und EWR |
| Island | EWR |
| Italien | EU und EWR |
| Kroatien | EU und EWR |
| Lettland | EU und EWR |
| Liechtenstein | EWR |
| Litauen | EU und EWR |
| Luxemburg | EU und EWR |
| Malta | EU und EWR |
| Niederlande | EU und EWR |
| Norwegen | EWR |
| Österreich | EU und EWR |

69 Vgl. *Kerameus* Länderbericht Griechenland, in: Geimer/Schütze (Hrsg.), Internationaler Rechtsverkehr in Zivil- und Handelssachen, 1043.7.
70 Vgl. OLG München IPRax 2011, 267; OLG Karlsruhe NJW-RR 2008, 944; LG Berlin IPRax 2011, 83; nicht entschieden in BGH NJW-RR 2005, 148; **a.A.** OLG Schleswig IPRax 2014, 289.
71 Vgl. *Altenkirch* S. 34 f.; Baumbach/Lauterbach/*Hartmann* § 110 Rdn.4 (der auf den Sitzbegriff des § 24 BGB abstellt und damit auf den Sitz der Verwaltung); MünchKomm/*Giebel* § 110 Rdn. 10; *Giebel* IPRax 2011, 245 ff.; Zöller/*Herget* § 110 Rdn. 2; unklar Thomas/Putzo/*Hüßtege* § 110 Rdn. 3 der auf den „Verwaltungs- bzw. Satzungssitz" abstellen will.
72 Vgl. Baumbach/Lauterbach/*Hartmann* § 110 Rdn. 4.
73 Vgl. RGZ 36, 393; OLG Dresden SächsA 5, 707.
74 Vgl. MünchKomm/*Giebel* § 110 Rdn. 10.

| | |
|---|---|
| Polen | EU und EWR |
| Portugal | EU und EWR |
| Rumänien | EU und EWR |
| Schweden | EU und EWR |
| Slowakei | EU und EWR |
| Slowenien | EU und EWR |
| Spanien | EU und EWR |
| Tschechien | EU und EWR |
| Ungarn | EU und EWR |
| Vereinigtes Königreich | EU und EWR |
| Zypern | EU und EWR |

46 **c) Mehrfacher gewöhnlicher Aufenthalt.** Bei mehrfachem gewöhnlichen Aufenthalt des Klägers[75] ist auf den gewöhnlichen Aufenthalt in dem Staat abzustellen, mit dem der Kläger am engsten verbunden ist, insbesondere durch den Verlauf seines Lebens.[76]

47 **2. Bedeutungslosigkeit der Staatsangehörigkeit und des gewöhnlichen Aufenthalts des Beklagten.** Der Beklagte kann unabhängig von seiner Staatsangehörigkeit oder seinem gewöhnlichen Aufenthalt Sicherheitsleistung verlangen,[77] und zwar selbst dann, wenn er denselben gewöhnlichen Aufenthalt wie der Kläger besitzt.

### VI. Befreiungen

48 **1. Staatsverträge.** Zahlreiche Staatsverträge sehen eine partielle Befreiung von der Verpflichtung zur Stellung einer Ausländersicherheit vor (§ 110 Abs. 2 Nr. 1). Eine Befreiung sehen u.a. vor:

49 **a) Art. 17 des Haager Zivilprozeßabkommens 1905**
- *„Keine Sicherheitsleistung oder Hinterlegung, unter welcher Benennung es auch sei, darf den Angehörigen eines der Vertragsstaaten, die in einem dieser Staaten ihren Wohnsitz haben und vor den Gerichten eines anderen dieser Staaten als Kläger oder Intervenienten auftreten, wegen ihre Eigenschaft als Ausländer oder wegen Mangels eines inländischen Wohnsitzes oder Aufenthalts auferlegt werden.*
- *Die gleiche Regel findet Anwendung auf die Vorauszahlung, die von den Klägern oder Intervenienten zur Deckung der Gerichtskosten einzufordern wäre.*
- *Die Abkommen, wodurch etwa Vertragsstaaten für ihre Angehörigen ohne Rücksicht auf den Wohnsitz Befreiung von der Sicherheitsleistung für die Prozesskosten oder von der Vorauszahlung der Gerichtskosten vereinbart haben, finden auch weiterhin Anwendung.“*

50 **b) Art. 17 des Haager Zivilprozeßübereinkommens 1954**[78]
- *„Den Angehörigen eines der Vertragsstaaten, die in einem dieser Staaten ihren Wohnsitz haben und vor den Gerichten eines anderen dieser Staaten als Kläger oder Inter-*

75 Vgl. zur Zulässigkeit eines mehrfachen gewöhnlichen Aufenthaltsortes BayObLG 80, 52; KG FamRZ 1987, 603; LG Karlsruhe IPRax 2005, 143; MünchKomm/*Giebel* § 110 Rdn. 9.

76 **A.A.** MünchKomm/*Giebel* § 110 Rdn. 9. Danach soll es genügen, dass ein gewöhnlicher Wohnsitz im EU- oder EWR-Raum liegt.

77 Vgl. RGZ 146, 9; MünchKomm/*Giebel* § 110 Rdn. 14; Stein/Jonas/*Bork* § 110 Rdn. 7.

78 Vgl. dazu auch LG Karlsruhe IPRax 2005, 146 mit Besprechungsaufsatz *Wilske/Kordts* IPRax 2005, 116 ff.

*venienten auftreten, darf wegen ihrer Eigenschaft als Ausländer oder wegen Fehlens eines inländischen Wohnsitzes oder Aufenthalts eine Sicherheitsleistung oder Hinterlegung, unter welcher Bezeichnung es auch sei, nicht auferlegt werden.*
- *Das gleiche gilt für Vorschüsse, die zur Deckung der Gerichtskosten von den Klägern oder Intervenienten einzufordern wären.*
- *Die Abkommen, durch die Vertragsstaaten für ihre Angehörigen ohne Rücksicht auf den Wohnsitz Befreiung von der Sicherheitsleistung für die Prozesskosten oder von der Zahlung von Vorschüssen zur Deckung der Gerichtskosten vereinbart haben, sind weiter anzuwenden".*

**c) Art. 9 Abs. 2 des Haager Unterhaltsvollstreckungsübereinkommens 1958** 51
- *„Ist einer Partei in dem Staat, in dem die Entscheidung ergangen ist, das Armenrecht gewährt worden, so genießt sie es auch in dem Verfahren, durch das die Vollstreckung der Entscheidung erwirkt werden soll.*
- *In den in diesem Übereinkommen vorgesehenen Verfahren braucht für die Prozesskosten keine Sicherheit geleistet werden ..."*

**d) Art. 16 des Haager Unterhaltsvollstreckungsübereinkommens 1973**[79] 52
- *„In den durch das Übereinkommen erfassten Verfahren braucht für die Zahlung der Verfahrenskosten keine Sicherheit oder Hinterlegung, unter welcher Bezeichnung auch immer, geleistet zu werden.*

**e) Art. 9 Abs. 2 des UN-Übereinkommens über die Geltendmachung von Unterhaltsansprüchen im Ausland (UN-Unterhaltsübereinkommen)**[80] 53
- *„Die Berechtigten sind nicht verpflichtet, wegen ihrer Eigenschaft als Ausländer oder wegen Fehlens eines inländischen Aufenthalts als Sicherheit für die Prozesskosten oder andere Zwecke eine Garantieerklärung beizubringen oder Zahlungen oder Hinterlegungen vorzunehmen."*

**f) Art. 9 Abs. 1 des Europäischen Niederlassungsübereinkommens**[81] 54
- *„Staatsangehörigen eines Vertragsstaates, die ihren Wohnsitz oder gewöhnlichen Aufenthalt im Gebiet eines anderen Vertragsstaates haben und vor den Gerichten eines der Vertragsstaaten als Kläger oder sonstige Verfahrensbeteiligte auftreten, darf keine Sicherheitsleistung oder Hinterlegung, wie auch immer sie bezeichnet sein mag, deshalb auferlegt werden, weil sie Ausländer sind oder keinen Wohnsitz oder Aufenthalt im Inland haben."*

**g) Art. 14 des deutsch-britischen Rechtshilfeabkommens 1928**[82] 55
- *„Die Angehörigen des einen vertragsschließenden Teiles sollen in dem Gebiete des anderen Teiles, auf das das Abkommen Anwendung findet, völlig gleiche Behandlung hinsichtlich des Armenrechts und der Schuldhaft genießen und sollen, sofern sie in dem genannten Gebiet ihren Wohnsitz haben, nicht verpflichtet sein, Sicherheit für*

**79** Vgl. dazu Geimer/Schütze/*Baumann* 795, 83 ff.
**80** Vgl. dazu Geimer/Schütze/*Mecke* 794, 1 ff.
**81** Vgl. dazu OLG Koblenz RIW 1990, 753.
**82** Vgl. zum Geltungsbereich für Gebiete, deren internationale Beziehungen das Vereinigte Königreich wahrnimmt, sowie zu den Staaten, für die eine Geltung ungeklärt ist Geimer/Schütze Internationaler Rechtsverkehr 750, 2 ff.

*Kosten irgendwelcher Art in denjenigen Fällen zu leisten, wo ein Angehöriger des anderen vertragsschließenden Teiles davon befreit ist.“*

– Das Abkommen galt zunächst im Verhältnis zu England und Wales und wurde später auf eine Vielzahl von Staaten und Gebieten ausgedehnt. Da die Befreiung von der Verpflichtung zur Stellung einer Prozesskostensicherheit den Wohnsitz in Deutschland voraussetzt,[83] geht die Befreiung ins Leere, da Kläger mit Wohnsitz in Deutschland ohnehin nach der Neufassung von § 110 Abs. 1 nicht prozesskostensicherheitspflichtig sind.

56 **h) Art. 15 des deutsch-griechischen Rechtshilfeabkommens 1938**

– *„1. Den Angehörigen des einen Staates, die vor den Gerichten des anderen Staates als Kläger oder Intervenienten auftreten, darf wegen ihrer Eigenschaft als Ausländer oder wegen Mangels eines inländischen Wohnsitzes oder Aufenthalts keine Sicherheitsleistung oder Hinterlegung, unter welcher Benennung es auch sei, auferlegt werden.*
– *2. Das gleiche gilt für die Vorauszahlung, die von den Klägern oder Intervenienten zur Deckung der Gerichtskosten anzufordern wäre.“*

57 **i) Art. 14 des deutsch-marokkanischen Rechtshilfeabkommens 1985**

– *„Die Staatsangehörigen eines der beiden Staaten, die vor den Gerichten in Zivil- oder Handelssachen des anderen Staates als Kläger oder Intervenienten auftreten, sind von der Sicherheitsleistung für die Prozesskosten auch dann befreit, wenn sie ihren Wohnsitz oder gewöhnlichen Aufenthalt nicht in einem der beiden Staaten haben.“*

58 **j) Art. 2 des deutsch-türkischen Rechtshilfeabkommens 1929**[84]

– *„1. Keine Sicherheitsleistung oder Hinterlegung, unter welcher Benennung es auch sei, darf den in einem der beiden Länder ansässigen Angehörigen des einen Staates, die vor den Gerichten des anderen Staates als Kläger oder Intervenienten auftreten, wegen ihrer Eigenschaft als Ausländer oder mangels eines inländischen Wohnsitzes oder Aufenthalts auferlegt werden.*
– *2. Das gleiche gilt für die Vorauszahlung, die von den Klägern oder Intervenienten zur Deckung der Gerichtskosten einzufordern wäre.“*

59 **k) Art. 3 des deutsch-tunesischen Rechtshilfe- und Vollstreckungsvertrages 1966**

– *„1. In Zivil- und Handelssachen darf den Angehörigen des einen Staates, die vor den Gerichten des anderen Staates als Kläger oder Intervenienten auftreten, wegen ihrer Eigenschaft als Ausländer oder mangels eines inländischen Wohnsitzes oder Aufenthalts eine Sicherheitsleistung oder Hinterlegung, unter welcher Bezeichnung es auch sei, nicht auferlegt werden. Diese Befreiung wird nur solchen Angehörigen eines Staates gewährt, die in einem der beiden Staaten ihren Wohnsitz oder gewöhnlichen Aufenthalt haben.*
– *2. Das gleiche gilt für Vorschüsse, die von den Klägern oder Intervenienten zur Deckung der Gerichtskosten einzufordern wären.“*

83 Vgl. dazu am Beispiel Anguilla BGH NJW-RR 2005, 148.
84 Vgl. dazu OLG Düsseldorf NJW 1973, 2165; die Geltung ist allerdings deshalb zweifelhaft, weil die türkischen Gerichte trotz des Rechtshilfeabkommens von deutschen Klägern offenbar Sicherheitsleistung verlangen.

**l) Art. VI Abs. 6 des deutsch-amerikanischen Freundschafts-, Handels- und Schiffahrtsvertrages 1954** 60

- *„Mit Bezug auf Artikel VI Abs. 1 darf Staatsangehörigen und Gesellschaften des einen Vertragsteils in der Eigenschaft als Kläger oder Intervenienten vor den Gerichten des anderen Vertragsteils eine Sicherheitsleistung für die Prozesskosten in denjenigen Fällen nicht auferlegt werden, in denen ein Staatsangehöriger oder eine Gesellschaft des anderen Vertragsteils davon befreit ist, die Befreiung tritt jedoch nur ein,*
- *a) wenn der Staatsangehörige oder die Gesellschaft den ständigen Aufenthalt bzw. die Niederlassung (Haupt- oder Zweigniederlassung) im Bezirk des Gerichts hat, vor dem das Verfahren anhängig ist, oder*
- *b) wenn der Staatsangehörige oder die Gesellschaft in diesem Bezirk ausreichendes Immobiliarvermögen zur Deckung der Kosten besitzt."*
- Die Befreiung geht nicht über § 110 Abs. 1 hinaus. Es gilt dasselbe wie zum deutsch-britischen Rechtshilfeabkommen 1928.

**2. Die Befreiung wegen staatsvertraglich gesicherter Geltendmachung deutscher Kostentitel (Abs. 2 Nr. 2).** Wenn man von der ratio des § 110 seit der Reform 1998 ausgeht, wonach nur der Kostenerstattungsanspruch des siegreichen Beklagten in seiner Durchsetzung gegen den im Ausland domizilierten oder residenten Kläger zu sichern, dann ist nur folgerichtig, die Möglichkeit der Anerkennung und Vollstreckbarerklärung eines deutschen Kostentitels als Befreiungstatbestand aufzunehmen. Zwar ist die Durchsetzung eines Titels im Ausland immer schwieriger als im Inland. Die Durchsetzbarkeit im Inland ist aber auch nicht immer gesichert. Der vermögenslose Kläger ist stets eine Gefahr.[85] 61

Die Möglichkeit der Wirkungserstreckung deutscher Kostentitel gegen den Kläger wirkt nur dann befreiend, wenn sie auf einer staatsvertraglichen Vereinbarung beruht und eine auch wirtschaftliche, nicht nur rechtliche Durchsetzbarkeit gegeben ist.[86] Denn die rein rechtliche Möglichkeit, den Kostentitel durchzusetzen bringt dem Beklagten noch nichts. Sind die Anerkennung und Vollstreckbarerklärung des Kostentitels gegen den unterlegenen Kläger mit nicht erstattbaren Kosten verbunden, die eine Vollstreckbarerklärung wirtschaftlich sinnlos machen, dann greift der Befreiungstatbestand des Abs. 2 Nr. 2 nicht ein. Prüfstein für die Anwendung des Befreiungstatbestandes muss deshalb sein, ob der Staat des gewöhnlichen Aufenthalts des Klägers für die Vollstreckbarerklärung deutscher Kostentitel eine § 91 ZPO entsprechende Kostenregelung kennt. Muss der Gläubiger die Kosten der Vollstreckbarerklärung teilweise oder voll selbst tragen, so kommt Abs. 2 Nr. 2 nicht zur Anwendung. Dasselbe gilt für den Fall, dass die Kostenentscheidung im Ermessen des Gerichts liegt.[87] Denn in diesem Fall besteht für den Gläubiger des Kostentitels die Gefahr, ein unter Umständen kostspieliges und wirtschaftlich sinnloses Exequaturverfahren anstrengen zu müssen und letztlich auf seinen Kosten „sitzen zu bleiben".[88] 62

Problematisch mag sein, wo eigentlich die Geltendmachung deutscher Kostentitel gesichert sein muss. Der Gesetzeswortlaut schweigt. In Betracht kommen der Staat, in dem der Kläger Vermögen besitzt, der Staat, dem er angehört und der Staat, in dem er seinen gewöhnlichen Aufenthalt hat. Der dritten Lösung ist der Vorzug zu geben. Der 63

---

85 Vgl. *Schütze* Cave Pauperos, JZ 1995, 238; *Altenkirch* S. 142 ff. hält die mangelnde Verpflichtung des vermögenslosen Klägers für verfassungswidrig, vgl. Rdn. 3.

86 Vgl. *Schütze* Zur Befreiung ausländischer Kläger von der Prozesskostensicherheitspflicht nach § 110 Abs. 2 Nr. 2 ZPO, RIW 2002, 299 ff.

87 Das ist der Fall in Israel, welches die Kostenentscheidung in das Ermessen des Gerichts stellt.

88 Vgl. *Schütze* RIW 2002, 299, 301.

Aufenthaltsort ist konzeptionell der, in dem regelmäßig Vermögen belegen ist, in dem der Schuldner seiner Tätigkeit nachgeht und wo er seine Einkünfte erzielt.[89] Da Kläger im Geltungsbereich von EuGVVO, EuGVÜ und LugÜ I und II auch ihren gewöhnlichen Aufenthalt im EU- und EWR Raum haben, sind nur zwei Staatsverträge bedeutsam, nämlich der deutsch-tunesische Rechtshilfe-, Anerkennungs- und Vollstreckungsvertrag (Art. 27 Abs. 3) und der deutsch-israelischen Anerkennungs- und Vollstreckungsvertrag (Art. 2), die beide Kostentitel als anerkennungsfähig statuieren.

64 **3. Die Befreiung für besondere Verfahrensarten (Abs. 2 Nr. 4, 5, 3).** § 110 Abs. 2 sieht eine Befreiung von der Verpflichtung zur Stellung einer Ausländersicherheit für einige Verfahrensarten vor, in denen kein Sicherungsbedürfnis des Beklagten besteht (Nr. 3) oder in denen sich der Kläger das Forum nicht ausgesucht hat (Nr. 4, 5).

65 **a) Befreiung für Widerklagen (Abs. 2 Nr. 4).** Der Widerkläger ist nicht prozesskostensicherheitspflichtig. Dieser Befreiungstatbestand rechtfertigt sich daraus, dass sich der Widerkläger das Forum nicht ausgesucht hat. Die Befreiung gilt deshalb auch nur für die Widerklage. Erhebt der Kläger eine selbständige Klage, obwohl er Widerklage erheben könnte, so kommt ihm der Befreiungsgrund des Abs. 2 Nr. 4 nicht zugute. Die Befreiung des Widerklägers ist im Lichte des 6 Abs. 1 EMRK bei insolventen Widerklägern bzw. deren Verwaltern nicht anzuwenden bzw. restriktiv zu interpretieren, sofern für die Kostenerstattung nach §§ 91ff. ggf. die Masse nicht ausreichend zur Verfügung steht.[90]

Die Befreiung des Widerklägers von der Verpflichtung zur Stellung einer Prozesskostensicherheit gilt auch dann, wenn die Klage rechtskräftig abgewiesen worden ist.[91]

66 **b) Befreiung für Klagen, die aufgrund öffentlicher Aufforderung angebracht werden (Abs. 2 Nr. 5).** Bei Klagen, die aufgrund öffentlicher Aufforderung angebracht werden, hat sich der Kläger das Forum nicht ausgesucht. Deshalb ist er von der Prozesskostensicherheitsverpflichtung ausgenommen. Es handelt sich im Wesentlichen um Aufgebotsverfahren nach §§ 433ff. FamFG.[92]

67 **c) Befreiung wegen hinreichenden Grundvermögens oder dinglich gesicherter Forderungen (Abs. 2 Nr. 3).** Immobilien lassen sich nicht außer Landes schaffen. Auch das Versilbern braucht Zeit. Grundvermögen zeigt eine gewisse Bindung an den Belegenheitsstaat. Deshalb lassen zahlreiche Rechtsordnungen Grundvermögen, dessen Wert den etwaigen Kostenerstattungsanspruch deckt, als Befreiungstatbestand genügen.[93] Dem folgt das deutsche Recht seit der Reform 1998. Darlegungs- und beweispflichtig für Immobiliarvermögen und/oder dinglich gesicherte Forderungen und ihre Werthaltigkeit ist der Kläger.[94] Er muss – notfalls durch Sachverständigengutachten – den Wert dartun und be-

89 Vgl. *Schütze* RIW 1999, 10, 14.

90 Vgl. *Altenkirch* Die Sicherheitsleistung für die Prozesskosten (2013); *Geimer* Urteilsanmerkung GWR 2010, 227ff.; Zöller/*Geimer* IZPR Rdn. 18a; **a.A.** OLG München IPRax 2011, 505, das der Ansicht ist, dass ein Kläger, der durch seine Klage gegen einen nicht-europäischen Schuldner gezeigt hat, dass er eine erschwerte Vollstreckung des Kostenerstattungsanspruchs in Kauf nimmt und deshalb wegen der Widerklage nur in geringerem Maße schutzwürdig ist als ein inländischer Beklagter, der von einem Nichteuropäer verklagt wird.

91 Vgl. OLG München IPRax 2011, 505; dazu *Stadler* IPRax 2011, 480ff.

92 Vgl. Zöller/*Herget* § 110 Rdn. 6.

93 Vgl. *Schütze* FS Chuo University (1998), S. 737ff.

94 Vgl. LG Karlsruhe IPRax 2005, 146.

weisen. Dieser muss der Höhe nach der an sich anzuordnenden Sicherheitsleistung entsprechen. Das Gericht muss über die Werthaltigkeit im Bestreitensfall Beweis erheben.

Nicht genügend ist Grundvermögen einer hundertprozentigen Tochtergesellschaft mit Verwaltungssitz im EU oder EWR Raum. Wenn derartiges „mittelbares" Grundvermögen ausreichen sollte, dann hätte der Gesetzgeber auch Beteiligungen ausnehmen müssen. 68

**4. Verzicht.** Das Verlangen nach Sicherheitsleistung begründet eine prozesshindernde Einrede.[95] Auf die Erhebung der Einrede kann verzichtet werden,[96] was ausdrücklich, unmittelbar oder mittelbar, etwa dadurch, dass die erst erhobene Einrede fallengelassen wird,[97] aber auch stillschweigend geschehen kann.[98] Der Beklagte kann sich schon vor Verfahrenseinleitung – etwa im Rahmen des Abschlusses einer Gerichtsstandsvereinbarung – dazu verpflichten, die Einrede des § 110 nicht geltend zu machen. 69

**5. Prozesskostenhilfe.** Nach § 122 Abs. 1 Nr. 2 befreit die Bewilligung von Prozesskostenhilfe von der Verpflichtung zur Stellung einer Prozesskostensicherheit. Das soll nach OLG Brandenburg[99] auch dann gelten, wenn eine vor Bewilligung der PKH durch Zwischenurteil gesetzte Frist bereits abgelaufen ist (bedenklich). Die Regelung ist verfassungsrechtlich bedenklich. Sie stellt den Beklagten einer armen Partei ohne gewöhnlichen Aufenthalt im EU- oder EWR-Raum schlechter als den Beklagten in einem sonstigen Prozess, obwohl § 123 anordnet, dass der Kostenerstattungsanspruch unberührt bleibt. Die Gewährung von Armenrecht im Ausland löst die Rechtsfolge des § 122 Abs. 1 Nr. 2 nicht aus, soweit nicht Staatsverträge etwas anderes anordnen. 70

## VII. Geltendmachung

Vgl. dazu §§ 111–113. 71

## VIII. Länderübersicht

Kläger mit Wohnsitz oder gewöhnlichem Aufenthalt in oder Staatsangehörigkeit von folgenden Staaten[100] sind nach § 110 Abs. 1 Nr. 1 und 2 von der Stellung einer cautio iudicatum solvi ganz oder partielle befreit:[101] 72

Ägypten (HZPÜ)
Albanien (HZPÜ, HUVÜ 73)
Algerien (UNUVÜ)

---

95 Vgl. MünchKomm/*Giebel* § 110 Rdn. 2.
96 Vgl. BGH NJW-RR 1998, 378; Stein/Jonas/*Bork* § 110 Rdn. 5.
97 Vgl. RGZ 155, 239.
98 Vgl. MünchKomm/*Giebel* § 110 Rdn. 20.
99 Vgl. OLG Brandenburg MDR 2003, 288.
100 Nicht aufgeführt werden die Staaten und Gebiete, auf die das deutsch-britische Abkommen über den Rechtsverkehr vom 20.3.1928 ausgedehnt worden ist, da die Befreiung nach Art. 14 des Abkommens nicht über das deutsche Recht hinausgeht, vgl. Rdn. 55.
101 Es werden in der Länderübersicht abgekürzt:

| | |
|---|---|
| HZPA 1905 | Haager Zivilprozessübereinkommen v. 17.7.1905 |
| HZPÜ | Haager Zivilprozessübereinkommen v. 1.3.1954 |
| HUVÜ 58 | Haager Unterhaltsvollstreckungsübereinkommen v. 15.4.1958 |
| HUVÜ 73 | Haager Unterhaltsvollstreckungsübereinkommen v. 2.10.1973 |
| UNUVÜ | UN-Übereinkommen über die Geltendmachung von Unterhaltsansprüchen im Ausland v.20.6.1956 |
| EUNÜ | Europäisches Niederlassungsübereinkommen v. 13.12.1955. |

Andorra (HUVÜ 73)
Argentinien (HZPÜ, UNUVÜ)
Armenien (HZPÜ)
Australien (HVÜ 73, UNUVÜ)
Barbados (UNUVÜ)
Belgien (EU, EWR, HZPÜ, UNUVÜ, HUVÜ 58, EUNÜ)
Bosnien-Herzegowina (HZPÜ, UNUVÜ)
Brasilien (UNUVÜ)
Bulgarien (EU)
Burkina Faso (UNUVÜ)
Chile (UNUVÜ)
China (Taiwan) (UNUVÜ)
China (Volksrepublik) (HZPÜ nur für Sonderverwaltungsregion Macao)
Dänemark (EU, EWR, HZPÜ, UNUVÜ, EUNÜ, HUVÜ 73, HUVÜ 58)
Ecuador (UNUVÜ)
Estland (EU, HZPA 1905, HUVÜ 73, UNUVÜ)
Finnland (EU, EWR, HZPÜ, UNUVÜ, HUVÜ 58, HUVÜ 73)
Frankreich (EU, EWR, HZPÜ, UNUVÜ, HUVÜ 58, HUVÜ 73)
Georgien (HZPÜ)
Griechenland (EU, EWR, Art. 15 deutsch-griechisches Rechtshilfeabkommen, HUVÜ 73, EUNÜ, UNUVÜ)
Guatemala (UNUVÜ)
Haiti (UNUVÜ)
Irland (EU,EWR, UNUVÜ, EUNÜ)
Island (EWR, HZPÜ)
Israel (HZPÜ, UNUVÜ, deutsch-israelischer Anerkennungs- und Vollstreckungsvertrag)
Italien (EU,EWR, HZPÜ, UNUVÜ, HUVÜ 58, HUVÜ 73, EUNÜ)
Japan (HZPÜ)
Jugoslawien (ehemaliges) (HZPÜ, UNUVÜ)
Kap Verde (UNUVÜ)
Kasachstan (HZPÜ, UNUVÜ)
Kirgisistan (HZPÜ, UNUVÜ)
Kolumbien (UNUVÜ)
Kroatien (EU, HZPÜ, UNUVÜ)
Lettland (EU, HZPÜ)
Libanon (HZPÜ)
Liberia (UNUVÜ)
Liechtenstein (EWR, HUVÜ 58)
Litauen (EU, HZPÜ, HUVÜ 73)
Luxemburg (EU, EWR, HZPÜ, UNUVÜ, HUVÜ 73, EUNÜ)
Malta (EU)
Marokko (HZPÜ, UNUVÜ, deutsch-marokkanischer Rechtshilfevertrag)
Mazedonien (ehemalige jugoslawische Republik) (HZPÜ, UNUVÜ)
Mexiko (UNUVÜ)
Moldau (HZPÜ, UNUVÜ)
Monaco (UNUVÜ)
Montenegro (HZPÜ, UNUVÜ)
Neuseeland (UNUVÜ)
Niederlande (EU, EWR HZPÜ,UNUVÜ, HUVÜ 58, HUVÜ 73, EUNÜ)
Niger (UNUVÜ)

Norwegen (EWR, HZPÜ, UNUVÜ, HUVÜ 58, HUVÜ 73, EUNÜ)
Österreich (EU, EWR, HZPÜ, UNUVÜ, HUVÜ 58)
Pakistan (UNUVÜ)
Philippinen (UNUVÜ)
Polen (EU, HZPÜ, UNUVÜ, HUVÜ 73)
Portugal (EU, EWR, HZPÜ, UNUVÜ, HUVÜ 58, HUVÜ 73)
Rumänien (EU, HZPÜ, UNUVÜ)
Russland (HZPÜ)
Schweden (EU, EWR, HZPÜ, UNUVÜ, HUVÜ 58, HUVÜ 73, EUNÜ)
Schweiz (LugÜ, HZPÜ, UNUVÜ, HUVÜ 58, HUVÜ 73)
Serbien (HZPÜ, UNUVÜ)
Seychellen (UNUVÜ)
Slowakei (EU, HZPÜ, UNUVÜ, HUVÜ 58, HUVÜ 73)
Slowenien (EU, HZPÜ, UNUVÜ)
Sowjetunion (ehemalige) (HZPÜ)
Spanien (EU, EWR, HZPÜ, UNUVÜ, HUVÜ 58, HUVÜ 73)
Sri Lanka (UNUVÜ)
Surinam (HZPÜ, UNUVÜ, HUVÜ 58)
Tschechien (EU, HZPÜ, UNUVÜ, HUVÜ 58, HUVÜ 73)
Tschechoslowakei (ehemalige) (HZPÜ, UNUVÜ, HUVÜ 58, HUVÜ 73)
Türkei (HZPÜ, EUNÜ, UNUVÜ, HUVÜ 58, HUVÜ 73), deutsch-türkischer Rechtshilfevertrag)
Tunesien (UNUVÜ, deutsch-tunesischer Rechtshilfe-, Anerkennungs- und Vollstreckungsvertrag)
Ukraine (HZPÜ, UNUVÜ, HUVÜ 73)
Ungarn (EU, HZPÜ, UNUVÜ, HUVÜ 58)
Uruguay (UNUVÜ)
Usbekistan (HZPÜ)
Vatikan (HZPÜ, UNUVÜ)
Vereinigtes Königreich (EU, EWR, UNUVÜ, HUVÜ 73, EUNÜ)
Weißrussland (HZPÜ, UNUVÜ)
Zentralafrikanische Republik (UNUVÜ)
Zypern (EU, HZPÜ, UNUVÜ)

## § 111
## Nachträgliche Prozesskostensicherheit

**Der Beklagte kann auch dann Sicherheit verlangen, wenn die Voraussetzungen für die Verpflichtung zur Sicherheitsleistung erst im Laufe des Rechtsstreits eintreten und nicht ein zur Deckung ausreichender Teil des erhobenen Anspruchs unbestritten ist.**

**Übersicht**

### I. Frist für die Geltendmachung der Einrede des § 110

1 **1. Landgerichtliches Verfahren.** Das Verlangen nach Kostensicherheit ist im landgerichtlichen Verfahren der ersten Instanz vor Verhandlung zur Hauptsache zu stellen (§ 282 Abs. 3 S. 1).[1] Nur wenn der Beklagte glaubhaft macht (§ 294), dass er die Einrede ohne sein Verschulden nicht früher erheben konnte (§ 296 Abs. 3), bleibt sie erhalten,[2] und zwar auch noch in der Berufungs-[3] und der Revisionsinstanz.[4] Ist eine Frist für die Klageerwiderung gesetzt (§ 275 Abs. 1 S. 1), so ist die Einrede bis zum Ablauf dieser Frist zu erheben (§ 282 Abs. 3 S. 2).

2 **2. Amtsgerichtliches Verfahren.** Im Verfahren vor den Amtsgerichten ist die Einrede ebenfalls bis zur Verhandlung zur Hauptsache vorzubringen (§§ 495 Abs. 1, 282 Abs. 3 S. 1).

3 **3. Verzicht.** Auf die Einrede kann verzichtet werden. Dieser Verzicht wirkt für das gesamte Verfahren, soweit er nicht beschränkt wird, was zulässig ist.[5] Der Widerruf des Verzichts ist entsprechend § 290 zulässig.[6] Wenn auf die Einrede verzichtet worden ist, dann muss sie – später erhoben – zurückgewiesen werden.[7] Der Verzicht auf die Einrede schließt ihre Erhebung gegenüber einem erweiterten Klagantrag nicht aus.[8]

### II. Ausnahmen

4 Kann der Beklagte die Einrede nicht bis zur Verhandlung zur Hauptsache erheben, weil die Voraussetzungen erst im Laufe des Rechtsstreits eintreten, so lässt § 111 die Erhebung der Einrede bis zur mündlichen Verhandlung nach Eintritt des Ereignisses bzw. Kenntnis des Beklagten hiervon zu, wobei § 296 Abs. 3 zu beachten ist.[9]

5 **1. Eintritt der Verpflichtung im Verlauf des Rechtsstreits.** Die Verpflichtung zur Sicherheitsleistung kann im Verlauf des Rechtsstreits neu eintreten, wenn sich der gewöhnliche Aufenthalt des Klägers ändert und ein in der EU oder dem EWR gewöhnlich Residenter seinen gewöhnlichen Aufenthalt in einen Staat außerhalb des EU- oder EWR-Raums verlegt.

6 Auch der Wegfall der Befreiung für einen Kläger, etwa durch Ablauf eines Staatsvertrages oder sonstigen Wechsel der Gesetzgebung oder der Praxis im Staat des gewöhnlichen Aufenthalts des Klägers[10] führt zu dem gleichen Ergebnis. Wird die Bewilligung der Prozesskostenhilfe aufgehoben und fällt die Befreiung (§ 122 Abs. 1 Nr. 2) damit fort, so kann die Einrede nach § 111 erhoben werden. Schließlich kann die Vergünstigung wegfallen durch Parteiwechsel, durch Rechtsnachfolge, durch Partei- bzw. Klageänderung,

---

1 Vgl. MünchKomm/*Giebel* § 111 Rdn. 3.
2 Vgl. BGH NJW 1981, 2646.
3 Vgl. RGZ 40, 416.
4 Vgl. BGH NJW 1953, 864.
5 **A.A.** MünchKomm/*Giebel* § 111 Rdn. 7; Stein/Jonas/*Bork* § 111 Rdn. 5 die einen auf die Instanz beschränkten Verzicht für unzulässig halten.
6 Auf die Zustimmung des Gegners kommt es nicht an; **a.A.** BGH BB 1953, 516.
7 Vgl. RGZ 155, 239; *Zöller/Herget* § 111 Rdn. 1.
8 Vgl. LG Schweinfurt NJW 1971, 330; MünchKomm/*Giebel* § 111 Rdn. 8; Stein/Jonas/*Bork* § 111 Rdn. 5; Zöller/*Herget* § 110 Rdn. 4.
9 Vgl. RG HRR 1933, 1890; BGH NJW 1981, 2646.
10 Vgl. RGZ 146, 8; MünchKomm/*Giebel* § 111 Rdn. 5.

selbst wenn der Beklagte hierin einwilligt, sofern in der Person der eintretenden Partei die Voraussetzungen der Sicherheitsverpflichtung eintreten.[11]

**2. Wertänderung der Sicherheit.** Tritt eine Wertänderung der Sicherheit, z.B. durch Abwertung, Währungsumstellung oder sonstige Entwertung ein, so kann nach § 112 im Laufe des Rechtsstreits ein weiteres Sicherheitsleistungsverlangen gestellt werden. Es ist aber nur bis zur auf die Wertänderung folgenden mündlichen Verhandlung zulässig. Das kann zu Problemen bei Fremdwährungsklagen führen, bei denen durch Paritätsänderungen faktisch eine Wertänderung eintritt, obwohl der Wert der EURO-Sicherheit gleich bleibt. Diese Fälle sind so zu behandeln wie die der Streitwerterhöhung im Laufe des Verfahrens.[12] 7

**3. Klageerweiterung.** Der Einredeverlust bezieht sich nur auf die Klage in der erhobenen Form. Wird die Klage später erweitert, so darf die Einrede bezüglich der Mehrkosten geltend gemacht werden.[13] Das gilt auch dann, wenn der Schadensersatzanspruch zunächst unbeziffert geltend gemacht und später beziffert wird, jedoch wiederum nur für die Mehrkosten, die durch die Streitwerterhöhung eintreten. Wird die Klageerweiterung nicht zugelassen – was trotz § 264 Nr. 2 in der Revisionsinstanz der Fall ist – so besteht die Einrede nicht. 8

### III. Bestrittene Ansprüche

§ 111 beschränkt die Einrede auf bestrittene Ansprüche. Zu den unbestrittenen Ansprüchen gehören nicht nur Ansprüche, die der Beklagte nach § 307 anerkennt, sondern auch solche, hinsichtlich derer ein Antrag in der Hauptsache nicht gestellt werden soll und solche, die aufgrund des unstreitigen Sachverhalts begründet sind. 9

### IV. Wegfall der Verpflichtung des § 110

Fallen die Voraussetzungen für die Stellung der Prozesskostensicherheit nachträglich weg, so kann der Kläger die Aufhebung der ihm auferlegten Prozesskostensicherheit in entsprechender Anwendung von § 111 verlangen.[14] Das ist beispielsweise der Fall, wenn der Kläger gewöhnlichen Aufenthalt in einem EU- oder EWR-Staat nimmt,[15] ihm Prozesskostenhilfe bewilligt wird[16] oder ein sonstiger Befreiungsgrund eintritt. 10

### V. Verfahren

Das Verfahren bestimmt sich nach § 113. Für Einzelheiten vgl. dort. Der erfolglose Antrag des Beklagten löst die Kostenfolge der §§ 96, 97 aus.[17] 11

11 Vgl. RGZ 40, 416.
12 Vgl. dazu § 112 Rdn. 11 und OLG Stuttgart AWD 1971, 85 mit Anm. *Bauer*.
13 Vgl. LG Schweinfurt NJW 1971, 330; MünchKomm/*Giebel* § 111 Rdn. 8; **a.A.** KG LZ 1925, 381.
14 Vgl. MünchKomm/*Giebel* § 111 Rdn. 12; Stein/Jonas/*Bork* § 111 Rdn. 11.
15 Vgl. BGH NJW-RR 2006, 710.
16 § 122 Abs. 1 Nr. 2.
17 Vgl. BGH NJW 1980, 839; MünchKomm/*Giebel* § 111 Rdn. 10.

## § 112
## Höhe der Prozesskostensicherheit

**(1) Die Höhe der zu leistenden Sicherheit wird von dem Gericht nach freiem Ermessen festgesetzt.**

**(2) Bei der Festsetzung ist derjenige Betrag der Prozesskosten zugrunde zu legen, den der Beklagte wahrscheinlich aufzuwenden haben wird. Die dem Beklagten durch eine Widerklage erwachsenden Kosten sind hierbei nicht zu berücksichtigen.**

**(3) Ergibt sich im Laufe des Rechtsstreits, dass die geleistete Sicherheit nicht hinreicht, so kann der Beklagte die Leistung einer weiteren Sicherheit verlangen, sofern nicht ein zur Deckung ausreichender Teil des erhobenen Anspruchs unbestritten ist.**

### Schrifttum

*Primozic/Broich* Festsetzung hoher Prozesskostensicherheiten für ausländische Kläger, MDR 2007, 188 ff.; *Schmieder* Zur Höhe der Ausländersicherheit im Patentnichtigkeitsverfahren, GRUR 1982, 12 ff.; *Söffing* Umfang der Ausländersicherheit i.S.d. § 112 Abs. 2 ZPO, MDR 1989, 599 f.

**Übersicht**



### I. Ermessen des Gerichts

1 Die Bestimmung der Höhe der Sicherheitsleistung liegt im Ermessen des Gerichts (Abs. 1). Eine inhaltlich gleiche Regelung trifft § 81 Abs. 6 PatG für das Patentnichtigkeitsverfahren.[1] Das Ermessen des Gerichts ist in doppelter Hinsicht beschränkt. Die Sicherheit muss festgesetzt werden, wenn kein Befreiungsgrund nach § 110 Abs. 2 gegeben ist, selbst wenn das Gericht die Anordnung angesichts der Vermögenslage des Klägers für überflüssig hält. Darüber hinaus ist das Gericht an die Grundsätze des Abs. 2 gebunden. Das Ermessen besteht nur hinsichtlich der Zulässigkeit der Schätzung von im Voraus nicht genau feststehenden Kosten (z.B. Aufwendungen für Zeugen und Sachverständige) und Gebühren[2] (z.B. Anfallen einer Beweisgebühr). Auf- und Abrundungen sind zulässig.

2 Zur Höhe der entstehenden Kosten ist eine Äußerung des Beklagten nicht erforderlich. Das Gericht muss die Schätzung von sich aus vornehmen. Dem Beklagten ist aber im Rahmen des rechtlichen Gehörs Gelegenheit zur Äußerung zu geben.

---

1 Vgl. dazu *Schmieder* Zur Höhe der Ausländersicherheit im Patentnichtigkeitsverfahren, GRUR 1982, S. 12 ff.

2 Vgl. BGH DB 1982, 802; Baumbach/Lauterbach/*Hartmann* § 112 Rdn. 4.

## II. Höhe der Sicherheitsleistung

**1. Kosten des Beklagten.** Die Sicherheitsleistung dient in erster Linie dem Beklagtenschutz. Ihm soll das Risiko abgenommen werden, seinen Kostenerstattungsanspruch gegen den erfolglosen ausländischen Kläger nicht realisieren zu können.[3] Davon ausgehend stellt Abs. 2 S. 1 auf die vom Beklagten wahrscheinlich aufzuwendenden Kosten ab. 3

**a) Erstattungsfähigkeit der Kosten.** Es sind nur solche Kosten in die Berechnung der Höhe der Sicherheitsleistung einzubeziehen, die erstattungsfähig sind. Ist eine Maßnahme zur zweckentsprechenden Rechtsverfolgung nicht notwendig, dann sind die hierfür entstandenen oder zu erwartenden Aufwendungen nicht von der Verpflichtung zur Sicherheitsleistung umfasst. Das Gericht muss im Rahmen der Ermessensausübung deshalb z.B. bereits über die voraussichtliche Erstattungsfähigkeit von Korrespondenzanwaltskosten entscheiden. Diese Entscheidung ist für das spätere Kostenfestsetzungsverfahren nicht bindend. Hat das Prozessgericht die Gebühren eines Verkehrsanwalts bei der Festsetzung der Sicherheitsleistung nicht berücksichtigt, so kann die Erstattbarkeit im Kostenfestsetzungsverfahren dennoch angeordnet werden. Dasselbe gilt für den umgekehrten Fall. 4

Zu den erstattungsfähigen Kosten gehören die Gebühren des Rechtsanwalts (einschließlich der erstattbaren Auslagen und Mehrwertsteuer) sowie die Gerichtskosten. Gerichtskosten erster Instanz bleiben außer Betracht, da der im Ausland residente Kläger allein Kostenschuldner ist. Dagegen sind Gerichtskosten höherer Instanzen – soweit Sicherheitsleistung für weitere Instanzen gefordert werden kann – erstattbar, da der Beklagte hierfür als Zweitschuldner haftet, wenn er in der Vorinstanz unterliegt und ein Rechtsmittel einlegt.

Kosten für Beweismittel sind grundsätzlich zu berücksichtigen. Jedoch wird ihre Entstehung im Zeitpunkt der Festsetzung der Sicherheitsleistung nur schwer voraussehbar sein. Sie bleiben deshalb regelmäßig unberücksichtigt. 5

**b) Zu berücksichtigende Instanzen.** Nach der Rechtsprechung des Reichsgerichts,[4] der sich der BGH angeschlossen hat,[5] sind die Kosten aller Rechtszüge von vornherein zu berücksichtigen,[6] ohne dass es auf die vorhersehbare prozessrechtliche Stellung der Parteien in den späteren Instanzen ankommen soll. Dies entspricht jedoch nicht dem Zweck der Prozesskostensicherheit. Auszugehen ist davon, dass die Verpflichtung zur Sicherheitsleistung den außerhalb der EU oder des EWR gewöhnlich residenten Kläger nicht durch prohibitive Höhe von der Prozessführung abhalten soll – was in der Praxis leider zuweilen beabsichtigt zu sein scheint[7] – sondern zur Sicherung des Kostenerstattungsanspruchs des Beklagten dient. Da nicht feststeht, ob ein Rechtsmittel durch alle Instanzen geführt wird und Erhöhung der Sicherheit in höheren Instanzen verlangt werden kann (Abs. 3), genügt es, die Sicherheit für die laufende und die nächsthöhere 6

3 Vgl. § 110 Rdn. 1.
4 RGZ 154, 227.
5 BGH BGHZ 37, 267; BGH NJW 1981, 2646; BGH NJW-RR 2005, 148 (incidenter).
6 Ebenso OLG Stuttgart AWD 1971, 85 mit Anm. *Bauer*; LG Düsseldorf MDR 1989, 267, LG Nürnberg-Fürth RIW 1989, 568 (in der Veröffentlichung nicht mit abgedruckt); Baumbach/Lauterbach/*Hartmann* § 112 Rdn. 6; MünchKomm/*Giebel* § 112 Rdn. 4; Thomas/Putzo/*Hüßtege* § 112 Rdn. 1.
7 So hat das LG Nürnberg-Fürth in der in Fn. 6 zit. Entscheidung nicht nur alle denkbaren Gebühren und Auslagen dreier Instanzen, sondern auch eine Beweisgebühr für das Revisionsverfahren (!) in die Berechnung der Höhe der Sicherheitsleistung einbezogen.

Instanz festzusetzen,[8] wobei für die nächsthöhere Instanz nur die bis zur Entscheidung über die Erhöhung anfallenden Kosten zu berücksichtigen sind.

Ein Kostenfestsetzungsbeschluss für die Kosten der 1. Instanz führt nicht dazu, dass die festgesetzten Kosten bei der Kalkulation der cautio iudicatum solvi unberücksichtigt bleiben.[9] Denn der Titel verschafft dem Beklagten kein Geld, sondern nur einen titulierten Anspruch. Auch hier gilt – wie allenthalben – *Haben ist besser als kriegen.*[10]

Hat der Beklagte die Einrede aus § 110 in erster Instanz uneingeschränkt und rechtzeitig für alle Rechtszüge erhoben, setzt das Gericht sie aber nicht für alle Instanzen fest, darf der Beklagte abwarten, bis die angeordnete Sicherheit die Kosten nicht mehr deckt, und kann dann – gegebenenfalls wiederholt – gemäß Abs. 3 die Leistung weiterer Sicherheit für alle Rechtszüge verlangen.[11]

7 **2. Keine Kosten des Klägers.** Eine Berücksichtigung der außergerichtlichen Kosten des Klägers bei der Bemessung der Höhe der Sicherheitsleistung kommt nicht in Betracht.[12] Die Prozesskostensicherheit soll nur den **Kostenerstattungsanspruch** des Beklagten, nicht einen etwaigen **Schadensersatzanspruch** aus § 717 sichern.[13]

9 **3. Keine Kosten der Widerklage.** Die dem Beklagten durch eine Widerklage erwachsenen Kosten sind nicht zu berücksichtigen (Abs. 2 S. 2). Dasselbe gilt für eine Erhöhung der Kosten durch Streitwerterhöhung bei Hilfsaufrechnung. Denn der ratio von Abs. 2 S. 2 entsprechend soll die Sicherheitsleistung nur die vom Kläger direkt verursachten Kosten umfassen.

10 **4. Streitgenossen.** Bei Streitgenossen ist § 100 ZPO zu beachten.[14]

### III. Nachträgliche Erhöhung

11 Stellt sich heraus, dass die Sicherheit zu niedrig bemessen ist oder verändert sie ihren Wert, so kann der Beklagte die Erhöhung nachträglich fordern (Abs. 3), muss dies aber rechtzeitig tun (§ 111 Rdn. 7), wenn auch möglicherweise noch in der Revisionsinstanz.[15] Die Erhöhung muss erfolgen, wenn der Betrag von vornherein zu niedrig bemessen war oder für eine neue Instanz nicht ausreicht,[16] z.B. wenn der Kläger die Klage durch Neuberechnung einer Schadensersatzforderung erweitert.[17] Allerdings werden unverhältnismäßige Abweichungen in der Regel nicht beachtet.[18] Als unverhältnismäßig sind Abweichungen anzusehen, die 20% der festgelegten Sicherheit nicht übersteigen.

---

**8** So OLG Frankfurt/Main NJW 1952, 1418 = JZ 1954, 53 mit Anm. *Bernhardt*; OLG Karlsruhe, NJW-RR 2008, 944; OLG München IPRax 2011, 267 (Die Entscheidung gibt die ständige Rechtsprechung der beiden Patentstreitkammern des LG München und des OLG München wieder); OLG Schleswig IPRax 2014, 289; *Danelzik* Sicherheitsleistung für die Prozeßkosten, Diss. Bonn (1976), S. 73; Musielak/*Foerste* § 112 Rdn. 1 *Schneider* Die Sicherheitsleistung ausländischer Kläger für die Prozeßkosten des Beklagten, JurBüro 1966, 447 ff.; Thomas/Putzo/*Hüßtege* § 112 Rdn. 1; Stein/Jonas/*Bork* § 112 Rdn. 6; Zöller/*Herget* § 112 Rdn. 2.
**9** Vgl. OLG Schleswig IPRax 2014, 289.
**10** Vgl. *Schütze* Zur cautio iudicatum solvi juristischer Personen, IPRax 2014, 272 ff.
**11** Vgl. BGH NJW-RR 2005, 148.
**12** Vgl. *Söffing* MDR 1989, 599 f.; **a.A.** LG Düsseldorf MDR 1989, 267.
**13** So jedoch LG Düsseldorf MDR 1989, 267.
**14** Vgl. Stein/Jonas/*Bork* § 112 Rdn. 8.
**15** Vgl. BGH NJW 1962, 345.
**16** Vgl. dazu OLG Frankfurt/Main NJW 1980, 2032 (Privatklageverfahren).
**17** Vgl. OLG Stuttgart AWD 1971, 85 mit Anm. *Bauer*.
**18** RG Seuff. 51, 219.

Die Verpflichtung zur Erhöhung der Sicherheit entfällt, wenn ein zur Deckung ausreichender Teil des Anspruchs unstreitig ist.

Die Grundsätze für die Erhöhung gelten entsprechend für eine Ermäßigung der Sicherheitsleistung, wenn sich herausstellt, dass die angeordnete Sicherheit zu hoch war. 12

## § 113
## Fristbestimmung für Prozesskostensicherheit

**Das Gericht hat dem Kläger bei Anordnung der Sicherheitsleistung eine Frist zu bestimmen, binnen der die Sicherheit zu leisten ist. Nach Ablauf der Frist ist auf Antrag des Beklagten, wenn die Sicherheit bis zur Entscheidung nicht geleistet ist, die Klage für zurückgenommen zu erklären oder, wenn über ein Rechtsmittel des Klägers zu verhandeln ist, dieses zu verwerfen.**

### Schrifttum

*Demharter* Ist ein die Leistung von Ausländersicherheit anordnendes Zwischenurteil selbständig anfechtbar? MDR 1986, S. 186 ff.

**Übersicht**



### I. Entscheidung über die Einrede

### 1. Stattgabe

**a) Entscheidung durch Zwischenurteil.** Über die Einrede wird nach mündlicher Verhandlung oder im ihr gleichgestellten mündlichen Verfahren[1] durch Zwischenurteil entschieden (§ 303).[2] Besteht über die Verpflichtung zur Sicherheitsleistung und die Höhe kein Streit zwischen den Parteien, so soll nach der Rechtsprechung auch durch Beschluss entschieden werden können,[3] jedenfalls ist die Fristsetzung durch Beschluss unschädlich.[4] Das OLG Köln hat die Beschwerde zur Herstellung einer formgerechten Entscheidung zugelassen, die Verlängerung einer abgelaufenen Frist aber für unzulässig erklärt.[5] 1

1 RG JW 1928, 1489; MünchKomm/*Giebel* § 113 Rdn. 5.
2 RGZ 104, 189; BGH NJW 1965, 761; BGHZ 102, 232 mit Anm. *Demharter* EWiR 1988, 309; OLG Frankfurt/Main OLGR 2005, 415; OLG Jena OLGR 2008, 480; Zöller/*Herget* § 112 Rdn. 1.
3 RG JW 1926, 373; ebenso MünchKomm/*Giebel* § 113 Rdn. 4.
4 BGH v. 22.8.1954 (II ZR 113/53); **a.A.** RG JW 1926, 373 (Fristsetzung unwirksam).
5 OLG Köln JMBl. NRW 1971, 234.

2 **b) Inhalt der Entscheidung.** Die Entscheidung muss die Anordnung der Sicherheitsleistung, deren Höhe und eine Frist bestimmen, innerhalb derer Sicherheit zu leisten ist. Bei der Bemessung der Frist ist das Gericht frei. Die Frist muss so bemessen sein, dass der Kläger auch unter Berücksichtigung der Devisenvorschriften seines Landes die Mittel für die Ausländersicherheit bereitstellen kann. Allerdings ist zu beachten, dass der Kläger die notwendigen Vorbereitungen schon vor Klageerhebung treffen kann und muss.[6] Auf die eventuelle Anordnung der Sicherheitsleistung hat der Anwalt ihn vor Klageerhebung hinzuweisen.

Bei der Frist nach S. 1 handelt es sich um eine richterliche Frist, die verlängert oder abgekürzt werden kann (§ 224 Abs. 2). Sie ist auch durch Parteivereinbarung abkürzbar (§ 224 Abs. 1). Auf die Fristsetzung kann verzichtet werden, wenn der Kläger erklärt, die Sicherheit in keinem Falle leisten zu wollen.

3 **2. Zurückweisung.** Die Zurückweisung der Einrede der mangelnden Sicherheitsleistung erfolgt ebenfalls durch Zwischenurteil. Sie kann auch Gegenstand des Endurteils sein.

**3. Rechtsmittel**

4 **a) Anfechtbarkeit des Zwischenurteils.** Das Zwischenurteil, das die Einrede zurückweist, ist selbständig anfechtbar.[7] Denn es stellt die Zulässigkeit der Klage fest.

5 Dagegen ist das Zwischenurteil, das der Einrede stattgibt, nicht selbständig, sondern nur mit der Endentscheidung angreifbar.[8] Das Kammergericht will auch die Anfechtung eines unrichtigerweise ergehenden Beschlusses nicht zulassen.[9]

6 Ergeht die Entscheidung durch Beschluss, so ist die Beschwerde der richtige Weg, um die Aufhebung des Beschlusses zu erreichen und den Weg für eine Entscheidung in richtiger Weise freizumachen.[10]

Nicht selbständig anfechtbar ist ein Zwischenurteil, das der Einrede stattgibt, die Höhe der Sicherheitsleistung aber zu gering bemisst.[11] Der Beklagte kann in diesem Fall die Einrede aufrechterhalten und das Gericht zu einem weiteren, die Einrede verwerfenden Zwischenurteil veranlassen, das selbständig anfechtbar ist. Er hat darüber hinaus die Möglichkeit, die Erhöhung der Sicherheitsleistung nach § 112 Abs. 3 zu betreiben. Das OLG Frankfurt/Main (Kassel) will dem Beklagten das Recht geben, auf einer besonderen, seiner Einrede entsprechenden Entscheidung zu bestehen.[12]

7 **b) Rechtsmittel gegen das Endurteil.** Gegen das Endurteil sind die allgemeinen Rechtsmittel (Berufung) gegeben.[13] Es gelten insoweit keine Besonderheiten.

6 Vgl. *Schütze* Zur Ausländersicherheit im einstweiligen Verfügungsverfahren, IPRax 1986, S. 350 f.
7 Vgl. BGHZ 102, 232 m.w.N.
8 Vgl. BGHZ 102, 232; vor Inkrafttreten der Vereinfachungsnovelle 1976 schon BGH NJW 1974, 238; 1965, 761 m.w.N.; **a.A.** OLG Hamburg VersR 1979, 847; OLG Bremen NJW 1982, 2737; OLG Karlsruhe MDR 1986, 593.
9 Vgl. KG JW 1931, 1108.
10 Vgl. *Zöller/Herget* § 113 Rdn. 3.; **a.A.** MünchKomm/*Giebel* § 113 Rdn. 10.
11 Vgl. BGH NJW-RR 1990, 378; Thomas/Putzo/*Hüßtege* § 113 Rdn. 3.
12 Vgl. OLG Frankfurt/Main JZ 1954, 43; dagegen BGH NJW 1974, 238.
13 Vgl. BGH LM § 547 I 1 Nr. 7; OLG Karlsruhe MDR 1986, 593; *Zöller/Herget* § 113 Rdn. 3.

**4. Streitwert.** Streitwert des Zwischenurteils über die Einrede ist nicht nur der Betrag der Sicherheitsleistung,[14] sondern der volle Streitwert der Klage.[15] 8

## II. Leistung der Sicherheit

Hat der Kläger die Sicherheitsleistung nachgewiesen, so ist das Verfahren noch vor Ablauf der Frist fortzusetzen. Das Gericht hat – wenn nicht schon vorher terminiert war – einen Termin von Amts wegen zu bestimmen.[16] Der Kläger kann die Sicherheit auch nach Fristablauf noch bis zum Schluss der mündlichen Verhandlung erbringen.[17] 9

## III. Nichtleistung der Sicherheit

Wird die Sicherheit nicht bis zum Schluss der mündlichen Verhandlung geleistet oder erklärt der Kläger, sie nicht leisten zu wollen (oder zu können), so gilt Folgendes: 10

**1. Erste Instanz.** Auf Antrag des Beklagten ist die Klage durch Endurteil für zurückgenommen zu erklären.[18] Dieses ist kein Versäumnisurteil,[19] auch wenn der Kläger nicht erscheint, weil in diesem Zeitpunkt feststeht, dass der Kläger die Sicherheitsleistung nicht nachgewiesen hat. 11

Erscheint oder verhandelt der Kläger nicht, so kann der Beklagte auch ein klagabweisendes Versäumnisurteil (§ 330) erwirken,[20] u.U. eine Entscheidung nach Aktenlage (§ 331a). Darin liegt dann aber ein Verzicht auf die Einrede. Erscheint der Kläger, so kann der Beklagte das prozessabweisende Urteil fordern, ohne dass der Antrag des Klägers geprüft werden darf.[21] Jedoch müssen zur Zeit der Entscheidung noch die Voraussetzungen für die Sicherheitsleistung vorliegen, was auch in den Rechtsmittelinstanzen (auch noch in der Revisionsinstanz auf dahingehende Rüge) zu prüfen ist. In dem Fall, in dem gegen ein erstinstanzliches Versäumnisurteil Einspruch eingelegt worden ist, sodann eine Entscheidung nach § 113 ergeht, ist bei Nichtsicherheitsleistung die Klage ebenfalls für zurückgenommen zu erklären.[22] 12

Das Urteil löst die Wirkungen des § 269 aus. Im Folgeverfahren darf die Einrede nach § 269 Abs. 6 geltend gemacht werden,[23] selbst wenn das Vorurteil zu Unrecht erging.

Das Entsprechende gilt für den in der Berufungsinstanz vom Kläger neu eingeführten Anspruch, sei es, dass er seinen Rechtsmittelantrag erweitert, sei es, dass er einen erweiterten Anspruch durch Anschlussberufung verfolgt. Im ersten Fall ist die erweiterte Klage als zurückgenommen zu erklären, im zweiten die Anschlussberufung als unzulässig zu verwerfen. 13

**2. Zweite Instanz.** Ist der Kläger Rechtsmittelkläger, so wird sein Rechtsmittel unter den Voraussetzungen des § 113 S. 2 als unzulässig verworfen. Dies gilt auch dann, wenn der Kläger ein Anschlussrechtsmittel eingelegt hat, durch das er einen in der Vorinstanz 14

14 So jedoch OLG Karlsruhe MDR 1986, 593.
15 Vgl. BGH NJW 1962, 345; OLG Hamburg MDR 1974, 53.
16 Vgl. Stein/Jonas/*Bork* § 113 Rdn. 2.
17 Vgl. BGH WM 1982, 880.
18 Vgl. RGZ 118, 168.
19 Vgl. OLG Bremen NJW 1962, 1828; **a.A.** RGZ 50, 384.
20 Vgl. RGZ 24, 429; Baumbach/Lauterbach/*Hartmann* § 113 Rdn. 4.
21 Vgl. RG JW 1937, 813.
22 Vgl. OLG Bremen NJW 1962, 1822.
23 Vgl. RGZ 58, 259.

gestellten, aber abgewiesenen Anspruch durchsetzen will. Wird das Hauptrechtsmittel verworfen, so wird damit aber auch das unselbständige Anschlussrechtsmittel des Beklagten unzulässig.

15 Ist der Kläger Rechtsmittelbeklagter, so wird seine Klage unter Aufhebung des angefochtenen Urteils für zurückgenommen erklärt (§ 269 Abs. 3), soweit das Urteil vom Beklagten angegriffen ist, es sei denn, dass der Sachverhalt unstreitig ist, so dass die Sicherheit nach § 111 nicht gefordert werden darf.

Mischentscheidungen ergeben sich, wenn der Kläger teils obsiegt hat, teils unterlegen ist. Bei teilbaren Ansprüchen wird dann getrennt verfahren. Ist der mit dem Hauptantrag abgewiesene Kläger mit dem Hilfsantrag durchgedrungen und hat er das Rechtsmittel wegen der Abweisung des Hauptantrags eingelegt, der Beklagte wegen Stattgabe des Hilfsantrags, so ist – wenn die Einrede des Beklagten durchdringt – das Urteil abzuändern bzw. aufzuheben und bezüglich des Hauptantrags das Rechtsmittel des Klägers zu verwerfen, bezüglich des Hilfsantrags aber die Klage für zurückgenommen zu erklären.

## TITEL 7
## Prozesskostenhilfe und Prozesskostenvorschuss

## Vorbemerkung vor § 114

### Schrifttum

*Albers* Prozesskostenhilfe als Sozialhilfe, Gedächtnisschrift Martens (1987) 283; *Baumgärtel* Gleicher Zugang zum Recht für alle (1976); *Behn* Ratenprozeßkostenhilfe in mehreren Instanzen, RPfl. 1983, 337; *Birkl* Prozeßkosten- und Beratungshilfe (1981)²; *Böttger* Gewerbliche Prozessfinanzierung und Staatliche Prozesskostenhilfe (2008); *Burgdorf* Prozesskostenhilfe im Ehescheidungsverbundverfahren, Diss. Göttingen 1984; *Dörndorfer* Prozesskosten- und Beratungshilfe für Anfänger (2006)⁴; *Büttner/Wrobel-Sachs/Gottschalk/Dürbeck* Prozess- und Verfahrenskostenhilfe Beratungshilfe (2014)⁷; *Greissinger/Engels* Beratungshilfegesetz – Prozesskostenhilfe (1990); *Herget* Vergütung des Prozeßkostenhilfeanwalts, MDR 1985, 617; *Hoffmann* Prozesskostenhilfe (Berechnungsprogramm, 1990–1998); *Kalthoener/Büttner* Prozesskostenhilfe und Beratungshilfe (1988)¹; *Künzl* Aktuelle Probleme der Prozesskostenhilfe, AnwBl. 1991, 121; *Künzl/Koller* Prozesskostenhilfe (2003); *Meier* Hat sich die Prozesskostenhilfe-Novelle bewährt? Diss. Regensburg 1987; *Müller-Alten* Prozesskostenhilfe in Ehesachen (1982); *Poller/Köpf* Das neue Prozesskosten-, Verfahrenskosten- und Beratungshilferecht, NJ 2013, 353 ff.; *Putzier/Derleder* Die Inadäquanz des Prozeßkostenhilfegesetzes für das Scheidungskostenrecht, ZRP 1982, 9; *Timme* „Entschärfte" Änderungen im Prozesskosten- und Beratungshilferecht, NJW 2013, 3057; *Schneider* Prozesskostenhilfe – Reformziel und Realität, Festschrift Wassermann (1984) 819; *Schoreit/Dehn* Beratungshilfe, Prozesskostenhilfe, Verfahrenskostenhilfe (2010)¹⁰; *Schuster* Prozesskostenhilfe (1980); *Vogel* Prozesskostenhilfe im familiengerichtlichen Verfahren (1984).

### I. Gesetzesgeschichte und Zweck

1 Die ZPO enthielt von Anfang an ein **Armenrecht**. Sie folgte damit der Erkenntnis, dass nur der Rechtsstaat seinen Namen verdient, der Arm wie Reich die Möglichkeit effektiven Rechtsschutzes bietet.[1] Dieses Gebot gilt umso mehr, als heute der Zugang zu

---

1 *Hahn* Materialien zur CPO (1880) 206; zu verschiedenen, heute nicht mehr aktuellen Änderungen vgl. Stein/Jonas/*Bork* vor § 114 Rdn. 6; vgl. zur Entstehungsgeschichte MünchKomm/*Motzer* § 114 Rdn. 14 ff.

Gericht selbst bei verhältnismäßig geringen Streitwerten mit erheblichen finanziellen Vorleistungen und Risiken verbunden ist. Seit Inkrafttreten des Grundgesetzes lässt sich das Recht des Hilfsbedürftigen auf eine effektive Prozesskostenhilfe auf den Schutz der Menschenwürde (Art. 1 Abs. 1 GG), das Gleichheitsgebot (Art. 3 Abs. 1 GG),[1] die Rechtsweggarantie (Art. 19 Abs. 4 GG), auf die Garantie des sozialen Rechtsstaates (Art. 20 Abs. 1 GG)[2] und auf den Anspruch auf rechtliches Gehör (Art. 103 Abs. 1 GG) stützen. Wenngleich sich in Literatur und Rechtsprechung verschiedene Gewichtungen dieser verfassungsrechtlichen Ansätze finden, besteht im Ergebnis Einigkeit, dass das **Kostenrisiko** nicht zu einer Rechtswegsperre führen darf.[3] Das Grundproblem liegt in der praktischen Ausgestaltung dieses Grundsatzes. Hierfür kann die verfassungstheoretische Diskussion naturgemäß nur Leitlinien bieten, die sich auf den Nenner bringen lassen, dass das Gebot umfassenden und effektiven Rechtsschutzes im Zweifel Vorrang vor fiskalischen Interessen haben muss. Der Herstellung prozessualer Waffengleichheit der Parteien durch die Gewährung von Prozesskostenhilfe wird dadurch Rechnung getragen, dass ggf. mit dem Instrumentarium des Wiedereinsetzungsrechts gem. § 233 geholfen wird: So hat der BGH[4] entschieden, dass einer Partei, die nicht über die finanziellen Mittel zur Begründung eines Rechtsmittels verfügt, auf Antrag Wiedereinsetzung in eine versäumte Frist gewährt wird, wenn die Partei innerhalb der Rechtsmittelbegründungsfrist ein Prozesskostenhilfegesuch bei Gericht einreicht und alles in ihren Kräften stehende getan hat, damit über diesen Antrag ohne Verzögerung entschieden werden kann. Es ist daher grundrechtlich geboten, dass an die Antragstellung einer unbemittelten Partei im Prozesskostenhilfeverfahren keine überzogenen Anforderungen gestellt werden dürfen. Ein Prozesskostenhilfeantrag ist deshalb nach Möglichkeit so auszulegen, dass er sachlich Erfolg haben kann, zumindest jedoch nicht aus formalen Erwägungen abgelehnt wird.[5] Es ist daher überzeugend, dass das OLG Saarbrücken[6] meint, es sei verfassungsrechtlich geboten, dass das Gericht seine Entscheidung über die Bewilligung von Verfahrenskostenhilfe nicht im Nachhinein trifft und dabei seine Erkenntnisse aus dem Hauptsacheverfahren in die Entscheidung über die Verfahrenskostenhilfe mit einfließen lässt.

Das überkommene Armenrecht der ZPO begegnete aus dieser verfassungsrechtlichen Sicht wie auch aus praktischen Erwägungen immer stärkerer Kritik.[7] Der Gesetzgeber reagierte hierauf mit dem am 1. 1. 1981 in Kraft getretenen Gesetz über die **Prozesskostenhilfe** vom 13.6.1980.[8] Kernstück der Neuregelung war die Einführung eines **Tabellensystems** (Anlage 1 zu § 114 a.F.) mit dem die Gerichte die wirtschaftliche Leistungsfähigkeit der Parteien messen können. Daneben wurde insbesondere die bisherige, als diskriminierend empfundene Terminologie („Armenrecht“) geändert und das Armenrechtszeugnis abgeschafft. Beibehalten wurde die Vorprüfung der Erfolgsaussichten durch das Gericht (§ 114 a.F.), die selbständige Bewilligung für jede Instanz (§ 119 Abs. 1 S. 1 a.F.), die Erstattungspflicht gegenüber dem Gegner (§ 123 a.F.) und die Nachzahlungspflicht unter besonderen Voraussetzungen (§ 124 a.F.). 2

1 BVerfGE 9, 124; 10, 264, 270; 22, 83, 86; 78, 117; NJW 1988, 2597; 1991, 413; 1992, 889.
2 BVerfG 78, 117.
3 Bspw. OLG München MDR 1988, 783.
4 BGH ZInsO 2010, 1499.
5 BVerfG 306/94; KGR Berlin 2009, 141.
6 OLG Saarbrücken NJW 2011, 1460.
7 Vgl. *Grunsky, Trocker, Rudolph, Redeker u.a.* Empfehlen sich im Interesse einer effektiven Rechtsverwirklichung für alle Bürger Änderungen des Systems des Kosten- und Gebührenrechts? Gutachten, Referate und Diskussionen beim 51. DJT (1976).
8 BGBl. 1980 I 677.

Auch die gesetzliche Neuregelung sieht sich den typischen **Problemen** der Leistungsverwaltung gegenüber: Der Gefahr des Missbrauchs und der Überbeanspruchung staatlicher Ressourcen. So hat der BGH[9] darauf erkannt, dass eine Partei, die rechtsmissbräuchlich die Ehe geschlossen und hierfür ein Entgelt erhalten hat, grundsätzlich die Pflicht treffe, hiervon Rücklagen zu bilden, um die Kosten eines Eheaufhebungsverfahrens finanzieren zu können. Das mag man in Fällen so sehen, in denen ausländerrechtlich motivierte Eheschließungen vergütet worden sind und der entsprechende Sachverhalt, wie für den BGH ja stets, feststeht. Verallgemeinern sollte man dies besser nicht. Hinzu kommt das Problem, anlässlich der Bekämpfung dieser Gefahren in ein übermäßig kompliziertes und aufwendiges Verfahren zu verfallen. Das Prozesskostenhilferecht sah sich von Beginn an entsprechender Kritik ausgesetzt.[10] Schwerer noch wiegt die Kritik, das neue Recht hätte die Kostenschwelle für die wenig bemittelte Partei nur geringfügig gesenkt und komme so den verfassungsrechtlichen Anforderungen nur ungenügend nach.[11] In der Tat ist die Beibehaltung der Kostenerstattungspflicht gegenüber dem obsiegenden Gegner in hohem Maße unbefriedigend. Kritikwürdig ist auch die Prüfung der Erfolgsaussichten durch das Gericht, da sie einerseits für die wenig bemittelte Partei die Gefahr in sich birgt, dass das Gericht die Prüfung zu restriktiv handhabt (es wird oft zu wenig berücksichtigt, welche, anfangs nicht voraussehbaren Änderungen der Erfolgsaussichten durch die Dynamik des Gerichtsverfahrens eintreten können), und andererseits die Gefahr besteht, dass der Gegner dadurch benachteiligt wird, dass das Gericht den Prozessstoff angesichts der Vorprüfung nicht mehr unvoreingenommen beurteilt. Allein schon aus fiskalischen Erwägungen ist jedoch nicht damit zu rechnen, dass der Gesetzgeber auf diese Kritikpunkte in absehbarer Zeit mit Verbesserungen reagiert. Im Gegenteil, die Reformen des Prozesskostenhilferechts durch das Unterhaltsänderungsgesetz vom 20.2.1986[12] und das Kostenänderungsgesetz vom 17.12.1986[13] standen wesentlich im Zeichen der Kostenersparnis. Dies verwundert nicht, da den Ländern bundesweit im Jahre 1986 Gesamtausgaben von ca. DM 380 Mio. für die Prozesskostenhilfe im Bereich der ordentlichen Gerichtsbarkeit und der Verwaltungs- und Finanzgerichtsbarkeit entstanden sind.[14] 2005 beliefen sich die Gesamtausgaben der Finanzierung der Prozesskostenhilfe durch Bund und Länder auf ca. € 380 Mio., die sich nach dem Gesetzesentwurf der Bundesregierung zur Änderung des Prozesskosten- und Beratungshilfegesetzes vom 14.11.2012[15] in 2010 auf ca. € 410 Mio. erhöhten.[16] Berücksichtigt man zudem den hohen Verwaltungsaufwand, der mit dem Prozesskostenhilfewesen verbunden ist, so zeigt sich, welch hoher Finanzaufwand in Rede steht.

Nach den Anpassungen des Prozesskostenhilferechts durch das Gesetz zur Stärkung der Selbstverwaltung der Rechtsanwaltschaft sowie durch Inkrafttreten des FamFG ist nun per 1.1.2014 das Gesetz zur Änderung des Prozesskostenhilfe- und Beratungskostenhilferechts in Kraft getreten.[17] Ziel der Gesetzesänderung war, „dem weiteren Anstieg der

---

**9** BGH FamRZ 2005, 1477 und FamRZ 2011, 872 entgegen OLG Hamm FamRZ 2000, 1092; OLG Koblenz FamRZ 2004, 548; OLG Naumburg FamRZ 2004, 548.

**10** Stellvertretend *Grunsky* Die neuen Gesetze über die Prozeßkosten- und die Beratungshilfe, NJW 1980, 2041; *Schneider* Prozeßkostenhilfe, MDR 1981, 1.

**11** Vgl. *Müller* JR 1987, 1, 5.

**12** BGBl. 1986 I 301 (Änderung von § 624 II).

**13** BGBl. 1986 I 2326 (Änderungen in §§ 93a; 115 Abs. 3, 4; 118 Abs. 2 S. 4; 120 Abs. 1 S. 2, Abs. 4; 127 Abs. 3).

**14** *Kalthoener/Büttner*[1] Rdn. 34.

**15** BT-Drucks. 17/11472, 24 ff.

**16** Büttner/Wrobel-Sachs/Gottschalk/*Dürbeck*[7] Rdn. 31.

**17** Gesetz zur Änderung des Prozesskostenhilfe- und Beratungshilferechts vom 31.8.2013 (BGBl. I S. 3533) m.W.v. 1.1.2014.

Aufwendungen für die Prozesskostenhilfe" Einhalt zu gebieten, ohne dass der Zugang zum Recht für die Bürger versperrt werde.[18]

## II. Geltungsbereich

Die Vorschriften über die Prozesskostenhilfe gelten für **alle** Arten zivilprozessualer Streitigkeiten. Die Bewilligung von Prozesskostenhilfe kommt in jedem selbständigen Verfahren nach der ZPO in Betracht, z.B. im Mahnverfahren, im selbständigen Beweisverfahren[19] oder für die Zwangsvollstreckung. Prozesskostenhilfe kann auch im Verfahren nach § 36 Nr. 6 bewilligt werden.[20] 3

Prozesskostenhilfe wird aber nur für Verfahren vor **staatlichen** Gerichten bewilligt, für ein Schiedsgerichtsverfahren[21] oder die notarielle Beurkundung einer Vereinbarung über Scheidungsfolgen[22] kommt sie nicht in Betracht. Ebenfalls keine Bewilligung gibt es nach ganz herrschender Meinung für das Prozesskostenhilfeverfahren selbst[23] und ein sich evtl. anschließendes Beschwerdeverfahren.[24] Eine Ausnahme gilt für einen im Prozesskostenhilfeverfahren geschlossenen Vergleich (§ 118 Abs. 1 S. 3), hier kann Prozesskostenhilfe nicht nur für den Vergleich, sondern für das ganze ihm vorausgegangene Prozesskostenhilfe-Prüfungsverfahren bewilligt werden.[25]

In den Verfahren der **freiwilligen Gerichtsbarkeit** gelten die **Regelungen der §§ 78 ff. FamFG.** In **Ehe- und Familiensachen** gem. § 121 FamFG kommt dagegen § 113 Abs. 1 S. 2 FamFG zum Zuge,[26] nach dem die Regelungen der §§ 114 ff. ZPO in diesen Verfahren zur Anwendung gelangen.[27] Im **Insolvenzverfahren** ist zu differenzieren. Grundsätzlich kann den Gläubigern wegen der Verweisung des § 4 InsO auf die ZPO Prozesskostenhilfe gewährt werden – soweit sich wegen der Quotenaussichten die Mandatierung eines Anwalts als wirtschaftlich vernünftig erweist[28] (§ 114 Rdn. 18). Der Schuldner kann mit Blick auf § 26 Ab. 1 InsO dagegen keine Prozesskostenhilfe in Anspruch nehmen. Für natürliche Personen greifen als leges speziales gegenüber § 4 InsO die Regelungen der §§ 4a ff. InsO über die Verfahrenskostenstundung.[29] Nach § 4a Abs. 2 InsO kann auch eine Beiordnung eines Rechtsanwalts erfolgen.[30]

Im **internationalen** Zivilverfahrensrecht gilt das lex-fori-Prinzip. Prozesskostenhilfe kann deshalb nur für Rechtsstreitigkeiten vor inländischen Gerichten bewilligt werden. Dies gilt auch für die Zwangsvollstreckung aus inländischen Titeln im Ausland.[31] Die Vorbereitung einer solchen Zwangsvollstreckung vor deutschen Gerichten (Zustellungsantrag, Übersetzungen etc.) ist aber bewilligungsfähig.[32] Keine Prozesskostenhilfe kann 4

18 BT-Drucks. 17/1216; BT-Drucks. 17/13538.
19 LG Kiel SchlHA 1989, 44; LG Köln NJW-RR 1987, 319; **a.A.** LG Bonn MDR 1985, 415; in schwierigen Fällen kommt auch Bewilligung für den Antragsgegner in Betracht, **a.A.** LG Hannover JurBüro 1986, 765.
20 BGH EzFamR ZPO § 36 Nr. 3; **a.A.** BGH KostRspr. ZPO § 114 Nr. 66 m. abl. Anm. *Lappe*.
21 OLG Stuttgart BauR 1983, 486 (offenbart eine bedenkliche Gesetzeslücke).
22 OLG Frankfurt MDR 1989, 550 (beachte aber § 17 Abs. 2 BNotO).
23 BGHZ 91, 311; ausführliche Nachweise bei Büttner/Wrobel-Sachs/Gottschalk/*Dürbeck*[7] Rdn. 158.
24 OLG Karlsruhe Justiz 1984, 345; OLG Stuttgart MDR 1989, 651.
25 OLG Bamberg JurBüro 1987, 1373; OLG Zweibrücken JurBüro 1988, 221.
26 MünchKomm-FamFG/*Fischer* § 113 Rdn. 3.
27 MünchKomm-FamFG/*Viefhues* § 76 Rdn. 3 a.E.
28 BGH DZWIR 2004, 521 = ZIP 2004, 1922.
29 Leonhardt/*Smid*/Zeuner, Insolvenzordnung, 3. Aufl. 2012, § 4 Rdn. 1 ff.
30 BGH ZInsO 2003, 124; Leonhardt/*Smid*/Zeuner, Insolvenzordnung, § 4 Rdn. 17.
31 OLG Braunschweig IPRax 1987, 236; s.a. *Böhmer* Prozeßkosten-, Beratungs- und Sozialhilfe bei Gerichts- und Verwaltungsverfahren im Ausland, IPRax 1993, 223.
32 *Nagel* IPRax 1987, 218, 219; **a.A.** OLG Braunschweig IPRax 1987, 236.

hingegen gewährt werden für die Hilfe eines deutschen Amtsgerichts bei der Übermittlung eines Unterhaltsantrages an ein ausländisches Gericht nach Art. 3 Ausführungsgesetz zum UN-Übereinkommen vom 26.2.1959 über die Geltendmachung von Unterhaltsansprüchen im Ausland,[33] da es sich hierbei um ein den Gerichten übertragenes Verwaltungsverfahren handelt.[34]

### III. Anwendbare Vorschriften

5 Die §§ 114 bis 127 regeln die Prozesskostenhilfe, die Vergütung des im Wege der Prozesskostenhilfe beigeordneten Rechtsanwalts bestimmt sich nach §§ 23a, 50 RVG. Parallel zum Prozesskostenhilfegesetz wurde das **Gesetz** über Rechtsberatung und Vertretung für Bürger mit geringem Einkommen (**Beratungshilfegesetz**) vom 18. Juni 1980 beschlossen.[35] Nach diesem Gesetz kann dem Bürger Beratungshilfe für die Wahrnehmung von Rechten außerhalb eines gerichtlichen Verfahrens gewährt werden. Die Vergütung des Rechtsanwalts bestimmt sich hier nach § 44 RVG.

6 Neben der Prozesskostenhilfe existiert eine Reihe anderer kostenrechtlicher **Vergünstigungsmöglichkeiten**, die ebenfalls soziale Zwecke verfolgen, zu den wichtigsten gehören die Möglichkeiten zur **Herabsetzung des Streitwerts** (§ 12 Abs. 4, 5 UWG, § 26 GebrMG, § 247 Abs. 2 AktG, § 144 PatG), die vorläufige Befreiung von der Vorauszahlungspflicht nach § 14 Nr. 1 GKG, und die Möglichkeit der Bewilligung von Reiseentschädigungen an mittellose Personen.[36]

## § 114
## Voraussetzungen

**(1) Eine Partei, die nach ihren persönlichen und wirtschaftlichen Verhältnissen die Kosten der Prozessführung nicht, nur zum Teil oder nur in Raten aufbringen kann, erhält auf Antrag Prozesskostenhilfe, wenn die beabsichtigte Rechtsverfolgung oder Rechtsverteidigung hinreichende Aussicht auf Erfolg bietet und nicht mutwillig erscheint. Für die grenzüberschreitende Prozesskostenhilfe innerhalb der Europäischen Union gelten ergänzend die §§ 1076 bis 1078.**

**(2) Mutwillig ist die Rechtsverfolgung oder Rechtsverteidigung, wenn eine Partei, die keine Prozesskostenhilfe beansprucht, bei verständiger Würdigung aller Umstände von der Rechtsverfolgung oder Rechtsverteidigung absehen würde, obwohl eine hinreichende Aussicht auf Erfolg besteht.**

**Übersicht**



33 BGBl. 1959 II 149; 1971 II 105.
34 OLG Frankfurt FamRZ 1987, 302; MünchKomm/*Motzer* § 114 Rdn. 24.
35 BGBl. 1980 I 689; *Greißinger* Beratungshilfegesetz (1990); *Lindemann*/*Trenk-Hinterberger* Beratungshilfegesetz (1987).
36 Einzelheiten bei *Hartmann* Kostengesetze (1993)[25] Teil V § 18 ZSEG Anh. I, II sowie Teil VII D.

## I. Überblick

1 Prozesskostenhilfe wird nur auf **Antrag** gewährt. Ohne Antrag ist die Bewilligung wirkungslos.[1] Das Antragserfordernis ergibt sich im Einzelnen aus § 117. Den Antrag kann jede natürliche Person ohne Rücksicht auf ihre Staatsangehörigkeit und ihre Parteirolle im Verfahren stellen. Für die Bewilligung an Parteien kraft Amtes, inländische juristische Personen und parteifähige Personenvereinigungen gilt § 116. Ausländische juristische Personen sind von der Prozesskostenhilfe ausgeschlossen, es sei denn, es handelt sich hierbei um solche i.S.v. § 116 Satz 1 Nr. 2.[2]

2 Die **Bewilligung** von Prozesskostenhilfe hat in **subjektiver** Hinsicht zur Voraussetzung, dass die Partei die Kosten der Prozessführung nach ihren persönlichen und wirtschaftlichen Verhältnissen nicht oder nur beschränkt bzw. nur in Raten aufbringen kann. Näheres regelt hierzu § 115. In **objektiver** Hinsicht hat die Bewilligung von Prozesskostenhilfe als weitere Voraussetzung, dass die beabsichtigte Rechtsverfolgung oder Rechtsverteidigung hinreichende Aussicht auf Erfolg bietet und nicht mutwillig erscheint. Die Voraussetzungen der Prozesskostenhilfe sind nach den Verhältnissen im Zeitpunkt der Entscheidung über den Prozesskostenhilfeantrag zu beurteilen.

## II. Partei

3 **1. Allgemeines.** Die Vorschrift betrifft nur **natürliche Personen** ohne Rücksicht auf ihren Wohnsitz oder ihre Staatsangehörigkeit. Das Gegenseitigkeitserfordernis des alten Rechts (§ 114 Abs. 3 a.F.) ist weggefallen. Für inländische juristische Personen und parteifähige Vereinigungen sowie Parteien kraft Amtes gilt § 116. Europäische juristische Personen oder parteifähige Vereinigungen können nach § 116 Satz 1 Nr. 2 Prozesskostenhilfe erlangen. Andere ausländische juristische Personen können keine Prozesskostenhilfe erhalten. Parteien im Sinne von § 114 sind nicht nur Kläger und Beklagter. Schon aus verfassungsrechtlichen Gründen ist es geboten, auch dem Nebenintervenienten ein Antragsrecht für die Bewilligung von Prozesskostenhilfe für die Nebenintervention zu geben.[3]

4 **2. Geltendmachung eigener und abgetretener Rechte.** Die natürliche Person kann Prozesskostenhilfe nur zur Geltendmachung oder Verteidigung **eigener** Rechte erhalten, entsprechend kommt es für die Beurteilung der persönlichen und wirtschaftlichen Verhältnisse grundsätzlich nur auf die Situation des Antragstellers an. Im Unterschied zu § 116 gilt dies grundsätzlich auch, wenn Dritte wirtschaftlich an dem Rechtsstreit interessiert sind. Der Bewilligung von Prozesskostenhilfe steht es deshalb nicht

1 OLG München JurBüro 1984, 1851, **a.A.** OLG Oldenburg MDR 1989, 268; Stein/Jonas/*Bork* § 114 Rdn. 2.
2 Prütting/Gehrlein/*Völker/Zempel* § 114 Rdn. 11.
3 BGH NJW 1966, 597; OLG Koblenz FamRZ 1986, 1233; Prütting/Gehrlein/*Völker/Zempel* § 114 Rdn. 9; Stein/Jonas/*Bork* § 114 Rdn. 9.

entgegen, wenn der Betrag, den der Antragsteller im Prozessweg durchsetzen möchte, im Ergebnis seinen Gläubigern zufließt.[4] Denn im Vordergrund steht das eigene Interesse der Partei, von ihren Schulden befreit zu werden. Grundsätzlich gilt nichts anderes für abgetretene Ansprüche,[5] auch wenn die Abtretung lediglich erfüllungshalber erfolgte.[6] Allerdings kann die Abtretung sittenwidrig und somit nichtig sein, wenn die hilfsbedürftige Partei nur vorgeschoben wurde, um Prozesskostenhilfe zu erlangen.[7] Für die Geltendmachung der abgetretenen Forderung bestünden dann keine Erfolgsaussichten.

5 Wie stets kann der Bewilligung von Prozesskostenhilfe das Verbot des **Rechtsmissbrauchs** entgegenstehen, selbst wenn die Abtretung materiell-rechtlich wirksam ist. Ausschlaggebend ist, ob Gründe für die Prozessführung durch den Zessionar bestehen, die die Parteien auch ohne die Möglichkeit der Prozesskostenhilfebewilligung zur Abtretung veranlasst hätten. Hieran fehlt es i.d.R., wenn bspw. eine Erbengemeinschaft ihre Ansprüche allein durch einen hilfsbedürftigen Miterben einklagt,[8] Ansprüche juristischer Personen durch Geschäftsführer oder Gesellschafter nach Abtretung eingeklagt werden[9] oder die bedürftige Partei gar zur Führung eines Musterprozesses für eine Interessengemeinschaft vorgeschoben wird.[10] Keinen Rechtsmissbrauch beinhaltet hingegen i.d.R. die Rückabtretung nach Überleitung von Unterhaltsansprüchen z.B. nach § 37 BAföG § 94 V SGB XII.[11]

6 In Fällen der **Prozessstandschaft** und der **Treuhand** kommt es grundsätzlich auf die Vermögensverhältnisse sowohl des im Prozess Auftretenden als auch des materiell Berechtigten an.[12] Hintergrund dieser Beurteilung ist, dass typischerweise beide ein Interesse an der Rechtsverfolgung haben. (Im Fall der gewillkürten Prozessstandschaft ist das rechtsschutzwürdige Interesse des Prozessstandschafters Zulässigkeitsvoraussetzung.) Eine abweichende Beurteilung ist jedoch geboten, wenn der Rechtsinhaber ausnahmsweise kein eigenes Interesse an der Prozessführung hat. Dies ist bspw. der Fall, falls eine Forderung sicherungshalber an eine Bank abgetreten wurde, die bereits anderweitig hinreichend gesichert ist und deshalb den Prozess selbst nicht führen würde. Hier kommt es nur auf die Vermögensverhältnisse des Klägers an.[13] Eine abweichende Beurteilung ist auch im Falle der familienrechtlichen Prozessstandschaft nach § 1629 Abs. 3 BGB geboten, da diese lediglich verhindern soll, dass das Kind in den Streit der Eltern hineingezogen wird. Es kommt deshalb richtiger Ansicht nach nur auf die Vermögenslage des Kindes an.[14] (Allerdings können zu dessen Vermögen Prozesskostenvorschussansprüche gegen die Eltern gehören.) Prozesskostenhilfe kann nach alledem nur demjenigen gewährt werden, der eigene Rechte im Verfahren wahrnimmt. Das schließt unter bestimmten Bedingungen die Gewährung von Prozesskostenhilfe an Parteien kraft Amtes aus, wie die Rechtsprechung des BGH[15] zeigt: So kann nach § 4 InsO i.V.m. den

**4** BGH NJW 1954, 1933; OLG Düsseldorf NJW 1958, 2021.
**5** BGH NJW 1967, 1566.
**6** LG Hannover JurBüro 1988, 1711.
**7** BGH NJW 1967, 1566; OLG Hamm RPfleger 1993, 206.
**8** BGH VersR 1984, 989.
**9** OLG Hamburg MDR 1988, 782; OLG Köln VersR 1989, 277.
**10** OVG Lüneburg JurBüro 1986, 604.
**11** Büttner/Wrobel-Sachs/Gottschalk/*Dürbeck*[7] Rdn. 38; **a.A.** Zöller/*Geimer* § 114 Rdn. 10 und OLG Karlsruhe OLGZ 1990, 231 (jeweils zur unterlassenen Überleitung nach § 90 BSHG).
**12** BGH KostRspr. ZPO § 114 Nr. 100; OLG Hamm NJW 1990, 1053; VersR 1982, 381; 1992, 594; **a.A.** Stein/Jonas/*Bork* § 114 Rdn. 9.
**13** OLG Celle NJW 1987, 783.
**14** OLG Karlsruhe FamRZ 1987, 1062; KG FamRZ 1989, 82; **a.A.** OLG Koblenz FamRZ 1988, 637; OLG Köln FamRZ 1984, 304 (LS).
**15** BGH ZInsO 2008, 203.

§§ 114 ff. im Rechtsmittelverfahren gegen Anordnungen nach §§ 21, 22 InsO aus dem Kreis der förmlich hinzugezogenen weiteren Beteiligten nur den Personen Prozesskostenhilfe gewährt werden, die in dem Verfahren eigene Rechte verfolgen können. Der vorläufige Insolvenzverwalter gehört nicht zu diesem Personenkreis, weil die InsO diesem ein eigenes Beschwerderecht weder gegen die Ablehnung angeregter noch gegen die Aufhebung angeordneter Sicherungsmaßnahmen einräumt.[16]

In Fällen **gesetzlicher Vertretung** des Antragstellers kommt es allein auf die Bedürftigkeit der Partei an. Bei Nachlasspflegschaft kommt es darauf an, ob der Nachlass die Kosten tragen kann.[17] Auf die Interessenlage kommt es im Fall gesetzlicher Prozessstandschaft (insbesondere bei § 265) an. Auch wenn die eingeklagte Forderung von einem Gläubiger des Klägers und Antragstellers gepfändet wird und diesem zur Einziehung überwiesen wird, so kommt es doch nur auf die Vermögensverhältnisse des Antragstellers an, da dieser an Zahlung durch den Beklagten zur Schuldbefreiung weiterhin interessiert ist.[18]

Bei **Streitgenossenschaft** ist für jede Partei selbständig zu prüfen, ob die Voraus- 7
setzungen der Prozesskostenhilfe vorliegen. Trotz prozessualer Verbindung liegen verschiedene Prozessrechtsverhältnisse vor. Jedoch ist zu prüfen, ob es der antragstellenden Partei nicht zuzumuten ist, sich desselben Rechtsanwalts wie ihr Streitgenosse zu bedienen. Dies ist regelmäßig der Fall, wenn zwischen den Streitgenossen kein Interessengegensatz besteht. Für Ehegatten als Streitgenossen gelten keine Besonderheiten, etwaige Prozesskostenhilfeanträge sind auch hier für jeden Streitgenossen gesondert zu beurteilen, eine Zusammenrechnung der Einkünfte findet nicht statt.[19]

Im Fall der **Rechtsnachfolge** oder des **Parteiwechsels** geht die bewilligte Prozess- 8
kostenhilfe nicht automatisch über. Der Nachfolger kann seinerseits einen gesonderten Antrag auf Bewilligung von Prozesskostenhilfe stellen, für dessen Bewilligung es allein auf seine persönlichen und wirtschaftlichen Verhältnisse ankommt.[20] Die Gewährung von Prozesskostenhilfe für einen Verstorbenen kommt nicht in Betracht. Dies gilt auch für den Fall, dass das Gericht den Antrag verzögert bearbeitet haben sollte.[21]

Ein entscheidungsreifer Prozesskostenhilfeantrag ist zu bearbeiten. Eine Aussetzung 9
des Prozesskostenhilfeverfahrens ist im Grundsatz unzulässig.[22]

### III. Subjektive Voraussetzungen

**Subjektive** Bewilligungsvoraussetzung ist, dass der Antragsteller nach seinen 10
persönlichen und wirtschaftlichen Verhältnissen im Zeitpunkt der Beschlussfassung[23] die Kosten der Prozessführung nicht oder nur zum Teil oder nur in Raten aufbringen kann.[24] Die wirtschaftlichen Verhältnisse des Antragstellers richten sich nach dessen Einkommen und Vermögen, Näheres wird durch die §§ 115 ff. geregelt. Im Antrag sind die persönlichen Verhältnisse des Antragstellers darzulegen (vgl. nicht abschließend: § 117 Abs. 2).

---

16 BGH ZInsO 2008, 203.
17 BGH NJW 1964, 1418.
18 BGHZ 36, 280, 282.
19 *Kalthoener/Büttner*[1] Rdn. 51 m.w.N.
20 BGH NZI 2007, 348; OLG München FamRZ 1996, 422; OLG Düsseldorf MDR 1987, 1031.
21 OVG Berlin-Brandenburg NJW 2012, 3739.
22 OLG Schleswig SchlHA 2013, 41.
23 OLG Hamburg JurBüro 1984, 614; OLG Hamm OLGZ 1984, 192.
24 Vgl. statt aller: Zöller/*Geimer* § 114 Rdn. 15, 16.

## IV. Objektive Bewilligungsvoraussetzungen

### 1. Erfolgsaussichten

11 **a) Allgemeines.** Nach § 114 ist zu prüfen, ob die beabsichtigte Rechtsverfolgung oder Rechtsverteidigung durch den Antragsteller hinreichende Aussicht auf Erfolg bietet. Diese verfassungsrechtlich unbedenkliche Voraussetzung[25] dient auch dem Schutz des Prozessgegners, da mittellose Parteien durch die Prozesskostenhilfe in die Lage versetzt werden, einen Prozess zu führen, obwohl sie u.U. nicht in der Lage sind, den späteren Prozesskostenerstattungsanspruch des Gegners zu erfüllen. Allerdings dürfen gerade aus verfassungsrechtlicher Sicht die Anforderungen an die Prüfung der Erfolgsaussichten nicht überspannt werden.[26] Hinreichende **Erfolgsaussicht** bedeutet eine gewisse Wahrscheinlichkeit des Erfolgs, eine überwiegende Wahrscheinlichkeit ist nicht erforderlich, weshalb selbst bei unstreitigem Sachverhalt Prozesskostenhilfe für beide Parteien bewilligt werden kann. Wird der Rechtsschutzsuchende durch Vorenthaltung der Verwaltungsvorgänge daran gehindert, seine Klage zu begründen und damit auch die Entscheidungsreife des Prozesskostenhilfeantrags herbeizuführen, können die Erfolgsaussichten dieses Antrags nicht allein mit dem Hinweis darauf verneint werden, er habe außer der pauschalen Behauptung, in seinen Grundrechten verletzt zu sein, keine rechtlichen oder tatsächlichen Argumente zur Begründung seiner Klage vorgetragen.[27]

Der Anspruch auf Rechtsschutzgleichheit verwehrt es den Gerichten, schwierige, bislang ungeklärte Rechts- und Tatfragen bereits im Prozesskostenhilfeverfahren zu entscheiden; vielmehr müssen auch Unbemittelte solche Fragen einer prozessualen Klärung zuführen können.[28] Eine Beweisantizipation ist im Prozesskostenhilfe-Verfahren nur in engen Grenzen zulässig. Der unbemittelten Partei darf demnach nicht wegen Fehlens der Erfolgsaussichten ihres Rechtsschutzbegehrens Prozesskostenhilfe verweigert wird, obwohl eine Beweisaufnahme ernsthaft in Betracht kommt und keine konkreten und nachvollziehbaren Anhaltspunkte dafür vorliegen, dass die Beweisaufnahme mit großer Wahrscheinlichkeit zum Nachteil des Beschwerdeführers ausgehen würde.[29] Hinreichende Erfolgsaussichten für die Rechtsverteidigung des Beklagten i.S.v. § 114 können auch dann bestehen, wenn er sich gegen den Klägervortrag nur mit pauschalen Bestreiten zur Wehr setzt, sofern seine Erklärungslast ausnahmsweise herabgesetzt ist, weil gegen ihn in diesem Zusammenhang wegen einer schweren Straftat ermittelt wird.[30]

12 **b)** Um die Erfolgsaussichten der Rechtsverfolgung, für die Prozesskostenhilfe begehrt wird, beurteilen zu können, bedarf es der konkreten Darlegung, für welche Schritte der Antragsteller sie begehrt. Daher hat der Schuldner, der im **Zwangsversteigerungsverfahren** die Beiordnung eines Rechtsanwalts beantragt, darzulegen, gegen welche vollstreckungsgerichtliche Maßnahme er sich im Einzelnen wenden oder wie er sich sonst konkret am Verfahren beteiligen möchte. Denn eine pauschale Bewilligung von Prozesskostenhilfe für das Verfahren insgesamt kommt bei der Immobiliarvollstreckung nicht in Betracht.[31] Und da die Erfolgsaussichten der konkret zu erhebenden Klage zu

25 BVerfGE 2, 336, 341; 7, 53, 55; 9, 256, 257; 10, 264, 268.
26 BGH NJW 1982, 1104.
27 OVG Lüneburg NVwZ-RR 2013, 245.
28 BVerfG ZAP EN-Nr 157/2013.
29 BVerfG ZAP EN-Nr 157/2013.
30 OLG Schleswig SchlHA 2013, 41.
31 BGH NJW-RR 2004, 787.

prüfen sind kann die Bewilligung von Prozesskostenhilfe nicht für eine **nachträgliche Klageänderung** gelten.[32] Wird für die Durchführung einer Stufenklage die Bewilligung der Prozesskostenhilfe begehrt und erteilt der Gegner in der ihm zur Stellungnahme zu dem Prozesskostenhilfe-Ersuchen gesetzten Frist (§ 118 Abs. 1 Satz 1) die begehrte Auskunft, so hat die **Stufenklage** hinsichtlich des Auskunftsbegehrens keine Aussicht auf Erfolg; die Erfolgsaussicht für das Leistungsbegehren setzt voraus, dass der Antragsteller den Zahlungsanspruch nunmehr beziffert.[33]

**c)** § 118 Abs. 2 S. 3 zeigt deutlich, dass der Gesetzgeber das Verfahren der Prozesskostenhilfebewilligung nicht zu einem **„Vorprozess"** ausarten lassen wollte. Die Wahrscheinlichkeit eines Erfolges ist deshalb in tatsächlicher und rechtlicher Hinsicht nur summarisch zu prüfen. Allerdings muss der Antragsteller nach Ansicht des BGH die Erfolgsaussichten seines Prozesses sowohl schlüssig darlegen als auch ggf. hierfür Beweis anzutreten.[34] Bei der Prüfung der Erfolgsaussichten sind sowohl die Zulässigkeits- als auch die Begründetheitsvoraussetzungen einer beabsichtigten Klage zu untersuchen. Ergibt sich hierbei, dass das angegangene Gericht zur Entscheidung in der Hauptsache unzuständig ist, so muss es das Gesuch als unbegründet abweisen, falls nicht der Antragsteller im Falle sachlicher oder örtlicher Zuständigkeit analog § 281 Verweisung an das zuständige Hauptsachegericht beantragt, das dann auch die Prozesskostenhilfe zu bewilligen hat.[35] Daher ist dem Sozialhilfezweck der Prozesskostenhilfe Rechnung zu tragen und differenziert zu verfahren: Dem Antragsteller, der die Erhebung einer Klage beim Landgericht beabsichtigt, kann Prozesskostenhilfe nicht bewilligt werden, wenn das Landgericht für die streitige Entscheidung sachlich nicht zuständig ist. Sind die Erfolgsaussichten der beabsichtigten Klage nur für eine Teilforderung zu bejahen, für deren Geltendmachung die sachliche Zuständigkeit des Amtsgerichts begründet ist, hat das Landgericht die Bewilligung von Prozesskostenhilfe insgesamt zu verweigern, sofern nicht die Klage in einem die sachliche Zuständigkeit des Landgerichts begründenden Umfang (wegen des Restbetrages auf eigene Kosten des Antragstellers) erhoben werden soll (bzw. bereits erhoben ist). Zunächst ist stets zu prüfen, ob eine Abgabe des Prozesskostenhilfeverfahrens an das Amtsgericht in Betracht kommt.[36] Die Verweisung bindet analog § 281 Abs. 2 jedoch nur in Bezug auf den Prozesskostenhilfeantrag,[37] nicht auch in der Hauptsache.[38] 13

Ergibt sich aus dem Antrag oder aus der Anhörung des Gegners, dass der Sachvortrag des Antragstellers bestritten wird, so umfasst die Prüfung der Erfolgsaussichten auch die **Beweissituation**. Gegebenenfalls hat das Prozessgericht die Möglichkeit der Beweisführung durch Erhebungen nach § 118 zu überprüfen. In gewissem Umfang ist dabei eine Antizipation des Beweisergebnisses unverzichtbar.[39] Allerdings darf die gebotene Beweisprognose nicht die Beweiswürdigung im Erkenntnisverfahren vorwegnehmen. Sie muss sich auf Fälle beschränken, in denen die Gesamtwürdigung der vorliegenden Erkenntnisse ein Beweisergebnis zugunsten des Antragstellers als ausge- 14

32 BGH NJW-RR 2006, 429.
33 KGR Berlin 2007, 71.
34 BGH NJW 2001, 1646; aber: OLG Brandenburg FamRZ 2003, 1019.
35 OLG Saarbrücken NJW-RR 1990, 575.
36 BGH NJW-RR 2004, 1437; a.A. OLG DresdenNJW-RR 1995, 382.
37 OLG Frankfurt FamRZ 1989, 75 m. Anm. *Patzina* S. 294; **a.A.** (Keine Bindung auch für den Prozesskostenhilfeantrag) OLG Düsseldorf FamRZ 1986, 180.
38 OLG Hamburg NJW 1973, 812; **a.A.** OLG Düsseldorf RPfleger 1979, 431.
39 Ausführlich *Schneider* MDR 1987, 22.

schlossen erscheinen lässt.[40] Es ist deshalb unzulässig, ein Beweisangebot durch Benennung eines am Verfahrensausgang interessierten Zeugen als von vornherein ungeeignet zu bewerten. Herangezogen werden können im Rahmen der Prognose jedoch Beweisergebnisse, die in anderen Verfahren ermittelt wurden. So ist z.B. im Arzthaftungsprozess einem Antragsteller grundsätzlich Prozesskostenhilfe zu bewilligen, soweit seine anspruchsbegründenden Behauptungen, an deren Substantiierung in medizinischer Hinsicht nur maßvolle Anforderungen gestellt werden dürfen, schlüssig sind und nicht von vornherein offensichtlich ist, dass sie nicht bewiesen werden können.[41] Daher ist es in der Regel unzulässig, zur Prüfung der Erfolgsaussicht der beabsichtigten Rechtsverfolgung bereits im PKH-Verfahren ein schriftliches medizinisches Sachverständigengutachten einzuholen und die Bewilligungsentscheidung von dessen Ergebnis abhängig zu machen.[42] Erfolgsaussicht fehlt i.d.R., wenn der Antragsteller lediglich Parteivernehmung des Gegners anbieten kann, dieser aber bereits in seiner Stellungnahme die Tatsache, für die er zum Beweis angeboten wird, verneint hat. Abzulehnen ist daher die Meinung des OLG Bamberg, bei der Prüfung der Erfolgsaussicht der beabsichtigten Rechtsverfolgung gem. § 114 S. 1 dürfe „in gewissen Grenzen" eine vorweggenommene Beweiswürdigung vorgenommen werden. Das OLG Bamberg meint zu Unrecht, diese sei zulässig, wenn die Gesamtwürdigung aller schon feststehenden Umstände und Indizien eine positive Beweiswürdigung zugunsten des Hilfsbedürftigen als ausgeschlossen erscheinen lässt. Dabei können insbesondere Ausführungen eines Sachverständigen in anderen Verfahren wie z.B. einem Strafverfahren berücksichtigt werden.[43] Ist der wesentliche Sachverhalt unstreitig, kann die Feststellung, dass die Verfahrensdauer unangemessen war (§ 198 Abs. 4 GVG), bereits im Verfahren über die Bewilligung von Prozesskostenhilfe für eine Klage auf Entschädigung getroffen werden. Diese Feststellung kann gegebenenfalls der Erfolgsaussicht einer Klage auf Entschädigung in Geld entgegenstehen.[44]

15 **d)** Das Bewilligungsverfahren dient nicht dem Zweck, ungeklärte und schwierige **Rechtsfragen** abschließend zu entscheiden.[45] Prozesskostenhilfe muss selbst dann bewilligt werden, wenn sich zu der umstrittenen Rechtsfrage eine ständige Rechtsprechung der betroffenen Gerichte gebildet hat, die aber in der Literatur mit wichtigen Einwänden bekämpft wird. Denn es ist verfassungsrechtlich geboten, dass auch die hilfsbedürftige Partei die Chance hat, im Erkenntnisverfahren einen Umschwung der Rechtsprechung zu bewirken.[46] Daher ist die Ansicht des BGH zutreffend, dass eine beabsichtigte Rechtsverfolgung in aller Regel bereits dann hinreichende Aussicht auf Erfolg hat, wenn die Entscheidung von der **Beantwortung schwieriger Rechts- oder Tatfragen** abhängt.[47] Dieser Grundsatz hat Folgen. So ist es überzeugend, wenn entschieden wird, dass die Gewährung von Prozesskostenhilfe nicht wegen fehlender Aussicht der beabsichtigten Rechtsverfolgung durch den Einzelrichter einer Zivilkammer versagt werden darf, wenn in einem Parallelverfahren ein anderer Einzelrichter derselben Zivilkammer einer gegen denselben Beklagten gerichteten und das gleiche Wohnobjekt betreffenden Schadenser-

**40** Zöller/*Geimer* § 114 Rdn. 26.
**41** OLG Stuttgart VersR 2008, 1373.
**42** OLG Stuttgart VersR 2008, 1373.
**43** OLGR Bamberg 2006, 539.
**44** OLG Karlsruhe Justiz 2012, 456.
**45** BVerfG NJW 1991, 413; BGH FamRZ 1982, 367; KG FamRZ 1983, 291; OLG Hamm NJW 1985, 2275; *Schneider* MDR 1977, 622; **a.A.** KG NJW 1970, 476; OLG Karlsruhe DAVorm. 1974, 192.
**46** Stein/Jonas/*Bork* § 114 Rdn. 25.
**47** BGH AGS 2003, 213; BGH NJW-RR 2003, 1438; BGH FamRZ 2005, 28.

satzklage bereits stattgegeben hat.[48] Daher hat eine Rechtsverteidigung weiterhin hinreichende Aussicht auf Erfolg, wenn auf Grund zwischenzeitlich ergangener Gesetzesänderungen fraglich ist, ob zum alten Recht ergangene höchstrichterliche Rechtsprechung auch auf die neue gesetzliche Regelung Anwendung findet.[49]

Die Existenz von **Einreden** (Verjährung, Zurückbehaltungsrecht etc.) beseitigt die 16
Erfolgsaussichten, wenn damit zu rechnen ist, dass die Einrede erhoben wird.[50] Dies wird i.d.R. der Fall sein, wenn dem Gegner die Existenz der Einrede bekannt ist. Zur Bejahung der Erfolgsaussichten genügt auch ein prozessualer Erfolg, bspw. die Herbeiführung einer dem Antragsteller günstigen Kostenentscheidung im Falle der Erledigung der Hauptsache oder des Anerkenntnisses nach § 93.[51] Vor Klagezustellung kommt eine Bewilligung von Prozesskostenhilfe zur Rechtsverteidigung regelmäßig nicht in Betracht.[52]

**e)** Zum Erfolg gehört nicht nur die Erlangung eines Vollstreckungstitels, sondern 17
auch dessen **Realisierung**. Fehlende Vollstreckungsaussichten können deshalb zur Versagung der Prozesskostenhilfe führen. Zum selben Ergebnis gelangt eine Auffassung, die diesen Aspekt unter dem Gesichtspunkt der Mutwilligkeit prüft.[53] Prozesskostenhilfe ist deshalb zu versagen, wenn der Gegner vermögenslos ist und nicht damit gerechnet werden kann, dass künftig Vollstreckungsaussichten entstehen.[54] Jedoch ist bei dieser Prognose größte Vorsicht geboten. Oft zeigen sich erst im Rahmen der Zwangsvollstreckung neue Vollstreckungsmöglichkeiten. Auch hat der Antragsteller regelmäßig ein schutzbedürftiges Interesse an der Erlangung eines Vollstreckungstitels, wenn andernfalls endgültiger Anspruchsverlust (drohende Verjährung, Verschlechterung oder Verlust von Beweismitteln) droht. In diesen Fällen wird Prozesskostenhilfe regelmäßig trotz (derzeit) fehlender Vollstreckungsaussichten zu gewähren sein. Im Insolvenzverfahren ist es dagegen regelmäßig nur dann erforderlich, dem Gläubiger im Wege der Prozesskostenhilfe einen Rechtsanwalt beizuordnen, wenn eine wirtschaftlich denkende vermögende Partei vernünftigerweise einen Rechtsanwalt beauftragen würde.[55] Beantragt ein Insolvenzverwalter im Rahmen der ihm bewilligten Prozesskostenhilfe die Beiordnung eines Rechtsanwaltes, so ist bei der Prüfung der Erforderlichkeit der Beiordnung nicht zu berücksichtigen, dass der Insolvenzverwalter zugleich Rechtsanwalt ist. Abzustellen ist vielmehr darauf, ob ein juristisch nicht Vorgebildeter für die Mobiliarzwangsvollstreckung oder für die Vollstreckung in Rechte der Beiordnung eines Rechtsanwaltes bedarf.[56] Denn die Rechtsverfolgung durch den Insolvenzverwalter mit dem Ziel der Masseanreicherung hat der Gesetzgeber ein eigenständiges schutzwürdiges öffentliches Interesse beigemessen. Die Beiordnung eines Rechtsanwaltes für einen Insolvenzverwalter ist daher immer möglich, wenn die konkrete Tätigkeit nicht von einem Nichtjuristen im Rahmen seines Amtes ohne Anwaltshilfe erledigt werden kann.[57]

Besteht nur **teilweise** Erfolgsaussicht, so ist die Bewilligung entsprechend zu be- 18
schränken. Bei Klagen auf Schmerzensgeld ist die Prozesskostenhilfe regelmäßig nur für eine Klage mit unbestimmtem Antrag zu bewilligen. Aus Gründen der Kostenersparnis

**48** OLGR Bremen 2008, 625.
**49** OLG Bremen MDR 2009, 219.
**50** **A.A.** LG Siegen DAVorm. 1978, 651 (ausdrückliche Erhebung der Einrede erforderlich).
**51** OLG Hamburg FamRZ 1988, 1076.
**52** OLG Bremen FamRZ 1989, 198; OLG Karlsruhe FamRZ 1988, 1182.
**53** *Wax* FamRZ 1980, 975.
**54** OLG Hamm JurBüro 1987, 1557; LG Tübingen FamRZ 1964, 318; LG Wuppertal RPfleger 1985, 210.
**55** BGH DZWIR 2004, 521= ZIP 2004, 1922.
**56** LG Mönchengladbach ZInsO 2006, 276.
**57** LG Arnsberg ZInsO 2006, 1285.

kann es gerechtfertigt sein, den Antragsteller auf eine Teilklage zu verweisen, bspw. wenn der Gegner eine Behörde oder Versicherung ist, bei der feststeht, dass sie, da der Anspruch der Höhe nach unstreitig ist, nach Verurteilung den gesamten Betrag zahlen würde.[58]

19 **f) Rechtsmittelinstanz.** Wird gegen ein Urteil, dem prozessordnungswidrig Gründe fehlen, für die Berufung Prozesskostenhilfe beantragt, bedarf es keiner Darlegungen zur Erfolgsaussicht der Berufung.[59] Einem in der Vorinstanz anwaltlich vertretenem Rechtsmittelgegner kann im Allgemeinen Verfahrenskostenhilfe erst dann gewährt werden, wenn das Rechtsmittel begründet worden ist und die Voraussetzungen für eine Verwerfung nicht vorliegen.[60] Prozesskostenhilfe zur Verteidigung gegen ein Rechtsmittel ist nicht zu bewilligen, wenn von vornherein feststeht, dass das Rechtsmittel nicht statthaft und damit als unzulässig zu verwerfen ist.[61] Die Bewilligung von Prozesskosten zur Rechtsverteidigung gegen eine Berufung des Gegners, für die dieser seinerseits um Prozesskostenhilfe nachgesucht hat, kommt regelmäßig erst dann in Betracht, wenn dem Gegner Prozesskostenhilfe bewilligt worden ist oder aber davon auszugehen ist, dass dieser die Berufung auf eigene Kosten durchführen wird.[62] Bei der für die Bewilligung von Prozesskostenhilfe/Verfahrenskostenhilfe anzustellenden Beurteilung der Erfolgsaussicht der Rechtsverfolgung oder -verteidigung ist das Rechtsmittelgericht im Übrigen grundsätzlich an die inzwischen eingetretene Rechtskraft der Hauptsacheentscheidung gebunden. Ausnahmen gelten dann, wenn eine zweifelhafte Rechtsfrage verfahrensfehlerhaft in das Prozesskostenhilfeverfahren verlagert worden ist oder wenn das erstinstanzliche Gericht die Entscheidung verzögert hat und die Erfolgsaussicht in der Zwischenzeit entfallen ist.[63] Nach Ansicht des BGH[64] ist bei Prüfung der Erfolgsaussicht entscheidend auf den voraussichtlichen Erfolg in der Sache selbst und nicht auf einen davon „losgelösten" Erfolg des Rechtsmittels abzustellen. Prozesskostenhilfe ist nach dieser Ansicht des BGH dem Rechtsmittelführer daher nicht immer schon dann zu bewilligen, wenn die angefochtene Entscheidung im Ergebnis keinen Bestand haben kann, das materielle Ergebnis sich nach einer Zurückverweisung jedoch voraussichtlich nicht ändern wird.[65] Der BGH[66] geht insofern überzeugend davon aus, dass eine „vernünftig denkende" Partei, einen Verfahrensfehler in der ersten Instanz nicht zum Anlass nehmen wird, Kosten der Rechtsmittelinstanz sowie weitere Verfahrenskosten entstehen zu lassen, die sie im Ergebnis doch selbst tragen muss, wenn sie ihr Ziel aller Voraussicht nicht erreichen kann. In der Sache selbst hat das Rechtsmittel eine hinreichende Aussicht auf Erfolg, wenn nach Zurückverweisung der Sache an das Beschwerdegericht eine materielle Änderung des Ergebnisses wahrscheinlich oder die Zulassung eines weiteren Rechtsmittels durch das Gericht geboten ist.[67] Folgerichtig muss ein Beschwerdegericht Prozesskostenhilfe gewähren, wenn es wegen der Erfolgsaussichten der beabsichtigten Rechtsverfolgung die Voraussetzungen des § 574 Abs. 3 Satz 1 i.V.m. Abs. 2 für gegeben hält. Denn es wäre widersprüchlich und damit rechtsfehlerhaft, würde es die Gewährung

58 Vgl. so einst: OLG Frankfurt FamRZ 1984, 809; *Rasehorn* NJW 1961, 591.
59 BAG AP Nr 1 zu § 117 ZPO.
60 BGH FamRZ 2013, 122.
61 BGHR ZPO § 119 S. 2 Rechtsmittelbeklagter 3.
62 OLG Hamm FamRZ 2006, 348.
63 BGH NSW ZPO § 114 (BGH-intern).
64 BGH AnwBl 2007, 94; vgl. auch BGH FamRZ 2003, 1378.
65 BGH AnwBl 2007, 94.
66 BGH AnwBl 2007, 94.
67 BGH NJW-RR 2003, 1648.

von Prozesskostenhilfe ablehnen, gleichzeitig aber die Rechtsbeschwerde wegen eben jener Frage zulassen.[68] Wenn der Einzelrichter das Verfahren gemäß § 568 Satz 2 Nr. 2 dem Senat des Oberlandesgerichts überträgt, ist Prozesskostenhilfe zu bewilligen ist, wenn die beabsichtigte Rechtsverfolgung grundsätzliche Bedeutung hat oder Fragen aufwirft, die einer Klärung durch höchstrichterliche Entscheidung bedürfen.[69] Damit hat sich der BGH von seiner früheren Judikatur abgesetzt, dass die Zulassung der Revision durch das Berufungsgericht wegen grundsätzlicher Bedeutung keinen ausreichenden Grund für die Gewährung von Prozesskostenhilfe darstelle.[70] Verfahrenskostenhilfe ist auch im Beschwerdeverfahren nur für eine Rechtsverfolgung oder Rechtsverteidigung zu gewähren. Für eine bloß verfahrensbegleitende Rechtswahrnehmung, die sich der Beschwerde des Versorgungsträgers weder widersetzt noch sonst das Beschwerdeverfahren fördert, kann keine Verfahrenskostenhilfe bewilligt werden. Dies ist der Fall, wenn ein Verfahrensbeteiligter im Beschwerdeverfahren über eine Entscheidung zum Versorgungsausgleich gerade keine eigenen Rechte verfolgt und nicht die eigene Rechtsposition verteidigt, sondern der Beschwerde ausdrücklich nicht entgegentritt.[71]

**g)** Bei **Unterhaltsklagen** führte die Vorlage von Einkommensbelegen zwangsläufig zur Klärung der Unterhaltsbedürftigkeit des Antragstellers bereits im Prozesskostenhilfeverfahren. Dennoch war darauf zu achten, dass die Hauptsache nicht bereits im Rahmen der Erfolgsprüfung vorweggenommen wurde.[72] Leistete der Unterhaltsschuldner freiwillig, so bestand nach herrschender Meinung dennoch ein Rechtsschutzinteresse an der Titulierung.[73] Jedoch war zu prüfen, ob die Prozesskostenhilfe nicht wegen Mutwilligkeit zu versagen war.[74] Bei der Stufenklage wurden Auskunfts- und Zahlungsantrag im Wege der objektiven Klagenhäufung rechtshängig.[75] Für die Erfolgsprüfung anlässlich der Bewilligung von Prozesskostenhilfe wurden früher drei Lösungen vertreten: Getrennte Bewilligung für jede Stufe;[76] Bewilligung für beide Stufen unter Vorbehalt der Konkretisierung für den Leistungsantrag nach Auskunftserteilung;[77] einheitliche Bewilligung für Auskunfts- und Leistungsstufe (herrschende Meinung).[78] Der herrschenden Meinung war aus kostenrechtlichen Gründen (Kostenvorschusspflicht) zu folgen, der Gefahr des Missbrauchs durch überhöhte Leistungsanträge konnte durch die Erfolgsprüfung aufgrund des Sachstandes im Zeitpunkt der Bewilligungsprüfung weitgehend entgegnet werden.[79] Auch heute noch gilt für Unterhaltssachen das Verbot der Vorwegnahme der Hauptsache. Nach auch heute noch hM. muss die Bewilligung von PKH oder auch VKH für einen Stufenantrag grundsätzlich insgesamt für sämtliche Stufen erfolgen.[80] 20

---

**68** BGH VersR 2006, 718.
**69** BGH BB 2003, 496; BGH FamRZ 2003, 748; *V. Lipp* FamRZ 2004, 756.
**70** BGH NJW-RR 2003, 130; BGH ZIP 2003, 2295.
**71** OLG Karlsruhe Justiz 2013, 76.
**72** OLG Frankfurt FamRZ 1978, 433; *Wax* FamRZ 1980, 975, 976.
**73** OLG Hamm FamRZ 1985, 506; OLG Saarbrücken FamRZ 1985, 1280.
**74** OLG Köln FamRZ 1983, 746, 747.
**75** KG FamRZ 1986, 284; OLG München RPfleger 1981, 34.
**76** OLG Köln FamRZ 1985, 623.
**77** OLG Düsseldorf FamRZ 1986, 286.
**78** OLG Köln JurBüro 1983, 285; 1986, 1094; OLG München RPfleger 1981, 34; OLG München OLGR 2002, 115 f.; OLG Zweibrücken JurBüro 1984, 773; OLG Hamm FamRZ 1994, 312; OLG Stuttgart FamRZ 2011, 387; OLG Karlsruhe FamRZ 2004, 547; KG FamRZ 2008, 702.
**79** So einst ausführlich *Kalthoener/Büttner*[1] Rdn. 457–463; *Schneider* MDR 1986, 552.
**80** OLG Celle FamRZ 2013, 391 ff.; OLG Karlsruhe FamRZ 2011, 1883; OLG Stuttgart FamRZ 2011, 387; OLG Karlsruhe FamRZ 2004, 547; Musielak/*Fischer* § 114 Rdn. 10 m.w.N.; MünchKomm/*Motzer* § 114 Rdn. 37 m.w.N.

21 **h)** Für **Kindschaftssachen** (Abstammungsklage, Ehelichkeitsanfechtung) greifen nunmehr die Regelungen der §§ 78 ff. FamFG.

### 2. Mutwilligkeit (Abs. 2)

22 **a)** Trotz bestehender Erfolgsaussicht ist Prozesskostenhilfe zu versagen, wenn die beabsichtigte Rechtsverfolgung oder Rechtsverteidigung als mutwillig erscheint; Abs. 1 S. 1. **Mutwilligkeit** lag bisher nach der Definition durch die **Rechtsprechung** vor, wenn eine **verständige**, ausreichend bemittelte Partei ihre Rechte in anderer Weise verfolgen würde oder von einer Rechtsverfolgung absehen würde.[81] So würde bspw. eine verständige Partei von zwei gleichwertigen prozessualen Wegen den billigeren wählen.[82] Die Voraussetzung, wann die Rechtsverfolgung- oder Rechtsverteidigung als mutwillig erscheint, ist nunmehr auch durch die Neufassung der Vorschrift in Abs. 2 per PKH-ÄnderungsG[83] geregelt. So kann anders als bisher dann bereits Mutwilligkeit bejaht werden, wenn für die Klage an sich hinreichende Aussicht auf Erfolg bestehe, aber eine verständige Partei dennoch keinen Rechtsstreit führe.[84] Im Ergebnis entspricht die neue Legaldefinition, trotz aufgeworfener Fragen bzgl. Einzelfallkonstellationen, dennoch der bisherigen Rechtsprechung.[85]

23 **b) Einzelfälle:** Eine Klage an Stelle eines Mahnbescheids bei unbestrittener Forderung,[86] eine selbständige Klage an Stelle eines Verbundantrages[87] oder ein neuer Prozess an Stelle einer Klageerweiterung[88] bedürfen deshalb einer besonderen Rechtfertigung. Erbringt der Unterhaltsschuldner seine Zahlungen freiwillig, vollständig und pünktlich, so ist die Rechtsverfolgung durch Klage i.d.R. mutwillig.[89] Die beabsichtigte Erhebung einer **Teilklage durch den Insolvenzverwalter** ist nicht bereits als solche, sondern nur dann mutwillig im Sinne von § 116 Satz 2, § 114 Satz 1 letzter Hs, wenn der Insolvenzverwalter keine nachvollziehbaren Sachgründe dafür vorbringt, warum er auf die Geltendmachung der Gesamtforderung verzichtet.[90]

Der BGH sieht die Geltendmachung einer zivilprozessualen **Scheidungsfolgensache außerhalb des Verbundverfahrens** als grundsätzlich nicht mutwillig i.S.v. § 114 an.[91] Mutwillig ist schließlich, wenn die Partei ein Revisionsverfahren durchführen will, um zu erreichen, dass sie zur **Zahlung an eine BGB-Gesellschaft statt zur Zahlung an die Gesellschafter der BGB-Gesellschaft als Gesamthandsgläubiger** verurteilt wird, weil eine vernünftige Partei, die die Kosten des Verfahrens selbst zu tragen hätte, nicht auf eine solche Idee verfallen würde.[92] Die Erhebung einer neuen Klage anstatt der kostengünstigeren Erweiterung einer bereits anhängigen Klage ist mutwillig i.S.v. § 114

---

81 KG FamRZ 1988, 519; OLG Karlsruhe MDR 1988, 972; OLG Koblenz OLGZ 1988, 124; *Stegers* AnwBl. 1989, 137; BVerfGE 81, 347; BVerfG NJW 2010, 988; BGH NJW 2005, 1497 m.w.N.
82 OLG Bamberg FamRZ 1990, 187; OLG Köln FamRZ 1983, 736.
83 BGBl. 2013 I, S. 3533.
84 *Poller/Köpf* NJ 2013, 353, 354 (auch zu den Absichten des Gesetzgebers).
85 Vgl. statt aller: *Poller/Köpf* NJ 2013, 353, 354 m.w.N.
86 *Thomas/Putzo/Seiler*[34] § 114 Rdn. 7a.
87 OLG Bamberg JurBüro 1988, 1059; Stein/Jonas/*Bork* § 114 Rdn. 51; MünchKomm/*Motzer* § 114 Rdn. 90.
88 OLG Bamberg FamRZ 1990, 187.
89 OLG Düsseldorf FamRZ 1981, 70; OLG Köln FamRZ 1983, 746, 747.
90 BGH DZWIR 2011, 242 = ZIP 2011, 246 gegen OLG Hamm OLGR Hamm 2001, 374; OLG Köln InVo 2006, 356; OLG Celle OLGR Celle 2007, 202; *Smid* jurisPR-InsR 7/2011 Anm. 1; *Gundlach* DZWIR 2011, 243; *Rendels* EWiR 2011, 135.
91 BGH FamRZ 2005, 786 und FamRZ 2005, 788; *Friederici* FF 2005, 324.
92 BGH NJW-RR 2003, 228; OLG Brandenburg MDR 2009, 1367.

Satz 1, wenn eine bemittelte Partei keinen begründeten Anlass gehabt hätte, ein gesondertes Verfahren anhängig zu machen.[93]

Wenn zum **Zeitpunkt der Erhebung einer Widerklage der Widerkläger Kenntnis vom Insolvenzantrag des Prozessgegners** hat, ist diese Widerklage grundsätzlich mutwillig.[94] Ein Hauptsacheantrag im Gewaltschutzverfahren ist in der Regel mutwillig, wenn er zeit- und inhaltsgleich mit einem Antrag auf Erlass einer einstweiligen Anordnung gestellt wird. Denn mit Inkrafttreten des FamFG ist das Verfahren der einstweiligen Anordnung nach § 51 Abs. 3 FamFG im Gegensatz zur früheren Rechtslage als selbständiges Verfahren ausgestaltet und nicht wie zuvor von der Durchführung eines Hauptsacheverfahrens abhängig. Ein Verfahrenskostenhilfe begehrender Beteiligter braucht nun nicht mehr zwei Verfahren nebeneinander zu betreiben, sondern hat im Gegenteil abzuwägen, welche Verfahrensart er wählt, um sein Rechtsschutzziel möglichst kostengünstig zu erreichen.[95] Unterlässt es der Antragsgegner anlässlich der Prüfung der Bewilligung von Verfahrenskostenhilfe zugunsten des Antragstellers ohne triftigen Grund, in einer rechtzeitigen Stellungnahme Einwendungen geltend zu machen, mit denen er ohne weiteren Aufwand ein Hauptsacheverfahren verhindern könnte, meint das OLG Celle, seine spätere entsprechende Rechtsverteidigung sei als mutwillig zu beurteilen.[96] Weiter ist es mutwillig im Sinne von § 76 Abs. 1 FamFG, § 114 Satz 1 ZPO, wenn der Unterhaltsschuldner Verfahrenskostenhilfe für einen Antrag auf Herabsetzung des Unterhalts nach § 240 FamFG erstrebt, nachdem der Unterhaltsgläubiger ihm mitgeteilt hat, künftig nur noch den reduzierten Unterhalt zu verlangen.[97]

Es ist **nicht mutwillig**, wenn ein Elternteil zur **Regelung des Umgangs gem.** 24 **§ 1684 BGB** das Familiengericht anruft, ohne vorher Beratung und Hilfe des Jugendamts in Anspruch genommen zu haben.[98] Mutwilligkeit liegt weiter nicht vor, wenn der Geschädigte seinen Schmerzensgeldanspruch auf dem Zivilrechtsweg geltend macht, obwohl er dieses Ziel auch im **Adhäsionsverfahren** hätte verfolgen können, da es sich bei den beiden Möglichkeiten nicht um gleichwertige prozessuale Möglichkeiten handelt.[99] Nicht mutwillig ist es, wenn die Partei vorgerichtlich die Begutachtung durch einen von der beklagten Haftpflichtversicherung des Unfallgegners beauftragten medizinischen Sachverständigen abgelehnt hat.[100] Für die **Geltendmachung rückständiger Stammeinlagen** oder der Verletzung anderer gesellschaftsrechtlicher Kapitalaufbringungs- oder Erhaltungsvorschriften kann einem **Insolvenzverwalter** auch dann Prozesskostenhilfe gewährt werden, wenn die Realisierbarkeit eines entsprechenden Titels derzeit zweifelbehaftet ist. Eine derartige Rechtsverfolgung ist nicht „mutwillig" im Sinne des § 114 Satz 1.[101]

Prozesskostenhilfe für eine erfolgversprechende und nicht mutwillige Klage eines Insolvenzschuldners, mit der vom Insolvenzverwalter bzw. Treuhänder endgültig freigegebene Ansprüche verfolgt werden sollen, kann nicht mit der Begründung versagt werden, dadurch werde die gesetzliche Regelung in § 116 Satz 1 Nr. 1 ZPO umgangen, weswegen ein Prozess insgesamt zu unterbleiben habe, wenn eine zunächst vom Treuhänder bzw. Insolvenzverwalter erwogene eigene Klagerhebung daran gescheitert ist,

93 BAG NJW 2011, 3260.
94 OLG Stuttgart MDR 2010, 285.
95 OLG Celle NJW-RR 2011, 82.
96 OLG Celle MDR 2011, 1235, anders OLG Köln MDR 2011, 259.
97 OLG Hamburg MDR 2013, 160.
98 OLG Hamm NJW-RR 2011, 1577.
99 OLG Rostock JurBüro 2010, 600.
100 KG VersR 2010, 1102.
101 OLG Schleswig SchlHA 2006, 316.

dass die Insolvenzgläubiger trotz Zumutbarkeit der Kostenaufbringung entsprechende Vorschusszahlungen verweigert haben.[102] Anders ist dies im Falle einer bloß modifizierten Freigabe zu beurteilen, bei der die Ermächtigung des Schuldners zur Geltendmachung der Ansprüche mit der Vereinbarung verbunden wird, den Erlös zur Masse abzuliefern. Hier scheidet eine Prozesskostenhilfebewilligung für die beabsichtigte Klage des Schuldners aus.

Die Klage eines Insolvenzverwalters ist nicht schon dann mutwillig im Sinne von § 114 Satz 1 ZPO, wenn dieser Masseunzulänglichkeit angezeigt hat. Reicht die Insolvenzmasse nicht aus, um die Kosten des Verfahrens zu decken, ist das Verfahren einzustellen, wenn nicht ein ausreichender Geldbetrag vorgeschossen wird oder die Kosten nach § 4a InsO gestundet werden (§ 207 Abs. 1 InsO). Prozesskostenhilfe für ein Klage- oder Rechtsmittelverfahren kommt bei dieser Sachlage nicht in Betracht.[103] Forderungen, die im Wege der Klage durchgesetzt werden müssen, sind jedoch grundsätzlich Bestandteil der Insolvenzmasse. Der Eintritt von Massekostenarmut steht der Gewährung von Prozesskostenhilfe daher dann nicht entgegen, wenn der aus der Prozessführung zu erwartende Erlös voraussichtlich ausreicht, um die Massekostenarmut zu beseitigen.[104] Bei der Prüfung der tatsächlichen Voraussetzungen dieses Ausnahmetatbestandes ist neben den ohnehin im Rahmen des § 114 ZPO zu bewertenden Erfolgsaussichten außerdem zu erwägen, ob eine stattgebende Entscheidung gegen den Beklagten durchgesetzt werden kann. Falls die Leistungsfähigkeit des Beklagten mit Rücksicht auf seine wirtschaftliche Lage und die Höhe der Klageforderung nicht außer Zweifel steht, ist nach Maßgabe der voraussichtlichen Beitreibbarkeit ein prozentualer Abschlag vorzunehmen.

### V. Grenzüberschreitende Fälle

**25** Satz 2 verweist auf die Vorschriften der §§ 1076 ff. Zur Ausführung der Richtlinie 2003/8/EG des Rates vom 27. Januar 2003 zur Verbesserung des Zugangs zum Recht bei Streitsachen mit grenzüberschreitendem Bezug durch Festlegung gemeinsamer Mindestvorschriften für die Prozesskostenhilfe in derartigen Streitsachen (ABl. EG Nr. L 26 S. 41, ABl. EU Nr. L 32 S. 15) greifen nach § 1076 die § 1077 für sog. ausgehende Ersuchen und § 1078 für sog. eingehende Ersuchen um Prozesskostenhilfe in grenzüberschreitenden Fällen.

## § 115
## Einsatz von Einkommen und Vermögen

**(1) Die Partei hat ihr Einkommen einzusetzen. Zum Einkommen gehören alle Einkünfte in Geld oder Geldeswert. Von ihm sind abzusetzen:**

**1. a) die in § 82 Abs. 2 des Zwölften Buches Sozialgesetzbuch bezeichneten Beträge;**

**b) bei Parteien, die ein Einkommen aus Erwerbstätigkeit erzielen, ein Betrag in Höhe von 50 vom Hundert des höchsten Regelsatzes, der für den alleinstehenden oder alleinerziehenden Leistungsberechtigten gemäß der Regelbedarfsstufe 1 nach der Anlage zu § 28 des Zwölften Buches Sozialgesetzbuch festgesetzt oder fortgeschrieben worden ist;**

---

**102** OLG Celle NZI 2013, 89.
**103** BGH NZI 2009, 602
**104** BGH ZInsO 2013, 496.

2. a) für die Partei und ihren Ehegatten oder ihren Lebenspartner jeweils ein Betrag in Höhe des um 10 vom Hundert erhöhten höchsten Regelsatzes, der für den alleinstehenden oder alleinerziehenden Leistungsberechtigten gemäß der Regelbedarfsstufe 1 nach der Anlage zu § 28 des Zwölften Buches Sozialgesetzbuch festgesetzt oder fortgeschrieben worden ist;
   b) bei weiteren Unterhaltsleistungen auf Grund gesetzlicher Unterhaltspflicht für jede unterhaltsberechtigte Person jeweils ein Betrag in Höhe des um 10 vom Hundert erhöhten höchsten Regelsatzes, der für eine Person ihres Alters gemäß den Regelbedarfsstufen 3 bis 6 nach der Anlage zu § 28 des Zwölften Buches Sozialgesetzbuch festgesetzt oder fortgeschrieben worden ist;
3. die Kosten der Unterkunft und Heizung, soweit sie nicht in einem auffälligen Missverhältnis zu den Lebensverhältnissen der Partei stehen;
4. Mehrbedarfe nach § 21 des Zweiten Buches Sozialgesetzbuch und nach § 30 des Zwölften Buches Sozialgesetzbuch;
5. weitere Beträge, soweit dies mit Rücksicht auf besondere Belastungen angemessen ist; § 1610a des Bürgerlichen Gesetzbuchs gilt entsprechend.

Maßgeblich sind die Beträge, die zum Zeitpunkt der Bewilligung der Prozesskostenhilfe gelten. Das Bundesministerium der Justiz gibt bei jeder Neufestsetzung oder jeder Fortschreibung die maßgebenden Beträge nach Satz 3 Nummer 1 Buchstabe b und Nummer 2 im Bundesgesetzblatt bekannt. Diese Beträge sind, soweit sie nicht volle Euro ergeben, bis zu 0,49 Euro abzurunden und von 0,50 Euro an aufzurunden. Die Unterhaltsfreibeträge nach Satz 3 Nr. 2 vermindern sich um eigenes Einkommen der unterhaltsberechtigten Person. Wird eine Geldrente gezahlt, so ist sie anstelle des Freibetrages abzusetzen, soweit dies angemessen ist.

(2) Von dem nach den Abzügen verbleibenden Teil des monatlichen Einkommens (einzusetzendes Einkommen) sind Monatsraten in Höhe der Hälfte des einzusetzenden Einkommens festzusetzen; die Monatsraten sind auf volle Euro abzurunden. Beträgt die Höhe einer Monatsrate weniger als 10 Euro, ist von der Festsetzung von Monatsraten abzusehen. Bei einem einzusetzenden Einkommen von mehr als 600 Euro beträgt die Monatsrate 300 Euro zuzüglich des Teils des einzusetzenden Einkommens, der 600 Euro übersteigt. Unabhängig von der Zahl der Rechtszüge sind höchstens 48 Monatsraten aufzubringen.

(3) Die Partei hat ihr Vermögen einzusetzen, soweit dies zumutbar ist. § 90 des Zwölften Buches Sozialgesetzbuch gilt entsprechend.

(4) Prozesskostenhilfe wird nicht bewilligt, wenn die Kosten der Prozessführung der Partei vier Monatsraten und die aus dem Vermögen aufzubringenden Teilbeträge voraussichtlich nicht übersteigen.

**Bekanntmachung zu § 115 der Zivilprozessordnung (Prozesskostenhilfebekanntmachung 2014 – PKHB 2014) vom 6. Dezember 2013 (BGBl. I S. 4088)**

Die ab dem 1. Januar 2014 maßgebenden Beträge, die nach § 115 Absatz 1 Satz 3 Nummer 1 Buchstabe b und Nummer 2 der Zivilprozessordnung vom Einkommen der Partei abzusetzen sind, betragen

1. für Parteien, die ein Einkommen aus Erwerbstätigkeit erzielen (§ 115 Absatz 1 Satz 3 Nummer 1 Buchstabe b der Zivilprozessordnung), 206 Euro,

2. für die Partei und ihren Ehegatten oder ihren Lebenspartner (§ 115 Absatz 1 Satz 3 Nummer 2 Buchstabe a der Zivilprozessordnung), 452 Euro,
3. für jede weitere Person, der die Partei auf Grund gesetzlicher Unterhaltspflicht Unterhalt leistet, in Abhängigkeit von ihrem Alter (§ 115 Absatz 1 Satz 3 Nummer 2 Buchstabe b der Zivilprozessordnung):
   a) Erwachsene 362 Euro,
   b) Jugendliche vom Beginn des 15. bis zur Vollendung des 18. Lebensjahres 341 Euro,
   c) Kinder vom Beginn des siebten bis zur Vollendung des 14. Lebensjahres 299 Euro,
   d) Kinder bis zur Vollendung des sechsten Lebensjahres 263 Euro.

**Übersicht**



### I. Übersicht

1 § 115 stellt eine zentrale Norm im PKH-Verfahren dar.

Die Vorschrift ergänzt § 114, indem sie die **subjektiven** Voraussetzungen für die **Bewilligung** der Prozesskostenhilfe präzisiert. Das maßgebliche Einkommen des Antragstellers ermittelt sich nach Abs. 1. Die in Abs. 2 a.F. einst enthaltene Tabelle wurde durch das PKH-ÄnderungsG abgeschafft und Abs. 2 neu gefasst. Die Neuregelung soll zur Vermeidung bisher aufgetretener Ungerechtigkeiten vermeiden und eine konkretere Berechnung ermöglichen.[1] Es wird geregelt, wie das einzusetzende Einkommen und Vermögen berechnet wird und welche zu leistenden monatlichen Raten sich daraus ergeben. Weiterhin enthält Abs. 4 eine Geringfügigkeitsgrenze, welche zur Ablehnung der Prozesskostenhilfe führt.

Wie Baumbach/Lauterbach/Albers/*Hartmann*[71] § 115 Rdn. 2 zu Recht hervorheben, ist die Regelung in ihrem Perfektionismus misslungen. Sie ist kompliziert und mit Verweisungen auf das **Sozialhilferecht** belastet, so dass es praktisch ausgeschlossen ist, dass sie von der bedürftigen Partei ohne rechtliche Beratung verstanden werden kann. Auch würde die gesetzliche Regelung bei gewissenhafter Prüfung in vielen Fällen zu einem nicht mehr zu rechtfertigenden Verwaltungsaufwand führen. Es ist deshalb nur zu verständlich, dass sich die Praxis größtenteils mit einer sehr groben Prüfung begnügt.

### II. Berechnung des Einkommens (Abs. 1)

#### 1. Einkünfte

2 **a) Begriff.** Der Einkommensbegriff nach § 115 Abs. 1 S. 1, 2 knüpft an denjenigen des Sozialrechts an.[2] Ausgangspunkt der Einkommensberechnung sind die monatlichen

1 *Poller/Köpf* NJ 2013, 353, 355 m.w.N.; Musielak/*Fischer* § 115 Rdn. 1.
2 Beck-OK/*Reichling* § 115 Rdn. 1.

Bruttoeinkünfte von Arbeitnehmern und Freiberuflern in Geld oder Geldeswert. Erfasst sind ebenfalls Krankengeld,[3] ALG I sowie ALG II[4] und Renteneinkünfte.[5] Auf die Quelle kommt es nicht an. Könnte der Antragsteller nach seinen persönlichen Verhältnissen durch zumutbaren Arbeitseinsatz Einkommen erzielen, so ist ihm ein **fiktives Einkommen** anzurechnen.[6] **Verschleiertes Arbeitseinkommen** ist analog § 850 h Abs. 2 anzusetzen.[7] Lässt sich der äußere Lebenszuschnitt des Antragstellers (Fahrzeug, Wohnung etc.) mit dem dargelegten Einkommen nicht vereinbaren, so ist die Prozesskostenhilfe zu versagen, falls der Antragsteller die Diskrepanz nicht ausreichend erklären kann.[8] Entscheidend für die Einkommensfeststellung ist der Zeitpunkt der Prozesskostenhilfe-Bewilligung.

**b) Einzelfälle.** Zu den Einkünften zählen Abfindungen,[9] Nebeneinkünfte,[10] Über- 3
stundenvergütungen und Weihnachtsgelder.[11] Es kommt nicht darauf an, ob Zusatzeinkünfte auf überobligationsmäßigen Anstrengungen beruhen, allerdings steht es dem Antragsteller frei, derartige Arbeiten aufzugeben, eine fiktive Anrechnung findet dann nicht statt.[12]

Keine Einkünfte sind Aufwandsentschädigungen, Trennungszulagen und dergleichen, solange ihnen tatsächliche Aufwendungen gegenüberstehen. Der Wert von Sachbezügen wie freier Unterkunft oder Verpflegung kann nach § 287 geschätzt werden.[13]

**Erziehungsgeld** zählt gem. § 8 Abs. 1 S. 1 BErzGG nicht zum Einkommen.[14] Kinder- 4
geld, das die um Prozesskostenhilfe nachsuchende Partei bezieht, ist als deren Einkommen im Sinne des Abs. 1 Satz 2 zu berücksichtigen, soweit es nicht zur Bestreitung des notwendigen Lebensunterhalts eines minderjährigen Kindes zu verwenden ist.[15] **Kindergeld** ist richtiger Ansicht nach jedem Elternteil zur Hälfte zuzurechnen.[16] Unberücksichtigt bleibt es jedenfalls bei einem Prozesskostenhilfegesuch des Kindes. Leistungen, die nach dem SGB II gewährt werden, stellen Einkommen i.S. des § 115 dar; das gilt auch für solche, die dem Hilfebedürftigen als Alleinerziehendem für einen Mehrbedarf nach § 21 Abs. 3 SGB II pauschal gewährt werden.[17] Im Hinblick auf die Festsetzung von Raten nach Abs. 2 ist das Arbeitslosengeld II (§§ 19 ff. SGB II) jedenfalls dann als Einkommen i.S.v. Abs. 1 Satz 1 und 2 zu berücksichtigen, wenn die Prozesskostenhilfe begehrende

---

**3** LAG Baden-Württemberg, BeckRS 2008, 51624.

**4** Vgl. Beck-OK/*Reichling* § 115 Rdn. 14 ff.; bzgl. ALG II: BGH NJW-RR 2011, 3; OLG Stuttgart OLGR 2007, 967; OLG Zweibrücken OLGR 2005, 947; ablehnend: OLG Karlsruhe FamRZ 2007, 155.

**5** Beck-OK/*Reichling* § 115 Rdn. 8.

**6** OLG Bamberg JurBüro 1990, 634; 1987, 130; OLG Koblenz FamRZ 1986, 1014; vgl. Büttner/Wrobel-Sachs/Gottschalk/*Dürbeck*[7] Rdn. 246 f.; enger (nur bei Rechtsmißbrauch) OLG Düsseldorf FamRZ 1987, 398; *Thomas/Putzo/Seiler*[34] § 115 Rdn. 2a; Zöller/*Geimer* § 115 Rdn. 57 m.w.N. (für Zurechnung als Vermögen).

**7** Büttner/Wrobel-Sachs/Gottschalk/*Dürbeck*[7] Rdn. 247.

**8** OLG Frankfurt RPfleger 1982, 159; NJW-RR 1987, 320; Musielak/*Fischer* § 115 Rdn. 7.

**9** OLG Karlsruhe FamRZ 2002, 1196; *Wax* FamRZ 1985, 10, 13.

**10** Büttner/Wrobel-Sachs/Gottschalk/*Dürbeck*[7] Rdn. 235.

**11** OLG Hamm FamRZ 1987, 80; OLG Frankfurt FamRZ 1983, 632; OLG Nürnberg JurBüro 1993, 108.

**12** Büttner/Wrobel-Sachs/Gottschalk/*Dürbeck*[7] Rdn. 235.

**13** So einst: *Kalthoener/Büttner*[1] Rdn. 232; vgl. heute: Büttner/Wrobel-Sachs/Gottschalk/*Dürbeck*[7] Rdn. 219 u. 234.

**14** OLG Bamberg FamRZ 1990, 298; OLG Celle AnwBl. 1992, 144.

**15** BGH FamRZ 2005, 605.

**16** OLG Bamberg FamRZ 1984, 606; KG FamRZ 1982, 625; **a.A.** (keine Anrechnung) OLG Düsseldorf FamRZ 1982, 513; OLG Frankfurt FamRZ 1982, 418; abw. (volle Anrechnung beim Empfänger) OLG Düsseldorf FamRZ 1981, 986; ausführlich diskutiert in Büttner/Wrobel-Sachs/Gottschalk/*Dürbeck*[7] Rdn. 231; Stein/Jonas/*Bork* § 115 Rdn. 21 m.w.N.

**17** BGH NJW-RR 2011, 3.

Partei neben dem Arbeitslosengeld II weitere Einkünfte hat, die ihrerseits einzusetzendes Einkommen sind und die zusammen mit dem Arbeitslosengeld II die nach Abs. 1 Satz 3 vorzunehmenden Abzüge übersteigen.[18]

5 Freiwillige **Zuwendungen Dritter** zählen zum Einkommen wenn sie laufend und mit hinreichender Zuverlässigkeit erfolgen.[19] Bei gemeinsamer Haushaltsführung im Rahmen einer nichtehelichen Lebensgemeinschaft kommt auch die Zurechnung eines (fiktiven) Betreuungsentgelts in Betracht.[20]

**2. Abzugsposten (Abs. 1 S. 3).** Von dem Einkommen sind abzusetzen:

6 **Nr. 1a.** Es sind die in § 82 Abs. 2 SGB XII bezeichneten Beträge vom Einkommen abzusetzen. Hierbei handelt es sich um auf das Einkommen entrichtet Steuern, wie z.B. Einkommenssteuern, Kirchensteuern und Solidaritätszuschläge aber auch um Pflichtbeiträge zur Sozialversicherung, Versicherungsbeiträge, Werbungskosten und Leistungen zur Arbeitsförderung. Steuern, die sich nicht auf das Einkommen beziehen (bspw. Erbschaftssteuer, Umsatz- oder Verbrauchsteuern) sind nicht absetzbar. Entscheidend sind die tatsächlich zu entrichtenden Steuern, die vom Gericht aufgrund der Ergebnisse der Vorjahre zu schätzen sind.

7 **Nr. 1b und Nr. 2a.** Diese Vorschrift regelt den Abzug eines Freibetrags für Erwerbstätige, der verfassungsrechtlich geboten ist, um die mit der Erwerbstätigkeit verbundenen Mehraufwendungen zu berücksichtigen.[21] Die Regelsätze, anhand derer die Freibeträge berechnet werden, werden durch Bundesgesetz (in den Jahren der Neuermittlung und entsprechender Neufestsetzung) sowie durch Rechtsverordnung gemäß § 40 SGB XII (in den Jahren der Fortschreibung) festgesetzt werden. Die Länder erhalten zudem in § 29 Abs. 2 und 4 SGB XII ein Abweichungsrecht gegenüber der Neufestsetzung und Fortschreibung. Die vom Bund ermittelten und fortgeschriebenen Regelsätze werden in der Anlage zu § 28 SGB XII veröffentlicht.[22] Die durch Landesverordnung abweichend festgesetzten oder fortgeschriebenen Regelsätze gelten nach § 29 Absatz 5 SGB XII ebenfalls als Regelbedarfsstufen nach der Anlage zu § 28 SGB XII.

In den Nummern 1 und 2 des § 115 Abs. 1 S. 3 wird daher einheitlich auf die Anlage zu § 28 SGB XII Bezug genommen, um sowohl die Neufestsetzungen per Bundesgesetz oder Länderverordnung als auch die Fortschreibungs-Verordnungen des Bundes und der Länder zu erfassen. Sollten die Länder von ihrem Recht zur Berücksichtigung regionaler Besonderheiten gemäß § 29 Abs. 2 oder Abs. 4 SGB XII Gebrauch machen, gilt der jeweils höchste durch Rechtsetzungsakt des Bundes oder der Länder festgesetzte Regelsatz. Dadurch wird eine bundeseinheitliche und praktikable Regelung der Abzugsbeträge sichergestellt. Der Begriff des „Haushaltsvorstands“ wird im SGB XII zukünftig nicht mehr vorkommen. An seine Stelle tritt der „alleinstehende oder alleinerziehende Leistungsberechtigte“ in Regelbedarfsstufe 1. Diese Terminologie übernimmt § 115.

8 **Nr. 2b.** Das Gesetz stellt für die Bestimmung des Freibetrages für unterhaltsberechtigte Personen (Buchstabe b), insbesondere für Kinder, auf den Regelsatz ab, der je nach Alter und Anzahl der Haushaltsangehörigen für das jeweilige Kind oder eine andere unterhaltsberechtigte Person gilt. Damit wird auch im Prozesskostenhilferecht eine alters-

---

**18** BGH NJW-RR 2008, 595; vgl. auch OLG Stuttgart FamRZ 2008, 1261.

**19** OLG Bamberg JurBüro 1985, 1108; Büttner/Wrobel-Sachs/Gottschalk/*Dürbeck*[7] Rdn. 229; abw. OLG Köln FamRZ 1990, 642 (stellt auf sozialhilferechtliche Berücksichtigung ab).

**20** *Kalthoener/Büttner*[1] Rdn. 213 ausführlich hierzu Büttner/Wrobel-Sachs/Gottschalk/*Dürbeck*[7] Rdn. 212.

**21** BVerfGE 87, 153.

**22** Änderung m.W.v. 30.3.2011 durch das Gesetz zur Ermittlung von Regelbedarfen und zur Änderung des Zweiten und Zwölften Buches Sozialgesetzbuch (EGRBEG) v. 24.3.2011 (BGBl. I, S. 453); Begründung zum Gesetzesentwurf der Fraktionen CDU/CSU und FDP (BT-Drucks. 17/3404, S. 135.

abhängige Differenzierung der Freibeträge für Kinder eingeführt. Maßgeblich ist das Alter des Kindes im Bewilligungszeitpunkt. Erreicht das Kind im Laufe einer mehrjährigen Ratenzahlungsverpflichtung eine höhere Altersstufe, ist der höhere Freibetrag auf Antrag des Empfängers zu berücksichtigen, wenn er dazu führt, dass keine Rate mehr zu zahlen ist, § 120a Abs. 1 S. 1, 2. Halbsatz. Dadurch wird sichergestellt, dass der steigende Regelbedarf des älter gewordenen Kindes bei der Rückzahlung von Prozesskostenhilfe berücksichtigt werden kann. Der Sicherheitszuschlag von 10 Prozent auf die sozialrechtlichen Regelsätze wird auch für die Freibeträge für Kinder und andere unterhaltsberechtigte Personen beibehalten, um weitere im SGB XII vorgesehene Bedarfe für Kinder abzudecken.

Die in den Mitgliedstaaten der Europäischen Union bestehenden Unterschiede hinsichtlich der Lebenshaltungskosten rechtfertigen es grundsätzlich nicht, die maßgebenden Vermögensfreibeträge herabzusetzen, wenn eine in Deutschland klagende Partei ihren Wohnsitz oder ihren gewöhnlichen Aufenthaltsort in einem Mitgliedstaat mit niedrigeren Lebenshaltungskosten hat.[23]

Unter **Nr. 3** fallen Kosten der Unterkunft und Heizung. Diese sind dann abzugsfähig, 9
soweit sie nicht in einem auffälligen Missverhältnis zu den Lebensverhältnissen der Partei stehen. Hier ist dem Gericht ein weiter Ermessensspielraum für die Beurteilung am Einzelfall eingeräumt.[24] Kosten der Unterkunft sind der zu entrichtende Mietzins und Betriebskosten.[25] Dabei sind Lebenshaltungskosten, wie Nebenkosten für Strom und Wasser, nicht abzugsfähig, sie finden bereits im Freibetrag für die Partei entsprechende Berücksichtigung.[26] Ebenso können Kosten für Stellplätze oder Garagen nicht abgezogen werden.[27] Unterkunftskosten können auch Belastungen durch Darlehensaufnahmen für selbstgenutzte Immobilien darstellen und nebst Zinsen abzugsfähig sein.[28] Die Kosten sind dann nach Kopfteilen aufzuteilen, wenn mehrere Personen mit ausreichend eigenen Einkünften in derselben Wohnung leben.[29] Heizkosten sind z.B. Kosten für Strom, Gas, Fernwärme und Heizöl.[30]

**Nr. 4** betrifft Mehrbedarfe i.S.v. §§ 21 SGB II, 30 SGB XII. Diese Regelung wurde 10
m.W.v. 1.1.2014[31] neu in die Vorschrift des § 115 eingefügt. Der Mehrbedarf wird dann bewilligt und ist vom Einkommen anzuziehen, wenn der Regeldarf nicht ausreicht. Damit soll die Regelung unter Nr. 4 dem Schutz von Personen dienen, die sich in besonderen Lebenssituationen befinden und ermöglicht den Abzug von Freibeträgen auch in den Fällen, in denen der Antragsteller seinen Lebensunterhalt aus einem Einkommen bestreitet.[32]

**Nr. 5.** Erfasst den Abzug besonderer Belastungen, soweit dies angemessen ist. Hie- 11
runter fallen all jene Belastungen, die der Regelsatz für den laufenden Bedarf i.S.v. § 28 SGB XII nicht deckt. Es gilt § 1610a BGB entsprechend. Die Regelung unter Nr. 5 stellt eine sog. „Härteklausel" dar, die es demnach erlaubt, besondere Belastungen abzuziehen und gibt dem Richter Spielraum, um den Antragsteller vor unangemessenen Ein-

---

23 BGH NJW-RR 2008, 1453.
24 Vgl. dazu näher Musielak/*Fischer* § 115 Rdn. 26 m.w.N.
25 Vgl. Beck-OK/*Reichling* § 115 Rdn. 39, 39.1.
26 BGH FamRZ 2008, 781; OLG Celle JurBüro 2011, 145; OLG Karlsruhe FamRZ 2005, 465 f.; OLG Dresden OLGR 2000, 100.
27 OLG Brandenburg Rpfleger 2001, 356; OLG Brandenburg FamRZ 2008, 69.
28 Prütting/Gehrlein/*Völker/Zempel* § 115 Rdn. 27.
29 OLG Koblenz MDR 1995, 1165, OLG Koblenz FamRZ 2000, 1093.
30 Beck-OK/*Reichling* § 115 Rdn. 40.
31 BGBl. I, S. 3533.
32 Beck-OK/*Reichling* § 115 Rdn. 42a.

schränkungen seiner Lebensführung zu bewahren. Es sind die Umstände des Einzelfalls zu würdigen.

12 Belastungen aus **Schulden**, die vor Antragstellung eingegangen wurden, sind zu berücksichtigen, soweit sie der angemessenen Lebensführung dienten.[33] Nicht zu berücksichtigen ist danach bspw. die Schuldbelastung durch den Erwerb einer Ferienwohnung.[34] Nicht schutzwürdig ist ferner der Antragsteller, der noch in Ansehung des Prozesses Verpflichtungen eingeht, die nicht unabweisbar sind, andernfalls würde die Prozesskostenhilfe mittelbar die Kosten der allgemeinen Lebenshaltung finanzieren.[35] Es ist grundsätzlich nicht angemessen, die auf Geldstrafen, Buß- und Verwarnungsgelder[36] zu zahlenden Raten bei der Einkommensermittlung zu berücksichtigen. Denn nach § 42 StGB i.V.m. § 459a StPO kann der Bedürftige bei einer – auch im Lichte der von ihm verwirkten Strafe – nicht mehr zumutbaren wirtschaftlichen Belastung eine entsprechende Zahlungserleichterung bei der Vollstreckungsbehörde erreichen. Damit ist sichergestellt, dass ihm der Zugang zu den Gerichten nicht versperrt wird.[37]

13 Kostenerstattungsansprüche oder Prozesskostenhilferaten aus einem **anderen** Verfahren sind als besondere Belastungen zu berücksichtigen.[38] Auch Ratenzahlungen auf ein Anwaltshonorarkann Berücksichtigung finden.[39] Abzugsfähig sind des Weiteren notwendige Ausgaben infolge besonderer Bedarfslagen wie bspw. Krankheit, Geburt, Heirat oder Tod, hierunter können auch Ausgaben für Nachhilfeunterricht oder für einen Umzug oder die Neuanschaffung einer Wohnungseinrichtung im Falle eines notwendigen Wohnungswechsels fallen. Abzuziehen sind auch laufende Unterhaltsleistungen, die zwar nicht einer gesetzlichen aber einer sittlichen Verpflichtung entsprechen, soweit sie angemessen sind.[40]

14 **3. Neubekanntmachung nach Abs. 1 S. 5.** Die Neubekanntmachung folgt ohne feste zeitliche Vorgabe flexibel den Festsetzungen und Fortschreibungen der Regelsätze. Die Neubekanntmachung der Freibeträge im Bundesgesetzblatt zur Neufestsetzung der Regelsätze erfolgt, wenn die Ergebnisse einer bundesweiten neuen Einkommens- und Verbrauchsstichprobe vorliegen (§ 28 Abs. 1 SGB XII). Nur in den Jahren, in denen keine Neufestsetzung erfolgt, schreiben Bund und Länder die Regelsätze zum 1. Juli fort (§ 28a Abs. 1, § 29 Absatz 4 SGB XII).

### III. Ratenhöhe (Abs. 2)

15 Die Berechnung mittels Tabelle, wie vorher geschehen, ist durch die Neuregelung des § 115 abgeschafft worden. Nunmehr ist das einzusetzende Einkommen zu ermitteln und zu halbieren. Der sich ergebende Betrag ist auf einen vollen Eurobetrag abzurunden. Ab einem einzusetzenden Einkommen zwischen € 11 und € 600 beträgt die zu zahlende Rate die Hälfte des einzusetzenden Einkommens. Darüber sind vorab € 300 als Rate zu

---

**33** OLG Hamm JurBüro 1987, 1416; KG FamRZ 1984, 412.
**34** LAG Baden-Württemberg JurBüro 1988, 898.
**35** KG AnwBl. 1981, 507; OLG Hamm FamRZ 1986, 1127.
**36** BGH MDR 2011, 315; OLG Celle MDR 2011, 627; OLG Karlsruhe FamRZ 2008, 1541; OLG München FamRZ 2007, 1340; OLG Koblenz JurBüro 1997, 30; **a.A.** (Geldstrafen) OLG Hamburg FamRz 2001, 235; OLG Brandenburg FamRZ 2004, 646.
**37** BGH NJW 2011, 1007. Zu Raten auf Geldbusse: OLG Celle MDR 2011, 627.
**38** BGH NJW-RR 1990, 450; OLG Karlsruhe FamRZ 1988, 202; OLG Düsseldorf JurBüro 1984, 931.
**39** OLG Köln FamRZ 1993, 579.
**40** OLG Köln NJW 1974, 706; *Thomas/Putzo/Seiler*[34] § 115 Rdn. 14; **a.A.** LAG Nürnberg LAGE § 115 ZPO Nr. 22.

leisten zuzüglich des Mehrbetrages über € 600. Bei einem Betrag unter € 10 besteht Ratenfreiheit.

48 Monatsraten dürfen nicht überschritten werden. Dies gilt für jedes einzelne Verfahren und umfasst den gesamten Instanzenzug.[41]

## IV. Vermögen (Abs. 3)

**1. Begriff.** Es ist das Vermögen der Partei einzusetzen, soweit dies zumutbar ist. § 115 Abs. 3 verweist auf § 90 SGB XII, dieser lautet (Stand Juni 2014): 16

***§ 90***
***Einzusetzendes Vermögen***
*(1) Einzusetzen ist das gesamte verwertbare Vermögen.*
*(2) Die Sozialhilfe darf nicht abhängig gemacht werden vom Einsatz oder von der Verwertung*
1. *eines Vermögens, das aus öffentlichen Mitteln zum Aufbau oder zur Sicherung einer Lebensgrundlage oder zur Gründung eines Hausstandes erbracht wird,*
2. *eines Kapitals einschließlich seiner Erträge, das der zusätzlichen Altersvorsorge im Sinne des § 10a oder des Abschnitts XI des Einkommensteuergesetzes dient und dessen Ansammlung staatlich gefördert wurde,*
3. *eines sonstigen Vermögens, solange es nachweislich zur baldigen Beschaffung oder Erhaltung eines Hausgrundstücks im Sinne der Nummer 8 bestimmt ist, soweit dieses Wohnzwecken behinderter (§ 53 Abs. 1 Satz 1 und § 72) oder pflegebedürftiger Menschen (§ 61) dient oder dienen soll und dieser Zweck durch den Einsatz oder die Verwertung des Vermögens gefährdet würde,*
4. *eines angemessenen Hausrats; dabei sind die bisherigen Lebensverhältnisse der nachfragenden Person zu berücksichtigen,*
5. *von Gegenständen, die zur Aufnahme oder Fortsetzung der Berufsausbildung oder der Erwerbstätigkeit unentbehrlich sind,*
6. *von Familien- und Erbstücken, deren Veräußerung für die nachfragende Person oder ihre Familie eine besondere Härte bedeuten würde,*
7. *von Gegenständen, die zur Befriedigung geistiger, insbesondere wissenschaftlicher oder künstlerischer Bedürfnisse dienen und deren Besitz nicht Luxus ist,*
8. *eines angemessenen Hausgrundstücks, das von der nachfragenden Person oder einer anderen in den § 19 Abs. 1 bis 3 genannten Person allein oder zusammen mit Angehörigen ganz oder teilweise bewohnt wird und nach ihrem Tod von ihren Angehörigen bewohnt werden soll. Die Angemessenheit bestimmt sich nach der Zahl der Bewohner, dem Wohnbedarf (zum Beispiel behinderter, blinder oder pflegebedürftiger Menschen), der Grundstücksgröße, der Hausgröße, dem Zuschnitt und der Ausstattung des Wohngebäudes sowie dem Wert des Grundstücks einschließlich des Wohngebäudes,*
9. *kleinerer Barbeträge oder sonstiger Geldwerte; dabei ist eine besondere Notlage der nachfragenden Person zu berücksichtigen.*

*(3) Die Sozialhilfe darf ferner nicht vom Einsatz oder von der Verwertung eines Vermögens abhängig gemacht werden, soweit dies für den, der das Vermögen einzusetzen hat, und für seine unterhaltsberechtigten Angehörigen eine Härte bedeuten würde. Dies ist bei der Leistung nach dem Fünften bis Neunten Kapitel insbesondere der Fall, soweit eine angemessene Lebensführung oder die Aufrechterhaltung einer angemessenen Alterssicherung wesentlich erschwert würde.*

Das Vermögen ergibt sich aus schon vorhandenen Gütern, wohingegen es sich bei zukünftigen Gütern um Einkommen handelt.[42] Vermögen ist soweit verwertbar, wie es tatsächlich veräußert werden kann.[43] Die Zurechnung eines fiktiven Einkommens bei der

41 Vgl. hierzu: BeckOK-ZPO/*Reichling* § 115 Rdn. 45 m.w.N.
42 BSG NJW 2009, 3323, 3324; Musielak/*Fischer* § 115 Rdn. 35.
43 Musielak/*Fischer* § 115 Rdn. 35.

Prüfung der Kostenarmut gemäß §§ 114, 115 ist auf krasse Ausnahmefälle beschränkt.[44] Sie richtet sich nach sozialhilferechtlichen Grundsätzen und ist auf krasse Ausnahmefälle beschränkt.[45]

17 **2. Vermögensbestandteile. Vermögen** im Sinne des Prozesskostenhilferechts ist das gesamte **verwertbare** Vermögen des Antragstellers, hierzu gehören auch Forderungen[46] und sonstige Vermögensrechte. Durch die Bezugnahme auf § 90 SGB XII (Einzusetzendes Vermögen) ist das Vermögen stärker als das Einkommen geschützt. Vermögen liegt vor, wenn eine geldwerte Leistung zur Zeit der Antragstellung dem Hilfsbedürftigen bereits zugeflossen war, fließt es ihm hingegen noch zu, so handelt es sich i.d.R. um Einkommen.[47]

18 Berücksichtigt wird nur verwertbares Vermögen. Forderungen, die nicht durchsetzbar oder realisierbar sind, gehören nicht hierher. Jedoch kommt eine Zurechnung als fiktives Vermögen in Betracht, wenn der Antragsteller sich um die Durchsetzung der Forderung nicht kümmerte, obwohl er wissen musste, dass er die Mittel für die Prozessfinanzierung benötigen würde. Allgemein ist einem Antragsteller Vermögen zuzurechnen, dass er in Kenntnis des Prozesses weggibt oder verschleudert. Es reicht grobe Fahrlässigkeit, Böswilligkeit ist nicht erforderlich.[48] Nicht zu berücksichtigen ist die Aussicht auf eine spätere Vermögensverbesserung. Ein eingetragener Verein, dessen wesentlicher Vereinszweck in der „Bildung einer Religionsgesellschaft" zur Pflege und Förderung seiner religiösen Anliegen und Ziele, auch durch Betreiben von Gebetsstätten besteht, hat zur Finanzierung der Rechtsverteidigung gegen eine Klage seines Vermieters sein Vermögen einzusetzen. Unterlässt er es, in Ansehung von Rechtsstreitigkeiten Rücklagen zu bilden, muss sich so behandeln lassen, als sei Vermögen vorhanden; er kann sich nicht darauf berufen, in seiner Satzung sei derartiges nicht vorgesehen, sondern sein Vermögen sei nur für unmittelbare Vereinszwecke zu verwenden. Er hat außerdem darzulegen, dass auch seine Mitglieder die Prozesskosten nicht aufbringen können[49] Die Möglichkeit eines Arbeitnehmers, zur Durchführung eines Arbeitsgerichtsprozesses gewerkschaftlichen Rechtsschutz in Anspruch zu nehmen, stellt Vermögen i.S.d. § 115 dar, solange die Gewerkschaft Rechtsschutz nicht abgelehnt hat oder es als sicher erscheint, dass dies geschehen wird. Etwas anderes gilt nur dann, wenn im Einzelfall der Vermögenseinsatz unzumutbar ist. Dies kann bei einer erheblichen Störung des Vertrauensverhältnisses zwischen der Gewerkschaft und ihrem Mitglied der Fall sein.[50]

19 Zum Vermögen zählt auch der Anspruch auf **Deckungsschutz** gegen eine Rechtsschutzversicherung. Notfalls muss der Antragsteller den **Stichentscheid** herbeiführen.[51] Auf eine Deckungsklage nach erfolglosem Stichentscheid kann er jedoch nicht verwiesen werden.[52] Gleiches gilt für die Inanspruchnahme **gewerkschaftlichen Rechtsschutzes**, diese kann zudem bei Vorliegen einer Vertrauensstörung zwischen Arbeitnehmer und

44 OLG Saarbrücken MDR 2012, 1367.
45 OLG Saarbrücken MDR 2012, 1367.
46 LAG Düsseldorf JurBüro 1986, 608; kritisch *Burgard* Berücksichtigung des Vermögens beim Antrag auf Prozesskostenhilfe, NJW 1990, 3240.
47 Zöller/*Geimer* § 115 Rdn. 28; Büttner/Wrobel-Sachs/Gottschalk/*Dürbeck*[7] Rdn. 313, insb. 315 f.
48 OLG Bamberg FamRZ 1985, 502; OLG Zweibrücken JurBüro 1986, 289; enger Zöller/*Geimer* § 115 Rdn. 74.
49 KG Grundeigentum 2006, 1405.
50 BAG NZA 2013, 110.
51 BGH NJW-RR 1987, 1343.
52 LAG Düsseldorf JurBüro 1982, 610.

Gewerkschaft unzumutbar sein.[53] Zum Vermögen zählt auch ein Anspruch auf Prozesskostenvorschuss.[54] Der Antragsteller kann auf die Geltendmachung dieses Anspruchs verwiesen werden, wenn er alsbald realisierbar ist.[55] Dies ist nicht allein deshalb zu verneinen, weil der Anspruchsgegner nicht freiwillig leistet. Ausgenommen in Eilfällen muss der Antragsteller die gerichtliche Durchsetzung des Anspruches auf **Prozesskostenvorschuss** versucht haben.[56] Nicht realisierbar ist der Anspruch hingegen i.d.R., wenn der Verpflichtete seinerseits Anspruch auf Prozesskostenhilfe hätte,[57] in diesen Fällen wird er sich auch meist auf die Wahrung des angemessenen Selbstbehalts berufen können. Eltern schulden ihren minderjährigen Kindern einen Prozesskostenvorschuss auch dann, wenn sie ihn zwar nicht in einer Summe zahlen können, aber nach Abs. 1 und 2, der regelmäßig auch ihren notwendigen Selbstbehalt wahrt, für eine eigene Prozessführung zu Ratenzahlungen in der Lage wären. Dann kann dem vorschussberechtigten Kind Prozesskostenhilfe auch nur gegen entsprechende Ratenzahlung bewilligt werden.[58]

### 3. Unzumutbarer Vermögenseinsatz

**a) Allgemeines.** Dem Antragsteller ist nicht zuzumuten, seine Vermögenssubstanz 20
oder seine Existenzgrundlage zu gefährden. Insbesondere ist er nicht gezwungen, Vermögen zu verwerten, das der Pfändung nicht unterworfen ist (§§ 811, 812).[59] Unzumutbar ist oft auch die Inanspruchnahme von Vermögensgegenständen, die nur mit unangemessenem Verlust verwertet werden können. Dies kann bspw. auf Prämiensparverträge, Bausparverträge und Festgeldanlagen zutreffen.[60] Allerdings ist zu prüfen, ob es dem Antragsteller nicht zuzumuten wäre, die Zeit bis zur Auszahlung des Kapitals durch ein Darlehen zu überbrücken.[61]

**b) Unverwertbares Vermögen.** § 115 Abs. 3 verweist auf § 90 Abs. 2 SGB XII, in dem 21
dortigen Katalog der Nr. 1–9 ist das unverwertbare Vermögen aufgeführt. Für den Prozessrichter steht dadurch bindend fest, dass die Verwertung der dort aufgeführten Vermögensgegenstände für den Antragsteller unzumutbar wäre. Die Prozesspartei hat eine Kapital-Lebensversicherung grundsätzlich vor Inanspruchnahme von Prozesskostenhilfe für die Prozesskosten einzusetzen. Hierfür kommt auch eine – teilweise – Verwertung durch Beleihung in Betracht.[62] Hingegen müssen staatlich geförderte Riester- oder Rürup-Renten nicht eingesetzt werden.[63]

Die Bewilligung von Prozesskostenhilfe darf nach § 90 Abs. 2 Nr. 2 SGB XII nicht vom Einsatz oder der Verwertung einer staatlich geförderten Altersvorsorge abhängig gemacht werden. Miterbenanteile gehören zum einzusetzenden Vermögen i.S.d. Abs. 3. Trotz wirksamer Erbausschlagung ist einer Verfahrenskostenhilfe begehrenden und ver-

53 LAG Berlin MDR 1989, 572; LAG Hamm NJW 1987, 1358.
54 OLG Bremen FamRZ 1984, 919; OLG Bamberg JurBüro 1989, 119; KG FamRZ 1987, 303.
55 OLG Köln NJW 1975, 353; FamRZ 1985, 1067; OLG Frankfurt NJW 1981, 2129.
56 Büttner/Wrobel-Sachs/Gottschalk/*Dürbeck*[7] Rdn. 355.
57 OLG Bamberg JurBüro 1987, 1415; OLG Koblenz FamRZ 1989, 644; OLG München FamRZ 1987, 303; zu Einzelheiten s. Büttner/Wrobel-Sachs/Gottschalk/*Dürbeck*[7] Rdn. 371 f.; Zöller/*Geimer* § 115 Rdn. 66.
58 BGH NJW-RR 2004, 1662.
59 *Thomas/Putzo/Seiler*[34] § 115 Rdn. 22.
60 BGH VersR 1978, 670; OLG Düsseldorf FamRZ 1986, 1123; LAG Baden-Württemberg JurBüro 1989, 670.
61 *Thomas/Putzo/Seiler*[34] § 115 Rdn. 22.
62 BGH FamRZ 2010, 1643.
63 OLG Nürnberg OLGR 2008, 736; OLG Brandenburg NJW-RR 2006, 1301.

mögensløsen Partei fiktiv Vermögen in Form des ausgeschlagenen Miterbenanteils zuzurechnen, wenn in Ansehung des bereits laufenden gerichtlichen Verfahrens die Miterbenstellung ohne relevanten Grund aufgegeben wurde und somit die Ausschlagung mutwillig war.[64] Prozesskostenhilfe darf nach § 90 Abs. 2 Nr. 6 SGB XII nicht von der Verwertung von Familien- und Erbstücken abhängig gemacht werden, wenn dies eine besondere Härte für die Partei oder deren Familie bedeuten würde.

Nr. 1, 3, 4 schützen insbesondere den Hausstand des Hilfsbedürftigen. Nr. 5 schützt zudem die zur Berufsausübung benötigten Gegenstände, er geht über § 811 Nr. 5 insoweit hinaus, als auch Gegenstände geschützt sind, die erst der bevorstehenden Aufnahme einer Berufstätigkeit dienen. Die Verweisung des Hilfsbedürftigen auf einen Austausch gegen geringerwertige Gegenstände (§ 811a analog) kommt regelmäßig nicht in Betracht.[65]

22 Von besonderer Bedeutung ist der Schutz des angemessenen **Hausgrundstücks** in Nr. 8. Der Schutz erstreckt sich nur auf das selbstgenutzte Objekt, nicht auch auf Veräußerungs- oder Versteigerungserlöse.[66] Die Frage, ob das Haus (oder die Eigentumswohnung) angemessen ist, beurteilt sich nach der Zahl der Hausbewohner und ihrer Wohnbedürfnisse. Anhaltspunkte geben die Grenzen für den sozialen Wohnungsbau (vgl. § 39 Abs. 1, 2 Zweites Wohnungsbaugesetz i.d.F. d. B. v. 19. August 1994).[67] Bei größeren Objekten kann der Antragsteller darauf verwiesen werden, Kredit in Anspruch zu nehmen.[68] Der bedürftigen Partei ist es auch im Rahmen einer Änderung der Prozesskostenhilfebewilligung zumutbar, ein (z.B. durch den Zugewinnausgleich) erlangtes Vermögen für die Prozesskosten einzusetzen, selbst wenn sie damit ein angemessenes Hausgrundstück i.S. von § 90 Abs. 2 Nr. 8 SGB XII erworben hat.[69]

Eine Prozesspartei ist gehalten, ein Wochenendgrundstück, das nur mit einem nicht winterfesten Holzhaus bebaut ist, zu verwerten, um aus dem Erlös die Prozesskosten zu bestreiten. Wenn die Prozesspartei das Haus nicht selbst bewohnt, ist es nicht nach § 115 Abs. 2 S. 2 i.V.m. BSHG § 88 Abs. 2 Nr. 7 a.F. (vgl. § 90 Abs. 2 Nr. 8 SGB XII) von der Verpflichtung zur Verwertung eigenen Vermögens ausgenommen.[70]

23 Ferner sind nach Nr. 9 kleinere Beträge oder sonstige Geldwerte unter Berücksichtigung einer besonderen Notlage der bedürftigen Partei bei der Bewilligung der Prozesskostenhilfe außer Betracht zu lassen. Das konkrete Schonvermögen wird gemäß § 96 Abs. 2 SGB XII durch die Verordnung zur Durchführung des § 90 Abs. 2 Nr. 9 SGB XII festgestellt. Die Freibeträge nach der Verordnung betragen € 2.600 und erhöhen sich für jede unterhaltsberechtigte Person um je € 256.[71]

### V. Ausschluss der Prozesskostenhilfe (Abs. 4)

24 § 115 Abs. 4 schreibt als **Mindestgrenze** vor, dass Prozesskostenhilfe nicht bewilligt wird, wenn die Kosten der Prozessführung der Partei den Betrag von vier Monatsraten und etwaige aus dem Vermögen aufzubringende Teilbeträge nicht übersteigen. Die Vor-

**64** Jahreis, jurisPR-FamR 12/2012 Anm. 7.
**65** Zöller/*Geimer* § 115 Rdn. 47.
**66** OLG Frankfurt FamRZ 1986, 925; OLG Hamm MDR 1984, 500.
**67** Vgl. ausführlich Büttner/Wrobel-Sachs/Gottschalk/*Dürbeck*[7] Rdn. 345 ff.; zur Neufassung des §§ 88 Abs. 2 Nr. 7 BSHG s. *Schulte* Schutz des „angemessenen Hausgrundstücks" in der Sozialhilfe, NJW 1991, 546.
**68** OLG Celle MDR 1987, 502; LG Passau JurBüro 1987, 1097; BFH MDR 1990, 955 m. Anm. *Hardt*.
**69** BGH NJW-RR 2008, 144 in Fortführung von BGH NJW-RR 2007, 628.
**70** BGH FuR 2001, 138.
**71** Vgl. statt aller: BeckOK-ZPO/*Reichling* § 115 Rdn. 80.

schrift dient der Vereinfachung, der mit der Bewilligung von Prozesskostenhilfe verbundene Aufwand stünde in keinem Verhältnis zum geringen Nutzen für die Partei, der es zuzumuten ist, die für die Prozessführung erforderlichen Mittel selbst aufzubringen.[72]

## § 116
## Partei kraft Amtes; juristische Person; parteifähige Vereinigung

**Prozesskostenhilfe erhalten auf Antrag**

1. **eine Partei kraft Amtes, wenn die Kosten aus der verwalteten Vermögensmasse nicht aufgebracht werden können und den am Gegenstand des Rechtsstreits wirtschaftlich Beteiligten nicht zuzumuten ist, die Kosten aufzubringen;**
2. **eine juristische Person oder parteifähige Vereinigung, die im Inland, in einem anderen Mitgliedstaat der Europäischen Union oder einem anderen Vertragsstaat des Abkommens über den Europäischen Wirtschaftsraum gegründet und dort ansässig ist, wenn die Kosten weder von ihr noch von den am Gegenstand des Rechtsstreits wirtschaftlich Beteiligten aufgebracht werden können und wenn die Unterlassung der Rechtsverfolgung oder Rechtsverteidigung allgemeinen Interessen zuwiderlaufen würde.**

**§ 114 Absatz 1 Satz 1 letzter Halbsatz und Absatz 2 ist anzuwenden. Können die Kosten nur zum Teil oder nur in Teilbeträgen aufgebracht werden, so sind die entsprechenden Beträge zu zahlen.**

### I. Allgemeines

Auch für die Parteien kraft Amtes gilt die Regel, dass jede Partei ihre Aufwendungen 1 für die Prozessführung grundsätzlich selbst zu tragen hat und Prozesskostenhilfe nur erhält, wenn sie die dafür geltenden besonderen Voraussetzungen dartut sowie auf Verlangen des Gerichts glaubhaft macht.[1]

§ 116, der § 114 Abs. 3 und 4 alter Fassung entspricht, enthält Sonderregeln, die den 1a §§ 114 und 115 vorgehen. Im Gegensatz zur alten Fassung ist bei Vorliegen der Bewilligungsvoraussetzungen Prozesskostenhilfe zu gewähren, ohne dass dem Gericht ein Ermessensspielraum zustünde. § 115 Abs. 2 gilt nicht. Teilzahlungen sind nicht auf 48 Monatsraten beschränkt.[2] Zu beachten ist jedoch die Bewilligungsgrenze des § 115 Abs. 4, da die unter § 116 fallenden Personen gegenüber natürlichen Personen keinesfalls begünstigt werden sollen.[3]

### II. Partei kraft Amtes

**1. Begriff.** Parteien kraft Amtes sind insbesondere der Insolvenzverwalter (§ 80 2 Abs. 1 InsO), der vorläufige Verwalter, soweit ihm er allgemein zur Verwaltung des schuldnerischen Vermögens (§ 22 Abs. 1 InsO) oder durch besondere Anordnungen des

72 Zur Kritik s. Baumbach/Lauterbach/Albers/*Hartmann*[71] § 115 Rdn. 73.

1 OLGR Düsseldorf 2003, 71.
2 *Schneider* MDR 1981, 284; *Röwer* MDR 1981, 348; Musielak/*Fischer* § 116 Rdn. 20.
3 Vgl. Vorauﬂ. § 116 Rdn. 1; Zöller/*Geimer* § 116 Rdn. 30 m.w.N.

Insolvenzgerichts zur Prozessführung im konkreten Fall gem. § 22 Abs. 2 InsO ermächtigt ist, der Nachlassverwalter (§ 1985 BGB), der Zwangsverwalter[4] und der Testamentsvollstrecker (§§ 2212ff. BGB). Nicht hierher gehören der Pfleger einer Leibesfrucht und der Nachlasspfleger (§§ 1912, 1960 BGB), die als gesetzliche Vertreter auftreten. Bei der Nachlasspflegschaft für den unbekannten Erben ist zu prüfen, ob die Kosten der Prozessführung aus dem Nachlassvermögen aufgebracht werden können.[5]

### 2. Unzulänglichkeit der Vermögensmasse

3 **a)** Abzustellen ist auf die verwaltete Vermögensmasse (Nachlass, Insolvenzmasse etc.). Die persönlichen wirtschaftlichen Verhältnisse der Partei kraft Amtes sind irrelevant.[6] Entscheidend ist, welche Barmittel vorhanden sind oder flüssig gemacht werden können. Für die Frage der Verwertbarkeit von Vermögensgegenständen gelten zumindest die Anforderungen, die für natürliche Personen gelten (s. § 115, 16ff.), zugleich ist zu berücksichtigen, dass der Gesetzgeber die in § 116 genannten Antragsteller grundsätzlich strengeren Anforderungen unterwirft. Dem entspricht es, dass der BGH für Fälle der Prozessführung eines Vormundes darauf erkannt hat, dass bei der Prüfung der Bedürftigkeit im Prozesskostenhilfeverfahren auch dann allein auf die wirtschaftlichen Verhältnisse des Mündels abzustellen sei, wenn der Vormund die Interessen des Mündels nicht als dessen gesetzlicher Vertreter wahrnimmt, sondern (z.B. In einem Umgangsrechtsverfahren) als Inhaber der Personensorge selbst Verfahrensbeteiligter ist.[7]

3a **b)** Die Bewilligung von Prozesskostenhilfe an den Insolvenzverwalter in einem über das Vermögen einer juristischen Person eröffneten Insolvenzverfahren **setzt nicht voraus**, dass die Unterlassung der Rechtsverteidigung allgemeinen Interessen i.S. von Satz 1 Nr. 2 zuwiderlaufen würde.[8] Daher ist im Falle einer juristischen Person, deren Insolvenzverwalter Prozesskostenhilfe beantragt, nicht Satz 1 Nr. 2 sondern Nr. 1 anzuwenden, unabhängig davon, ob der Insolvenzverwalter den Betrieb der juristischen Person liquidiert oder – vorerst – fortführt.[9]

3b **c)** Die Prozesskostenhilfebewilligung für einen Insolvenzverwalter setzt stets voraus, dass die liquide Masse, bestehend aus den vorhandenen Barmitteln und Bankguthaben sowie den kurzfristig zu liquidierenden sonstigen Massegegenständen, nicht zur Bezahlung der für das beabsichtigte Verfahren zu bevorschussenden Kosten ausreicht. Soweit liquide Masse vorhanden ist, muss sie allerdings nur insoweit für die Bezahlung der Verfahrenskosten eingesetzt werden, als sie nicht zur Deckung der bisher schon begründeten und der unausweichlich noch entstehenden Masseverbindlichkeiten (§§ 54f. InsO) benötigt wird. Hierfür kommt es nicht allein darauf an, ob die derzeit vorhandene liquide Masse hinter dem Gesamtbetrag der voraussichtlichen Masseverbindlichkeiten zurückbleibt. Auch wenn dies der Fall ist, müssen die liquiden Mittel zur Bezahlung der Prozesskosten verwandt werden, sofern die Masseverbindlichkeiten nach dem vom Insolvenzverwalter aufzustellenden Finanzplan aus künftigen Massezuflüssen bedient werden können. Insbesondere darf der Insolvenzverwalter von der liquiden Masse nicht ohne weiteres den

4 OLG Hamm VersR 1989, 929.
5 BGH NJW 1964, 1418.
6 OLG Frankfurt DB 1988, 1062.
7 BGH FamFR 2011, 181 und FamRZ 2011, 633.
8 BGH DZWIR 2007, 259 = ZIP 2007, 887.
9 BGH DZWIR 2005, 521 = ZIP 2005, 1519.

Kostenbetrag (§ 54 InsO) zurückbehalten, der sich ergeben wird, wenn die gesamte Masse mit dem geschätzten künftigen Endergebnis verwertet werden sollte. Die vorhandenen liquiden Mittel müssen lediglich die Kosten decken, die auf der bisher erwirtschafteten Berechnungsgrundlage (§§ 58 Abs. 1 GKG, 1 Abs. 1 InsVV) bereits angefallen und vorrangig vor den Prozesskosten zu bezahlen sind. Soweit der Insolvenzverwalter künftige Massezuflüsse und damit einhergehende Erhöhungen der Berechnungsgrundlage erwartet, sind für die sich daraus ergebenden Mehrkosten keine Rückstellungen zu bilden, denn diese zusätzlichen Kosten können stets aus dem Massezuwachs bezahlt werden, durch den sie verursacht wurden.[10]

**3. Wirtschaftlich Beteiligte.** Satz 1 Nr. 1 konkretisiert den Grundsatz der Nachran- 4
gigkeit der Prozesskostenhilfe. Daraus folgt, dass vor der versuchten Inanspruchnahme staatlicher Mittel der Insolvenzverwalter versuchen muss, die Finanzierung der Prozessführung durch die wirtschaftlich Beteiligten zu betreiben, soweit die Kosten nicht aus der Masse aufgebracht werden können.[11] Im Falle der Erhöhung ihrer ist es den Insolvenzgläubigern daher zuzumuten, die Kosten der Prozessführung des Insolvenzverwalters aufzubringen, wobei sich die Frage der Zumutbarkeit erst dann stellt, wenn sich der Verwalter vergeblich um eine Kostenbeteiligung der Gläubiger bemüht hat.[12] Wirtschaftlich beteiligt sind diejenigen natürlichen oder juristischen Personen, denen der geplante Rechtsstreit endgültig nutzen würde.[13] Zu den wirtschaftlich Beteiligten, denen grundsätzlich die Finanzierung der Prozesskosten zuzumuten ist, gehören mit Ausnahme der Minimalgläubiger i.d.R. alle Insolvenzgläubiger, auch die Finanzbehörden.[14] Auch Massegläubigern im Sinne des § 55 InsO, die durch einen Erfolg der vom Insolvenzverwalter beabsichtigten Prozessführung ihre Befriedigungsmöglichkeit verbessern, ist es regelmäßig zuzumuten, die Prozesskosten aufzubringen, so dass die Voraussetzungen für die Gewährung von Prozesskostenhilfe nicht vorliegen.[15] Dies sind bei Testamentsvollstreckung und Nachlassverwaltung die Erben, Vermächtnisnehmer oder Pflichtteilsberechtigten, im Insolvenzverfahren die Insolvenzgläubiger, nicht hingegen der Insolvenzverwalter wegen der Aussicht auf Befriedigung seines Vergütungsanspruchs.[16] Wirtschaftlich beteiligt sind auch Gläubiger solcher Forderungen, die der Insolvenzverwalter zwar vorläufig mangels abschließender Prüfung noch bestreitet, ohne aber aufzuzeigen, dass gegen sie durchgreifende Bedenken bestehen.[17]

### 4. Zumutbarkeit

**a)** Für die Prüfung der Voraussetzungen des § 116 Abs. 1 Nr. 1 ZPO kommt es nach 5
der Judikatur des BGH auf die Zumutbarkeit der Kostenaufbringung an und nicht auf die Bereitschaft des Gläubigers, die Kosten vorzuschießen. Allein die Weigerung der Gläubigerin kann daher nicht dazu führen, die Zumutbarkeit zu verneinen.[18] Einer Partei kraft Amtes (hier: Insolvenzverwalter) ist nicht deshalb Prozesskostenhilfe zu gewähren, weil die Gläubiger, denen die Aufbringung der Prozesskosten zugemutet werden kann, nicht

**10** OLG Naumburg ZInsO 2011, 977.
**11** *Raab* jurisPR-InsR 8/2011 Anm. 3.
**12** OLG Naumburg NZI 2011, 406.
**13** OLG Bamberg NJW-RR 1990, 638.
**14** OLG Nürnberg ZInsO 2005, 102.
**15** KG ZIP 2005, 2031; *Smid* jurisPR-InsR 2/2006 Anm. 4.
**16** *Uhlenbruck* KTS 1988 438; *Pape* ZiP 1988, 1305; **a.A.** OLG Celle ZiP 1988, 792.
**17** SchlHA 2008, 25.
**18** BGH NZI 2013, 82.

zur Aufbringung der Prozesskosten bereit sind. Denn der BGH geht von einem Willen des Gesetzgebers aus, Prozesskostenhilfe in denjenigen Fällen auszuschließen, in welchen hinter der Partei kraft Amtes wirtschaftlich Beteiligte stehen, welche die zur Prozessführung erforderlichen Mittel aufbringen können und denen dies auch zumutbar ist. Wenn diese zur Mitwirkung nicht bereit sind, hat der Rechtsstreit zu unterbleiben.[19] Auch für die Voraussetzung der „Unzumutbarkeit der Kostenaufbringung für die am Gegenstand des Rechtsstreits wirtschaftlich Beteiligten", S. 1 Nr. 1, 2., enthält das Gesetz keine abweichende Regelung. Vielmehr ist auch nach dieser Vorschrift eine Zumutbarkeitsprüfung durchzuführen. Daher muss der Insolvenzverwalter als Partei kraft Amtes die Forderungen der Gläubiger nach Art und Höhe vortragen, um dem Gericht die Beurteilung einer Zumutbarkeit zu ermöglichen.[20] Die Prozessfinanzierung muss dem wirtschaftlich Beteiligten auch zumutbar sein. Dies beurteilt sich nach dem zu erwartenden Nutzen. Nicht zumutbar ist die Prozessfinanzierung bspw. für Insolvenzgläubiger, für die nur eine geringe Quote übrig bliebe.[21] Vorschüsse auf die Prozesskosten gem. Satz 1 Nr. 1 Halbsatz 2 sind nur solchen Beteiligten zuzumuten, die die erforderlichen Mittel unschwer aufbringen können und für die der zu erwartende Nutzen bei vernünftiger Betrachtung im Falle eines Erfolgs der Rechtsverfolgung voraussichtlich deutlich größer sein wird.[22] Für die Beurteilung, welche Kosten ein Gläubiger aufzubringen hat, ist zunächst der Kreis derjenigen Gläubiger zu bestimmen, denen die Aufbringung zumutbar ist. Auszuscheiden haben die Gläubiger mit einer Minimalforderung (d.h. diejenigen, die an der Gesamtsumme der festgestellten Forderungen selbst mit weniger als 5% beteiligt sind.[23] Bei den in § 116 Nr. 2 genannten Personen müssen im Insolvenzfall lediglich die Voraussetzungen von § 116 Nr. 1 vorliegen.[24] Das OLG Schleswig[25] meint, bei ausländischen Gläubigern z.B. aus den USA – könne nicht pauschal unterstellt werden, dass ihnen eine Beteiligung an den Prozesskosten nicht zumutbar sei. Das ist zweifelhaft, da man die besonderen Aufwendungen der Verfahrensbeteiligung dieser Gläubiger bedenken muss. Einer Bank als Insolvenzgläubigerin ist es gemäß Satz 1 Nr. 1 Hs 2 zuzumuten, die Prozesskosten für einen vom Insolvenzverwalter geführten Rechtsstreit, an dem sie wirtschaftlich beteiligt ist, aufzubringen, wenn sie selbst bei Annahme eines Prozess- und Vollstreckungsrisikos von 50% immer noch mehr als das Fünffache der aufzubringenden Kosten erhält.[26] Bei der Frage, ob den Gläubigern im Rahmen von § 116 Satz 1 Nr. 1 die Aufbringung der Kosten für eine Klage des Insolvenzverwalters zuzumuten ist, spielen insbesondere die Prozess und Vollstreckungsrisiken der beabsichtigten Klage eine Rolle. Die Forderung, die der Insolvenzverwalter geltend machen möchte, kann bei der Bestimmung der Insolvenzmasse gemäß § 207 Abs. 1 InsO nicht berücksichtigt werden, wenn erhebliche Prozess- und Vollstreckungsrisiken bestehen.[27] Schlechte Prozess- und Vollstreckungsaussichten wirken sich dabei zu Gunsten des Insolvenzverwalters aus, der Prozesskostenhilfe begehrt.[28]

---

**19** BGH ZInsO 2012, 2198.
**20** OLGR Düsseldorf 2003, 71.
**21** *Uhlenbruck* ZiP 1982, 288.
**22** OLGR Rostock 2009, 184.
**23** OLGR Rostock 2009, 184.
**24** BGH NJW 1991, 40; KG NJW 1990, 459; **a.A.** OLG Frankfurt NJW 1988, 2053; OLG München JurBüro 1990, 1022.
**25** SchlHA 2008, 25.
**26** BGH ZInsO 2011, 1552.
**27** OLG Karlsruhe ZIP 2012, 494.
**28** OLG Karlsruhe ZIP 2012, 494.

**b)** Die Zumutbarkeit ist immer dann zu bejahen, wenn die Gesamtheit dieser Gläubiger bei einem Prozesserfolg, in absoluten Zahlen gemessen, deutlich mehr erhält als sie an Prozesskosten aufzubringen hat.[29] Maßgebend für die Zumutbarkeit der Prozesskostenaufbringung durch die Insolvenzgläubiger im Sinne von Satz 1 Nr. 1 ist das Verhältnis zwischen dem Ertrag aller am Prozess kostenmäßig zu beteiligenden Insolvenzgläubiger aus der Realisierung der Klageforderung und den Prozesskosten. Bei der Errechnung des Ertrages ist zunächst die Höhe der Klageforderung, einschließlich etwaiger Nebenforderungen, festzustellen. Hiervon ist im Falle zweifelhafter Leistungsfähigkeit des Beklagten ein Abschlag in angemessener Höhe vorzunehmen. Von dem so errechneten Betrag ist derjenige Betrag abzuziehen, der erforderlich ist, um eine etwaige Unterdeckung der Masse zur Befriedigung der Massegläubiger und zur Aufbringung der Kosten des Insolvenzverfahrens auszugleichen. Ferner ist derjenige Anteil abzuziehen, der auf die Kleingläubiger, die Arbeitnehmer des Gemeinschuldners, die Träger der Sozialverwaltung und die Bundesanstalt bzw. -agentur für Arbeit entfällt. Bei der Bestimmung, welcher Insolvenzgläubiger als „Kleingläubiger" anzusehen ist, ist entscheidend der Vergleich zwischen der Höhe des auf den einzelnen Gläubiger entfallenden Gewinnanteils (d.h. sein Ertragsanteil abzüglich seines Prozesskostenanteils) und der Höhe des durch die kostenmäßige Beteiligung an dem Prozess mutmaßlich ausgelösten Verwaltungsaufwandes dieses Gläubigers. Ergibt sich, dass der Verwaltungsaufwand den zu erwartenden Gewinnanteil des Gläubigers übersteigt, ist der Gläubiger in aller Regel als Kleingläubiger anzusehen. Die Höhe des mutmaßlich ausgelösten Verwaltungsaufwandes des Gläubigers ist zu schätzen. In der Judikatur wird davon ausgegangen, dass er einen Betrag von ca. € 250 nicht überschreite.[30] Bei der Berechnung der Prozesskosten sind in jedem Falle die außergerichtlichen Kosten des Insolvenzverwalters einzubeziehen. Die Gerichtskosten sind im Falle der Prozesskostenhilfebeantragung für den ersten Rechtszug stets einzubeziehen; im Falle der Prozesskostenhilfebeantragung für den zweiten Rechtszug findet eine Einbeziehung – mit einem angemessenen Anteil allenfalls dann statt, wenn die Leistungsfähigkeit des Beklagten zweifelhaft ist. Die außergerichtlichen Kosten des Beklagten sind nicht einzubeziehen. Ist das Verhältnis von Ertrag und Prozesskosten dergestalt, dass der Ertrag die Prozesskosten um ein Vielfaches übersteigt, ist Zumutbarkeit im Sinne von Satz 1 Nr. 1 im Regelfall anzunehmen. Das KG hält ein 3,5-faches Übersteigen für ausreichend.[31] **5a**

**c)** In der Judikatur wird die Ansicht vertreten, dass, wenn im Prozesskostenhilfeverfahren von dem Insolvenzanfechtungsprozess das (verklagte!) Finanzamt im Sinne des Abs. 1 Nr. 1 als durch die Anfechtung Begünstigter wirtschaftlich beteiligt ist, ihm die Bevorschussung der Kosten des Rechtsstreit zuzumuten sei.[32] Das ist deshalb abwegig, weil es im Ergebnis zum Vereiteln der Rechtsverfolgung durch den Insolvenzverwalter führen kann. **5b**

**d)** Beantragt der **vorläufige Insolvenzverwalter** Prozesskostenhilfe für eine Klage, hat er so wie auch der Insolvenzverwalter die Forderungen der Gläubiger nach Art und Höhe vorzutragen, um dem Gericht die Beurteilung zu ermöglichen, ob den Gläubigern die Aufbringung der Kosten i.S.v. § 116 Satz 1 Nr. 1 ZPO zumutbar ist.[33] **5c**

---

**29** OLG Nürnberg ZInsO 2005, 102.
**30** KG NZI 2008, 748.
**31** KG NZI 2008, 748.
**32** LG Kiel SchlHA 2006, 92.
**33** OLG Braunschweig NZI 2013, 91.

5c **5. Massearmut.** Falsch ist es, wenn behauptet wird, dem Insolvenzverwalter könne keine Prozesskostenhilfe bewilligt werden, wenn die Voraussetzungen für eine Einstellung des Insolvenzverfahrens gemäß § 207 Abs. 1 InsO vorliegen.[34]

5d **6. Gewerbliche Prozessfinanzierung der Prozessführung des Insolvenzverwalters.** In den vergangenen Jahren ist das Problem der Prozesskostenhilfegewährung für die Prozessführung des Insolvenzverwalters zusehend zum Gegenstand wissenschaftlicher Diskussionen geworden. Wesentlicher Schwerpunkt ist dabei die gesetzlich vorgeschriebene Gebührendeckelung gem. § 49 RVG, namentlich die Reduzierung der Anwaltsgebühren auf € 391,00 pro Gebühr ab einem Streitwert von € 30.000,00 für den Fall der PKH-Gewährung. Zwar soll sich die Pflichtbeiordnung des Prozessanwalts gem. §§ 48, 49, 49a BRAO mit einer Vielzahl verfassungsrechtlich verbürgter Grundrechte, wie beispielsweise dem Rechtsstaatsprinzip bzw. dem Justizgewährungsanspruch gem. Art. 20 Abs. 3 GG und/oder der Rechtsweggarantie des Art. 19 Abs. 4 GG rechtfertigen lassen. Doch in Verbindung mit der Gebührenreduzierung weist insbesondere *Böttger*[35] nach, dass die Grenze zur Verfassungswidrigkeit überschritten und die Grundsätze des „Armenrechts", wie es der Gesetzgeber vor Augen hatte, insbesondere bei der Prozessführung von Insolvenzverwaltern in masseunzulänglichen Verfahren, nicht anwendbar ist. Die selbst vom BGH als hoch komplex und haftungsträchtig bezeichnete Insolvenzrechts- und Anfechtungsmaterie, die Gefährdung des Versicherungsschutzes, die Haftungsrisiken des Insolvenzverwalters, die im Ergebnis faktisch vorliegende, aber dem Prozessanwalt gesetzlich untersagte Vereinbarung eines Erfolgshonorars bzw. Unterschreitung der gesetzlichen Gebühren, lassen die Beantragung von Prozesskostenhilfe durch den Insolvenzverwalter bzw. seinen Prozessanwalt insgesamt als unzumutbar erscheinen. Für Insolvenzverwalter ist es weiter wegen des Verjährungsrisikos der einzuklagenden Ansprüche der Masse entgegen dem Wortlaut des § 204 Abs. 1 Nr. 14 BGB hoch riskant, seinen PKH-Antrag der Gegenseite bekannt zu machen.[36]

5e Neben den verfassungsrechtlichen Bedenken der Gebührendeckelung im Rahmen der PKH-Gewährung für Insolvenzverwalter und den zusätzlich bestehenden Verjährungsrisiken vertritt der Verfasser anschließend, soweit aus der Literatur ersichtlich, hier erstmals die These, Daher muss, wie Böttger überzeugend nachgewiesen hat, der Insolvenzverwalter vorrangig versuchen, gewerbliche Prozessfinanzierung in Anspruch zu nehmen, bevor er staatliche Prozesskostenhilfe beantragen darf. Denn in masseunzulänglichen Verfahren – und nur in diesen Verfahren kommt ja staatliche Prozesskostenhilfe überhaupt in Betracht – muss der Insolvenzverwalter versuchen, die beabsichtigte Klage in erster Linie aus dem Insolvenzverfahren selbst heraus zu finanzieren. Soweit es an ausreichender Masse fehlt – und auch dies ist in der überwiegenden Zahl der Insolvenzverfahren der Fall – muss der Verwalter derartige Verwertungshandlungen mit Hilfe massefremder Drittmittel realisieren. Hierbei sind Kreditaufnahmen durch Banken eher ungeeignet, wohl aber die Dienstleistung des Prozessfinanzierers. Bei dessen Erlösbeteiligung handelt es sich strukturell um Verwertungsaufwand wie andere Verwertungskosten auch. Insbesondere nach Anzeige der Masseunzulänglichkeit stellt sich bei dogmatisch richtiger Anwendung des § 209 InsO die Frage der Bedürftigkeit des Insolvenzverwalters bzw. der Masse gem. § 116 S. 1 Nr. 1. Entgegen der gegenwärtigen Judikatur ist nicht auf die Insolvenzgläubiger, sondern auf die Massegläubiger abzustellen, die vom Klageerfolg vorrangig profitieren, und dies nicht nur durch eine quotale, sondern

---

34 OLG Karlsruhe ZIP 2012, 494.
35 *Böttger* Gewerbliche Prozessfinanzierung und Staatliche Prozesskostenhilfe, 2008, 19 ff.
36 *Böttger* 26 ff.

i.d.R. durch eine vollständige Befriedigung. Die Zumutbarkeit ist dann aber regelmäßig zu bejahen und Prozesskostenhilfe zu versagen, unabhängig von der weiterhin verbleibenden Freiwilligkeit zur (zumutbaren) finanziellen Beteiligung der Massegläubiger.

### III. Juristische Personen und parteifähige Vereinigungen

**1. Subjektive Voraussetzungen.** Die in Nr. 2 genannten Personen müssen ihren Sitz 6
entweder im Inland haben, oder müssen in einem anderen Mitgliedsstaat der EU oder einem anderen Vertragsstaat des Abkommens über den Europäischen Wirtschaftsraum gegründet worden und dort ansässig sein. (Aufgrund staatsvertraglicher Sonderregelung kommt aber die Gleichstellung ausländischer juristischer Personen in Betracht.) Parteifähige Vereinigungen sind insbesondere die oHG und die KG sowie der nicht rechtsfähige Verein als Beklagter. Demgegenüber sind die BGB-Gesellschaft, die Miteigentümergemeinschaft und die Erbengemeinschaft wie Streitgenossen zu behandeln. Auch einer Wohnungseigentümergemeinschaft kann Prozesskostenhilfe gewährt werden.[37] Einer 100%igen Tochtergesellschaft, die durch einen Beherrschungs- und Ergebnisabführungsvertrag mit ihrer Muttergesellschaft verbunden war, ist es als „wirtschaftlich Beteiligter" Abs. 1 Satz 1 Nr. 2 ZPO zuzumuten, die Kosten der Rechtsverfolgung ihrer mittellosen Muttergesellschaft aufzubringen.[38]

#### 2. Objektive Voraussetzungen

**a)** § 116 Nr. 2 schränkt die Voraussetzungen für die Gewährung von Prozesskosten- 7
hilfe dadurch ein, dass es lediglich darauf ankommt, ob die Person oder die an ihr wirtschaftlich Beteiligten, bspw. ein GmbH-Gesellschafter oder -Geschäftsführer, die Prozesskosten aufbringen können. Auf die Zumutbarkeit der Prozessfinanzierung kommt es nicht an. Des Weiteren wird Prozesskostenhilfe nur gewährt, wenn die Unterlassung der Rechtsverfolgung oder Rechtsverteidigung allgemeinen Interessen zuwider laufen würde.[39] Die Regelung des Nr. 2 steht mit dem Grundgesetz im Einklang und ist nicht europarechtswidrig. Sie verstößt weder gegen die Grundsätze des gemeinschaftsrechtlichen Staatshaftungsanspruches, noch gegen den in Art. 47 der Charta der Grundrechte der Europäischen Union verankerten Grundsatz des effektiven gerichtlichen Rechtsschutzes.[40] Hinsichtlich der wirtschaftlichen Verhältnisse im Rahmen der Wohnungseigentümergemeinschaft Bedürftigkeitsprüfung kommt es dabei in entsprechender Anwendung des Satz 1 Nr. 2 sowohl auf die Verhältnisse der parteifähigen Vereinigung als auch auf diejenigen der Wohnungseigentümer als wirtschaftlich Beteiligte an. Dies gilt auch dann, wenn der Wohnungseigentumsverwalter das Verfahren in Verfahrensstandschaft führt.[41] Wird z.B. einer der beiden Mitglieder von der Wohnungseigentumsgemeinschaft ermächtigt, einen Wohngeldanspruch als gewillkürter Prozessstandschafter gerichtlich geltend zu machen, handelt es sich um eine unzulässige Umgehung des S. 1 Nr. 2.[42]

**b)** Die Unterlassung der Rechtsverfolgung läuft allgemeinen Interessen zuwider, 8
wenn die Entscheidung größere Kreise der Bevölkerung oder des Wirtschaftslebens an-

37 LG Berlin ZMR 2007, 145.
38 RGZ 148, 196; OLG München ZIP 2002, 2131.
39 BVerfG NJW 1974, 229.
40 KG Berlin ZIP 2011, 542.
41 LG Berlin ZMR 2007, 145.
42 LG Hamburg ZMR 2010, 397.

spricht und soziale Auswirkungen wie den Verlust einer größeren Zahl von Arbeitsplätzen nach sich ziehen könnte.[43] Bei der Prüfung der Bewilligung von Prozesskostenhilfe gemäß S. 1 Nr. 2 ist daher zu berücksichtigen, dass eine Gesellschaft nur dann eine von der Rechtsordnung anerkannte Existenzberechtigung besitzt, wenn sie ihre Ziele aus eigener Kraft verfolgen kann. Bei Verfolgung rein wirtschaftlicher Interessen einer Gesellschaft läuft das Unterlassen der Rechtsverfolgung den Interessen der Allgemeinheit nicht zuwider.[44] Das allgemeine Interesse an einer funktionierenden Rechtsordnung und an der richtigen Entscheidung von Rechtsstreitigkeiten genügt nicht.[45]

9 Nach Satz 1 Nr. 2 kann einer GmbH & Co. KG Prozesskostenhilfe nur bewilligt werden, wenn die Kosten weder von ihr noch von den am Gegenstand des Rechtsstreits wirtschaftlich Beteiligten aufgebracht werden können und wenn die Unterlassung der Rechtsverfolgung oder Rechtsverteidigung allgemeinen Interessen zuwiderlaufen würde. Die Unterlassung der Durchführung einer Revision läuft allgemeinen Interessen regelmäßig nur dann zuwider, wenn es sich um eine Entscheidung handelt, die größere Kreise der Bevölkerung oder des Wirtschaftslebens anspricht und soziale Wirkungen nach sich ziehen kann.[46] Dies ist etwa dann der Fall, wenn eine Partei anderenfalls gehindert wäre, der Allgemeinheit dienende Aufgaben zu erfüllen, oder wenn von der Durchführung des Prozesses die Existenz eines Unternehmens abhängt, an dessen Erhaltung wegen der großen Zahl der von ihm beschäftigten Arbeitnehmer ein allgemeines Interesse besteht. Gegebenenfalls kann auch genügen, wenn der wirtschaftliche Gegenwert einer Forderung, deren Realisierung die Befriedigung einer Vielzahl von Gläubigern des Forderungsinhabers ermöglichen würde, deren Interessen an der Durchsetzung der Forderung sich aber nur mit Schwierigkeiten bündeln ließen, anderenfalls beim Schuldner verbliebe. Demgegenüber reicht das allgemeine Interesse an einer richtigen Entscheidung eines Prozesses grundsätzlich ebenso wenig aus wie der Umstand, dass im Rahmen eines Revisionsverfahrens Rechtsfragen von allgemeinem Interesse zu beantworten wären.[47] Nach diesen Grundsätzen kann einer GmbH, die ihren Geschäftsbetrieb vollständig eingestellt hat, unter Notgeschäftsführung steht und erhebliche Verbindlichkeiten u.a. gegenüber dem Finanzamt und der Landesjustizkasse hat, keine Prozesskostenhilfe für eine Zahlungsklage bewilligt werden, wenn mit der Klageforderung vornehmlich diese Verbindlichkeiten beglichen werden sollen. Damit ist weder dargelegt noch ersichtlich, dass der Ausgang des Verfahrens wirtschaftlich eine Vielzahl von Personen betrifft.[48]

## § 117
## Antrag

**(1) Der Antrag auf Bewilligung der Prozesskostenhilfe ist bei dem Prozessgericht zu stellen; er kann vor der Geschäftsstelle zu Protokoll erklärt werden. In dem Antrag ist das Streitverhältnis unter Angabe der Beweismittel darzustellen. Der Antrag auf Bewilligung von Prozesskostenhilfe für die Zwangsvollstreckung ist bei dem für die Zwangsvollstreckung zuständigen Gericht zu stellen.**

---

43 BGH NJW 1957, 1636; NJW 1965, 585; WM 1986, 405; OLG Hamm NJW-RR 1989, 382; s.a. BGH NJW 1991, 703 (Befriedigung einer Vielzahl von Kleingläubigern).
44 OLG Dresden MDR 2008, 818; OLG Rostock JurBüro 2009, 148.
45 BGH DB 1990, 678; LAG Bremen; MDR 1987, 699; OLG Celle NJW-RR 1986, 741.
46 BGH MittdtschPatAnw 2005, 165.
47 BGH NZG 2011, 1308; BGH GuT 2010, 371.
48 BGH GuT 2010, 367.

**(2) Dem Antrag sind eine Erklärung der Partei über ihre persönlichen und wirtschaftlichen Verhältnisse (Familienverhältnisse, Beruf, Vermögen, Einkommen und Lasten) sowie entsprechende Belege beizufügen. Die Erklärung und die Belege dürfen dem Gegner nur mit Zustimmung der Partei zugänglich gemacht werden; es sei denn, der Gegner hat gegen den Antragsteller nach den Vorschriften des bürgerlichen Rechts einen Anspruch auf Auskunft über Einkünfte und Vermögen des Antragstellers. Dem Antragsteller ist vor der Übermittlung seiner Erklärung an den Gegner Gelegenheit zur Stellungnahme zu geben. Er ist über die Übermittlung seiner Erklärung zu unterrichten.**

**(3) Das Bundesministerium der Justiz wird ermächtigt, zur Vereinfachung und Vereinheitlichung des Verfahrens durch Rechtsverordnung mit Zustimmung des Bundesrates Formulare für die Erklärung einzuführen. Die Formulare enthalten die nach § 120a Absatz 2 Satz 4 erforderliche Belehrung.**

**(4) Soweit Formulare für die Erklärung eingeführt sind, muss sich die Partei ihrer bedienen.**

## I. Allgemeines

**1. Antragserfordernis.** Prozesskostenhilfe kann nur auf **Antrag** bewilligt werden. 1
Ohne Antrag ist die Bewilligung gegenstandslos und ohne Wirkung.[1] Angesichts der Formerfordernisse des § 117 kommt eine stillschweigende Antragstellung nur selten in Betracht. Beispiel ist die **Klageerweiterung** nach bewilligter Prozesskostenhilfe.[2]

Erkennt das Gericht, dass Prozesskostenhilfe in Betracht käme, so hat es die Pflicht, 2
die Partei auf die Möglichkeit eines Antrags **hinzuweisen**. Dies gilt insbesondere bei anwaltlich nicht vertretenen Parteien.[3] Auch innerhalb des Prozesskostenhilfeverfahrens obliegen dem Gericht Fürsorgepflichten. Zwar ist es nicht Aufgabe des Gerichts, Antragsmängel von Amts wegen zu beheben, doch hat es dem Antragsteller durch entsprechende Hinweise Gelegenheit zur Ergänzung und Nachbesserung zu geben.[4] Dies gilt insbesondere bei unvollständiger Ausfüllung des Vordrucks und bei fehlenden Belegen.[5] Die Hinweispflicht besteht auch bei anwaltlicher Vertretung.[6]

Eine **Beratungspflicht** trifft den Urkundsbeamten der Geschäftsstelle, zu deren Niederschrift der Antrag erklärt wird. Der Antragsteller ist sachgemäß zu beraten und durch Hinweise und Fragen zu veranlassen, ein vollständiges Gesuch einzureichen.[7]

Aus der Stellung des **Anwalts** als Rechtspflegeorgan folgt, dass er den Rechtsu- 3
chenden bereits vor Abschluss des Mandatsvertrages auf die Möglichkeit der Gewährung von Prozesskostenhilfe hinweisen muss, wenn er erkennt, dass die Voraussetzungen vorliegen.[8] Eine Verletzung dieser Pflicht kann zu Schadensersatzansprüchen führen.[9] Den Anwalt trifft jedoch keine Ermittlungspflicht, er muss nicht nach den finanziellen Verhältnissen der Partei fragen, wenn ihm keine Anhaltspunkte für Hilfsbedürftigkeit vorliegen.[10]

1 OLG München JurBüro 1984, 1851; **a.A.** OLG Oldenburg MDR 1989, 268; Stein/Jonas/*Bork* § 114 Rdn. 2.
2 LAG Düsseldorf JurBüro 1986, 609; strenger OLG Karlsruhe AnwBl. 1987, 340.
3 Allgemein BVerfG NJW 1987, 2003.
4 OLG Schleswig SchlHA 1982, 71; LAG Hamm MDR 1982, 83.
5 OLG Hamburg FamRZ 1987, 843; OLG Nürnberg FamRZ 1985, 824.
6 *Schneider* MDR 1986, 113.
7 BGH MDR 1984, 391; *Christl* NJW 1981, 791.
8 OLG Düsseldorf MDR 1984, 937; AnwBl. 1987, 147; *Geißinger* AnwBl. 1982, 288, 289.
9 RGZ 115, 60; OLG Düsseldorf FamRZ 1986, 288.
10 OLG Köln NJW 1986, 725.

4 **2. Form.** Der Antrag kann schriftlich oder zu Protokoll der Geschäftsstelle jedes Amtsgerichts (§ 129a) gestellt werden. Um den Antragswillen zu dokumentieren, muss der schriftliche Antrag grundsätzlich unterschrieben sein.[11] Anwaltszwang besteht nicht, § 78 Abs. 3. Für die Vollmacht des den Antrag einreichenden Anwalts besteht eine Vermutung.[12] Stehen Antragsteller und Antragswille fest, so schadet die Nichtunterzeichnung des vom Anwalt verfassten Antrags nicht, da kein bestimmender Anwaltsschriftsatz vorliegt.[13]

5 **3. Zuständigkeit.** Zuständig ist grundsätzlich das **Prozessgericht.** Prozessgericht ist das Gericht, bei dem der Rechtsstreit schwebt oder anhängig gemacht werden soll.[14] Bei der Kammer für Handelssachen ist der Vorsitzende zuständig, § 349 Abs. 2 Nr. 7. In normalen Zivilsachen ist der Einzelrichter zuständig, sobald die Sache ihm übertragen wurde, § 348, beim Oberlandesgericht kann der Einzelrichter nach § 526 ebenfalls zuständig werden. Die Bewilligung von Prozesskostenhilfe geschieht für jeden Rechtszug gesondert, § 119 Abs. 1 S. 1, das Rechtsmittelgericht ist deshalb zuständig, sobald das Verfahren im höheren Rechtszug anhängig ist oder anhängig gemacht werden soll. (Auch vor dem Rechtsmittelgericht besteht kein Anwaltszwang.) Nach Rücksendung der Akten durch das Berufungsgericht gem. § 541 Abs. 2 ist das Gericht erster Instanz wieder zuständig, soweit Prozesskostenhilfeanträge seine Instanz betreffen.

6 Abs. 1 S. 2 sieht nunmehr ausdrücklich vor, dass Prozesskostenhilfe auch für das Zwangsvollstreckungsverfahren gewährt werden kann. In der Zwangsvollstreckung entscheidet das **Vollstreckungsgericht** über Prozesskostenhilfeanträge (§ 117 Abs. 1 Satz 3), da es aufgrund größerer Sachnähe die Bewilligungsvoraussetzungen besser beurteilen kann.[15] Eine Ausnahme gilt in Fällen, in denen das Prozessgericht kraft ausdrücklicher Regelung auch für die Vollstreckung zuständig ist (§§ 887, 888, 890). Beim Vollstreckungsgericht ist grundsätzlich der Rechtspfleger zuständig, § 20 Nr. 5 RPflG.

Entsprechend § 281 kann ein beim unzuständigen Gericht eingereichtes Prozesskostenhilfegesuch auf Antrag an das zuständige Gericht verwiesen werden. Dem Gericht obliegt die Fürsorgepflicht, den Antragsteller hierauf hinzuweisen. Die **Verweisung** bindet nicht für das anschließende Streitverfahren.[16]

7 **4. Wirkungen des Antrags.** Mit Eingang des Antrags wird das Prozesskostenhilfeverfahren bei Gericht **anhängig**. Prozesskostenhilfe kann nicht für die Zeit vor Antragstellung bewilligt werden.[17] Die Veranlassung der Bekanntgabe des erstmaligen Antrags hemmt nach § 204 Abs. 1 Nr. 14 BGB die Verjährung.[18] Allein die Antragstellung auf Bewilligung der Prozesskostenhilfe reicht hingegen nicht zur Hemmung der Verjährung aus; der eindeutige Wortlaut des § 204 Abs. 1 Nr. 14 BGB die Bekanntgabe des Antrags i.S.v. § 118.[19]Der Prozesskostenhilfeantrag wahrt in der Regel und in entsprechender Anwendung von § 204 Abs. 1 Nr. 14 BGB auch die Frist des § 12 Abs. 3 VVG a.F.,[20] desglei-

---

**11** LAG Düsseldorf EzA § 117 ZPO Nr. 4 m. Anm. *Schneider.*
**12** Zöller/*Geimer* § 117 Rdn. 2.
**13** OLG Frankfurt AnwBl. 1983, 319.
**14** RGZ 68, 252.
**15** OLG Celle JurBüro 1982, 132; LG Stuttgart RPfleger 1982, 309; *Mümmler* JurBüro 1985, 1614; Stein/Jonas/*Bork* § 117 Rdn. 4.
**16** BGH NJW-RR 1992, 59; BAG NJW 1993, 751 (Aufgabe von BAG NJW 1982, 960).
**17** BGH NJW 1985, 921.
**18** BGH NJW 1978, 938; 1987, 3120; ausführlich *Feuring* MDR 1982, 898.
**19** Vgl. hierzu: BeckOK-ZPO/*Reichling* § 117 Rdn. 24 ff. m.w.N.
**20** BGH NJW 1987, 255.

chen die Frist des § 926[21] sowie die Frist zur Anfechtung der Vaterschaft nach § 1600 Abs. 1 BGB.[22] Die Einreichung eines Prozesskostenhilfeantrags allein führt keine Rechtshängigkeit eines Verfahrens herbei, auch wenn die Antragstellung dem Gegner nach § 118 Abs. 1 bekanntzugeben ist.[23] Es wird lediglich das Prüfungsverfahren auf Prozesskostenhilfe anhängig.

Das innerhalb der Rechtsmittelfrist beim zuständigen Gericht eingegangene vollständige Gesuch um Prozesskostenhilfe begründet die Möglichkeit der **Wiedereinsetzung** in den vorherigen Stand.[24] Das Hindernis für die Fristwahrung entfällt mit Bekanntgabe der Prozesskostenhilfeentscheidung[25] oder mit fruchtlosem Ablauf einer im Prozesskostenhilfe-Prüfungsverfahren gerichtlich gesetzten Frist.[26] Wird das Gesuch abgelehnt, so hat der Antragsteller nach der Rechtsprechung eine Überlegungsfrist von drei Werktagen, binnen derer er entscheiden kann, ob er das Rechtsmittel, falls die Frist noch nicht abgelaufen ist, einlegen möchte oder ob er innerhalb der Frist des § 234 Abs. 1, die sich an die dreitägige Überlegungsfrist anschließt, Wiedereinsetzung beantragen will.[27] 8

Der Antrag **erledigt** sich, wenn der Antragsteller während des Bewilligungsverfahrens stirbt[28] oder aus dem Prozess ausscheidet.[29] Ein hilfsbedürftiger Rechtsnachfolger muss ein eigenständiges Gesuch stellen. 9

**5. Verbindung von Antrag und Klage.** Bei gleichzeitiger Einreichung von Prozesskostenhilfeantrag und Klage ist im Zweifelsfall durch Rückfrage zu ermitteln, ob es sich zunächst nur um den Prozesskostenhilfeantrag handelt oder ob die Klage bereits als eingereicht gelten soll. 10

Die unverzögerte Anhängigkeit des Verfahrens erfordert die gleichzeitige Einreichung von Klageschrift und Prozesskostenhilfeantrag; die Rechtshängigkeit des Verfahrens wird nach Bewilligung der Prozesskostenhilfe, Zahlung des Vorschusses nach §§ 12, 14 GKG und Zustellung der Klageschrift herbeigeführt (§§ 261 Abs. 1, 253 Abs. 1 ZPO).[30] Sollen die mit der Anhängigkeit der Klage verbundenen Kostenfolgen vermieden werden, muss eine eindeutige Klarstellung dahingehend erfolgen, dass die Anhängigkeit des Rechtsstreites noch nicht bewirkt werden soll.[31]

Die Klage kann unter der Bedingung eingereicht werden, dass Prozesskostenhilfe bewilligt wird, mit Erlass des bewilligenden Beschlusses wird die Klage anhängig.[32] Die formlose Übermittlung von Klageschrift und Prozesskostenhilfegesuch an den Gegner zur Stellungnahme ist noch keine Zustellung der Klage.[33] Hierauf ist auch nicht die Heilungsvorschrift des § 189 anwendbar.[34]

21 *Schneider* MDR 1982, 721; **a.A.** OLG Düsseldorf JurBüro 1987, 1263.
22 OLG Dresden NJW-RR 2006, 1156.
23 OLG Köln NJW-FER 1999, 44; Prütting/Gehrlein/*Völker*/*Zempel* § 117 Rdn. 23.
24 BGH MDR 1989, 720; NJW 1987, 440; 1983, 2145; 1955, 345; 1963, 584.
25 BGH NJW 1987, 1920.
26 BGH VersR 1981, 678; BAG NJW 1967, 222.
27 BGH NJW 1986, 257; 1958, 183; zu weiteren Einzelheiten s. Zöller/*Greger* § 234 Rdn. 8.
28 Keine Aussetzung OLG Bremen OLGZ 1965, 183.
29 KG MDR 1969, 849.
30 BGH FamRZ 1996, 1142; OLG Rostock BeckRS 2008, 24751.
31 Vgl. BGH NJW-RR 2000, 879; BGH NJW-RR 2003, 1558; OLG Rostock BeckRS 2008, 24751; Zöller/*Geimer* § 117 Rdn. 7.
32 OLG München MDR 1988, 972; **a.A.** Thomas/Putzo/*Seiler*[34] § 117 Rdn. 3; Büttner/Wrobel-Sachs/Gottschalk/*Dürbeck*[7] Rdn. 114.
33 OLG Karlsruhe FamRZ 1988, 91.
34 BGHZ 7, 268, 270; NJW 1972, 1373; VersR 1989, 642; OLG Celle AnwBl. 1983, 92.

### II. Darstellung des Streitverhältnisses (Abs. 1 S. 2)

11 Es ist nicht Aufgabe des Gerichts, den Sachverhalt von Amts wegen zu ermitteln.[35] Das Streitverhältnis muss im Antrag so dargelegt werden, dass das Gericht die Erfolgsaussichten prüfen kann. Dies umfasst die Angabe des beabsichtigten Antrags, der tatsächlichen Behauptung und der Beweismittel. Angeführt werden können nur die auch im Erkenntnisverfahren zulässigen Beweismittel. In der Rechtsmittelinstanz ist eine Darlegung insoweit überflüssig, als das Streitverhältnis aus den vorinstanzlichen Feststellungen bereits bekannt ist.[36] Daher reicht es grundsätzlich aus, wenn der Antragsteller zur Darlegung seiner persönlichen und wirtschaftlichen Verhältnisses auf bereits zu den Akten gereichte Vordrucke und Unterlagen Bezug nimmt, wenn seitdem keine Veränderungen eingetreten sind und hierauf unmissverständlich hingewiesen wird.[37] Darzulegen sind im Zweifelsfall aber Zulässigkeitsvoraussetzungen des Rechtsmittels[38] oder Sachverhaltsänderungen.

### III. Formular (Abs. 2, 3, 4)

12 Nach § 117 Abs. 2 hat die Partei dem Antrag eine Erklärung über ihre persönlichen und wirtschaftlichen Verhältnisse nebst Belegen beizufügen, um dem Gericht die Prüfung der subjektiven Bewilligungsvoraussetzungen zu ermöglichen. Da die Bewilligung der Prozesskostenhilfe gem. § 119 Abs. 1 Satz 1 für jeden Rechtszug gesondert erfolgt, sind die Erklärungen nach Abs. 2 und 4 auch im höheren Rechtszug, ggf. erneut, beizufügen.[39] Die Erklärung ist in einem Formular abzugeben (Abs. 4) da von der Ermächtigung in § 117 Abs. 3 durch Verordnung Gebrauch gemacht wurde. Der sich aus Abs. 4 ergebende Formularzwang soll zur Vereinfachung und Vereinheitlichung des Verfahrens beitragen und die Gerichte entlasten.[40]

Nach § 1 PKHFV (BGBl. 2014 I S. 34) gilt der Zwang zur Formularnutzung nicht für die Erklärung einer Partei kraft Amtes, einer juristischen Person oder einer parteifähigen Vereinigung. Für Erklärungen eines minderjährigen unverheirateten Kindes, wenn es einen Unterhaltsanspruch geltend macht oder vollstrecken will, und für die Erklärung eines minderjährigen unverheirateten nichtehelichen Kindes, wenn es die Feststellung der Vaterschaft begehrt gilt die vereinfachte Erklärungsform nach § 2 Abs. 1 PKHFV. Die vereinfachte Erklärung gilt auch für Sozialhilfeempfänger von Leistungen nach SGB XII gemäß § 2 Abs. 2 PKHFV. Bei unveränderten persönlichen und wirtschaftlichen Verhältnissen des Antragstellers genügt in der Rechtsmittelinstanz die Bezugnahme auf die bereits bei den Akten befindlichen Unterlagen,[41] soweit diese ihrerseits vollständig gewesen sind.[42] Eine Bezugnahme auf bereits eingereichte Formulare in anderen Verfahren ist nicht zulässig.[43]

13 Bei einem lückenhaft ausgefüllten Formular hat das Gericht auf **Nachbesserung** hinzuwirken; durch eine dem Antrag beigefügte zusätzliche Erklärung können die Lü-

35 LAG Hamm MDR 1982, 83.
36 BGH LM ZPO § 118 Nr. 3.
37 FamRZ 2004, 1961.
38 BGH NJW 1958, 63.
39 BGH ZVI 2003, 600, 601; BGH FamRZ 2006, 1522.
40 Prütting/Gehrlein/*Völker/Zempel* § 117 Rdn. 12.
41 BGH NJW 1983, 2145; RPfleger 1990, 372; BGH, Beschl. v. 21.1.2009 – VI ZA 17/08.
42 BGH FamRZ 2004, 1961 m.w.N.
43 Prütting/Gehrlein/*Völker/Zempel* § 117 Rdn. 12.

cken geschlossen werden.[44] Wird das Formular auch nach einem entsprechenden Hinweis nicht (vollständig) ausgefüllt, so kann der Antrag nicht geprüft werden und er ist als unbegründet zurückzuweisen.[45] Der Antrag kann formgerecht erneuert werden[46] oder in der Beschwerdeinstanz nachgebessert werden.[47]

Zur Glaubhaftmachung der persönlichen und wirtschaftlichen Verhältnisse sind 14 dem Formular **Belege** beizufügen. Es kann auf bereits bei den Akten befindliche Belege Bezug genommen werden. In der Praxis am bedeutsamsten ist die Vorlage von Verdienstbescheinigungen. Fotokopien genügen i.d.R.[48] Eine Vorlage erübrigt sich, soweit die Angaben ohnehin glaubhaft sind.[49] Fehlende Belege können nachgereicht werden.[50] Vor einer Antragsablehnung muss das Gericht den Antragsteller auf Lücken hinweisen.[51] Hat der verheiratete Insolvenzschuldner als Anlage zu seinem Prozesskostenhilfeantrag zwar die Erklärung über die persönlichen und wirtschaftlichen Verhältnisse auf einem unterschriebenen Vordruck übermittelt, aber keine das Einkommen seiner Ehefrau betreffenden Belege übersandt, ist sein Prozesskostenhilfeantrag unzulässig.[52] Weisen die Darlegungen des Antragstellers zu seinen persönlichen und wirtschaftlichen Verhältnissen Lücken auf, so kann eine von ihm ggf. begehrte Wiedereinsetzung in eine wegen des Mangels an Mitteln zur Finanzierung der Prozessführung versäumte Frist nur gewährt werden, wenn der Antragsteller darauf vertrauen durfte, die wirtschaftlichen Voraussetzungen für die Bewilligung von Prozesskostenhilfe ausreichend dargetan zu haben; dies kommt in Betracht, wenn die Lücken auf andere Weise geschlossen oder Zweifel beseitigt werden können, etwa aufgrund der beigefügten Unterlagen.[53]

### IV. Voraussetzungen einer Weitergabe der Erklärung und der Belege des Antragsstellers an den Gegner

Abs. 2 S 2 ordnet an, dass die vom Antragsteller abgegebene Erklärung bzw. die vor- 15 gelegten Belege dem Gegner nur mit Zustimmung der Partei zugänglich gemacht werden dürfen, sofern nicht der Gegner nach den Vorschriften des bürgerlichen Rechts einen Anspruch auf Auskunft über Einkünfte und Vermögen hat gegen den Antragsteller hat. Abs. 2 S. 3 sieht vor, dass dem Antragsteller vor der Übermittlung seiner Erklärung an den Gegner Gelegenheit zur Stellungnahme zu geben ist; nach Abs. 2 S. 4 hat ihn das Gericht über die Übermittlung seiner Erklärung zu unterrichten.

Die Vorlage des amtlichen Formulars für die Erklärung über die persönlichen und 16 wirtschaftlichen Verhältnisse ist nicht im Hinblick darauf entbehrlich, dass der Antragsteller den Bescheid über die Bewilligung von Leistungen zur Sicherung des Lebensunterhalts vorlegt. § 2 Abs. 2 PKHVV entbindet einen Antragsteller, der der Erklärung über die persönlichen und wirtschaftlichen Verhältnisse den letzten Bewilligungsbescheid des Sozialamts beifügt, nur von der Pflicht zur Ausfüllung der Abschnitte E bis J

44 BGH NJW 1986, 62.
45 LAG Hamm MDR 1982, 83; *Schneider* MDR 1982, 89; **a.A.** (unzulässig) OLG Köln MDR 1982, 152.
46 OLG Karlsruhe MDR 1989, 918.
47 *Schneider* MDR 1989, 513, 965; *Herr/Schneider* MDR 1989, 869; **a.A.** LAG Düsseldorf JurBüro 1988, 1722.
48 Büttner/Wrobel-Sachs/Gottschalk/*Dürbeck*[7] Rdn. 136.
49 OLG Karlsruhe FamRZ 1986, 372.
50 OLG Köln FamRZ 1985, 828.
51 *Schneider* MDR 1986, 113; Stein/Jonas/*Bork* § 117 Rdn. 19 m.w.N. zur Rspr.; **a.A.** OLG Oldenburg KostRspr. ZPO § 117 Nr. 1 m. Anm. *Schneider*.
52 BGH FamRZ 2004, 99.
53 BGH ZInsO 2010, 1499.

des Vordrucks. Die in den Abschnitten A bis D verlangten Angaben sind jedoch auch bei Vorlage eines Bescheids über die Gewährung von Sozialleistungen notwendig. Dies betrifft insbesondere Abschnitt B, in dem nach einer bestehenden Rechtsschutzversicherung gefragt wird.[54] Versäumt es ein Antragsteller, innerhalb der Rechtsmittelfrist die erforderliche Erklärung über seine persönlichen und wirtschaftlichen Verhältnisse auf den dafür eingeführten Vordrucken sowie die entsprechenden Belege vorzulegen, kann er sich nicht auf Unkenntnis berufen. Er muss sich über die Voraussetzungen einer Bewilligung von Prozesskostenhilfe grundsätzlich selbst kundig machen. Die Gerichte treffen insoweit keine besonderen Hinweispflichten.[55]

## § 118
## Bewilligungsverfahren

**(1) Dem Gegner ist Gelegenheit zur Stellungnahme zu geben, ob er die Voraussetzungen für die Bewilligung von Prozesskostenhilfe für gegeben hält, soweit dies aus besonderen Gründen nicht unzweckmäßig erscheint. Die Stellungnahme kann vor der Geschäftsstelle zu Protokoll erklärt werden. Das Gericht kann die Parteien zur mündlichen Erörterung laden, wenn eine Einigung zu erwarten ist; ein Vergleich ist zu gerichtlichem Protokoll zu nehmen. Dem Gegner entstandene Kosten werden nicht erstattet. Die durch die Vernehmung von Zeugen und Sachverständigen nach Absatz 2 Satz 3 entstandenen Auslagen sind als Gerichtskosten von der Partei zu tragen, der die Kosten des Rechtsstreits auferlegt sind.**

**(2) Das Gericht kann verlangen, dass der Antragsteller seine tatsächlichen Angaben glaubhaft macht, es kann insbesondere auch die Abgabe einer Versicherung an Eides statt fordern. Es kann Erhebungen anstellen, insbesondere die Vorlegung von Urkunden anordnen und Auskünfte einholen. Zeugen und Sachverständige werden nicht vernommen, es sei denn, dass auf andere Weise nicht geklärt werden kann, ob die Rechtsverfolgung oder Rechtsverteidigung hinreichende Aussicht auf Erfolg bietet und nicht mutwillig erscheint; eine Beeidigung findet nicht statt. Hat der Antragsteller innerhalb einer von dem Gericht gesetzten Frist Angaben über seine persönlichen und wirtschaftlichen Verhältnisse nicht glaubhaft gemacht oder bestimmte Fragen nicht oder ungenügend beantwortet, so lehnt das Gericht die Bewilligung von Prozesskostenhilfe insoweit ab.**

**(3) Die in Absatz 1, 2 bezeichneten Maßnahmen werden von dem Vorsitzenden oder einem von ihm beauftragten Mitglied des Gerichts durchgeführt.**

**Übersicht**



54 BGH WuM 2013, 61.
55 BFH/NV 2013, 69.

## I. Verfahren

**1. Allgemeines.** § 118 regelt i.V.m. § 127 Abs. 1 den Verfahrensgang. Ein wesentliches **Ziel** des Gesetzgebers war es, das Bewilligungsverfahren zu beschleunigen. Die Prüfung der Bewilligungsvoraussetzungen soll nicht den Rechtsstreit in der Hauptsache vorwegnehmen. Im Interesse der Beschleunigung ist eine Aussetzung des Bewilligungsverfahrens (§§ 148, 149) unzulässig;[1] auch findet keine Unterbrechung nach §§ 239, 244, 245 statt.[2] 1

Um die **Rechtsnatur** des Verfahrens der Prozesskostenhilfe-Bewilligung hatte sich seinerzeit ein theoretischer Streit entwickelt, der im Wesentlichen darum geht, ob das Verfahren parteieinseitig oder kontradiktorisch ist.[3] Der Streit hatte für sich keinen Erkenntniswert, er diente der Untermauerung der unterschiedlichen Positionen zum Umfang der Beteiligung des Gegners (unten 3a). Heute wird überwiegend vertreten, dass das Verfahren ein nicht streitiges Antragsverfahren ist, also parteieinseitig, und ihm kein kontradiktorischer Charakter zukomme.[4]

**2. Zuständigkeit.** Die Tatsachenfeststellung nach § 118 obliegt dem **Vorsitzenden** des Prozessgerichts, der dies dem Berichterstatter übertragen kann. Zudem gibt § 20 Nr. 4 a RPflG die Möglichkeit, den Rechtspfleger insgesamt oder für einzelne Maßnahmen mit der Tatsachenfeststellung zu beauftragen. Die Praxis scheint von dieser Möglichkeit wenig Gebrauch zu machen, sie beinhaltet auch die Gefahr der Verfahrensverzögerung. 2

### 3. Rechtliches Gehör

**a) Umfang.** Der Anspruch auf ein faires Verfahren ist verletzt, wenn die Ablehnung von Prozesskostenhilfe auf überspannten Anforderungen des Gerichts an die Glaubhaftmachung der Angaben des Antragstellers über seine wirtschaftlichen Verhältnisse beruht.[5] Nach § 118 Abs. 1 S. 1 ist dem Gegner vor der Bewilligungsentscheidung Gelegenheit zur Stellungnahme auf das Prozesskostenhilfegesuch und sämtliche Voraussetzungen für die Bewilligung von Prozesskostenhilfe zu geben. Dies ist auch im Hinblick auf Art. 103 Abs. 3 GG geboten, da die Bewilligung von Prozesskostenhilfe nicht nur das Verhältnis von Antragsteller und Staatskasse betrifft. Durch die Bewilligung wird der Antragsteller in die Lage versetzt, den Rechtsstreit zu führen und seinem Gegner Prozesskosten auch dann zu verursachen, wenn deren Erstattung aufgrund der wirtschaftlichen Lage des Bedürftigen nicht gesichert ist.[6] Dem Gegner des Hilfsbedürftigen ist deshalb uneingeschränkt **rechtliches Gehör** zum Antrag zu gewähren. Dies gilt sowohl für die objektiven wie für die subjektiven Bewilligungsvoraussetzungen, dem Antragsgegner muss deshalb das gesamte Gesuch einschließlich der Erklärungen nach § 117 Abs. 2 zur Kenntnis gebracht werden.[7] Die nun ausdrückliche Klarstellung in § 118 Abs. 1 Satz 1 n.F.[8] beendet den bisherigen Streit darüber, ob dem Antragsgegner auch zu den persön- 3

---

1 OLG München MDR 1988, 783; OLG Brandenburg BeckRS 2008, 09577; OLG Schleswig BeckRS 2012, 25124.
2 BGH NJW 1966, 1126.
3 Hierzu einst ausführlich: *Kalthoener/Büttner*[1] Rdn. 142–147.
4 Büttner/Wrobel-Sachs/Gottschalk/*Dürbeck*[7] Rdn. 152; BeckOK-ZPO/*Reichling* § 118 Rdn. 1.
5 BFH FA 2013, 95.
6 Vgl. *Lappe* MDR 1985, 463; gegen diese hM Stein/Jonas/*Bork* § 118 Rdn. 8 ff. mit beachtlicher Begründung.
7 OLG Hamm FamRZ 1984, 306; OLG Karlsruhe NJW 1982, 2507; OLG Köln MDR 1983, 323.
8 PKH-ÄnderungsG m.W.v. 1.1.2014 (BGBl. 2013 I S. 3533).

lichen und wirtschaftlichen Verhältnissen des Antragstellers rechtliches Gehör zu gewähren ist.[9]

Die Ablehnung der Bewilligung von Prozesskostenhilfe durch das Erstgericht nach § 118 Abs. 2 Satz 4 schließt es grundsätzlich nicht aus, dass der Antragsteller das versäumte Vorbringen mit der Beschwerde gegen den Ablehnungsbeschluss nachholen kann.[10]

Der **Bundesgerichtshof** war demgegenüber einst der Meinung, die Beteiligung des Gegners beschränke sich auf die objektiven Prozesskostenhilfevoraussetzungen.[11] Die Rechtsprechung der Instanzgerichte schien dem zu folgen.[12] Diese Rechtsprechung war jedoch abzulehnen. Ihr verständliches Bemühen, die wirtschaftliche „Intimsphäre" des Antragstellers vor fremden Blicken zu schützen, macht die Prüfung der subjektiven Bewilligungsvoraussetzungen unpraktikabel. Meist ist nur der Gegner in der Lage, kritische Anmerkungen zu den diesbezüglichen Erklärungen des Antragstellers zu machen. Dies gilt gerade für Familiensachen, die zahlenmäßig das Gros der Prozesskostenhilfe-Angelegenheiten bilden.

4 **b) Ausnahmen.** Der verfassungsrechtliche Rang des rechtlichen Gehörs gestattet Ausnahmen nur in engen Grenzen. So kann von einer Anhörung des Gegners abgesehen werden, wenn das Gericht den Antrag ohnehin abweisen will.[13] Eine Ausnahme vom Anhörungsgebot ist des Weiteren nötig, wenn ansonsten die Rechtsverfolgung des Antragstellers vereitelt werden könnte. Dies ist insbesondere in Eilfällen (Arrest, einstweilige Verfügung, Forderungspfändung, Wohnungsdurchsuchung etc.) der Fall.[14]

5 **c) Form.** Der Gegner kann sich schriftlich, durch Erklärung zu Protokoll der Geschäftsstelle oder mündlich in einem vom Gericht angeordneten Erörterungstermin erklären. Anwaltszwang besteht nicht. Zur Stellungnahme ist eine ausreichende Frist vorzusehen, wobei die Zwei-Wochen-Frist des schriftlichen Vorverfahrens (§ 276 Abs. 1 S. 2) als Leitlinie dienen kann. Die entsprechende Verfügung ist im Hinblick auf die Fristsetzung zuzustellen (§ 329 Abs. 2 S. 2).[15]

6 **4. Erörterungstermin.** Die Ladung der Parteien zur mündlichen Erörterung ist nur zulässig, wenn eine Einigung zu erwarten ist.[16] Hierfür müssen konkrete Anhaltspunkte vorliegen. Da die **mündliche Erörterung** dem Beschleunigungszweck widerspricht und die Gefahr einer Vorwegnahme des Hauptprozesses beinhaltet, ist bei ihrer Anberaumung Zurückhaltung angebracht. Anwaltszwang besteht nicht. § 141 Abs. 3 gilt nicht, Ordnungsmaßnahmen gegen Parteien, die zur mündlichen Erörterung nicht erschienen sind, sind deshalb unzulässig.[17]

---

**9** Vgl. Poller/Köpf, NJ 2013, 353, 355 m.w.N.
**10** OLG Celle MDR 2013, 364.
**11** BGHZ 89, 65 im Anschluss an *Holch* NJW 1981, 151; *Pentz* NJW 1983, 1037; zustimmend Stein/Jonas/*Bork* § 118 Rdn. 12; MünchKomm/*Wax*[1] § 118 Rdn. 9.
**12** OLG Köln MDR 1985, 328; OLG Düsseldorf RPfleger 1984, 200; LAG Hamm RPfleger 1988, 118; zustimmend einst *Kalthoener/Büttner*[1] Rdn. 147; heute dagegen: Büttner/Wrobel-Sachs/Gottschalk/*Dürbeck*[7] Rdn. 153, 154 für eine klare Beteiligung an den persönlichen und wirtschaftlichen Verhältnissen des Antragstellers.
**13** So auch Musielak/*Fischer* S 118 Rdn. 3.
**14** Vgl. *Schneider* NJW 1980, 2377; Musielak/*Fischer* § 118 Rdn. 3 m.w.N.
**15** So auch: BeckOK-ZPO/*Reichling* § 118 Rdn. 8; a.A. Musielak/*Fischer* § 118 Rdn. 2; Büttner/Wrobel-Sachs/Gottschalk/*Dürbeck*[7] Rdn. 167.
**16** OLG Hamm MDR 1983, 674; OLG Karlsruhe FamRZ 1992, 1198.
**17** OLG Hamm NJW 1954, 1688.

Im Erörterungstermin kann ein umfassender **Vergleich** zu Protokoll des Gerichts geschlossen werden. Auch hierfür besteht kein Anwaltszwang. Der Vergleich, der auch Gegenstände erfassen kann, die über die beabsichtigte Rechtsverfolgung hinausreichen, ist Vollstreckungstitel nach § 794 Abs. 1 Nr. 1. Er beendet das Bewilligungsverfahren. 7

## II. Tatsachenfeststellung

**1. Glaubhaftmachung.** Eine Partei muss in ihrem Prozesskostenhilfeantrag glaubhaft und nachvollziehbar darlegen, warum früher vorhandene erhebliche Geldbeträge ihr zum jetzigen Zeitpunkt nicht mehr zur Verfügung stehen. Diese Darlegungen müssen ein so hinreichendes Maß an Plausibilität erreichen, dass mit ihnen zum einen der Verdacht ausgeräumt werden kann, der Hilfesuchende habe die Geldmittel nicht verbraucht, sondern nur zur Seite geschafft oder damit andere verwertbare Vermögensgegenstände erworben. Zum anderen muss auch ausgeschlossen werden können, dass der Hilfesuchende, der mit Kosten durch einen bevorstehenden oder einen schon geführten Rechtsstreit rechnen konnte und deshalb seine finanziellen Dispositionen auf die Prozessführung einrichten musste, sich seines Vermögens durch Ausgaben entäußert hat, für die keine dringende Notwendigkeit bestand.[18] Nach § 118 Abs. 2 S. 1 kann das Gericht den Antragsteller zur **Glaubhaftmachung** seiner tatsächlichen Angaben über die objektiven und subjektiven Bewilligungsvoraussetzungen auffordern. Hierzu stehen dem Antragsteller die zulässigen Beweismittel der Glaubhaftmachung zur Verfügung; § 294. Durch Neufassung des § 118 Abs. 2 Satz 1 Hs 2 durch das Gesetz zur Änderung des Prozesskostenhilfe- und Beratungshilferechts[19] wurde nunmehr ausdrücklich geregelt, dass das Gericht zur Glaubhaftmachung der Angaben vom Antragsteller die Abgabe einer Versicherung an Eides statt verlangen kann. Damit wollte der Gesetzgeber *„zur Förderung einer entsprechenden Praxis bei konkreten Zweifeln des Gerichts [...] auf dieses Mittel des Glaubhaftmachung [...] ausdrücklich [...]"* hinweisen.[20] Das Gericht hat für die Anordnung der Glaubhaftmachung einen Ermessensspielraum; dies setzt konkrete Zweifel am Vortrag des Antragstellers voraus.[21] 8

**2. Amtsermittlung.** Das Gericht kann ohne Beweisbeschluss Erhebungen zu den objektiven und subjektiven Bewilligungsvoraussetzungen anstellen. Dabei steht der Umfang der Erhebungen durch das Gericht in dessen Ermessen.[22] Das Gesetz nennt beispielhaft die Vorlage von Urkunden und die Einholung von Auskünften. Verbreitet ist die Beiziehung anderer Akten und die Einholung einer Lohnauskunft beim Arbeitgeber. Der Antragsteller hat kein Widerspruchsrecht.[23] 9

Indem das Gesetz die Vernehmung von Zeugen und Sachverständigen zur **Ausnahme** erklärt, unterstreicht es, dass das Prozesskostenhilfeverfahren nicht zur Vorwegnahme des Hauptsacheverfahrens führen darf.[24] Das Gericht darf nicht aus den Augen verlieren, dass die Erhebungen nach § 118 Abs. 2 S. 2 nur der Glaubhaftmachung, nicht dem Beweis der erheblichen Tatsachen dienen. 10

---

**18** BGH FamRZ 2006, 548, 549; BGH FamRZ 2008, 1163.
**19** BGBl. 2013 I S. 3533.
**20** BT-Drucks. 17/11472, S. 31.
**21** OLG Hamm FamRZ 1996, 417.
**22** BeckOK-ZPO/*Reichling* § 118 Rdn. 28.
**23** KG VersR 1972, 104; s.a. OLG Köln MDR 1990, 728 (Beschwerde gegen Anordnung einer Zeugenvernehmung unzulässig).
**24** Vgl. OLG Brandenburg FamRZ 2003, 1019.

11 Der Antragsteller ist zur **Mitwirkung** verpflichtet. Dies gilt vor allem für die Klärung seiner Einkommens- und Vermögensverhältnisse. Diese **Mitwirkungspflicht** ist durch § 118 Abs. 2 S. 4 sanktioniert.[25] Die nach dieser Vorschrift zu setzende Frist ist keine Ausschlussfrist,[26] die nötigen Angaben können in der Beschwerdeinstanz oder in einem neuen Bewilligungsgesuch nachgeholt werden.

### III. Kosten

12 **1. Prozesskostenhilfe.** Für das Prozesskostenhilfeverfahren kann grundsätzlich **keine** Prozesskostenhilfe gewährt werden.[27] Dies würde zu einer Prüfungsspirale ohne Ende führen. Eine Ausnahme gilt für den nach § 118 Abs. 1 S. 3 geschlossenen Vergleich.[28] Sie ist aus prozessökonomischen Gründen geboten. Im Falle des Abschlusses eines Vergleichs im Erörterungstermin gemäß § 118 Abs. 1 Satz 3 kann Prozesskostenhilfe nur für den Vergleich, nicht aber für das gesamte Prozesskostenhilfeverfahren bewilligt werden.[29] Sie kann über den Streitgegenstand der (beabsichtigten) Hauptsache hinausgehen.[30]

13 **2. Gerichtkosten. Gebühren** entstehen nicht. Dies gilt auch, wenn ein nach § 118 Abs. 3 S. 3 zustande gekommener Prozessvergleich Ansprüche erfasst, die nicht Gegenstand des Bewilligungsverfahrens waren.[31] In der Beschwerdeinstanz fällt dann keine Gebühr an, wenn die Beschwerde zum Erfolg führt. Im Beschwerdeverfahren fällt ansonsten zu Lasten des unterliegenden Beschwerdeführers eine Gerichtsgebühr nach Nr. 1812 GKG-KV bzw. Nr. 1912 FamGKG-KV an.[32] Bei teilweise erfolgloser Beschwerde kann die Gebühr nach freiem Ermessen des Gerichts reduziert werden oder ganz von der Erhebung abgesehen werden.[33]

14 **Auslagen,** die für die Vernehmung von Zeugen und Sachverständigen im Rahmen von § 118 Abs. 2 S. 2 anfallen, sind von demjenigen zu tragen, dem die Kosten des Rechtsstreits auferlegt werden, § 118 Abs. 1 S. 5. Die Auslagen sind von der Staatskasse zu bevorschussen.[34] Kommt es nicht zu einer Kostenentscheidung in der Hauptsache, bspw. weil das Bewilligungsverfahren mit Ablehnung des Antrags auf Prozesskostenhilfe endet, so haftet der Antragsteller für die Auslagen nach § 22 GKG.[35]

15 **3. Kostenerstattung.** § 118 Abs. 1 S. 4 schließt die Erstattung außergerichtlicher Kosten des **Gegners** ausdrücklich aus. Dies gilt auch für die **Beschwerdeinstanz.**[36] Eine

---

**25** Vgl. OLG Hamm, Beschl. v. 3.1.2014 – AZ 8 WF 189/13, openJur 2014, 6784.
**26** OLG Bamberg FamRZ 1989, 1204; OLG Koblenz FamRZ 1990, 537; LAG Düsseldorf JurBüro 1990, 756 (keine Zurückweisung wegen Verspätung); OLG Celle OLGR 1997, 46 f.; LG Kiel SchlHA 2009, 270 f.; Hessischer VGH, Beschl. v. 4.2.2014 – AZ 5 D 226/14, openJur 2014, 4951.
**27** BGH MDR 1984, 931; OLG München JurBüro 1982, 452; *Behn* AnwBl. 1985, 234; *Künkel* DAVorm. 1983, 335.
**28** OLG Frankfurt FamRZ 1982, 1225; OLG Hamburg JurBüro 1983, 287.
**29** BGH NJW 2004, 2595; OLG Celle JurBüro 1989, 1148; OLG München MDR 1987, 239; OLG Saarbrücken JurBüro 1989, 80; OLG Bamberg JurBüro 1993, 547; OLGR Zweibrücken 2008, 534; OLG Hamm FamRZ 2009, 136; anders früher Voraufl. unter Berufung auf OLG Bamberg JurBüro 1988, 901; OLG Frankfurt JurBüro 1990, 509.
**30** OLG Koblenz FamRZ 1990, 180.
**31** Baumbach/Lauterbach/Albers/*Hartmann*[71] § 118 Rdn. 25.
**32** So auch nach vormaligem Recht: OLG Koblenz MDR 1987, 1035; OLG Schleswig SchlHA 1989, 162.
**33** Prütting/Gehrlein/*Völker*/*Zempel* § 118 Rdn. 25.
**34** BGHZ 91, 314.
**35** OLG Celle NJW 1966, 114.
**36** OLG Karlsruhe AnwBl. 1984, 456; OLG Düsseldorf MDR 1987, 941.

Kostenentscheidung ist in erster Instanz nicht zu treffen. (Zum Beschwerdeverfahren siehe § 127.)

Die Bewilligung oder Versagung von Prozesskostenhilfe hat keinen Einfluss auf die Kostenentscheidung, die das Gericht im **Hauptprozess** nach §§ 91ff. zu treffen hat. Sie lässt auch die wechselseitige Kostenerstattungspflicht der Parteien unberührt, § 123. Umstritten ist, ob die einer Partei im Bewilligungsverfahren entstandenen Kosten als **Vorbereitungskosten** des Hauptsacheprozesses infolge der dort ergangenen Kostenentscheidung erstattungsfähig sind. Nach herrschender Ansicht, die den Gesetzeswortlaut für sich hat, ist danach zu unterscheiden, wer im Hauptprozess obsiegt hat. Ist dies der Gegner, so ist ein Erstattungsanspruch durch § 118 Abs. 3 S. 4 ausgeschlossen.[37] Die Vorschrift würde wenig Sinn ergeben, wenn sie die hilfsbedürftige Partei nur für den Fall eines isoliert gebliebenen Prozesskostenhilfeverfahrens schützen würde. 16

Da für den im Hauptprozess obsiegenden Hilfsbedürftigen keine den § 118 Abs. 1 S. 4 entsprechende Erstattungssperre besteht, kann er nach herrschender Ansicht die im Prozesskostenbewilligungsverfahren entstandenen Kosten als Vorbereitungskosten des Rechtsstreits erstattet verlangen.[38] Entgegen einer häufig vertretenen Ansicht[39] ist diese gesetzgeberische Lösung auch nicht unbillig. Der Gegner ist nicht gezwungen, sich am Verfahren der Prozesskostenhilfebewilligung zu beteiligen. Demgegenüber wird die allgemein bestehende Kostenerstattungspflicht der im Hauptprozess unterliegenden hilfsbedürftigen Partei (§ 123) zu Recht als Manko empfunden, es ist gerechtfertigt, das Kostenerstattungsrisiko des Hilfsbedürftigen zumindest für die Kosten des Prozesskostenhilfeverfahrens auszuschalten. Abzulehnen sind deshalb Entscheidungen, die versuchen, das gesetzgeberische Lösungsmodell dadurch zu umgehen, dass sie den Kostentitel in der Hauptsache als ungeeignet zur Festsetzung etwaiger Gebühren des Bewilligungsverfahrens ansehen.[40]

## § 119
## Bewilligung

**(1) Die Bewilligung der Prozesskostenhilfe erfolgt für jeden Rechtszug besonders. In einem höheren Rechtszug ist nicht zu prüfen, ob die Rechtsverfolgung oder Rechtsverteidigung hinreichende Aussicht auf Erfolg bietet oder mutwillig erscheint, wenn der Gegner das Rechtsmittel eingelegt hat.**

**(2) Die Bewilligung von Prozesskostenhilfe für die Zwangsvollstreckung in das bewegliche Vermögen umfasst alle Vollstreckungshandlungen im Bezirk des Vollstreckungsgerichts einschließlich des Verfahrens auf Abgabe der eidesstattlichen Versicherung.**

---

37 OLG Köln NJW 1975, 1286; OLG Karlsruhe MDR 1979, 147; Musielak/*Fischer* § 118 Rdn. 16; **a.A.** (vereinzelt) LG Duisburg JurBüro 1981, 771.

38 OLG Hamm RPfleger 1973, 317, 407; OLG Schleswig SchlHA 1980, 166; OLG Stuttgart JurBüro 1986, 936; MünchKomm/*Motzer* § 118 Rdn. 24.

39 Büttner/Wrobel-Sachs/Gottschalk/*Dürbeck*[7] Rdn. 200.

40 So aber OLG Koblenz MDR 1974, 1028; JurBüro 1986, 1412; OLG Düsseldorf JurBüro 1988, 223; OLG Hamburg JurBüro 1989, 671; OLG München MDR 1989, 267.

Übersicht



## I. Bewilligungszeitpunkt und Rückwirkung

1 **1. Allgemeines.** Die Prozesskostenhilfe **beginnt** mit dem Wirksamwerden des Bewilligungsbeschlusses. Sie endet mit Abschluss des Verfahrens, Aufhebung der Bewilligung (§ 124) oder dem Tod der hilfsbedürftigen Partei.[1] Ein noch nicht abgeschlossenes **Bewilligungsverfahren** erledigt sich mit dem Tod des Antragstellers.[2] Durch den Tod der hilfsbedürftigen Partei fällt die Prozesskostenhilfe aber nicht rückwirkend weg, der Erbe haftet nicht für die Kosten der Prozessführung eines hilfsbedürftigen Erblassers, dem Prozesskostenhilfe ohne Raten bewilligt worden war.[3]

2 Die Prozesskostenhilfe endet auch mit dem Ausscheiden der hilfsbedürftigen Partei aus dem Prozess.[4]

3 **2. Rückwirkung.** Um eine **unbillige** Benachteiligung des Antragstellers durch Verzögerungen zu vermeiden, auf die er keinen Einfluss hat, ist allgemein anerkannt, dass das Gericht der Bewilligung **Rückwirkung** beilegen kann. Allerdings gibt es keine Bewilligung für die Zeit vor Antragstellung.[5]

4 Der Bewilligungsbeschluss sollte den **Bewilligungszeitpunkt ausdrücklich** bestimmen. Unterlässt er dies, so folgt daraus nicht zwingend, dass die Bewilligung erst ab dem Zeitpunkt der formlosen Mitteilung des Beschlusses wirkt,[6] der Beschluss ist vielmehr anhand der berechtigten Interessen des Antragstellers auszulegen.[7] Enthält der Beschluss hingegen ein Bewilligungsdatum, so ist der Kostenbeamte ungeachtet von dessen Richtigkeit hieran gebunden.[8]

5 Umstritten ist, ob die **Rückbeziehung** (sei es durch ausdrückliche Datierung im Beschluss oder durch Auslegung) auf die Zeit der Antragstellung oder der Entscheidungsreife des Antrags zu erfolgen hat.[9] Einigkeit besteht in der Intention: Der Antragsteller soll nicht für Verzögerungen büßen, die er nicht zu vertreten hat und auf die er keinen Einfluss hat. Dem wird man am besten gerecht, wenn man die Rückwirkung auf den

---

1 OLG Celle JurBüro 1987, 1237; OLG Frankfurt NJW 1985, 751; s.a. § 122 a.F.
2 OLG Bremen OLGZ 1965, 183; OLG Hamm RPfleger 1977, 108.
3 KG KostRspr. GKG § 54 Nr. 11 m. zust. Anm. *Schneider*; LG Bielefeld JurBüro 1989, 1288; **abw.** OLG Frankfurt KostRspr. GKG § 29 Nr. 22.
4 KG MDR 1969, 849.
5 OLG Bamberg JurBüro 1989, 1290; OLG Hamburg KostRspr. ZPO § 119 Nr. 46 m. Anm. *von Eicken*; OLG München AnwBl. 1987, 340.
6 Ansicht von *Christl* MDR 1983, 628 ff.
7 *Mümmler* JurBüro 1987, 1141, 1149.
8 OLG München MDR 1987, 240.
9 Für Antragstellung BGH NJW 1982, 446, 1104; 1985, 921; OLG Frankfurt NJW-RR 1989, 192; OLG Hamburg DAVorm. 1980, 485; für Bewilligungsreife OLG Bamberg JurBüro 1985, 141; OLG Düsseldorf JurBüro 1987, 130; OLG Stuttgart FamRZ 1987, 399.

Zeitpunkt des Eingangs eines bewilligungsfähigen Prozesskostenhilfegesuchs bezieht. Hierzu gehört die vollständige Vorlage der in § 117 geforderten Angaben. Hingegen hat der Antragsteller keinen Einfluss darauf, welche Erhebungen das Gericht nach § 118 zu welchem Zeitpunkt vornimmt. Maßgebend ist deshalb grundsätzlich der Eingang eines nach § 117 ZPO vollständigen Antrags. Dies hat den weiteren Vorteil, dass der Eingang der vollständigen Antragsunterlagen wesentlich einfacher festgestellt werden kann als der Zeitpunkt der Bewilligungsreife. Eine Ausnahme kann allerdings in Betracht kommen, wenn der Antragsteller nach Einbringung eines vollständigen Gesuchs seiner Mitwirkungspflicht nicht nachkommt, bspw. indem er einem Verlangen des Gerichts nach § 118 Abs. 2 S. 1 schuldhaft nur verspätet (bspw. gar erst in der Beschwerdeinstanz) nachkommt.[10] Etwas anderes gilt dann, wenn sich die zeitliche Verzögerung bspw. aus der Bearbeitung durch das Gericht ergibt; diese darf dann nicht zu Lasten des Antragstellers gehen.[11] Ein Verschulden seines gesetzlichen Vertreters (§ 51 Abs. 2) oder seines Prozessbevollmächtigten (§ 85 Abs. 2) muss sich die hilfsbedürftige Partei zurechnen lassen.[12]

Die Bewilligung kann mit rückwirkender Kraft auch noch nach **Abschluss der Instanz** erfolgen, wenn der Antrag zuvor vollständig eingereicht wurde.[13] Gleiches gilt, wenn der Antragsteller erforderliche Unterlagen erst nach Abschluss der Instanz einreichen konnte.[14] Solange die Widerrufsfrist für einen gerichtlichen Vergleich läuft, ist die Instanz noch nicht abgeschlossen.[15] 6

**3. Beurteilungszeitpunkt.** Die Rückbeziehung des Bewilligungszeitpunktes ist scharf zu trennen vom maßgeblichen Zeitpunkt für die **Prüfung** der Bewilligungsvoraussetzungen. Dies ist im Bewilligungsverfahren, wie grundsätzlich in jedem gerichtlichen Verfahren, der Sach- und Streitstand im Zeitpunkt der Entscheidung. Für die Beurteilung der subjektiven Bewilligungsvoraussetzungen folgt dies bereits aus § 124 Nr. 3.[16] 7

Für die Beurteilung der **objektiven** Bewilligungsvoraussetzungen (Erfolgsprognose) ist dies jedoch umstritten. Dies gilt insbesondere für den Fall, dass das Gericht die Entscheidung über ein ordnungsgemäßes Prozesskostenhilfegesuch verzögert hat und sich die Beurteilung der Erfolgsaussichten mittlerweile (bspw. durch zwischenzeitlich im Hauptsacheverfahren erhobene Beweise) verändert hat. Aus Billigkeitsgründen stellt in diesen Fällen ein Teil der Rechtsprechung auf den Zeitpunkt ab, in dem das Gericht über das Gesuch hätte entscheiden müssen, falls die mögliche Entscheidung ohne schuldhaftes Versäumnis des Antragstellers unterblieben ist.[17] Dem ist nicht zu folgen. Die hypothetische Beurteilung, wie das Gericht ohne bestimmte Erkenntnismöglichkeiten entschieden hätte, ist an sich schon problematisch, ebenso schwierig ist es, im nachhinein zu beurteilen, ab wann das Gericht über das Gesuch hätte entscheiden müssen. Für eine derartige Billigkeitsrechtsprechung besteht auch kein Bedürfnis. Der Antragsteller kann

---

**10** Büttner/Wrobel-Sachs/Gottschalk/*Dürbeck*[7] Rdn. 503.
**11** Büttner/Wrobel-Sachs/Gottschalk/*Dürbeck*[7] Rdn. 505.
**12** BGH VersR 1983, 241; FamRZ 1987, 1018, 1019; OLG Düsseldorf JurBüro 1991, 95; OLG Köln NJW-RR 1988, 1477; **a.A.** OLG Düsseldorf FamRZ 1986, 288.
**13** BGH NJW 1982, 446; OLG Köln VersR 1989, 408.
**14** BGH JurBüro 1982, 699; OLG Hamburg FamRZ 1987, 843.
**15** AG Groß-Gerau MDR 1981, 583.
**16** Im Ergebnis ebenso OLG Frankfurt JurBüro 1982, 1260; OLG Hamburg JurBüro 1984, 614; OLG Zweibrücken JurBüro 1986, 1251.
**17** OLG Bamberg JurBüro 1989, 831; OLG Düsseldorf JurBüro 1989, 833; OLG Hamm FamRZ 1989, 1203; OLG Karlsruhe FamRZ 1990, 80.

einer unbilligen Verzögerung der Bewilligungsentscheidung durch Beschwerde nach §§ 127, 567 entgegentreten.[18]

Auch kann über die Niederschlagung von Kosten infolge unrichtiger Sachbehandlung nach 21 Abs. 1 GKG geholfen werden;[19] im Einzelfall kommen auch Amtshaftungsansprüche (§ 839 BGB, Art. 34 GG) in Betracht, da das Prozesskostenhilfeverfahren nicht vom **Spruchrichterprivileg** umfasst ist.[20] Entscheidender Zeitpunkt für die Beurteilung der Bewilligungsvoraussetzungen kann deshalb in jedem Fall der Zeitpunkt der Beschlussfassung durch das Gericht bleiben.[21]

### II. Umfang der Bewilligung

8 **1. Beschränkung auf die Instanz.** Die Bewilligung von Prozesskostenhilfe ist auf die jeweilige **Instanz** beschränkt. Für jeden Rechtszug müssen gesonderte Bewilligungsanträge gestellt werden.[22] Der Begriff des Rechtszugs ist kostenrechtlich zu verstehen, § 35 GKG.[23] Die Instanz beginnt mit Einreichung des verfahrenseinleitenden Antrags (Klage, Rechtsmittel etc.). Sie endet mit der abschließenden gerichtlichen Entscheidung oder einer gleichgestellten Prozesshandlung (Vergleich, Rücknahme, Erledigungserklärung).

Eine allgemein für ein bestimmtes Verfahren erfolgte Bewilligung von Prozesskostenhilfe erfasst im Falle eines Vergleichs nicht auch Vergleichsüberhänge; dazu bedarf es vielmehr einer entsprechenden Ausdehnung der Bewilligung der Prozesskostenhilfe durch das Gericht, die vor Wirksamwerden des Vergleichs beantragt werden muss.[24]

9 Die Prozesskostenhilfe kann auf **selbständige** Verfahrensabschnitte beschränkt werden, bspw. auf ein Wiedereinsetzungsverfahren. Hingegen darf die Prozesskostenhilfe nicht auf einzelne Prozesshandlungen oder kostenrechtlich unselbständige Verfahrensabschnitte beschränkt werden.[25] Prozesskostenhilfe kann aber nach Abs. 1 Satz 1 nur für den jeweiligen Rechtszug (im kostenrechtlichen Sinne) bewilligt werden, nicht dagegen für eine außergerichtliche Tätigkeit des Rechtsanwalts „zwischen den Instanzen".[26]

10 Die Bewilligung beschränkt sich auf den im Kostenfestsetzungsgesuch dargelegten prozessualen Anspruch. Sie erstreckt sich nicht auf Klageerweiterungen, Widerklagen und Zwischenanträge. Hierfür ist ein erneuter Antrag und eine erneute Bewilligungsprüfung erforderlich.

---

18 OLG Düsseldorf FamRZ 1986, 485; OLG Hamburg NJW-RR 1989, 1022; OLG Karlsruhe NJW 1984, 985; **a.A.** OVG Münster KostRspr. ZPO § 127 Nr. 62.

19 OVG Hamburg KostRspr. GKG § 8 Nr. 63 m. Anm. *Schneider.*

20 BGH MDR 1984, 383.

21 OLG Düsseldorf NJW-RR 1989, 383; OLG Hamburg FamRZ 1987, 843; OLG Hamm VersR 1988, 513; LSG Baden-Württemberg KostRspr. ZPO § 118 Nr. 19 m. Anm. *Schneider*; *Schneider* RPfleger 1985, 430; OVG Koblenz JurBüro 1990, 751; „Entscheidungsreife" u.a.: KG FamRZ 2009, 1505; OVG Hamburg FamRZ 2005, 44 f.; OLG Hamburg FamRZ 2000, 1587; teilweise **a.A.** einst MünchKomm/*Wax*[1] § 114 Rdn. 72 der eine rückwirkende Bewilligung befürwortet, falls die Rechtsverfolgung im Zeitpunkt der Antragstellung (aus der Sicht des Erkenntnisstandes zum Zeitpunkt der Entscheidung über das Gesuch) erfolgversprechend war.

22 BGH VersR 1984, 600; OLG Köln MDR 1988, 588.

23 Baumbach/Lauterbach/Albers/*Hartmann*[71] § 119 Rdn. 30; BeckOK-ZPO/*Reichling* § 119 Rdn. 2.

24 OLG Saarbrücken RVGreport 2013, 120.

25 Büttner/Wrobel-Sachs/Gottschalk/*Dürbeck*[7] Rdn. 494.

26 BGH FamRZ 2007, 1088.

### 2. Einzelfälle

**a) Zugehörigkeit zur Instanz.** Von der Bewilligung umfasst sind das Verfahren nach Einspruch (§ 338),[27] nach Verweisung (§§ 281, 506)[28] und nach Zurückverweisung (§ 538);[29] ferner Nachverfahren, die sich an ein Grund- oder Vorbehaltsurteil anschließen,[30] alle Verfahrensabschnitte der Stufenklage, die Verfahrensfortsetzung nach Anfechtung eines Vergleichs; des weiteren Kostenfestsetzung, Urteilsergänzungs- und Berichtigungsverfahren sowie Nebenverfahren innerhalb der Instanz (z.B. Richterablehnung). Desgleichen zählt ein zwischen den Instanzen abgeschlossener **Prozessvergleich** noch zur unteren Instanz.[31] 11

In **Scheidungssachen** erstreckt sich die Bewilligung automatisch auf die Folgesachen Versorgungsausgleich (§149 FamFG). Ferner umfasst die Bewilligung die Rechtsverteidigung gegen eine Widerklage in Ehesachen (§48 Abs. 5 Nr. 4 RVG) und gegen ein Anschlussrechtsmittel (§48 Abs. 2 Satz 1 RVG). Unzulässig ist es, dem Antragsteller angesichts seiner notwendigen Beteiligung im Ehescheidungsverfahren, Prozesskostenhilfe nur für Folgesachen zu gewähren und die Hauptsache von der Bewilligung auszunehmen.[32]

**b) Selbständige Verfahren.** Keine Einheit bilden **Mahnverfahren** und nachfolgendes streitiges Verfahren, zwar wird in beiden Verfahren derselbe prozessuale Anspruch verfolgt, jedoch ist im Mahnverfahren noch keine Prüfung der Erfolgsaussichten möglich.[33] Selbständig zu beurteilen ist des Weiteren die Prozesskostenhilfe für das selbständige Beweisverfahren,[34] für Nichtigkeits- und Restitutionsklagen sowie Beschwerdeverfahren.[35] 12

Gesondert beantragt werden muss die Prozesskostenhilfe für Verfahren zur Erlangung eines **Arrests** oder einer **einstweiligen Verfügung**, die hierfür erlangte Bewilligung deckt auch das Widerspruchsverfahren, nicht aber das **Aufhebungsverfahren** nach § 927.[36] Die Bewilligung von Prozesskostenhilfe in Scheidungsverfahren erstreckt sich nicht auf das Verfahren über einstweilige Anordnungen nach § 49 FamFG.[37] Dies gilt auch für die in § 137 Abs. 2 FamFG erwähnten Folgesachen.[38] Um eine unbillige Benachteiligung des Antragstellers durch diese Selbständigkeit zu verhindern, ist für die Bewilligungssperre des § 115 Abs. 4 auf die sich ergebende wirtschaftliche Gesamtbelastung abzustellen.[39] Die Bewilligung für das Verfahren der einstweiligen Anordnung umfasst auch ein Abänderungsverfahren nach § 54 FamFG.[40] 13

---

**27** So auch: Baumbach/Lauterbach/Albers/*Hartmann*[71] § 119 Rdn. 36 „Einspruch".
**28** OLG Köln NJW 1995, 2728.
**29** OLG Düsseldorf RPfleger 1987, 263, zur (grundsätzlich bestehenden) Bindung des übernehmenden Gerichts OLG Düsseldorf NJW-RR 1991, 63.
**30** Vgl. Baumbach/Lauterbach/Albers/*Hartmann*[71] § 119 Rdn. 41 „Nachverfahren" m.w.N.
**31** Zöller/*Geimer* § 119 Rdn. 25.
**32** BVerwG NJW 2008, 3157; OLG Düsseldorf FamRZ 1990, 80; OLG Hamm NJW 1978, 171; **a.A.** OLG Düsseldorf NJW 1978, 1865.
**33** Zöller/*Geimer* § 119 Rdn. 16; *Wielgoß* NJW 1991, 2071; LG Berlin NJW 1972, 2312; **a.A.** Baumbach/Lauterbach/Albers/*Hartmann*[71] § 119 Rdn. 40; *Bischof* AnwBl. 1981, 372.
**34** LG Bayreuth JurBüro 1991, 398; LG Köln NJW 1987, 784.
**35** OLG Hamm RPfleger 1981, 322.
**36** RG JW 1935, 801; Vgl. ausführlicher: Baumbach/Lauterbach/Albers/*Hartmann*[71] § 119 Rdn. 33 „Arrest, einstweilige Anordnung oder Verfügung".
**37** OLG Karlsruhe JurBüro 1990, 231; kritisch Büttner/Wrobel-Sachs/Gottschalk/*Dürbeck*[7] Rdn. 487.
**38** Zum alten Recht: OLG Bamberg JurBüro 1987, 141.
**39** Büttner/Wrobel-Sachs/Gottschalk/*Dürbeck*[7] Rdn. 487; Zöller/*Geimer § 119* Rdn. 12.
**40** Zum alten Recht: OLG Hamm MDR 1983, 847.

14 Werden in einem **Prozessvergleich** Ansprüche mit verglichen, die nicht rechtshängig waren, so erstreckt sich die Prozesskostenhilfe hierauf nur infolge eines besonderen Bewilligungsbeschlusses.[41] Außergerichtliche Vergleiche sind entgegen der Ansicht des BGH[42] nie von der Bewilligung gedeckt.[43]

15 Für die **Zwangsvollstreckung** muss und kann gem. **Abs. 2** gesondert Prozesskostenhilfe beantragt werden.[44] Dies folgt auch aus § 20 Nr. 5 RPflG. Der Streit darüber, ob Prozesskostenhilfe für die Zwangsvollstreckung allgemein oder nur für einzelne Maßnahmen bewilligt werden kann, ist nach § 117 Abs. 1 S. 2 zugunsten erster Ansicht entschieden. Für letztere Ansicht sprach, dass Erfolgsaussicht und Mutwillen naturgemäß nur für die einzelne Vollstreckungsmaßnahme geprüft werden können.[45] Andererseits droht angesichts der regelmäßig geringen Gebühren in der Zwangsvollstreckung und der Möglichkeit zahlreicher Vollstreckungsmaßnahmen ein unverhältnismäßiger Arbeitsaufwand für Gläubiger und Gericht. Hinzukommt das in Vollstreckungssachen oft vorhandene Eilbedürfnis. Sowohl aus Rechtsgründen als auch aus prozessökonomischen Gründen ist deshalb eine Prozesskostenhilfebewilligung für die Vollstreckung im Ganzen (oder für Gesamtkomplexe) in Fällen zuzulassen, in denen kein Missbrauch seitens des Gläubigers zu befürchten ist. Dies ist bspw. der Fall bei der Vollstreckung aus Unterhaltstiteln minderjähriger Kinder, die durch das Jugendamt vertreten werden.[46] Der früher vertretene Grundsatz, dass jede einzelne Vollstreckungsmaßnahme bewilligungspflichtig sei,[47] ist nach Abs. 2 nicht mehr gesetzeskonform. Um die Bewilligungssperre des § 115 Abs. 4 nicht zu einer unbilligen Belastung für den Hilfsbedürftigen werden zu lassen, müssen für dessen Anwendung die durch mehrere Vollstreckungen entstandenen Kosten addiert werden.[48] Die Bewilligung der Prozesskostenhilfe für eine Zwangsvollstreckungsmaßnahme umfasst alle Verrichtungen, die zu deren Realisierung gehören,[49] nicht jedoch aus der Zwangsvollstreckung resultierende Prozesse (§§ 767, 771).[50] Auch bei der eingeschränkten pauschalen Bewilligung der Prozesskostenhilfe für die Zwangsvollstreckung gemäß Abs. 2 ist aber die Notwendigkeit der Beiordnung eines Rechtsanwalts in Anwendung des § 121 Abs. 2 für die jeweilige Maßnahme der Zwangsvollstreckung zu prüfen.[51] Bei Stellung eines unspezifischen Prozesskostenhilfeantrags für die Zwangsvollstreckung nach Abs. 2 ohne gleichzeitige Beifügung konkreter Vollstreckungsaufträge ist die Beiordnung eines Rechtsanwalts allerdings abzulehnen, weil dem Gericht die möglichen künftigen Vollstreckungshandlungen und die damit gegebenenfalls verbundenen tatsächlichen und rechtlichen Schwierigkeiten nicht bekannt sind. Die Frage der Notwendigkeit der Beiordnung eines Rechtsanwalts kann erst bei der Beantragung konkreter Vollstreckungsmaßnahmen geprüft werden.[52]

---

41 *Schneider* MDR 1985, 814; LG Berlin VersR 1989, 528.
42 BGH NJW 1988, 494 = RPfleger 1987, 519 m. abl. Anm. *Schneider*; ebenso OLG Bamberg JurBüro 1989, 415; OLG Celle MDR 1989, 647; OLG Hamm NJW-RR 1988, 1151.
43 OLG Schleswig JurBüro 1989, 118; OLG Saarbrücken JurBüro 1989, 1688; *Mümmler* JurBüro 1989, 415; 1992, 755; Baumbach/Lauterbach/Albers/*Hartmann*[71] § 119 Rdn. 46 „Außergerichtlicher Vergleich"; MünchKomm/*Motzer* § 119 Rdn. 24.
44 LG Fulda RPfleger 1984, 34; anders § 119 Abs. 1 a.F.
45 *Behr/Hantke* RPfleger 1981, 265, 267.
46 LG Berlin DAVorm. 1992, 1357; LG Düsseldorf DAVorm. 1989, 886; AG Aalen DAVorm. 1983, 396; LG Frankenthal DAVorm. 1988, 188.
47 Bspw. LG Berlin KostRspr. ZPO § 119 Nr. 83 m. abl. Anm. *Lappe*; LG Köln RPfleger 1989, 516.
48 Büttner/Wrobel-Sachs/Gottschalk/*Dürbeck*[7] Rdn. 491.
49 *Behr/Hantke* RPfleger 1981, 265, 267.
50 KG JW 1938, 3134.
51 BGH FamRZ 2010, 288.
52 LG Rostock Rpfleger 2003, 304.

### III. Bewilligung im höheren Rechtszug

**1. Allgemeines.** Mit Ausnahme der Bewilligungserleichterung in § 119 S. 2 sind die Voraussetzungen für die Bewilligung von Prozesskostenhilfe auch in der Beschwerde-, Berufungs- oder Revisionsinstanz selbständig zu prüfen. Die Bewilligung von Prozesskostenhilfe wirkt daher nur für die jeweilige Instanz, § 404 Abs. 5 S. 1 StPO i.V.m. Abs. 1 S. 1, so dass im Revisionsverfahren erneut zu entscheiden ist.[53] Dies gilt insbesondere für die Hilfsbedürftigkeit. Allerdings ist übertriebener Formalismus zu vermeiden, bei unveränderten Verhältnissen genügt es, wenn der Antragsteller auf den in der Vorinstanz abgegebenen Vordruck und die entsprechenden Belege Bezug nimmt.[54] Das höhere Gericht ist an die Beurteilung der persönlichen und wirtschaftlichen Verhältnisse der Partei durch die Vorinstanz nicht gebunden. Allerdings sollten divergierende Entscheidungen durch großzügige Anwendung vermieden werden.[55] 16

**2. Prüfung von Erfolgsaussichten und Mutwilligkeit**

**a) Grundsatz.** Zugunsten des Hilfsbedürftigen, der im vorangegangenen Rechtszug gesiegt hatte, sieht § 119 Abs. 1 S. 2 vor, dass die Erfolgsaussichten und das Fehlen von Mutwilligkeit nicht mehr zu prüfen sind, wenn der Gegner ein Rechtsmittel eingelegt hatte. Die Bestimmung in Abs. 1 Satz 2 beruht darauf, dass das Urteil der Vorinstanz eine Vermutung dafür begründet, dass die Verteidigung dieses Urteils durch denjenigen, der in der Vorinstanz obsiegt hat, hinreichende Aussicht auf Erfolg hat und nicht mutwillig ist. Diese Vermutung kann jedoch in Ausnahmefällen nicht gerechtfertigt sein, in denen Abs. 1 Satz 2 daher auch keine Anwendung findet.[56] Trotz Abs. 1 S. 2 ist eine Prüfung der Erfolgsaussicht geboten, wenn eine Änderung der tatsächlichen Grundlagen des Verfahrens eingetreten ist, die einer einstweiligen Kostenbefreiung für den Rechtsmittelzug nicht mehr zu rechtfertigen vermag.[57] So kann dem Antragsteller, der erstinstanzlich obsiegt hat, trotz Abs. 1 Satz 2 Prozesskostenhilfe aus Sachgründen versagt werden, wenn der Prozessgegner und Rechtsmittelführer in zweiter Instanz eine inhaltlich unstreitige Urkunde vorlegt, die dem gesamten in erster Instanz erfolgreichen Klagebegehren die Grundlage entzieht.[58] Die Vorschrift setzt nicht voraus, dass bereits in der vorherigen Instanz Prozesskostenhilfe bewilligt worden war.[59] Sie gilt nur zugunsten des Gegners des Rechtsmittelführers, nicht zugunsten eines Streithelfers.[60] Für eine Anschließung an das Rechtsmittel ist eine gesonderte Prüfung der Erfolgsaussicht bzw. des Fehlens von Mutwilligkeit erforderlich.[61] 17

In der Regel ist die Bewilligung der Prozesskostenhilfe erst erforderlich, wenn der Gegner sein Rechtsmittel **begründet** hat; erst dann lässt sich beurteilen, ob es verworfen wird.[62] Eine Ausnahme kommt in Betracht, wenn gerade die Zulässigkeit des Rechtsmit- 18

53 BGH StraFo 2008, 131; BGHR StPO § 404 Abs 5.
54 BGH NJW 1983, 2145, 2146.
55 So einst: Baumbach/Lauterbach/*Hartmann*[51] § 119 Anm. 8.
56 OLG Schleswig NJW-RR 2009, 416.
57 OLGR Karlsruhe 2007, 779.
58 OLG Koblenz Rpfleger 2004, 54.
59 *Lauterbach* JZ 1954, 197.
60 BGH NJW 1966, 597; *Schneider* MDR 1979, 367.
61 Siehe auch BGH NJW 1985, 498.
62 BGH NJW 1954, 149; MDR 1982, 217; FamRZ 1988, 942; OLG Karlsruhe NJW-RR 1989, 1152; OLG Hamm KostRspr. ZPO § 114 Nr. 72; **a.A.** OLG Karlsruhe OLGZ 1987, 448.

tels umstritten ist.[63] Dem Berufungsbeklagten kann daher nach Eingang der Rechtsmittelbegründung Prozesskostenhilfe zur Verteidigung gegen die Berufung nicht mit der Begründung versagt werden, eine Entscheidung über die Zurückweisung der Berufung durch einstimmigen Beschluss (§ 522 Abs. 2) stehe noch aus.[64] Entgegen einer in der obergerichtlichen Judikatur vertretenen Ansicht[65] hat der BGH überzeugend entschieden, dass dem erstinstanzlich vollen Umfangs obsiegenden Berufungsbeklagten die beantragte Prozesskostenhilfe nicht allein deshalb versagt werden, weil infolge einer noch nicht getroffenen Entscheidung, ob die Berufung nach § 522 Abs. 2 zurückzuweisen sein wird, für eine Rechtsverteidigung keine Notwendigkeit angezeigt erscheint.[66]

19 **b) Ausnahmen.** Aus dem Gesetzeszweck folgt, dass die höhere Instanz an die Prüfung des unteren Gerichts nicht gebunden ist, wenn sich die Rechtslage[67] oder die tatsächlichen Voraussetzungen[68] mittlerweile geändert haben. Gleiches gilt, wenn die Erfolgsaussichten durch (zulässiges) neues Vorbringen anders zu beurteilen sind.[69]

Aus Gründen der Rechtssicherheit und der Prozessökonomie problematisch ist die darüber hinausgehende Tendenz der Rechtsprechung, von der Erfolgsprüfung der Vorinstanz abzuweichen, wenn sich deren Entscheidung aus tatsächlichen oder rechtlichen Gründen als offensichtlich fehlerhaft darstellt.[70] Letztlich ist diese Rechtsprechung aber zu begrüßen, da sie den Hilfsbedürftigen vor unnötigen Kosten (§ 123) schützt.

## § 120
## Festsetzung von Zahlungen

**(1) Mit der Bewilligung der Prozesskostenhilfe setzt das Gericht zu zahlende Monatsraten und aus dem Vermögen zu zahlende Beträge fest. Setzt das Gericht nach § 115 Absatz 1 Satz 3 Nummer 5 mit Rücksicht auf besondere Belastungen von dem Einkommen Beträge ab und ist anzunehmen, dass die Belastungen bis zum Ablauf von vier Jahren ganz oder teilweise entfallen werden, so setzt das Gericht zugleich diejenigen Zahlungen fest, die sich ergeben, wenn die Belastungen nicht oder nur in verringertem Umfang berücksichtigt werden, und bestimmt den Zeitpunkt, von dem an sie zu erbringen sind.**

**(2) Die Zahlungen sind an die Landeskasse zu leisten, im Verfahren vor dem Bundesgerichtshof an die Bundeskasse, wenn Prozesskostenhilfe in einem vorherigen Rechtszug nicht bewilligt worden ist.**

**(3) Das Gericht soll die vorläufige Einstellung der Zahlungen bestimmen,**
1. **wenn die Zahlungen der Partei die voraussichtlich entstehenden Kosten decken;**
2. **wenn die Partei, ein ihr beigeordneter Rechtsanwalt oder die Bundes- oder Landeskasse die Kosten gegen einen anderen am Verfahren Beteiligten geltend machen kann.**

---

63 *Lappe* in KostRspr. ZPO § 119 Nr. 30.
64 BGH FamRZ 2010, 1147.
65 OLG Düsseldorf MDR 2003, 658; OLG Celle MDR 2004, 598.
66 OLGR Rostock 2005, 840; dagegen OLG Schleswig NJW-RR 2009, 416.
67 OLG Celle FamRZ 1977, 648.
68 BGH FamRZ 1989, 266; OLG Koblenz FamRZ 1986, 81; OLG Bamberg FamRZ 1989, 884.
69 OLG Düsseldorf FamRZ 1988, 416; OLG Celle NdsRpfl. 1981, 147.
70 KG FamRZ 1980, 1034; OLG Düsseldorf FamRZ 1988, 416; *Schneider* MDR 1979, 367.

**Übersicht**



## I. Allgemeines

§ 120 stellt eine Art „Ausführungsbestimmung" zu den §§ 114, 115 dar.[1] Der vormalige Abs. 4 wurde per PKH-ÄnderungsG[2] aufgehoben und durch § 120a ersetzt.

## II. Gerichtliche Festsetzung (Abs. 1)

1 **1. Monatsraten.** Hat der Antragsteller nach seinen Einkommensverhältnissen **Ratenzahlung** zu leisten, so setzt das Gericht im Bewilligungsbeschluss die Höhe der monatlich zu zahlenden Raten anhand der §§ 114, 115 fest. Sind keine Raten zu zahlen, so erübrigt sich ein Ausspruch hierüber. Die Zahl der Raten ergibt sich aus dem Gesetz (höchstens 48 Raten gem. § 115 Abs. 2 Satz 4). Das Gericht hat hierüber keine Bestimmung zu treffen.[3] Das Gericht kann aber nach seinem pflichtgemäßen Ermessen bestimmen, ab wann Raten oder Beträge aus dem Vermögen aufzubringen sind und so besonderen Verhältnissen des Einzelfalls, bspw. einer zeitlich begrenzten besonderen Belastung, Rechnung tragen.[4] Allerdings muss der Beginn kalendermäßig berechenbar sein. Unzulässig ist deshalb die Festsetzung des Beginns der Ratenzahlungspflicht mit Rechtskraft der Hauptsacheentscheidung.[5] Trifft das Gericht keine Festsetzung, so beginnt die Zahlungspflicht mit dem Wirksamwerden des Beschlusses, Voraussetzung ist allerdings, dass bereits Gebühren angefallen sind.[6]

2 Der 48-Monatszeitraum gemäß § 115 Abs. 2 Satz 4 umfasst **alle** Instanzen. Werden in verschiedenen Instanzen Raten in unterschiedlicher Höhe festgesetzt, so löst die neuere Entscheidung die ältere ab.[7] Fallen die neuen Raten niedriger aus, so sind allerdings die noch offenstehenden alten Raten in der bisherigen Höhe zu bezahlen. Wird in zweiter Instanz Prozesskostenhilfe ratenfrei gewährt, so entfällt auch die Verpflichtung zur Entrichtung der vorinstanzlich festgesetzten Raten.[8]

3 **2. Betrag aus dem Vermögen.** Hat die Partei aus ihrem Vermögen Kosten zu tragen, so setzt das Gericht eine einmalige feste Zahlung oder ratenweise Zahlungen[9] fest. Das Gericht muss die Beträge beziffern. Für die Fälligkeit gelten die Ausführungen unter 1.

4 **3. Erhöhte Raten (Abs. 1 S. 2).** § 120 Abs. 1 S. 2 ermöglicht es, die zu zahlenden Raten zu **staffeln**, wenn abzusehen ist, dass besondere Belastungen, die nach § 115 Abs. 1

1 Stein/Jonas/*Bork* § 120 Rdn. 1.
2 BGBl. 2013 I S. 3533.
3 OLG Schleswig SchlHA 1981, 114.
4 OLG Düsseldorf FamRZ 1986, 1124.
5 OLG Zweibrücken JurBüro 1985, 1264.
6 S. KG RPfleger 1984, 477; *Lappe* RPfleger 1981, 137.
7 BGH NJW 1983, 944; KostRspr. ZPO § 120 Nr. 34; OLG Hamm FamRZ 1986, 1014.
8 *Mümmler* JurBüro 1985, 1441, 1448; Zöller/*Geimer* § 119 Rdn. 61; **a.A.** KG RPfleger 1985, 166; weitere Einzelheiten bei Büttner/Wrobel-Sachs/Gottschalk/*Dürbeck*[7] Rdn. 311.
9 Stein/Jonas/*Bork* § 120 Rdn. 8; **a.A.** OLG München JurBüro 1990, 906.

Nr. 4 zu berücksichtigen sind, innerhalb von vier Jahren ganz oder teilweise wegfallen. Hierfür muss eine hohe Wahrscheinlichkeit sprechen, die bspw. besteht, wenn ein vom Antragsteller als besondere Belastung geltend gemachtes Darlehen nach dem Darlehensvertrag innerhalb der Frist getilgt sein wird.[10] Die Vorschrift ist entsprechend anwendbar, wenn sich voraussehen lässt, dass die wirtschaftliche Situation des Antragstellers aus anderen Gründen (bspw. wegen Wegfalls eines Unterhaltsberechtigten) Verbesserungen erfahren wird.[11] Erweist sich die Prognose als falsch, so kann der Antragsteller Abänderung nach § 120a verlangen.

Die Frist berechnet sich (ebenso wie die 48 Monatsraten gem. § 115 Abs. 2 Satz 4) nach dem Beginn der Ratenzahlungen.[12]

### III. Zahlungsadressat (Abs. 2)

5 Die **Zahlstelle** ergibt sich aus § 120 Abs. 2. Die Überwachung der Zahlungen obliegt dem Rechtspfleger, § 20 Nr. 4 RPflG. Einzelheiten ergeben sich aus der Kostenverfügung. Die vom Gericht festgesetzten Zahlungen des Antragstellers werden nach der Justizbeitreibungsordnung (§ 1 Abs. 1 Nr. 4a) beigetrieben, falls der Antragsteller seiner Leistungspflicht nicht nachkommt.

### IV. Vorläufige Zahlungseinstellung (Abs. 3)

6 In den beiden Fällen des § 120 Abs. 3 hat das Gericht die vorläufige Einstellung der Zahlungen anzuordnen (kein Ermessen).[13] Ein Antrag ist nicht erforderlich, das Ende der Zahlungspflicht wird durch den Rechtspfleger (§ 20 Nr. 4b RPflgG) überwacht. Im Rechtsmittelverfahren ist das Rechtsmittelgericht zuständig, dies gilt auch, wenn die Prozesskostenhilfe nur für die erste Instanz bewilligt worden war.[14]

7 **1. Kostendeckung.** § 120 Abs. 3 Nr. 1 will verhindern, dass der Hilfsbedürftige schlechter als eine vermögende Partei gestellt wird. Der Rechtspfleger hat deshalb zu überwachen, dass die Summe der gezahlten Monatsraten nicht höher als die der bisher angefallenen Kosten ist. Gebühren, die noch nicht angefallen sind, sind hierbei nicht zu berücksichtigen.[15] Fallen erneut Kosten an, so ist die Wiederaufnahme der Ratenzahlungspflicht anzuordnen.[16]

Kostendeckung war nach **bisheriger Rechtslage** und der bis dahin herrschenden Meinung erst erreicht, wenn die geleisteten Zahlungen die vollen **Regelgebühren** des Anwalts abdeckten[17] und die Raten die angefallenen Gerichtskosten ausglichen.[18] Dies folgt hin-

---

**10** Büttner/Wrobel-Sachs/Gottschalk/*Dürbeck*[7] Rdn. 383.
**11** OLG Bamberg JurBüro 1987, 1706.
**12** Büttner/Wrobel-Sachs/Gottschalk/*Dürbeck*[7] Rdn. 386; **a.A.** (ab Antragstellung) *Schneider* MDR 1987, 89, 91; (ab Beschlussfassung) Stein/Jonas/*Bork* § 120 Rdn. 9.
**13** **A.A.** Stein/Jonas/*Bork* § 120 Rdn. 12 („kann").
**14** OVG Hamburg FamRZ 1990, 81.
**15** OLG Schleswig SchlHA 1983, 142.
**16** OLG Hamm KostRspr. ZPO § 120 Nr. 5.
**17** OLG Celle RPfleger 1989, 290; OLG Düsseldorf MDR 1993, 90; OLG Hamm MDR 1985, 149: OLG Nürnberg FamRZ 1989, 301; OLG Oldenburg RPfleger 1989, 465; LAG Köln RPfleger 1988, 381; MünchKomm/*Wax*[1] § 120 Rdn. 26; Stein/Jonas/*Bork* § 120 Rdn. 14; Baumbach/Lauterbach/*Hartmann*[51] § 120 Anm. 7 A; *Thomas/Putzo*[18] § 120 Anm. 3; **a.A.** (nur Kostendeckung nach § 123 BRAGO) OLG Düsseldorf MDR 1988, 238; LAG Köln KostRspr. ZPO § 120 Nr. 75 m. abl. Anm. *von Eicken*; LAG Düsseldorf JurBüro 1989, 969; Zöller/*Philippi*[18] § 120 Rdn. 22 m.w.N.
**18** Vgl. BeckOK-ZPO/*Reichling* § 120 Rdn. 15.

sichtlich der Rechtsanwaltsgebühren aus § 124 Abs. 1 S. 1 BRAGO a.F.[19] Der wirtschaftlichen Situation des Hilfsbedürftigen sei durch die Anordnung der Ratenzahlungspflicht bereits ausreichend Rechnung getragen, eine weitere Entlastung (auf Kosten des beigeordneten Anwalts) sei nicht gerechtfertigt. Im Rahmen der Kostendeckung gemäß Abs. 3 Nr. 1 a.F. war Voraussetzung, dass die Gerichtskosten bereits entstanden und fällig waren.[20]

Durch die Neufassung des Abs. 3 werden **nunmehr die voraussichtlich entstehenden Kosten erfasst** und nicht mehr auf eine Deckung der bereits entstandenen Kosten abgestellt. Somit ist auf künftig entstehende Kosten zu leisten. Nach hM ist die Kostendeckung dann gegeben, wenn die Gerichtskosten, die Rechtsanwaltsgebühren aus Prozesskostenhilfe und die sonstigen Rechtsanwaltsgebühren (§ 50 RVG) erreicht sind.[21] Der Rechtspfleger ist bei der Prüfung der Kostendeckung gemäß § 120 Abs. 3 Nr. 1 ZPO nicht befugt, im Mandatsverhältnis wurzelnde Einwendungen wie z.B. einen streitigen Verzicht des beigeordneten Rechtsanwalts auf Gebühren zu beurteilen.[22] Gegen die Entscheidung der Einstellung der Zahlungen wegen Kostendeckung nach § 120 Abs. 3 Nr. 1 ist die sofortige Beschwerde des beigeordneten Rechtsanwalts, der die Einziehung der Differenz zwischen den Wahlanwalts- und den ermäßigten Prozess-/Verfahrenskostenhilfegebühren erstrebt (vgl. § 50 RVG), nach § 127 Abs. 2 S. 2 Halbsatz 1 statthaft.[23]

**2. Anderweitige Beitreibungsmöglichkeit.** Die Ratenzahlungen sind gem. § 120 8
Abs. 3 Nr. 2 einzustellen, wenn die Partei, ihr beigeordneter Anwalt nach § 126 oder die Staatskasse die Kosten gegen einen anderen Beteiligten geltend machen können. Dies ist i.d.R. der Fall, wenn der Antragsteller im Verfahren obsiegt hat, vgl. §§ 123, 125 sowie §§ 31 Abs. 2 S. 1, 29 Nr. 1, 2 GKG.[24] Es kommt darauf an, dass die Beitreibung erfolgversprechend ist. Schlagen Beitreibungsversuche fehl, so ist Wiederaufnahme der Ratenzahlung anzuordnen.[25]

## § 120a
## Änderung der Bewilligung

**(1) Das Gericht soll die Entscheidung über die zu leistenden Zahlungen ändern, wenn sich die für die Prozesskostenhilfe maßgebenden persönlichen oder wirtschaftlichen Verhältnisse wesentlich verändert haben. Eine Änderung der nach § 115 Absatz 1 Satz 3 Nummer 1 Buchstabe b und Nummer 2 maßgebenden Beträge ist nur auf Antrag und nur dann zu berücksichtigen, wenn sie dazu führt, dass keine Monatsrate zu zahlen ist. Auf Verlangen des Gerichts muss die Partei jederzeit erklären, ob eine Veränderung der Verhältnisse eingetreten ist. Eine Änderung zum Nachteil der Partei ist ausgeschlossen, wenn seit der rechtskräftigen Entscheidung oder der sonstigen Beendigung des Verfahrens vier Jahre vergangen sind.**

**(2) Verbessern sich vor dem in Absatz 1 Satz 4 genannten Zeitpunkt die wirtschaftlichen Verhältnisse der Partei wesentlich oder ändert sich ihre Anschrift, hat**

19 Verfassungsrechtliche Bedenken gegen § 124 Abs. 1 S. 1 BRAGO (zu Unrecht) bei *Hartmann* Kostengesetze (1993)[25] Anm. 1.
20 OLG Hamburg NJW 2011, 3589.
21 LAG Erfurt JurBüro 1998, 89 ff.; OLG Nürnberg JurBüro 1990, 370, 371; LAG Hamburg AnwBl. 1996, 53.
22 OLG Celle MDR 2013, 306.
23 OLG Celle MDR 2013, 306.
24 BGH NJW-RR 1993, 827; OLG Düsseldorf MDR 1993, 91.
25 OLG Hamburg MDR 1985, 941.

**sie dies dem Gericht unverzüglich mitzuteilen. Bezieht die Partei ein laufendes monatliches Einkommen, ist eine Einkommensverbesserung nur wesentlich, wenn die Differenz zu dem bisher zu Grunde gelegten Bruttoeinkommen nicht nur einmalig 100 Euro übersteigt. Satz 2 gilt entsprechend, soweit abzugsfähige Belastungen entfallen. Hierüber und über die Folgen eines Verstoßes ist die Partei bei der Antragstellung in dem gemäß § 117 Absatz 3 eingeführten Formular zu belehren.**

**(3) Eine wesentliche Verbesserung der wirtschaftlichen Verhältnisse kann insbesondere dadurch eintreten, dass die Partei durch die Rechtsverfolgung oder Rechtsverteidigung etwas erlangt. Das Gericht soll nach der rechtskräftigen Entscheidung oder der sonstigen Beendigung des Verfahrens prüfen, ob eine Änderung der Entscheidung über die zu leistenden Zahlungen mit Rücksicht auf das durch die Rechtsverfolgung oder Rechtsverteidigung Erlangte geboten ist. Eine Änderung der Entscheidung ist ausgeschlossen, soweit die Partei bei rechtzeitiger Leistung des durch die Rechtsverfolgung oder Rechtsverteidigung Erlangten ratenfreie Prozesskostenhilfe erhalten hätte.**

**(4) Für die Erklärung über die Änderung der persönlichen oder wirtschaftlichen Verhältnisse nach Absatz 1 Satz 3 muss die Partei das gemäß § 117 Absatz 3 eingeführte Formular benutzen. Für die Überprüfung der persönlichen und wirtschaftlichen Verhältnisse gilt § 118 Absatz 2 entsprechend.**

**Übersicht**



## I. Allgemeines, Anwendungsbereich und Normzweck

1 Die Vorschrift des § 120a wurde per Gesetz zur Änderung des Prozesskostenhilfe- und Beratungshilferechts vom 31.8.2013 m.W.v. 1.1.2014 eingefügt.[1] Sie regelt die Änderung der Bewilligung der Prozesskostenhilfe. Zuvor waren die Voraussetzungen dafür in § 120 Abs. 4 ZPO a.F. geregelt. Nunmehr wird durch § 120a darüber hinaus die Pflicht zur unaufgeforderten Mitteilung von wesentlichen Verbesserungen der wirtschaftlichen Verhältnisse geregelt. Der Antragsteller muss nachträgliche wesentliche Änderungen darlegen und glaubhaft machen.[2] Möglich ist nun die Abänderung der Entscheidung über die Bewilligung sowohl bei Verbesserung der wirtschaftlichen Lage als auch bei einer Verschlechterung dieser hinsichtlich der angeordneten Zahlungen, wohingegen die Entscheidung über die Bewilligung der Prozesskostenhilfe selbst nicht abgeändert werden kann.[3]

1 BGBl. 2013 I S. 3533.
2 OLG Köln FamRZ 1987, 962; OLG Karlsruhe FamRZ 1999, 1146; OLG Koblenz OLGR 2006, 1014 f.
3 *Poller/Köpf*, NJ 2013, 353, 355 m.w.N.

§ 120a ist ausdrücklich als Soll-Vorschrift ausgestaltet; ein Ermessensspielraum ist dem Gericht demgemäß grundsätzlich, atypisch gelagerte Einzelfälle ausgenommen, nicht eingeräumt.[4] Die Norm soll der Entlastung der Gerichte dienen[5] und bietet die Möglichkeit einer Korrektur bzgl. der im Nachhinein als falsch erachteten Bewilligungen.[6]

## II. Änderung der Entscheidung, Abs. 1

**1. Gesetzesgeschichte.** Der seit 1.1.1987 geltende § 120 Abs. 4 a.F. (bis 31.12.2013) 2
ermöglichte bisher die Abänderung des Bewilligungsbeschlusses bei Verbesserungen oder Verschlechterungen der persönlichen und wirtschaftlichen Verhältnisse des Antragstellers. Im wirtschaftlichen Ergebnis wurde damit die frühere Nachzahlungspflicht des § 125 a.F., die das Prozesskostenhilfegesetz abgeschafft hatte, wieder eingeführt. Die Streichung dieser Nachzahlungspflicht war in der Literatur teilweise hart kritisiert worden („unfassbare Unvernunft").[7] Die Neuregelung verfolgte das Ziel, der wirtschaftlichen Leistungsfähigkeit des Antragstellers besser Rechnung zu tragen und zugleich den Fiskus zu entlasten. Da der Antragsteller nicht verpflichtet war, auf Verbesserungen seiner wirtschaftlichen Lage hinzuweisen, durfte allerdings nicht damit gerechnet werden, dass letzteres Ziel erreicht wurde.[8]

Nunmehr sieht § 120a Abs. 1 S. 1 n.F. (seit 1.1.2014) die Änderung der Entscheidung über die zu leistenden Zahlungen an die prozesskostenhilfebeziehende Partei vor, wenn sich die der Prozesskostenhilfe zugrunde liegenden persönlichen und wirtschaftlichen Verhältnisse wesentlich verändert haben. Es handelt sich nun um eine Soll-Vorschrift. Es ist für pauschale Bewertungen kein Raum, sondern die Entscheidung am Einzelfall erforderlich.[9]

**2. Zuständigkeit und Verfahren.** Für Abänderungen der Entscheidungen bei Ver- 3
besserung oder bei Verschlechterung der wirtschaftlichen Verhältnisse ist der **Rechtspfleger** des über die Bewilligung der Prozesskostenhilfe entscheidenden Gerichtes funktionell zuständig; § 20 Nr. 4c PpflG. Dies gilt, soweit die Abänderungsentscheidung **nach Abschluss des Verfahrens** zur Hauptsache erfolgt.[10]

Für Abänderungen im laufenden Verfahren ist **entgegen der h.M.** funktionell der **Richter bis zum Instanzende** zuständig.[11] Dieser ist ohnehin mit der Sache befasst und er hatte auch die Abhilfemöglichkeit im Rahmen einer sofortigen Beschwerde (§ 127). Nach dem Ende der Instanz ist der Rechtspfleger zuständig, § 20 Nr. 4c RPflG. Entgegen einer verbreiteten Auffassung[12] ist durch die einstige Regelung des § 120 Abs. 4 a.F. (heute neugefasst als § 120a Abs. 1) klargestellt, dass diese Zuständigkeit auch nach Rechtskraft der Entscheidung beim Gericht bleibt und nicht auf die Justizverwaltung übergeht.

---

4 BT-Drucks. 17/11472, S. 33; BeckOK-ZPO/*Reichling* § 120a Rdn. 1; *Poller* NJ 2013, 353, 355.
5 Musielak/*Fischer* § 120a Rdn. 11.
6 Büttner/Wrobel-Sachs/Gottschalk/*Dürbeck*[7] Rdn. 387 m.w.N.
7 *Schneider* MDR 1981, 793, 799.
8 Siehe auch *Maurer* FamRZ 1989, 245.
9 *Poller/Köpf* NJ 2013, 353, 355.
10 OLG Köln NJW-RR 1999, 202; Büttner/Wrobel-Sachs/Gottschalk/*Dürbeck*[7] Rdn. 382, 387.
11 Büttner/Wrobel-Sachs/Gottschalk/*Dürbeck*[7] Rdn. 382, 387; **a.A.** Stein/Jonas/*Bork* § 120 Rdn. 32; MünchKomm/*Motzer* § 120 Rdn. 12ff.; Musielak/*Fischer* § 120a Rdn. 19f.; Zöller/*Geimer* § 120a Rdn. 21.
12 Bspw. OLG Düsseldorf RPfleger 1988, 280 m. Anm. *Bratfisch*.

Praktikabilitätsüberlegungen können nichts daran ändern, dass das Gesetz ausdrücklich vom „Gericht" spricht.[13]

4 Die Änderung ist **nicht** von einem Antrag abhängig, sondern erfolgt von Amts wegen. Praktisch wird bei einer Verschlechterung der persönlichen oder wirtschaftlichen Verhältnisse eine Änderung aber nur auf Anregung des Hilfsbedürftigen infrage kommen. Der Antrag auf Abänderung des entsprechenden Beschlusses betreffend die Ratenzahlungen kann daher auch gleichzeitig mit der Beschwerde gegen die Aufhebung der Bewilligung der Prozesskostenhilfe geltend gemacht werden..[14] Ein Antrag nach § 120a Abs. 1 S. 2 ist zwingend erforderlich, wenn der Antragsteller die Verschlechterung seiner wirtschaftlichen Verhältnisse darlegen und glaubhaft machen will.[15] Bei Verbesserung der wirtschaftlichen Verhältnisse oder bei Änderung der Anschrift der Partei sieht § 120a Abs. 2 eine unverzügliche Mitteilungspflicht vor. Für die Erklärung über die Änderung der Verhältnisse muss die Partei das nach § 117 Abs. 3 geforderte Formular nutzen; § 120a Abs. 4. Das Gericht kann **jederzeit** eine Erklärung der Parteien zur Änderung ihrer Verhältnisse verlangen; § 120a Abs. 1 Satz 3.

5 Vor einer verschlechternden Abänderung ist der hilfsbedürftigen Partei **rechtliches Gehör** zu gewähren. Die Änderung zum Nachteil der Partei ist nur mit Wirkung für die Zukunft möglich.[16]

6 **3. Voraussetzungen.** In der Judikatur wird die Ansicht vertreten, eine Abänderungsentscheidung zu Gunsten des Prozesskostenhilfeberechtigten gemäß Abs. 1 komme im Grundsatz nur in Betracht, wenn dieser bis zum Eintritt der veränderten persönlichen oder wirtschaftlichen Verhältnisse seiner Zahlungsverpflichtung nachgekommen ist.[17]

7 **a) Vermögensveränderung und Einkommensänderung, Abs. 1 Satz 1.** Relevant sind alle Veränderungen der persönlichen oder wirtschaftlichen Verhältnisse, die für die Bewilligung der Prozesskostenhilfe maßgeblich waren. Dies sind bspw. das Entstehen oder der Wegfall von Unterhaltspflichten, Veränderungen des Einkommens (Arbeitsplatzverlust, Beförderung), hinzutretende Belastungen durch notwendige Schulden oder ein Vermögenserwerb (Erbschaft etc.). Die Änderung muss nach der Bewilligungsentscheidung eingetreten sei, eine fehlerhafte Beurteilung des Gerichts kann auf diesem Weg nicht korrigiert werden.[18] Wurde einem minderjährigen Beteiligten für ein Verfahren, namentlich in einem Unterhaltsverfahren, ratenfreie Verfahrenskostenhilfe bewilligt, führt die Veränderung der Einkommensverhältnisse des gesetzlichen Vertreters nach Abschluss dieses Verfahrens nicht zu einer Abänderung der Verfahrenskostenhilfeentscheidung im Überprüfungsverfahren nach § 120a.[19] Eine Abänderung nach § 120a kommt nur dann in Betracht, wenn sich die Einkommens- und Vermögensverhältnisse des minderjährigen Antragstellers selbst geändert haben.[20]

8 In Anlehnung an die Rechtsprechung zu § 323 Abs. 1 wird man von einer **wesentlichen** Veränderung sprechen können, wenn sich das maßgebliche Nettoeinkommen um

13 Ebenso OLG Bamberg JurBüro 1989, 1292; OLG Düsseldorf JurBüro 1990, 516; OLG Hamm JurBüro 1987, 1241; OLG Saarbrücken JurBüro 1988, 98; s.a. BT-Drucks. 10/3054 S. 18; *Thomas/Putzo/Seiler*[34] § 120 Rdn. 10; Büttner/Wrobel-Sachs/Gottschalk/*Dürbeck*[7] Rdn. 387 m.w.N.
14 OLG Bremen FamRZ 2011, 129.
15 Büttner/Wrobel-Sachs/Gottschalk/*Dürbeck*[7] Rdn. 399.
16 Musielak/*Fischer* § 120a Rdn. 4.
17 OLG Schleswig SchlHA 2008, 211.
18 OLG Köln FamRZ 1987, 962.
19 OLG Karlsruhe AGS 2013, 70.
20 OLG Karlsruhe AGS 2013, 70.

mindestens 10% verändert hat.[21] Der Lebensstandard der Partei muss sich spürbar verändert haben und nicht nur vorübergehend sein.[22] Beim Vermögenserwerb kann als Anhaltspunkt das Schonvermögen nach § 115 Abs. 3 Satz 2 i.V.m. § 90 Abs. 2 SGB XII dienen (vgl. Ausführungen unter § 115).[23] Erhöht sich das Einkommen der Partei, dürfen nachträglich Ratenzahlungen angeordnet werden.[24] Dabei ist eine Erhöhung der Erwerbsunfähigkeitsrente um 7,7% noch nicht wesentlich,[25] ebenso ist auch ein Taschengeldanspruch nach Heirat i.H.v. 166 € nicht wesentlich.[26] Eine Einkommensänderung von ca. 50 € stellt keine wesentliche Veränderung dar.[27] Der in der Anzeigepflicht nach Abs. 2 S. 2 festgelegte Betrag von 100 € kann eine wesentliche Änderung idizieren, muss sie aber nicht alleine begründen.[28]

Der bedürftigen Partei ist es nach alledem im Rahmen einer Änderung der Prozess- 9
kostenhilfebewilligung nach § 120a zuzumuten, ein durch Veräußerung des früheren Familienheims erlangtes Vermögen für schon entstandene Prozesskosten einzusetzen, selbst wenn sie damit ein neues angemessenes Hausgrundstück i.S. von § 90 Abs. 2 Nr. 8 SGB XII erworben hat.[29] Erhält eine bedürftige Partei aufgrund des Prozesserfolges nachträglich einen das sog. Schonvermögen übersteigenden Geldbetrag, ist sie grundsätzlich nicht dazu verpflichtet, diesen vorrangig für den Ausgleich der von der Staatskasse verauslagten Prozesskosten einzusetzen. Eine nachträgliche Zahlungsanordnung durch den Rechtspfleger kommt vielmehr nur in Betracht, wenn eine Gesamtprüfung ergibt, dass die Bedürftigkeit ganz oder teilweise entfallen ist.[30] Eine wesentliche Verbesserung der wirtschaftlichen Verhältnisse der Partei tritt dabei nicht ein, wenn diese eine offensichtlich nicht realisierbare Forderung erwirbt.[31] Ist eine bestehende Kapitallebensversicherung im Prozesskostenhilfeverfahren – auch ohne Mitteilung des Rückkaufwertes – angegeben worden, so steht dies einer nachträglichen Verwertung dieser Versicherung für die Prozesskosten auch dann entgegen, wenn der Rückkaufswert sich zwischenzeitlich deutlich erhöht hat.[32] Erwirbt eine Partei, der ratenfreie Prozesskostenhilfe bewilligt worden ist, nachträglich Vermögen etwa aufgrund der Zahlung von Zugewinnausgleich, kann sie zur Nachzahlung der Prozesskosten herangezogen werden. Die Partei kann gegen die Heranziehung nicht einwenden, die Zahlung zu einer Sondertilgung von langfristigen Verbindlichkeiten verwendet zu haben, da hierfür keine rechtliche Notwendigkeit bestand.[33]

**b) Änderung der Freibeträge, Abs. 1 Satz 2.** Die jährlich vom Bundesministerium 10
der Justiz bekanntzugebenden Freibeträge nach § 115 Abs. 1 Satz 3 Nr. 1b) und Nr. 2 sind zwangsläufig in regelmäßigen Abständen zu erhöhen. Dies kann grundsätzlich nicht zu

21 Baumbach/Lauterbach/Albers/*Hartmann*[71] § 120 Rdn. 21; Musielak/*Fischer* § 120a Rdn. 10; LAG Düsseldorf JurBüro 1989, 1446 f.; ebenso Voraufl. § 120 Rdn. 14; skeptisch gegenüber Prozentwerten Stein/Jonas/*Bork* Rdn. 19.
22 *Poller/Köpf* NJ 2013, 353, 355.
23 Ähnlich Büttner/Wrobel-Sachs/Gottschalk/*Dürbeck*[7] Rdn. 391.
24 OLG Düsseldorf FamRZ 1994, 1266, 1267; OLG Karlsruhe FamRZ 1994, 1268; KG NJW-RR 1989, 511, 512.
25 OLG Nürnberg FamRZ 1993, 818 f.
26 OLG Rostock FamRZ 2008, 2291.
27 Musielak/*Fischer* § 120a Rdn. 10; OLG Düsseldorf FamRZ 1991, 1325; LAG Schleswig SchlHA 2010, 417, 418 (32 Euro).
28 Musielak/*Fischer* § 120a Rdn. 10; BT-Drucks. 17/11472 S. 34.
29 BGH FamRZ 2007, 1720; BGH NJW-RR 2008, 302.
30 BGH NJW-RR 2007, 628; OLG Celle NdsRpfl 2007, 582.
31 OLG Nürnberg FamRZ 2004, 1219.
32 OLG Schleswig SchlHA 2007, 98.
33 OLG Köln FamRZ 2005, 2003.

einer Änderungsentscheidung nach § 120a Abs. 1 führen. Vielmehr ist ein Antrag und das Entfallen einer Ratenzahlung aufgrund der Neuberechnung erforderlich.

11 **c) Erklärungspflicht, Abs. 1 Satz 3.** Satz 3 des Abs. 1 stellt klar, dass das Gericht die Partei **jederzeit** und damit auch ohne erforderlichen Anlass auffordern kann, eine Erklärung über mögliche Veränderungen der persönlichen wie wirtschaftlichen Verhältnisse anzugeben.[34] Hierfür muss der entsprechende amtliche Vordruck genutzt werden; § 120a Abs. 4 S. 1. Im Vergleich zur vorherigen Rechtslage ist nun auch eine regelmäßige Überprüfung in bestimmten zeitlichen Abläufen zulässig.[35]

12 **d) Sperrfrist, Abs. 1 Satz 4.** Nachteilige Änderung zu Lasten der Partei sind dann ausgeschlossen, wenn entweder seit der rechtskräftigen Entscheidung oder der sonstigen Beendigung des Verfahrens vier Jahre vergangen sind; § 120a Abs. 1 Satz 4. In Betracht kommen für die Beendigung des Verfahrens u.a. die Entscheidung durch rechtskräftiges Urteil,[36] der Vergleichsschluss,[37] die übereinstimmende Erledigungserklärung der Hauptsache[38] sowie eine Klagerücknahme. Auch das Ruhen des Verfahrens führt zu seiner Beendigung.[39]

Die Fristlänge ist angelehnt an § 5 Abs. 1 GKG. Sie beginnt frühestens ab Beendigung des gesamten Rechtsstreits, nicht nur der Instanz.[40] Dies gilt ebenso, wenn die Prozesskostenhilfe kurz vor Ablauf der Frist bewilligt wurde.[41] Der Rspr. reicht es aus, wenn das Abänderungsverfahren innerhalb der Frist bloß eingeleitet worden ist.[42] Die Entscheidung kann nach Fristablauf erfolgen, dies ist jedoch umstritten.[43]

Bei einem nach alter Rechtslage eingeleitetem Scheidungsverbundverfahren beginnt die Sperrfrist des § 120a Abs. 1 Satz 4 erst mit Beendigung des gesamten Verbundsverfahrens; also bei einer abgetrennten Folgensache mit deren Abschluss.[44]

13 **4. Änderungsentscheidung.** Das Abänderungsverfahren nach § 120a ist ein vom ursprünglichen Prozesskostenhilfeverfahren zu unterscheidendes erneutes Verwaltungsverfahren, auf das sich die Prozessvollmacht, die einem Rechtsanwalt für das (bereits abgeschlossene) Bewilligungsverfahren erteilt wurde, nicht erstreckt.[45] Auch im Prozesskostenhilfe-Überprüfungsverfahren sind Zustellungen (hier: des Aufhebungsbeschlusses) an den Verfahrensbevollmächtigten der bedürftigen Partei zu bewirken, sofern dieser sich bereits im Prozesskostenhilfebewilligungsverfahren bestellt hatte.[46]

---

34 Vgl. BT-Drucks. 1711472, S. 33; Musielak/*Fischer* § 120a Rdn. 5 m.w.N., auch zur bisherigen Rechtslage.
35 Musielak/*Fischer* § 120a Rdn. 5; *Poller* NJ 2013, 353, 356.
36 OLG Zweibrücken FamRZ 2007, 1471.
37 OLG Karlsruhe Justiz 1992, 26.
38 OLG Naumburg BeckRS 2008, 08751.
39 OLG Düsseldorf Rpfleger 2001, 244; OLG Stuttgart NJOZ 2006, 1967.
40 Musielak/*Fischer* § 120a Rdn. 12; OLG München Rpfleger 1994, 218, 219; OLG Koblenz RPfleger 1994, 259.
41 OLG Stuttgart NJOZ 2006, 1967, 1968.
42 Musielak/*Fischer* § 120a Rdn. 12; OLG Zweibrücken JurBüro 1995, 310, 311; **a.A.** OLG Koblenz OLGR 1999, 96.
43 Vgl. zu den Voraussetzungen: OLG Koblenz OLGR 2003, 392; OLG Naumburg BeckRS 2008, 08751; OLG Brandenburg Beschl v 28.11.2006 – 9 WF 383/06; OLG Zweibrücken FamRZ 2007, 1471 **a.A.** OLG Naumburg FamRZ 2000, 1225; 2011, 130; BAG NZA-RR 2009, 158.
44 OLG Frankfurt a.M. Beschl. v. 4.3.2014 – AZ 5 WF 15/14, openJur 2014, 10688.
45 OLG Brandenburg FamRZ 2010, 578.
46 BGH FamRZ 2011, 463; Justiz 2011, 135; BGH AGS 2011, 181; FF 2011, 219; BAG ZA 2006, 1128; OLG Brandenburg FamRZ 2009, 1426; OLG Brandenburg Rpfleger 2011, 387; entgegen OLG Dresden NJ 2008,

Der Rechtspfleger bleibt bei der Abänderungsentscheidung an die ursprüngliche Bewilligungsentscheidung gebunden. Jedoch ist anlässlich der Überprüfung der angemessenen Raten eine **Gesamtbetrachtung** anzustellen.[47] Leistungserhöhende oder mindernde Faktoren, die anlässlich der Bewilligungsentscheidung nicht berücksichtigt wurden, können deshalb gegengerechnet werden. 14

**Verbessern** sich die wirtschaftlichen Verhältnisse des Hilfsbedürftigen, so ist er vor einer verschlechternden Änderung geschützt, sobald vier Jahre seit der rechtskräftigen Entscheidung oder sonstigen Beendigung des Verfahrens (Vergleich, Erledigung der Hauptsache) vergangen sind. Es genügt, wenn das Änderungsverfahren innerhalb der Frist eingeleitet wurde. Die Änderung bestimmt sich nach Art und Ausmaß der Verbesserung der wirtschaftlichen Verhältnisse. In Betracht kommt die Anordnung von Ratenzahlung, wenn der Hilfsbedürftige bislang ratenfrei war,[48] die Erhöhung der zu zahlenden Raten und die Anordnung von Zahlungsbeiträgen aus dem Vermögen.[49] Bei einer Erhöhung der Raten ist zu beachten, dass die höheren Raten nur für die Restlaufzeit der Höchstgrenze von 48 Monaten zu zahlen sind. Bei erheblichem Vermögenserwerb kommt auch die volle Nachzahlung der Kosten in Betracht.[50] Dies läuft zwar im wirtschaftlichen Ergebnis auf eine nachträgliche Rückgängigmachung der Prozesskostenhilfe hinaus, ist angesichts der verbesserten wirtschaftlichen Verhältnisse des vormals Hilfsbedürftigen aber gerechtfertigt. 15

Der **Änderungsbeschluss** wirkt grundsätzlich erst ab seinem Erlass. Das Gericht kann ihm jedoch Rückwirkung auf den Zeitpunkt der Veränderung der maßgebenden Verhältnisse beilegen.[51] Dies wird insbesondere dann in Betracht kommen, wenn die Verbesserung der wirtschaftlichen Verhältnisse des Antragstellers erheblich ist oder er die Beantwortung einer Anfrage nach § 120a Abs. 1 S. 3 verzögert hat. 16

**Verschlechtern** sich die maßgebenden Verhältnisse, so hat das Gericht festgesetzte Raten herabzusetzen oder zu streichen. Grundsätzlich ist eine Änderung zu Lasten der Partei nur mit Wirkung für die Zukunft möglich.[52] Früher wurde vertreten, dass Gericht könne dem Beschluss Rückwirkung auf den Zeitpunkt des Eintritts der Verschlechterung beimessen.[53] Dies wurde davon abhängig gemacht, ob der Antragsteller die zur Änderung führenden Gründe verzögert geltend gemacht hatte. Die Gegenansicht,[54] die eine Rückbeziehung frühestens auf den Zeitpunkt der Antragstellung zuließ, verkannte, dass es sich bei der Änderung nach § 120 Abs. 4 a.F. (nunmehr § 120a Abs. 1) um kein Antragsverfahren handelt. 17

§ 120 Abs. 4 a.F. (§ 120a Abs. 1) kann nicht zur nachträglichen Bewilligung der ursprünglich abgelehnten Prozesskostenhilfe führen. Dies folgt auch heute noch aus dem

---

315; OLG Hamm FamRZ 2009, 1234; OLG Naumburg OLGR Naumburg 2008, 404; OLG Koblenz FamRZ 2008, 1358; OLG Köln FamRZ 2007, 908 und OLG München FamRZ 1993, 580; OLG Dresden FamRZ 2010, 1098.

**47** OLG Zweibrücken RPfleger 1985, 165.

**48** KG MDR 1989, 167; OLG Bamberg JurBüro 1988, 1223; 1989, 1589.

**49** OLG Bamberg JurBüro 1988, 1223.

**50** OLG Bamberg JurBüro 1988, 905; 1987, 1706; OLG Celle JurBüro 1990, 1192; KG JurBüro 1990, 757; OLG München JurBüro 1990, 904; LG Bayreuth JurBüro 1989, 420; **a.A.** KG FamRZ 1984, 413; OLG Koblenz RPfleger 1984, 330.

**51** OLG Schleswig SchlHA 1988, 91; OLG Düsseldorf OLGZ 1989, 68; **a.A.** (Zeitpunkt der Antragstellung bzw. Beschlußerlass Büttner/Wrobel-Sachs/Gottschalk/*Dürbeck*[7] Rdn. 394; vgl. Baumbach/Lauterbach/Albers/*Hartmann*[71] *§ 120* Rdn. 23; OLG Saarbrücken NJW 1983, 1068; OLG Frankfurt NJW-RR 1986, 358.

**52** Musielak/*Fischer* § 120a Rdn. 4.

**53** OLG Hamm FamRZ 1982, 1096; OLG Karlsruhe MDR 1983, 1030; OLG Köln FamRZ 1987, 1167.

**54** *Lepke* DB 1985, 488, 493.

Wortlaut (Änderung der „Entscheidung über die zu leistenden Zahlungen"), der Zuständigkeitsregelung (Rechtspfleger) und der Tatsache, dass es an einer beabsichtigten Rechtswahrnehmung fehlt.[55]

### III. Mitteilungspflicht, Abs. 2

18 Die Partei hat nach § 120a Abs. 2 Satz 1 dem Gericht unaufgefordert Mitteilung über eine Änderung ihrer wirtschaftlichen Verhältnisse zu machen, soweit diese wesentlich sind. Ebenso ist die Änderung der Anschrift mitzuteilen.

### IV. Verbesserung der wirtschaftlichen Verhältnisse durch den Prozess, Abs. 3

19 Eine wesentliche Verbesserung der wirtschaftlichen Verhältnisse kann sich insbesondere durch einen Prozesserfolgt ergeben. Bei den in Abs. 3 Satz 1 und 2 geschaffenen Regelungen handelt es sich um Klarstellungen, denn bereits vor ihrer Aufnahme in § 120a war es allgemeine Meinung, den Prozesserfolg anzusetzen.[56]

### V. Benutzungspflicht, Abs. 4

20 Für die auf Aufforderung des Gerichts abzugebenden Erklärungen nach § 120a Abs. 1 Satz 3 ist der Vordruck nach § 117 Abs. Abs. 3 zu verwenden; § 120a Abs. 4. Die Mitteilung seitens der Partei nach § 120a Abs. 2 ist dabei nicht von der Benutzungspflicht nach Abs. 4 erfasst.

### VI. Rechtsmittel

21 Gegen Entscheidungen des Rechtspflegers ist die sofortige Beschwerde nach § 11 Abs. 1 RpflG gegeben; er kann dieser nach § 572 Abs. 1 Satz 1 abhelfen und eine Kostenentscheidung treffen.

Gegen die Entscheidung des Richters ist die sofortige Beschwerde nach § 127 gegeben.

## § 121
## Beiordnung eines Rechtsanwalts

**(1) Ist eine Vertretung durch Anwälte vorgeschrieben, wird der Partei ein zur Vertretung bereiter Rechtsanwalt ihrer Wahl beigeordnet.**

**(2) Ist eine Vertretung durch Anwälte nicht vorgeschrieben, wird der Partei auf ihren Antrag ein zur Vertretung bereiter Rechtsanwalt ihrer Wahl beigeordnet, wenn die Vertretung durch einen Rechtsanwalt erforderlich erscheint oder der Gegner durch einen Rechtsanwalt vertreten ist.**

**(3) Ein nicht in dem Bezirk des Prozessgerichts niedergelassener Rechtsanwalt kann nur beigeordnet werden, wenn dadurch weitere Kosten nicht entstehen.**

**(4) Wenn besondere Umstände dies erfordern, kann der Partei auf ihren Antrag ein zur Vertretung bereiter Rechtsanwalt ihrer Wahl zur Wahrnehmung eines**

55 Büttner/Wrobel-Sachs/Gottschalk/*Dürbeck*[7] Rdn. 393.
56 Vgl. Musielak/*Fischer* § 120a Rdn. 17 m.w.N.

**Termins zur Beweisaufnahme vor dem ersuchten Richter oder zur Vermittlung des Verkehrs mit dem Prozessbevollmächtigten beigeordnet werden.**

**(5) Findet die Partei keinen zur Vertretung bereiten Anwalt, ordnet der Vorsitzende ihr auf Antrag einen Rechtsanwalt bei.**

**Übersicht**



## I. Grundgedanke und Systematik

§ 121 sieht die Beiordnung eines Rechtsanwalts vor, wenn dies erforderlich oder aus Gründen der „**Waffengleichheit**" geboten ist. Ziel ist die möglichst weitgehende **Gleichstellung** mit einer nicht hilfsbedürftigen Partei. Hierzu dient auch das in § 121 ausgedrückte Prinzip der freien Anwaltswahl, dem die grundsätzliche Kontrahierungsfreiheit des beigeordneten Anwalts entspricht. Ähnlich dem Fall des § 78b werden diese Prinzipien nur durchbrochen, wenn dies erforderlich ist, um der Partei überhaupt anwaltlichen Beistand zu verschaffen, § 121 Abs. 5 ZPO. Die fünf Absätze des § 121 enthalten gesonderte Beiordnungstatbestände: Die notwendige Beiordnung im Anwaltsprozess (Abs. 1); die Beiordnung im Parteiprozess wegen Erforderlichkeit oder Waffengleichheit (Abs. 2); die Beiordnung von nicht im Bezirk des Prozessgerichts niedergelassenen Anwälten (Abs. 3); die Beiordnung eines Verkehrsanwalts oder Beweisaufnahmeanwalts in besonderen Fällen (Abs. 4); sowie schließlich die Beiordnung eines Notanwalts (Abs. 5). 1

§ 121 wird durch die §§ 45 bis 59 RVG über den Vergütungsanspruch des beigeordneten Anwalts ergänzt. Die §§ 138, 149 FamFG ergänzen § 121 für Familiensachen.

## II. Voraussetzungen der Beiordnung

**1. Anwaltsprozess (Abs. 1). Anwaltsprozesse** sind die in § 78 genannten Verfahren. Die Partei hat die freie Wahl, jedoch ist der von ihr benannte Anwalt nicht zur Annahme des Mandats verpflichtet. Die Wahl kann ausdrücklich oder konkludent erfolgen, bspw. indem bereits im Bewilligungsverfahren ein von der Partei beauftragter Anwalt tätig wird.[1] Wurde keine Wahl getroffen oder ist der gewählte Anwalt ungeeignet (bspw. infolge eines gesetzlichen Vertretungsverbots[2] oder mangels Postulationsfähigkeit) so hat das Gericht bei der Partei rückzufragen. Bis zur Beiordnung kann die Partei ihre Wahl widerrufen.[3] Wegen der sich aus der Regelung des § 850d ergebenden rechtlichen Schwierigkeiten bei der Pfändung aus einem Unterhaltstitel ist es in der Regel erforderlich, einem Unterhaltsgläubiger, dem Prozesskostenhilfe für die Stellung eines Antrags 2

1 OLG Köln MDR 1983, 847; OLG München MDR 1981, 502.
2 OLG Schleswig SchlHA 1982, 197 (§ 45 Nr. 2 BRAO).
3 OLG Düsseldorf JurBüro 1986, 298.

auf Erlass eines Pfändungs- und Überweisungsbeschlusses gewährt wird, einen zu seiner Vertretung bereiten Rechtsanwalt beizuordnen.[4]

Im Rahmen der Bewilligung von Prozess- bzw. Verfahrenskostenhilfe kann auch eine Rechtsanwaltsgesellschaft, zu deren Geschäftsführern andere Personen als Rechtsanwälte gehören, nach § 121 beigeordnet werden.[5]

3 Die Beiordnung eines Anwaltes setzt die Bewilligung der Prozesskostenhilfe voraus.[6] Gewählt werden kann grundsätzlich jeder Anwalt.[7] Der bedürftigen Partei kann auch eine **Rechtsanwaltssozietät** beigeordnet werden.[8] Vor Familiengerichten reicht es, wenn der Anwalt beim übergeordneten Landgericht zugelassen ist.[9] Einer Partei, der Prozesskostenhilfe bewilligt worden ist, darf nicht ein Dolmetscher in entsprechender Anwendung des § 121 beigeordnet werden.[10]

4 Ein Anwalt, dem in **eigener** Sache Prozesskostenhilfe bewilligt worden ist, kann nicht sich selbst beigeordnet werden.[11] Dies wäre eine ungerechtfertigte Besserstellung gegenüber dem nicht hilfsbedürftigen Anwalt, der sich selbst vertritt. (Der Erstattungsanspruch nach § 91 Abs. 2 S. 3 bleibt selbstverständlich unberührt.) Hingegen kann ein Anwalt, der als Vormund, Pfleger oder Partei kraft Amtes tätig wird, beigeordnet werden, falls kein Rechtsmissbrauch vorliegt.[12]

4a Die Ablehnung eines Antrags auf Beiordnung eines Rechtsanwalts für die Berufungsinstanz kann nicht damit begründet werden, dass in den Fällen, in denen ein Rechtsanwalt als Insolvenzverwalter Prozesskostenhilfe für die Geltendmachung von typisch insolvenzrechtlichen Ansprüchen begehrt, keine Veranlassung zu einer Beiordnung bestehe. Die Vorschrift des Abs. 1 enthält vielmehr zwingendes Recht. Ist eine Vertretung durch Anwälte vorgeschrieben, hat bei Bewilligung von Prozesskostenhilfe die Beiordnung eines zur Vertretung bereiten Rechtsanwalts nach Wahl des Antragstellers zu erfolgen. Nur im Anwendungsbereich des Abs. 2 kann sich überhaupt die Frage stellen, ob von der Beiordnung eines Anwalts abgesehen werden kann.[13]

### 2. Parteiprozess (Abs. 2)

5 **a) Allgemeines.** § 121 Abs. 2 gilt, wenn das Verfahren, Teile davon oder einzelne Prozesshandlungen nicht dem Anwaltszwang unterliegen.[14] Außer im **Parteiprozess** gilt die Vorschrift in allen Verfahren, in denen eine Vertretung durch Anwälte nicht gesetzlich vorgeschrieben ist. Unzulässig ist die Beiordnung eines Rechtsbeistandes.[15] Beigeordnet werden kann nur ein einzelner, namentlich benannter Anwalt, nicht eine Sozietät oder Bürogemeinschaft; im Zweifel gilt der Schriftsatzverfasser als gewählt.[16]

---

4 BGH FamRZ 2012, 1637.
5 OLG Nürnberg NJW 2013, 948.
6 Musielak/*Fischer* § 121 Rdn. 4.
7 Vgl. zum alten Recht („beim Prozessgericht zugelassener Rechtsanwalt"): OLG Celle FamRZ 1983, 1045.
8 BGH NJW 2009, 440.
9 BGH NJW 2011, 2434.
10 OLG Hamm FamRZ 2008, 1463.
11 Zöller/*Geimer* § 121 Rdn. 1; OLG Frankfurt FamRZ 1992, 1320; **a.A.** OLG München AnwBl. 1981, 507 = KostRspr. ZPO § 121 Nr. 5 m. abl. Anm. *von Eicken*; Stein/Jonas/*Bork* § 121 Rdn. 3.
12 OLG Bremen FamRZ 1986, 189; Zöller/*Geimer* § 121 Rdn. 1; **a.A.** OVG Bremen RPfleger 1986, 12 m. abl. Anm. *Damrau*.
13 BGH NJW 2002, 2179; JurBüro 2007, 97.
14 BGH NJW 1984, 2413.
15 OLG Düsseldorf MDR 1989, 1108.
16 OLG Zweibrücken FamRZ 1986, 287.

§ 121 Abs. 2 erfordert einen **Antrag**, der formlos gestellt werden kann und regelmäßig in der Beantragung von Prozesskostenhilfe durch einen bestimmten Anwalt liegt. 6

Im Rahmen einer bewilligten Prozesskostenhilfe ist bei der Beiordnung eines Rechtsanwalts stets zu prüfen, ob besondere Umstände für die Beiordnung eines zusätzlichen Verkehrsanwalts i.S. von Abs. 4 ZPO. Besondere Umstände i.S.d. Abs. 4 sind regelmäßig zu bejahen, wenn einer auswärts wohnenden Partei ein persönliches Beratungsgespräch wegen der Entfernung zur Kanzlei eines am Verfahrensgericht ansässigen Anwalts nicht zumutbar ist und auch eine vermögende Partei die Mehrkosten eines Verkehrsanwalts aufbringen würde. In diesem Fall kann an Stelle der zusätzlichen Beiordnung eines Verkehrsanwalts ein auswärtiger Anwalt mit der Maßgabe beigeordnet werden, dass die Mehrkosten, die dadurch entstehen, dass der beigeordnete Anwalt die Kanzlei nicht im Bezirk des Verfahrensgerichts hat, bis zur Höhe der Vergütung eines Verkehrsanwalts am Wohnort des Verfahrenskostenhilfe begehrenden Antragstellers erstattungsfähig sind.[17] Maßstab ist die Notwendigkeit der entsprechenden Kosten i.S.v. § 91 Abs. 1. Im Übrigen ist für die nach Abs. 3 anzustellende Prüfung eine Vergleichsberechnung erforderlich, in der die Reisekosten zu berücksichtigen sind, die bei dem auswärtigen und – im Vergleich dazu – bei einem noch im Gerichtsbezirk, aber am weitesten weg vom Gerichtsort ansässigen Anwalt entstehen können. Außerdem sind ggfs. die Kosten zu berücksichtigen, die durch die Beiordnung eines Verkehrsanwalts nach § 131 Abs. 4 anfallen und durch die Beiordnung des auswärtigen Anwalts erspart werden können. Sind die Kosten im konkreten Fall geringer[18] oder gleich, kann der auswärtige Anwalt beigeordnet werden. 7

**b) Erforderlichkeit.** Ob anwaltlicher Beistand erforderlich ist, bestimmt sich nach der Schwierigkeit und Bedeutung des Rechtsstreits sowie der Rechtsgewandtheit des Hilfsbedürftigen. Angesichts der Kompliziertheit der meisten Rechtsmaterien ist in der Mehrzahl der Fälle davon auszugehen, dass der Laie ohne rechtskundigen Beistand prozessuale oder materiell-rechtliche Nachteile riskiert. Außer in sehr einfach gelagerten Fällen oder bei überdurchschnittlicher Rechtsgewandtheit des Hilfsbedürftigen wird deshalb die Beiordnung eines Anwalts regelmäßig erforderlich sein. Für einen juristischen Laien, der als Antragsgegner im vereinfachten Verfahren über den Unterhalt Minderjähriger (§§ 249 ff. FamFG) den Einwand eingeschränkter oder fehlender Leistungsfähigkeit (Einwand „G" im Formular „Einwendungen gegen den Antrag auf Festsetzung von Unterhalt") erhebt, ist die Vertretung durch einen Rechtsanwalt im Sinne von Abs. 2 erforderlich.[19] Der Beiordnung eines Rechtsanwalts nach § 121 steht in einem Vaterschaftsfeststellungsverfahren nicht entgegen, dass eine unentgeltliche Vertretung durch das Jugendamt möglich wäre.[20] 8

Noch im Jahr 2003 meinte der BGH, bei einer Unterhaltsvollstreckung sei im Einzelfall zu prüfen, ob die Beiordnung eines Rechtsanwalts nach Abs. 2 erforderlich erscheine. Die Notwendigkeit der Beiordnung hänge einerseits von der Schwierigkeit der im konkreten Fall zu bewältigenden Rechtsmaterie und andererseits von den persönlichen Fähigkeiten und Kenntnissen gerade des Antragstellers ab.[21] Seinerzeit hielt es der BGH für nicht entscheidend, dass bei der Vollstreckung aus Unterhaltstiteln erfahrungsgemäß in vielen Fällen tatsächliche oder rechtliche Schwierigkeiten auftreten, für deren 8a

17 OLG Bamberg NJW-RR 2012, 200; OLG Köln FamRZ 2008, 525; OLG Köln FamFR 2011, 398.
18 OLG Rostock JurBüro 2011, 372.
19 OLG Oldenburg NJW-RR 2011, 586.
20 OLG Rostock FamRZ 2010, 56.
21 BGH ZVI 2003, 457; BGH FamRZ 2003, 1921.

Bewältigung der Gläubiger anwaltlicher Hilfe bedarf.[22] Im Jahr 2006 entschied der BGH, die sich aus der Regelung des § 850d ZPO ergebenden rechtlichen Schwierigkeiten bei der Pfändung aus einem Unterhaltstitel ließen es in der Regel geboten erscheinen, einen Rechtsanwalt gemäß § 121 Abs. 2 ZPO beizuordnen,[23] was vor dem Hintergrund der gesetzlichen Zwecke überzeugend ist. Bemerkenswert ist die Ansicht des OLG Naumburg, dass die Notwendigkeit, Einwendungen des Gegners sachgerecht zu begegnen und überhaupt die „durchgängig für einen normalen Sterblichen juristisch zu verschachtelte und überfrachtete Konzeption des so genannten vereinfachten Verfahrens, zumal im Zusammenspiel mit § 2 UnterhaltsanpassungsG, adäquat zu erfassen", die Beiordnung eines Rechtsanwaltes zur Vertretung im vereinfachten Verfahren als gem. Abs. 2 unerlässlich erscheinen lasse.[24] Wenn für eine bedürftige Partei ein Betreuer bestellt ist, richtet sich die Entscheidung der Frage, ob dem Bedürftigen gemäß Abs. 2 ein Rechtsanwalt beizuordnen ist, nach den persönlichen Fähigkeiten und Kenntnissen des Betreuers und nicht nach denjenigen des Betreuten. Dies gilt jedenfalls dann, wenn es sich um eine Angelegenheit aus dem Aufgabenkreis des zur Vermögenssorge bestellten Betreuers handelt.[25]

9 **c) Waffengleichheit.** Ist der Gegner anwaltlich vertreten, so hat der Hilfsbedürftige aus Gründen der **Waffengleichheit** Anspruch auf Beiordnung eines Anwalts, ohne dass es auf die Erforderlichkeit ankäme. Das Gesetz geht zu Recht davon aus, dass auch in einfach gelagerten Fällen die Vertretung des Gegners durch einen Anwalt einen Vorteil darstellt, den es auszugleichen gilt. Gemäß dieser Intention ist die Vorschrift entsprechend anwendbar, wenn der Gegner zwar nicht durch einen Anwalt aber durch eine vergleichbar prozessgewandte Person vertreten wird, bspw. den Mitarbeiter eines Jugendamtes oder einer Versicherungsgesellschaft.[26] Wehrt sich der Schuldner gegen einen Pfändungsmaßnahme des anwaltlich vertretenen Gläubigers und wird die Erfolgsaussicht der von dem Schuldner beabsichtigten Rechtsverfolgung bejaht, so ergibt sich schon aus der Anwendung des Grundsatzes der Waffengleichheit Abs. 2 2. Fall, dass dem Schuldner entsprechend seinem Antrag auch ein Rechtsanwalt beigeordnet wird.[27]

Erforderlich ist eine prozessuale **Gegnerschaft**, diese fehlt zwischen Streitgenossen oder zwischen Nebenintervenienten und unterstützter Partei. Nicht erforderlich sind hingegen widerstreitende Sachanträge oder widerstreitender Sachvortrag.[28] Die Gegenansicht[29] verkennt zum einen, dass dies gerade an der mangelnden anwaltlichen Vertretung liegen kann, und zum anderen, dass trotz gleichgerichteter Sachanträge die Parteien, bspw. hinsichtlich der Kostenentscheidung, unterschiedliche Verfahrensziele verfolgen können. Das Prinzip der Waffengleichheit ist deshalb auch im Verfahren der freiwilligen Gerichtsbarkeit uneingeschränkt anzuwenden.[30] Das Amtsermittlungsprinzip ändert hieran nichts, denn im Rahmen der Waffengleichheit ist die „Erforderlichkeit" einer Bei-

22 BGH FamRZ 2003, 1921.
23 BGH FuR 2006, 309.
24 OLG Naumburg FamRZ 2002, 892.
25 LG Lüneburg NdsRpfl 2007, 349; modifizierend LG Hamburg FamRZ 2009, 1237.
26 OLG Bremen NJW-RR 1986, 309; OLG Hamburg KostRspr. ZPO § 121 Nr. 16; Zöller/*Geimer* § 121 Rdn. 10; **a.A.** Thomas/Putzo/*Seiler*[34] § 121 Rdn. 5; Stein/Jonas/*Bork* § 121 Rdn. 10.
27 LG Kleve NJW-RR 2011, 1291.
28 So einst: Baumbach/Lauterbach/*Hartmann*[51] § 121 Anm. 11 C.
29 OLG Hamm MDR 1983, 409; OLG Köln FamRZ 1987, 400.
30 OLG Köln FamRZ 1987, 180; OLG Zweibrücken FamRZ 1987, 963; **a.A.** OLG Bamberg JurBüro 1985, 1419; OLG Nürnberg FamRZ 1987, 731.

ordnung im konkreten Fall gerade nicht zu prüfen. Dies dient im Übrigen auch der Verfahrensvereinfachung.

Bei Prozesskostenhilfeanträgen **beider** Parteien ist zunächst die Erforderlichkeit der Beiordnung zu prüfen, ist hiernach einer Partei ein Anwalt beizuordnen, so ist der anderen Partei ebenfalls ein Anwalt beizuordnen.

**3. Nicht im Bezirk des Prozessgerichts niedergelassener Anwalt (Abs. 3).** Seit 10
der Neufassung des § 121 Abs. 3 durch das Gesetz zur Stärkung der Selbstverwaltung der Rechtsanwaltschaft[31] vom 26.3.2007 m.W.v. 1.6.2007 kann ein nicht im Bezirk des Prozessgerichtes niedergelassener Anwalt nur dann beigeordnet werden, wenn dadurch keine weiteren Kosten entstehen. Nach altem Recht mussten Rechtsanwälte bei einem bestimmten Gericht zugelassen sein (§ 18 Abs. 1 BRAO a.F.), so dass § 121 a.F. vorsah, dass ein nicht beim Prozessgericht zugelassener Anwalt nur beigeordnet werden durfte, wenn keine Mehrkosten entstanden.

**4. Beweis- oder Verkehrsanwalt (Abs. 4).** Soweit erforderlich ist der Partei ein 11
**Verkehrs-** oder **Beweisaufnahmeanwalt** (Nr. 3400 und Nr. 3401 RVG-VV) beizuordnen. Die Beiordnung kann im Anwalts- wie im Parteiprozess erforderlich werden, sie ist nicht davon abhängig, dass ein Hauptbevollmächtigter nach Abs. 1 oder 2 beigeordnet wurde. Sie setzt einen formlosen Antrag voraus. Beigeordnet werden kann nur ein inländischer Anwalt.[32]

Für die Erforderlichkeit der Beiordnung können die zur **Kostenerstattung** nach § 91 12
entwickelten Grundsätze herangezogen werden. Es kommt auf die Schwierigkeit der Sach- und Rechtslage sowie auf die Prozessgewandtheit der Partei an. Anstelle der Beiordnung eines Verkehrsanwalts kann auch Prozesskostenhilfe für eine Informationsreise zum Prozessbevollmächtigten gewährt werden.[33] Ausländische Anwälte können lediglich dann beigeordnet werden, wenn die Partei im Ausland wohnt und es um schwierige Fragen zu ausländischem Recht geht.[34]

**5. Notanwalt (Abs. 5).** § 121 Abs. 5 **durchbricht** die Prinzipien der freien Anwalts- 13
wahl und der Kontrahierungsfreiheit des Anwalts für den Fall, dass die Partei keinen zur Vertretung bereiten Anwalt findet, obwohl sie sich hierum erfolglos bemüht hat. Voraussetzung der Beiordnung ist, dass sie nach einem der Tatbestände in Abs. 1 bis 4 geboten ist.

Die **Auswahl** des Anwalts trifft der Vorsitzende, der nicht an Wünsche des An- 14
tragstellers gebunden ist.[35] Der beigeordnete Anwalt unterliegt einem öffentlich-rechtlichen **Kontrahierungszwang**. Er kann sich gegen die Beiordnung wenden, wenn ein Grund im Sinne von § 48 Abs. 2 BRAO vorliegt.[36] Die Beiordnung begründet noch keine Prozessvollmacht. Weshalb der Antragsteller keinen Anwalt gefunden hat, ist unerheblich, auch querulatorische Antragsteller bedürfen in berechtigten Fällen des Rechtsschutzes.

31 BGBl. 2007 I S. 358.
32 OLG Köln MDR 1975, 669; OLG Bamberg NJW 1977, 113.
33 OLG Celle NdsRpfl. 1987, 213.
34 Vgl. hierzu: Zöller/*Geimer* § 121 Rdn. 18 m.w.N.
35 OLG Braunschweig MDR 1950, 620.
36 OLG Bamberg JurBüro 1989, 1589.

### III. Verfahren

15 Die Beiordnung bedarf eines ausdrücklichen **Beschlusses.** Voraussetzung ist ein Bewilligungsbeschluss über die Prozesskostenhilfe. Zuständig ist das Gericht, beim Landgericht oder Oberlandesgericht also das Kollegium, der Vorsitzende allein ist nur im Ausnahmefall des § 121 Abs. 5 zuständig. Eine Übertragung auf den Rechtspfleger ist unzulässig.

16 Der **Umfang** der Beiordnung bestimmt sich nach dem Umfang des Bewilligungsbeschlusses.

Im Kostenerstattungsverfahren nach § 55 RVG ist die **Berechtigung** der Beiordnung nicht mehr zu überprüfen, auch eine fehlerhafte Beiordnung, bspw. eines Rechtsbeistandes, löst den Gebührenanspruch gegen die Staatskasse aus.[37] Ebenso darf ein Anwalt auf den im Beiordnungsbeschluss benannten Anfangszeitpunkt vertrauen.[38] Sofern der Rechtsanwalt gegenüber der Staatskasse auf die Erstattung der bereits durch die Beiordnung eines anderen Rechtsanwalts entstandenen Gebühren verzichtet, kann er diese Gebühren nicht von seinem Mandanten verlangen.[39]

17 Nach Beiordnung eines Rechtsanwalts ist die **Änderung** der Anwaltswahl nur möglich, wenn der Staatskasse hierdurch keine Mehrkosten entstehen oder die Partei einen triftigen Grund zur Kündigung des Mandats hatte. Letzterer liegt vor, wenn auch eine nicht hilfsbedürftige Partei Anlass zu einer Kündigung des Mandatsverhältnisses gesehen hätte.[40] Allerdings kann die Partei das Recht auf Beiordnung eines Notanwalts nach § 121 Abs. 5 auch dann nicht verwirken, wenn sie das Vertrauensverhältnis zum beigeordneten Anwalt schuldhaft zerstört hat, denn dies liefe auf eine Verletzung des rechtlichen Gehörs hinaus.[41] Jedoch kommt eine Versagung der Prozesskostenhilfe wegen Mutwilligkeit in Betracht.[42]

### IV. Wirkungen der Beiordnung

18 **1. Zeitpunkt.** Die Beiordnung wird wirksam mit formloser Bekanntgabe an Partei oder Anwalt.[43] Die Mitteilung kann auch mündlich (telefonisch) durch den Richter oder den Urkundsbeamten der Geschäftsstelle erfolgen, sobald der Beschluss an die Geschäftsstelle gegeben wurde.[44] Mit dem Tod der Partei, der Aufhebung der Prozesskostenhilfe-Bewilligung nach § 124 oder dem Abschluss des Hauptsacheverfahrens endet die Beiordnung.[45]

19 **2. Umfang.** Die Beiordnung richtet sich in ihrem Umfang grundsätzlich nach der Prozesskostenhilfe-Bewilligung.[46] Die Beiordnung darf nicht über die bewilligte **Prozesskostenhilfe** hinausgehen, kann aber hinter ihr zurückbleiben, bspw. wenn für einzelne abtrennbare Verfahrensteile eine Vertretung durch einen Anwalt nicht geboten ist.

---

37 LG Itzehoe KostRspr. BRAGO § 121 Nr. 1.
38 OLG Bamberg JurBüro 1986, 768.
39 KG FamRZ 2004, 1737.
40 OLG Braunschweig NJW 1962, 256; OLG Hamm JurBüro 1989, 508.
41 **A.A.** OLG Celle MDR 1960, 846.
42 Zöller/*Geimer* § 121 Rdn. 42; s.a. OLG Frankfurt MDR 1989, 167; OLG Köln FamRZ 1987, 1168.
43 Zöller/*Geimer* § 121 Rdn. 29 f.
44 BGHZ 14, 148, 152.
45 OLG Frankfurt MDR 1985, 238; *Mümmler* JurBüro 1986, 1467.
46 OLG München AnwBl. 1987, 101.

Für die rückwirkende Beiordnung gelten die für eine rückwirkende Prozesskostenhilfe-Bewilligung entwickelten Grundsätze (s. § 119, 2–6).[47]

Die **Beiordnung ersetzt** weder den Abschluss des Mandatsvertrages noch die Prozessvollmacht.[48] Außer im Fall des § 121 Abs. 5 besteht für den Anwalt kein Kontrahierungszwang, jedoch ist er, sobald er sich zur Vertretung bereitgefunden hat, aufgrund der Beiordnung standesrechtlich zur Vertretung verpflichtet, § 48 Abs. 1 Nr. 1 BRAO. In der Benennung eines Anwalts durch die Partei im Beiordnungsgesuch wird regelmäßig eine konkludente Vollmachtserteilung zu sehen sein.[49] Trotz Beiordnung kann die Partei die Prozessvollmacht jederzeit widerrufen.[50] Jedoch begründet der Widerruf der Vollmacht keinen Anspruch auf Beiordnung eines neuen Anwalts. 20

Mit der Beiordnung treffen den **Anwalt** Fürsorge-, Belehrungs- und Betreuungspflichten, deren Verletzung Schadensersatzansprüche auslösen kann.[51] Insbesondere hat der Anwalt die Partei schon vor Abschluss des Mandatsvertrages oder Erteilung der Prozessvollmacht auf Fristen hinzuweisen, die zu wahren sind. Die vergütungsrechtlichen Folgen der Beiordnung ergeben sich u.a. aus §§ 45ff. RVG. 21

## § 122
## Wirkung der Prozesskostenhilfe

**(1) Die Bewilligung der Prozesskostenhilfe bewirkt, dass**

1. **die Bundes- oder Landeskasse**
   a) **die rückständigen und die entstehenden Gerichtskosten und Gerichtsvollzieherkosten,**
   b) **die auf sie übergegangenen Ansprüche der beigeordneten Rechtsanwälte gegen die Partei**

   **nur nach den Bestimmungen, die das Gericht trifft, gegen die Partei geltend machen kann,**
2. **die Partei von der Verpflichtung zur Sicherheitsleistung für die Prozesskosten befreit ist,**
3. **die beigeordneten Rechtsanwälte Ansprüche auf Vergütung gegen die Partei nicht geltend machen können.**

**(2) Ist dem Kläger, dem Berufungskläger oder dem Revisionskläger Prozesskostenhilfe bewilligt und ist nicht bestimmt worden, dass Zahlungen an die Bundes- oder Landeskasse zu leisten sind, so hat dies für den Gegner die einstweilige Befreiung von den in Absatz 1 Nr. 1 Buchstabe a bezeichneten Kosten zur Folge.**

### I. Überblick

§ 122 regelt die wesentlichen **Wirkungen der Bewilligung** von Prozesskostenhilfe, z.B. welche Kostenarten erfasst werden und welche Auswirkungen sich für die Beteiligten ergeben. Die Wirkungen des § 122 treten kraft Gesetzes ein, das Gericht kann sie weder erweitern noch beschränken. Sie treffen allein die hilfsbedürftige Partei, nicht Rechtsnachfolger, Streitgenossen oder Nebenintervenienten. Lediglich für den Gegner 1

---

47 Zur Beiordnung nach Instanzende s. OLG Bamberg FamRZ 1990, 538.
48 BGHZ 2, 227; 60, 255, 258.
49 BGH JurBüro 1973, 629.
50 OLG Bamberg JurBüro 1987, 297.
51 BGHZ 30, 226, 230.

der hilfsbedürftigen Partei sieht § 122 Abs. 2 aus Gründen der Gleichbehandlung Kostenvorteile vor.

### II. Wirkungen für den Antragsteller (Abs. 1)

2 **1. Staatskasse.** Ansprüche der Staatskasse gegen die hilfsbedürftige Partei wegen rückständiger und zukünftiger Gerichtskosten und Gerichtsvollzieherkosten sowie wegen der nach § 59 Abs. 1 Satz 1 RVG übergegangenen Ansprüche der beigeordneten Anwälte können nur im Rahmen des Bewilligungsbeschlusses verfolgt werden. Zahlungen, die vor dessen Wirksamwerden erbracht wurden, werden von der Prozesskostenhilfe-Wirkung nicht erfasst, ansonsten sind sie zurückzuzahlen.[1] Eine Partei, der ratenfreie Prozesskostenhilfe bewilligt ist und die in einem Vergleich die Verpflichtung, die Gerichtskosten zu tragen, übernimmt, ist nicht von § 122 Abs. 1 Nr. 1a) geschützt, es sei denn, auch dem Prozessgegner ist ratenfreie Prozesskostenhilfe bewilligt.[2]

3 **a) Gerichtskosten und Gerichtsvollzieherkosten.** Zu den Kosten zählen sowohl Gebühren als auch Auslagen nach dem GKG. Die Vorschrift schützt die Partei auch vor Vorschussanforderungen nach § 379.[3] Nicht erfasst wird jedoch die Differenz zwischen einer gesetzlichen und der gem. §§ 19 ff. JVEG zugestandenen höheren Zeugenentschädigung.[4] Für die Anwendbarkeit des § 122 Abs. 2 kommt es für die im Rahmen eines Verbundverfahrens anhängige Folgesache nur auf die jeweilige Beteiligtenrolle an. Wurde einem Antragsteller für eine Folgesache ratenfreie Verfahrenskostenhilfe bewilligt, ist der Antragsgegner von der Erbringung von Gerichtskosten befreit, wenn er in der Scheidungssache selbst Antragsteller ist.[5]

4 **Reisekosten**, die der Partei für die notwendige Wahrnehmung eines Termins (bspw. infolge Anordnung des persönlichen Erscheinens) entstehen, werden von Nr. 1a erfasst.[6] Hingegen hat die hilfsbedürftige Partei keinen Anspruch auf Erstattung ihres hierdurch entstehenden Verdienstausfalls.[7] Gegen die Ablehnung eines Reisekostenvorschusses ist die Beschwerde nach § 127 gegeben.[8] Notwendige Reisekosten einer Partei/eines Beteiligten sind, obwohl sie in § 122 Abs. 1 keine Erwähnung finden, von der bewilligten Verfahrenskostenhilfe mit umfasst und sind deshalb grundsätzlich auch erstattungsfähig. Für eine nachträgliche Erstattung der Reisekosten im Rahmen der zuvor bewilligten Verfahrenskostenhilfe ist allerdings ein überschaubarer Zeitraum zwischen Anreise zum Termin und beantragter Kostenerstattung erforderlich. Sie ist zu versagen, wenn zwischen Termin und Erstattungsantrag mehrere Wochen liegen.[9]

**Dolmetscherkosten** für die Verständigung des beigeordneten Anwalts mit der Partei fallen nicht unter § 122 Abs. 1 Nr. 1a, auf sie ist § 46 RVG anwendbar.[10]

---

1 BGH MDR 1986, 827; OLG Düsseldorf RPfleger 1986, 108; KG MDR 1981, 852; DGVZ 1981, 152.
2 OLG Frankfurt MDR 2013, 170.
3 OLG Stuttgart MDR 1984, 151; s.a. *Bach* Gerichtsvollzieherkosten und Prozeßkostenhilfe, DGVZ 1990, 166.
4 Zu § 7 ZSEG: OLG Frankfurt JurBüro 1986, 79.
5 OLG Karlsruhe NJW-RR 2012, 1478.
6 OLG Celle NdsRpfl. 1977, 190; OLG Köln RPfleger 1988, 80.
7 OLG Frankfurt MDR 1984, 500; **a.A.** OLG Stuttgart MDR 1985, 852.
8 BGHZ 64, 139.
9 OLG Naumburg MDR 2013, 56.
10 OLG Hamburg MDR 1972, 110; OLG Köln NJW 1954, 1693; **a.A.** LAG Hamm AnwBl. 1985, 276.

Wird Prozesskostenhilfe nur für einen **Teil** des Streitwerts bewilligt, so berechnet sich die Kostenschuld nur aus der Differenzsumme.[11] 5

Abs. 1 Nr. 1 lit. a befreit die bedürftige Partei nicht von der in einem Vergleich über- 5a
nommenen Last, Gerichtskosten zu tragen. Aus der in der Regelung des § 31 Abs. 3 GKG zum Ausdruck gekommenen Wertung des Gesetzgebers ergibt sich, dass die Bewilligung von Prozesskostenhilfe nur den Entscheidungsschuldner (§ 29 Nr. 1 GKG), nicht aber den Übernahmeschuldner im Sinne von § 29 Nr. 2 GKG schützt.[12]

**b) Übergegangene Ansprüche.** Nach § 59 RVG gehen Vergütungsansprüche des 6
beigeordneten Rechtsanwalts auf die Staatskasse über, sobald diese sie befriedigt. Die Ansprüche ändern hierdurch ihren Rechtscharakter nicht, sie bleiben außergerichtliche Parteikosten.[13] Um die Partei auch insoweit vor einer Inanspruchnahme zu schützen, die ihre wirtschaftliche Leistungsfähigkeit übersteigt, sieht § 122 Abs. 1 Nr. 1b vor, dass diese Ansprüche ebenso wie Gerichtskosten nur im Rahmen des gerichtlichen Bewilligungsbeschlusses geltend gemacht werden können. Sie sind also nur aus den Raten zu befriedigen, die die Partei zu leisten hat, bei ratenfreier Prozesskostenhilfe stehen der Staatskasse keinerlei Ansprüche zu.

§ 59 Abs. 1 RVG sieht des Weiteren vor, dass auch Ansprüche, die einem beigeordne- 7
ten Rechtsanwalt gegen den ersatzpflichtigen Gegner zustehen, mit Befriedigung auf die Staatskasse übergehen. Diese Ansprüche werden von der Sperre des § 122 Abs. 1 Nr. 1b nicht erfasst. Zum einen spricht die Vorschrift von Ansprüchen „gegen die Partei", zum anderen besteht kein Grund, die hilfsbedürftige Partei nur deshalb besser zu stellen, weil auch ihr **Gegner** Prozesskostenhilfe in Anspruch nehmen konnte.[14] Die Staatskasse kann daher den nach § 59 RVG übergegangenen Kostenerstattungsanspruch gegenüber dem erstattungspflichtigen Gegner auch dann geltend machen, wenn diesem ebenfalls Prozesskostenhilfe bewilligt wurde.[15]

**2. Sicherheitsleistung.** Gemäß § 122 Abs. 1 Nr. 2 besteht für eine ausländische Par- 8
tei, der Prozesskostenhilfe bewilligt wurde, keine Pflicht zur Sicherheitsleistung nach § 110.

**3. Anwalt.** § 122 Abs. 1 Nr. 3 bestimmt, dass der beigeordnete Anwalt seinen Vergü- 9
tungsanspruch gegen die Partei nicht geltend machen kann. Er erhält seine Gebühren und Auslagen von der Staatskasse (§§ 45, 48 RVG). Die Gebühren berechnen sich anhand der Tabelle zu § 49 RVG, die für Streitwerte über € 4.000 abgesenkte Gebühren vorsieht. Der Anwalt erleidet also einen endgültigen Gebührenverlust, wenn nicht die Staatskasse durch Ratenzahlungen oder Vermögensbeiträge des Hilfsbedürftigen Mehreinnahmen erzielt oder ein ersatzpflichtiger Prozessgegner in Anspruch genommen werden kann, § 50 BRAGO, § 126. Die Geltendmachung gegenüber der Partei ist nur möglich, wenn die Prozesskostenhilfe (nicht nur die Beiordnung) aufgehoben wird.[16]

---

**11** BGHZ 13, 877; OLG München NJW 1969, 1858.

**12** OLG Frankfurt NJW 2011, 2147.

**13** KG MDR 1988, 420.

**14** OLG Düsseldorf RPfleger 1986, 448; KG MDR 1988, 420; OLG Schleswig SchlHA 1988, 67; vgl. Zöller/*Geimer* § 121 Rdn. 38 ff.; **a.A.** OLG Koblenz KostRspr. ZPO § 122 Nr. 21 m. abl. Anm. *von Eicken*; OLG Zweibrücken RPfleger 1989, 114.

**15** OLG Köln NJW-RR 2004, 439 gegen OLG München Rpfleger 2001, 307.

**16** KG MDR 1984, 410; OLG Bamberg JurBüro 1984, 292; **a.A.** OLG Hamburg MDR 1985, 416 = KostRspr. ZPO § 122 Nr. 17 m. abl. Anm. *von Eicken* (der aber darauf hinweist, dass die Entscheidung evtl. noch zum alten Recht ergangen ist).

10 Der **Schutz** der hilfsbedürftigen Partei wird durch § 3a Abs. 3 RVG komplettiert, gem. dem eine **Honorarvereinbarung** mit ihr keine Verbindlichkeit begründet, es liegt eine Naturalobligation vor. Darüber hinausgehend hat der Anwalt die anwaltlichen Standesrichtlinien zu beachten.[17]

11 Von der Sperre des § 122 Abs. 1 Nr. 3 werden Vergütungsansprüche, die der Anwalt noch als **Wahlanwalt** vor dem Wirksamkeitszeitpunkt der Prozesskostenhilfe-Bewilligung erworben hat, nicht erfasst. Etwas anderes gilt allerdings, wenn sie nach der Beiordnung erneut entstehen.[18] In diesem Fall erfasst die Sperre auch die Differenz zwischen Wahlanwaltsgebühren und den Gebühren eines beigeordneten Anwalts.[19] Erfolgte die Beiordnung mit der Einschränkung, dass keine Mehrkosten im Sinne des § 121 Abs. 2 S. 2 entstehen dürfen, so darf der Anwalt seine Reisekosten (Nr. 7003–7006 RVG-VV) gegen den Mandanten geltend machen, denn diese Kosten sind von der Bewilligung der Prozesskostenhilfe ausdrücklich ausgenommen, es besteht kein Grund, die Partei von diesen Kosten, die Konsequenz ihrer Anwaltswahl sind, freizustellen.[20] Vorschüsse der Partei an den Anwalt werden nach § 58 Abs. 2 RVG verrechnet. Bei Teilbewilligung von Prozesskostenhilfe kann der beigeordnete Anwalt die Differenzsumme zwischen der Prozesskostenhilfe-Vergütung und den Gebühren eines Wahlanwalts nach dem Verhältnis des von der Prozesskostenhilfe gedeckten Streitwerts zum Gesamtstreitwert geltend machen.[21] Die früher herrschende Meinung versagte hingegen die Geltendmachung.[22]

12 **4. Wirkungen für den Prozessgegner (Abs. 2).** § 122 Abs. 2 betrifft nur den Fall, dass dem Kläger oder Rechtsmittelkläger Prozesskostenhilfe bewilligt wurde. Wurde hingegen der beklagten Partei Prozesskostenhilfe bewilligt, so hat dies für den Gegner keine Auswirkungen, seine Haftung für die Gerichtskosten (§§ 12, 22ff. GKG) sowie die Vorschusspflichten (§§ 10ff. GKG) bleiben bestehen. Treffen jedoch Klage und Widerklage oder wechselseitig eingelegte Rechtsmittel zusammen und lassen sich die Kosten nicht trennen, so kommt die einstweilige Kostenbefreiung nach § 122 Abs. 2 dem Gegner insgesamt zugute.[23] Die bedürftige Partei hat einen durchsetzbaren Kostenerstattungsanspruch gegen die unterlegene Partei auch dann, wenn ihr zahlungsfreie Prozesskostenhilfe bewilligt worden ist.[24]

13 Voraussetzung der Kostenfreistellung für den Gegner des hilfsbedürftigen Klägers ist des Weiteren, dass **zahlungsfreie** Prozesskostenhilfe gewährt worden ist. Wurde Ratenzahlung oder Zahlung aus dem Vermögen angeordnet, so greift die Vorschrift nicht ein.

14 Die Kostenbefreiung für die vermögende Partei **endet** gemäß § 125 Abs. 2, sobald sie rechtskräftig in die Prozesskosten verurteilt wurde oder der Rechtsstreit ohne Urteil über die Kosten endete. Die Aufhebung der Prozesskostenhilfe nach § 124 allein beendet die

17 Zu deren Verbindlichkeit s. BVerfG NJW 1988, 191, 194, 196.
18 KG MDR 1984, 410.
19 OLG Bamberg JurBüro 1984, 292.
20 Büttner/Wrobel-Sachs/Gottschalk/*Dürbeck*[7] Rdn. 670 ff.; **vgl.** Zöller/*Geimer* § 121 Rdn. 37 m.w.N.
21 BGH NJW 1954, 1406; OLG Zweibrücken JurBüro 1995, 424; OLG Hamburg JurBüro 1995, 426; OLG Düsseldorf MDR 2001, 57; OLG Schleswig MDR 2006, 175; Zöller/*Geimer* § 121 Rdn. 45 m.w.N.
22 OLG Hamburg MDR 1989, 74; Baumbach/Lauterbach/*Hartmann*[51] *§ 122* Anm. 8 B; Zöller/*Philippi*[18] § 122 Rdn. 22; zu Berechnungsproblemen s. Büttner/Wrobel-Sachs/Gottschalk/*Dürbeck*[7] Rdn. 682; *Hansens* JurBüro 1988, 145.
23 KG OLGZ 1971, 423.
24 BGH NJW 2009, 2962; OLG Koblenz, 20. Oktober 1998 JurBüro 2000, 145; OLG Düsseldorf NJW-RR 1998, 287; KG Berlin Rpfleger 1987, 333. Gegen OLG Hamm Rpfleger 2003, 138 und AnwBl. 1990, 328; OLG Koblenz Rpfleger 1996, 252; OLG Saarbrücken JurBüro 1986, 1876; OLG Saarbrücken JurBüro 1993, 302; OLG Bremen JurBüro 1984, 609.

Kostenbefreiung noch nicht.[25] Wird ein Prozesskostenhilfebeschluss aufgehoben, entfallen die Wirkungen des § 122 vollständig. Der beigeordnete Rechtsanwalt kann dann gegen seine Partei vorgehen und insbesondere Kostenfestsetzung nach § 11 RVG hinsichtlich der vollen Wahlanwaltsgebühren beantragen.[26]

## § 123
## Kostenerstattung

**Die Bewilligung der Prozesskostenhilfe hat auf die Verpflichtung, die dem Gegner entstandenen Kosten zu erstatten, keinen Einfluss.**

§ 123 stellt klar, dass auch die hilfsbedürftige Partei die notwendigen Kosten des 1
Gegners nach **allgemeinen** Vorschriften (§§ 91ff., 104ff.) zu erstatten hat. Dieses Kostenrisiko ist unabhängig von der wirtschaftlichen Leistungsfähigkeit der Partei. Die Regelung ist deshalb rechtspolitisch sehr umstritten.[1] Ausgenommen sind wegen der vorrangigen Regelung des § 118 Abs. 1 S. 4 allerdings Kosten, die dem obsiegenden Gegner im Prozesskostenhilfe-Prüfungsverfahren entstanden sind, diese können nicht als Vorbereitungskosten des Hauptprozesses geltend gemacht werden. War dem obsiegenden Prozessgegner ebenfalls Prozesskostenhilfe bewilligt worden, so geht dessen Kostenerstattungsanspruch nach § 59 Abs. 1 RVG i.V.m. § 126 auf die Staatskasse über, die diesen gegen die hilfsbedürftige Partei geltend machen kann.[2]

Die **Erstattungspflicht** umfasst auch die vom Gegner verauslagten Gerichtskosten. 2
Der Erstattungsanspruch steht dem Gegner als obsiegenden Kläger gegen die Staatskasse nach § 31 Abs. 3 GKG zu. Die Staatskasse ist mit Rücksicht auf § 123 nicht gehindert, die auf sie nach § 59 Abs. 1 Satz 1 RVG übergegangenen Ansprüche des beigeordneten Rechtsanwalts aus § 126 gegen den unterlegenen Gegner geltend zu machen, auch wenn Letzterem ratenfreie Prozesskostenhilfe bewilligt worden ist. § 123 wird auch nicht durch § 122 Abs. 1 Nr. 1 lit. b eingeschränkt.[3]

Der Gegner der Partei, der Prozesskostenhilfe bewilligt worden ist, kann den seinen 3
Anteil übersteigenden Betrag der Gerichtskosten, den er bereits geleistet hat, gegen die mittellose Partei festsetzen lassen, wenn diese in einem Prozessvergleich einen Teil der Gerichtskosten übernommen hat.[4] Denn die Bewilligung von Prozesskostenhilfe für den Beklagten schützt diesen bei im Wege des Vergleichs vereinbarter Kostenaufhebung nicht vor einem Kostenerstattungsanspruch des Klägers wegen von diesem vor Abschluss des Vergleichs verauslagter Gerichtskosten.[5] Den Parteien ist zu empfehlen, den Vergleich auf die Hauptsache zu beschränken und Kostenentscheidung nach § 91a zu beantragen.[6] Das Gericht hat hierauf nach § 278 hinzuweisen, unabhängig davon machen sich die beteiligten Anwälte schadensersatzpflichtig, wenn sie die Parteien nicht auf die Rechtslage hinweisen.

25 **A,A.** Büttner/Wrobel-Sachs/Gottschalk/*Dürbeck*[7] Rdn. 666.
26 KG Berlin MDR 2011, 627.

1 Vgl. bspw. *Kohlhosser* ZRP 1979, 297; *Müller* JR 1987, 1; *Grunsky* NJW 1980, 2041, 2045.
2 Siehe oben Fn. 10 zu § 122.
3 OLG Schleswig SchlHA 2010, 204.
4 OLG Düsseldorf JurBüro 2007, 153; OLG Zweibrücken Rechtspfleger 1987, 128 und Rpfleger 2002, 33.
5 OLG Celle NdsRpfl 2004, 45.
6 OLG Koblenz JurBüro 1979, 1684; ausführlich Büttner/Wrobel-Sachs/Gottschalk/*Dürbeck*[7] Rdn. 644ff.

## § 124
## Aufhebung der Bewilligung

**(1) Das Gericht soll die Bewilligung der Prozesskostenhilfe aufheben, wenn**
1. **die Partei durch unrichtige Darstellung des Streitverhältnisses die für die Bewilligung der Prozesskostenhilfe maßgebenden Voraussetzungen vorgetäuscht hat;**
2. **die Partei absichtlich oder aus grober Nachlässigkeit unrichtige Angaben über die persönlichen oder wirtschaftlichen Verhältnisse gemacht oder eine Erklärung nach § 120a Absatz 1 Satz 3 nicht oder ungenügend abgegeben hat;**
3. **die persönlichen oder wirtschaftlichen Voraussetzungen für die Prozesskostenhilfe nicht vorgelegen haben; in diesem Fall ist die Aufhebung ausgeschlossen, wenn seit der rechtskräftigen Entscheidung oder sonstigen Beendigung des Verfahrens vier Jahre vergangen sind;**
4. **die Partei entgegen § 120a Absatz 2 Satz 1 bis 3 dem Gericht wesentliche Verbesserungen ihrer Einkommens- und Vermögensverhältnisse oder Änderungen ihrer Anschrift absichtlich oder aus grober Nachlässigkeit unrichtig oder nicht unverzüglich mitgeteilt hat;**
5. **die Partei länger als drei Monate mit der Zahlung einer Monatsrate oder mit der Zahlung eines sonstigen Betrages im Rückstand ist.**

**(2) Das Gericht kann die Bewilligung der Prozesskostenhilfe aufheben, soweit die von der Partei beantragte Beweiserhebung auf Grund von Umständen, die im Zeitpunkt der Bewilligung der Prozesskostenhilfe noch nicht berücksichtigt werden konnten, keine hinreichende Aussicht auf Erfolg bietet oder der Beweisantritt mutwillig erscheint.**

**Übersicht**



### I. Allgemeines

1 Während § 120a die Abänderung der Prozesskostenhilfe-Bewilligung bei Veränderung der Verhältnisse regelt, hat das Gericht nach § 124 in Nr. 1 bis 4 die Bewilligung in Fällen aufzuheben, in denen sie von **Anfang** an nicht berechtigt war. Einen zusätzlichen Aufhebungsgrund sieht § 124 Nr. 5 für den Fall vor, dass der Antragsteller seine **Ratenzahlungspflichten** nachhaltig verletzt. Der Katalog des § 124 ist abschließend. Außerhalb seines Anwendungsbereiches genießt der Antragsteller, dem Prozesskostenhilfe bewilligt worden war, **Bestandsschutz**.[1] Als Ausnahmevorschriften sind die Aufhebungstatbestände eng auszulegen.[2]

1 Bspw. OLG Hamm FamRZ 1986, 583.
2 Vgl. OLG Bamberg FamRZ 1989, 884.

Die Anwendung der Vorschrift stand bis zu ihrer Abänderung durch das PKH-ÄnderungsG[3] im Ermessen des Gerichts.[4] Nunmehr ist § 124 – ebenso wie § 120a – als „Soll-Vorschrift" ausgestaltet. Ein Ermessensspielraum wird dem Gericht demnach nicht mehr eingeräumt. Liegt ein Aufhebungsgrund nach § 124 Abs. 1 Nr. 1 bis 5 vor, so hat es die bewilligte Prozesskostenhilfe aufzuheben, es sei denn, dass besondere atypisch gelagerte Einzelfälle vorliegen.[5] 2

## II. Verfahren

Für die Aufhebung nach § 124 Nr. 1 ist der Richter, ggf. das volle Kollegium, zuständig. 3
In den Fällen des § 124 Nr. 2 bis 5 entscheidet gemäß § 20 Nr. 4c RPflG der Rechtspfleger. Die Entscheidung ergeht durch formlos mitzuteilenden Beschluss. Unzulässig ist eine nur teilweise Aufhebung.[6] Das Verbot der reformatio in peius gilt auch für die sofortige Beschwerde im Prozesskostenhilfeverfahren. Das Gericht kann sich daher nicht auf § 124 berufen, wenn es den Prozesskostenhilfe bewilligenden Beschluss nicht von Amts wegen, sondern „auf die sofortige Beschwerde" der betroffenen Partei aufhebt.[7]

Das Gericht wird von Amts wegen tätig.[8] Es hat Anhaltspunkten und Anregungen nach- 4
zugehen, die es von dritter Seite erhält. Allerdings wird es sich mit dem Standesethos des beigeordneten Anwalts kaum vereinbaren lassen, wenn dieser derartige Hinweise gibt.[9]

Die Aufhebung greift in die Rechtsstellung der Partei, u.U. auch in die ihres Anwalts ein, beiden ist deshalb vor der Entscheidung rechtliches Gehör zu gewähren. Hingegen besteht keine Pflicht (aber die Möglichkeit) zur Anhörung des Gegners.[10] Zwar kann der Aufhebungsbeschluss bewirken, dass dieser als Zweitschuldner in Anspruch genommen werden kann, jedoch ändert diese indirekte Einwirkung nichts daran, dass niemand ein Recht auf Gewährung von Prozesskostenhilfe an seinen Prozessgegner hat.[11]

## III. Aufhebungsgründe

**1. Täuschung (Nr. 1).** § 124 Nr. 1 bezieht sich auf die Angaben der Partei nach § 117 5
Abs. 1 S. 2 zu den objektiven Bewilligungsvoraussetzungen.

**a) Unrichtige Darstellung.** Tatbestandsvoraussetzung ist in objektiver Hinsicht, 6
dass die Partei falsche Tatsachen behauptet oder richtige verschwiegen hat. Hierzu zählt auch die Angabe falscher oder untauglicher Beweismittel bzw. das Verschweigen von Beweismitteln, die der Prozessgegner voraussichtlich vorbringen würde. Aus dem Wortlaut der Vorschrift („durch unrichtige Darstellung") folgt, dass es sich um Tatsachen handeln muss, die für die Bewilligung von Prozesskostenhilfe entscheidungserheblich sind.[12] Nicht erforderlich ist hingegen, dass sich die **Täuschung** auf die gesamte Pro-

3 BGBl. 2013 I S. 3533.
4 Vgl. zur vormaligen Rechtslage: OLG Düsseldorf JurBüro 1987, 296; LAG Niedersachsen JurBüro 1985, 1575.
5 BT-Drucks. 17/11472, S. 34.
6 OLG Köln JurBüro 1969, 254.
7 OLG Bremen FamRZ 2009, 366.
8 *Lepke* DB 1985, 491.
9 Früher vertretene **a.A.** Baumbach/Lauterbach/*Hartmann*[51] § 124 Anm. 4 B.
10 **A.A.** MünchKomm/*Motzer* § 124 Rdn. 21 m.w.N.
11 Siehe auch KG RPfleger 1979 1979, 152 (kein Beschwerderecht des Gegners gegen Aufhebungsbeschluss); differenzierend Stein/Jonas/*Bork* § 124 Rdn. 28.
12 OLG Köln MDR 1990, 1020 (aussichtslose Vollstreckung); LAG Düsseldorf JurBüro 1986, 1097.

zesskostenhilfe-Bewilligung bezieht. Zwar kommt der Vorschrift Strafcharakter[13] zu, doch ist nach Neueinführung[14] des Abs. 2 in § 124 nunmehr auch die teilweise Aufhebung der Bewilligung möglich.[15] Unangemessene Härten kann das Gericht verhindern.

7 **b) Vortäuschen.** In subjektiver Hinsicht erfordert § 124 Nr. 1, dass der Antragsteller zumindest mit bedingtem Vorsatz[16] gehandelt hat. Das Verschulden eines Vertreters oder Prozessbevollmächtigten muss sich der Antragsteller zurechnen lassen, §§ 51 Abs. 2, 85 Abs. 2.

8 **2. Leistungsfähigkeit (Nr. 2).** Nach § 124 Nr. 2 ist der **Bewilligungsbeschluss aufzuheben**, wenn die Partei absichtlich oder aus grober Nachlässigkeit **unrichtige** Angaben zu den subjektiven Bewilligungsvoraussetzungen gemacht hat. Zusätzlich ermöglicht er die Aufhebung der Bewilligung als Sanktion für die Nichtabgabe von Erklärungen nach § 120a Abs. 1 Satz 3. Grobe Nachlässigkeit liegt vor, wenn die Partei bei Zusammenstellung und Überprüfung ihrer Angaben die sich jedermann aufdrängende Sorgfalt vermissen ließ. Zur gebotenen Sorgfalt gehört auch, dass die Partei das Vordruckformular, dass ein Dritter (bspw. Kanzleiangestellter des Anwalts) ausgefüllt hat, auf Lücken überprüft.[17] Auch hier muss sich die Partei das Verschulden von Vertretern oder Prozessbevollmächtigten zurechnen lassen, § 51 Abs. 2, 85 Abs. 2.[18]

9 Wie bei Nr. 1 müssen die unrichtigen Angaben **entscheidungserhebliche** Punkte berührt haben.[19] Es wäre unbillig, eine Partei, die falsche Angaben über ihre persönlichen oder wirtschaftlichen Verhältnisse macht, schlechter zu stellen als eine Partei, die den Streitstand unrichtig darstellt (Nr. 1).

10 Für den Aufhebungsgrund der **Nichtabgabe** einer Erklärung nach § 120a Abs. 1 Satz 3 ist weder Vorsatz noch grobe Nachlässigkeit zu fordern. Da das Gericht berechtigt ist, der Partei aufzugeben, die im Rahmen der Auskunftspflicht gemachten Angaben zu vervollständigen, zu belegen oder sonst glaubhaft zu machen, um eine genügende und sichere Grundlage für die erneute Entscheidung über die gewährte Prozesskostenhilfe zu erhalten, kann eine für die Entscheidung nach § 120a wesentliche Änderung nicht nur nicht ausgeschlossen, sondern angenommen werden, wenn die angeforderten Erklärungen und Belege ausbleiben.[20] Die Aufhebung der Prozesskostenhilfe gemäß Nr. 2 kann aber nicht darauf gestützt werden, dass die Partei auf Anforderung keine neue Erklärung zu ihren persönlichen und wirtschaftlichen Verhältnissen unter Verwendung des amtlichen Formulars eingereicht hat, weil diese hierzu nicht verpflichtet ist.[21] Vor einer beabsichtigten Aufhebungsentscheidung hat das Gericht der Partei eine angemessene Frist zur Abgabe der Erklärung nach § 120a zu setzen. Zweifel über den Zugang der Fristsetzung sind zugunsten des Hilfsbedürftigen zu berücksichtigen.[22] Die Aufhebung der Bewilligung von Prozesskos-

---

**13** OLG Frankfurt FamRZ 1983, 1046; OLG Köln RPfleger 1987, 432; Musielak/*Fischer* § 124 Rdn. 11; Zöller/*Geimer* § 124 Rdn. 5.
**14** PHK-ÄnderungsG mwv. 1.1.2014, BGBl. 2013 I. S. 3533.
**15** Vgl. hierzu: *Poller/Köpf* NJ 2013, 353, 356 f.
**16** OLG Koblenz FamRZ 1985, 301.
**17** OLG Bamberg JurBüro 1989, 510.
**18** Baumbach/Lauterbach/Albers/*Hartmann*[71] § 124 Rdn. 38 m.w.N.; **a.A.** OLG Köln FamRZ 1987, 1169; OLG Düsseldorf OLGZ 1986, 96; Büttner/Wrobel-Sachs/Gottschalk/*Dürbeck*[7] Rdn. 836.
**19** OLG Hamm NJW 1984, 2837; OLG Bamberg FamRZ 1987, 1170; **a.A.** OLG Hamm RPfleger 1986, 238; OLG Köln FamRZ 1987, 1169.
**20** OLGR Karlsruhe 2006, 609; vgl. Zöller/*Geimer* § 124 Rdn. 10a.
**21** OLG Stuttgart Justiz 2011, 359.
**22** LAG Düsseldorf JurBüro 1989, 122.

tenhilfe nach Nr. 2, § 120a Abs. 1 kommt grundsätzlich nicht mehr in Betracht, wenn die geforderte Erklärung noch im Beschwerdeverfahren abgegeben wird.[23] Zum „Hinreichen" der Erklärung vgl. die Ausführungen unter § 120a. Im Falle der Aufhebung der Prozesskostenhilfebewilligung nach Nr. 2 Hs 2 ist der Antragsteller nicht gehindert, mit der Einlegung der sofortigen Beschwerde die geforderte Erklärung nachzuholen.[24] Beschränkt sich die Aufforderung nach § 120a Abs. 1 darauf, den Vordruck über die persönlichen und wirtschaftlichen Verhältnisse erneut auszufüllen, kann jedenfalls bei Untätigkeit der Partei nicht nach Nr. 2 verfahren und Prozesskostenhilfe nicht aufgehoben werden.[25]

**3. Irrige Annahme der subjektiven Bewilligungsvoraussetzungen (Nr. 3).** Die 11
Bewilligung ist vom Gericht aufzuheben, wenn das Vorliegen der persönlichen und wirtschaftlichen Voraussetzungen **irrig** angenommen wurde. Ein Verschulden ist nicht erforderlich, die Gegenüberstellung mit Nr. 1 und 2 zeigt, dass die Vorschrift auch dann anwendbar ist, wenn die Partei ihre Angaben richtig und vollständig gemacht hatte, durch die Sperrfrist von vier Jahren ist sie ausreichend geschützt.[26]

Die Aufhebung kann nur auf **Umstände** gestützt werden, die dem Gericht anlässlich der Entscheidung noch nicht bekannt waren. Eine geänderte rechtliche Beurteilung der damals bereits bekannten Umstände rechtfertigt keine Aufhebung.[27] Auch eine greifbare Gesetzeswidrigkeit rechtfertigt keine analoge Anwendung des § 124 Abs. 1 Nr. 3, zumal es dem zuständigen Rechtspfleger nicht zusteht, richterliche Entscheidungen zu korrigieren.[28] Die Aufhebung der Prozesskostenhilfebewilligung setzt voraus, dass der Partei bei vollständigen und richtigen Angaben Prozesskostenhilfe nicht oder nur zu ungünstigeren Bedingungen gewährt worden wäre. Ein darüber hinaus gehender Sanktionscharakter kommt der Vorschrift des § 124 in verfassungskonformer Auslegung nicht zu.[29]

Eine Aufhebung kommt nicht mehr in Betracht, wenn seit der rechtskräftigen Ent- 12
scheidung oder sonstigen Verfahrensbeendigung vier Jahre vergangen sind. Durch die Vorschrift soll das **Vertrauen** des Antragstellers in die Bestandskraft der Bewilligungsentscheidung geschützt werden.

Wird einer Partei in einer Familiensache die zunächst bewilligte Prozesskostenhilfe 12a
wegen unrichtiger Angaben über persönliche oder wirtschaftliche Verhältnisse wieder entzogen, so kann dennoch aufgrund eines neuen Antrages mit vollständigen und richtigen Angaben nach erneuter Prüfung Prozesskostenhilfe bewilligt werden.[30]

**4. Verpflichtungen aus § 120a Abs. 2 nicht nachgekommen (Nr. 4).** Das Gericht 13
hat die Bewilligung aufzuheben, wenn die Partei ihren Mitteilungspflichten nach § 120a Abs. 2 Satz 1 bis 3 absichtlich nicht nachkommt, unrichtige Erklärungen abgibt oder keine unverzügliche Mitteilung macht. Demnach reicht es hier neben einer bloßen Unterlassung der Änderungsmitteilung für eine Aufhebung bereits aus, dass eine inhaltlich unrichtige Änderungsmitteilung gemacht wird.[31]

---

23 OLG Saabrücken FamRZ 2011, 662.
24 OLG Brandenburg FamRZ 2008, 72; OLG Saarbrücken FamRZ 2011, 662.
25 OLG Karlsruhe FamRZ 2005, 48.
26 OLG Hamm NJW 1984, 2837; OLG Köln FamRZ 1984, 1244; *Schneider* MDR 1985, 529, 532.
27 OLG Hamm FamRZ 1986, 583; OLG Saarbrücken RPfleger 1987, 217; OLG Bamberg FamRZ 1989, 884; OLG Saarbrücken FamRZ 2009, 1851.
28 Büttner/Wrobel-Sachs/Gottschalk/*Dürbeck*[7] Rdn. 843 ff.; **a.A.** OLG Bamberg FamRZ 1989, 884.
29 OLGR Koblenz 2005, 887; OLG Brandenburg Rpfleger 2001, 503.
30 OLG Brandenburg MDR 2006, 170 und FamRZ 2009, 242.
31 *Poller/Köpf* NJ 2013, 353, 356.

14 **5. Ratenrückstände (Nr. 5).** Die Bewilligung ist aufzuheben, wenn die Partei länger als drei Monate mit der Zahlung einer Monatsrate oder mit der Zahlung eines sonstigen Betrages im **Rückstand** ist. Umstritten war einst, ob die Partei schuldhaft in Rückstand geraten sein muss (Verzug § 285 BGB).[32] Der Streit hatte jedoch damals kaum praktische Bedeutung, da mangelndes Verschulden des Antragstellers bei der Ermessensentscheidung nach a.F. der Vorschrift zu seinen Gunsten zu berücksichtigen war. Heute besteht Einigkeit darüber, dass nur ein schuldhafter Verstoß gegen die Zahlungsverpflichtung zur Aufhebung führen kann.[33]

14a Vor der Aufhebungsentscheidung muss der Antragsteller auf die Rückstände und auf die drohende Aufhebung **hingewiesen** und es muss ihm hinsichtlich des konkreten Zahlungsrückstandes die Aufhebung der Bewilligung angedroht worden sein.[34] Hat sich die wirtschaftliche Lage der Partei seit der Bewilligungsentscheidung verschlechtert, so ist ihr Hinweis darauf als Abänderungsantrag nach § 120a Abs. 1 zu deuten.[35] Da Nr. 5 auch Sanktionscharakter hat, ist vor der Aufhebungsentscheidung des Weiteren zu prüfen, ob die Ratenzahlungen nicht von Anfang an zu hoch angesetzt worden waren. Eine Bindung an die Bewilligungsentscheidung besteht insoweit nicht.[36]

14b Wird die Prozesskostenhilfe gemäß Nr. 5 wegen Nichtzahlung der festgesetzten Raten entzogen, so kommt für dieselbe Instanz gleichwohl eine Neubewilligung in Betracht, wenn sich die persönlichen und wirtschaftlichen Verhältnisse der Partei verschlechtert haben. Die Neubewilligung darf in diesem Fall nur dann abgelehnt werden, wenn greifbare Anhaltspunkte dafür sprechen, dass die Partei die Anordnung von Ratenzahlungen erneut missachten wird.[37] Haben rückständige Raten zur Aufhebung der Prozesskostenhilfe nach Nr. 5 geführt, kann noch im Beschwerdeverfahren eine Zahlung aller rückständigen Raten nachgeholt werden.[38]

### IV. Wirkung der Aufhebung

15 Der Antragsteller **verliert** durch die Aufhebung der Bewilligung die Vergünstigungen des § 122. Die Staatskasse kann ihn voll in Anspruch nehmen. Der beigeordnete Anwalt kann seine volle gesetzliche Vergütung geltend machen und gem. § 11 RVG festsetzen lassen. (Zugleich behält der Anwalt seine Ansprüche gegen die Staatskasse.)[39] Die Aufhebung wirkt (auch im Fall des § 124 Nr. 2 Alt. 2)[40] auf den Zeitpunkt der Prozesskostenhilfebewilligung zurück. Für den Gegner entfällt die Vergünstigung des § 122 Abs. 2 nicht bereits mit der Aufhebung nach § 124, sondern erst mit Eintritt der Voraussetzungen des § 125 (s. oben § 122, Rdn. 14).[41]

---

**32** Bejahend einst OLG Düsseldorf JurBüro 1987, 914; KG FamRZ 1984, 412; OLG Hamm FamRZ 1986, 1127; **a.A.** OLG Bremen FamRZ 1984, 411.
**33** BGH NJW 1997, 1077; Musielak/*Fischer* § 124 Rdn. 9.
**34** OLG Bremen FamRZ 2011, 129; OLGR Karlsruhe 2006, 609.
**35** LAG Bremen MDR 1988, 81.
**36** OLG Köln RPfleger 1984, 200; Büttner/Wrobel-Sachs/Gottschalk/*Dürbeck*[7] Rdn. 850.
**37** BGH Rpfleger 2006, 23; OLG Zweibrücken FamRZ 2002, 1418; OLG Schleswig SchlHA 1984, 174; gegen OLG Düsseldorf FamRZ 1996, 617; OLG Koblenz, FamRZ 1996, 1426; OLG Naumburg OLGR Naumburg 1997, 72; OLG Nürnberg FamRZ 2005, 531; OLG Bremen FamRZ 2001, 1534.
**38** OLG Karlsruhe FamRZ 2002, 1199.
**39** OLG Düsseldorf JurBüro 1982, 1407; OLG Zweibrücken RPfleger 1984, 115.
**40** OLG Karlsruhe FamRZ 1990, 1120.
**41** **A.A.** einst: Zöller/*Philippi*[18] § 124 Rdn. 24.

## § 125
## Einziehung der Kosten

**(1) Die Gerichtskosten und die Gerichtsvollzieherkosten können von dem Gegner erst eingezogen werden, wenn er rechtskräftig in die Prozesskosten verurteilt ist.**

**(2) Die Gerichtskosten, von deren Zahlung der Gegner einstweilen befreit ist, sind von ihm einzuziehen, soweit er rechtskräftig in die Prozesskosten verurteilt oder der Rechtsstreit ohne Urteil über die Kosten beendet ist.**

§ 125 regelt die Einziehung von **Gerichtskosten** und **Gerichtsvollzieherkosten** für 1
den Fall, dass der **Prozessgegner** des Antragstellers (teilweise) unterliegt. Er trägt der Tatsache Rechnung, dass die Durchsetzbarkeit eines Kostenerstattungsanspruchs gegen die hilfsbedürftige Partei typischerweise besonders gefährdet ist. Der unterliegende Prozessgegner wird deshalb davor geschützt, nach § 29 Nr. 1 GKG als Entscheidungsschuldner in Anspruch genommen zu werden, bevor die Kostenregelung rechtskräftig ist. Ersatzansprüche für Rechtsanwaltskosten, die nach § 59 RVG auf die Staatskasse übergegangen sind, werden von § 125 nicht erfasst. Die Vorschrift betrifft ausdrücklich nur Gerichtskosten, durch den Übergang auf die Staatskasse gem. § 59 Abs. 1 RVG ändern sich weder Inhalt noch Rechtsnatur des Anspruchs. Jedoch sieht Nr. 3.3.2. der bundeseinheitlichen Durchführungsbestimmungen zum Gesetz über die Prozesskostenhilfe[1] vor, dass auch Ansprüche, die nach § 130 BRAGO a.F. (heute § 59 RVG) auf die Bundes- oder Landeskasse übergegangen sind, zu Lasten des Gegners erst anzusetzen sind, wenn er rechtskräftig in die Prozesskosten verurteilt ist oder sie durch eine vor Gericht abgegebene oder dem Gericht mitgeteilte Erklärung übernommen hat oder sonst für die Kosten haftet. Hierin liegt eine Selbstbindung der Verwaltung. Das Gegenargument, diese Bestimmungen hätten nur den Charakter einer Verwaltungsanordnung, die das Gericht nicht bindet,[2] trifft nicht, da die Einziehung von Kosten Verwaltungshandeln und keine richterliche Tätigkeit ist. Ist die vorläufige Einstellung der Ratenzahlungen angeordnet worden, weil die Kosten vermeintlich beim unterlegenen Prozessgegner beigetrieben werden können, kann die Entscheidung nicht rückgängig gemacht werden, wenn der Zahlungspflichtige von Anfang an unbekannten Aufenthaltes war und die naheliegende Möglichkeit fortbesteht, die Kosten bei seinem Haftpflichtversicherer beizutreiben.[3]

§ 125 Abs. 1 betrifft die Kosten, die nach § 122 Abs. 1 Nr. 1a von der Staatskasse ge- 2
genüber dem Antragsteller nur nach den Bestimmungen geltend gemacht werden konnten, die das Gericht getroffen hatte. Nach Verurteilung würde der Prozessgegner des Antragstellers für diese Kosten als **Entscheidungsschuldner** nach § 29 Nr. 1 GKG gegenüber der Staatskasse haften, ohne dass es auf Rechtskraft oder vorläufige Vollstreckbarkeit ankäme.

§ 125 Abs. 2 betrifft die Kosten, von denen der Prozessgegner des Antragstellers nach 3
§ 122 Abs. 2 einstweilen **befreit** war. Hier ist eine Einziehung nicht nur nach rechtskräftiger Verurteilung in die Prozesskosten möglich, sondern auch, wenn der Rechtsstreit ohne Urteil über die Kosten endete. Für die Beendigung kann auch auf die Rechtspre-

---

1 Bspw. JMBl. NRW 1985, 229; 1987, 146.
2 LG Frankenthal JurBüro 1989, 805 m. zust. Anm. *Mümmler*; wie hier einst: MünchKomm/*Wax*[1] § 125 Rdn. 4.
3 OLG Koblenz Rpfleger 2010, 521.

chung zu § 10 Abs. 1 GKG a.F. zurückgegriffen werden. Das Verfahren endet demnach auch, wenn sein Ruhen angeordnet wurde, oder es von den Parteien für längere Zeit (länger als sechs Monate) nicht betrieben wurde.[4]

## § 126
## Beitreibung der Rechtsanwaltskosten

**(1) Die für die Partei bestellten Rechtsanwälte sind berechtigt, ihre Gebühren und Auslagen von dem in die Prozesskosten verurteilten Gegner im eigenen Namen beizutreiben.**

**(2) Eine Einrede aus der Person der Partei ist nicht zulässig. Der Gegner kann mit Kosten aufrechnen, die nach der in demselben Rechtsstreit über die Kosten erlassenen Entscheidung von der Partei zu erstatten sind.**

**Übersicht**



### I. Allgemeines

1 **1. Regelungszweck.** Nach § 122 Abs. 1 Nr. 3 kann der beigeordnete **Rechtsanwalt** einen **Vergütungsanspruch** gegen seinen Auftraggeber nicht geltend machen, stattdessen hat er den gesetzlichen Vergütungsanspruch gegen die Staatskasse nach §§ 45ff. RVG. Diese Gebühren liegen bei Gegenstandwerten von über € 4.000 unter den Gebühren, die ein Wahlanwalt erhalten würde, § 49 RVG. Um diesen Nachteil wenigstens teilweise auszugleichen, sieht § 126 vor, dass der beigeordnete Rechtsanwalt seine Gebühren und Auslagen von dem Gegner in eigenem Namen beitreiben kann, wenn dieser in die Prozesskosten verurteilt wurde. Geltend gemacht werden können die Gebühren eines Wahlanwalts, § 11 BRAGO.[1] Eine Entlastung der Staatskasse wird durch die Vorschrift allenfalls in zweiter Linie verfolgt,[2] die Staatskasse kann dem Vergütungsanspruch des beigeordneten Rechtsanwalts nach § 45 RVG nicht entgegenhalten, er könne nach § 126 vorgehen.

2 **2. Rechtsnatur.** Das **Beitreibungsrecht** nach § 126 beinhaltet weder eine Abtretung oder einen Forderungsübergang kraft Gesetzes noch eine Form der Prozessstandschaft, es handelt sich um eine „Beitreibung kraft eigenen Rechts“,[3] die sich mit dem **Einzie-**

4 Zöller/*Geimer* § 125 Rdn. 5.

1 Bspw. KG RPfleger 1987, 333.
2 **A.A.** Baumbach/Lauterbach/Albers/*Hartmann*[71] § 126 Rdn. 2, 29.
3 Stein/Jonas/*Bork* § 126 Rdn. 1.

**hungsrecht** des Überweisungsgläubigers nach § 835 vergleichen lässt.[4] Die Partei verliert demnach nicht ihren Erstattungsanspruch, sondern wird lediglich in dessen Geltendmachung durch die „Verstrickung" zugunsten des Rechtsanwalts beschränkt. Auch hat § 126 keinen Einfluss auf das Recht der hilfsbedürftigen Partei, den Prozess nach ihrem Gutdünken zu führen. Bspw. können die Parteien bis zur Rechtskraft der Hauptsacheentscheidung den Kostenbeitreibungsanspruch des beigeordneten Anwalts durch eine entsprechende vergleichsweise Kostenregelung vernichten.[5] Nach Rechtskraft ist dies hingegen nicht mehr möglich, da dann die Verurteilung in die Prozesskosten nicht mehr mit Wirkung gegen den Anwalt beseitigt werden kann.[6]

Das Beitreibungsrecht **entsteht** aufschiebend bedingt mit Abschluss des Anwaltsvertrages und der Begründung des Prozessrechtsverhältnisses zwischen den Parteien, frühestens aber im Zeitpunkt der Beiordnung. Mit Erlass der in die Kosten verurteilenden Entscheidung wandelt es sich in ein auflösend bedingtes Recht, das endgültig wird, sobald Rechtskraft eingetreten ist oder ein Prozessvergleich geschlossen wurde.[7] 3

## II. Voraussetzungen

**1. Verurteilung.** Der Verurteilung gleichzusetzen ist ein Vergleich, durch den die hilfsbedürftige Partei einen **Kostenerstattungsanspruch** gegen ihren Gegner erlangt. Gegner im Sinne der Vorschrift ist jeder Prozessbeteiligte, gegen den die hilfsbedürftige Partei Kostenerstattungsansprüche erworben hat, bspw. auch ein Nebenintervenient. Dass auch dem Gegner Prozesskostenhilfe gewährt wurde, hindert die Geltendmachung des Kostenerstattungsanspruchs durch den Anwalt der obsiegenden Partei nicht, § 123.[8] 4

Anders als für Gerichtskosten (§ 125) kann der Gegner bereits **vor Rechtskraft** in Anspruch genommen werden, jedoch haftet der Anwalt persönlich gem. § 717 Abs. 2 für einen entstehenden Schaden,[9] da er den Kostenerstattungsanspruch im Rahmen von § 126 in eigenem Namen geltend macht.

**2. Berechtigter.** Das Recht nach § 126 steht nur dem für die Partei bestellten Anwalt zu, gemeint ist **Beiordnung** im Sinne von § 121. Dies folgt daraus, dass das Recht nach § 126 einen gewissen Ausgleich für die Gebührenabsenkung nach § 49 RVG bilden soll. Die Vorschrift gilt deshalb auch nur für die im Beiordnungszeitraum verdienten Gebühren.[10] 5

Wurden der hilfsbedürftigen Partei **mehrere** Anwälte beigeordnet, bspw. im Fall der Beiordnung eines Beweis- oder Verkehrsanwalts (§ 121 Abs. 3) oder im Fall eines notwendigen Anwaltswechsels, so steht jedem von ihnen das Beitreibungsrecht grundsätzlich für die von ihm verdienten Gebühren und Auslagen zu. Dabei ist zu beachten, dass der Anwalt selbstverständlich nur einen Anspruch gegen den Prozessgegner geltend machen kann, der auch der hilfsbedürftigen Partei zustünde, die geltend gemachten Kosten müssen also erstattungsfähig sein. Dies dürfte allerdings in den meisten Fällen kein Problem darstellen, da sich die Kriterien für die Beurteilung der Erstattungsfähigkeit und die Beiordnung eines zusätzlichen oder neuen Anwalts weitgehend decken. 6

4 OLG Hamm AnwBl. 1988, 544; *Habscheid/Schlosser* ZZP 75 (1962) 304.
5 KG RPfleger 1962, 161; OLG Schleswig JurBüro 1962, 48.
6 OLG Köln MDR 1956, 363.
7 OLG Frankfurt MDR 1961, 780; NJW 1969, 144; OLG Stuttgart MDR 1989, 744.
8 **A.A.** Zöller/*Geimer* § 126 Rdn. 10; *Lappe* RPfleger 1984, 130.
9 OLG Hamburg JW 1932, 672.
10 OLG Düsseldorf OLG Rspr. 1929, 65; OLG München OLG Rspr. 1929, 64.

Soweit bei einem Anwaltswechsel beide Anwälte eine Gebühr verdient haben, die vom Gegner nur einmal erstattet werden muss, erscheint es mangels anderer Zuordnungskriterien sinnvoll, die Gebühren zugunsten des Anwalts festzusetzen, der als erster ein Kostenfestsetzungsgesuch einreicht.

6a Der einzelne obsiegende Streitgenosse kann in der Regel die Kosten aus der Prozessvertretung durch einen gemeinsamen Rechtsanwalt von dem unterlegenen Gegner nur zu demjenigen Teil erstattet verlangen, der seiner eigenen Beteiligung am gemeinsam geführten Rechtsstreit entspricht. Dieser Grundsatz gilt auch in Fällen, in denen nicht der obsiegende Streitgenosse, sondern der ihm nach § 121 Abs. 1 beigeordnete Rechtsanwalt seine Gebühren gemäß Abs. 1 von dem unterlegenen Gegner im eigenen Namen beitreibt.[11]

7 **3. Umfang.** Das Beitreibungsrecht des Anwalts umfasst die **Wahlanwaltsvergütung** nach dem RVG-(Gebühren und Auslagen). Die für Tätigkeiten in der Zwangsvollstreckung angefallene Vergütung kann der Anwalt nach § 126 beitreiben, wenn er sowohl für den Hauptprozess wie für das Zwangsvollstreckungsverfahren beigeordnet war, da die Kostengrundentscheidung auch Vollstreckungskosten erfasst, § 788 Abs. 1. War der Anwalt hingegen nur für die Zwangsvollstreckung beigeordnet, so kann er nach herrschender Ansicht nur dann nach § 126 vorgehen, wenn im Vollstreckungsverfahren eine eigene Kostengrundentscheidung (bspw. in der Beschwerdeinstanz) erging (zweifelhaft).[12] Bei der Kostenfestsetzung nach § 126 Abs. 1 kann der beigeordnete Rechtsanwalt von der unterlegenen Partei nicht die Erstattung von Mehrwertsteuer auf die Honorarforderung fordern. Für die arme, zum Abzug der Vorsteuer berechtigte Partei ist der ihr von dem Prozessbevollmächtigten in Rechnung zu stellende Mehrwertsteuerbetrag ein durchlaufender Posten.[13]

### III. Kostenfestsetzung

8 **1. Antrag und Verfahren.** Der Anwalt kann die vom Gegner zu erstattenden Anwaltskosten (nicht dagegen die Parteikosten) auf eigenen Namen **festsetzen** lassen. Die Kostenfestsetzung erfolgt nach §§ 103 ff. Für das Festsetzungs- und Betreibungsverfahren ist der Anwalt selbst Partei, beteiligt und beschwerdeberechtigt sind in diesem Fall nur der beigeordnete Anwalt und die Gegenpartei, nicht hingegen die eigene Partei.[14] Der Anwalt haftet für die Kosten der Festsetzung und Beitreibung, eine der Partei gewährte Prozesskostenhilfe wirkt nicht zu seinen Gunsten.[15] Der Partei ist jedoch rechtliches Gehör vor Erlass des Kostenfestsetzungsbeschlusses zugunsten des beigeordneten Anwalts zu gewähren.[16] Denn durch den Kostenfestsetzungsbeschluss zugunsten des Anwalts erlangt ihr Gegner die Möglichkeit, mit befreiender Wirkung zu leisten.

9 Kostenfestsetzungsbeschlüsse zugunsten einer **Sozietät** müssen die einzelnen Sozien namentlich nennen, um vollstreckungsfähig zu sein,[17] im Falle eines Mitgliederwechsels zwischen Erlass des Kostenfestsetzungsbeschlusses und der Vollstreckung hieraus muss die Klausel umgeschrieben werden.[18]

11 OLG Celle NdsRpfl 2000, 293.
12 LG Berlin RPfleger 1979, 346; Zöller/*Geimer § 126* Rdn. 5.
13 BGH NJW-RR 2007, 285; gegen OLG Koblenz JurBüro 1997, 588 und OLG Düsseldorf JurBüro 1993, 29 f.
14 OLG Hamm NJW 1968, 405.
15 LG Baden-Baden RPfleger 1970, 357.
16 **A.A.** (sogar für die „Umschreibung“) Stein/Jonas/*Leipold*[20] § 126 Rdn. 5.
17 LG Hamburg AnwBl. 1974, 166.
18 AG Wedding DGVZ 1978, 31.

**2. Festsetzung auf den Namen der Partei.** Kostenfestsetzung kann von der Partei oder vom Anwalt im Namen der Partei beantragt werden. Ein Antrag des Anwalts wird im Zweifel als Kostenfestsetzungsantrag im Namen der Partei angesehen.[19] Vorab muss das Gericht aber versuchen, die Zweifel durch Rückfrage zu klären, § 139. 10

Neben den reinen Parteikosten beschränkt sich der Kostenerstattungsanspruch des Hilfsbedürftigen regelmäßig auf Zahlungen, die er an seinen Anwalt freiwillig geleistet hat (§ 4 RVG) oder auf im Rahmen des Bewilligungsbeschlusses gezahlte Raten. Darüber hinaus entstehen dem Hilfsbedürftigen keine Aufwendungen (§ 122 Abs. 1 Nr. 3). Es gilt der allgemeine Grundsatz des Erstattungsrechts, dass nur tatsächliche Aufwendungen erstattet werden. Die Partei kann deshalb nur Festsetzung von Kosten beantragen, die sie selbst gezahlt hat, nicht hingegen wegen der noch ausstehenden Vergütungsansprüche des beigeordneten Anwalts.[20] Dies gilt auch für die Differenzsumme zwischen den gesetzlichen Gebühren und Auslagen des Anwalts und der diesem aus der Staatskasse gezahlten Vergütung.[21] Werden Anwaltskosten zu Unrecht zugunsten der Partei festgesetzt, so ist der Gegner hierdurch nicht beschwert, da er mit befreiender Wirkung auch dann an die Partei zahlen kann, wenn die Festsetzung fehlerhaft war. Ein Beschwerderecht gegen die Festsetzung hat er deshalb nicht.[22] 11

**3. Konkurrierende Festsetzung.** Bei Beachtung der oben (Rdn. 11) geschilderten Grundsätze kann es i.d.R. zu keiner konkurrierenden Kostenfestsetzung über die Anwaltskosten kommen. Soweit die Wahlanwaltsvergütung durch freiwillige Zahlungen oder Ratenzahlungen der hilfsbedürftigen Partei bereits bezahlt wurde, steht dieser das Festsetzungsrecht zu, im Übrigen erfolgt Kostenfestsetzung zugunsten des Anwalts nach § 126. Wird anders verfahren, so besteht für den Anwalt die **Gefahr** eines Rechtsverlusts, da mit Kostenfestsetzung auf den Namen der hilfsbedürftigen Partei die „Verstrickung" der Erstattungsforderung zugunsten des Anwalts erlischt.[23] Dies hat zur Folge, dass Erfüllungshandlungen des Kostenschuldners gegen den beigeordneten Anwalt wirken.[24] Insbesondere kann der Gegner der hilfsbedürftigen Partei mit Ansprüchen aufrechnen, ohne an die Schranke des § 126 Abs. 2 S. 1 gebunden zu sein.[25] Auch muss der Anwalt infolge der Kostenfestsetzung zugunsten des Hilfsbedürftigen rechtsgeschäftliche Verfügungen durch diesen oder Pfändungen durch Gläubiger der hilfsbedürftigen Partei gegen sich gelten lassen.[26] 12

Als **Ausgleich** für wirksame Erfüllungshandlungen des Prozessgegners an die Partei und für wirksame Verfügungen der Partei über die Erstattungsforderung kann dem Anwalt ein Bereicherungsanspruch zustehen, dessen wirtschaftliche Durchsetzbarkeit gegenüber der hilfsbedürftigen Partei aber naturgemäß fraglich ist.[27] Da das Kostenfestsetzungsverfahren zugunsten des Anwalts selbständig neben dem zugunsten der Partei steht,[28] kann der beigeordnete Anwalt das im Namen der Partei eingeleitete Kostenfestsetzungsverfahren nicht durch Einlegung eines Rechtsmittels in ein Festsetzungsverfah- 13

19 OLG Koblenz JurBüro 1982, 775.
20 KG AnwBl. 1983, 324; *Lappe* RPfleger 1984, 129; Zöller/*Geimer* § 126 Rdn. 8, 16 ff.; **a.A.** Baumbach/Lauterbach/Albers/*Hartmann*[71] § 126 Rdn. 14.
21 **A.A.** KG JurBüro 1987, 773 = KostRspr. ZPO § 126 Nr. 18 m. abl. Anm. *Lappe*.
22 OLG Bremen JurBüro 1986, 1412.
23 Büttner/Wrobel-Sachs/Gottschalk/*Dürbeck*[7] Rdn. 656.
24 OLG Hamm AnwBl. 1982, 383; OLG Koblenz JurBüro 1987, 1835; OLG Köln KostRspr. ZPO § 126 Nr. 9.
25 LG Bielefeld JurBüro 1979, 78 m. Anm. *Mümmler* = KostRspr. BRAGO § 130 Nr. 8 m. Anm. *Schneider*.
26 BGHZ 5, 251, 255.
27 LG Hof ZZP 75 (1962) 376; hierzu *Habscheid/Schlosser* S. 302, 318 ff.
28 BGHZ 5, 251, 255; OLG Stuttgart Justiz 1987, 151.

ren zu seinen Gunsten überleiten.[29] Wegen der formalen Selbständigkeit beider Verfahren hindert aber auch die Rechtskraft des Festsetzungsbeschlusses zugunsten der hilfsbedürftigen Partei nicht die erneute Festsetzung derselben Gebühren zugunsten des beigeordneten Anwalts.[30] Zum Schutz des Kostenschuldners ist die erneute Festsetzung aber nur zulässig, wenn der auf die Partei lautende Titel vorher zurückgegeben wird und auf die Rechte aus ihm verzichtet wird, die entsprechende Verzichtserklärung kann der Anwalt aufgrund seiner Prozessvollmacht wirksam für die Partei abgegeben.[31] Alternativ ist dem Schutzbedürfnis des Kostenschuldners ausreichend Rechnung getragen, wenn im neuen Beschluss deutlich vermerkt wird, dass der Beschluss zugunsten der Partei insoweit wirkungslos ist, als er dieselben Beträge vorsieht.[32]

14 Die Neufestsetzung zugunsten des Anwalts wird in der Praxis oft **„Umschreibung"** genannt.[33] Dies ist missverständlich, § 727 ist weder direkt noch analog anzuwenden, der Beschluss zugunsten des Anwalts ist ein neuer selbständiger Kostenfestsetzungsbeschluss.[34]

Mit **Zustellung** des neuen Beschlusses an den Erstattungsschuldner endet die Möglichkeit der Partei, über den titulierten Erstattungsanspruch zu verfügen.[35] Ebenso endet mit der Zustellung (oder vorheriger Kenntnis des Kostenschuldners vom Erlass des neuen Kostenfestsetzungsbeschlusses) die Möglichkeit befreiender Leistung an die Partei.[36] Jedoch kommt dem Beschluss keine rückwirkende Kraft zu, zwischenzeitliche Erfüllungshandlungen und Verfügungen wirken gegen den Anwalt.[37]

15 Eine **Berichtigung** nach § 319 ist nur bei echten Versehen möglich, eine falsche Entscheidung im Rahmen der Festsetzung kann auf diesem Wege nicht berichtigt werden.[38]

### IV. Einreden

16 **1. Ausschluss von Einreden.** Als Folge der **Verstrickung** des Erstattungsanspruchs nach § 126 Abs. 1 ist der Gegner mit allen Einwendungen aus der Person der Parteien ausgeschlossen. Die Verstrickung beginnt mit Erlass der Kostenentscheidung und endet mit der Zustellung eines Kostenfestsetzungsbeschlusses auf den Namen der Partei an den Gegner. Während dieser Zeit ist der Erstattungsanspruch des beigeordneten Rechtsanwalts vor Einwendungen und Einreden aus dem Verhältnis zwischen Gegner und hilfsbedürftiger Partei, wie bspw. Erfüllung, Stundung, Erlass und Aufrechnung, geschützt. Dies gilt auch zugunsten der Staatskasse, falls der Anspruch des Anwalts nach § 59 RVG auf sie übergeht.[39] Der Schutz des § 126 Abs. 2 wirkt auch gegenüber Verfügun-

**29** OLG Koblenz JurBüro 1982, 775, m. zust. Anm. *Mümmler*.
**30** BGHZ 5, 251, 256.
**31** KG RPfleger 1962, 161.
**32** Vgl. Zöller/*Philippi*[18] § 126 Rdn. 23.
**33** Bspw. OLG Bamberg JurBüro 1963, 564.
**34** BGHZ 5, 251, 256; OLG Schleswig JurBüro 1979, 911; Prütting/Gehrlein/*Völker*/*Zempel* § 126 Rdn. 17 m.w.N.; **a.A.** Musielak/*Fischer* § 126 Rdn. 7 (für den Fall, dass Kostenfestsetzungsbeschluss zunächst auf den Namen der Partei ergeht).
**35** So einst: Zöller/*Philippi*[18] § 126 Rdn. 20.
**36** **A.A. einst** Zöller/*Philippi*[18] § 126 Rdn. 20, die bereits auf die Kenntnis des Kostenschuldners vom Antrag des Anwalts abstellten (aber durch den Antrag wird der alte Titel zugunsten der Partei noch nicht wirkungslos).
**37** OLG Hamburg JurBüro 1983, 291; OLG Neustadt MDR 1958, 614.
**38** KG RPfleger 1977, 451 (unter Aufgabe früherer Rspr.); KG FamRZ 1977, 451.
**39** OLG Köln JurBüro 1987, 920 = KostRspr. BRAGO § 130 Nr. 19 m. Anm. *Lappe*.

gen über den künftigen Kostenerstattungsanspruch, bspw. für eine Abtretung vor Erlass der Kostenentscheidung.[40] § 126 Abs. 2 bewirkt insoweit ein relatives Verfügungsverbot.[41]

**Zulässig** bleiben Einwendungen aus dem Verhältnis zwischen beigeordnetem Anwalt und hilfsbedürftiger Partei. So kann der Kostenschuldner bspw. einwenden, das Betreibungsrecht des beigeordneten Anwalts sei erloschen, weil dieser bereits von der hilfsbedürftigen Partei oder der Staatskasse befriedigt worden sei. 17

**2. Aufrechnungsmöglichkeit.** § 126 Abs. 2 S. 1 benachteiligt den Gegner der hilfsbedürftigen Partei (in rechtspolitisch bedenklicher Weise). Abs. 2 S. 2 mildert dies, indem er dem Gegner zumindest die Möglichkeit gibt, mit Kosten aufzurechnen, die nach einer in demselben Rechtsstreit ergangenen Kostenentscheidung von der bedürftigen Partei an ihn zu erstatten sind. Er betrifft Fälle der Kostenteilung nach § 92 oder der Kostentrennung (z.B. §§ 94, 95, 281 Abs. 3 S. 2, 344). „Derselbe Rechtsstreit" liegt vor, solange derselbe Streitgegenstand in einem Verfahren behandelt wird. Ob die Kosten in verschiedenen Instanzen entstanden sind, ist unerheblich,[42] desgleichen, ob ein Wiederaufnahmeverfahren stattgefunden hat. Auch das Mahnverfahren zählt zum Rechtsstreit;[43] des Weiteren ein etwaiges Nachverfahren, § 600 Abs. 1. 18

### V. Erstattungsanspruch der Staatskasse

Soweit die Staatskasse den beigeordneten Anwalt nach §§ 45ff. RVG bezahlt, geht der Vergütungsanspruch sowie der Erstattungsanspruch gegen den Gegner auf sie über, § 59 RVG Der Anspruch ändert hierdurch seinen Rechtscharakter nicht, er geht so über, wie er im Zeitpunkt der Befriedigung des Anwalts rechtlich bestand.[44] Zu beachten ist, dass § 59 Abs. 1 RVG dem beigeordneten Anwalt den Vorrang einräumt, soweit er seine Vergütung (Wahlanwaltsvergütung) nur teilweise erhalten hat, darf er sich nach § 126 vorrangig vor der Staatskasse gegenüber dem Prozessgegner der hilfsbedürftigen Partei befriedigen. 19

Soweit die Staatskasse nach § 59 RVG den Erstattungsanspruch erlangt hat, können ihr Einwendungen nur im Rahmen des §§ 126 Abs. 2 entgegengehalten werden. Es gelten die Ausführungen oben Rdn. 16. Mit Zahlung der Vergütung an den beigeordneten Rechtsanwalt geht im Fall der Klagerücknahme das Antragsrecht nach § 269 Abs. 3 auf die Staatskasse über.[45]

## § 127
## Entscheidungen

**(1) Entscheidungen im Verfahren über die Prozesskostenhilfe ergehen ohne mündliche Verhandlung. Zuständig ist das Gericht des ersten Rechtszuges; ist das Verfahren in einem höheren Rechtszug anhängig, so ist das Gericht dieses Rechtszuges zuständig. Soweit die Gründe der Entscheidung Angaben über die persönli-**

40 OLG Köln JW 1936, 1307; KG JW 1936, 2165.
41 Stein/Jonas/*Leipold*[20] § 124 (a.F.), 6.
42 OLG Hamm Jur.Büro 1975, 946.
43 Baumbach/Lauterbach/Albres/*Hartmann*[71] § 126 Rdn. 42 m.w.N.; **a.A.** LG Berlin AnwBl. 1983, 327.
44 Vgl. zu § 130 BRAGO: KG MDR 1988, 420.
45 LG Osnabrück JurBüro 1987, 1379; **a.A.** OLG Nürnberg JurBüro 1989, 803.

**chen und wirtschaftlichen Verhältnisse der Partei enthalten, dürfen sie dem Gegner nur mit Zustimmung der Partei zugänglich gemacht werden.**

**(2) Die Bewilligung der Prozesskostenhilfe kann nur nach Maßgabe des Absatzes 3 angefochten werden. Im Übrigen findet die sofortige Beschwerde statt; dies gilt nicht, wenn der Streitwert der Hauptsache den in § 511 genannten Betrag nicht übersteigt, es sei denn, das Gericht hat ausschließlich die persönlichen oder wirtschaftlichen Voraussetzungen für die Prozesskostenhilfe verneint. Die Notfrist beträgt einen Monat.**

**(3) Gegen die Bewilligung der Prozesskostenhilfe findet die sofortige Beschwerde der Staatskasse statt, wenn weder Monatsraten noch aus dem Vermögen zu zahlende Beträge festgesetzt worden sind. Die Beschwerde kann nur darauf gestützt werden, dass die Partei nach ihren persönlichen und wirtschaftlichen Verhältnissen Zahlungen zu leisten hat. Die Notfrist beträgt einen Monat und beginnt mit der Bekanntgabe des Beschlusses. Nach Ablauf von drei Monaten seit der Verkündung der Entscheidung ist die Beschwerde unstatthaft. Wird die Entscheidung nicht verkündet, so tritt an die Stelle der Verkündung der Zeitpunkt, in dem die unterschriebene Entscheidung der Geschäftsstelle übermittelt wird. Die Entscheidung wird der Staatskasse nicht von Amts wegen mitgeteilt.**

**(4) Die Kosten des Beschwerdeverfahrens werden nicht erstattet.**

**Übersicht**



## I. Entscheidungen (Abs. 1)

1 **1. Beschluss.** Entscheidungen im Prozesskostenhilfe-Verfahren ergehen durch **Beschluss**. Eine **stillschweigende Bewilligung** oder Versagung von Prozesskostenhilfe ist nicht möglich.[1] Allerdings unterliegt der Bewilligungsbeschluss der Auslegung, so ist bspw. anzunehmen, dass sich ein Bewilligungsbeschluss, der im Anschluss an eine Klageerweiterung ergeht, auch auf den erweiterten Antrag bezieht.[2] Wurde die Klageerweiterung hingegen erst nach Erlass des Bewilligungsbeschlusses rechtshängig, so kann sich die Bewilligung mangels Prüfungsmöglichkeit des Gerichts hierauf nicht beziehen. Unbilligen Härten kann begegnet werden, indem man den Sachantrag der hilfsbedürftigen Partei ausnahmsweise zugleich als Antrag auf Bewilligung von Prozesskostenhilfe auslegt und über diesen stillschweigend gestellten Antrag noch im Nachhinein entschei-

1 OLG Frankfurt JurBüro 1986, 79; Büttner/Wrobel-Sachs/Gottschalk/*Dürbeck*[7] Rdn. 510 f.; Zöller/*Geimer* § 127 Rdn. 2.
2 LAG Düsseldorf JurBüro 1986, 609.

det.[3] Dieser Weg kann auch helfen, wenn auf Vorschlag des Gerichts ein Vergleich geschlossen wird, der nicht von der Bewilligung gedeckt ist. (In dem gerichtlichen Vergleichsvorschlag liegt noch keine Bewilligung.)[4]

Die Ankündigung des Gerichts, Prozesskostenhilfe werde demnächst bewilligt, enthält noch keine bindende Zusage,[5] wie bei jeder gerichtlichen Entscheidung entscheidet der Zeitpunkt der Beschlussfassung, an frühere rechtliche Beurteilung ist das Gericht nicht gebunden.

Die Prozesskostenhilfe-Entscheidung ist zu **begründen**, wenn sie den Antragsteller 2
beschwert.[6] Dies ist bereits dann der Fall, wenn dem Hilfsbedürftigen Ratenzahlungen oder Zahlungen aus seinem Vermögen auferlegt werden.[7] Der Hilfsbedürftige muss erkennen können, aufgrund welcher Überlegungen das Gericht zu seiner Entscheidung gekommen ist, um ggf. die Chancen eines Rechtsmittels abschätzen zu können. Eine kurze Begründung ist aber auch dann angezeigt, wenn kein Rechtsmittel gegeben ist (§ 127 Abs. 2 S. 2), um dem Antragsteller die Prüfung zu ermöglichen, ob ein neuer Antrag erfolgversprechend wäre.

Bei **uneingeschränkter antragsgemäßer** Bewilligung ist keine Begründung erforderlich.[8] Dieser Beschluss könnte nur von der Staatskasse nach § 127 Abs. 3 S. 1 angegriffen werden; dieser muss die Bewilligung aber nicht von Amts wegen mitgeteilt werden (§ 127 Abs. 3 S. 5), im Übrigen kann sich der Bezirksrevisor Aktenkenntnis verschaffen.[9]

Im Prozesskostenhilfe-Verfahren ergeht **keine** Kostenentscheidung. Das Verfahren 3
ist gebührenfrei, Kostenerstattung findet nicht statt, § 118 Abs. 1 S. 4. Ebenso verhält es sich im Beschwerde verfahren; § 127 Abs. 4. Gerichtskosten in Form von Auslagen für die Vernehmung von Zeugen und Sachverständigen nach § 118 Abs. 1 S. 5 werden nach der Kostengrundentscheidung im Hauptprozess nach §§ 91ff. erstattet; kommt es nicht zum Hauptprozess, sind sie nach §§ , 54, 58 GKG ohne besondere Kostenentscheidung geltend zu machen.

**Prozesskostenhilfe** kann für das Bewilligungsverfahren nicht zugesprochen werden (s.o. § 118, Rdn. 12). Wurde sie ausdrücklich beantragt, so wird der Antrag in der Prozesskostenhilfe-Entscheidung ausdrücklich zurückgewiesen.

**2. Schriftliches Verfahren.** Zur Vereinfachung und Beschleunigung des Prozess- 4
kostenhilfe-Verfahrens sieht § 127 Abs. 1 S. 1 vor, dass Entscheidungen **ohne mündliche Verhandlung** ergehen. Hierdurch wird zusätzlich klargestellt, dass die in § 118 Abs. 1 S. 3 vorgesehene mündliche Erörterung keine mündliche Verhandlung ist. Allerdings kommt es in der Praxis oft dazu, dass die mündliche Erörterung im Rahmen der mündlichen Verhandlung zur Hauptsache vorgenommen wird. Dies ist, solange es nicht zur Verzögerung der Entscheidung über die Prozesskostenhilfe führt, nicht zu beanstanden.

**3. Zuständigkeit.** § 127 Abs. 1 S. 2 postuliert den Grundsatz des **Gleichlaufs** von 5
Hauptsache- und Bewilligungszuständigkeit. Über die Bewilligung, Ablehnung und Aufhebung der Prozesskostenhilfe entscheidet das Gericht, das auch für die Entscheidung in der Hauptsache zuständig ist. Dies gilt auch für die Zusammensetzung des Gerichts (Kol-

---

3 Vgl. Büttner/Wrobel-Sachs/Gottschalk/*Dürbeck*[7] Rdn. 510 f.
4 LG Berlin RPfleger 1989, 203.
5 **A.A.** KG FamRZ 1986, 925; Büttner/Wrobel-Sachs/Gottschalk/*Dürbeck*[7] Rdn. 512 m.w.N.
6 Vgl. MünchKomm/*Motzer* § 127 Rdn. 10 m.w.N.; Zöller/*Geimer* § 127 Rdn. 3.
7 Vgl. Johannsen/Henrich/*Markwardt* § 127 ZPO, Rdn. 5 m.w.N.
8 Zöller/*Geimer* Rdn. 3; *Bischof* AnwBl. 1981, 369, 374; MünchKomm/*Motzer* § 127 Rdn. 10; Baumbach/Lauterbach/Albers/*Hartmann*[71] § 127 Rdn. 11 **a.A.** einst: Baumbach/Lauterbach/*Hartmann*[51] § 127 Anm. 7 A.
9 Vgl. auch Johannsen/Henrich/*Markwardt* § 127 ZPO Rdn. 9; MünchKomm/*Motzer* § 127 Rdn. 26.

legium oder Einzelrichter). In der Zwangsvollstreckung ist für die Prozesskostenhilfe-Entscheidung und die Beiordnung des Anwalts das Vollstreckungsgericht zuständig, es sei denn es liegt einer der Fälle vor, in denen das Prozessgericht auch für die Zwangsvollstreckung zuständig ist (bspw. §§ 887, 888, 890).[10]

6 Auch die **funktionelle** Zuständigkeit richtet sich grundsätzlich nach der Zuständigkeit für die Hauptsacheentscheidung. Zuständig ist hiernach bspw. der Rechtspfleger in den Fällen, in denen ihm die Zwangsvollstreckung übertragen worden ist (§ 20 Nr. 5 RPflG).

7 Da die Bewilligung für jeden **Rechtszug** gesondert erfolgt (§ 119 Abs. 1 S. 1) ist jeweils das Gericht zuständig, für dessen Instanz Prozesskostenhilfe beantragt wird. Dies gilt auch, wenn das Rechtsmittel noch nicht eingelegt worden ist.[11] Umgekehrt hat das Gericht auch dann noch über die für seine Instanz beantragte Prozesskostenhilfe zu entscheiden, wenn infolge Rechtsmitteleinlegung bereits das höhere Gericht in der Hauptsache zuständig geworden ist.

8 **4. Mitteilung.** Die Entscheidung wird den Parteien formlos mitgeteilt, § 329 Abs. 2, 3. Sofern der Beschluss anlässlich einer mündlichen Verhandlung zur Hauptsache gefasst wird, kann er auch verkündet werden, § 329 Abs. 1 S. 1.

## II. Sofortige Beschwerde (Abs. 2)

### 1. Statthaftigkeit

9 **a) Vorinstanz.** Der Regelung in § 127 Abs. 2 liegt der Gedanke zugrunde, dass im Prozesskostenhilfe-Verfahren kein Rechtsmittel zu einer Instanz führen soll, die, zumindest was die objektiven Bewilligungsvoraussetzungen betrifft, nicht zugleich mit der Hauptsache befasst werden kann.[12] Es wäre widersinnig, die Erfolgsaussichten durch eine Instanz überprüfen zu lassen, zu der die Hauptsache nicht gelangen könnte.[13] Unter Berücksichtigung dieser Einschränkung ist die sofortige Beschwerde statthaft gegen alle ungünstigen Beschlüsse des Amtsgerichts oder des Landgerichts in erster Instanz. (Gegen Entscheidungen des Rechtspflegers beginnt das Rechtsmittelverfahren mit Erinnerung, § 11 RPflG.) Unstatthaft ist die sofortige Beschwerde gegen Entscheidungen des Oberlandesgerichts[14] und des Landgerichts als Berufungs- oder Beschwerdegericht. Das Rechtsmittel gegen eine (teilweise) Zurückweisung eines Verfahrenskostenhilfeantrags in Familienstreitsachen bestimmt sich nach Maßgabe der §§ 76 ff. FamFG i.V.m. §§ 127 Abs. 2, 567 bis 572.[15]

10 In § 127 Abs. 2 S. 2 kommt der Grundgedanke zum Ausdruck, dass nicht auf dem Umweg über die sofortige Beschwerde im Prozesskostenhilfe-Verfahren die Sachprüfung in einer Instanz erfolgen soll, die mit der Sachprüfung in der Hauptsache nicht befasst werden kann. § 127 Abs. 2 S. 2 ist deshalb analog auf alle Fälle anzuwenden, in denen die Hauptsacheentscheidung nicht rechtsmittelfähig wäre, die sofortige Beschwerde ist dann unstatthaft.[16] Ein Beispiel hierfür ist das Nichterreichen der Berufungssumme nach

10 BGH MDR 1979, 564; OLG Köln KostRspr. ZPO § 114 Nr. Übers. C.
11 BGHZ 98, 322; BFH BB 1981, 1513; Johannsen/Henrich/*Markwardt* § 127 ZPO Rdn. 11.
12 BGHZ 53, 372; KostRspr. ZPO § 127 Nr. 63.
13 Vgl. LAG Düsseldorf JurBüro 1989, 1449.
14 BGH VersR 1990, 217.
15 BGH NJW 2011, 2434.
16 OLG Stuttgart Justiz 1986, 413; einschränkend Zöller/*Geimer* § 127 Rdn. 46.

§ 511.[17] Ein die Prozesskostenhilfe versagender Beschluss erlangt auch nach der Neufassung des § 127 Abs. 2 Satz 2 im Falle seiner Unanfechtbarkeit keine materielle Rechtskraft. Einem neuerlichen Antrag auf Prozesskostenhilfe kann es aber am Rechtsschutzbedürfnis fehlen.[18]

Umstritten war in der Vergangenheit, ob die Einschränkung der Statthaftigkeit der sofortigen Beschwerde durch analoge Anwendung von § 127 Abs. 2 S. 2 auch dann gilt, wenn sich der Angriff des Beschwerdeführers nicht gegen die Entscheidung zu den objektiven Bewilligungsvoraussetzungen richtet, sondern eine Unrichtigkeit der Beurteilung der **subjektiven** Bewilligungsvoraussetzungen (Beurteilung der Leistungsfähigkeit, Zahlungsmodalitäten) gerügt wird. Dies war zu verneinen, da der die Analogie tragende Grund auf die Prüfung der subjektiven Bewilligungsvoraussetzungen nicht zutraf.[19] Praktikabilitätserwägungen stehen nicht entgegen, da sich die Prüfung von objektiven und subjektiven Bewilligungsvoraussetzungen eindeutig trennen lässt.

Aus der Rechtsprechung zur Unstatthaftigkeit der sofortigen Beschwerde bei nicht 11
rechtsmittelfähiger Hauptsache lässt sich **kein Umkehrschluss** ziehen. Gegen Prozesskostenhilfe-Entscheidungen der Berufungsgerichte ist die Beschwerde nach § 127 Abs. 2 S. 2 stets unstatthaft, dies gilt auch, wenn gegen die Entscheidung in der Hauptsache ein Rechtsmittel (Revision) gegeben ist oder wenn ein Arrest- oder Verfügungsverfahren erstmals vor dem Landgericht als Berufungsgericht eingeleitet wird.[20]

Einst war die außerordentliche Beschwerde **ausnahmsweise** statthaft, wenn ein 12
Verstoß gegen Art. 103 Abs. 1 GG vorlag[21] oder die Entscheidung eine offensichtliche Gesetzeswidrigkeit enthielt.[22] Die Beschwerde war des Weiteren auch statthaft, wenn das Gericht die Entscheidung über das Prozesskostenhilfe-Gesuch ablehnt oder unzumutbar verzögert hatte,[23] da dies offensichtlich gesetzeswidrig war und der Hilfsbedürftige ohne die Möglichkeit einer Beschwerde schutzlos gewesen wäre. Der BGH hat sich aus Gründen der Rechtssicherheit und unter Verweis auf § 321a von der außerordentlichen Beschwerde verabschiedet und sieht diese auch nicht mehr in Fällen krass unrichtiger Entscheidung als eröffnet an; die Rspr. hat sich angeschlossen.[24] Dies entspricht auch dem Gebot der Rechtsmittelklarheit.[25]

**b) Beschwerdefähige Entscheidung.** Der Hilfsbedürftige kann gegen jede ihm un- 13
günstige Entscheidung Beschwerde einlegen, auch gegen die Festsetzung von Raten oder Zahlungen aus dem Vermögen. Einer Versagung der Prozesskostenhilfe steht es gleich, wenn das Gericht die Entscheidung über das Prozesskostenhilfe-Gesuch in einer Weise hinauszögert, die mit dem Beschleunigungszweck des Verfahrens unvereinbar ist, bspw. indem es eine Beweisanordnung trifft, obwohl die Antragsunterlagen vollständig vorliegen und die Bewilligungsvoraussetzungen glaubhaft gemacht sind.[26] Hiervon ab-

---

17 OLG Bremen MDR 1981, 59; OLG Düsseldorf JurBüro 1988, 906.

18 BGH NJW 2004, 1805.

19 OLG Frankfurt FamRZ 1986, 927; OLG Nürnberg JurBüro 1983, 609; Zöller/*Philippi*[18] § 127 Rdn. 22; **a.A.** OLG Hamburg FamRZ 1988, 309; OLG Koblenz FamRZ 1989, 200.

20 Büttner/Wrobel-Sachs/Gottschalk/*Dürbeck*[7] Rdn. 868.

21 Zur alten Rechtslage: LG Kiel MDR 1986, 943; Baumbach/Lauterbach/*Hartmann*[51] § 127 Anm. 12 C; **a.A.** BGH FamRZ 1989, 265; *Thomas/Putzo*[18] § 127 Anm. 2b.

22 Vgl. alte Rechtslage: MünchKomm/*Wax*[1] § 127 Rdn. 24–26; BGH NJW 1993, 135.

23 Zöller/*Geimer* § 127 Rdn. 11; **a.A.** OLG Karlsruhe FamRZ 1989, 767.

24 BGH NJW 2002, 1577; BVerwG NJW 2002, 2557; BAG MDR 2006, 225; BFH 2006, 861; vgl. auch: Zöller/*Heßler* Vor § 567 Rdn. 7 m.w.N.; Büttner/Wrobel-Sachs/Gottschalk/*Dürbeck*[7] Rdn. 879ff.

25 BVerfG NJW 2003, 1924.

26 OLG Düsseldorf FamRZ 1986, 485; OLG Celle MDR 1985, 592.

gesehen ist eine Beweisanordnung jedoch auch im Prozesskostenhilfe-Verfahren nicht isoliert anfechtbar.

### 2. Beschwerdebefugnis

14 **a) Antragsteller.** Er ist beschwert, soweit das Gericht auch nur geringfügig hinter seinem Antrag zurückgeblieben ist. Bei uneingeschränkter Bewilligung Prozessbevollmächtigte (in vollem Umfang und ohne finanzielle Leistungspflichten des Antragstellers) ist eine Anfechtung durch den Antragsteller nicht möglich.[27] Die Partei hat auch ein Beschwerderecht, wenn die Beiordnung eines Anwalts abgelehnt wird (§ 121) oder ein von ihr nicht gewählter Anwalt beigeordnet wird.

15 **b) Anwalt.** Der Prozessbevollmächtigte des Antragstellers ist grundsätzlich nicht beschwerdebefugt. Dies gilt insbesondere auch, falls seine Beiordnung abgelehnt wird, der Anwalt hat kein Recht auf Beiordnung.[28] Erfolgt eine Beiordnung gegen seinen Willen, so ist er hierdurch beschwert und kann Beschwerde einlegen.[29] Dasselbe gilt, wenn er wegen eines wichtigen Grundes (§ 48 Abs. 2 BRAO) die Aufhebung der Beiordnung beantragt hat und der Antrag abgelehnt wurde.[30] Wird der Anwalt ohne sein Einverständnis nur zu den Bedingungen eines ortsansässigen Anwalts beigeordnet, so ist er hierdurch ebenfalls beschwert und folglich beschwerdeberechtigt.[31] Wird die Bewilligung der Prozesskostenhilfe aufgehoben (§ 124) so ist der Anwalt hierdurch nicht beschwert, da die Forderungssperre nach § 122 Abs. 1 Nr. 3 wegfällt.[32] Im Fall der Einstellung der Ratenzahlungen nach § 120 Abs. 3 Nr. 1 vor Deckung der Differenzgebühr ist der Anwalt i.S.v. §§ 55, 56 RVG beschwert, da ihm die Möglichkeit genommen wird, die Differenzgebühren nach § 50 RVG festzusetzen.[33] Wird die Aufhebung der Bewilligung abgelehnt, so steht dem Anwalt hiergegen keine Beschwerde zu, da die Prüfung nach § 124 von Amts wegen stattfindet und er kein entsprechendes Antragsrecht hat.[34]

16 **c) Gegner.** Der Prozessgegner des Antragsgegners hat kein Beschwerderecht, da er nicht Partei im Prozesskostenhilfe-Verfahren ist.[35] Dies gilt sowohl für die Bewilligung wie für die Beiordnung eines Anwalts als auch für etwaige Änderungs- oder Aufhebungs-Entscheidungen. Auch gegen die Auferlegung von Raten hat der Prozessgegner des Antragstellers kein Beschwerderecht, dass ihm durch eine derartige Entscheidung die Vergünstigung nach § 122 Abs. 2 versagt wird, hat nur Reflexwirkung.[36] (Wird allerdings trotz ratenfreier Prozesskostenhilfe unter Verstoß gegen § 122 Abs. 2 ein Vorschuss von ihm angefordert, so steht im ausnahmsweise die Beschwerde zu).[37]

---

**27** Ausnahme: OLG Düsseldorf FamRZ 1983, 119 (Beschwerde für den Pflegling gegen Bewilligung auf Antrag des Pflegers; Argument: Prozesskostenrisiko).
**28** OLG Düsseldorf JurBüro 1986, 298; OLG Karlsruhe FamRZ 1991, 462; OLG Celle FamRZ 2012, 1661; OLG Hamm BeckRS 2013, 13663.
**29** Vgl. MünchKomm/*Motzer* § 127 Rdn. 25; Zöller/*Geimer* § 127 Rdn. 19.
**30** OLG Bamberg JurBüro 1989, 1590.
**31** LAG Bremen RPfleger 1989, 71; **a.A.** OLG Schleswig SchlHA 1985, 127.
**32** OLG Zweibrücken RPfleger 1984, 115; Zöller/*Geimer* § 127 Rdn. 26; zu einem Ausnahmefall (gebührenrechtliche Verschlechterung) s. OLG Schleswig SchlHA 1982, 13.
**33** OLG Hamm FamRZ 1989, 412; MünchKomm/*Motzer* § 127 Rdn. 25 m.w.N.; **a.A.** OLG Düsseldorf FamRZ 1986, 1230.
**34** Vgl. Zöller/*Geimer* § 127 Rdn. 27.
**35** OLG Stuttgart JurBüro 1974, 1606; OLG Zweibrücken JurBüro1986, 1096.
**36** Zöller/*Geimer* § 127 Rdn. 26.
**37** KG OLGZ 1971, 423.

**d) Staatskasse.** Die Beschwerdebefugnis der Staatskasse ist bei bewilligenden Prozesskostenhilfeentscheidungen auf die in Abs. 3 Satz 1 ausdrücklich genannten Fälle einer Zahlungsanordnung beschränkt. Ziel einer Beschwerde der Staatskasse gemäß § 127 Abs. 3 Satz 1 und 2 kann nur sein, eine Zahlungsanordnung nach § 120 zu erreichen, nicht aber die Versagung der Verfahrenskostenhilfe an sich.[38] Sie kann nur solche Beschwerdeanträge stellen, die darauf gerichtet sind, dem Antragsteller die Leistung von Zahlungen auf die Kosten der Prozessführung aufzuerlegen.[39] Dagegen ist eine von der Staatskasse mit dem Ziel eingelegte Beschwerde, die Verweigerung von Prozesskostenhilfe zu erreichen, unstatthaft.[40] Die Beschwerde kann nicht darauf gestützt werden, das Gericht habe die Erfolgsaussicht der Rechtsverfolgung zu Unrecht bejaht. Geltend gemacht werden kann lediglich, dass die Partei nach ihren persönlichen und wirtschaftlichen Verhältnissen Zahlungen leisten müsse. Dabei kann die Beschwerde auch darauf gestützt werden, dass das Gericht eine Prozesskostenvorschusspflicht übersehen hat.[41] Darüber hinaus hat die Staatskasse kein Beschwerderecht, insbesondere kann sie nicht den Umfang der Bewilligung angreifen[42] oder sich gegen die Beiordnung eines Anwalts wenden.[43] Die Staatskasse ist gemäß § 127 Abs. 3 Satz 1 und 2 auch dann zur Beschwerde befugt, wenn ihrem Vortrag nach der Antragsteller, dem Verfahrenskostenhilfe ohne Zahlungsanordnung bewilligt worden ist, aufgrund seiner persönlichen und wirtschaftlichen Verhältnisse zur Übernahme der Kosten der Verfahrensführung in der Lage ist.[44] 17

Über die genannten Grundsätze hinaus steht der Staatskasse **ausnahmsweise** die Beschwerde in Fällen greifbarer Gesetzeswidrigkeit zu. Es gelten strenge Anforderungen. Bejaht wurde eine greifbare Gesetzeswidrigkeit bspw. bei einer Bewilligung ohne Antrag[45] oder bei Bewilligung für ein Verfahren, in dem Prozesskostenhilfe ausscheidet.[46]

**Praktisch** spielen Beschwerden der Staatskasse kaum eine Rolle, da die Entscheidungen nicht von Amts wegen mitgeteilt werden, § 127 Abs. 3 S. 5, die Beschwerde aber andererseits an eine Frist von drei Monaten gebunden ist, § 127 Abs. 3 S. 3, 4.

**3. Zeitliche Schranken.** Eine Beschwerdefrist sieht das Gesetz nur für die Beschwerde der **Staatskasse** vor, die nach § 127 Abs. 3 S. 3 und 4 binnen drei Monaten ab Verkündung bzw. Übergabe der Entscheidung an die Geschäftsstelle einzulegen ist. 18

Das Recht zur Beschwerde unterliegt jedoch nach allgemeinen Grundsätzen der **Verwirkung** durch Zeitablauf. Verwirkung tritt ein, wenn die Beschwerde in keinem zeitlichen Zusammenhang mit der angefochtenen Entscheidung mehr steht.[47] Die noch tolerierbare Zeitspanne ist nach den Umständen des Einzelfalls zu ermitteln.[48] Bei langer Verfahrensdauer kann nach diesen Grundsätzen Verwirkung bereits eintreten, bevor in der Hauptsache die Instanz abgeschlossen ist.[49] 19

---

38 BGH NJW RR 2010, 494; BGHZ 119, 372.
39 Vgl. Zöller/*Geimer* § 127 Rdn. 27.
40 BGH NJW-RR 2010, 494.
41 *Kalthoener/Büttner*[1] Rdn. 880; Zöller/*Geimer* § 127 Rdn. 16a.
42 OLG Frankfurt FamRZ 1988, 739.
43 OLG Düsseldorf MDR 1989, 827.
44 BGH FamRZ 2013, 123.
45 LAG Nürnberg JurBüro 1989, 236; **a.A.** OVG Lüneburg JurBüro 1990, 637 m. abl. Anm. *Mümmler*.
46 LAG Düsseldorf JurBüro 1987, 1238 (Prozesskostenhilfe für Schiedsgerichtsverfahren); LG Marburg JurBüro 1988, 220 (Prozesskostenhilfe für das Bewilligungsverfahren).
47 OLG Hamm RPfleger 1986, 447.
48 OLG Bamberg FamRZ 1990, 181.
49 OLG Düsseldorf RPfleger 1988, 548.

20 Unabhängig vom oder in Verbindung mit dem Gedanken der Verwirkung wird verbreitet die Auffassung vertreten, eine Beschwerde sei grundsätzlich **unzulässig,** wenn sie nach Instanzende[50] oder zumindest nach rechtskräftigen oder unanfechtbarem Abschluss des Rechtsstreits[51] eingelegt wird. Dem kann nicht generell zugestimmt werden. Zwar trifft es zu, dass eine nach Instanzende oder Rechtskraft eingelegte Beschwerde wegen der Problematik der rückwirkenden Bewilligung von Prozesskostenhilfe oft erfolglos sein wird (oft beweist gerade der Zeitablauf, dass der Antragsteller doch in der Lage war, den Rechtsstreit selbst zu finanzieren),[52] doch ist dies eine Frage der Begründetheit der Beschwerde, die nicht mit deren Zulässigkeit vermischt werden sollte.[53] Zudem ist die Gegenmeinung aus Gründen der Billigkeit gezwungen, Ausnahmen vom Grundsatz der Unzulässigkeit der Beschwerde nach Instanzende bzw. Rechtskraft zuzulassen. Dies gilt bspw. für den Fall, dass die Beschwerde nicht früher eingelegt werden konnte, weil Prozesskostenhilfe-Beschluss und Endurteil gleichzeitig ergingen.[54] Dies zeigt, dass es sich bei der Beschwerdeeinlegung nach Instanzende oder Rechtskraft um keine eigene Fallgruppe handelt, sondern dass hier nur die allgemeinen Grundsätze über Verwirkung und Rechtsmissbrauch anzuwenden sind.

21 **4. Allgemeine Zulässigkeitsvoraussetzungen.** Es gelten die allgemeinen Zulässigkeitsvoraussetzungen der Beschwerde, § 567 ff. Anwaltszwang besteht nicht, § 569; des Weiteren muss keine Beschwerdesumme erreicht werden, § 567 Abs. 2 ist nicht einschlägig.[55] Zulässigkeitsvoraussetzung ist, dass der Beschwerdeführer durch die angegriffene Entscheidung beschwert ist. Darüber hinaus kann in Einzelfällen das Rechtsschutzbedürfnis fehlen, bspw. wenn die Beschwerde lediglich eingelegt wird, um erstinstanzlich noch offene Sachfragen durch das Beschwerdegericht, das zugleich Berufungsgericht ist, präjudizieren zu lassen.[56] Wegen § 570 ist die Ansicht abzulehnen, einer Beschwerde fehle das Rechtschutzbedürfnis, wenn der Beschwerdeführer lediglich unterlassenes Vorbringen nachschiebe, da dies durch einen neuen Antrag einfacher geschehen könne.[57]

### III. Beschwerdeverfahren und -entscheidung

22 **1. Verfahren.** Es gelten die allgemeinen Vorschriften für das Beschwerdeverfahren, §§ 567 ff. Soweit der Rechtspfleger entschieden hat, ist der Beschwerde die Erinnerung vorgeschaltet, § 11 RPflG. Für das Beschwerdeverfahren gibt es ebenso wie für das erstinstanzliche Bewilligungsverfahren keine Prozesskostenhilfe.[58]

23 Das Gericht kann der Entscheidung abhelfen, § 571 (§ 11 Abs. 2 S. 1 RPflG). Soweit das erstinstanzliche Gericht der Beschwerde nicht abhilft, legt es sie dem Beschwerdegericht nach der Sollvorschrift des § 571 binnen einer Woche vor. Die **Nichtabhilfe** erfolgt durch Beschluss, nicht durch bloße Verfügung.[59] Zu begründen ist der Nichtabhilfebeschluss,

---

50 BFH BB 1986, 187 (LS); OLG Zweibrücken JurBüro 1987, 1718 m.w.N.; VGH München NJW 1980, 2093.
51 OLG Bamberg FamRZ 1990, 181; JurBüro 1987, 141; OLG Karlsruhe FamRZ 1990, 82.
52 OLG Düsseldorf JurBüro 1989, 115; OLG Köln VersR 1989, 408.
53 Büttner/Wrobel-Sachs/Gottschalk/*Dürbeck*[7] Rdn. 884; ; Zöller/*Geimer* § 127 Rdn. 49 f.
54 OLG Frankfurt MDR 1983, 137; OLG Karlsruhe NJW-RR 1989, 1465; OLG Oldenburg JurBüro 1990, 1313 m. Anm. *Mümmler*.
55 OVG Münster KostRspr. VwGO § 146 Nr. 6; MünchKomm/*Motzer § 127* Rdn. 14 m.w.N.
56 OLG Köln JurBüro 1970, 67.
57 OLG Karlsruhe MDR 1989, 918.
58 BayObLG FamRZ 1988, 211; OLG München JurBüro 1982, 452; eingehend Büttner/Wrobel-Sachs/Gottschalk/*Dürbeck*[7] Rdn. 158 ff.
59 OLG Köln FamRZ 1986, 487.

wenn die Beschwerde auf neues Vorbringen gestützt wurde. Der Beschwerdeführer muss Gelegenheit haben, die tragenden Gründe der Nichtabhilfeentscheidung abzuwägen, um beurteilen zu können, ob der die Beschwerde aufrechterhält.[60] Des Weiteren besteht wegen Art. 103 Abs. 1 GG eine Begründungspflicht, wenn der angefochtenen Entscheidung eine erforderliche Begründung fehlt. Die Begründung des Vorlagebeschlusses ist dem Beschwerdeführer gleichzeitig mit der Vorlage der Akten an das Beschwerdegericht mitzuteilen, um ihm die Möglichkeit zu geben, Kostennachteile durch Rücknahme der Beschwerde abzuwenden. Ist die Mitteilung unterblieben, so holt sie das Beschwerdegericht nach.[61]

### 2. Entscheidung

**a) Prüfungsumfang.** Das Beschwerdegericht ist als Tatsacheninstanz zu einer ei- 24
genständigen Prüfung der Bewilligungsvoraussetzungen befugt, § 570. Eingeschränkt ist die Prüfungskompetenz allerdings durch den Beschwerdegegenstand (bspw. bei einer Beschwerde nur gegen die Höhe der angeordneten Raten). Ist die Sache noch nicht entscheidungsreif, so kann das Beschwerdegericht eigene Ermittlungen anstellen oder aufheben und zurückverweisen, § 577. Bei Aufhebung und Zurückverweisung ist das erstinstanzliche Gericht an Tenor und Gründe der Entscheidung des Beschwerdegerichts gebunden.[62]

Für das Beschwerdegericht gilt grundsätzlich das **Verschlechterungsverbot** (Ver- 25
bot der reformatio in peius), § 536 entsprechend.[63] Auf eine Beschwerde gegen die Höhe der festgesetzten Rate darf das Beschwerdegericht deshalb nicht noch höhere Raten anordnen oder Prozesskostenhilfe ganz versagen.[64] Allerdings eröffnet die herrschende Meinung eine Möglichkeit zur Umgehung dieses Verschlechterungsverbots. Im Fall der Aufhebung und Zurückverweisung soll das Erstgericht nicht gehindert sein, eine dem Beschwerdeführer ungünstigere Entscheidung zu treffen. Begründet wird dies damit, dass durch die Aufhebung die Vorentscheidung völlig beseitigt wird und prozessual der Weg für eine neue und sachlich richtige Entscheidung frei sei.[65] Voraussetzung ist allerdings, dass die Sache in vollem Umfang in der Beschwerdeinstanz angefallen war.[66]

**b) Prüfungszeitpunkt.** Maßgebender Zeitpunkt für die Beurteilung der Bewilli- 26
gungsvoraussetzungen ist grundsätzlich der Zeitpunkt der Beschlussfassung über die Beschwerde. Für die subjektiven Bewilligungsvoraussetzungen ergibt sich dies aus §§ 120 Abs. 1 S. 2, 120a Abs. 1, 124 Abs. 1 Nr. 2 und 3.[67] Gleiches gilt aber auch für die Beurteilung der objektiven Bewilligungsvoraussetzungen. Der Rechtsprechung, die aus Billigkeitserwägungen auf den Zeitpunkt der Entscheidungsreife abstellt, sofern die Entscheidung über die Prozesskostenhilfe-Bewilligung ohne Verschulden des Antragstellers durch das Gericht verzögert wurde,[68] ist nicht zu folgen, da der Antragsteller keinen An-

60 OLG Schleswig SchlHA 1975, 180.
61 Zöller/*Geimer* § 127 Rdn. 3.
62 Zöller/*Heßler* § 577 Rdn. 4.
63 OLG Hamm JurBüro 1984, 1904; OLG Bremen FamRZ 2009, 366; MünchKomm/*Motzer* § 127 Rdn. 32; zu Ausnahmen s. Zöller/*Heßler* § 572 Rdn. 39 ff.
64 OLG Zweibrücken FamRZ 1985, 301; JurBüro 1983, 1720 = KostRspr. ZPO § 127 Nr. 30 m. abl. Anm. *Lappe*.
65 KG NJW 1982, 2326; *Schneider* JurBüro 1980, 483; *Bötticher* ZZP 65 (1952) 464, 468.
66 Büttner/Wrobel-Sachs/Gottschalk/*Dürbeck*[7] Rdn. 900.
67 OLG Frankfurt JurBüro 1982, 1260; OLG Hamm JurBüro 1986, 1730.
68 Bspw. OLG Karlsruhe Justiz 1989, 392; OLG Hamm FamRZ 1989, 1203.

spruch darauf hat, eine ihm günstige, aber sachlich unrichtige Entscheidung deshalb zu erhalten, weil das Gericht diese Entscheidung in einem früheren Verfahrensstadium mangels besserer Erkenntnismöglichkeiten getroffen hätte.[69]

27 **3. Kosten.** Im ersten Rechtszug fallen keine Gebühren an.

Doch bei Verwerfung oder Zurückweisung der Beschwerde können nach § 22 Abs. 1 GKG für den Beschwerdeführer Gerichtsgebühren i.H.v. € 60,00 gemäß Nr. 1812 GKG-KV entstehen, wobei dies jedoch im Ermessen des Gerichtes liegt. Die Gebühr im Verfahren der freiwilligen Gerichtsbarkeit fällt nach Nr. 1912 FamGKG-Kv an. Die Gerichtsgebühren sind wertunabhängig.[70]

Die Gebühr für die erfolglose Rechtsbeschwerde beläuft sich auf € 120,00 nach Nr. 1826 GKG-KV bzw. nach 1923 FamGKG-KV.

Der Wert für die Rechtsanwaltsgebühr bemisst sich nach dem Wert der Hauptsache; §§ 23, 23a RVG. Der Wert wird auf Antrag durch das Gericht festgesetzt; § 33 Abs. 1 RVG. Es entfallen eine 0,5 Verfahrensgebühr gemäß Nr. 3500 RVG-VV und eine 0,5 Terminsgebühr nach Nr. 3513 RVG-VV. Das Rechtsbeschwerdeverfahren löst eine 1,0 Verfahrensgebühr nach Nr. 3502 RVG-VV aus.

## § 127a

Aufgehoben durch FGG-RG [BGBl. I S. 2586] v. 17.12.2008 m.W.v. 1.9.2009 (vgl. nunmehr § 246 FamFG)

**69** MünchKomm/*Wax*[1] § 127 Rdn. 46.
**70** Prütting/Gehrlein/*Völker*/*Zempel* § 127 ZPO Rdn. 52.

Kolibri 360 GmbH
Ferdinand-Jühlke-Straße 7
99095 Erfurt, Deutschland
produktsicherheit@kolibri360.de